대한수학교육학회 2013 연보(Yearbook)

수학교육학 연구 방법

송상헌 · 방정숙 · 임재훈 · 강옥기 · 강현영 · 권나영
김남희 · 류성림 · 박만구 · 백석윤 · 송미영 · 윤정호
이영하 · 장혜원 · 정영옥 · 최승현 · 최종현 · 최지영 공저

KM 경문사

발간사

대한수학교육학회가 첫 연보를 발간합니다. 이것은 우리나라 수학교육의 발전사에서 하나의 중대한 사건이 될 것입니다.

대한수학교육학회는 1991년 11월 2일에 학회의 모습으로 공식 창립하였습니다만, 그 이전인 1964년에 창립하여 우리나라 수학교육 현대화 운동에 주도적인 역할을 했던 『한국수학교육연구회』를 계승하고, 1989년에 발족된 『수학교육학 세미나 그룹』이 중심이 된 단체입니다.

우리 학회는 매년 정기적인 수학교육연구발표대회와 세미나를 개최하면서, 〈수학교육학연구〉와 〈학교수학〉이라는 두 종류의 논문집을 발간하고, 수학교육학 이론에 대한 수준 높은 번역총서를 여러 권 출판하였습니다. 이러한 활동을 통해서 우리 학회는 대한민국의 주도적인 수학교육학회로 성장하였고, 우리나라 수학교육학 이론을 발전시키고 현장 교육을 개선하는 데 많은 기여를 하고 있습니다.

학회가 창립된 지 22년이 지나서야 연보를 발간하게 된 것은 때늦은 감이 있기는 하지만, 그 동안의 연구 성과를 회고하고 정리하는 계기를 마련하였다는 점에서, 우리나라 수학교육학이 새롭게 도약하는 기틀이 되리라고 믿습니다. 특히, **수학교육학 연구 방법**을 주제로 한 이 연보는 중견 수학교육학자들은 물론 대학원 과정 중에 있는 수 많은 차세대 수학교육학 연구자들, 그리고 수학교육에 관심을 가지는 현장 교사들에게도 큰 도움을 줄 것이라고 생각합니다.

이번 연보의 발간을 계기로, 이제 우리 학회는 우리나라 실정에 맞는 수학교육학 이론을 개발하고 발전시키며, 국제적인 학회로 발전하기를 소망합니다.

대한수학교육학회의 첫 연보를 발간한 것을 진심으로 기쁘게 생각하며, 1호의 책임을 맡아 발간에 힘써주신 송상헌 연구이사와 2호를 준비하며 협력한 방정숙 연구이사, 그리고 편집위원으로 함께 수고해 주신 임재훈 교수, 모두의 노고를 치하합니다. 그리고 각 논문을 요약하며 새로운 관점으로 연구 방법을 해설해 주신 모든 저자들께 진심으로 감사드립니다.

본 학회의 발전과 연보의 건승을 기원합니다.

대한수학교육학회장 강문봉

머리말

우리나라 수학교육연구의 역사는 수학교육 현대화 운동을 주도했던 1964년의 한국수학교육연구회 창단으로까지 거슬러 올라간다. 하지만 현대의 수학교육연구 방식을 갖추기 시작한 것은 외국에서 박사학위를 가지고 들어온 일부 연구자들이 국내에 씨앗을 심기 시작한 1980년대 초로부터 약 10년의 눈물어린 뿌리내림을 통해 대한수학교육학회를 창간한 1991년과 국내에서 박사학위 수여자가 처음 탄생하면서 첫 싹을 보이기 시작한 1992년경으로 볼 수 있을 것이다. 그로부터도 20여년이 지난 지금, 이제는 이론과 실천의 지속적인 연구를 토대로 수학교육학이 학문 분류체계로 까지 자리매김할 수 있게 성장하였다.

우리나라의 수학교육학 이론과 실제에 대한 연구가 최근 눈부신 성과를 이룬 것은 수학교육학 연구 여건의 성숙과 연구 내용의 다변화, 그리고 연구 방법의 체계화라는 3박자가 갖추어졌기 때문이라고 본다. 연구는 연구자 개개인의 혼을 불어넣는 작업으로 그 작품을 만들기 위해서는 우선 골격(연구 방법)을 잘 잡아야 그 위에 살(연구 내용)을 입히기가 쉬워진다. 그런 면에서 연구 방법에 대한 이해는 수학교육학 연구를 시작하기 위한 핵심 사항이다.

대한수학교육학회는 우리나라 수학교육학 연구의 그간 성과도 정리하면서, 새로운 도약과 지속적인 발전을 위해 연보(Yearbook)를 발간하기로 하였다. 창간호는 학술적으로도 의미있는 정신을 담으면서 학회의 성격을 대표해야 했다. 이를 위해 숙고한 방안이 예비 연구자들과 신규 연구자들에게 도움이 되어 학문 후속 세대를 키워내자는 것이었다. 그 결과 본 학회의 두 학술지인 〈수학교육학연구〉와 〈학교수학〉에 실렸던 글들 중에 연구 방법을 잘 드러낼 수 있는 일부 논문들을 선정하여 해설서 형식으로 단행본을 펴내기로 하였다. 각 논문의 해설서는 그 논문의 대표 저자가 직접 자신이 연구하게 된 배경과 그 논문에서 사용된 연구 방법을 구체적으로 해설하면서 관련 후속 연구를 위한 제언까지 덧붙이고 있다. 물론 원 논문들도 해당 해설서의 부록으로 싣고 있다.

수학교육학 연구의 유형으로는 기초/응용, 정량/정성, 횡단/종단의 3가지로 구분할 수 있겠지만, 연구 방법의 틀은 크게 아래 4가지(문헌/정량/정성/혼합)로 요약할 수 있다.

1) 개념 분석 방법에 근거한 철학적-교수학적 분석 중심의 **문헌 연구**

① 관련 분야의 선행 연구 문헌을 토대로 한 문헌 분석/비평/종합/검토 연구
② 기존 학문의 내용이나 방법적 틀을 바탕으로 한 수학적/철학적/인식론적/역사-발생적/심리학적/언어학적/교육학적/교수학적 분석 연구

2) 경험-과학자들의 설명을 위한 **정량적 연구**
① 척도를 포함하는 설문지, 체크리스트 등을 통한 자료/실태/현황 등의 조사 연구
② 검사지의 통계 분석을 통한 집단간/시계열간전후/횡단종단 등의 실험 연구

3) 후기 실증주의적 인식론에 바탕을 둔 이해를 위한 **정성적 연구**
① 면담, 관찰, 설문지 등을 통한 개인, 수업, 문화 등에 대한 사례 연구
② 교수 실험, 면담, 조사 등을 통해 교육과정/국소적 수업 이론 등의 적용을 위한 수업 개발 연구
③ 문서 - 관찰 - 면담 또는 교사 - 학생 - 교실 환경 등의 자료 분석을 통한 비판적/실제적 수업 실천 연구

4) 정량 및 정성의 상호 보완적 성격을 지닌 **혼합 연구**
① 사고의 수준/유형을 분류하기 위한 목표로 일정한 분석틀과 집단별 소수 사례 분석을 통한 양적-질적 혼합 연구
② 수업 이론의 형성을 목표로 문헌 자료와 수업 실행의 혼합을 통한 교육과정/자료/모형 등의 개발 연구

이 책은 위 4가지 틀의 순서에 따라 18편의 논문을 배열하였다. 지면 관계와 저자의 사정상 모든 유형을 다 싣지도 못하였고 정확한 사례에 맞지 않을 수도 있지만, 예시 논문과 그 논문의 해설서는 수학교육학 연구를 위한 학문 후속 세대들에게 많은 도움이 될 것으로 확신하며, 각 대학원의 수학교육학 연구 방법론 교재로 활용해 보기를 추천한다.

이 책의 발간을 위해 도와주신 경문사의 모든 임직원분들께 감사를 드린다.

저자 일동

차례

PART I 문헌 연구 방법 해설

PART II 정량적 연구 방법 해설

Part I 문헌 연구 방법 해설

01 『연구 설계 및 연구 방법의 최근 동향: 초·중등 수학과 교육과정에 관한 연구를 중심으로』에서 사용한 '방법적 조사 연구' 방법 해설

권 나 영[1)]

문헌 연구는 광범위한 고찰(comprehensive reviews), 메타분석(meta analyses), 방법적 조사(methodological investigations), 게재 논문 실적 연구(studies of publishing productivity), 특정 저널 연구(studies of specific journals), 인용 연구(citation studies)등 여섯 가지로 구분할 수 있다(Űsdiken & Pasadeos, 1995). 문헌 연구는 기존에 발표된 연구들을 대상으로 조사하는 것이므로 경향을 파악하고 앞으로의 연구에의 지표를 제시하는 목적으로 수행되는 경우가 많다. 하지만 연구 대상의 범위와 내용에 있어서는 일반적인 한계를 지닐 수 있다.

문헌 연구의 한 예를 설명하기 위해 "연구 설계 및 연구 방법의 최근 동향(김래영 · 김구연 · 권나영, 2012)" 연구를 살펴보겠다. 본 연구는 2000년부터 최근 10년간 출판된 수학과 교육과정에 대한 연구 논문들을 연구 설계와 방법의 측면에서 분석한 것으로 문헌 연구의 한 형대로 수행되있다. 언구의 목석은 학교수학 교육과정에 대한 연구 논문들을 각 연구를 수행한 방법적인 측면에서 살펴보고 그 경향성을 분석하는 것이다. 본 연구는 동일한 학문 분야에서나 농일한 주제를 다룬 연구들의 연구 방법을 평가하는 방법적 조사 연구에 해당한다. 즉 초 · 중등 수학과 교육과정이라는 동일한 주제를 다룬 연구들을 조사하여 이들이 사용한 연구 방법들을 살피는 것이다. 수학교육에서 연구 방법에 대한 동향 조사가 이루어진 경우가 없다는 점에서 본 연구는 새로운 문헌 연구의 주제와 방법을 제시하였다는 의의를 지닌다.

문헌 연구는 연구의 목적을 달성하기 위해 연구 문제를 명확히 제시하여야 한다. 본 연구는 최근 이루어진 수학과 교육과정에 대한 연구들의 연구 설계 및 방법에서 경향을 파악하고 향후 가능한 연구에 대한 시사점을 얻기 위해 "최근 10년간 한국연구재단 등재 학술지에 게재된 수학과 교육과정 연구 논문에서 사용된 연구 설계와 방법은 무엇인가?"라는 연구 문제를 제시하였다. 이를 통해 연구 설계와 연구 방법의 특징 및 연구 설계의 요소별(연구 문제, 이론적 배경, 자료 수집, 자료 분석, 결론) 특징에 대하여 연구

---

1) 인하대학교, rykwon@inha.ac.kr

결과에서 설명하고 있다. 연구 문제는 연구를 통해 말하고자 하는 것을 구체적인 질문의 형태로 명확히 기술하는 것이 매우 중요하다(Creswell, 2008). 구체적인 연구 문제를 통하여 연구 방법의 타당성이나 연구 결과와 연구 목적과의 일관성을 판단할 수 있기 때문이다.

본 연구는 국내의 초·중등 수학과 교육과정에 관련된 연구물들의 연구 방법론적 측면에서의 경향을 살펴보기 위하여 최근 10여 년간(2000년~2010년) 한국연구재단 등재 학술지에 게재된 논문들을 수집하였다. 수학과 교육과정이라는 동일한 주제를 가진 논문들을 조사하기 위하여 제목이나 키워드에 "수학과 교육과정"이 포함된 논문들을 수집하였는데, 접근이 불가능한 대상들을 제외하고 총 31개의 학술지에서 124편의 논문을 연구 대상 자료로 수집하였다.

문헌 연구에서는 자료 분석 단계도 명확히 기술되어야 한다. 본 연구에서는 자료 분석을 위한 첫 번째 단계에서 Crotty(1998)가 제안한 연구 방법론에 따라 양적 연구, 질적 연구, 혼합 연구의 세 가지 유형으로 분류하고 연구 방법론이 구체적으로 명시되지 않은 연구물들은 기타로 분류하여 코딩하였다. 두 번째 단계에서는 분류된 연구물들을 연구 문제, 이론적 배경, 자료 수집, 자료 분석 등의 하위 범주를 나누어 코딩하였다. 분석의 하위 요소들은 〈표 1〉과 같다.

선행 연구들을 비판적으로 분석하는 것은 연구자에게 연구에 대한 통찰력을 넓히고 자기 성찰의 기회를 줄 수 있다. 또한 파악된 연구 동향은 향후 연구의 지표가 될 수 있고 실제 교육 현장 개선을 위한 효과적인 시사점을 제공할 수 있다. 그러나 단순히 이전 연구물들을 나열하는 수준의 연구 동향은 이후 연구 주제나 방향을 수립하는 데 있어서 의미를 가지기 힘들고 파악된 자료를 바탕으로 객관적이고 비판적으로 분석한 결과가 필요하다.

앞으로 문헌 연구를 수행할 연구자들은 명확한 연구 목적 설정, 구체적인 연구 문제 수립을 통한 자료 수집, 타당한 코딩 작업과 비판적인 분석 결과의 제시가 필요하다. 수학교육 연구에서도 최근에 부각되는 주제나 연구 대상, 연구 방법의 동향을 조사하고 연구 방향을 제시하는 것이 가능하다. 하지만, 수학교육 연구에서는 과거의 문헌을 살펴보는 것 이상으로 현재의 교육 현장에서 일어나는 실증적인 자료를 바탕으로 연구하는 것이 중요하다는 것을 잊어서는 안 될 것이다.

〈표 1〉 자료 수집 및 분석 방법 하위요소

	자료수집 방법		자료 분석 방법	
실석 연구	관찰	개별/집단 교사/학생/수업/ 그 외	분석자료	녹음/녹화/전사/기타
	면담	개별/ 집단 교사/학생/그 외 구조적/반구조적/자유	분석틀	코딩 / 코딩 스킴
	문서자료	학생풀이/ 교과서/ 교육과정 해설서/ 기타	검증	신뢰도/타당도
양적 연구	설문지법	설문지/간접자료/기타	통계기법	기술통계/집단간 비교/ 관계분석/기타 통계
	설계유형	실험연구/사전사후검사/사례연구	검증	신뢰도/타당도
혼합 연구	수집방법	질적 연구와 양적 연구의 자료 수집 방법 혼합	유형	순차적/동시적/ 변환적

참고문헌

김래영, 김구연, 권나영 (2012). 연구 설계 및 연구 방법의 최근 동향: 초·중등 수학과 교육과정에 관한 연구를 중심으로. **학교수학, 14**(3), 395-408.

Creswell, J. W. (2008). *Educational research: Planning, conducting, and evaluating quantitative and qualitative research*(3rd ed.). Upper Saddle River, NJ: Pearson.

Crotty, M. (1998). *The foundations of social research: Meaning and perspective in the research process.* London, UK: Sage.

Űsdiken, B., & Pasadeos, Y. (1995). Organizational analysis in North America and Europe: A comparison of co-citation networks. *Organization Studies, 16*, pp. 503-526.

대한수학교육학회지 <학교수학> 제 14 권 제 3 호
Journal of Korea Society Educational Studies in Mathematics
School Mathematics Vol. 14, No. 3, 395 ~ 408. Sep 2012

연구 설계 및 연구 방법의 최근 동향: 초·중등 수학과 교육과정에 관한 연구를 중심으로[1)]

김 래 영* · 김 구 연** · 권 나 영***

본 연구는 방법적 조사 연구로서 최근 10년간 한국연구재단 등재 학술지에 발표된 초·중등 수학과 교육과정을 다룬 연구물 124편을 분석함으로써 연구 설계 및 방법의 최근 동향을 파악하고 이를 통해 향후 연구에 대한 시사점을 얻고자 시행되었다. 연구 결과, 최근 들어 데이터를 기반으로 하는 과학적·실증적 연구들이 꾸준히 이루어지고는 있으나 과학적 연구 방법을 사용하기보다는 기존 자료를 재정리하거나 객관적 근거 없이 자신의 의견을 피력하는 연구물들이 다수를 차지하고 있었다. 또한, 연구 문제, 이론적 배경, 자료 수집, 자료 분석, 결론이라는 구성 요소별로 분석하였을 때도 이들 요소간의 유기적 관계를 통한 연구 설계의 엄밀성, 일관성, 객관성을 확보하지 못하고 있는 경우도 다수 발견되었다. 따라서, 본 연구에서는 수학과 교육과정을 다루는 연구에서 연구 윤리 및 연구 방법에 대한 재인식이 필요함과 더불어 개선 방안 마련이 시급함을 제안하였다.

I. 서 론

수학교육학은 19세기 말부터 고유한 연구 영역과 연구 방법을 가진 독립적인 학문으로 정착되기 시작한 학문으로서 비교적 그 역사가 다른 학문 분야에 비해 짧지만, 'design science'로서 수학, 심리학, 사회학, 철학 등 다양한 학문 분야와 관련된 종합 학문으로 괄목할만한 성장을 해 온 학문 분야이다(Wittmann, 1995). 20세기 들어와서 수학교육관련 연구들은 학문적으로 활발히 이루어짐과 동시에 교육과정, 교수, 학습과 관련된 다양한 아이디어들을 공유하고 공동체를 구성하는 등 실천적 학문으로서도 크게 발전해 왔다(Kilpatrick, 2008). 예를 들어, 교육과정의 경우, 교육과정 이론으로서의 연구를 통해 수학과 교육과정의 원리와 구성에 대한 연구들도 이루어졌지만, 실제적으로 학교 현장에서 학생들에게 수학 학습의 기회를 확대하기 위한 노력의 일환으로 교육과정을 어떻게 구성하고 실행할 것인가에 대한 구체적인 논의도 함께 이루어졌다(NCTM, 2010).

수학교육학이 독립된 학문 분야로서, 실천적 분야로서 좀 더 발전하기 위해서는 현 시점에서 지금까지 이루어진 수학교육학 연구물들을 면밀히 분석하고 그 결과를 바탕으로 향후 연구에

* 이화여자대학교(kimrae@ewha.ac.kr)
** 서강대학교(gokim@sogang.ac.kr)
*** 인하대학교(rykwon@inha.ac.kr)

1) 이 연구는 2010년도 서강대학교 교내연구비 지원에 의한 연구임(201010055)

대한 발전 방향과 실천적 방안을 모색해 볼 필요가 있다. 지금까지 이루어진 연구물들을 비판적으로 분석하는 활동은 연구자 자신과 미래의 연구 설계에 있어 중요한 의미를 지닌다. 첫째, 연구자는 여러 연구물들을 분석하는 과정에서 연구 내용에 대한 통찰력을 넓힘과 동시에 자기 성찰의 기회를 가질 수 있다. 둘째, 일정 기간 동안 이루어진 연구물 분석은 객관적으로 연구 동향을 파악하는 데 도움을 줄 수 있다. 이는 향후 연구 주제 및 방향 수립에 지표가 될 수 있다. 셋째, 개개의 연구물로부터 모아진 결과와 논의들을 통해 실제 교육 현장을 개선하는 데 좀 더 효과적인 시사점을 제시할 수 있다. 이런 의미에서 지금까지 이루어진 수학교육학 연구물들을 살펴보는 것은 중요하다.

본 연구에서는 심층적인 분석을 위하여 수학교육학 연구 분야 중 하나인 수학과 교육과정에 대한 연구물들을 중심으로 연구 설계 및 방법을 분석하고자 한다. 수학과 교육과정은 교수·학습을 설명하는 중요한 요소 중 하나로 간주되어 다양한 관점으로 많은 연구들이 진행되어 왔기 때문에 양적인 팽창뿐만 아니라 질적인 성장도 동시에 이루어지고 있는 분야 중 하나이다(Reys, Reys, & Rubenstein, 2010). 교육과정의 의미가 단순히 명문화된 교육 내용뿐만 아니라 실행된 교육과정, 학습된 교육과정까지 포괄하는 개념으로 인식됨에 따라 그 연구에 있어서도 다양한 주제와 영역으로 확장되어 가고 있다(Stein, Remillard, & Smith, 2007).

우리나라 수학과 교육과정 연구에 있어서는 국가 교육과정의 변화, 교과서 개정에 따른 변화나 외국의 교육과정과의 비교와 같이 수학과 교육과정 문서나 내용 자체에 대한 동향 연구들은 많이 있어 왔지만, 수학과 교육과정 연구에 대한 동향 분석은 권나영·김래영·김구연(2011) 등으로 아직 많이 이루어지고 있지 않다. 특히, 수학교육 연구 설계와 방법에 대한 동향을 살펴본 연구는 찾아보기 힘들다. 따라서 학문 분야로서 수학교육학을 정립시키기 위한 노력의 일환으로 우리나라 수학과 교육과정에 대한 다양한 연구 설계와 방법을 분석해 보고자 한다. 이를 위하여 다음과 같이 연구 문제를 설정하였다.

최근 10년간 한국연구재단 등재 학술지에 게재된 수학과 교육과정 연구 논문에서 사용된 연구 설계와 방법은 무엇인가?

(1) 최근 10년간 사용된 연구 설계와 연구 방법의 특징은 무엇인가?

(2) 연구 설계의 요소별(연구문제, 이론적 배경, 자료 수집, 자료 분석, 결론) 특징은 무엇인가?

II. 이론적 배경

1. 문헌 연구

Üsdiken & Pasadeos(1995)는 특정 학문의 문헌 연구를 다음과 같이 크게 여섯 가지 형태로 구분하여 제시하였다: 광범위한 고찰(comprehensive reviews); 메타 분석(meta analyses); 방법적 조사(methodological investigations); 게재 논문 실적 연구(studies of publishing productivity); 특정 저널 연구(studies of specific journals); 인용 연구(citation studies).

첫째, 광범위한 고찰은 어떤 한 분야에서 이루어진 연구들에서 도출한 결론에서 일반적인 법칙이나 패러다임을 찾아내는 것이다. 둘째, 메타 분석은 데이터를 바탕으로 한 결론을 도출하기 위해 동일 주제에 대한 다양한 연구들의 결론들을 수량적으로 종합한 결과를 얻어내는 것이다. 셋째, 방법적 조사는 동일한 학문 분야 또는 동일한 주제를 다룬 연구들에서 사용된 연구 방법들을 평가하는 것이다. 넷째, 게재 논문 실적에 대한 연구는 대체로 저자와 소속 기관에 초점을 두어 어떤 기관 소속의 누가 어떤 방식으로 기존 연구에 기여하고 있는지를 밝히는 것이다. 다섯째, 특정 저널에 관한 연구는 특정 저널에 출판물들의 하나 또는 그 이상의 측면을 질적으로 깊이 있게 분석하는 것이다. 마지막으로, 인용 연구는 출판물의 미주 또는 참고 문헌에 기술된 인용문들을 분석하는 것이다.

본 연구는 위의 여섯 가지 중 세 번째 제시된 방법적 조사에 해당된다고 볼 수 있다. 즉, 동일한 주제를 다른 연구들에서 사용된 연구 방법을 평가하는 것으로, 초·중등 수학과 교육과정을 다룬 연구에서 사용하고 있는 연구 방법들을 살펴본다. 이를 통해 최근 이루어지고 있는 수학교육 연구 설계 및 방법의 경향을 파악하고 향후 연구에 대한 시사점을 얻는 것을 목적으로 한다.

2. 연구 설계

연구 설계는 연구를 실행하기 위한 계획이나 제안을 의미하는 것으로 철학적 관점, 연구 전략, 연구 방법이 모두 연관되어 있다(Creswell, 2009). 즉, 연구자는 철학적 관점을 통해 연구를 고안하고 이러한 관점과 관련하여 연구 전략을 수립하며 이를 실행에 옮기도록 특정 연구 방법이나 절차를 사용하게 된다(Crotty, 1998).

Creswell(2009)은 Crotty(1998)가 제시한 연구 방법론에 따라 양적 연구(정량적 접근), 질적 연구(정성적 접근), 혼합 연구를 구별하여 제시하였다. 아래 <표 II-1>에서 자세히 설명하였다.

양적 연구 방법은 19세기 후반과 20세기에 걸

<표 II-1> 질적, 양적, 혼합 연구 방법 (Creswell, 2009, p.17)

	양적 연구	질적 연구	혼합 연구
철학적 가설	후기 실증주의적 지식 주장	구성주의적/옹호적·참여적 지식 주장	실용주의적 지식 주장
연구 전략	설문지법과 실험	현상학/ 근거이론/민족지학/ 사례연구/서술 연구	순차적, 동시적, 변환적
연구 방법	폐쇄형 질문/ 미리 결정되어 있는 접근법/ 수치 데이터	개방형 질문/ 형성해가는 접근법/ 텍스트나 이미지 데이터	개방형 질문과 폐쇄형 질문 모두 사용/ 형성해가는 접근법과 미리 결정되어 있는 접근법 모두 사용/ 양적, 질적 데이터와 분석 모두 사용
연구자로서의 연구 실행	이론이나 설명 검증/ 연구에 대한 변인 확인/ 질문이나 가설에서의 변인간의 연관/ 타당도와 신뢰도의 표준 사용/ 정보를 수치적으로 관찰하고 측정/ 공정한 접근법 사용/ 통계적 절차 이용	연구자의 입장/ 참여자의 의미 수집/ 단일한 개념이나 현상에 초점/ 개인적 가치 투입/ 참여자의 상황이나 맥락 연구/ 결과의 엄밀성 검증/ 자료 해석/ 변화나 개혁을 위한 계획 수립/ 참여자와의 협력	양적, 질적 데이터 수집/ 혼합에 대한 근거 제시/ 연구의 각 단계에서의 데이터 통합/ 연구 절차의 시각적 그림 제시/ 양적, 질적 연구 방법 모두 적용

쳐 나타난 후기 실증주의 입장에서 모든 지식이 실증적일 수 없다는 것은 인정하지만 과학적인 방법으로 이론을 근거하여 그 이론을 지지하거나 반박할 수 있는 자료를 수집하고 분석하여 그 효과나 결과에 영향을 주는 요인들을 밝혀내고 검증하는 연구 방법이다(Creswell, 2009). 이는 전실험연구(pre-experimental designs), 진실험연구(true experimental designs), 준실험연구(quasi-experimental designs), 상관연구(correlational and ex post facto designs) 등을 포함하며 주로 설문지법과 실험과 같은 연구 전략이 사용된다(Campbell & Stanley, 1963). 따라서, 주로 수치적인 데이터를 다루게 되며 연구 설계도 미리 결정하여 수행하게 된다.

이에 비해 질적 연구 방법은 지식은 사회적으로 구성된다는 구성주의, 주변화된(marginalized) 개인 또는 집단과 관련된 중요한 사회적 쟁점에 초점을 두는 옹호적·참여적 지식과 같은 철학적 가설을 기반으로 하여 데이터를 수집하고 "심층적인 서술(thick description)" (Geertz, 1973, p.7)을 통하여 의미를 해석하는 연구 방법이다. 연구 전략에 따라 민족지학적 연구(ethnography), 토대이론(grounded theory), 사례 연구(case studies), 현상학적 연구(phenomenological research), 서술 연구(narrative research) 등으로 분류될 수 있으며 설명될 수 있으며 주로 면담, 관찰, 문서 자료, 이미지 분석 등 다양한 방법을 통하여 자료를 수집하고 분석하게 된다(Creswell, 2009).

혼합 연구 방법은 문제 해결과 적용에 관심을 두는 실용주의적 입장을 바탕으로 모든 방법을 동원하여 문제를 규명하고 해결하는데 초점을 두는 연구 방법이다. 따라서, 여러 가지 형태의 자료 수집 및 분석, 다양한 세계관과 해석이 가능하며 그 형태도 순차적 혼합 연구(sequential mixed methods), 동시적 혼합 연구(concurrent mixed methods), 변환적 혼합 연구(transformative mixed methods)등 다양하게 이루어 질 수 있다(Creswell, 2009). 특히, 양적 연구 방법과 질적 연구 방법을 걸친 삼각검증법(triangulation)과 같은 다중 검증을 통해 연구 방법과 결과에 대한 신뢰성과 타당성을 높이는 것 역시 혼합 연구 방법의 중요한 기법이라고 볼 수 있다.

3. 연구 원칙

The National Research Council (NRC) (2002)은 교육연구를 포함하여 모든 과학적 연구가 갖추어야 할 여섯 가지 원칙을 다음과 같이 제시하였다(pp. 3-5).

원칙 1 : 실증적으로 연구 가능한 중요한 문제를 제기하여야 한다.

원칙 2 : 연구와 관련이 깊은 적합한 연구와 연결 지어야 한다.

원칙 3 : 연구 문제를 직접 탐구할 수 있는 방법을 사용하여야 한다.

원칙 4 : 일관성 있는 명백한 논리를 제시하여야 한다(상세한 연구 절차와 분석을 제시한다)

원칙 5 : 재생산되고 일반화될 수 있어야 한다.

원칙 6 : 연구물을 공개하여 학술 공동체의 정밀한 검증과 비판을 받아야 한다.

NRC(2002)는 이러한 여섯 가지 원칙하에 연구문제, 이론적 기초, 연구 방법, 결과 해석 등이 일관적이고 긴밀하게 연결되어야 하는데 현재 이루어지고 있는 많은 교육 연구가 그 이론적 기초가 미약하거나 연구 방법이 적절하지 않거나 엄밀하지 않은 경우가 많다는 점을 지적하고 있다.

따라서, 본 연구는 NRC(2002)가 제시한 교육연구의 원칙에 따라 <표 1>에서 제시한 각 연구 방법과 전략을 최근 10년간 발표된 우리나라 초·중등 수학과 교육과정을 다룬 연구물에서 어떻게 적용하고 있는지의 방법적 조사를 하는 것이라고 볼 수 있다. 즉, 연구의 철학적, 이론적 근거를 바탕에 두고 어떻게 일관성, 신뢰성, 타당성을 확보하도록 연구 설계 및 방법이 적용되고 있으며 연구 방법에 있어서의 최근 동향과 문제점들이 무엇인지 진단해 보고자 한다. 구체적인 분석 방법은 다음 장에 제시하였다.

III. 분석 방법 및 절차

1. 자료 수집

본 연구는 수학과 교육과정에 관한 연구의 방법론적 특성을 분석하는 것으로, 이를 위해 최근 10여 년간(2000-2010) 한국연구재단 등재 학술지[2)]에 게재된 수학과 교육과정에 관한 논문들을 수집하여 이에 사용된 연구 방법들을 조사하였다. 연구 대상 논문을 선정하기 위하여 논문 제목이나 키워드에 "수학과 교육과정"이 포함된 논문들을 수집하였는데 실제 연구물 확보가 어려운 논문을 제외한 결과, 31개의 학술지에서 124편의 논문이 최종 연구 대상 자료로 수집되었다.

2. 자료 분석

본 연구에서는 위에서 제시한 NRC(2002)의 여섯 가지 원칙을 바탕으로 연구 설계의 기본 요소, 즉, 연구 문제, 이론적 배경, 자료 수집 방법, 자료 분석 방법, 결과 분석 및 윤리적 문제 등을 범주로 하여 대상 논문들을 분석하였다. Creswell (2009)이 제시한 것처럼 연구 설계 방법에 따라 각각의 연구 유형에 사용되는 자료 수집 방법, 자료 분석 방법, 결과 해석 방법 등이 다를 수 있다. 따라서 본 연구에서는 연구 대상으로 수집된 124편의 연구 논문을 우선 질적 연구, 양적 연구, 혼합 연구의 세 가지 유형으로 분류한 다음, 각각의 유형별 연구 방법을 세분화하여 하위 범주로 구분하여 코딩하였다. 이 때, 연구 방법이 구체적으로 제시되지 않은 연구물들은 기타로 분류하여 앞의 세 범주와 구별되는 다른 범주인 "기타"로 코딩하였다. 기타에 해당하는 연구물들은 주로 실증적·논리적 근거 없이 자신의 의견을 피력하거나 기존 자료를 재구성하여 제시하는 등 어느 하나의 연구 유형으로 분류되기 어려운 연구물들이다. 예를 들자면, 기존 연구물들을 재검토하거나 비평을 하는 연구물들(reviews)을 의미한다. 이 경우, 그 분야에 대해 포괄적이면서(comprehensive) 한 명 이상의 공동 연구자와 함께 하여 어느 한 쪽에 치우치지 않도록 하며(less biased) 투명하고 반복 가능한(transparent and replicable) 연구물이어야 한다(Andrews, 2005). 이를 위해 그 분야에 관련된 기존 연구들을 종합적으로 재고찰하고, 관련 데이터를 모아 분석하여 이로부터 어떤 결과물들을 얻어내야 한다(Morris, 2002). 그런데 이런 종류의 연구물 중에서 이러한 방법론적 원칙을 지키지 않고 관련 데이터나 객관적 근거 없이 자신의 의견을 피력하는 연구물들이나 관련 자료들만 정리하여 소개할 뿐 종합적이고 포괄적인 분석 결과를 제시하지 못한 연구물들은 어느 하나의 연구 방법에 포함시키기 어려워 '기타'로 분류하였다.

질적 연구, 양적 연구, 혼합 연구 등 세 가지 유형으로 분류된 연구물들은 다시 연구 문제, 이론적 배경, 자료 수집, 자료 분석 등으로 하위 범주를 나누어 코딩하였다. 그리고 연구 방법 요소들의 유기적 관계를 보기 위한 연구 설계와

2) 2011. 3. 11일자로 배포된 한국연구재단 등재 학술지 목록에 있는 학술지를 대상으로 하였다.

그에 따른 윤리적 문제들은 종합적으로 분석하였다.

연구 문제, 이론적 배경, 결과 분석 및 윤리적 문제 등은 위에 제시한 NRC(2002)의 여섯 가지 원칙에 부합하는 지를 질적으로 분석하였으며, 자료 수집과 분석 방법은 위의 <표 III-2>와 같이 더 세분화된 하위 요소로 분류하여 사용된 자료나 분석 방법에 있어 특정한 패턴이 있는지 찾아보기 위해 양적으로 코딩하여 분석하였다. 혼합 연구의 경우는 질적 연구 방법과 양적 연구 방법을 모두 사용하기 때문에 자료 수집 방법과 자료 분석 방법은 <표 III-2>의 범주대로 각각 코딩하여 분석하였다.

<표 III-2> 자료수집 및 분석 방법 하위요소

	자료 수집 방법		자료 분석 방법	
질적연구	관찰	개별/집단 교사/학생/수업/그 외	분석자료	녹음/녹화 전사 기타
질적연구	면담	개별/집단 교사 학생/그 외 구조적/반구조적/자유	분석틀	코딩 코딩스킴
질적연구	문서자료	학생풀이 교과서 교육과정해설서 기타	검증	신뢰도 타당도
양적연구	설문지법	설문지 간접자료 기타	통계기법	기술통계 집단간 비교 관계분석 기타 통계
양적연구	설계유형	실험연구 사전사후검사 사례연구	검증	신뢰도 타당도
혼합연구	수집방법	질적 연구와 양적 연구의 자료 수집 방법 혼합	유형	순차적 동시적 변환적

IV. 연구 결과

1. 연구 설계 및 방법

총 124편의 대상 논문을 질적 연구, 양적 연구, 혼합 연구 그리고 기타로 분류한 결과, 아래 <그림 IV-1>과 같이 어느 하나의 연구 유형으로 분류되기 어려운 기타 연구물들이 가장 많았다(전체의 약 44%). 이는 연구 설계 및 연구 방법에 있어 아직 엄밀한 연구 설계와 방법을 사용하고 있지 않는 연구물들이 다수를 차지하고 있음을 보여주는 것이다.

그리고 질적 연구와 양적 연구는 서로 비슷한 수준으로 이루어졌으며(각각 전체의 약 26%), 혼합연구는 상대적으로 적게 나타났다(전체의 약 4%). 이러한 결과는 데이터를 바탕으로 이루어지는 연구물들도 혼합연구보다는 질적 연구나 양적 연구와 같은 단일 유형의 연구 방법을 사용하는 연구들이 다수를 차지하고 있음을 의미한다. 혼합 연구의 경우는 조금씩 이루어지고 있었으나 수학과 교육과정에 관한 연구에서는 2007년 이후로 나타나지 않고 있다.

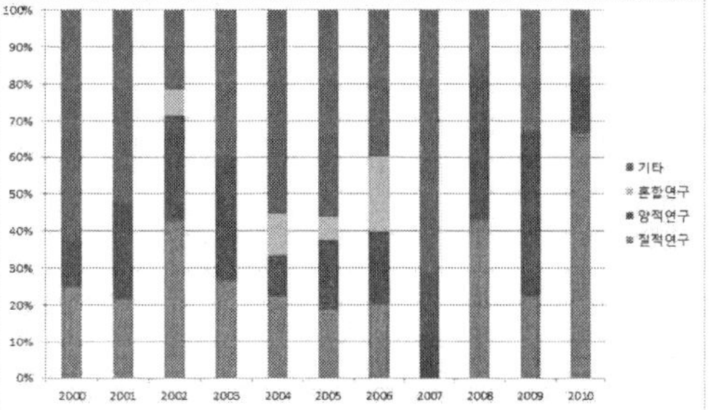

<그림 IV-1> 연구 방법의 분포

전체적인 흐름을 살펴보면, 데이터를 기반으로 한 질적 연구, 양적 연구, 혼합 연구의 비율이 전체의 약 78%를 차지하던 2002년을 제외하고는 2008년부터 2010년 사이에는 최소 68%에서

최대 86%로 그 이전보다 상대적으로 활발히 이루어지고 있는 것으로 나타났다. 데이터를 기반으로 한 질적 연구, 양적 연구, 혼합 연구들과 기타로 분류된 연구물들의 비를 살펴보면 이러한 패턴을 더 잘 알 수 있다. <그림 IV-2>에서 보는 바와 같이 2002년, 2006년에 간헐적으로 실증적 연구가 강세였던 것과는 달리 2008년 이후에는 데이터 기반 연구들이 꾸준히 강세를 보이고 있다.

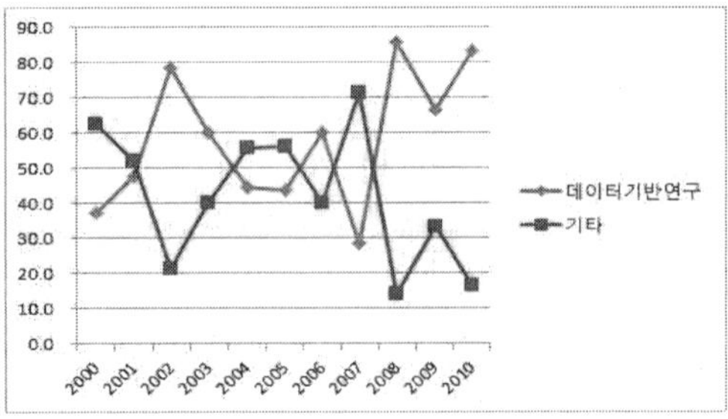

<그림 IV-2> 데이터 기반 연구 vs. 기타

2. 연구 문제와 이론적 배경

가. 연구 문제의 불명확성

본 연구의 대상으로 수집된 124개의 수학과 교육과정 연구들 중에서 연구 문제를 명확하게 서술문 또는 의문문의 형태로 제시한 것은 25% (31편)로 나타났다. 연구 문제는 연구를 통해서 답하고자 하는 구체적인 질문을 말하는 것으로 (Creswell, 2009), 연구를 수행하는 이정표 역할을 하기 때문에 연구 문제를 구체화하여 명확히 설정하여 기술하는 것은 매우 중요하다(Creswell, 2008).

본 연구에서 찾아낸 31편의 연구들 중에서도 연구 문제를 별도의 섹션을 두어 의문문의 형태로 명시한 연구 논문의 수는 매우 적었다. 대부분의 논문들이 구체적이고 뚜렷한 질문 형태를 연구 문제로 설정하기보다는 서론의 말미에 연구의 목적과 필요성을 요약하여 평서문 형태로 제시하여 연구 문제를 대체하였다. 특히, 서론에서 연구 문제의 토대가 되는 연구의 목적이나 필요성에 대한 진술마저 생략한 채, 예를 들어, '분석을 통해 개선 방안을 제시하는 것'만을 진술하여 연구 문제를 대체하는 식의 논문들도 상당수에 달했다. 나머지 75% (93편)에 해당하는 연구들은 연구 목적과 필요성만을 기술하였을 뿐, 연구를 진행하는 데 있어서 필수적이고 방향성을 제시하는 구체적인 연구 문제를 제시하지 않는 것으로 나타났다. 예를 들면, 국가 교육과정 관련 연구들에서 '분석이 필요하고 분석의 결과를 토대로 방안을 모색하기 위한' 것임을 밝힐 뿐 구체적으로 연구를 통해서 답을 찾고자 하는 구체적인 질문이 무엇인지 뚜렷하고 명료하게 제시하지 않는 경우가 있었다.

NRC(2002)에서 밝힌 과학적 연구가 갖추어야 할 원칙에서도 알 수 있듯이, 연구 문제는 실증적으로 연구 가능한 것이어야 한다. 그런데, 연구문제가 불명확하게 제시되어 있는 경우는 치밀한 연구 설계를 어렵게 한다. 또한 실제로 무엇을 연구하는 것인지가 구체적인 연구문제로 제시되지 않는다면, 연구 가능한 것인지 또는 연구에서 실증적으로 입증하였는지에 대한 확신을 주기 힘들다. 연구 문제를 명확히 제시하는 것 또한 수학교육 연구를 과학적 연구로 정립시키는 데 있어 중요하다고 할 수 있다.

나. 이론적 배경의 부재

수집된 124편의 수학과 교육과정 관련 연구 논문들 중 이론적 배경을 제공하지 않는 논문들은 약 30%(37편)인 것으로 나타났다. 이 비율은 이론적 배경의 섹션이 독립적으로 혹은 암시적으로라도 제시되지 않은 경우의 논문을 코딩한 결과로부터 나온 수치로, 수행된 연구가 이론적으로 선행 연구들과 어떻게 연관되는지 또는 어떻게 연결되며 확장될 수 있는 연구인지 등을 명시적로 밝히지 않은 연구들을 포함하고 있다. 이론적 배경은 연구 논문의 중요한 구성 요소 중의 하나이다. 이론적 배경의 필요성은 자신의 연구가 선행 연구들과의 공통점 또는 차이점들을 규명하고, 이를 통하여 실행하고자 연구의 필요성을 이론적으로 설명하고 설득하기 위한 것이다 (김영천, 2006; 백순근, 2004; Creswell, 2008, 2009). 이론적 배경을 기술하기 위해서 고려해야 할 가장 중요한 사실은 수행하고자 하는 연구의 주제 혹은 연구 문제와 관련된 선행 연구를 체계적, 분석적, 종합적으로 검토하여 그 검토한 결과를 제공해야 한다는 것이다 (Creswell, 2008). 따라서, 이론적 배경이 명시적으로 제시되지 않은 연구들은 독자들이 그 연구의 필요성을 납득하기 어렵고 앞으로 다른 연구들과 연결하여 확장시키기도 힘들다.

본 연구에서 이론적 배경을 제시한 것으로 확인된 70%에 해당하는 연구 논문들이 포함하고 있는 이론적 배경을 살펴보면, 연구 주제 혹은 연구 문제와 직접적으로 관련되지 않은 연구들을 무분적으로 제시하거나 체계적이지 않게 서술하는 경우가 상당히 많음을 알 수 있었다. 예를 들어, 주제어를 중심으로 관련 문헌을 찾아 나열식 혹은 병렬식으로 해당 논문을 요약하여 제공하는 정도로 이론적 배경을 서술한 경우이다. 몇몇 논문의 경우에는 특정 외국 논문 혹은 저서를 번역하여 오직 한 편의 연구만을 이론적 배경으로 살펴보고 그 요약만을 제시하기도 했다. 이론적 배경은 연구와 관련이 깊은 적합한 연구와 연결 지어 질 때(NRC, 2002)만이 수행된 연구를 과학적으로 이해하는 데 도움을 주고 수행된 연구의 관련 분야에서의 위상을 높일 수 있을 것이다.

3. 자료 및 수집 방법

본 연구에서 대상으로 삼은 124편의 논문에서 사용한 자료를 분석해 본 결과, 73% (90편)의 연구 논문들이 문서 자료를 활용한 것으로 드러났다. 사용된 문서 자료는 구체적으로 교과서와 교육과정 총론 및 해설서를 가장 많이 이용한 것으로 나타났는데, 구체적인 자료들을 살펴보면, 약 80% (90편 중 71편) 가 교과서(22%, 20편), 교육과정(38%, 34편), 교과서 및 교육과정 총론 및 해설서(19%, 17편) 등의 문서 자료를 수집하여 활용하였다. 이러한 문서 자료를 수집한 연구들은 국가 수준의 교육과정이 개정될 때, 그 이전의 교육과정과 개정된 교육과정 사이의 변화, 차이점 등을 분류하고 밝히는 내용으로 구성되어 있었다. 교과서 또는 교육과정 총론 및 해설서를 수집하여 분석한 연구들은 주로 특정 수학 내용의 구성이나 조직, 그리고 수학적 위계나 교육과정 수립과 개정에 관한 정책 등을 주제로 삼고 있었고 상대적으로 교수법의 주제나 이슈들에 대한 관심은 낮은 것으로 나타났다.

교과서와 교육과정에 관한 것을 제외한 나머지 연구에서 활용된 문서 자료는 학생의 활동지나 풀이, 교사용 지도서, 기타 문서 등으로 파악되었다. 교과서와 함께 교사용 지도서가 개발되고 있음에도 불구하고, 이 결과에서 주목할 점은 교과서와 교사용 지도서를 함께 수집하여 분석한 연구는 2%(3편) 정도로 상대적으로 매우 적었다는 것이다. 더군다나 교과서와 교사용 지도서 그리고 교육과정 총론 및 해설서를 모두 함께 수집하여 활용한 연구 논문 또한 오직 1편뿐인 것으로 나타났다. 이는 교육과정 연구들이 교육과정과 관련된 많은 문서 자료를 단편적으로 다루었음을 의미한다.

문서 자료를 수집한 연구 외에도 인터뷰 자료나 관찰 노트, 설문지 조사 등을 통한 자료 수집이 이루어진 연구들이 있었지만, 인터뷰 (3%)나 관찰 (5%)을 통하여 자료를 수집하는 경우는 전체 대상 연구들의 수에 비하면 미미한 것으로 나타났다. 확인된 논문들에서 사용된 자료로서 인터뷰와 관찰 노트는 녹취록으로 작성하여 자료화 하였는데, 주로 교사를 대상으로 했다. 하지만, 연구의 중심 자료로 인터뷰와 관찰 자료를 수집하여 활용하기보다는, 교육과정에 대한 교사들의 인식 등에 관련된 설문지 조사 연구를 위한 부수적인 자료로 수집된 경우들이 많았다. 교사와 학생들 개별적으로 혹은 수업을 관찰하고 인터뷰를 함께 진행하는 연구도 있었지만 그 수가 많지 않았다. 또한 약 15% (18편)의 연구들이 설문지 조사를 실시하였는데, 위에서 언급한 맥락, 즉, 교육과정 개정과 관련된 것으로 성격, 목표, 내용 적정화, 평가 등에 대한 교사와 학생들의 인식을 조사하기 위해 설문지를 제작하여 실시한 것으로 볼 수 있다. 활용된 설문지는 대부분 각 연구에서 연구자들이 직접 설문 문항을 작성하여 설문지를 제작한 것으로 나타났다. 교육과정이나 평가에 대한 국제 비교에 관련된 연구들은 공개된 자료를 (예, TIMSS 자료) 활용하여 분석하였다.

4. 자료 분석 도구와 방법

연구 논문에서 코딩 스킴은 자료를 분석하는 기본적인 틀이 된다. 이는 자료를 어떻게 분석할 것인가를 정하는 중요한 틀을 말하는데, 본 연구에서 살펴본 124개의 논문들은 많은 수가 문헌 분석을 위주로 하고 있어서 실험 연구나 준실험 연구들에서 나타나는 코딩 스킴을 찾아보기는 힘들었다. 총 124개 중 5개의 논문에서만 자료를 분석하기 위한 코딩에 대한 언급과 설명이 있었다. 이로 인해 여러 논문들에서 어떻게 자료를 분석하였는지 이해하는 데 한계가 있었다.

본 연구에서 살펴본 자료 분석 방법을 살펴보면, 9개의 질적 연구와 27개의 양적 연구가 분석 방법에 대해 언급하거나 설명을 시도했다. 특히, 양적 연구에서 사용된 방법을 보면 과반수가 넘는 약 81%(32개 중 26개)의 논문이 서술식으로 자료를 분석하려 시도했고, 약 13%(32개 중 4개)의 논문이 집단 간의 차이 분석을, 약 6%(32개 중 2개)의 논문이 관계 분석을 시도했다. 여기서도 서술식의 분석 논문들은 퍼센트를 이용한 간단한 양적 비교에 그치는 것이 많았고, 양적 연구에서 사용할 수 있는 고급 분석법 등 다양한 자료 분석을 사용한 논문을 찾아보기에 한계가 있었다.

연구 논문에서 자료 분석을 시도할 때는 분석 도구에 대한 설명이 필요하다. 본 연구에서 찾아본 124개의 논문에는 오직 1개의 논문에만 타당도(validity)에 대한 언급이 있었을 뿐 자료 분석 도구와 방법에 대한 신뢰도나 타당도에 대한 설명은 찾기 힘들었다. 또한 본 연구에 사용된 논문 중에서 분석 도구를 설명한 논문이 5개, 분석 방법을 언급한 논문이 41개에 그쳤다. 따라서 자세한 경향을 언급하기 힘들지만, 분석 도구와 방법에 대한 설명 부족으로 연구 결과가 유의미한지를 논하는데 어려움이 따랐다.

5. 연구 설계 (Research Design) 및 윤리적 문제

앞에서 제시했듯이, 연구 설계의 요소별 분석을 해 본 결과, 요소간 유기적인 연결성이 있기 때문에 연구 결과 분석은 결국 전체적인 연구 설계의 문제와 연관되어 있다는 것을 발견했다. 따라서, 이 절에서 연구 설계 요소간 연결성과 일관성을 살펴보면서 연구 결과에 대한 분석 결과도 함께 제시하고자 한다.

본 연구의 대상인 124개의 논문을 처음 분류할 때, 제목을 보고 코딩한 다음, 각 논문들의 세부 내용을 보고 다시 코딩하였다. 여기서 약

23%(28개)의 논문이 연구자들이 코딩한 제목과 내용에 있어서 불일치를 보였다. 논문의 제목은 연구 주제를 밝히는 것으로 제목만으로도 무슨 연구인지 알 수 있도록 간결하고 명료하여야 하는데, 제목과 내용에 차이가 있다는 것은 논문의 독자로 하여금 글을 파악하는데 혼동을 줄 수 있다. 선행 연구는 현재 연구의 이론적 배경을 제공하기도 하고 연구 문제를 제공하기도 하므로, 연구 설계 단계에서 선행 연구를 살펴보는데 논문의 제목이 중요한 역할을 할 수 있다. 따라서 연구 설계 단계에서부터 제목 선정에 신중을 기해야 할 것이다.

연구의 일관성(coherence)을 살펴보기 위해 연구문제와 자료수집과 분석, 결과에 대한 내용을 살펴보았다. 본 연구에서 살펴본 124개의 논문 중 25%(31개)의 논문만이 연구문제를 명확히 제시하였다. 대부분 연구의 목적을 설명하긴 하였으나 이를 위한 연구 문제를 명확히 제시하지 않고 연구 결론을 서술하는 것이 많았다. 예를 들어, 연구의 목적이 외국의 교육과정과 우리나라의 수학과 교육과정을 비교하는 것이라면, 그 비교를 위해 어떤 문제를 중심으로 비교할 것인지, 구체적으로 정책적인 면의 비교인지, 교육과정 해설서의 비교인지, 교과서의 특정 영역에 대한 비교인지, 전체적인 틀을 비교하는 것인지 등 명확히 밝혀야만 그 논문에서 결론으로 밝히고 있는 바가 무엇인지 정확히 파악할 수 있다. 실제로 전체의 73%인 문서 자료를 분석한 연구(90편) 중에서 약 35%의 연구물들은 '기타'로 분류되었다. 그리고 해당 연구물들은 연구 문제, 연구 방법 등이 구체적으로 치밀하게 제시되어 있지 않아 그 연구 결과 역시 논리적으로 타당하며 일관성 있게 맺어지지 못하고 있었다.

본 연구에서 파악된 9개의 질적 논문과 27개의 양적 논문, 그리고 나머지 문헌 분석과 기타 논문들에서 자료 수집과 분석 방법에 대해 둘 다 설명한 경우는 19개, 둘 중 하나만 설명한 경우는 23개로 전체 124개의 논문 중 42개(약 34%)의 논문이 자료 수집과 분석 방법에 대한 언급이 있었다. 선정된 연구주제를 어떻게 해결하는지를 이해하는 데 있어 어떤 자료를 어떤 과정으로 수집했으며 어떤 도구를 사용해서 분석하였는지에 대한 진술은 중요한 역할을 한다. 질적 연구의 경우 자료 분석을 위한 코딩 스킴이나 분석틀에 대한 설명을, 양적 연구의 경우 자료 처리에 적용될 통계적 방법이나 분석 방법을 명시하여야만, 연구 방법과 그 적절성을 알 수 있다. 수학과 교육과정 연구에서도 교육과정의 해설서나 교과서의 내용, 교사와 학생이 관련되는 수업 사례 등을 살펴보는 것에 있어서 앞으로는 연구의 일관성을 유지하기 위해 명확한 연구 문제 제시와 함께 자료 수집과 분석 방법에 대한 자세한 언급이 필요할 것 같다.

최근의 연구에서 연구 윤리는 무척 중요시되고 있다. 우리나라의 경우는 '황우석 사건'을 계기로 그 관심이 높아져 최근에서야 이에 대한 중요성이 부각되고 정확한 자료와 논문 표절 등의 문제를 심각하게 여기게 되었다. 2011년 교육과학기술부와 한국연구재단이 공동으로 발행한 <연구윤리의 이해와 실천>에 따르면, "연구윤리는 연구의 계획, 수행, 보고 등과 같은 연구의 전 과정에서 책임 있는 태도로 바람직한 연구를 추진하기 위해 지켜야 할 윤리적 원칙"이라고 말하고 있다. 이는 연구 절차와 내용 모두를 포함하는 것으로 연구부정행위를 미리 예방하여 연구 성과가 해당 분야의 발전에 기여할 수 있도록 돕기 위한 것이다. 본 연구에서 살펴본 124개의 논문에서 나타난 윤리적인 문제점들은 대부분 인용에 관련된 것이었다. 우선 직접 인용을 할 때 출처를 명확히 밝히지 않은 경우나 번역한 내용을 쓰는 경우 출처를 명확히 하지 않은 경우가 있었다. 그리고 논문들에 사용된 자료의 출처나 선정에 관해서도 설명이 부족한 경우들이 있었다. 이러한 문제는 논문 작성에서 점차적으로 개선해 나가야 할 점으로 보인다.

참고문헌을 인용하는 데 있어서도 몇 가지 문제점이 발견되었다. 본문 내에서 인용이 없이 참고 문헌을 쓴 경우가 있었는데, 특히 교과서를 인용하는 경우에 많이 발견되었다. 그림이나 표 등에도 본인이 직접 작성하지 않고 사용한 경우 출처를 밝히거나 저자의 허락을 받았음을 밝혀야 함에도 불구하고 아무런 설명 없이 사용하는 경우가 있어 이 또한 논문 작성에서의 윤리적인 문제점으로 지적할 수 있다.

마지막으로 논문 서술 양식에 있어서 대부분의 등재 학술지들은 APA 스타일을 사용하도록 권고하고 있는데, 본문의 내용을 쓰는 데 있어서나 참고 문헌을 쓰는 데 있어 틀린 점들이 발견되었다. APA 스타일은 단순히 참고문헌을 쓰는 법만을 이르는 것이 아니라, 본문의 인용이나 주석을 달고 타이틀을 쓰는 부분까지 자세한 가이드라인을 준다. 하지만, 학회별로 명시한 스타일과 함께 예시로 제시해 놓은 참고문헌 쓰는 법들에 약간의 차이가 있어 혼동의 여지가 있어 체계적인 개선이 필요함을 알 수 있었다.

V. 결론 및 제언

최근 10년간(2000-2010) 발표된 124편의 수학과 교육과정에 대한 연구 논문을 분석한 결과, 연구 설계 및 방법의 동향의 주요한 세 가지 특징을 발견하였다.

첫째로는 2008년 이후로는 꾸준히 실증적 연구들이 강세를 보이고 있으나(예, 2008년 이후 발표된 논문 전체의 80%는 실증적 연구들이었다.) 아직까지는 기존의 사실을 종합하여 정리하거나 과학적인 증거 없이 자신의 의견을 제시하는 등의 연구들이 전체의 44%를 차지할 만큼 실증적, 과학적인 연구 설계와 연구 방법이 아직 제대로 정착하지 못하고 있다. 최근 들어 과학적인 엄밀성을 추구하는 연구 설계와 방법을 사용하는 연구가 다수를 차지한다는 것은 향후 수학교육 연구에 있어 긍정적인 신호이지만, 전체적으로 아직 다수의 연구들이 엄밀한 연구 방법을 사용하지 않고 있다는 것은 주목할 필요가 있다. 수학교육 분야에서도 연구 방법론에 대한 인식을 새롭게 할 필요가 있으며 향후 연구에 있어 어떻게 과학적 연구 설계의 학문적 풍토를 정착시킬 것인가에 대한 논의와 노력이 필요하다.

둘째, 연구 설계의 유기적 긴밀성과 엄밀성에 대한 인식이 필요하다. 연구 문제, 이론적 배경, 자료 수집 방법, 자료 분석 방법, 결과 모두 서로 유기적인 긴밀한 연관성이 있으며 이 역시 연구 논문의 질을 좌우하는 중요한 요소이다. 연구 문제의 불확실성, 이론적 배경의 부재 등은 연구의 방향과 기틀을 정확히 제공하지 못하게 되며 자료 수집 방법과 자료 분석 방법 역시 연구 문제 해결을 뒷받침하는 도구로서의 역할을 제대로 할 수 없게 된다. 이런 연구의 경우는 결과 역시 신뢰성과 타당성을 확보하기 어렵다. 따라서, 연구 설계의 각 요소마다, 단계마다 긴밀성과 엄밀성을 유지할 수 있도록 노력할 필요가 있다.

셋째, 데이터를 기반으로 하는 실증 연구들에서 주제와 자료의 편향성이 두드러졌다. 연구 대상 논문 전체의 76%가 대부분 국가교육과정 총론과 해설서나 교과서와 교사용 지도서 등과 같은 문서를 분석한 연구들로 연구 대상이 편중되어 있었으며 그 중 87%가 수학 내용의 구성 및 편성에 관한 내용으로 교육과정과 관련한 교수학습에 대한 이슈나 정책적 쟁점에 대한 내용들과 같은 교육과정을 둘러싼 다양한 이슈들을 다루고 있지 않았다. 문서를 대상으로 한 연구들이 주로 공식적인 문서에 치중하고 있어서 앞으로 교사의 수업 지도안, 학생들이 만든 표나 그래프, 학생들이 쓴 글이나 표상 등과 같은 다양한 텍스트를 분석하는 연구들도 함께 이루어진다면 다각적인 연구를 통한 심층적인 데이터와 연구 결과들을 얻을 수 있을 것이다.

그리고 수학 내용의 구성 및 편성을 다루는 논문들도 이론적 분석틀의 선택에 대한 설명, 자료 분석 방법, 자료 분석 결과의 신뢰도와 타당도 확보 등에 대한 정당화 과정 없이 단순히 수학 내용 편성을 제시하거나 학년별 비교를 하는 등의 단순 비교가 주류를 이루고 있었다. 실제로 이론적 분석틀을 제시한 연구도 드물었다. 더 나아가, 연구 문제를 명확히 제시하지 못하거나 이론적 근거와 자료 수집 및 분석 방법이 일관성 있게 제시되지 못하고 있는 경우도 많았다. 따라서, 데이터 기반의 실증 연구를 시행함에 있어서도 다양한 연구 주제와 그에 따른 엄밀하고 적합한 연구 방법을 선택하여 논리적으로 제시하려는 노력이 필요함을 알 수 있다.

또한, 기존의 사실을 종합 정리하는 연구들의 경우에 74%가 국가 교육과정의 개정과 관련하여 주요 개정 내용이나 향후 개정 방향에 대한 내용을 주로 국가 교육과정 총론이나 해설서에서 발췌하여 제시하고 있었다. 앞으로는 총론과 해설서뿐만 아니라, 교과서나 교사들과 관련된 자료 등 좀 더 다양한 데이터에 기반을 둔 다각적인 연구가 필요하다. 물론 이러한 국가 교육과정에 대한 연구가 교육과정 개발과 실행에 대한 거시적 안목을 제시할 수도 있지만, 실제로 국가 교육과정이 어떻게 해석되고 시행되는지, 어떠한 상황과 맥락에서 이러한 국가 교육과정에 관한 연구 결과가 적용될 수 있는지를 알기 위해서는 경험적, 실증적 연구가 병행되어야만 한다. 관찰, 면담 등에서의 데이터로부터 얻을 수 있는 정보는 문서에서 얻을 수 있는 정보와는 또 다른 시각과 통찰을 가질 수 있도록 해 주기 때문에 동일한 연구 대상이더라도 다양한 연구 방법을 활용하는 것이 연구의 질을 향상시키는 데 중요한 기제라고 할 수 있다. 실제로 본 연구의 분석 결과, 전체의 약 4%만 혼합 연구방법을 채택하고 있었으며 대부분의 연구들이 설문지, 면담, 관찰, 문서 등에서 둘 이상의 다양한 데이터를 사용하기 보다는 단일한 데이터를 수집, 분석하고 있었다. 단일한 데이터를 사용하기 보다는 다양한 데이터를 수집하여 공통된 결과를 얻어내는 삼각기법(triangulation)을 활용하는 등 연구의 신뢰성을 높이기 위한 노력도 필요하다.

마지막으로, 연구 설계 및 방법에 있어서 윤리적인 문제점들도 다수 발견되었는데, 본문 내에서 인용이 없이 참고 문헌을 쓴 경우, 특히 교과서를 인용할 때 출처를 밝히지 않은 경우가 많았으며 그림이나 표 등에도 본인이 직접 작성하지 않고 사용한 경우 출처를 밝히거나 저자의 허락을 받아 제시해야 함에도 불구하고 아무런 설명 없이 사용하는 경우가 있어 이 또한 논문 작성에서의 윤리적인 문제점으로 지적할 수 있었다. 그리고 우리나라에서는 아직 연구 대상자의 인권이나 자유 의지를 보장해 주는 연구 절차가 제대로 마련되어 있지 않은데 많은 교육 연구의 대상이 비교적 어린 학생들임을 감안할 때 연구 동의서를 사전에 받는다든지, 연구 도구에 대한 검증 절차를 거쳐 사용한다든지 하는 연구 윤리에 대한 체계적인 시스템 도입도 필요하다.

결과적으로, 본 연구를 통하여 수학과 교육과정 연구에 있어서 좀 더 엄밀한 연구 설계와 연구 방법에 있어 다양성을 추구해야 함을 알 수 있었다. 이는 수학과 교육과정 연구뿐만 아니라 다른 분야의 수학교육 연구에서도 강조되어야 할 것이다. 좀 더 다양한 연구 주제, 다각화되고 엄밀한 연구 방법, 깊이 있는 결과 해석 및 학계의 윤리성 강화 등은 연구의 질적 측면에서도 많은 향상을 가져 올 수 있으며 향후 수학교육의 발전에도 기여할 수 있을 것이다.

참 고 문 헌

권나영·김래영·김구연 (2011). 초·중등 수학과 교육과정 연구의 주제별 동향 분석. 한국수학교육학회지 시리즈 A <수학교육> 50(4), 507-520.

김영천 (2006). **질적연구방법론** I. 서울: 문음사.

백순근 (2004). 학위논문 작성을 위한 교육연구 및 통계분석. 서울: 교육과학사.

한국연구재단·교육과학기술부 (2011). **연구윤리의 이해와 실천**. 한국연구재단.

Andrews, R. (2005). The place of systematic reviews in educational research. *British Journal of Educational Studies, 53*(4), 399-416.

Campbell, D. T., & Stanley, J. C. (1963). *Experimental and quasi-experimental designs for research.* Boston, MA: Houghton Mifflin.

Creswell, J. W. (2003). *Research design: Qualitative, quantitative, and mixed methods approaches.* Thousand Oaks, CA: Sage.

Creswell, J. W. (2008). *Educational research: Planning, conducting, and evaluating quantitative and qualitative research* (3rd ed.). Upper Saddle River, NJ: Pearson.

Creswell, J. W. (2009). *Research design: Qualitative, quantitative, and mixed methods approaches.* Thousand Oaks, CA: Sage.

Crotty, M. (1998). *The foundations of social research: Meaning and perspective in the research process.* London, UK: Sage.

Geertz, C. (1973). *The interpretation of cultures.* New York, NY: Basic Books.

Kilpatrick, J. (2008). The development of mathematics education as an academic field. In M. Menghini, F. Furinghetti, L. Giacardi, & F. Arzarello (Eds.), *The first century of the International Commission of Mathematical Instruction* (1908-2008): *Reflecting and shaping the world of mathematics education* (pp. 25-39). Roma, Italy: Istituto della Enciclopedia Italiana fondata da Giovanni Treccani.

Morris, A. (2002). *From idea to impact: A guide to the research process* (Building Effective Research series No.1). London, UK: Learning and Skills Research Centre.

National Council of Teachers of *Mathematics (2010). Mathematics curriculum: Issues, trends, and future directions.* Reston, VA: Author.

National Research Council (2002). Scientific research in education. Washington, DC: National Academy Press.

Reys, B. J., Reys, R. E., & Rubenstein, R. (Eds.). (2010). *Mathematics curriculum: Issues, trends, and future directions.* Reston, VA: NCTM.

Stein, M. K., Remillard, J. T., & Smith, M. S. (2007). How curriculum influences student learning. In F. K. Lester (Ed.), *Second handbook of research on mathematics teaching and learning* (pp. 319-370). Charlotte, NC: Information Age.

Üsdiken, B., & Pasadeos, Y. (1995). Organizational analysis in North America and Europe: A comparison of co-citation networks. *Organization Studies, 16,* 503-526.

Witmann, E. C. (1995). Mathematics education as a 'design science.' *Educational Studies in Mathematics, 29*(4), 355-374.

02 『우리나라 초등학교 수학과 교육과정의 변화 경향 재고 -Ernest의 수학교육철학적 관점에서-』에서 사용한 '철학적 연구' 방법 해설

백 석 윤[2)]

일반적으로 어느 분야가 됐든 해당 분야의 연구에 사용한 연구 방법이나 연구의 유형에 대한 설명으로서 '철학적(philosophical)'이라는 용어가 흔하게 사용되지는 않는다. 하지만, 수학교육 분야에서 이루어지는 연구를 살펴보면 연구자가 설정해 놓은 연구문제에 답을 구하거나 연구 목적을 달성하기 위하여 자료를 수집하고 수집된 자료를 처리하는 일련의 과정에서 '실험(experiment)', '평가(evaluation)', '관찰(observation)', '조사(survey)' 등과 같은 전형적인 연구 방법이 아닌 새로운 형태의 연구 방법이 필요한 경우가 있음을 알 수 있다. 예를 들어, 관련 문헌을 통해 필요한 자료나 해당 연구와 관련된 이론은 이미 주어져 있되 그 자료들에 내재된 특정 수학교육 현상들 사이의 관계성에 대한 통찰로부터 시작된 연구의 문제의식과 함께 그 관계성을 기존의 관련 이론을 통해서 들어내기 위하여 이루어지는 연구 방식의 경우는 앞서 거론한 연구 방법들에 의해서는 해당 연구문제의 답을 구하거나 연구 목적을 이루어내기에 불편하거나 어려운 경우가 있다. 이와 같이 전술한 예로부터 특유의 연구 필요성이나 방법론이 설명될 수 있는 연구 방법을 '철학적'이란 수식어로 나타내는 것을 볼 수 있다.

마침, *Research in Mathematics Education*(Shumway, 1980)에서 수학교육에서의 철학적 연구 방법론과 관련하여 다루어진 내용이 있어 이를 발췌하여 소개함으로써 본 연구(백석윤 · 이명희, 2003)에서 사용한 연구 방법이 갖는 의미에 대한 설명으로 대신하고자 한다. 즉, Johnson(1980: 20 ~ 28)은 연구의 유형으로서 다섯 가지(survey, experiment, case study, evaluation, philosophical or historical) 연구 방법을 거론하고 있다. 그중에 'philosophical or historical(철학적 또는 역사적)' 연구가 갖는 의미에 대하여 다음과 같이 정리하고 있다.

> 이 연구 방법은 기존의 자료나 정보를 탐색하여 새로운 사실이나 통찰을 도출하게 해준다는 면에서 여타의 연구 방법과 차별화된 특성을 가진다. 이와 같

2) 서울교육대학교, sypaik@snue.ac.kr

> 은 연구 방법은 연구자가 이론을 구축해나갈 때 기존 문헌에 대한 숙고를 통하여 병존하는 서로 다른 관점들을 융합해서 이미 연구된 동일 현상이나 행위에 대한 보다 발전된 해석이나 설명을 가능케 해주기 때문에 필요한 연구 방법이 된다. (p. 24)

다음, 이와 같은 철학적 연구 방법이 본 연구에서 왜, 어떻게 사용되었는가에 대한 설명을 하고자 한다. 본 연구는 그동안 우리나라 수학과 교육과정의 변화에 대하여 이루어져 왔던 연구에서 주로 내용적, 교수-학습 방법적, 사회학적 측면에서의 단편적인 분석에서 나아가 이들에 대한 분석으로부터 종합적, 의미론적으로 재해석을 이끌어내기 위하여 수학교육철학적 견지에서 재고를 시도한 연구라고 할 수 있다.

기존의 연구나 문헌을 살펴보면 우리나라 초등학교 수학과 교육과정의 변화 과정에 대하여 수량적, 외형적 변화 요인에 초점을 맞춘 연구나 의견들은 다수 존재한다. 하지만 수학과 교육과정의 변화 경향을 종합적이며 의미론적으로 파악하기 위해서 시도한 연구는 찾아보기 어려우며, 이러한 연구를 위해서는 최소한 다음의 두 가지 측면, 즉 당해 시기의 수학과 교육과정 관련 문헌 내에서 수학이란 교과의 내용을 대하는 철학적 관점의 파악을 위한 수리철학적 분석과 함께, 학교 현장에서의 수학과 교육과정의 이행을 전제로 한 실천적 관점인 사회학적 분석이 필요하다는 생각을 하게 된다. 따라서 당시 이러한 본 연구의 의도 면에서 볼 때, Ernest(1991)의 소위 사회적 구성주의라는 수학교육철학적 논리는 수학교육에서의 수리철학적 분석과 사회학적 분석을 조화롭게 연결 짓는 적절한 방법이 된다고 판단하였다.

하지만 Ernest(1991)의 수학교육 이데올로기 모델들은 각 모델이 논리적이라기보다는 개연성 연합의 방식으로 형성되었으며, 지식, 사회, 교육 등의 복잡한 구성 현상에 대한 단순화된 가설에 의존하며, 수학의 계획된 교육과정을 지지하는 상층 수준과 목표, 이데올로기만을 다루고 있다는 비판을 받고 있었다. 그러나 이러한 비판에도 불구하고 Ernest(1991)의 이데올로기 모델은 이론적으로 근거가 있는 모델로서 수리 철학, 윤리적 발달 이론, 사회-역사적 이론을 포함하면서 형성되었고, 각 이데올로기의 흥미집단을 세분화함으로써 복잡성을 수용하는 능력을 갖고 있으며, 결과적으로 수학과 교육과정과 관련하여 내재하는 목표와 이데올로기에 대한 종합적인 비판적 도구를 제공해 준다고 생각하였다. 이와 같은 이유로 본 연구에서는 수학교육에 대한 수리철학적 분석과 사회학적 분석을 조화롭게 다룬 Ernest(1991)의 사회적 구성주의 중심의 수학교육철학적 관점을 도구로 우리나라 20세기 중반이후의 초등학교 수학과교육과정의 변화 경향을 재음미하는 '철학적 연구'를 수행하였다.

끝으로 '철학적 또는 역사적 연구' 방법을 수학교육 분야 연구에 도입하는 데 있어서 주의할 점에 대하여 *Research in Mathematics Education*(Shumway, 1980)에서 거론하고 있기에 이를 발췌하여 소개함으로써 '철학적 연구' 방법에 대한 해설을 마치고자 한다.

> 특히, 이 연구 방법의 사용에 있어서 연구를 위한 추론과 재구성 과정에 타당성을 확보하는 것이 중요하며(Travers, 1969), 기존 문헌의 진정성에 대한 비판적 평가와 문헌 원저자의 전문성과 의도, 그리고 주어진 자료의 내적 일관성에 대한 면밀한 평가(Travers, 1969; Fox, 1969)가 필요하다. (p. 40)

○참고문헌

백석윤, 이명희 (2003). 우리나라 초등학교 수학과 교육과정의 변화 경향 재고 -Ernest의 수학교육철학적 관점에서-. **학교수학, 5**(2), 151-165.

Ernest, P. (1991). *The philosophy of mathematics education*. The Falmer Press.

Fox, D. J. (1969). *The research process in education*. New York: Holt, Rinehart & Winston.

Johnson, D. C. (1980). Types of research. In R. J. Shumway (Ed.), R*esearch in mathematics education*. National Council of Teachers of Mathematics.

Shumway, R. J. (1980). *Research in mathematics education*. National Council of Teachers of Mathematics.

Travers, R. M. W. (1969). *An introduction to educational research*(3rd ed.). New York: Macmillan.

대한수학교육학회지<학교수학> 제 5 권 제 2 호
Journal of Korea Society of Educational Studies in Mathematics
School Mathematics Vol.5, No.2, 151-165. June 2003

우리나라 초등학교 수학과 교육과정의 변화 경향 재고 -Ernest의 수학교육철학적 관점에서-

백 석 윤* · 이 명 희**

그 동안 우리나라 수학과교육과정에 대하여 간헐적으로 이루어져 왔던 수량적, 외형적 분석에서 나아가 의미론적 파악을 위하여 우리나라 초등학교 수학과교육과정의 변화 경향을 수학교육철학적 견지에서 재고해 보았다. 일반적으로 수학과교육과정은 해당 시기 학교수학의 내용이 되는 수학에 대한 철학적 입장과 교육과정 실천의 장인 수학 수업 현장이 내포해야되는 사회학적 입장을 동시에 반영하게 된다. 본 연구에서는 수학교육에 대한 수리철학적 분석과 사회학적 분석을 조화롭게 다룬 Paul Ernest의 사회적 구성주의 중심의 수학교육철학적 관점을 도구로 우리나라 20세기 중반이후의 초등학교 수학과교육과정의 변화 경향을 재음미해 보았다. 그 결과 대체로 진보주의(1차)에서 과학기술적 실용주의(2차)로, 그리고 구인본주의(3, 4차)에서 진보주의 경향(5, 6차)으로, 그리고 사회적 구성주의(7차)로 변화하는 경향을 갖고 있음을 알 수 있었다.

I. 서론

새로운 세기가 시작되면서 수학교육 분야에서도 많은 변화가 나타나고 있다. 우리나라는 2000년에 제7차 수학과교육과정을 학교 현장에서 실시하기 시작함으로써 수학교육의 새로운 변화를 시도하고 있다. 한편, 미국은 2000년 NCTM에서 *Principles and Standards for School Mathematics*라는 국가단위의 수학교육 지침서를 펴냈으며, 일본은 제6차 교육과정[1)]에 의한 교과서를 2002년부터 학교 현장에 도입하고 있다. 이러한 변화의 시기에 지금까지의 우리나라 초등학교 수학과교육과정의 변화 경향을 재고해 보는 것은 과거 반세기 학교수학의 흐름에 대한 음미와 이를 바탕으로 앞으로 전개될 새로운 세기의 우리나라 수학교육의 방향을 조망해보는데 의미 있는 작업이 될 것으로 생각한다.

일반적으로 교육과정 개정을 통하여 제기될 수 있는 수학교육의 이슈는 수학교육과 관련된 당시의 학문적 관심과의 관련성은 물론이거니

* 서울교육대학교(sypaik@ns.snue.ac.kr)
** 서울성산초등학교(lmh9981@chol.com)

1) 일본의 수학과교육과정은 '학습지도요령'에 따라 전개되어 왔다. 각급 학교 단계의 교육과정 기준은 '학교교육시행법규'에 따라 학교교육법시행법규의 해당 장에 의해 정해진 것과 문부대신이 별도로 고시하는 학습지도요령에 의한 것으로 되어 있다(정영근 역, 1999). 일본은 해방 이후 4번의 교육과정의 개정을 거쳐 신학력관에 의한 제5차 교육과정이 1992년부터 현재까지 시행되고 있다. 이후 삶의 역량 육성을 핵심으로 하는 제6차 교육과정이 1996년 8월 교육과정 심의회의 자문을 거쳐 1998년 7월 초 · 중 · 고등학교의 교육과정 답신으로 개정되어 같은 해 12월에 초등학교의 학습지도요령이 개편되었고, 현장에서는 2002년부터 제6차 교육과정에 의한 수학교육이 시행된 것이다

와 과거와 현재에 기반을 둔 미래 지향적 수학 교육에 대한 실천적 성찰을 위한 논의와 밀접히 관련되기 마련이다. 따라서, 수학과교육과정에 대한 충실한 논의는 그 논의의 범주가 학문적 테두리를 넘어 학교주변의 실제 사회나 문화적 영역으로까지 확대되어야 하고, 교사, 학부모, 학생 등 수학교육 관련 실제적인 구성원들과도 밀접히 연결된 논의가 되어야 할 것이다. 과거 각 시기의 수학과교육과정은 해당 시기의 교육-사회적 가치관이나 심리-철학적 연구 경향에 의해 구축된 성향에 따라 교과 중심적, 학습자 중심적, 또는 사회 중심적 경향 등의 특성을 갖고 있음을 알 수 있다. 교과를 중심으로 한 교육과정은 해당 교과 내용을 다른 어떤 요소보다 우선시 하는 교육과정이 되고; 학습자를 중심으로 한 교육과정은 구성 방법상 학습자의 학습심리를 존중, 배려하는 교육과정이 되고; 사회 중심의 교육과정은 사회적 필요성이나 가치관을 반영하려고 노력하는 교육과정이 됨은 주지하는 바이다. 즉, 수학교육의 주 구성 요소인 수학 내용, 학습자, 교사 그리고 지역 사회 등의 요소 중 어디에 무게 중심을 두느냐에 따라 해당 교육과정은 그 특성과 형태를 달리하게 된다.

최근 우리나라의 제7차 수학과교육과정은 종전의 수학과교육과정과는 여러 가지 면에서 그 특성을 달리하고 있다. 일례로 6차까지의 수학과교육과정이 교과 내용에 다양한 형태로 관심을 집중시켜 왔다면, 7차는 관심의 중심이 학습자의 측면으로 이동된 교육과정으로 대비시켜 볼 수 있는 것처럼 최근 수학과교육과정은 뚜렷한 변화를 보여주고 있다. 이와 같은 교육과정적 변화에 올바른 교육적 대처를 위해서는 교육과정에 대한 외형적, 수량적 분석도 중요하지만 의미론적, 철학적 입장에서의 해석을 통한 교육과정적 변화의 흐름을 파악하는 것도 필요하다. 그 동안 우리나라 수학과교육과정의 변화를 분석한 연구는 자주 있어왔지만 이들 대부분은 교육과정의 외형적 측면에 초점을 맞춘 수량적 분석 방법에 의한 연구라고 할 수 있다. 본 연구에서는 20세기 중반부터 현재까지 약 반세기 동안에 걸쳐 이루어진 우리나라 초등수학교육의 변화를 그 동안의 초등학교 수학과교육과정에 대한 수학교육철학적 관점에서 해석을 해 보고자 한다. 이와 같이 초등학교 수학과교육과정에 대한 철학적 입장에서의 파악을 위한 연구는 현재까지의 초등학교 수학과 교육과정에 대한 수학교육철학적 토대를 살펴봄으로써 수학교육에 대한 반성적 실천가와 연구자로서의 수학교육 관련자에게 유용한 자료를 제공하는 셈이 된다.

수학과교육과정의 분석을 통하여 수학교육의 변화 경향을 의미론적으로 파악하기 위해서는 해당 시기의 수학과교육과정 내에서 수학을 대하는 철학적 관점의 파악을 위한 수리철학적 분석 작업과 학교 현장에서의 이행을 전제로 한 실천적 관점인 사회학적 분석 작업 또한 필요하다. 이러한 면에서 볼 때 소위 사회적 구성주의라는 수학교육철학적 논리는 수학교육에서의 수리철학적 분석과 사회학적 분석을 조화롭게 연결짓는 적절한 방법이 된다(Ernest,1991). 본 연구에서는 Ernest(1991)가 제시하고 있는 사회적 구성주의를 축으로 하는 수학과교육과정 분석의 논리를 방법론으로 도입하여 기존의 우리나라 초등학교 수학과교육과정을 수학교육철학적 관점에서 재해석해 보고, 앞으로의 수학교육의 방향 설정에 참고할 수 있는 자료 제공을 연구 목적으로 하고 있다.

II. Ernest의 수학교육철학

Ernest(1991)는 수학교육에 대한 철학적 논의를 위하여 수학의 본질에 관한 신중한 접근과 사회적 현상과 관련하여 다소간 현실적 접근이라는 두 가지 접근 방식의 병행을 제안하고 있다. 이와 같이 수학교육의 철학적 논의에 복합적인 접근 방식이 필요함은 수학과교육과정의 결정 과정이 수학교육 내적 논리만에 의존한다기보다는 주변의 지역 사회라는 복잡한 맥락이 그 속에서 마치 유기체처럼 형성, 진화하는 수학과교육과정의 결정에 작용하는 것으로 보는 관점이 보다 타당하다고 생각하기 때문이다. 본 장에서는 20세기 중반이후 변화해온 우리나라 초등학교 수학과교육과정에 대하여 Ernest의 수학교육철학적 관점에서 그 성향적 변화의 과정을 파악해보기 위해서 먼저 본 연구에서 분석의 도구로 설정한 Ernest의 수학교육철학적 분류 방식에 대하여 알아보고자 한다.

1. 수리철학

Ernest(1991)가 저술한 *The Philosophy of Mathematics Education*은 그 동안 수학교육연구자들로부터 상당한 관심과 지지를 받아왔다. 그는 수학교육 현실과 멀게 느껴지는 철학적 분석과 아울러 수학교육이론의 관점과 거리감이 있어 보이는 사회학적 분석을 동시에 시도하였다. 또한, 수학교육에 대한 철학적 논의 과정에 수학의 본질에 주목하는 신중한 접근이나 사회적 현상과 관련하여 어느 정도 현실적 접근 방법들을 시도하고 있다.

최근 들어 수학교육에서 구성주의가 새로운 수학 교수·학습을 위한 인식론적 기초가 될 수 있음을 보여주는 연구가 많이 등장하고 있다(N.C.T.M., 1989; N.C.T.M., 1991). 그러나, 구성주의의 입장 내에서도 주장하는 바가 서로간에 상당한 의미의 차이를 갖고 있음을 볼 수 있다. 여기서는 Ernest로 대표되는 사회적 구성주의에 초점을 맞추어 보고자 한다. 즉, Ernest의 주장을 근거로 하여 사회적 구성주의의 의미를 정리하고, 이를 기준으로 삼아 우리나라 초등학교 수학교육의 변화 경향을 수학과교육과정의 변천 과정에 대한 수학교육철학적 분석을 통하여 파악해보고자 하는 것이다.

절대주의자들이 보는 수학은 수학적 공리에 따라 논리적인 추론을 거쳐 연역적으로 증명된 명제로 구성되어 있으므로 소위 절대적 진리로 구축된 확고부동의 지식체이고 도전 불가능한 지식이 된다. 절대주의자적 수리철학은 '수학적 지식이란 무엇인가?'와 같이 수학의 본질에 대한 것을 논의 과제로 삼는 분야이다. 수학적 지식에 대한 절대주의자적 관점에서 시작하여 수학적 지식의 본성을 설명하고, 수학적 지식의 확실성을 재확립하기 위하여 논리주의, 형식주의, 구성주의 수리철학이 대두되었고, 이들 세 입장 모두 수학적 지식의 논리적 필연성과 절대적 확실성을 갖추지 못하였음은 주지의 사실이다.

수학이 무오류의 객관적 지식체임에 대한 확실한 보장이 어렵다는 생각은 자연히 사회적 합의의 과정을 오류 가능한 수학적 지식을 대하는 새로운 방식으로 택하려는 입장과 연결된다. 즉, 수학자의 수학 활동을 들여다보면 그들이 생산해 내는 수학적 지식은 안정된 형태에 도달하기 이전에 끊임없는 논쟁을 겪어야 했고, 결국은 사회적 합의를 통하여 그 논쟁을 결론지어 온 셈이다. 이렇게 수학이 발견, 생성되는 과정 중에 여러 가지 오류의 등장에 갈등하고, 다각적인 노력으로 그 오류를 수정한 결과 현재의 합의 상태에 이르게 된 것으로 볼 수 있다. Ernest에 의하면 수학적 지식은 "사회성"을 가지며, 수학적 지식의 기초는 언어이며, 언어가 그러한 것처럼 수학적 지식도 사회적 기초를 가진다. 수학적 지식의 발생과 발달 과정은 개인의 주관적 지식이 공표되고 그 공표된 지식이 발견술을 거치면서 수정, 보완되어 이루어진다. 이렇게 사회적 기초, 사회적 발생, 사회적 발달 과정을 통과하면서 구성된 지식은 아직 확실성이 보장된 것은 결코 아니지만 사회적 합의를 얻어는 과정에 나름대로의 객관성을 확보한 것으로 본다. 이와 같이 수학적 지식을 보는 입상에서는 지식에 대한 판단 기준으로 전통적인 객관성을 사회성으로 대치하게 된다. 즉, 지식의 확실성의 최후 보루인 수학도 점차 사회적 구성물로 간주되고 있는 것이다.

2. 수학교육철학

본 절에서는 우리나라 초등학교 수학과교육과정에 대한 철학적 분석의 기준 마련을 위한 수학교육의 이데올로기 유형에 대하여 알아보고자 한다 즉, 실용주의 이데올로기(Utilitarian Ideology), 순수주의자 이데올로기(Purist Ideology), 대중교육가의 사회적 변화 이데올로기(The Social Change Ideology of the Public Educators), 마지막으로 사회적 구성주의(Social Constructivism)에 대하여 알아보고자 한다.

가. 수학교육 이데올로기

Ernest는 수학교육에 대한 이데올로기로 실용주의 이데올로기, 순수주의 이데올로기, 그리고 대중교육가의 이데올로기로 구분을 하고 있다. 이 세 가지 이데올로기를 보다 세분화하여, 실용주의 이데올로기는 산업노동자 훈련인(The Industrial Trainers)과 과학기술적 실용주의자(The Technological Pragmatists)를; 순수주의 이데올로기는 구 인본주의자The Old Humanists)와 진보주의 교육자(The Progressive Educators)를; 그리고 대중교육가(The Public Educators)의 입장에서 대중교육가의 사회적 변화 이데올로기에 대하여 알아보겠다.

나. 산업노동자 훈련인

산업노동자 훈련인의 입장에서 보는 인간상은 모든 인간은 근본적으로 동등하지 않으며, 사회적 지위를 도덕적 가치와 동일하게 간주한다. 이들은 사회적 계층과 계급을 고정된 것으로 봄으로서 보수적이고 이기적이라고 할 수 있다. 산업노동자 훈련인의 관점은 상인 계층인 소시민 계급의 이데올로기로서 '사회에서 요구되는 인격, 즉 규칙적인 습관, 자기수양, 복종과 훈련된 노력 등을 가르치는 것'이다.

수학교육에 대하여 산업노동자 훈련인의 이데올로기적 입장에서 살펴보면, 수학은 '지식과 기술의 확실한 조직체'로서 여러 가지 사실과 기술뿐만 아니라 대학 수준의 연구에서 다루기 적절한 복잡하고 정교한 개념들로 구성되어 있고, 수학은 완전히 중립적이며, 수나 계산과 같은 객관적인 내용에만 관계한다. 수학의 사회적 다양성 이론으로 단일 문화주의, 은밀한 민족 우월주의, 현존하는 사회 계급의 순서와 불평등에 대한 재생이라는 입장이다.

산업노동자 훈련인의 목표는 인식론적 측면에서 수학의 합리적, 이론적 기초를 무시한 매우 비합리적이고 반지성적인 철학이고, 도덕적 측면에서는 극단적이면서 일반적으로 수용되기 어려운 원리 원칙들과 도덕관에 기초하며, 실용주의적 측면에서는 현대 산업 사회의 필요에 부응하지 않으며, 낮은 생활 수준에 부합된 기본적인 수리 능력은 유능한 노동력 조건에 맞지 않는다는 점에서 비판받는다. 결국 산업노동자 훈련인의 목표는 지지 받기 어려운 극단적 가정에 근거하며, 아이러니컬하게도 근면을 위한 훈련에 역효과를 얻고 있다는 점이 신보수주의 산업노동자 훈련인의 목표에 대한 비판이다.

다. 과학기술적 실용주의

과학기술적 실용주의자는 원래 실용주의자들이 추구하였던 목적을 현대적 모습으로 보여준다. 실용주의에 가치를 두고 있으며, 기술 발전을 통해 산업상의 이익을 배가시키는데 관심을 둔다. 과학기술적 실용주의가 추구하는 교육목표는 첫째, 지식과 기술의 획득이다. 이는 산업적 필요, 상업적 필요, 고용의 필요에 즉시 기여할 수 있어야 한다. 둘째, 과학적·수학적·기술적 지식 및 기술의 획득이다. 이는 장차 다가올 산업과 사회에서 필요로 하는 과학기술적 요구에 기여할 수 있어야 한다. 셋째, 가능성 있는 피고용자임을 나타내는 학력 증명서의 발급이다.

과학기술적 실용주의는 인지적, 도덕적, 사회적 기초가 결여되어 있고, 수학을 포함해서 모든 지식을 주어진 것으로 여기며, 학습으로서 수학의 성장과 발달에는 전혀 관심이 없으며, 수학의 즉각적인 응용과 단기간의 이익에 초점을 두었으며, 사회관 역시 기술중심주의로 실용성, 공리성에 근거한 원리 원칙이 될 만한 도덕적 기준이 없고, 교육에 적용될 도구적 가치를 넘어선 도덕적 기초가 전혀 없다는 점에서 비판받는다.

라. 구 인본주의자

수학은 본질적으로 가치 있는 문화의 주요 요소이며 인류 최고의 업적이자 '과학의 여왕', 절대 진리의 완전한 결정체로 본다. 수학은 엘리트, 즉 소수 천재들의 작품이며 수학 내에서 가치 있는 것은 엄밀함, 논리적 증명, 구조, 추상, 단순성, 정밀함이다. 수학교육의 목적은 수학 자체를 위한 수학의 전달이다. 수리철학의 관점은 이성과 논리에 근거하여 수학을 순수한 객관적 지식체로 본다. 이와 대조적으로 응용수학은 열등한 단순 기술에 불과하며 영원하고 속세에 비친 거룩한 진리의 그림자일 뿐이다. 이러한 시각의 근저는 Platon인데, 수학적 지식을 순수함, 참됨, 선함의 절대적, 선험적인 것으로 간주한다.

이러한 구 인본주의자의 수학관은 순수수학과 그것의 응용의 연결을 거부하는 순수주의자-절대론자적 관점이자 '상아탑' 아카데미즘으로 이것과 연관된 엘리트주의는 도덕적으로 건전하지 못하다. 수학은 인간적이고 과정적인데 이와는 먼 객관적이고 형식적인 틀을 강조하고, 수학을 객관적이고, 외부적이며, 냉정하고, 딱딱하고, 먼 것으로 학습자들에게 제시하여 개인의 수학 학습에 대한 참여를 감소시킨 점에서 비판받는다.

마. 진보주의 교육자

진보주의 수학교육은 수학 학습 과정에 적절하게 구조화된 학습 환경과 경험을 제공하고, 수학에 대한 학습자의 적극적이고 자율적 탐구를 육성하며, 느낌, 동기 및 태도, 부정적인 측면으로부터 학습자를 보호한다. 진보주의 수학교육의 교육 이데올로기 입장에서 학교수학 지식 이론 속의 수학은 전체 교육과정의 단 한 부분일 뿐이고, '전체 교육과정에서의 수학을 학습자 스스로 주도적으로 적용해 보는 것은 학교수학의 한 부분으로 가치 있다. 성장하는 인간의 전반적인 발달에 공헌하고, 수학 학습의 경험을 통해 학습자의 창의성을 발달시키고, 자아실현을 하는 것이 수학교육의 목적이다.

그러나 진보주의는 수학 교수 이론에서 교사의 역할을 그다지 강조하지 않았다는 점에서 불안하다. 따라서 교사가 중재하여 학습 환경을 구축하고, 학습 경험을 계획해야만 한다. 또한 학습자의 잘못이 고통과 정서적 손상을 입힐 지도 모른다는 두려움 때문에 '오류'를 지적하지 않았는데 오류에 대한 자각은 학습 과정에 꼭 필요하다. 불일치와 인지적 갈등은 수학 학습에서의 인지적 성장에 필수적이다. 그러나 학습자의 인지적, 정서적, 사회적 성장을 방해하며 과보호를 한다는 비판을 받는다.

바. 대중교육자

대중교육가는 수리 철학으로 사회적 구성주의를 택한다. 수학적 지식은 교정 가능하고 준경험적이다. 이들의 인식론은 오류주의적이고 개념-변화 지향적이라는 점에서 사회적 구성주의의 수리철학과 일치한다. 따라서 지식, 윤리, 사회적, 정치적, 경제적 이슈는 모두 내적으로 밀접히 관련되어 있다. 지식은 행동과 힘에 대한 열쇠이므로 현실과 동떨어지지 않는다. 학습자는 평등하게 태어난 개인이므로 동등한 권리와 재능과 잠재력을 지녔다고 본다. 학습자의 지식은 사회적 상호작용과 '의미의 협상'에서 초래된 내적 구성이라는 '사회적 구성주의자'의 관점을 취한다.

수학교육에서 대중교육가 이데올로기는 수학의 오류주의와 사회적 구성주의 철학의 출현에 기인한다. 수학교육의 대중교육가 이데올로기를 통하여 수학은 문화적으로 보존되며, 문화의 경계인 사회적 구조임을 인식하게 되었다. 즉, 수학을 문화적 산물로 생각하고, 여러 가지 세기, 위치 정하기, 지우기, 측정하기, 설계하기, 놀이하기, 설명하기 등의 여러 가지 활동 결과로 개발한다. 문화적 지식으로서의 수학은 이러한 여러 가지 보편적인 활동을 하는 인간으로부터 연속적이고 의식적인 방법으로 도출된다. 또한 수학교육에서 대중교육가 이데올로기는 수학교육의 본질과 사회와의 관계에서 생겨났는데, 수학교육의 목적은 학생들이 개인생활, 사회생활, 직업생활에서 수학적 응용성을 깨닫고 이해하여 판단, 이용, 실행할 수 있도록 하는 것이다. 수학교육은 학습자를 위하여 개인적, 사회적 참여로 이끌어져야 한다.

수학교육의 목표에서 볼 때 대중교육가의 시각은 사회적 정당성과 민주주의의 조성을 가장 잘 나타내며, 민주적 사회주의자의 원칙과 가치에 근거한 수학교육이다. 또한 수학에서 역사와 인간의 상황을 매우 중요시하고, 수학에 더 가깝고 덜 신격화된 이미지이며, 보다 인간적이고 환영받는 장점을 가진다. 반면 이데올로기 안에서 갈등 대 안정, 믿음 대 위협, 비판적 사고 대 주입이라는 모순을 가진 단점적 측면도 있다.

이상 정리해본 Ernest의 수학교육 이데올로기 모델들은 각 모델이 논리적이기보다는 개연성 연합의 방식으로 형성되었으며, 지식, 사회, 교육 등의 복잡한 구성 현상에 대한 단순화된 가설에 의존하며, 수학의 계획된 교육과정을 지지하는 상층 수준과 목표, 이데올로기만을 다룬다는 비판을 받고 있다. 그러나, 이러한 비판에도 불구하고 이 이데올로기 모델은 이론적으로 근거가 있는 모델로서 수리철학, 개인의 윤리적 발달 이론, 사회-역사적 이론 등을 포함하면서 형성되었고, 각 이데올로기의 흥미 집단을 세분화함으로써 복잡성을 수용하는 능력이 있으며, 결과적으로 이 이데올로기 모델은 수학과교육과정과 관련하여 내재하는 목표와 이데올로기에 대한 비판적 도구를 제공해 준다고 생각한다.

사. 사회적 구성주의

중립적이며 가치-독립적인 절대주의 수리철학은 수학이 철학적 범위에서는 절대적 객관성과 중립성을 수용하지만 수학에는 내재적 가치가 있기 때문에 수학 그 자체는 가치-가중적이라고 본다. 그러나 수학에 대한 이러한 가차가중적 관점은 수학자와 그 문화와 관련된 것이지 수학 자체의 객관적 영역에 관한 것이 아니므로 수학은 여전히 중립적이고 가치-독립적이라고 할 수 있다. 따라서 수학에서는 구체보다는 추상을, 비형식보다는 형식을 주관보다는 객관을, 발견보다는 증명을, 직관보다는 합리성을, 감성보다는 이성을 중시한다. 반면에 사회적 구성주의는 수학을 오랜 시간 동안 조직된 인간 활동의 산물로 보는데 문화에 근거를 둔 가치-가중적인 수학에서 수학사는 수학의 창조에 대한 기록이 된다. 수학에 대한 사회적 구성주의는 특별한 창조물을 만들어 내거나 방해하는 수학적, 철학적, 사회적, 정치적인 힘이 무엇인지를 설명한다. 수학에 대한 사회·역사적 연구는 객관적, 이성적 준거뿐만 아니라 사회적 지위와 참여자의 관심에 달려 있다.

인간의 모든 지식은 공유된 기원과 역사로 상호 연결된 창조물이다. 사회적 구성주의는 모든 지식의 바탕인 발생론적 단위를 제공하면서, 모든 지식은 인간의 지적활동으로 창조된다는 전제에서 시작한다. 모든 인간의 지식은 상호 연결되어있기 때문에 지식의 정당화는 공유된 바탕, 즉 인간의 합의에 달려있다. 결과적으로 사회적 구성주의에서 수학적 지식은 다른 영역의 지식과 분리될 수 없으며, 모든 지식은 공유된 근거를 통해 서로 연결된 가치-가중적이 된다. 다른 분야의 지식처럼 수학도 문화에 바탕을 두며, 창조자와 문화적 상황의 가치가 내재되어있다. 사회 문화의 일부분으로서 수학은 사회 문화의 전체 목표에 기여한다. 즉 사람들이 삶과 세계를 이해하도록 도와주며, 다양한 경험을 다루는 도구를 제공한다. 목적이 무엇이든지 간에 각 문화권 내의 수학은 특정한 필요에 직면했을 때 발달하면서 자신의 목적을 가장 효율적으로 처리할 것이다. 모든 문화는 나름대로 타당하므로 각 문화권 내의 수학 역시 나름대로 가치롭다. 이와 같이 문화에 근거하여 수학의 성향을 인정하는 것은 필연적으로 가치-가중적 성질을 인정하도록 유도한다.

사회적 구성주의는 교육에 대하여 기본적인 가치로서 자유, 평등, 우애를 든다. 즉, 인간의 존엄성과 개성 존중이다. 가치와 지위에 따라 모든 사람들과 문화에 이 가치를 전파해야 하는데 학교교육과 교육과정은 위의 가치들을 가능한 많이 구현하고 존중해야 하며, 수학과교육과정은 학문 그 자체의 성질을 반영할 수 있도록 대표성을 갖고 있어야 한다는 교육원리를 취한다. 이 원리에 따라 학교수학은 모든 사람을 위한 수학적 문제 설정과 해결에 중점을 두며, 한편 그 자체의 오류 가능성을 반영해야 한다. 학교수학에 수학의 다양한 문화적·역사적 기원 및 목적과 모든 사람들이 실제적으로 기여한다는 점을 인정해야 한다.

학교수학은 사회에서 사용하는 수학과 관련된 가치를 명확히 인식해야 한다. 학습자들은 수학과교육과정에 내재된 사회적 메시지를 인식하고, 수학의 사회적 사용을 이해할 수 있도록 자신감과 지식, 기술을 가져야 한다. 사회적 구성주의는 수학을 인간의 문제제기와 문제해결에서 비롯되는 사회적 제도로 본다. 수학은 문제를 중심으로 생각하는 고유한 학문으로 문제는 수학의 성장점이 된다. 수리철학에서 문제는 수학 이론의 평가에 중요한 역할을 한다. 수학에서 문제 및 문제해결의 중심적 위치에 대한 인식은 수학사에서 발견이나 창조의 상황을 강조하는 전통의 또 다른 일면이다.

사회적 구성주의는 수학에서 주관적 지식의 발견과 객관적 지식의 창조를 상호 관련짓고 있다. 여기서 '발견(창조)'과 발견에 대한 정당화는 완전히 분리될 수 없다. 증명과 같은 정당화 과정은 개념이나 추측, 정리와 마찬가지로 인간의 창의성의 산물이다. 사회적 구성주의는 모든 수학 학습자를 수학의 창조자로 여기지만, 수학계의 결정적인 인정을 받아야만 합법적인 새로운 수학적 지식을 창조하게 되는 것이다. 즉, 문제제기와 문제해결을 포함하여 수학 학습자의 수학 활동이 생산적이라면 그것은 질적으로 전문 수학자의 활동과 다르지 않다. 이상의 관점에서 보면 만인을 위한 학교수학은 인간의 수학 문제제기 및 문제해결에 주된 관심을 두어야 한다. 따라서 탐구와 조사가 학교수학 교육과정의 중심이 되어야 하고, 교수법은 과정 및 탐구에 초점을 두어야 한다. 즉, 만인을 위한 수학이 곧 만인에 의한 수학이 되어야 한다.

사회적 구성주의 이론은 처음부터 일반적인 학습 이론인데 비해서, 실제적(realistic) 수학교육 이론은 수학에서만 탄생한 교수학습 이론이다. 실제적 수학교육의 중요한 구성 요소 중의 하나는 다양한 실제 세계의 문제와 상황을 통하여 학생들이 수학적 생각과 개념을 재구성하거나 재발명하게 하는 것이다. 이런 과정은 점진적인 스키마화와 수평적이고 수직적인 수학화에 의해서 일어난다. 여기서 학생들은 자신의 개념 구성 과정을 각자 나름의 속도에 맞추게 된다. 대중교육자 이데올로기의 중심부에는 수학의 사회적 구성주의 철학이 내재되어 있다.

III. 우리나라 초등학교 수학과교육과정의 수학교육철학적 분석

이번 장에서는 1차부터 7차까지 우리나라의 초등학교 수학과교육과정을 앞에서 알아본 Ernest의 수학교육 이데올로기 분류의 관점을 기준으로 하여 각 교육과정기의 특징적인 면을 분석해보고자 한다.

1. 제1차 초등학교 수학과교육과정

1차 교육과정에서는 학생 입장에서 필요, 요구되는 사항, 사회적 요구 등을 참작하여 학습 심리적 배열과 체계적 방법을 적절히 고려하여 수학의 기본적 개념이나 원리, 사고력 양성 및 기초 과정과 상호 관계, 문제해결과 응용 능력, 기능 숙달로 내용을 결정하고, 지도 방법을 개선하여 교육 목적을 달성하는 데 효과를 올리도록 하고 있나. 산수의 유용성과 지적 체계, 지도 방법 등을 고려하여 산수 교육의 목표를 설정하고, 내용을 선정, 조직하려는 시도가 처음으로 이루어졌다.

1차 교육과정의 특징적인 면을 살펴보면 다음과 같다

: 학생의 발달 과정, 능력, 개성 신장에 맞추어 내용 배열; 교과 내용은 최소량을 융통성 있게 지도; 내용 선택은 이론 중심을 피하고 생활 중심으로; 교육 목표는 주지주의보다 실용적인 면 강조; 학습 활동은 노작교육, 창조교육으로 전환; 지도 방법은 단원, 분단, 토의, 도서관 이용 등으로 다양화. 일상 생활에 있어서 수량적인 관계와 도형에 대하여 고찰, 처리하는 능력 및

태도를 기르는데 목표를 두었고, 산수의 내용은 물론 교수 방법에까지 생활이 중심이 되어 있다는 것이 특징이라고 할 수 있다. 즉, 1차 교육과정은 학생들의 경험과 생활을 존중하는 생활중심 교육과정의 산수 교육이라고 할 수 있다(박한식, 1991).

이상에서 살펴본 바와 같이 1차 교육과정은 미국의 진보주의 교육의 영향을 받아 Dewey의 실용주의 사상이 주로 반영된 것으로 수학 학습에 적절하게 구조화된 학습 환경과 경험을 제공하고, 수학에 대한 학습자의 적극적이고 자율적인 탐구 자세를 육성하며, 교육 방식에서 활동과 놀이, 탐구를 강조하는 '진보주의 교육자 이데올로기'적 성향으로 분류해 볼 수 있다.

2. 제2차 초등학교 수학과교육과정

2차 교육과정은 1차 교육과정의 문제점이라고 할 수 있는 생활중심의 비중을 줄이고, 수학 본연의 계통을 중시한 것이 특징이라고 할 수 있다. 생활의 측면을 약화하고 계통성을 고려하여 산수과의 내용을 확충하였으며, 기초적 개념, 원리에 치중한 체계적 학습이 전개되도록 시도하였다. 내용 면에서는 자주성, 생산성, 유용성을 강조하고 조직면에서는 합리성을 강조하며, 운영 면에서는 지역성을 강조하는 것을 개정의 요지로 하고 있다. 즉, 실용주의에 가치를 두고 기술 발전을 통해 산업상의 이익을 배가시키기 위하여 산업적, 상업적, 고용의 필요에 즉시 기여할 수 있는 지식과 기술을 획득하는 것을 수학교육의 목표로 한 소위 '과학기술적 실용주의 이데올로기'의 성향을 보이는 것으로 분류할 수 있다. 이러한 경향과 당시 과학 발달 및 급격한 사회 변화 현상을 고려하여 다음과 같은 개정의 방침을 정하고 있다:

산수과의 내용을 충실하게; 산수과의 계통성을 고려하여 생활의 측면을 약화하고, 다른 교과와의 관련에 있어서 산수적 목표를 강조; 학습지도 능률을 올리기 위하여 기초적 개념, 원리에 치중하며 체계적이고 발전된 학습을 전개; 심신 발달과 수 계열을 충분히 고려하여 기초적인 지식, 기능, 개념, 원리 등의 이해를 보다 충실케 하기 위하여 시간 수를 증가시키는 동시에, 조직을 합리화; 국민학교 교육을 완성교육으로 사회생활에서 유용하게 사용되도록 기초적 지식과 기능의 숙달을 도모; 학습자가 창의적 사고 기능을 발휘하여 자주성을 십분 발휘할 수 있게; 일방적 사고 방법에 그치지 않고, 가급적 학습자가 자주적으로 창의력을 발휘할 수 있게 하기 위하여 응용 능력을 충분히 기른다(박한식, 1991).

이상에서 볼 때 2차 교육과정은 수학교육 이데올로기 중에서 원래 실용주의자들이 추구하던 목적을 현대적인 모습으로 보여준 '과학기술적 실용주의 이데올로기'의 경향을 나타내고 있다고 볼 수 있다. 과학기술적 실용주의는 실용주의에 가치를 두고 기술 발전을 통해 산업상의 이익을 배가시키기 위하여 산업적, 상업적, 고용의 필요에 즉시 기여할 수 있는 지식과 기술을 획득하는 것을 수학 교육의 주 목표로 한다.

3. 제3차 초등학교 수학과교육과정

1960년대는 세계적으로 수학교육 현대화 운동이 일어나던 시기이다. 현대수학의 특징은 공리주의와 추상주의를 바탕으로 구조화를 지향하는 것이며, 여기서 사용되는 수학적 도구로서는 집합론과 카테고리 이론이 그 중심을 이루고 있다. 수학은 지식과 기술의 조직체로서 여러 가지 사실과 기술뿐만 아니라 복잡하고 정교한 개념들로 구성되어 있다. 수학은 가치 중립적이며, 수나 계산 같은 객관적인 내용에만 관계한다. 이러한 수학 내용적 성향을 다분히 내포하고 있는 3차 교육과정은 '구 인본주의자 이데올로기' 성향으로 분류 가능하다. 현대수학은 자연과학, 기술과학은 물론 인문과학, 사회과학 분야에서도 필요 불가결한 역할을 하게 되었으며, 그 응용 범위 또한 확대되고 있다.

3차 초등학교 수학과교육과정은 다음과 같은 기본방향을 설정하고 있다:

> 교육과정 전체를 통하여 집합개념을 그 바탕으로 생각; 수학적 구조 중심; 논리의 엄밀성 강조; 현 사회구조에 적용할 수 있고, 적용 범위가 넓은 교재를 정선하여 대담하게 도입; 발견적 학습방법을 최대한으로 강조(박한식, 1991).

구 인본주의자 이데올로기는 수학을 구조화된 순수한 지식체로서 보는 수학관을 취하며 수학교육의 목표는 수학적 지식의 전달이다. 교수 방법은 설명과 구조에 의한 동기화이고 학습 방법은 이해와 응용인데, 3차 교육과정은 그 기본 방향에서 수학적 구조와 논리의 엄밀성을 강조하여 이와 같은 구 인본주의자 이데올로기의 경향과 일치하고 있음을 알 수 있다.

4. 제4차 초등학교 수학과교육과정

4차 교육과정은 3차까지의 교육과정이 안고 있는 문제점을 수정, 보완하는 차원에서 지도 내용을 축소하고, 내용 수준을 적정화한다는 교육과정 개정의 기본 입장을 설정하고 있다. 4차는 3차의 소위 구 인본주의자 이데올로기를 수정, 보완하고, 문제해결력과 발견학습방법을 주장하는 '진보주의 이데올로기'의 성향을 보인다고 분류해 볼 수 있다.

4차 교육과정의 특징을 구체적으로 살펴보면 다음과 같다:

> 내용이나 개념의 개정 및 제시 방법은 학습자의 발달 수준, 학교 급간의 관련성을 고려하여 기초적인 지식의 습득을 중시; 기초연산의 이해를 바탕으로 계산기능을 강화; 연산 영역은 원리나 법칙의 이해, 기능의 숙달을 필수로 하고 있으며, 더 나아가 적용의 단계를 포함; 기초연산은 이해 과정으로 머물지 말고 기능의 숙달에까지 이르러야 모든 영역의 기초 학력이 증가; 단계적 교재의 구성으로 기본개념을 보다 더 철저하게 이해시킬 수 있는 시간을 확보; 기초개념을 철저히 이해할 수 있는 시간적 여유를 확보; 일상생활의 여러 가지 현상을 수리적으로 생각하는 경험을 통한 문제해결력 강화; 발견적 학습방법을 강조(박한식, 1991).

4차는 교육과정의 내용에 3차에서 보였던 구 인본주의자 이데올로기를 수정, 보완하여 수학의 어려운 내용은 제거하고 기초와 기본을 강조하며, 학습 방법에서 일상 생활의 여러 현상을 수리적으로 생각하는 경험으로 문제해결력을 강화하며, 발견학습법을 강조하였는데, 이것은 이른바 '진보주의 교육자의 이데올로기'의 경향으로 파악될 수 있다. 즉, 4차에서는 구 인본주의자 이데올로기와 진보주의 교육자의 이데올로기가 혼재하고 있다고 볼 수 있다.

5. 제5차 초등학교 수학과교육과정

5차 교육과정에서는 역점 사항으로 건전한 정신과 튼튼한 몸을 지닌 건강한 사람, 자신과 공동체의 일을 스스로 결정하여 실천하는 자주적인 사람, 지식과 기술을 익혀 문제를 슬기롭고 합리적으로 해결하는 창조적인 사람, 인간을 존중하고 자연을 아끼며 올바르게 판단하고

행동하는 도덕적인 사람을 기르도록 하고 있다. 이에 산수과 교육과정에서는 구 교육과정의 골격을 그대로 유지하면서 부분적으로 수정, 보완하는 방법을 취하고 있다. 5차 산수과 교육과정의 개정 방향에 있어서 몇 가지 세부적인 특징을 살펴보면 다음과 같다:

> 기초 학습능력 및 기초학력과 관련된 내용을 강화; 학생용 보조 교과서의 제공으로 학생의 학습 활동을 늘리고, 자율적인 학습 기회를 다량 제공; 수학적 지식과 기능 활용을 바탕으로 수학적 사고를 통한 문제해결력 강조; 학습 내용의 양을 적정화; 내적 학습동기 유발 및 긍정적 수학 태도의 육성을 강조(박한식, 1991).

수학(산수)에서 여러 가지 문제를 해결하는 근본 목적은 수학적 지식을 실생활에 밀접히 접근시키고, 학습자로 하여금 수학적 활동을 능동적으로 하게 하여 수학(산수)을 좀더 재미있고, 논리적으로 생각할 수 있는 습관을 체득시키는데 있다. 수학적 문제 상황에 부딪혔을 때 그 문제 상황을 자력으로 이해하고, 해결 방법을 찾아내는 노력을 하고 그 해결과정을 다시 음미해 보는 습관은 중요한 것이다. 즉, 5차 교육과정에서는 수학적 지식과 기능을 활용하여 수학적 사고를 통한 문제해결력을 강조하고 있는데 이는 활동과 놀이 및 탐구를 매체로 학습하는 활동을 강조하는 수학 교수 이론과 밀접히 연결되는 '진보주의 교육자 이데올로기'의 성향으로 분류할 수 있다. 5차 교육과정은 그 목표 측면에 있어서도 진보주의 교육자 이데올로기의 경향을 보이고 있다.

즉, 5차 교육과정의 목표에서 학습자의 내적 학습 동기를 유발하고, 긍정적 수학 학습 태도의 육성을 강조하는 것은 진보주의가 수학을 통하여 창의성을 신장하고 학습자가 중심이 되어 자아실현을 이루는 것을 수학적 목표로 여기는 것과 일맥상통한다고 할 수 있다.

6. 제6차 초등학교 수학과교육과정

1980년대 말 미국, 영국, 일본 등 주요 국가에서 수학교육의 개선과 변화를 위한 움직임이 있었다. 미국에서는 1989년 NCTM에서 Curriculum and Evaluation Standards for School Mathematics를 펴내어 당시 수학교육의 목적을 다음과 같이 제시하고 있다:

> 수학을 가치 있게 여기도록 배운다; 자기 자신의 수학적 능력에 자신감을 가지게 한다; 수학적 문제해결자가 된다; 수학적으로 의사소통하는 것을 배운다; 수학적으로 추론하는 것을 배운다.

우리나라 6차 교육과정이 개정될 당시 개정의 중점 사항을 알아보면 다음과 같다:

> 기초 교과, 도구 교과의 성격이 뚜렷하게 부각되도록 수학의 초보적인 지식 습득 및 기능을 강화; 학습 지도 내용의 적정화와 계통성 고려; 미래 사회에 대비하여 수학 내용을 정선; 수학적 지식과 기능의 활용을 바탕으로, 사고를 통한 문제해결력과 그 활용성을 강조; 학습 목표와 내용에 적합한 다양한 교수, 학습 방법과 평가 방법을 강조한다(강완 · 백석윤, 2000).

6차 수학과교육과정은 5차 교육과정 내용의 분량 및 수준, 지도 방법, 평가 방법 등을 적절하게 수정, 보완하는 방향으로 개정되었다.

구 인본주의 이데올로기의 수학 교수는 구조에 의하여 동기화 되고 위계를 바탕으로 이루어진다. 따라서, 수학교수와 내용에 있어서 적정 수준을 유지하고 계통성을 고려하고 있는 6차 교육과정은 '구 인본주의 이데올로기'의 경향을 보인다고 할 수 있다.

한편, 수학적 지식과 기능을 활용하여 문제를 해결하고 그것을 활용하며, 다양한 교수방법, 학습방법, 평가 방법을 강조하는 6차 교육과정은 수학 학습에 적절하게 구조화된 학습환경과 경험을 주고, 수학에 대한 학습자의 적극적이고 자율적인 탐구를 육성하는 '진보주의 수학교육의 이데올로기' 성향을 보인다고 할 수 있다. 진보주의 이데올로기에서는 성장하는 인간의 전체적인 발달에 공헌하고 수학 학습의 경험을 통해 학습자의 창의성을 발달시키고 자아 실현을 하는 것이 수학 교육의 목적이다.

7. 제7차 초등학교 수학과교육과정

7차 교육과정은 학습자 중심의 교육, 교육의 다양화, 자율과 책무성에 바탕을 둔 학교운영, 자유와 평등이 조화된 교육, 교육의 정보화, 질 높은 교육 등을 기본 특징으로 하는 교육개혁의 일환으로 출발하였다. 7차 수학과교육과정 개정의 기본방향은 '수학적 힘[2]의 신장'으로 설정되고, 이를 구현하기 위하여 다음과 같은 실천적 항목을 들고 있다:

> 개인의 능력 수준과 진로를 고려; 수학의 기본 지식을 갖추게; 학습자 활동을 중시; 수학 학습에 흥미와 자신감을 갖게; 계산기, 컴퓨터 및 구체적 조작물을 학습 도구로 활용; 다양한 교수·학습 방법과 평가 방법을 활용.

이상의 성향을 종합해볼 때, 7차 교육과정은 '사회적 구성주의의 입장'과 '대중교육자 이데올로기'의 성향을 모두 반영한다고 할 수 있다.

7차 교육과정의 특징은 학습자 중심을 강조, 수준별 교육과정의 도입이라고 할 수 있다. '대중교육자의 입장'에서 보면 수학 지식은 사고 도구뿐만 아니라 아는 방법을 제공해야 한다. 학습자의 지식은 사회적 상호작용에 의한 사회적 구조, 의미의 교섭, 활동에의 참여가 내면화된 것이고, 학습자는 수학에 활동적으로 참여해야 하며, 문제를 해결하는 것뿐 아니라 문제를 제기하고, 더 넓은 사회적 환경과 자신의 생활 주변에 나타난 수학에 대하여 의사소통한다는 수학 학습 이론을 줄거리로 하고 있다. 즉, 7차 교육과정에서의 학습자 중심의 강조는 '대중 교육자 이데올로기'의 입장을 반영한 것이라 볼 수 있다. 7차는 수학의 기본 지식을 갖추게 하는 수학교육과 이를 위하여 다양한 교수·학습 방법과 평가 방법을 활용하는 수학교육을 추구한다. 이 측면이 대중교육자가 추구하는 수학 교수의 경향과 일치하는 면이다. 대중교육자는 수학 교수 이론에서 학습은 의미있는 사회적 구조이므로 학생-학생과 학생-교사 사이의 성실한 토론이며 학습은 확신과 참여와 숙달을 통한 협동 집단 작업, 프로젝트 작업, 문제해결 활동이라고 본다. 그리고 학습은 창조성, 학습자의 개인적 적절성을 통한 자기 지도와 참여의 자율적 프로젝트이고, 문제제기와 탐구적 작업이다.

즉 7차 교육과정에서 말하는 수학의 기본 지식을 갖추게 하는데 학습자의 활동을 중시하며 이를 위하여 다양한 교수·학습 방법과 평가 방법을 활용하는 수학교육을 추구함으로써 대중교육자 이데올로기의 수학 교수 이론의 성향을 보인다고 생각한다.

---

2) 수학적 힘이란 탐구하고 예측하며 논리적으로 추론하는 능력, 수학에 관한 또는 수학을 통한 정보 교환 능력, 수학 내에서 또는 수학과 다른 학문적 영역 사이의 아이디어를 연결하는 능력, 문제 해결이나 어떤 결정을 내려야 할 때 수량과 공간에 관한 정보를 찾고 평가하고 사용하려는 성향과 자신감을 포함한다.

Ⅳ. 결론

본 연구의 목적은 20세기 중반 이후부터 현재까지 약 반세기 동안 우리나라 초등학교 수학과교육과정 변화의 성향을 Ernest의 수학교육 철학적 관점을 기준으로 하여 의미론적 방법으로 파악해 보는데 있다.

우리나라의 제1차 수학과교육과정에서는 학생들의 경험과 생활을 존중하는 생활 중심 교육과정으로 수학 학습에 적절하게 조직된 학습 환경과 경험을 제공하고, 수학에 대한 학습자의 실재적이고 자율적인 탐구를 고무하며, 교육 내용으로는 활동과 놀이, 노작 등을 강조하였다. 2차에서는 실용주의자들이 추구하던 수학 교육 목적을 현대적인 모습으로 보여주고 있다. 그리고, 1차의 문제점이라고 할 수 있는 생활중심에 대한 비중을 줄이고 수학 본연의 계통을 중시하여 실용주의에 무게를 두고 지식과 기술을 획득하는 것을 수학 교육의 목표로 하고 있다. 1차와 2차는 Ernest(1991)의 분류 방식에 따르면 과정적 관점의 인간화된 수학을 추구하는 진보주의 교육자 이데올로기를 주류로 하고, 수학은 의심할 바 없는 유용한 지식으로 이루어진 조직체라고 보는 '과학 기술적 실용주의자 이데올로기'의 성향을 내포하고 있다고 할 수 있다.

3차에서는 수학교육에 대하여 수학은 지식과 기술의 확실한 조직체로서 여러 가지 사실과 기술뿐만 아니라 복잡하고 정교한 개념들로 구성되어 완전히 가치중립적이고, 수나 계산과 같은 객관적인 내용에만 관계하며, 수학적 지식을 교사의 설명과 구조화에 따라 이해하고 응용하는 것으로 보았다. 4차에서는 3차의 내용을 수정, 보완하여 수학의 어려운 내용은 삭제하고 기초와 기본을 강조하고 있다. 학습 방법으로는 일상 생활의 여러 현상을 수리적으로 생각하는 경험을 통하여 문제해결력과 발견학습법을 강조하는 경향을 보이고 있다. 즉, 3차는 Ernest(1991)의 분류에 따르면 구조화된 순수 지식체의 수학관을 가진 '구 인본주의자 이데올로기'의 입장이라고 할 수 있으며, 4차는 3차의 '구 인본주의자 이데올로기'를 주류로 하되, 발견에 의한 과정적 수학관을 가진 '진보주의 교육자 이데올로기'가 혼재된 성향을 보이는 것으로 생각한다.

5차에서는 수학적 지식과 기능을 활용하여 수학적 사고를 통한 문제해결력의 신장에 초점을 두고 있다. 즉, 수학적 지식을 실생활과 관련하여 수학적 활동을 증대시켜 수학적 문제 상황에 부딪혔을 때 그 문제를 충분히 이해하여 해결 방법을 찾아보는 사고 활동을 강조하였다. 한편, 방법적인 면에서는 활동과 놀이 및 탐구를 강조하는 경향을 보인다. 6차는 5차와 같은 흐름으로 수학교수와 내용에 있어서 적정 수준을 유지하려고 노력하며 계통성 또한 고려하고 있다. 수학적 지식과 기능을 이용하여 문제를 해결하고 그것을 실제 생활에 활용하며, 다양한 교수 방법, 학습 방법, 평가 방법을 사용할 것을 강조하고 있다. 수학 학습에 적절하게 구조화된 학습 환경과 경험을 제공하고, 수학에 대한 학습자의 적극적이고 자율적인 탐구를 고무하는 경향을 보인다. 이와 같은 면들은 5차, 6차는 모두 과정적 관점으로 인간화된 수학관을 가진 '진보주의 교육자 이데올로기'의 성향을 갖고 있는 것으로 파악된다.

7차의 핵심은 학습자중심의 강조, 수준별 교육과정의 도입으로 볼 수 있다. Ernest(1991)가 분류한 '대중 교육자'의 입장에서 보면 수학적 지식은 사고 도구뿐만 아니라 아는 방법까지 제공해야 하고, 학습자의 지식은 사회적 상호작용에 의한 사회적 구조, 의미의 교섭, 활동에의 참여가 내면화된 것이다. 7차는 이러한 대중교육자와 입장을 같이 하며 수학 학습 방법을 학습하게 하는 수학교육을 강조하고, 이를 위하여 다양한 교수·학습 방법과 평가 방법을 활용하는 교육 목표를 설정하고 있다. 이는 Ernest(1991)가 분류한 '대중교육자의 수학교육 이론'과 일맥상통한다. '대중교육자'는 수학 교수 이론에서 학습은 의미 있는 사회적 구조이므로 학생-학생과 학생-교사 사이의 성실한 토론이며, 확신과 참여와 숙달을 통한 협동 집단 작업, 프로젝트 작업, 문제해결 활동으로 보고 있다. 또 학습을 창조성과 학생의 개인적 적절성을 통한 자기 지도와 참여의 자율적인 프로젝트이자 탐구이며 문제 제기와 탐구적 작업으로 본다. 따라서 Ernest(1991)의 분류에 따르면 7차는 사회적 구성주의 수학관을 가진 '대중교육자 이데올로기'에 가깝다고 할 수 있다.

Ernest(1991)는 영국의 경우 20세기 수학과교육과정을 '과학기술적 실용주의', '구 인본주의', '진보주의', '사회적 구성주의'로 분류, 파악하고 있다. 우리나라의 20세기 중반 이후 수학과교육과정 변화의 흐름을 이와 같은 Ernest의 수학교육철학적 관점에서 파악해 보면, 대략 '진보주의'(1차)에서 '과학기술적 실용주의'(2차)로 그리고 '구 인본주의'(3, 4차)에서 '진보주의' 경향(5, 6차)으로 마지막으로 '사회적 구성주의'의 순서(7차)로 전개되고 있음을 알 수 있다. 우리나라 수학과교육과정의 변화가 이러한 과정을 거치게 되는 주된 이유는 우리나라의 수학과교육과정이 미국의 20세기 중반이후 수학과교육과정의 영향을 받아왔기 때문이라고 할 수 있다. 20세기 중반 이후 미국의 수학교육의 경우 수리철학적 관점에서 볼 때 인간화된 수학을 과정적 관점으로 보려는 수학관(1950년대)에서 출발하여 의심할 바 없는 유용한 지식체로 보는 수학관(1960년대)으로, 그리고 구조화된 순수한 지식체로 보는 수학관(1970년대)에서 다시 인간화된 수학의 과정적 관점으로 보는 수학관(1990년대), 마지막으로 최근 사회적 구성주의 수학인식의 입장(2000년대)으로 변모하는 경향을 보인다. 이상과 같이 미국의 20세기 중반 이후의 수학교육의 경향을 수리철학적 파악으로부터 해당 시기의 사회적 주 이데올로기와 연결지워서 Ernest의 수학교육철학적 관점에서 재해석하면 '진보주의', '과학기술적 실용주의', '구 인본주의', '진보주의', 마지막으로 '사회적 구성주의'의 수학교육관으로 그 성향의 변화 추이를 읽을 수 있는데, 이는 앞서 알아본 우리나라의 수학과교육과정의 성향적 변화 과정과 일치하고 있음을 알 수 있다.

참고문헌

강옥기 외(1997). 제7차 초·중·고등학교 수학과교육과정 시안 연구 개발. 성균관대학교 수학과교육과정 개정 연구위원회.

강완·백석윤(2000). 초등수학교육론. 동명사.

교육부(1996). 초등학교 교육과정. 서울: 교육부.

교육부(1997). 초등학교 교육과정 해설(I). 서울: 교육부.

교육부(1998). 수학과교육과정. 서울: 교육부.

교육부(1999). 초등학교 교육 과정 해설(IV). 서울: 교육부.

박한식(1991). 한국수학교육사. 대한교과서주식회사.

清水靜海(1999). 일본에 있어서 학교수학의 새로운 방향. 한·일 신교 육과정의 비교. (정영근, 역). pp. 159-188.

Ernest, P. (1989). The impact of beliefs on

the teaching of mathematics? In P. Ernest(Ed.), *Mathematics teaching: The state of the art.* (pp.249-254). London: Falmer Press.

Ernest, P. (1991). *The philosophy of mathematics education.* The Falmer Press.

NCTM(1989). *Curriculum and evaluation standards for school mathematics.* National Council of Teachers of Mathematics.

NCTM(2000). *Principles and standards for school mathematics.* National Council of Teachers of Mathematics.

Steiner. H. G. (1987). Philosophical and epistemological aspects of mathematics and their interaction with theory and practice in mathematics education. *For the Learning of Mathematics,* 7(1), 7-13.

Reconsideration of the Change in the Past Korean Elementary Mathematics Curriculums

-In the View of Ernest's Philosophy of Mathematics Education-

Paik, Suck Yoon (Seoul National University of Education)
Lee, Myeong Hee (Seongsan Elementary School)

So far there have been intermittently quantitative and syntactic analyses of the past elementary mathematics curriculums to comprehend elementary mathematics education in Korea. However, we think we also need qualitative and semantic analyses to comprehend and examine the past elementary mathematics curriculums exactly and so to look out on our future elementary mathematics education. Generally, school mathematics curriculum reflects both the philosophical aspects of mathematics itself that form the background of the philosophy of mathematics education and the sociological aspects in real mathematics class that could be the output of the curriculum. With this view, the logic of the social constructivism can be an appropriate way that leads mathematical philosophical analysis and sociological analysis in mathematics education. With this kind of method of analysis we got the results that: the past Korean elementary mathematics curriculums mainly have the tendency from the ideology of the progressive educator(the 1st) to of the technological pragmatist(the 2nd), from that of the old humanist(the 3rd and 4th) to the progressive educator(the 5th and 6th) again, and lastly that of social constructivism(the 7th).

* key words: 수학과교육과정, 수학교육철학, 사회적 구성주의, Paul Ernest

03 『수학과 수학교육학의 학문학적 비교연구』에 나타난 '문헌 비교 연구' 방법 해설

이 영 하[3)]

본 연구는 수학과 수학교육학을 학문학적으로 비교하는 연구이지만 세부적으로는 연구 방법을 비교하는 연구이다. 그리고 연구 방법 비교를 위한 연구 방법으로서 본 연구가 사용한 연구 방법은 철학적 비교 검토를 하는 문헌 연구라고 할 수 있다.

그런데 앞 문단의 문장에서 이미 느낄 수 있는 바와 같이, 서로 다른 의미의 '연구 방법'이라는 용어의 의미 때문에 의사소통이 혼란스러워지므로 우선 그 의미를 분명히 구분할 필요가 있다.

교육학, 심리학 또는 수학교육학 등에서 연구 방법의 의미는 철학적 연구, 문헌 연구, 조사 연구, 양(질)적 연구, 실험 연구, 현장 수업 적용 연구 등을 의미하며 따라서 연구 방법이란 '연구 주제를 탐구하는 방식'을 의미한다고 생각된다. 이에 비해 본 연구에서 연구 주제로 삼은 '연구 방법'이란, 이와는 달리, '연구 주제에 대한 탐구 과정에서 추론하는 방식'이라고 할 수 있다. 즉 본 연구(이영하· 태성이(2009))에서는 '추론하는 방식'을 연구 방법이라고 하여 연구 주제로 삼았고, 이 주제를 '탐구하는 방식'인 연구 방법은 문헌 연구라고 할 수 있다.

따라서 아래의 해설문에서는, 기존의 수학교육학에서의 '연구 방법'은 그대로 '연구 방법'이라고 적기로 하고, 이영하, 태성이(2009)의 연구에서 '연구 방법'이라고 사용했던 단어는 '추론 방법'이라고 고쳐서 사용하기로 한다.

한편, 아래의 해설문은 본 연보에 실린 여러 해설문처럼 '연구 방법'의 해설이 아니라, 이영하· 태성이(2009)의 연구의 연구 주제에 대한 해설, 즉 '추론 방법'에 대한 해설을 적고자 한다.

왜냐하면, 연구 방법에 대한 논의는 이미 많은 교재나 글에서 익히 소개된 바인데 비해, 본 연구의 연구 방법이 문헌 연구로서 기존의 잘 알려진 방법에 비해 특별히 색다른 것을 지니고 있다고 생각되지 않기 때문이다. 반면에 수학교육학에서의 특징적인 추론 방식은 특히 수학적 추론 방식에 익숙한 사람들에게는 오히려 다소 생소할 수 있다고

3) 이화여자대학교, youngha@ewha.ac.kr

생각되기 때문이다.

가령 "통계교육에서 가장 중요한 핵심 개념은 P, Q, R이다."라고 주장하려 할 때, 어떤 방법으로 이 주장을 정당화 할 것인가? 가치중립적인 수학과는 달리 수학교육에서 이와 같은 가치 중심의 추론은 흔히 있을 수 있다. 이 주장을 선행 연구에 근거하여 밝힌다면, 창의적인 연구가 되기 어렵다. 만약 P, Q, R 자체가 연구자만의 새로운 제안을 담고 있다면, 이 주장을 정당화하는 것은 쉽지 않다. 이를 위해 우리는 철학적 접근을 시도해야 한다.

철학에서는 일반적으로 주장의 정당화를 위한 추론 방식이 대응설(correspondence), 정합설(coherence), 실용설(pragmatism)의 세 가지 '진리개념 기준'의 일부 또는 모두를 만족할 때 타당한 추론이 된다고 주장한다. 대응설은 예상된 이론적 주장이 실제의 관찰을 통해 확인되어야 한다는 의미이고, 정합설은 이론 또는 현상 간에 서로 모순됨이 없어야 한다는 것이며, 실용설은 주장이 실제적으로 유용한 성과를 갖는 것이어야 한다는 의미이다.

그런데 이런 진리 개념을 바탕으로 수학에서 사용되는 연역적 추론 방식은 철저히 이성에만 의존하는 방법이며, 사회과학으로 분류되는 수학교육학에서는 이 외에 과학적 추론 방식으로서 선험적 방법, 귀납적 방법, 가설-연역적 방법, 가추적 방법, 반증주의 등이 사용될 수 있다는 것이다. 결국 경험과학이라 할 수 있는 사회과학의 '경험에 대한 다른 태도'로부터 수학교육학은 수학과는 다른 추론 방식을 가질 수밖에 없다는 뜻이다.

선험적 방법이란 데카르트의 추리와 관련된 것으로 의심할 수 없는 확고한 진리의 원천을 선험적 경로를 통해 얻는다는 입장으로서 공리를 대신할 추론의 원천이라고 생각된다. 귀납적 방법은 잘 알려진 대로 부분으로부터 전체로의 추론이고, 가설연역적 방법은 가추(abduction)적 방법과 유사하나 추론의 방향이 가추적 방법과 반대라고 할 수 있다. 그래서 이것을 귀추(retroduction) 또는 역행추론이라고 부르기도 한다. 그러나 발견의 논리를 부정하는 점에서 귀추와도 차이가 있다. 반증주의는 과학적 추론의 과학성을 반증가능성에서 찾는 주장으로서 이미 우리 학회 원 사이에서는 잘 알려진 내용이라고 생각된다.

사회과학, 자연과학 같은 경험과학에서 인정하는 추론의 방식은 개연추론을 인정하는 것으로서, 결국 그럴듯한 추측을 창의성의 핵심이라고 이해하는 것이다. 수학교육학계

구성원의 상당수가 수학을 전공한 사람들로 이루어져 있을 때, 이로 인한 추론 방법의 혼란은 생각보다 심각하다고 할 수 있다. 가장 극단적인 경우가 연역적 추론만을 인정하는듯하면서도, 어떤 다른 이유로 인하여, 또는 자신의 상식이나 주장과 일치하는 개연추론(추측)에 대해서는 용인하는 태도를 보이는 경우이다. 이 경우 가장 과학적이어야 할 학문적 추론이 그렇지 못할 개연성을 띠게 되는 것이다.

이 문제를 해결하기 위해서는 가치 중심의 수학교육학적 주장은 먼저 개연적 추론을 인정하는 근본적 전환이 필요하다는 것이 본 연구의 핵심 취지이다. 그렇지만 추측은 매우 위험한 것이어서 반드시 진리개념을 통한 연단의 과정을 거쳐야 한다. 대응설에 따라 실증적으로 확인되어야 하며, 정합설에 따라 무모순성이 확인되어야 하며, 실용설에 따라 그 가치가 인정할 만한 것임을 확인 받아야 한다.

그런데 그렇게 하려면 연구 하나가 완성되기에는 너무 많은 확인과정을 거쳐야 한다. 특히 창의적인 연구의 경우는 그 모든 것을 선행연구의 인용 없이 스스로 해결, 감당해야 하기 때문에 더욱 그러하다. 특히 연구실적의 시급성에 쫓기는 작금의 학문사회에서 그 모든 것을 다 검증한 연구는 찾아보기 어려울 것이다. 실증적으로 확인되지 않았을지라도 추론 자체가 지닌 창의성만은 중요한 의미를 지닐 수 있다는 점을 함께 고려해야 한다. 이 경우 개연 추론은 어느 정도까지 용인될 수 있는가?

본 연구는 이에 대한 질문을 통해 학계의 여론이 조성되고 활발한 연구가 필요함을 제안하려는 것이다. 좀 더 의욕적으로 표현한다면, 수학교육학은 스스로 새로운 추론 방법을 만들어 사용할 수는 없는가? 이것은 철학 등 다른 학문에서 만들어 낸 것을 그대로 빌려 쓸 수밖에 없는지 묻는 것이다. 가추법(abduction)을 현대적으로 구체화한 Charles Sanders Peirce(1992)는 원래 화학자이었다는 사실을 상기하면서 글을 맺는다.

참고문헌

이영하, 태성이 (2009). 수학과 수학교육학의 학문학적 비교연구 -연구 방법을 중심으로-. **수학교육학 연구, 19**(4), 493-511

Charles Sanders Peirce. James hoopes 엮음 (1992). 김동식, 이유선 옮김 (2008). **퍼스의 기호학** (*Peirce on signs: writings on semiotic*). 파주: 나남.

대한수학교육학회지 수학교육학연구 제19 권 제 4 호
Journal of Educational Research in Mathematics
Vol. 19, No. 4, 493-511. Nov 2009

수학과 수학교육학의 학문학적 비교연구 - 연구 방법을 중심으로 -

이 영 하* · 태 성 이**

본 연구는 수학교육학의 기초학문이 되는 수학과 다학문적인 성격을 띤 수학교육학을 학문학적으로 비교할 때 수학과 비교되는 수학교육학의 학문적 특징을 형식과학 대비 경험과학에 대한 논의를 중심으로 전개했다. 또한 연구방법을 중심으로 수학교육학의 기반이 되는 교육학, 심리학과 같은 사회과학과 수학교육학의 비교를 통해 수학교육학의 연구 방법적 특징에 대해 문헌연구를 통해 고찰해보았다. 본 연구에 따르면, 수학교육학은 연구 방법적 측면에서 자연과학 이라기보다는 사회과학의 성격을 많이 가지고 있으며, 형식과학으로서의 수학과 그 외 수학교육학의 인접 학문들과는 구별되는 독특한 특징을 가지고 있다는 사실을 알 수 있었다. 따라서 각 학문영역 연구의 주장하는 바의 정당성은 전혀 다른 시각으로 이해되어야 한다.

Ⅰ. 서 론

만유인력의 법칙은 물리학의 공리인가? 만유인력의 법칙이 공리가 아니라면 우리는 그것이 참임을 어떻게 주장할 것인가?

물리학 실험을 통해 확인되는 법칙인가? 몇 천, 몇 만 번의 실험으로도 완전히는 확인되지 않는다면 그것은 단순히 가설일 뿐인가? 그러면 물리학에서 만유인력의 법칙으로부터 추론되는 모든 결과들도 다 가설일 뿐인가?

수학교육학 연구에서 새로운 어떤 주장1)의 근거를 어떻게 밝혀야 하나? 그 정당화의 방법은 수학에서와 같은 것인가? 수학교육학이 학문으로서 정체성을 갖고 비약적인 발전을 하려면 활발한 연구 활동이 전제되어야 함은 당연한 일인데, 이 때, 연구논문이나 보고서 등에 대한 심사나 평가 등에서의 방법은 학문 집단 구성원 간에 얼마나 잘 합의, 정리되어 있으며, 또 사실상, 집단 구성원 모두일 수밖에 없는 심사위원이나 평가위원은 이런 문제들에 대하여 얼마나 전문지식을 갖추고 있는지 궁금하다. 혹시 수학교육학 연구 논문에서 주장의 근거를 수학 연구논문에서 주장할 때와 같을 것으로 기대하고 있지는 않은지, 그렇지 않다면 어떤 구체적인 차이를 생각하고 있는지 등, 이에 관한 학문 집단 구성원 간에 충분한 논의가 필요하다.

연구에 대한 정확한 평가와 심사는 좋은 연구로 이어질 것이며 따라서 이 문제는 수학교육학 발전의 초석의 문제라고 할 만큼 매우 중요한 문제이다. 그리고 이를 위해 수학교육학에 대한

* 이화여자대학교, youngha@ewha.ac.kr
** 이화여자대학교 대학원 sytae@ewhain.net

1) 여기서 주장이란 한 연구의 최종 목표로서의 주장만 뜻하는 것은 아니다. 위에서 “수학교육학이 발전하려면 연구 활동이 활발히 이루어져야 한다.”와 같이 연구의 중간에 하나의 전제처럼 사용되는 주장도 포함된다.

학문학적 연구가 필요하며, 특히 그 중에서도 수학교육학이 채택하는 논거의 정당화 방법은 어떤 것들이 있는 지 연구 방법적인 측면을 관련 학문과 면밀히 비교 검토해 볼 필요가 있다.

일반적으로 학문의 성립을 보장하는 조건으로는 고유의 연구대상, 연구내용, 연구방법이라고 할 수 있다.

이에 학문으로서의 수학과 수학교육학을 연구대상, 내용, 방법 측면에서 비교해 보고자한다. 또한 수학교육학이 수학심리학 수리철학, 수학사, 수학 등 여러 분야의 기반위에 세워진 학문으로서의 정체성을 갖기 위해서는 다른 분야의 연구방법을 그대로 이용하기보다는 수학교육학에 알맞게 바꾼다거나 고유의 연구방법을 만들어서 수학교육학적 연구 상황에 맞게 적용할 필요가 있다. 그렇게 되지 않는다면, Wittmann(1995)이 주장한 것처럼, 수학교육학이 타학문의 현상으로 환원되어 버려서 본질을 살리지 못할 위험에 처하게 될 것이다.2) 따라서 연구방법에 대한 연구가 절실히 요구된다.

따라서 본 연구에서는 우선 무엇을 학문이라고 할 수 있는지 문헌연구를 통해 고찰해보고, 교육학이 하나의 독립된 학문으로서 성립, 발전하는데 다른 학문분야 특히 철학과 비교해 볼 때 얼마나 극복하기 어려운 본질적인 어려움이 가로놓여 있는가를 냉정히 반성해 봄으로써 수학교육학에 대한 시사점이 있는 지 검토해 보려고 한다. 또, 형식과학과 경험과학에 대한 비교연구를 통해 수학과 수학교육학의 학문학적 특징을 이런 비교의 관점에서 살펴보고자 한다. 또한 사회과학과 수학교육학의 연구방법에 대한 문헌연구를 통해 수학교육학의 기반이 되는 교육학, 심리학 등과 수학교육학을 비교하여 수학교육학의 연구 방법적 특징을 찾아보고자 한다.

II. 학문에 대한 학문학적 고찰

1. 학문이란 무엇인가?

학문은 끊임없이 발전하는 세계의 하나이기 때문에 고정되어 있는 것으로 보기 어렵다. 그 동안 수많은 학자들이 나름대로 학문의 본질, 대상, 방법 그리고 종류나 분류방식에 대한 견해를 표명해 왔다. 이러한 의미의 특이한 목적을 가진 학문분야를 학문론이라고 한다(장상호, 1997). 가장 오랜 역사를 가진 철학에서는 이 문제를 인식론이라는 범주에 의해서 다루어 왔는데, 인식론은 인식(앎)에 대한 이론을 의미한다.

우리는 살아가는 동안에 수많은 앎과 부딪치며 늘 새로운 앎을 얻으려 노력한다. 이러한 인간의 노력은 근대 과학 혁명 이래 수많은 영역에 걸쳐 헤아릴 수 없이 많은 지식을 낳았다. 정보의 폭발적 증가와 함께 수많은 지식을 영역에 따라 다루기 쉽게 체계적으로 정리할 필요가 생겼는데 이렇게 해서 생겨난 것이 현재 우리가 배우고 있는 학문들이라 할 수 있을 것이다(철학교재 편찬위원회, 1997).

대화편 <테아에테투스>(Theaetetus)에서 플라톤은 "지식이란 무엇인가?"하는 물음을 설정해 놓고, 옳은 신념과 진정한 지식의 차이를 통해 지식을 "정당화된 옳은 신념"으로 분석해 놓고 있다. 플라톤의 이 분석에 따르면, 그 명제가 실제

2) 고유의 연구방법이란 다양한 수준의 것일 수 있다. 같은 수학적 방법을 사용한다 해도 증명법은 여러 가지가 있다. 색다른 증명법을 고유의 연구방법이라 주장할 수도 있고, 같은 수학적 방법을 사용하였으므로 고유의 연구방법이 아니라고 할 수도 있다. 피아제의 발달이론, van Hiele의 수준이론, Freudenthal의 수학화 이론 등은 각기 독자적 영역 속에서 색다른 방법으로 각각의 주장을 정당화하고 있으므로 이런 차원에서 수학교육학은 고유의 연구방법을 갖고 있다고 할 수 있다 그러나 본 연구는 수학교육학 연구 분야에서 영역에 관계없이 어느 정도 공통적으로 쓰이는 연구방법을 연구 대상으로 하고 있다.

로 옳으며, 어떤 사람이 어떤 명제를 옳다고 믿고, 그가 그렇게 믿는 것이 정당화된다면, 그리고 오직 그 경우에만 그가 그 명제를 안다고 할 수 있다. 이들 세 조건은 각각 진리 조건, 신념 조건, 정당화 조건으로 불린다(한상기, 1995). 옳은 신념이 지식이 되기 위한 필요조건이기는 하지만 그것만으로는 충분하지 않으며 지식으로 성립하기 위해서는 신념을 지지해주는 정당한 근거가 반드시 있어야 한다(철학교재 편찬위원회, 1997).

우선, 이성론에서 믿음은 어떻게 정당화되는가를 살펴보면 근대 서양의 이성론자들은 우선 어떤 지식을 근거로 다른 지식을 확립해 가는 방법으로서 연역적인 방법을 주장하였다(철학교재 편찬위원회, 1997). 이성론자들이 연역 추리를 중요시 했던 것은 학문적인 지식의 가장 중요한 특징이 확실성에 있다고 보았기 때문이었다. 데카르트와 같은 이성론자들에게 있어서 과학적인 지식의 가능성은 본유 관념에 대한 직관과 연역적인 추론에 의한 단계적인 정당화에 의존한다. 그런데 본유 관념을 직관한다거나 연역 추리를 행하는 일은 모두 경험과는 관련 없는 이성적인 작업이다. 이러한 이성 중심적인 인식론은 수학이나 논리학 등과 같은 형식적인 학문에 대해서는 그런대로 잘 들어맞는다. 그러나 물리학과 같은 경험적인 학문에 대해서는 그다지 설득력이 없다고 생각하는 철학자들이 많이 있다. 이들은 지식이 어떻게 가능한가를 설명하기 위해서는 경험의 역할을 인정해야 할 뿐만 아니라 더 나아가 지식의 원천을 경험에서 찾아야 한다고 주장한다. 경험론자들에게 있어서 지식의 정당화가 어떤 방식으로 이루어지는지 살펴보면 경험론자들은 모든 경험적인 지식, 그 중에서도 특히 과학적인 지식에 관한 정당화의 방법으로 귀납추리의 중요성을 강조했다(철학교재 편찬위원회, 1997). 경험론자들에게 있어서 과학적인 지식은 경험에서 형성된 관념에 대한 지각으로부터 시작하여 귀납적인 추리에 의한 정당화 과정을 밟아 얻어진다고 말할 수 있다.

진리개념의 기준은 크게 세 가지를 들 수 있는데 ①관찰과 이론의 일치성에 의해서 이론의 진위에 대한 판정을 내릴 수 있다고 보는 '대응설(correspondence theory)', ②체계내의 일관성과 통일성의 기준에 의해서 이론의 타당성을 검증할 수 있다고 보는 '정합설(coherence theory)', ③진리의 기준을 그것이 주는 실제적 성과에 두는 '실용설(pragmatic theory)'이 있다(박홍경, 1994).

이상의 세 기준은 과학적이라고 인정되는 많은 연구에서 어떤 주장의 정당화를 위해 널리 쓰이는 개념이다. 물리학의 고전역학과 전자기이론의 모순, 에테르의 존재가설과 부정, 광전효과, 광속도불변설, 보아의 가설 등과 그 많은 가설들에 관한 실험 등, 양자이론이 형성되고 발전하는 과정을 살펴보면 위의 세 가지가 어떻게 사용되어 인정되는지를 잘 살펴볼 수가 있다.

한편 장상호(1997)는 어떤 학문이 분과 학문으로 독립하려면 다른 학문에서 빌려오지 않은 독자적 개념들이 있고 또 그들 사이에 자율적 구조가 성립되어야 한다고 보았다.

이돈희(1994)는 학문의 성립을 보장하는 조건으로 고유의 탐구대상, 대상을 탐구하는 도구로서의 독자적 언어, 그 대상에 관해서 서술하거나 설명하는 논리적 형식, 그 대상을 탐구하는 방법적 원리와 규칙이라 할 수 있다고 보았다.

결국, 하나의 학문이 독립된 학문이 되기 위해서는 고유한 연구대상, 독자적인 연구내용, 독자적인 연구방법을 갖추어야 한다고 할 수 있다.

2. 교육학에 대한 비판과 반박

교육학이 학문이 아니라는 철학자들의 주장이 있고, 이에 반박하는 교육학자들의 주장이 있다.

교육학이 대학에 독립된 연구 분야로 자리잡게 된 것은 불과 1세기 정도밖에 되지 않는다고 한다. 20세기 초까지 교육학은 윤리학이나 미학과 같이 철학의 한 분과 정도의 신분에 머물러 있었다. 이전에 교육학이 속해있던 철학과 같이 이미 전통적으로 학문성을 보장받고 있는 학과의 교수들은 교육학의 학문적 정체성을 인정하려 하지 않았다. 그들 가운데는 교육학을 기껏해야 기존 학문의 연구 결과를 교육상황에 단순히 적용하는 분야로 보거나, 교과를 가르치는데 필요한 단순한 교수 방법 및 기법을 전수하는 활동으로 취급하려고 하는 경향이 있었다(임재훈, 1997).

실제 정범모(1977)는 교육학은 '인간행동의 계획적 변화'에 관한 개념, 법칙, 이론들로 구성되어야 한다고 보았다. 이것이 심리학과는 어떻게 다른지는 설명하지 않았다. 반면, 장상호(1990)는 더욱 신랄하게 기존의 교육학자를 실향민형, 때까치형, 기술자형, 그리고 자유기고형 등으로 구분하고, 이들이 연구해 온 교육학의 분과학문이라 할 수 있는 교육사, 교육철학, 교육심리학, 교육사회학, 교육인류학, 교육행정학, 교육과정, 교육평가 등에 대해 자율적 구조를 가진 독자적 현상이 아니라 다른 학문의 현상으로 환원하여 버린다고 비판하면서 이런 연구는 아무리 많이 해 보아야 진정으로 교육학이 될 수 없다고 비판하였다(장상호, 1986).

그러나 이와 같은 태도는, 대부분의 응용과학을 학문으로 인정하기 어려운 태도라고 생각된다. 대부분의 응용과학은 실용적 문제의 해결을 위해 적절해 보이는 모든 방법을 동원할 수밖에 없으므로 다중적 성격을 가질 수밖에 없는 개연성이 있는데, 더욱이 최근 다학문적 연구가 활성화되는 상황에서는 그런 현상이 더욱 심화될 것이 예상되기 때문이다.

또 전성연(1991)에 의하면 교육학의 학문적 성격이 모호하고 다중적 성격을 갖는 것은 교육학이 그에 직접 관련되는 것이나 되지 않는 것이나 가릴 것 없이 받아들이고 소화하는 과정에서 그 학문의 범위가 방만하게 되고, 없는 것이 없는 만물상 같은 성격을 갖게 되었다고 비판하였다.

이병승(2006)도 역사적으로 볼 때 일반철학과 교육철학의 뿌리가 같으므로 이를 이분법적으로 분류하여 평가하는 것은 옳지 않다고 하면서, 소크라테스, 플라톤, 아리스토텔레스는 위대한 철학자인 동시에 교육철학자였고, 일반철학과 교육철학은 차이점이 많다고 하기보다는 공통점이 더 많다고 주장하였다.

한편 교육학이 하나의 독립 학문임을 나타내기 위해, 연구영역, 방법, 대상 등에서 독자성이 확보되려면, 본질적인 면에서 볼 때 교육학의 하위영역은 비판적 교육학, 경험적 교육학, 사변적 교육학으로 구분되어야 한다는 주장(남억우 외, 1988)이 있다. 이를 달리 말하면 교육학은 비판적 성격, 경험적 성격, 사변적 성격을 가져야 한다는 뜻으로 해석되는데, 이 주장 역시 교육학이 만물상 같음을 부정하기에는 부족해 보인다.

그러나 이와 같은 주장들의 저변에는 가장 본질적인 것만을 추구하는 철학적 가치개념이 자리 잡고 있음을 부정하기 어렵다. 모든 학문은 종국에는 "이성"에 본질적으로 의존하고 있음으로 결국 "철학"만이 진정한 학문이라는 주장의 연장선 위에 있는 주장이라고 볼 수 있다.

그러나 이론물리학은 수학의 많은 도움을 받아 이루어지지만 이것을 수학이라고 하기는 어렵다. 가령 수학인식론은 철학의 인식론적 입장을 수학이라는 학문에 적용한 것이다. 수학인식론에 어떤 새로운 인식론적 진보가 없다고 하여도 수학인식론은 그것을 필요로 하는 영역의 주요 화두일 수밖에 없다. 교육학이 그 필요에 의해 철학, 역사학, 심리학, 사회학 등 여러 분야에 걸치지 않는 것이 없어 학문적 경계가 모호해 보인다하더라도 그 자체가 교육학의 특징으로 인정되기 어려운 것인지에 대하여는 논란의 여지가 있다. 왜냐하면 교육학이 그리하여 만물상 같다 하더라도, 중요한 것은, 그 각각이 한 개씩의 담론 수준의 일천한 논의에 불과한 것이 아니고, 그 양이 점점 방대해져서 철학자가 가령 교육철학의 모든 내용을 잘 알 수 없고, 지나친 전문화로 인해 관심도 없게 되면 교육철학을 철학의 응용으로 묶어두기에는 이질감이 클 것이라고 생각된다. 이런 상황에서 응용과학인 교육철학의 연구를 철학자들에게 마냥 미루어 맡기고 기다릴 수는 없을 것이라고 여겨진다.

다행히 많은 철학자들이 교육철학의 문제를 해결해 주고, 교육학의 여러 철학적 문제를 돕기 위해 연구에 참여하고 많은 유익한 결과를 얻는, 현재로서는 다소 기대하기 힘들어 보이는 일이 가능하다 해도, 이 경우 역시 '교육철학'이라는 철학내의 한 영역이 새로 형성되는 것은 피할 수 없을 것이다. 즉 그것이 철학의 한 분야거나 교육학의 한 분야이거나 간에 그런 학문 분야의 출현은 막을 길이 없을 것이며, 이때 이 새로운 학문영역이 어느 쪽에 속하는 것이 더 바람직한가에 관하여는 또 다른 논의의 과정이 필요하게 된다.

그리고 이 때 매우 중요한 것은, 이들 교육철학의 새로운 연구내용에 대한 가치 평가의 기준이, 기존의 교육철학적 연구 분야가 속해 있던 학문 영역(철학)에서의 가치 기준에 대한 변화를 요구하지 않을 때에만 기존의 학문 분야에 계속 남을 수 있다는 점이다. 고쳐 적으면, 실제적인 교육철학의 연구내용에 대해, 실생활의 가치기준 대신, 기존의 가치기준, 즉 연구내용이 본질적이 아니라거나, 철학적 연구 결과를 응용한 것에 불과하다하여 그 가치를 폄하한다면, 교육철학이 철학의 한 분야로 계속 머물러 있기에는 추구하는 가치가 서로 달라, 어려울 것이라는 뜻이다. 이와 같은 가치 인식의 차이는, 한 학문의 연구 분야가 기존의 소속 학문의 껍질을 뚫고 새 학문으로 탄생하게 되는 데 있어서, 그 분야 연구내용의 양적 팽창과 함께, 직접적인 역할을 한다고 생각된다. 그리고 이 점은 수학과 수학교육학 사이에도 존재하는 중요한 화두일 수밖에 없다고 생각한다.

3. 형식과학과 경험과학

학문의 분류는 당대의 학문의 상황과 밀접한 관련을 가진다. 19세기에는 대상의 특징에 의해서 학문을 분류하는 방법이 나타났다. 전형적인 것이 아래의 <표 Ⅱ-1>과 같은 분트(W. Wundt:, 1832～1920)의 분류이다(이홍구, 1988). <표 Ⅱ-1>에서 볼 수 있듯이 분트는 우선 학문을 형식과학과 실질과학(경험과학)으로 구분하고, 다시 후자를 자연과학과 정신과학으로 분류하였다(장상호, 1997). 그는 프랑스의 수학자이며 철학자인 달랑베르의 분류(그는 자신의 전공영역인 수학을 자연과학 속에 포함시켰다.) 이후로 많은 학자들이 자연과학에 편입시켰던 수학을 순수 형식과학으로 구분하여 경험적인 실질과학으로부터 분리시켰다. 수학은 경험적인 실재를 대상으로 하는 것이 아니며, 경험할 수 있느냐 없느냐의 여부에 구속되는 것이 아니다(장상호, 1997). 이 분류에서 자연과학과 마찬가지로 당시 하나의 경험과학으로 성립한 사회과학이 반영되고 있다는 점이 주목할 만하다. 정신과학과 문화과학은 주장자의 입장에 따라 다소 차이가 있지만, 기본적으로 그것들이 자연과학과 대비하는 학문을 대표한다는 점에서 같은 범주로 다루어질 수 있는 성질의 것이다.

분트의 정신현상의 연구법은 자연과학의 연구법과 별다른 차이가 없고 또 별다른 목표를 갖지 않는다. 즉 심리학은 그 대상으로 말하면 자연과학과 구분되지만, 연구방법의 면에서는 자연과학과 마찬가지다(장상호, 1997).

백과사전에 나와있는 형식과학, 자연과학, 사회과학에 대한 내용을 정리하면 다음과 같다(두산동아 백과사전연구소, 1996).

<표 Ⅱ-1> 분트의 학문분류

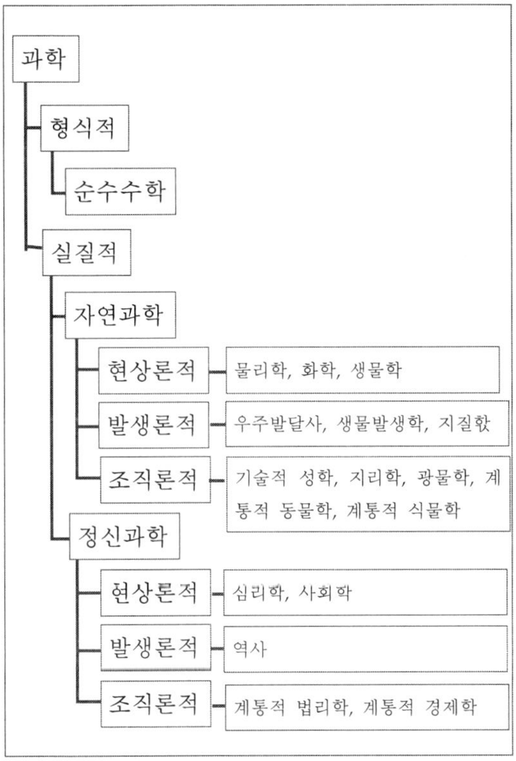

■ 형식과학(formal science)은 경험적 사실이나 경험적 개념을 대상으로 하지 않는 과학을 말한다. 경험되는 사실 일반을 대상으로 하는 과학인 경험과학에 대응되는 말이다. 형식논리학(形式論理學)이나 라이프니쯔의 마테시스 우니베르살리스(mathesis universalis:普遍學)등이 형식과학에 속하는 것으로 되었다.

■ 자연과학(natural science)은 자연현상을 연구대상으로 하는 과학으로 일반적으로 과학이라고도 한다. 자연과학의 고유한 분야로는 크게 물리학 · 화학 · 생물학 · 천문학 · 지학이 있다. 과거에는 자연현상이 재현가능하다는 특성에 따라, 자연과학은 실험이 가능하고, 정밀한 수리적 방법으로 현상들 사이에 함수관계를 확정할 수 있는 등 방법 면에서도 특징이 있었다. 그러나 현재는 사회과학에서도 같은 방법을 채택하려고 하여, 심리학, 인류학, 지리학 등에서는 자연과학과 사회과학의 경계가 분명하지 않은 경우가 있다. 최근에는 연구대상에 따른 분류보다는 연구방법 또는 방법론의 차이에 따라 그 과학을 특징짓고 있다는 생각이 지배적이다.

■ 사회과학(social science)은 인간 사회의 여러 현상을 과학적 · 체계적으로 연구하는 모든 경험과학으로 여기에는 심리학, 사회학, 정치학, 법학, 종교학, 예술학, 도덕학 등이 포함된다. 이 경우 사회과학은 자연의 여러 현상을 과학적 · 체계적으로 연구하는 자연과학과 대치(對置)되지만, 일반적으로 사회과학과 자연과학을 구별하는 기준은 명확한 규정이 주어져 있지 않다. 양자를 구별하는 기준은 궁극적으로는 인간 사회의 여러 현상이 자연의 그것과는 달리, 일정한 인위적(人爲的) · 창조적 요소를 포함하고 있다는 것이 전제가 되어 있다는 점뿐이라고 생각된다. 사회과학은 방법적으로 자연과학과 동일한 것인가, 법칙적 보편화에 대하여 역사적 개별화가 가능한 것인가, 정책적 실천을 위한 평가가 가능한 것인가 등 더욱 구명해야 할 과제가 남아 있으며, 현재 아직도 그 논의가 진행 중에 있다.

근대와 그 전 세대와 차이점은 결국 과학에 돌릴 수 있는데, 17세기에 있어서 가장 눈부신 사건은 새로운 자연과학의 등장이라는 것이다. <과학의 세기>라고 불리워지는 17세기에 처음으로 참다운 과학적 방법이 수립되었는데, 그 이론적 기초를 제공했던 것은 베이컨(F. Bacon)과 데카르트(R. Descartes)였다(손인수, 정건영, 1998). 근대 자연 과학은 과학적 방법론으로 성립하였다. 과학적 방법론은 과학적 방법론에 입각하지 않은 주의나 주장을 배격한다. 즉 과학적 방법론에 입각하여 증명되거나, 증거가 없는 주장을 배격한다는 것이다(서양근대철학회, 2001).

과학적 방법에 대한 이론이 필요한 이유 중 하나는 과학적 지식이 정당화될 수 있는가의 여부와 만약에 정당화될 수 있다면 그 지식의 한계가 어디까지인가를 우리가 확인할 수 있게 만들어주기 때문이다. 또 다른 이유는 우리가 과학적 방법에 대한 설명을 가지고 있다면, 이 설명을 이용하여 어떤 하나의 이론이나 분야가 과학적인지 아닌지를 결정할 수가 있다.

과학의 방법론에 대해 살펴보면, 다음과 같은 것들이 있다.

■ 선험적 방법(A priori method)

이 방법론은 고대로 거슬러 올라가면 아리스토텔레스(Aristoteles)에게서, 그리고 근대로 오면 데카르트(R. Descartes)에게서 그 대표적인 예를 발견할 수 있는 것이다. 이들에게서 나타나는 선험적 방법의 주요한 특징은, 세계에 대한 우리의 지식 체계에서 토대 역할을 하는 제일 원리들이 선험적 경로를 통해 획득되며 여타의 지식들은 이 원리들로부터의 연역적 추론(deductive inference)을 통해 확보된다고 주장하는 것이다(조인래, 1999).

■ 귀납적 방법(inductive method)

뉴턴(I. Newton, 1642~1727)은 이 방법을 주창하고 그의 잘 알려진 역학 체계 역시 이 방법의 사용을 통해 얻어진 것으로 간주하였다(조인래, 1999). 귀납법(induction)은 몇 개의 특수적 사례를 관찰하거나 음미하는 일에서 출발하여 일반적인 규칙, 법칙, 원리 등을 찾아내는 방법이다. 추리라는 점에서는 귀납추리(inductive inference)라고 한다. 역사적으로는 베이컨(F. Bacon, 1561~1624)에 의하여 경험과학의 방법으로 밝혀지고 밀(J. S. Mill, 1806~1873)에 의하여 완성되었다(손인수, 정건영, 1998).

■ 가설-연역적 방법(hypothetico-deductive method)

문제를 해결할 수 있는 가설을 내놓고, 그것에서 연역(또는 계산)에 따라 예측을 행한 다음, 그 예측이 실험과 관찰로 증명되면 진리로 받아들이는 과학적 탐구 방법이다(김용규, 2007). 귀납적 방법과는 달리 관찰 불가능한 존재자와 그에 대한 가설의 도입을 폭넓게 허용할 뿐만 아니라 귀납적 추론을 통해서는 그러한 부류의 가설에 도달할 수 없다고 주장한다(조인래, 1999). 이 방법은 발견의 논리가 존재한다는 것을 부정한다는 점에서 귀추적 방법(retroductive method)과도 구별된다.

■ 가추적 방법(abductive method)

퍼스(C. S. Peirce, 1839~1914)의 추론법으로 '귀추법(retroduction)', '가정법(hypothesis)', '추정(presumption)' 등으로 불린다(박준호, 2005). 퍼스는 가추법(abduction)이 연역법, 귀납법과 함께 기본적인 논증법이라고 보았다(Eco & Sebeok, 2004). 가추법(abduction)이 규칙과 결과로부터 사례에 도달하는 반면, 연역법은 규칙과 사례로부터 결과에 도달한다. 한편 귀납법은 사례와 결과로부터 규칙을 도출해낸다.

귀납, 연역과 가추의 차이를 보다 분명히 하기 위해서 구체적 예를 통해 이들을 다시 한번 비교해 보자. 이는 퍼스의 유명한 콩주머니의 예이다(김용규, 2007).

<연역법>
규칙: 이 주머니에서 나온 콩들은 모두 하얗다.
사례: 이 콩들은 이 주머니에서 나왔다.
∴결과: 이 콩들은 하얗다.

<귀납법>
사례: 이 콩들은 이 주머니에서 나왔다.
결과: 이 콩들은 하얗다.
∴규칙: 이 주머니에서 나온 콩들은 모두 하얗다.

<가추법>
규칙: 이 주머니에서 나온 콩들은 모두 하얗다.
결과: 이 콩들은 하얗다.(콩 1도 하얗다, 콩 2도 하얗다, 콩 3도 하얗다, …)
∴사례: 이 콩들은 이 주머니에서 나왔다.

가추법의 결론은 전제에서 '필연적'으로 나오는 것이 아니다. 콩들이 하얗다는 것만으로는 그 콩들이 이 주머니에서 나왔다고 할 수는 없다. 따라서 단지'개연적으로 참'이다(김용규, 2007).

연역법은 '필연적으로 일어날 사실'을 알려주고, 귀납법은 '개연적으로 일어날 사실'을 알려준다. 그런데 가추법은 '이미 일어났지만 아직 모르는 사실'을 알려준다.

■ 반증주의(falsificationism)

포퍼(K. Popper, 1902～1994)가 「과학적 발견의 논리(The Logic of Scientific Discovery)」에서 처음으로 제시한 새로운 과학관이다. 포퍼는 어떤 하나의 이론에 부합하는 사례를 관찰함으로써 이론을 가지게 된다고 하는 '확증(confirmation)'은 관찰 사례가 그 이론이 만든 모험적인 예측에 해당할 경우에만 실제로 어떤 것을 설명하게 된다고 주장하였다. 즉 관찰사례가 그 이론의 거짓을 입증할 수 있는 가능성을 가진 반증자(falsifier)일 경우에만 그러하다고 주장하였다(Ladyman, 2003). 포퍼는 근본적으로 과학이란 이론들을 확증하는 것이 아니라 반증하는 것에 관한 것이라고 주장한다.

이와 같은 과학적 방법들이 있다면 형식과학 특히 수학적 방법에는 어떤 것들이 있는지 살펴보겠다.

형식과학으로서의 수학에서 수학적 방법이란, 달리 말하면 형식논리학의 방법을 사용한다고 말할 수 있다. 형식논리학은 사유의 내용을 사상하고 오로지 그 형식적 원리, 즉 개념・판단・추리의 제 형식을 연구하는 학문이다(두산동아 백과사전연구소, 1996).

논리적 공리란 정확한 사고의 법칙으로서 다시 증명할 여지가 없고 다른 법칙으로부터 연역할 수도 없는 형식논리학의 근본원리로서 라이프니츠에 의해 확립되었다(서양근대철학회, 2001). 논리적 공리에는 동일률, 모순율, 배중률, 충족이유율과 같은 것들이 있다(Copi, 1994).

하지만 논리학에서의 연역법은 전제의 내용 가운데서 결론을 얻기 때문에 전제가 '참'이면 결론이 무조건 '참'이라고 하여 '진리보존적 논증법'이라고 한다(김용규, 2006). 데카르트는 <방법서설>에서 "논리학에서의 삼단논법이라든가 그 밖의 규칙은 대부분이 자기가 모르는 것을 배우는 것이 아니고 차라리 자기가 알고 있는 것을 남에게 설명하거나, ……자기가 모르는 것을 아무 판단없이 지껄이는데 사용된다."라고 말하고 있다(김용규, 2006). 삼단논법을 비롯한 고전적 논리학으로는 새로운 지식을 만들어 낼 수 없다는 것을 알고 있었던 것이다. 오늘날 학자들이 '데카르트적 추리(cartesian inference)', 또는 '데카르트적 연역(cartesian induction)'이라고 부르는 이 연역법은 수학 또는 기하학에서의 증명법과 같이 의심의 여지가 전혀 없는 기초적인 명제에서 시작하여 정해진 규칙에 의해 다른 명제들을 하나씩 이끌어내는 방법을 말한다. 논리학적 연역법과는 다르다.

연역법이란 방법은 수학적 추론의 특성이다. 이것은 기하학에서 거의 완벽하게 구현된다. 이런 이유로 기하학의 논리적 구조는 정밀과학의 모델이 되어왔다(Dantzig, 2008).

과학적 연구에서 사용되는 귀납법의 과정은 모든 실험적 과학에서 기본이지만, 엄격한 수학에서는 금지되어 있다. 수학적 주장의 이런 증명은 터무니없는 것으로 취급될 뿐만 아니라, 확립된 사실의 근거로도 받아들여지지 않는다. 왜냐하면 수학적 정리를 증명하려면 증거가 아무리 많아도 부족한 반면에 어떤 주장이 거짓임을 보이기 위해서는 하나의 반례만 있으면 족하기 때문이다. 수학적 주장은 어떤 논리적 모순도 없어야 참이고, 그렇지 않으면 거짓이다. 연역법은 모순의 원리에만 기초할 뿐, 다른 어떤 것에도 기초하지 않는다(Dantzig, 2008).

물리학과 같은 자연과학과 형식과학으로서의 수학은 엄밀히 구분되어야 한다고 생각한다. 왜냐하면 수학의 논리인 수학적 귀납법은 자연과학의 연역적 방법이나 귀납적 방법과는 다르기 때문이다. 수학적 귀납법은 "모든 자연수 n에 대하여 P(n)이다" 형태의 자연수와 관련된 전칭명제를 증명하는 데 사용되는 증명방법이다. 수학적 귀납법은 겉보기의 형식이 귀납추론 같아 보이지만, 자연수열 1, 2, 3, …의 기본적인 성질에 대한 원시적인 직관을 형식화한 <수학적 귀납법의 원리>를 받아들일 때 이로부터 연역되는 것으로서 '완전 귀납법'인 연역적 추론 형식이다(우정호, 1998).

과학과 수학의 가장 근본적인 차이는 절대적인 진리를 갖느냐의 문제와 그 논리의 엄밀성에 있다.

미국의 논리학자 콰인(W. Quine, 1908~2000)이 "수학과 논리학의 법칙들은 오직 우리의 개념들의 체계와 정합(coherence)하기에 참이다."라고 표현했듯이 정합설(coherence theory)은 수학과 논리학과 같은 형식과학에서는 진리의 확실한 기준이 된다. 하지만 우리가 가진 지식의 대부분을 차지하는 현실 세계에 대한 지식, 곧 경험을 근거로 하는 실제 과학에서는 어떤 지식이 정합적이라고 해서 사실과의 비교도 없이 진리라 인정할 수 없다(김용규, 2006).

III. 수학과 수학교육학의 학문학적 비교

1. 수학의 연구대상, 내용, 방법

전통적인 수리철학에 의하면 수학은 완성된 지식 체계이며, 그 누구도 의심할 수 없는 확실한 객관적 타당성을 가진 것으로 인식되었다. 따라서 수학적 지식은 인간의 모든 지식과 합리성의 초석이며, 수학적 대상은 모두 객관적이고 초인간적인 세계에 존재한다고 생각되었다(정영옥, 2000). 그러나 19세기 이후 수학에서 많은 모순이 초래되었으며, 이런 위기를 극복하고 수학의 확실성을 재확립하고자 하는 시도로 수학 기초론이 등장하였으나, 결국은 그 목적을 달성하지 못한 채, 실패로 끝났다. 반면, 지금까지도 절대주의적 수학관은 지배적이다(정영옥, 2000).

'수학이란 무엇이고 그 특질은 무엇인가?'라는 본질적 질문에 대하여 여러 학자들은 다양하게 정의하고 있다. 학자들의 주장을 살펴보면, 수학은 공간이나 수가 함유하고 있는 기본적인 개념들 속에 다양한 형태로 잠재되어 있는 명제적 결론들을 연역적으로 탐색하여 체계화해 내는 추상적인 학문으로 볼 수 있다(교육부, 1997).

수학은 인간의 사유에 의하여 구성된 추상적인 과학으로, 추론의 전제로 삼는 공리라 일컫는 일군의 명제를 가정하여 올바른 결론을 이끌어낸다. 공리란 '더 이상 설명할 수 없는 명제'를 뜻한다(김홍종, 2005). 그러므로 채택하는 공리를 달리하면 결론도 달라진다. 예를 들면, 유클리드 기하학에서는 삼각형의 내각의 합은 2직각이지만, 한편 어떤 비유클리드 기하학에서는 2직각보다 크게 되거나, 또는 2직각보다 작게도 된다. 수학은 그 본질적인 추상성 때문에 전제로 삼은 공리에 보다 적합한 구체적인 현상을 적용시키면 이 공리에서 이끌어낸 결론이 그 구체적인 현상을 선명하게 해명해 주는 것이다. 이러한 점에서 수학을 '과학의 언어'라고도 말하고 있으며(Dantzig, 2008), 자연과학이나 기술의 발전에는 물론, 사회·인문·군사 등 과학의 거의 모든 분야의 발전에 크게 공헌하고 있는 실정이다.

수학은 물리적 현상을 다루는 물리학이나 화학적 현상을 다루는 화학과 같이 미리 존재하는 현상을 다루는 것이 아니므로, 자연과학에 속한다고 볼 수는 없다. 그럼에도 불구하고 수학을 과학 중의 과학, 혹은 과학의 여왕 - 독일의 수학자 가우스(K. F. Gauss, 1777~1855)가 한 말이다 -이라고 부르는 것은 수학이 제공하는 사고의 방법, 사고의 틀은 과학의 토대가 되기 때문이다. 이러한 의미에서 수학을 순수과학, 엄밀과학, 혹은 형식과학이라 명명하기도 한다.

교육부(1997)는 일반적으로 수학의 특성으로서 실용성, 추상성, 형식성, 계통성, 직관성과 논리성, 일반화와 특수화 등을 거론하고 있다. 수학적 지식을 형성하는 과정에서 나타나는 특징이 추상화, 형식화, 이상화이고, 수학적 지식을 적용, 발전시키는 과정에 나타나는 특징이 일반화, 특수화이다. 또 수학적 개념을 보존, 정리하는 과정에는 논리성, 계통성과 같은 특징이 나타난다.

수학에 대하여 어떠한 입장을 견지하는가는 취급되는 수학의 내용은 물론 수학의 연구방법에도 영향을 미칠 것이다.

곽은경(2004)은 수학적 사고가 전적으로 연역적 추론과정만을 뜻하는 것은 아니라고 주장한다. 그러나 이 주장이 수학적 명제가 참으로 인정받기 위한 입증의 방법으로 개연적 방법을 인정해 준다는 뜻은 아니다.

그리고 이런 수학적 추론 양식을 보는 관점은 철학적 입장에 따라 차이가 있다. 시대에 따라, 학파에 따라서 그 의미가 다르게 나타나지만, 수학의 연구방법은 일반적으로 추상적이다. 즉, 완성된 수학의 이론은 명시된 공리계로부터 엄밀한 논리에 의한 연역체계로 기술된다. 이런 의미에서 우리는 수학을 형식과학이라 하는 것이다.

데카르트는 모든 참된 지식은 필연성을 가져야 한다고 주장하면서, 수학적 지식은 필연성을 갖추고 있고, 따라서 모든 참된 지식은 수학적 지식이라고 주장한다. 그런데 필연성이란 예외가 없다는 뜻이다. 그리고 그에게 있어서 예외 없는 원인을 규명하는 것은 결국 학문의 본질이라고 생각하는 것이다. 이것은 학문적으로 수학을 특징 지워주는 중요한 판단이며 이 점에 있어서 반론을 제기하는 사람은 많지 않다. 이런 관점에서 수학이 개연추론의 방법을 허용하기는 쉽지 않을 것임이 분명해 보인다.

더욱이 데카르트에게 있어서, 모든 문제가 바르게 이해되기 위해서는 단 하나의 보편적 방법인 수학적 방법에 의해 다루어져야 하며, 자신의 이러한 수학주의적 방법을 여러 주제들에 적용해 감으로써 완전한 학문의 체계를 확립한다(서양근대철학회, 2001)고 보게 된다.

그리고 많은 수학자들이 이 주장에 동의하면서, 동시에 학문적 우월감까지 갖게 되는 현상도 나타난다. 안타깝게도 그 결과는 타 학문의 연구 방법을 인정하지 않으려는 폐쇄성으로 이어지는 경우도 종종 있다.

2. 수학교육학의 연구대상, 내용, 방법

수학교육학은 모든 형태의 수학교육에 대해서 그 근거와 문제점을 연구의 대상으로 하는 교과교육학이다. 따라서 그 연구영역과 연구방법이 다양할 수밖에 없으며, 순수수학, 응용수학, 심리학, 수학인식론, 수학사 등 많은 관련 과학 분야의 요인을 종합하여 연구하는 학문이다. 진정한 의미의 수학교육학은 수학 자체에 대한 지식, 즉 내용적 이해의 기초 위에 수학 주변의 제반 학문인 설명적 이해를 고려함으로써 교육적 이해를 정립시켜 가는 분야라 할 수 있다(박경미, 1996).

수학교육학의 연구 목적은 다중적이다. 만일 수학교육학을 경험적, 해석적 전통을 따르는 자연과학과 유사한 연구로 본다면, 과학의 전통적인 목적, 즉 설명하고 예견하며, 제어하는 목적을 채택한다. 만일 인류학자들이 탐구하는 것처럼 수학교육을 문화의 해석적인 이해로 본다면, 연구자는 수학을 가르치고 배우는 것이 이에 참여하는 사람들에게 갖는 의의를 이해하려 노력할 것이다. 만일 비평 사회학(critical sociology)의 접근법을 따라서 교사와 학생들이 좀 더 자유와 자율을 얻도록 돕는 '행동연구(action research)'를 수행한다면, 이러한 연구는 실제 학습을 개선하고 그 개선에 참여자들을 끌어들인다(박배훈, 신인선, 1993). 지난 십 년 동안 수학교육 연구의 동향은 경험적, 분석적 경향을 띠고 있다. 지난 일 세기 동안 경험적, 분석적 연구가 행하여졌지만, 이러한 과학적인 설명과 예견, 제어에 관한 희망은 수학 학습과 교수를 이해하고, 나아가서 개선하려는 욕망보다 더 큰 동기가 될 수 없었다. 수학교육에서의 연구는 연구자가 정의한 학습과 교수의 문제점들을 우선적으로 다루었다.

수학교육학의 탐구 대상에는 수학 내용 자체에 관한 측면, 수학의 형성, 발달, 가치 등에 관련된 메타적 측면, 그리고 수학이라는 기초 학문의 위치에서 학습자의 학습이라는 위치로 이동시키는 변용의 원천으로서의 교육적 측면뿐만 아니라, 이들의 관계에 의해서 파생되는 다양한 논의 주제들이 포함된다 (박경미, 1996).

Wittmann(1995)에 따르면, 연역적이고 형식화가 용이한 자연과학(natural science)은 일명 'hard science'라고 명명할 수 있으며, 직관적이고 비형식적이며 요리책처럼 방법기술적(cookbooky)이기도한 수학교육학은 'soft science' 쪽에 가까우며, 그러한 의미에서 자연과학과 대비되는 설계과학이라고 할 수 있다. 수학교육학의 요체가 되는 수학의 교수학습에는 수많은 변인들이 개입되고 따라서 다소간의 임의성을 내포하고 있다고 할 수 있기 때문에, 수학교육학에는 흔히 과학이 가지고 있다고 간주되는 완벽하고 분석적인 특성들을 그대로 적용시킬 수 없다. 그는 수학교육학의 본질에 충실하면서도 체계적인 과학적 지식의 범주 안에 들기 위한 설계과학이라는 개념으로 수학교육학을 설명하고 있다(박경미, 1996).

수학교육학의 연구대상에는 수학인식론과 학습심리학적인 문제가 포함된다. 수학교육학자는 수학적인 인식이 어떻게 이루어지며, 수학의 학습을 최적화할 수 있는 방법은 무엇인가 하는 문제를 다루지 않으면 안 된다. 수학자의 사고 방법, 아동의 학습방법, 그리고 교사의 교수방법은 수학교육학의 주요한 연구분야에 속한다. 특히 거기서 개념형성과정과 그와 결부된 언어발달은 중심적인 위치를 차지한다. 수학의 학습지도를 개선하기 위해서는 수학의 심리-발생과정과 역사-발생과정에 대한 보다 명확한 인식이 필요하다. 수학의 심리적 발생에 관해서는 Piaget의 발생적 인식론이 교육적으로 큰 시사를 준다. 수영자의 운동의 자세한 분석은 보통 수영하는 사람에게는 필요하지 않지만 수영기술을 다른 사람에게 가르치려고 하는 사람에게는 절대적으로 필요하다. 마찬가지로 수학의 학습지도를 보다 효과적으로 하기 위해서는 창조적인 수학자들의 연구방법, 특히 직관과 연역의 역할의 규명은 매우 절실한 바, Descartes, Poincare, Polya, Hadamard 등은 수학적 사고방법의 특성에 관해 많은 정보를 제공해 주고 있다(김응태, 박한식, 우정호, 2001).

우정호 외(2006)에서는 수학교육학의 연구방법을 크게 세 가지, 즉 철학적-교수학적 분석방법, 정량적 연구방법, 정성적 연구방법으로 나누었다. 최근의 많은 연구 방법론은 '설명'을 위주로 하는 정량적 연구나 '이해'의 측면에 주목하는 정성적 연구에 속하지만, 두 가지 유형과는 다른 제3의 연구 방법론에 속하는 것으로 ‘개발 연구 방법론’이 있다. 개발 연구라는 말은 ‘개발’과 ‘연구’라는 두 용어의 합성어이다. 또 실행 연구 방법이 있다. 실행 연구는 정성적 연구방법에 따라 주로 수행되며, 이론보다는 실행, 특히 이해와 변화를 염두에 두고 상황의 구체성을 고려하는 가운데 주로 내부자적 관점에 의존하여 이루어진다(우정호 외, 2006) 이상의 여러 선행 연구를 종합해 보면, 수학교육학은 학생의 수학적 행위가 주된 연구대상이므로, 연구 방법적 측면에서 보면 수학교육학은 자연과학의 성격보다는 사회과학의 성격을 많이 갖고 있다. 자연과학과 사회과학간의 성격적 차이에서 오는 문제점들을 수학교육학도 거의 다 가지고 있다고 할 수 있다.

3. 형식과학으로서의 수학과 사회과학으로서의 수학교육학의 비교

여기서는 사회과학의 한 분야인 심리학에서의 연구방법을 예로 들어 형식과학으로서의 수학과 사회과학으로서의 수학교육학에 대해 비교해 보고자한다.

파블로프(I. P. Parvlov, 1849~1936)는 심리학, 특히 학습심리학 분야에서 가장 유명한 인물 가운데 한 사람이다. 그러나 그는 심리학자가 아니라 생리학자였고, 개의 소화계 생리에 관한 연구로 1904년에 이미 노벨 생리학상을 수상하였다. 실험 도중 그는 음식물을 주지 않았는데도 평소에 음식물을 갖다 주는 실험자를 보고서 개가 침을 흘리는 이상한 현상을 발견하였다.

파블로프는 음식물이 없는데도 어떻게 타액이 분비되는가를 알아보기 위해서 간단한 실험을 고안하였다. 먼저 그는 개의 타액선에 가는 튜브를 연결시키는 수술을 하였다. 이 튜브를 통해 타액이 바깥으로 흘러나오면, 분비된 타액의 양이 기계적으로 정확하게 측정될 수 있게 하였다. 수술한 개를 실험장치에 고정시킨 상태에서 실험이 실시되었다(김현택 외, 1996).

여기에서 파블로프의 개가 침을 흘린 이유가 분명 종소리 때문인가? 더욱 극단적으로 생각해 보면, 모든 동물은 경험적으로 확인된 바, 음식을 보면 침이 분비된다. 그러나 그런 경험만으로 침 분비의 원인이 음식물이라고 할 수 있는가? 그 근거는 무엇인가? 이에 관한 근거가 약하나고 생각하면 수학적 방법은 “모든 동물은 음식을 보면 그로 인하여 침을 흘린다.”를 공리로 정하고 출발할 수 있다. 그러나 수학 이외의 다른 학문에서는 이런 방법을 사용하지 않으며 경험에 의한 개연적 추론을 허용한다.

수학자들은 명시된 공리계로부터 엄밀한 논리에 의한 연역체계로 기술된 것만을 타당한 논증으로 인정한다. 이와 비교해 볼 때, 인간의 행동에 대한 연구를 해야 하는 수학교육학은 형식과학이 아닌 일종의 경험과학, 특히 사회과학으로 분류할 수 있겠디.

수학은 학문적으로 자연과학에 속할 수 없는 고유한 특징을 가진 형식과학이라 말할 수 있다. 형식과학으로서의 수학은 그 대상 및 내용이 수학자체이며 방법적 측면에서는 연역적 논리를 사용한다. 반면 수학교육학은 그 연구 대상이 학생의 수학적 행위를 주로 다루며 방법적 측면에서는 개연적 논리를 사용한다. 수학이라는 학문은 몇 가지 정의와 공리로부터 논리법칙을 이용하여 명제나 정리를 유도하면서 확장하여 나가는 공리적인 성격을 지니고 있는 반면 수학교육학은 그러한 공리적인 성격을 가지고 있다고 볼 수 없다.

수학교육학의 탐구영역은 수학과 교육학을 주된 관련과학으로 가지는 분야임이 틀림없으나 수학에도 교육학에도 포함될 수 없는 수학교사를 위한 독특한 전문 연구분야임은 명백하다. 인간과 수학과의 만남을 조직하고 관찰하는 것은 수학교육학자의 전문적인 지식의 핵심이다.

4. 사회과학의 연구방법과 수학교육학의 연구방법에 대한 비교

대부분의 사회과학의 연구는 개념으로 구성된 추상화된 수준의 명제와 변수로 구성된 경험적 수준의 연구가설 사이의 관계를 설명하는 것이라고 볼 수 있다. 연구방법론은 추상화된 수준의 명제와 경험적 수준의 연구가설 사이의 논리적 관계를 올바르게 파악하고, 이를 통하여 자연현상이나 사회현상을 설명하고 예측할 수 있도록 지식이나 이론을 개발하는 체계적인 방법을 말한다(이군희, 2004).

수학교육학은 형식과학에 속하지 않으므로 공리적-연역적인 방법만을 사용하지는 않는다. 연구대상이 사물만 관련된 것이 아니고 인간 및 현실상황과 결부된 영역을 포함하므로 수학교육학은 가설-연역적인 방법과 함께 가설-구성적인 방법을 사용하게 된다(김응태, 박한식, 우정호, 2001). 인간 및 현실상황과 관련되기 때문에 대체로 연역적 방법을 사용하기 어렵다. 수학교육학에는 수학의 교수와 학습에 관한 교재의 선택에 대한 실행가능한 지도단원의 개발에 대한 어떤 일반화된 명제도 존재하지 않는다.

연구자는 이런 문제들에 대하여 모호하고 사변적인 논의 보다는 구체적인 예를 통하여, 이 문제와 관련된, 수학교육학의 연구방법에 대한 공통된 합의점을 도출할 필요가 있다고 본다. 가령 사교육문제에 대한 어떤 연구를 진행하기 위하여 "사교육의 감소나 쇠퇴는 사교육의 효과에 대한 학부모들의 불신이 조성되어야 가능해질 것이다." 또는 "어떤 시험문제의 풀이방법이나 정답을 학교에서는 가르쳐줄 수 있는데 학원에서는 가르쳐줄 수 없는, 그런 시험 문제는 존재하지 않는다."등의 명제를 연구의 시작 부분에서 전제처럼 사용하고자 할 때, 이것을 수학의 공리처럼 치부해도 좋은 지(논리가 중요할 뿐 실제적 의미는 중요하지 않은 것으로 간주한다는 뜻), 아니면 명제가 실질적으로 참됨을 보여야 하는 지, 참임을 보인다면 어떻게 보여야 하는지, 선행연구에서 인용할 만한 유사 주장을 찾지 못했다면 연구를 계속하기를 포기해야 하는지, 과연 그런 선행의 유사 주장이 존재하는 것은 분명한 지, "학교에서만 가르칠 수 있고, 학원에서는 가르칠 수 없는 지식이란 존재하지 않는다."라는 제목의 논문부터 써야하는지..., 또 그러려면 세상의 모든 지식을 가지고 실험을 통해 확인해야 하는지..., 그것이 불가능하다면 어떤 방법이 수학교육학계에서 타당한 방법으로 인정받을 수 있을지... 등에 대하여 구체적 합의가 있어야 하는 것이다.

수학교육학은 가설연역적 내지 가설-구성적 방법이 사용되는 하나의 경험과학임을 알 수 있다(김응태, 박한식, 우정호, 2001). 좀더 자세히 말하면, 수학교육학에서의 방법은 교육학, 심리학, 사회학 등의 연구 방법을 차용할 필요가 있다. 개, 고양이, 원숭이 한 마리의 실험을 사람에게까지 일반화한다 해도 그것이 경험적으로 충분히 납득할만한 과정을 거친 것이면 수용될 수 있어야 한다.

누구나 동의할 것이라고 생각되는 상식적 주장, 자신의 경험으로 보아 의심의 여지가 없어 보이는 주장, 선행 연구에 의해 지지되는 주장 등은 연구의 맥락과 비교하여 충분히 수용될 수 있는 수학교육학계의 열린 마음이 필요하다. 이들은 대개 귀납적이거나, 가추적, 가설연역적인 개연추론들로 구성되는 경우가 많다.

그 외에도 앞서 선행연구를 통해 인정된 대응설(correspondence theory), 정합설(coherence theory), 실용설(pragmatic theory) 등에 의해 지지되는 주장

들도 인정될 수 있어야 한다. 가장 과학적이라고 하는 자연과학, 특히 물리학 등에는 가설이 많다. 가령 광전효과(일정 주파수 이상의 빛을 금속에 쪼이면 표면에서 전자가 튀어나오는 현상)는 관찰에 의해 확인되던 것을 아인슈타인이 설명하였고 그로인해 빛의 입자설이 등장하게 되었으며, 이것은 다시 보아의 가설을 만들었고 그 가설은 다시 실험에 의해 확인되었다. 그러나 실험이란 귀납일 뿐임에도 이를 의심하는 사람은 없다. 뉴우턴 역학과 맥스웰 전사기학은 서로 상충되는 이론이었으나, 아인슈타인이 제안한 광속도불변설이라는 하나의 가설이 기존의 이 모순을 제거하고 두 장(중력장, 전자기장)에서의 이론을 하나가 되게 함으로써, 광속도불변설은 참인 명제로 인정받게 되었으며, 나아가 그로인해 특수 상대성 이론이 인정을 받게 되는 단초가 되었다.

즉 하나의 그럴듯한 가설 A가 귀납적 실험에 의해 그 존재가 확인되거나, 또는 보다 더 정합적인 결과를 가져올 설명을 해주거나, 더 풍성한 결과를 얻는 실용성을 가지면 그 명제를 참으로 인정해주는 분위기가 자연과학, 사회과학계에는 이미 널리 인정되고 있는 것이다.

가령 아동의 어떤 개념의 발달에 대한 가설을 제안하고 난 후에 현재 여러 국가에서 지도되는 교육과정의 순서가 이 제안된 가설과 정합적임을 보이면 아동의 개념 발달에 대한 연구자의 주장은 비록 가설에 불과하지만 인정해 줄만한 것이 되어야 한다는 것이다. 만약 그렇지 않다면 연구자는 아동의 그런 개념 발달이 타당한 주장임을 어떻게 입증할 것인가? 만약 피아제처럼 실증적인 주장을 하려면 매우 긴 세월이 필요할 것이고, 그러다보면 학문의 발전 속도는 매우 느리며, 더욱이 그런 실증적 방법조차도 오류의 가능성은 매우 크다는 것이다.

한편 심리학은 교육학 연구자들이 연구에 사용할 수 있는 일련의 방법을 제공하였다. 우리는 좋은 결과를 가져다주는 것을 추구하고, 반대로 나쁜 결과를 가져다주는 것을 피한다. 이것은 경험과학에서 공리처럼 쓰이지만 공리는 아니다. 이렇게 공리기능을 하는 경험에 근거하여 참이라고 인정되는 것들이 있다면, 결국 경험과학 역시 그에 근거한 연역적 논리전개는 가능해진다. 이런 이유로 자연과학에서 연역적 방법을 사용한다고 하는 것이다. 가령 “두 물체 사이에 인력이 작용한다”는 물리학에서 공리로 사용하지 않으나 공리처럼 사용되고, 나아가 그 인력의 크기에 관한 공식을 실험(귀납)에 의해 도출하여 공리처럼 사용한다. 그리고 이 공식은 연역적으로 사용되어 그로부터 타당한 많은 결론을 도출하게 한다. 이 타당한 결론의 근거는 우선은 바로 앞의 연역적 가정(상황)이겠지만 궁극적으로는 최상층의 공리 아닌 공리가 되는 것이다. 그러나 이와 같은 기존의 선험적 방법, 연역법 등에 대하여 연구자는 새삼 강조하려하지 않는다. 기존의 대부분의 선행연구들, 특히 사회과학, 인문과학, 예술학 등의 분야에서의 연구는 연구 방법 측면에서 이런 측면의 많은 노력을 기울여왔다. 즉 좀 더 성밀하고 치밀하게 논리를 전개할 수 있는 방법을 추구해 왔다고 할 수 있다. 이는 연구방법으로 인한 연구결과에서의 오류를 줄이려는 것이다. 그러나 본 연구에서는 이를 특별히 강조하지 않는다. 왜냐하면 오히려 이미 수학계에서 인정되는 연역법과 통계적 방법 또는 질적 연구의 실험적 방법 등만이 수학교육계에서도 지나치게 강조되어 왔고, 그 결과 수학교육에서의 창의적 연구는 매우 위축될 수밖에 없는 상황이라고 판단하고 있기 때문이다.

연역적 명제들은 비교적 인과관계의 형식이 분명하지만 실험적 방법은 그 원인을 규명하기 어렵다. 가령 파블로프의 개가 종소리를 듣고 침을 흘렸다 해도, 그 원인이 확실히 종소리인지는 분명치 않다는 것이다. 이 경우는 너무나 자명하다고 생각하여 별다른 반론 없이 종소리 때문이라고 모두 다 동의해 주었지만(경험과학에서는 이런 종류의 개연추론도 흔한 일이다.), 경험과학에서 이렇게 자명하지 않아 보이는 경우는 인과적 추론을 위해 대개 가설연역적 방법을 사용한다. 즉 가설을 만들어 그 현상을 설명해보고, 이후 다른 현상의 원인으로도 그 가설을 적용하여 잘 설명이 되는지를 생각해본다. 이 설명이 많은 현상을 잘 설명하고, 여러 가지 반례일지도 모를 여러 현상들에서 약간의 수정을 하거나 또는 수정 없이 잘 견디면 거의 법칙으로 굳어진다. 이것을 반증주의라고 한 것이다. 물리학의 역학에서 만유인력의 법칙이 실험에 의해 관찰되지 않으나 어떻게 법칙으로 굳어지게 되었는지를 생각해 보면 이 점은 잘 드러날 것이다.

손다이크(Edward Thorndike, 1911～1970)의 조작적 조건화 원리를 생각해 보자. 조작적 조건화의 기본원리는 유기체가 어떤 행동을 한 후에 강화물(유쾌한 사건 또는 결과)이 주어지면 그 행동을 더 빈번히 하게 되고, 처벌(불쾌한 사건 또는 결과)이 주어지면 그 행동을 더 이상 수행하지 않는다는 것이다(김현택 외, 1996). 손다이크는 당시의 실험적 통계적 연구를 집대성하고 인간 탐구에 통계적인 방법을 도입하여 실험적 연구를 시작함으로써 현대 심리학의 체계를 수립하였다. 손다이크에 의해 확립된 실험 심리학은 이후 교육학 연구 방법에 큰 영향을 미쳤다. 교육연구에서 통제 집단의 사용도 손다이크에 의해 널리 사용되게 되었다고 한다. 손다이크는 이렇게 실험적 방법으로 인간의 행동의 원인을 구성하는 두 요소를 인과적으로 규명하였고, 후세 연구에 큰 영향을 주었으나, 수학자나 철학자의 눈으로 자세히 살펴보면 허점투성이의 개연적 추론에 근거한 연구임을 알 수 있다.

통계적 실험연구에서 통제집단은 통계학자인 R.A.Fisher의 실험계획법에서 도입된 것인데, 실험적 방법을 통해 원인을 규명하기 위한 것으로서, 이것은 J.S.Mill의 귀납법의 영향이다. 즉 실험 집단과 통제 집단에 대해 우선 두 집단을 최선을 다해 동일한 집단으로 구성하고, 실험을 진행할 때에 목적이 되는 한 가지만 다를 뿐 다른 것은 완전히 같도록 통제된 실험의 결과, 두 집단의 변화에 차이가 생겼다면, 그 원인은 그 목적된 한 가지 때문이라고 추론하는 것이다. 전술한 바 이와 같은 Mill의 잉여법(B. Skyrms:김선호 역(1990))에 대하여 신랄히 비판하는 철학자에게는 이 방법도 인정되기 어렵다. 그러나 실험적 귀납을 이용하여 원인을 찾으려는 사람에게는 아쉽지만 인정할 만 해 보이는 것이다. 이 경우 달리 입증의 방법이 없는데다, 실용적 차원에서 이에 관한 판단은 시급히 요구되기 때문이다.

더욱 더 심각한 것은 간혹 이런 실험적 개연추론에 의해 인과관계를 밝히기 위한 통계적 실험 설계 자체가 사회과학 분야에서 거의 불가능한 경우가 특히 많다는 것이다. 연구자는 그 원인이, 통계적 대상 집단이 인간의 행동이기 때문에, 예측불능의 인간행동, 윤리문제 등에 있어서 자연과학에 비해 다루기 어렵기 때문이라고 추측한다.

따라서 사회과학에서는 어느 정도 자신이 확신하는 바에 따라 가설적 주장을 전제삼아 나름의 논리성을 갖고 추론을 전개하여 결론에 이르며, 이것을 자신의 새로운 주장으로 펴게 되는 것이다. 그 결과 동일한 문제에 대한 두 사람의 결론이 정 반대가 되기도 하며, 그럼에도 모두 타당해 보이기도 하고, 반대되는 두 주장에 대해 각자의 신념과 경험에 따라 반대 의견을 갖는 두 개 이상의 집단이 형성되기도 한다. 이 맥락에서 볼 때 수학문제의 서술식 풀이는 수리논술이 아니라고 가정하면, 수리논술이란 그 스스로 정체불명이 되기 쉬울 수밖에 없음을 쉽게 느낄 수 있다고 생각된다.

수학교육학의 연구방법들 중에서 어느 한편의 연구 방법이 다른 연구 방법들에 비해 우월한 것으로 파악하는 편협한 관점은 지양될 필요가 있다. 어떤 하나의 연구방법을 무조건 추종하거나 경시하는 태도는 바람직하지 않다. 연구 목적이나 연구에서 집중하고자 하는 현상에 따라 가장 적절한 연구 방법이 정해지게 되며, 또한 단일한 연구에서 여러 연구 방법을 절충하여 활용할 수도 있다. 그러므로 수학교육학의 발전을 위해서는 서로 다른 연구 방법을 상호 존중하면서 원활한 의사소통을 할 수 있는 연구자들의 열린 자세가 중요하다고 하겠다.

Ⅳ. 결론 및 제언

수학교육학은 수학의 학습지도의 개선을 위해 그와 관련된 분야의 연구를 하는 학문이며, 다루어지고 있는 문제의 성격상 많은 관련 학문분야의 요인을 고려해야 하는 종합과학이다. 따라서 수학교육학이 수학, 교육학, 심리학 등의 연구결과와 연구방법에 의해 뒷받침된다는 것은 명백하다. 또한 수학보다 수학교육학과 밀접한 관계가 있는 학문이 없다는 것도 명확하다. 하지만 수학교육학은 이들 학문의 단순한 응용이 아니라 수학교육 실제와 관련된 독자적인 학문이라고 봐야 한다.

본 연구를 통해 얻은 결론을 정리하면 다음과 같다.

어떤 학문이 분과 학문으로 독립하려면 다른 학문에서 빌려오지 않은 독자적 개념들이 있고 또 그들 사이에 자율적 구조가 성립되어야 한다. 학문의 성립을 보장하는 조건으로 고유의 탐구대상, 대상을 탐구하는 도구로서의 독자적 언어, 그 대상에 관해서 서술하거나 설명하는 논리적 형식, 그 대상을 탐구하는 방법적 원리와 규칙이라 할 수 있다. 즉 일반적으로 각 학문의 고유한 특징은 그 학문의 독특한 연구 대상, 연구 내용, 연구 방법에 있다고 할 수 있다. 그리고 교육학의 학문학적 논의를 살펴본 결과 교육학은 하나의 엄밀한 자율학문 즉 그 나름대로의 뚜렷한 연구목적, 선명한 연구대상, 독특한 연구방법을 가진 자주적인 학문임을 인정해야 한다. 방법론상의 엄밀성을 내세워 교육학을 순전히 일반철학의 하위분야로 바라보는 일반철학자들의 태도는 수정되어야 한다. 그들은 교육학의 학문적 성장 및 발전에 도움을 줄 수 있는 방법이 무엇인지를 모색해야 한다.

수학은 학문적으로 자연과학에 속할 수 없는 고유한 특징을 가진 형식과학이라 말할 수 있다. 수학과 달리 자연과학에는 절대적인, 영원불변의 진리는 존재하지 않는다. 형식과학으로서의 수학은 그 대상 및 내용이 수학사제이며 방법적 측면에서는 연역적 논리를 사용한다. 반면 수학교육학은 그 연구 대상이 학생의 수학적 행위를 주로 다루며 방법적 측면에서는 개연적 논리를 사용한다. 수학이라는 학문은 몇 가지 정의와 공리로부터 논리법칙을 이용하여 명제나 정리를 유도하면서 확장하여 나가는 공리적인 성격을 지니고 있는 반면 수학교육학은 그러한 공리적인 성격을 가지고 있다고 볼 수 없다.

또한 수학교육학은 방법적 측면에서 자연과학과 사회과학간의 성격적인 차이에 의해 자연과학이라기보다는 사회과학의 성격을 많이 갖고 있다. 많은 사람이 교육학은 사회과학에 속하는 분야로 생각하면서, 과학교육학이나 수학교육학은 자연과학으로 잘못 생각하고 있다. 물론 물리학이나 화학은 자연과학에 속한다. 그리고 순수수학은 엄밀히 형식과학이다. 그러나 과학교육학이나 수학교육학은 모두 교육학과 마찬가지로 사회과학에 속하는 것이라 할 수 있다.

학문으로서의 수학과 수학교육학은 본 연구에서 살펴본 바와 같이 밀접한 관련성이 있으면서도 각각 분명한 고유의 특징을 갖는 독립된 학문으로 볼 수 있다. 수학교육학에 큰 영향을 주는 교육학, 심리학 또한 수학교육학에 대한 연구에 도움을 줄 뿐이지 그대로 각 학문의 연구대상, 연구방법을 가져올 수 는 없다. 각 학문의 연구방법은 해당 학문의 연구 대상 및 내용에 따라 달라진다. 수학과 수학교육학의 연구대상과 내용은 명백히 구분되는 점이 있다는 것을 본 논문을 통해 밝혔다. 따라서 각 학문영역 연구의 주장하는 바의 정당성은 전혀 다른 시각으로 이해되어야 한다.

본 연구의 결론에 따른 시사점 및 제언은 다음과 같다.

수학교육학은 단지 이론구성을 노리는 데 그칠 수 없는 실천지향적인 교육학이다.

실천은 이론연구와는 달리 시공간적 제한을 받는다. 연구의 결과가 얻어졌을 때는 이미 많은 사람이 죽고 난 후이거나, 사회가 크게 변화한 이후에는 그 연구는 의미가 없다는 뜻이다. pragmatic theory가 진리개념의 중요한 한 요소인 것은 바로 그 때문이라고 생각한다. 수학교육학 연구에서 엄밀한 진실성이 보장되어 확실한 것만을 마냥 기다리고 있을 수는 없다. 많은 사회과학은 물론, 가장 과학적이라고 일컫는 자연과학에서 조차도 개연적 추론에 근거한 주장들이 인정받고 있다. 어떤 연구의 전제로 삼으려는 경험적으로 누구나 인정할 수 있는 많은 명제들에 대하여 선행연구의 근거나 실험에 의한 확인을 요구한다면 창의적 연구는 지체될 수밖에 없다. 더욱이 수학적 엄밀성을 요구한다면 전제적 명제의 근거를 밝히는 것 자체가 불가능한 경우도 많다. 그것을 규명하기 위해 긴 시간을 소모하여 아무 실제적 결과를 얻지 못하는 것보다는 논란의 여지가 있더라도 일단 연구 결과를 수용하고, 추이를 지켜보는 열린 마음이 모두에게 필요한 때이다.

또 다른 사람의 연구의 가치를 평가함에 있어서도 진리추구만이 가치의 전부가 아니라는 점을 인정해야한다. 수학자의 눈에는 이론 물리학의 어떤 이론 전개는 수학적으로 너무 평이하고 잘 알려진 쉬운 문제일 수 있다. 그러나 이론물리학에서는 매우 중요한 문제의 해결일 수 있다. 이론 물리학의 중요한 결과를 얻는 수리적 과정이 가치가 없어 보인다하여 그것이 가치 없다고 매도되어서는 안 된다는 것이 당연해 보인다면 수학교육학 연구에 대한 다른 가치 기준에 의한 비판 역시 신중할 필요가 있다.

참고문헌

곽은경(2004). 수리철학과 수학교육. 한양대학교 교육대학원 석사학위논문.

교육부(1997). 중학교 교육과정 해설. 서울: 대한교과서주식회사.

김용규(2006). 지식을 위한 철학통조림. 경기도: 김영사.

김용규(2007). 설득의 논리학. 서울: 웅진지식하우스.

김응태, 박한식, 우정호(2001). 수학교육학개론(제2증보판). 서울: 서울대학교 출판부.

김현택 외(1996). 심리학. 서울: 학지사.

김홍종(2005). 수학으로 과학보기. 서울: 궁리출판.

남억우 외(1988). 최신 교육학 대사전. 서울: 교육과학사.

두산동아 백과사전연구소(1996). 두산세계대백과사전. 서울: 두산동아.

박경미(1996). 수학교육학의 학문적 정체성 탐구를 위한 소고. 대한수학교 육학회 논문집, 6(2), 115-127.

박배훈, 신인선(1993). 수학교육학의 학문적 성격. 한국수학교육학회지 시리즈 A <수학교육>, 32(2), 117-123.

박홍경 (1994). 수학적 진리관의 탐색. 경산대학논문집, 12(1), 293-308.

서양근대철학회(2001). 서양근대철학. 서울: 창자과비평사.

손인수, 정건영(1998). 교육철학 및 교육사. 서울: 교육출판사.

우정호(1998). 학교수학의 교육적 기초. 서울: 서울대학교출판부.

우정호 외(2006). 수학교육학 연구방법론. 서울: 경문사.

이군희(2004). 사회과학 연구방법론(수정판). 서울: 법문사.

이돈희(1994). 교과교육학 탐구. 서울: 교육과학사.

이병승(2006). 교육철학에 대한 몇 가지 편견들. 교육연구, 20, 1-17, 공주대 학교 교육연구소.

이홍구(1988). 학문론 서설. 서울: 경인문화사.

임재훈(1997). 심리학 중심의 수학교육 연구와 수학중심의 수학교육연구 - 수학교육에서 '어떻게', '무엇을', '왜'라는 세 가지 질문 -. 대한수학 교육학회 논문집, 7(1), 279-293.

장상호(1986). 교육학의 비본질성. 교육이론, 1, 5-53.

장상호(1990). 교육의 정체 혼미와 교육학의 과제. 교육이론, 5, 21-64.

장상호(1997). 학문과 교육(상). 서울: 서울대학교출판부.

전성연(1991). 학문으로서의 교육학교육. 교육학연구, 29(3), 한국교육학회.

정범모(1977). 교육과 교육학. 서울: 배영사.

정영옥(2000). 수리철학과 수학교육 -Ernest의 사회적 구성주의를 중심으로-. 진주교육대학교 논문집, 42, 119-136.

조인래(1999). 과학적 방법 : 입증의 개념. 조인래 외 (편), 현대 과학철학의 문제들(pp. 13-78). 서울: 도서출판 아르케.

철학교재 편찬위원회 (1997). 철학의 이해. 서울: 중앙대학교 출판부.

한상기(1995). 지식의 조건. 서울: 서광사.

Copi, I. (1994). 논리학 입문 [*Introduction to Logic*]. (박만준, 이준호, 정상모 역). 서울: 도서출판 경문사.

Dantzig, T. (2008). 수, 과학의 언어 [*NUMBER : The Language of Science*]. (권혜승 역). 경기도: 도서출판 한승.

Ladyman, J. (2003). 과학철학의 이해 [*Understanding Philosophy of Science*]. (박영태 역). 서울: (주)이학사.

Skyrms B. (1990) 귀납논리학 [Choice & Chance : An introduction to Inductive Logic]. (김선호 역)) 서울:서광사

Wittmann, E. C. (1995). Mathematics education as a 'design science'. *Educational Studies in Mathematics,* 29, 355-374.

04 『네덜란드의 초등학교 기하 교육과정에 대한 개관-현실적 수학교육을 중심으로』에서 사용한 '문헌 연구' 방법 해설

정 영 옥[4)]

수학교육 연구는 '수학교육에 대한 기존의 지식을 입증하기 위한 또는 더 나은 지식을 얻기 위한 시도로서, 어떤 특정한 수학교육 현상이나 여러 수학교육 현상들에 관련된 학문적이고 체계적인 탐색(우정호 외, 2006)'으로 정의할 수 있다. 이런 연구를 위해서 연구자는 자신이 관심 있는 현상을 발견하고, 그 현상 속에서 적절한 연구 문제를 도출하고, 이 연구 문제에 답하기 위해 여러 가지 문헌과 자료들을 수집하여, 이런 문헌과 자료로부터 연구 무제를 해결하기 위한 적절한 관점이나 이론들을 추출해 내는 과정으로 이루어진다. 이러한 과정에서 사용되는 방법들의 특성에 따라 수학교육 연구를 위한 방법을 대략적으로 정량적 연구 방법과 정성적 연구 방법, 최근에는 두 가지 방법을 혼용하여 사용하는 연구 방법으로 구분하고 있다. 본 연구는 위에서 이야기한 정량적 연구 방법과 정성적 연구 방법의 분류 체계에 따라 구분하면, 정성적 연구 방법에 속하는 것으로 조금 더 세분하면 철학적·교수학적 연구에 속한다고 할 수 있다. 철학적·교수학적 연구는 일반적으로 기존의 관련된 문헌들을 조사하고 정리하고 정합하여 연구자가 관심 있는 연구 문제에 적합한 관점이나 방향 등을 제시하기 위한 것이다.

본 연구는 최근까지 이루어진 기하교육 동향과 미국수학교사협의회에서 2000년대의 수학교육의 방향을 제시한 것과 관련해서 기하교육의 규준이 과연 우리나라 초등학교 교과서에는 얼마나 반영되어 있는지, 반영되어 있지 않다면 어떤 부분들이 고려되어야 할 것인지에 대한 관심에서 비롯되었다. 최근 기하교육의 동향은 많은 연구자들의 연구 결과 논리적 구조로서의 기하와 더불어 공간 감각에 대한 내용이 강조되어 왔고, 미국수학교사협의회에서 제시한 기하교육의 규준도 동일한 방향을 제시하였다. 이런 수학교육의 경향이 제7차 교육과정부터 반영이 되어 교과서에서 공간 감각 내용이 포함되었으나, 상대적으로 국내에서 공간 감각에 대해서는 많이 알려진 것이 없었고, 실제로 공간 감각을 중시하는 교육과정과 교과서는 어떤 것이어야 하는지에 대한 구체적인 논의가 부재

---

4) 경인교육대학교, yochong@gin.ac.kr

했고, 공간 감각이라는 이름으로 교육과정과 교과서에 새롭게 도입된 내용이 구체적으로 공간 감각의 어느 부분에 해당하는지에 대한 설명이 거의 없었다. 따라서 본 연구에서는 공간 감각이 무엇을 의미하는지에 대한 문헌 고찰과 더불어 1970년대 이후로 초등학교의 도형 영역과 관련해서 공간 감각을 강조해 온 네덜란드의 초등학교 기하 교육과정과 교과서 분석을 통해 그 구체적인 모습을 살펴보고자 하였다.

이러한 연구 문제를 해결하기 위해서 가능한 한 네덜란드의 초등학교 기하 교육과정과 교과서의 배경이 되는 문헌들을 조사했는데, 그 이유는 교육과정이나 교과서만으로는 그 내용이 공간 감각의 어느 범주에 속하는 것인지 파악하기 어려운 부분이 있기 때문이다. 이러한 문헌 중에 네덜란드 초등학교에서 지도되는 내용의 방향을 제시하고 있는 "초등학교의 산술·수학교육을 위한 국가 프로그램 초안"과 개정된 핵심 목표에 따라 초등학교 학생들의 성취 목표와 수업 예 등을 제시한 TAL 프로젝트에서 기하영역의 지도 내용을 추출하였다. 이 때 추출한 지도 내용이 방향 나타내기, 구성하기, 모양과 도형으로 조작하기이다. 이렇게 추출한 지도 내용과 네덜란드의 초등학교 기하 영역 핵심 목표와 기하 교과서의 내용을 연결하여 분석하였다.

한편 국내에 많이 알려진 바와 같이 네덜란드에서는 초등학교 교과서의 80% 이상이 현실적 수학교육의 영향을 받고 있었고, 본 연구에서 선택한 교과서 또한 직접적으로 현실적 수학교육론에 기초하여 만들어진 교과서이기 때문에 현실적 수학교육이 가지고 있는 특성으로 인한 기하영역 지도 방법의 특징들이 기술되었는데, 그 이유는 첫째, 같은 내용이라고 해도 어떤 수학교육론을 기초로 하는 것이냐에 따라 다루어지는 방식과 그 효과가 다를 것으로 생각되었고, 둘째, 현실적 수학교육의 일반적인 특성은 이미 알려져 있는 것이지만 구체적으로 각 영역에서 드러나는 방식은 다를 것으로 생각되었기 때문이다. 실제로 연구자가 살펴 본 결과에 따르면 본 연구에서 고찰한 현실적 수학교육론에 기초한 네덜란드 교과서인 Pluspunt에서 수와 연산, 측정, 확률과 통계 등의 교과서 내용의 지도 방법보다는 도형 영역과 관련된 내용의 지도 방법이 우리나라 교과서와 아주 많은 차이를 보이는 것으로 판단되었다. 따라서 본 연구에서는 지도 방법의 특징으로 현실 공간의 탐구 중시, 직관적·비형식적 접근의 중시, 직관적 활동에서 공간 추론으로의 점진적 접근, 다른 영역과의 연결 중시, 상호 작용의 중시, 경험-설명-연결의 순환 과정에 대해 설명하였다.

이러한 고찰을 바탕으로 우리나라 도형 영역의 교육과정과 교과서 개발을 위해 논의할 문제로 지도 내용의 측면에서 이미 많은 연구자들이나 본 연구에서 살펴본 네덜란드 교과서에서 심도 있게 다루는 공간 감각의 요소 중 부족한 부분으로 공간 방향의 도입, 공간 시각화와 공간 추론의 강화를 제안하였고, 지도 방법의 측면에서 네덜란드는 공간 감각에 많이 치우친 반면, 우리나라의 경우는 형식적인 도형 영역에 치우친 것을 고려하여 공간적 접근과 도형적 접근의 균형, 직관적 접근의 중시를 강조하였고, 공간 감각은 실제로 우리가 살아가는 공간에 대한 탐색이라고 할 때 공간이라는 배경이 도외시된 공간에 존재하는 대상에 초점을 맞추는 접근에서 벗어나 통합적 접근의 고려 등을 제안하였다.

문헌 연구의 특징은 연구에서 제시되는 모든 관점이나 방향이 어떤 직접적인 증거에 의해 입증되는 것이 아니라 연구자의 생각과 안목에 달려 있는 것이기 때문에 가장 중요한 것은 관련된 문헌을 얼마나 폭넓고 깊이 있게 다루고 이를 체계적으로 정리하고 새로운 관점들을 이끌어 낼 수 있는지가 중요하다. 또한 본 연구에서는 기하 영역의 지도 내용을 "초등학교의 산술·수학교육을 위한 국가 프로그램 초안"과 TAL 프로젝트를 참고하여 구분하였지만, 좀더 세분하여 공간 감각을 연구하는 학자들이 제안하고 있는 공간 감각 요소를 중심으로 분석하는 것은 시도하지 못하였기 때문에 공간 감각에 포함되는 교과서 내용을 좀더 세분화된 공간 감각 요소를 중심으로 분석하여, 각 활동의 의미와 더불어 부족한 부분들을 보완하는 것도 의미 있는 연구라 생각된다.

참고문헌

우정호, 정영옥, 박경미, 이경화, 김남희, 나귀수, 임재훈 (2006). **수학교육학 연구 방법론**. 서울: 경문사.

정영옥 (2007). 네덜란드의 초등학교 기하 교육과정에 대한 개관-현실적 수학교육을 중심으로. **학교수학, 9**(2), 197-222.

대한수학교육학회지<학교수학> 제 9 권 제 2 호
Journal of Korea Society of Educational Studies in Mathematics
School Mathematics Vol.9, No.2, 197-222. Jun. 2007

네덜란드의 초등학교 기하 교육과정에 대한 개관[1)] -현실적 수학교육을 중심으로-

정 영 옥*

본 연구는 최근 기하 교육 동향과 전미수학교사협의회에서 2000년대의 수학교육의 방향과 관련해서 제시한 기하 교육의 규준에 비추어 현실적 수학교육에 기초한 네덜란드의 초등학교 기하 교육과정에 대해 알아보고, 우리나라의 초등학교 도형 영역 지도를 위한 시사점을 제시하는 데 그 목적이 있다. 이런 목적을 달성하기 위해 네덜란드의 초등학교 기하 교육의 역사를 살펴보고, 네덜란드의 초등학교 기하 교육과정에 중요한 영향을 미치는 요소인 일반 목표와 기하 영역의 핵심 목표, RME에 기초한 네덜란드의 초등학교 수학 교과서의 지도 내용과 지도 방법의 특징을 살펴보았다. 그 결과 우리나라 도형 영역의 교육과정과 교과서 개발을 위해 논의할 문제로 지도 내용의 측면에서 공간 방향의 도입, 공간 시각화와 공간 추론의 강화, 지도 방법의 측면에서 공간적 접근과 도형적 접근의 균형, 직관적 접근의 중시, 통합적 접근의 고려 등을 제안하였다.

Ⅰ. 서 론

Hershkowitz(1990)에 의하면 기하를 가르치는 데는 두 가지의 관점이 있는데, 하나는 기하를 공간에 대한 탐색으로 보는 것이고, 다른 하나는 기하를 논리적 구조로 보는 것이다. 이런 두 측면은 서로 관련이 있는데, 논리적 구조로서의 기하를 학습하는 데는 공간에 대한 탐색으로서의 기하가 중요한 역할을 할 수 있기 때문이다.

세계적으로 보면 전통적인 교육과정에서 도형 영역과 관련하여 지도해 오던 내용은 논리적 구조로서의 기하 체계의 일부분이라고 할 수 있는 도형에 관련된 내용이었지만, 최근에는 기하 체계뿐만 아니라 공간에 대한 탐색으로서의 기하에 해당되는 공간 감각이 더욱 강조되고 있다. Clements(1999)에 의하면 공간 감각을 기르기 위해서는 공간 방향과 공간 시각화 능력이 중요하다. 이 때 공간 방향은 공간에서 자신의 위치를 결정하거나 다른 물체들의 위치를 정하고 공간 내에서의 이동을 표현하는 능력이라 할 수 있고, 공간 시각화는 공간의 대상, 관계, 변환에 대한 정신적 표상을 구성하고 조작하는 능력이라고 할 수 있다(Clements & Battista, 1992; Clements, 1999). Kennedy, Tipps와 Johnson(2004)에 의하면 이전에는 공간 감각은 아이들이 학교에 입학하기 전에 자연스럽게 발달하는 것으로 생각하였고, 그 이후의 기하 학습을 하기 위해 중요한 기능으로 보지도 않았을 뿐 아니라 혹시 중요성을 인식하였다 하더라도 공간 감각을 발달시킬 수 있는 적절한 방법에 대한 연구가 거의 없었다. 그러나

---

* 경인교육대학교(yochong@gin.ac.kr)

1) 이 연구는 2006년 경인교육대학교 학술연구조성비에 의하여 연구되었음

Hershkowitz(1990)에 의하면 1980년대 이후로 삼차원 물체를 이차원으로 표현하거나 이차원 표현을 삼차원으로 표현하는 것과 관련하여 학생들이 겪는 어려움이나 이런 능력에 미치는 영향에 대한 연구들이 계속되어 왔고, Clements와 Battista(1992)와 같이 공간 감각 기능을 향상시킬 수 있는 활동을 제공해 주는 연구들도 있으며, 최근에는 컴퓨터의 발달이 이런 기능을 더욱 강화할 수 있는 도구를 제공해 주고 있다. 이런 연구 결과들에 의해 초등학교 교육과정에서 공간 방향과 공간 시각화를 강조하는 공간 감각이 전 세계적으로 기하 영역의 중요한 부분으로 자리잡아가고 있다.

이와 관련하여 전미수학교사협의회(NCTM, 2000)에서는 <학교수학을 위한 원리와 규준>에서 2000년대의 학교수학의 개선을 위해 초점을 두고 노력해야 할 사항들을 제시했는데, 그 중 기하 영역과 관련된 규준을 살펴보면, 첫째, 2차원, 3차원 도형의 특징과 성질 분석 및 기하 관계의 수학적 논쟁, 둘째, 좌표기하 및 다른 표현 체계를 이용한 위치 확인과 공간 관계 기술, 셋째, 수학적 상황 분석을 위한 변환 적용과 대칭 활용, 넷째, 공간 시각화, 공간 추론, 기하 모델을 활용한 문제해결의 네 가지 규준을 제시하고 있다. 이는 논리적 구조로서의 기하와 공간에 대한 탐색으로서의 기하를 모두 중시하는 최근 기하 교육의 동향을 잘 보여주고 있다.

한편, 네덜란드에서는 1970년대 이후로 Freudenthal의 인간 활동으로서의 수학이라는 철학을 바탕으로 하는 현실적 수학교육(Realistic Mathematics Education)을 기하 영역에서 구체화해오고 있다. 이 과정에서 지금까지의 논리적 구조로서의 기하와는 달리 현실로부터 수학을 수학화하는 현실적 수학교육을 실행하면서 기하의 핵심 목표, 특히 초등학교에서 기하의 핵심 목표를 공간에 대한 탐색으로 두고, 공간 방향, 공간 추론, 공간 시각화 등을 중심으로 개발한 프로그램을 출발점으로 공간 탐색으로서의 기하를 핵심적인 내용으로 지도하여 왔다.

우리나라의 경우는 제 7차 교육과정(교육부, 1997)부터 공간 감각의 일부 내용, 즉 공간 시각화의 내용이 강조되고 있고, 제 7차 수학 교육과정을 부분 수정한 수학과 교육과정(교육인적 자원부, 2007)에서는 공간 감각이라는 표현은 쓰지 않고 그 내용은 그대로 유지되고 있지만, 공간 방향과 관련된 내용은 찾아보기 어렵다. 따라서 본 논문에서는 세계적인 기하 교육의 동향에 비추어 현실적 수학교육을 기초로 한 네덜란드의 초등학교 기하 교육과정을 살펴봄으로써, 앞으로의 수학과 교육과정과 이를 바탕으로 하는 새로운 교과서 개발을 위한 시사점을 제시하고자 한다. 이를 위해 네덜란드의 초등학교 기하 교육 역사를 간략하게 살펴보고, 현실적 수학교육에 기초한 초등학교 기하 교육을 개관하기 위해 네덜란드의 초등학교 수학 교과서의 지도 내용과 지도 방법의 특징을 살펴보며, 이를 기초로 우리나라 초등학교의 도형 영역을 위한 교육과정과 교과서 개발을 위해 지도 내용과 지도 방법의 측면에서 고려할 사항들을 제안하고자 한다.

II. 네덜란드의 초등학교 기하 교육의 역사

네덜란드의 초등학교에서 기하 교육을 시작한 것은 19세기 초로 거슬러 올라간다. 기하에 해당되는 교과는 모양론(Vormleer)이었다. 모양론은 원래 Pestalozzi의 아이디어인데, 그는 직관을 중요시하면서 실제 경험과 관찰이 추상적 언어보다 앞서야 함을 강조하였다. 모양론을 해석하는 관점은 시기에 따라 달랐다. 19세기 전반에는 정신 도야적 가치를 중시하였다. 그 당시의 유명한 교과서 저자인 Van Dapperen과 같이 모양론을 인간의 지적 기능의 연속적인 개발을 위한 방법으로 생각하고 많은 사고 활동을 중요시하는 사람들이 있었다. 그러나 그 내용은 점, 선, 다른 기하 개념을 일부 사용한다는 것이었을 뿐 본격적인 기하학은 중등학교에서 도입되었다. 한편, 모양론을 학생들이 생활 주변에 있는 실제 대상들을 세밀하게 관찰해서 직사각형, 정사각형 등의 기본적인 기하 개념을 파악하는 것으로 생각하는 사람들이 있었다. 19세기 중반에는 기하의 형식적 가치가 약화되면서, 응용에 많은 관심을 가지게 되었다. 예를 들면 길이, 넓이, 부피를 측정하고 계산하는 문제나 기하 작도의 문제를 다루면서, 관찰을 중시하였다. 그러나 교과서에서 기하의 내용을 다루고 있는 것과는 달리 그 당시의 교사들은 이 교과 내용을 가르칠만한 충분한 준비가 되지 않았다. 따라서 1889년에 모양론은 초등학교의 공식적인 교육과정에서 삭제되었다(de Moor, 1990).

그런 도중에 네덜란드의 수학교육 개선을 위한 움직임과 더불어 1970년대에 초등 수학교육을 위한 중요한 개발 연구가 시작되었는데, 그것이 바로 IOWO[2)]에 의한 Wiskobas 프로젝트이다. 이 프로젝트는 인간 활동으로서의 수학을 강조하는 Freudenthal의 철학을 초등 수학 교육과정에 구현한 것이다. Freudenthal은 특히 그 당시의 산술 교육에 치우친 수학 교육과정과 유클리드 기하학을 수학의 공리적 구성을 가르치기 위한 이상적인 모델로 생각하거나 기하를 해석기하나 선형대수의 입문을 위한 수단 정도로 보는 경향을 비판하면서, 초등학교에서 기하 교육의 중요성을 강조하였다(Freudenthal, Janssen, & Sweers, 1976). Freudenthal(1973)에 따르면 기하 교육의 목표는 단순히 도형에 대한 탐구만이 아니라 학생들이 이 세상에서 더 풍요롭게 생활하고, 호흡하고, 활동하기 위해 이해하고, 탐구하고, 정복해야 할 공간에 대한 파악이다. 이런 생각에 따라 구체화된 활동 주제는 수중나라(Waterland), 난파선 구조(Ship Ahoy), 우리의 지구(Our Earth), 방갈로 짓기(Bungalow)였다(Freudenthal, Janssen, & Sweers, 1976). 이런 모든 활동의 공통된 특징은 첫째, 기하 도형뿐만 아니라 공간 방향, 공간 추론, 공간 시각화를 강조한다는 점, 둘째, 기하만이 아니라 현실을 바탕으로 수학의 여러 영역과 다른 교과를 통합적으로 다룬다는 점이다.

Wiskobas 프로젝트를 출발점으로 기하 교육의 목표를 공간에 대한 파악으로 보고, 현실을 바탕으로 통합적으로 공간 방향, 공간 추론, 공간 시각화를 중시하는 기하 교육의 방향은 1970년대 이후 현실적 수학교육을 중시하는 네덜란드 초등학교 수학교과서에 반영되어 왔다. 이와 같이 기하를 공간에 대한 파악으로 볼 때, 기하는 인간의 활동과 사고의 중요한 부분을 차지한다. De Moor(2005)에 따르면 어린 아이들의 경우에도 자신의 주변 공간에 있는 모든 종류의 모양과 현상을 지각하는 것이 중요한 활동 중의 하나이다. 이 때 아이들은 모양과 현상을 지각하는 것뿐만 아니라 만져보고 느껴보는 등의 행동을 하게 된다. 이런 지각과 행동은 심상을 위한 기초가 되며, 아이들의 사고 활동을 유발하고, 공간에 대한 통찰을 발달시킨다. 이런 아이들의 공간에 대한 통찰의 자연스러운 발달에 기여하는 것이 초등학교에서 기하를 지도하는 목표이다. 이는 아이들이 가

2) IOWO는 the Institute for Development of Mathematics Education을 뜻하는 네덜란드 약자로 1971년에 설립되어 그보다 먼저 1968년 Wijdeveld와 Goffrey가 창안한 Wiskobas 프로젝트를 더 발전시켰으며, 이 때 핵심적인 역할을 한 사람이 Freudenthal이다.

지고 있는 막대한 비형식적 기하 지식을 바탕으로 공간의 모양과 현상에 대한 경험적인 관찰과 더불어 현상에 대한 설명, 즉 반성적 사고를 통해서 '왜'라는 질문에 대한 합리적인 답을 추구하는 것이다(Gravemeijer, 1990).

그 이후로 네덜란드 초등학교에서 지도되는 내용의 방향을 좀더 구체적으로 제시한 『Proeve van een National Programma voor het Reken/Wiskundeonderwijs op de Basisschool(초등학교의 산술/수학교육을 위한 국가 프로그램 초안)』[3]을 살펴보면, 초등학교 수학 교과서에서 지도할 기하 영역의 내용은 바라보기와 사영하기, 방향 나타내기와 위치 나타내기, 공간적으로 추론하기, 변환하기, 그리기와 구성하기, 측정하기와 계산하기로 구분하고 있다(de Moor, 1990). 또한 1998년에 개정된 핵심 목표에 따라 초등학교 학생들의 성취 목표 및 이를 실제적인 수업개선으로 구체화하기 위해 실행한 TAL[4] 프로젝트에서는 기하를 지도하는 목표로 공간 추론과 공간 시각화 능력을 기르는 것으로 보고, 기하 영역에서 지도할 내용을 방향 나타내기, 구성하기, 모양과 도형으로 조작하기로 구분하고 있다(de Moor, 2005). 이런 구분을 Proeve와 비교해 보면, 바라보기와 사영하기, 위치 나타내기와 방향 나타내기는 방향 나타내기, 그리기와 구성하기는 구성하기, 변환하기는 모양과 도형으로 조작하기라 할 수 있고, 측정하기와 계산하기 그리고 공간적으로 추론하기는 별도의 하위 영역이 아니라 방향 나타내기, 구성하기, 모양과 도형으로 조작하기에 적절히 통합한 것으로 볼 수 있다[5].

III. 네덜란드의 초등학교 기하 교육과정에 대한 개관

이 장에서는 네덜란드의 초등학교 수학 교육과정의 방향을 간단하게 제시한 초등학교의 일반 목표, 초등학교 6학년까지 도달해야 할 기하 영역의 핵심 목표를 살펴보고, 좀더 구체적으로 현실적 수학교육을 반영한 네덜란드의 초등학교 교과서 Pluspunt의 기하 지도 내용과 지도 방법의 특징을 제시하고자 한다[6].

---

3) Proeve는 1989년에 출판되기 시작한 것으로 일종의 네덜란드 초등학교 수학을 위한 Standards라 할 수 있는데, Treffers, de Moor, Streefland, Feijs 등이 주요 저자로 참여하여 초등학교 수학을 위한 다양한 예들과 더불어 기초적인 수 기능, 지필 알고리즘, 비와 백분율, 분수와 소수, 측정, 기하학의 일부 영역의 지도에 대한 상세한 기술이 되어 있으며, 지금도 이런 연구가 계속되고 있다(van den Heuvel-Panhuizen, 2001b, 2005).

4) TAL은 Tussen Annex Leerlijnen라는 네덜란드어의 약자로 학습 교수 경로에서 중간 성취 목표라는 의미이다. 이 프로젝트는 네덜란드의 교육부가 1993년 처음 제정하고 1998년에 개정한 초등학교 수학을 위한 핵심목표를 구체화하기 위한 목적으로 시작되어, 초등학교 학생들이 거쳐야 할 대략적인 경로와 성취 목표를 제시하고 있다. 현재는 유치원과 초등학교를 위한 자연수와 연산, 유치원 1, 2학년과 초등학교 1, 2학년을 위한 측정과 기하가 완성되어 있다(van den Heuvel-Panhuizen, 2001a, van den Heuvel-Panhuizen, & Buys, 2005).

5) 방향 나타내기, 구성하기, 모양과 도형으로 조작하기 무엇을 의미하는지는 Ⅲ장에서 설명하고자 한다.

6) 네덜란드에서는 교육과 관련해서는 학교와 교사들에게 많은 자유가 주어지고 초등학교말 시험은 있지만 의무적인 것은 아니며 학교 진로에 있어서도 교사의 조언이 가장 영향력이 크다. 이런 이유로 공식적인 초등 수학 교육과정 문헌이 존재하지 않고, 교과서는 교과서 저자들이 핵심목표를 고려하여 독립적으로 개발하는데, 핵심목표 또한 상세하지 않고, Proeve와 TAL의 아이디어를 활용할 수 있지만 강제력은 없다. 그럼에도 불구하고 많은 모임을 통해서 조정해 가는 관계로 초등학교 교과서의 내용은 약간의 차이가 있을 뿐 전체적인 내용은 흡사하다(van den Heuvel-Panhuizen, 2001b, 2005). 네덜란드에서 RME의 영향을 받은 교과서는 여러 가지가 있는데, 최근에 가장 중요한 교과서 시리즈는 Pluspunt, De wereld in getallen, Wis ed Reken, Rekenrij, Alles Telt, Talrijk 등이 있다(van den Heuvel-Panhuizen: 2001b). 또한 이런 교과서를 채택한 초등학교는 1990년대 이후로 네덜란드 초등학교 전체의 약 80%에 달하고 있다. 따라서 본고에서는 그 중 하나인 Pluspunt 교과서를 중심으로 지도되고 있는 내용을 구체적으로 살펴보고자 한다.

1. 네덜란드의 초등학교 기하 교육과정의 성취 목표

1998년 네덜란드의 교육부(Ministry of Education, Culture and Sciences)에서는 다음과 같이 수학교육이 지향해야 할 일반 목표를 다음과 같이 제시하고 있다(van den Heuvel-Panhuizen, 2001a: 249-250).

> 산술/수학교육은 학생들에게 다음과 같은 것을 가르치는 것을 목표로 한다.
> · 산술과 수학을 일상 경험과 연결하기
> · 기초기능을 획득하고, 간단한 수학 언어를 이해하며, 이를 실제 상황에 응용하기
> · 자기 자신의 수학적 활동을 반성하고 이런 활동의 결과의 정확성을 점검하기
> · 간단한 관계, 규칙, 구조를 인식하고 발견하기
> · 탐구 전략과 추론 전략을 자기 자신의 언어로 기술하고 사용하기

위에 제시된 일반적인 목표는 문제해결, 연결성, 추론, 의사소통, 표현 등의 수학적 소양(NCTM, 2000)을 강조하는 세계적인 동향을 반영할 것일 뿐만 아니라 네덜란드의 대다수의 초등학교에서 적용되고 있는 RME의 철학을 반영한 것이라 할 수 있다.

이런 일반 목표 외에 기능, 산술, 비와 퍼센트, 분수와 소수, 측정, 기하의 각 내용 영역별로 초등학교 말까지 도달해야 할 핵심 목표를 제시하고 있는데 그 중 우리나라의 도형 영역에 해당하는 기하 영역의 핵심 목표를 살펴보면 <표 Ⅲ-1>과 같다[7].

<표 Ⅲ-1> 네덜란드의 초등학교 기하 영역 핵심 목표

영역	핵심 목표
기하	· 학생들은 공간을 기하학적으로 조직하고 기술할 수 있는 간단한 개념과 관념을 자유롭게 다룰 수 있어야 한다. · 학생들은 공간적으로 추론할 수 있어야 한다. 공간 추론 과정에서 학생들은 모델 구성, 평면도, 지도, 사진, 위치, 방향, 거리, 척도에 대한 정보를 사용할 수 있어야 한다. · 학생들은 그림자를 설명하고, 여러 가지 도형들을 구성하며, 규칙적인 대상들의 전개도를 인식할 수 있어야 한다.

2. 현실적 수학교육에 기초한 네덜란드 초등학교 기하 교과서의 내용 개관

현실적 수학교육을 반영한 초등학교 교과서는 앞에서 제시한 기하 영역의 핵심 목표를 성취하는 것을 포함하여 방향 나타내기, 구성하기, 모양과 도형으로 조작하기에 관련된 다양한 주제들로 이루어지는데, 그 주제와 심화의 정도는 교과서마다 다양하다. 이 절에서는 Pluspunt 교과서에서 지도되는 내용을 교과서, 안내서, 지도서를 바탕으로 구체적으로 살펴보고자 한다(Pap, Janssen, & Pap, 2003a, 2003b, 2003c, 2003d; Munsterman & de Weerd-Fourdraine, 2003a, 2003b, 2003c, 2003d; Van Gool, Janssen, & Munsterman, 2003a, 2003b, 2003c, 2003d; Groen, Rouvroye, van de Straaten, & de Weerd-Fourdraine, 2003a, 2003b, 2003c, 2003d; Janssen, Munsterman, & Rouvroye, 2003a,

7) 네덜란드 교육부에서는 2004년 초등학교 수학을 위한 핵심 목표를 다시 한 번 개정했는데, 이는 일반목표와 이전의 기능, 산술, 비와 퍼센트, 분수와 소수, 측정, 기하의 6개의 영역에 대해 제시했던 핵심 목표를 일반 목표와 수와 연산, 측정과 기하의 2개의 영역으로 축소하여 제시하였다. 이에 따른 기하 관련 핵심 목표를 제시하면 '간단한 기하 문제를 해결하는 것을 학습하기'이다. 이는 1998년보다 더 간단하게 제시된 것으로 교사들에게 더 많은 자유를 부여한 것이며, 실제로 현행 지도되고 있는 내용에는 거의 영향력이 없을 것으로 보인다(van den Heuvel-Panhuizen, 2005).

2003b, 2003c, 2003d; Boersma, van Gool, Groen, van der Straaten, & de Weerd-Fourdraine, 2003a, 2003b, 2003c, 2003d).

가. Pluspunt 교과서의 기하 영역의 목표

본 교과서에서는 지도서에 네덜란드의 교육부에서 제시하고 있는 핵심목표를 반영하여 기하 영역에 해당하는 기하와 공간 방향(Meetkunde en ruimtelijke oriëntatie)에 대해 학년별로 최소 목표를 제시하고 있다[8]. 이를 방향 나타내기, 구성하기, 모양과 도형으로 조작하기로 분류하여 제시하면 <표 Ⅲ-2>와 같다.

방향 나타내기(orienting)는 공간에서 자신의 위치를 결정하거나 다른 물체들의 위치를 정하고, 공간 내에서의 이동을 표현하는 것, 구성하기(constructing)는 스스로 무엇인가 만드는 모든 활동, 즉 2차원 도형과 3차원 도형들을 어떤 조건에 따라 결합하는 것, 모양과 도형으로 조작하기(operating with shapes and figures)는 기하학적 변환을 의미한다(de Moor, 1990, 2005).

최소 목표는 해당되는 학년까지 도달해야 할 최소 목표로, 실제로는 최소 목표가 제시되지 않은 학년에서도 기하 영역의 내용을 다양하게 지도하고 있다.

나. Pluspunt 교과서 기하 영역의 학년별 지도 내용

이 절에서는 방향 나타내기, 구성하기, 모양

<표 Ⅲ-2> 기하 영역의 학년별 최소 목표

학년		관련영역	최소 목표(Minimundoel)
1	3A	구성하기	· 쌓기나무로 만든 간단한 건물 모양에서 개수 정하기
	3B	구성하기	· 평면도와 쌓기나무로 만든 건물 모양 사이의 관련짓기
2	4B	방향 나타내기 방향 나타내기 구성하기	· 공간에서 자신의 위치를 알기 · 왼쪽, 오른쪽, 가까이, 멀리와 같은 용어 사용하기 · 쌓기나무로 만든 건물 모양의 평면도/건물의 스케치 그리기
4	6A	방향 나타내기 방향 나타내기 방향 나타내기 모양과 도형으로 조작하기	· 자신의 주위 환경(생활주변)에서 수평과 수직 개념 알아내기 · 지도와 실제 사이의 관계 알기 · 좌표를 이용하여 지도 위의 장소를 나타내기 · 축척 기호법을 사용하기(예를 들면 1:100은 1cm가 실제는 100cm임)
	6B	방향 나타내기 방향 나타내기 구성하기 구성하기 모양과 도형으로 조작하기 모양과 도형으로 조작하기	· 격자와 좌표를 이용하여 지도 위의 장소를 나타내기 · 지도와 거리표를 알기 · 층수가 표시된 평면도를 이용하여 건물 짓기 · 평면도를 이용하여 모양을 정하고 기술하기 · 태양의 위치에 따른 그림자 현상을 연결하기 · 실제와의 비를 고려하여 축척을 보기
6	8A	구성하기 모양과 도형으로 조작하기	· 공간 모델을 이용하여 그것의 전개도를 파악하기 · 축척과 거리선을 이용하여 지도 위의 거리 구하기
	8B	방향 나타내기 방향 나타내기	· 지도 위에서 경로 설명하기 · 경도와 위도의 도와 분이 표시된 지도 읽기

8) Pluspunt 교과서에서는 유치원 교과서가 1A, 1B, 2A, 2B이고, 초등학교 교과서가 3A부터 시작하기 때문에 우리나라 1학년에서 6학년까지의 내용이 3A부터 8B까지에 해당된다.

과 도형으로 조작하기와 관련하여 Pluspunt 교과서에서는 학년별로 어떤 내용을 어떤 관점으로 지도하고 있는지 몇 가지 예를 들어 살펴보고자 한다.[9] 방향 나타내기에는 크게 위치, 지도와 좌표, 구성하기에는 공간 표현, 도형 인식, 도형 구성, 공간 통찰, 모양과 도형으로 조작하기에는 규칙성, 대칭·회전·평행, 축소와 확대로 구분해 볼 수 있다.[10] 본고에서는 각 범주의 하위 범주에 따른 학년별 내용과 이전의 내용을 통합하고 확장하는 6학년의 주제 단원을 살펴보고자 한다.

1) 방향 나타내기

가) 위치

위치는 1학년에서 6학년까지 계속 다루어지는 중요한 주제인데, 이는 공간 개념을 기초로 방향을 정하는 것으로, 직관적으로 알고 있는 것을 반성에 의해 의식하는 것과 관련된다. 이 주제는 대부분의 내용이 사진들을 보고 그 사진을 찍은 위치가 어디인지를 알아보는 것이다. 이는 de Moor(1990, 2005)에 따르면 평행 개념과 각 개념 등과 관련된다. 1학년의 내용으로는 [그림 Ⅲ-1]과 같이 농장에서 여러 사진사가 사진을 찍고 있는 모습과 그들이 찍은 사진을 비교해서 어느 사진을 어느 사진사가 찍은 것인지 알아내는 활동, 거리나 높이를 달리해서 찍은 사진을 비교해서 사진사의 위치를 찾는 활동이나 눈 위의 발자국을 보고 어느 방향으로 간 것인지 추적해 보는 활등들을 포함한다. 2학년에서는 [그림 Ⅲ-2]와 같이 동일한 대상에 대한 서로 다른 사진을 보고 사진사의 위치를 찾는 활동을 한다. 이 때 거리, 높이, 방향이 중요한 역할을 하며 각도에 따라 보이는 부분과 보이지 않는 부분에 대한 활동도 포함한다. 3학년에서는 2학년의 활동을 계속하면서 사진에 작게 보이는 것은 사진사로부터 멀리 떨어져 있고 크게 보이는 것은 가까이 있다는 것, 즉 멀어질수록 작아진다는 것을 이해한다. 4학년에서는 이전 학년의 활동이 더욱 심화되는데, [그림 Ⅲ-3]과 같이 전망 사진을 보고 방향, 거리, 높이를 고려하여 사진사의 위치를 찾으며, 어떤 특정한 위치에서 보이는 것과 잘 보이지 않는 것이 무엇인지 살펴보며, 근접 촬영 개념이 주요 내용으로 다루어진다. 또한 태양의 위치에 따라 그림자의 길이와 방향이 달라진다는 사실을 이해한다.

[그림 Ⅲ-1] 1학년 위치 (Pap, Janssen, & Pap, 2003a: 131)

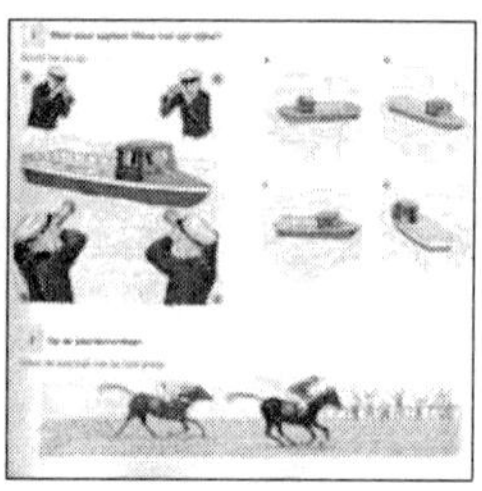

[그림 Ⅲ-2] 2학년 위치 (Munsterman, & de eerd-Fourdraine 2003a: 83)

9) Pluspunt 교과서는 1년에 3종류의 교과서와 2종류의 연습책, 즉 수업 교재(Lesboek), 필수 교재(Opdrachtenboek), 심화 교재(Plusboek), 연습 교재(Werkboek), 심화 연습 교재(Pluswerkboek)로 구성되어 있고, 지도서에는 각 학년에서 사용할 컴퓨터 프로그램에 대한 설명도 제시되어 있다. 이는 필수적으로 해야 하는 활동과 학생들의 수준에 따른 다양한 활동으로 구분할 수 있는데, 본고에서는 교과서 중에는 수업교재, 필수교재, 연습교재를 중심으로, 안내서와 지도서를 참조해서 필수적인 내용만 살펴보고, 컴퓨터 프로그램에 대한 내용은 다루지 않는다.

10) 이런 구분은 앞에서 제시한 방향 나타내기, 구성하기, 모양과 도형으로 조작하기에 대한 설명을 바탕으로 Pluspunt 교과서와 지도서를 분석하여 연구자가 분류한 것이다. 현실적 수학교육의 특징상 한 가지 내용이 고립적인 것이 아니라 여러 영역에 연결되어 있음을 고려할 때, 이런 구분은 범주들이 서로 소인 것으로 구분되는 것이 아니라 서로 중복되어 있는 부분이 많이 있지만, 수학의 내용 요소를 추출하기 위해서 불가피하게 고려한 것이다.

5학년에서는 사진을 찍은 위치를 찾는 것과 그림자에 대한 탐구 외에 바라보기와 관련하여 시선에 대한 탐구가 이루어진다. 이는 de Moor(1990, 2005)에 따르면 직선이 중요한 역할을 하는 데, 직선은 눈으로 대상을 바라볼 때 눈과 대상을 연결하는 선이거나 빛이 따라가는 선이며, 이를 통해 점, 방향, 각, 거리, 평행, 직선의 교차 등의 개념과 이런 개념 사이의 관계가 다루어진다. 예를 들면 [그림 Ⅲ-4]와 같이 한 아이가 어디를 바라보고 있는지, 한 곳을 응시하고 있을 때 보이는 부분과 보이지 않는 부분은 어디인지, 반 바퀴 회전하면 어디를 바라보게 되는지 등의 활동이 포함된다. 바라보기와 관련된 활동은 수학의 여러 영역과 복합적으로 관련되어 있어서 어느 한 범주에 포함시키기가 어렵다. 즉, 바라보기 활동은 시선, 그림자, 닮음, 확대와 축소, 투시, 축척 등 다양한데 이런 내용이 5학년의 주요 내용이 된다. 6학년에서는 시선과 그림자, 비를 이용하여 나무의 높이를 어림하는 활동을 포함하여 바라보기와 관련된 활동이 주요 내용이 된다.

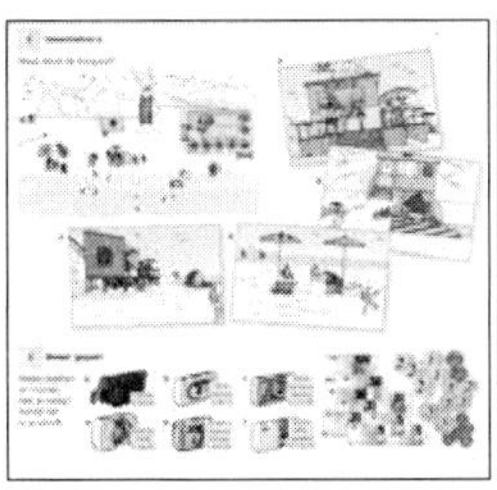

[그림 Ⅲ-3] 4학년 위치 (Groen, Rouvroye, van de Straaten, de eerd-Fourdraine, 2003a: 75)

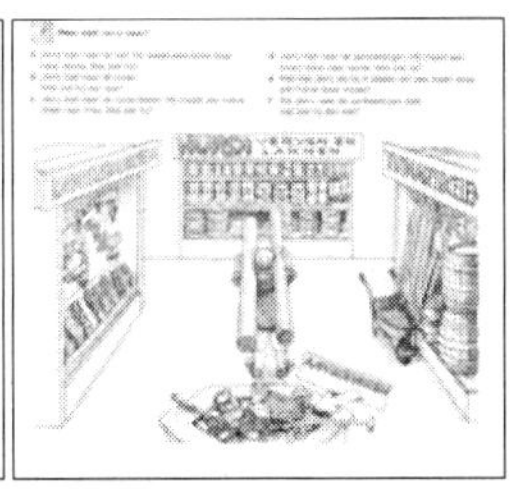

[그림 Ⅲ-4] 5학년 바라보기 (Janssen, Munsterman, Rouvroye, 2003e: 69)

나) 지도와 좌표

지도와 좌표는 2학년에서 6학년까지 다루어지는 중요한 주제이다. 위치가 공간에서의 위치와 방향을 의미하는 것이라면 지도와 좌표는 평면에서의 위치와 방향을 의미하는 것으로 다양한 지도에서 어떤 장소의 위치와 방향을 표시하거나, 한 장소에서 다른 장소로 이동하는 경로와 거리를 구하는 활동과 관련된다. 2학년에서는 모눈이 그려진 지도 위에서 여러 가지 경로를 읽고 표현하는 것이 주요 내용이다. 예를 들면 집, 교회, 빵집, 학교, 수영장이 있는 모눈이 표시된 지도에서 학교에서 수영장 가는 길을 찾거나 [그림 Ⅲ-5]와 같이 Niels, Fatima, Marja, Jaap, Sandra, Kim의 집, 호수, 교회, 공장 등이 있는 모눈이 표시된 지도에서 경로 찾기, 걸리는 시간 구하기, 최단 경로 찾기, 왼쪽/오른쪽, 위/아래, 가까이/멀리 등의 용어를 사용한다. 이는 조금 기간이 지난 후 [그림 Ⅲ-6]과 같이 가로에는 1, 2, 3, 4, 5, 세로에는 A, B, C, D, E, F와 같은 격자 좌표가 표시된 지도에서 지도 위의 장소를 (B, 3)과 같은 격자 좌표로 표시하고, 지도에 있는 대상간의 거리를 어림으로 비교하는 활동을 한다. 3학년에서는 2학년에서 했던 격자 좌표가 표시된 지도에서 경로를 구하거나 지도 위의 대상을 격자 좌표로 표시하는 활동을 계속하면서 화살표를 사용해서 여러 가지 경로를 기술하는 활동이 주요 내용이 된다. 화살표는 오른쪽, 왼쪽, 위, 아래를 나타내는 화살표가 있는데, 화살표로 표시된 경로를 따라가 보거나 화살표로 경로를 표시하는 활동을 한다. 4학년에서는 3학년의 연속으로 네덜란드의 여러 도시의 격자 좌표가 표시된 지도에서 화살표를 사용한 경로에 대한 설명, 대상을 격자 좌표로 표시하는 활동, 장소간의 거리를 구하는 활동, 주어진 이정표에 맞는 장소를 찾는 활동이 심화된다. 이와 더불어 [그림 Ⅲ-7]과 같이 좌표평면과 점좌표가 도입되고, 최단 경로를 찾는 방법을 좀더 다루며, 축척이 도입된다. 5학년에서는 4학년의 활동에 이어서 격자 좌표와 점좌표를 이용해서 경로를 기술하고 장소의 위치를 나타내는 활동이 심화된다. 또한 지도에서 범례를 해석하고 만드는 활동과 마을 사진을 범례를 사용한 평면지도로 변환하는 활동도 제시된다. 6학년에서는 앞에서 배운 내용들을 계속 유지한다.

2) 구성하기

가) 공간 표현

공간 표현은 1학년에서 5학년까지 다루어지는 중요한 주제이다. 이는 3차원 대상을 2차원으로 표현하거나 2차원 표현으로부터 3차원 대상을 구성하는 것을 의미한다. 1학년에서는 처음에는 [그림 Ⅲ-8]과 같이 상자를 쌓아놓은 모양이나 쌓기나무로 만든 모양의 2차원 표현, 즉 겨냥도를 보고 잘 보이는 부분과 잘 보이지 않는 부분을 구분해 가면서 쌓기나무의 개수를 구해보는 활동, 방이나 교실에 있는 물건들을 그림으로 나타낸 종이를 오려붙여서 평면도를 만드는 활동, 쌓기나무로 만든 모양과 이에 맞는 평면도 연결하는 활동, 쌓기나무로 만든 모양의 평면도 만드는 활동, 캠핑 장소를 위에서 찍은 사진을 보고 캠핑 계획 세우는 활동, 칸막이를 가운데 두고 한 아이가 쌓기나무로 모양을 만들면서 설명하는 것을 듣고 다른 아이가 쌓기나무로 만드는 활동 등이 포함된다. 2학년에서는 쌓기나무로 만든 모양을 보고 쌓기나무로 모양을 만드는 활동, 쌓기나무로 모양을 만들고 왼쪽/오른쪽, 앞/뒤, 위/아래 등의 용어를 사용하여 설명하는 활동, [그림 Ⅲ-9]와 같이 쌓기나무로 만든 모양과 평면도 연결하는 활동, 층수가 표시된 평면도를 보고 쌓기나무로 모양 만드는 활동, 상자를 쌓아놓은 모양을 보고 직접 쌓은 후 평면도를 그리거나 스케치하는 활동을 포함한다. 이런 활동에서 학생들 자신의 방법에 대해 논의하도록 하는 것이 중요한데, 예를 들면 쌓기나무로 만든 모양을 보고 평면도를 만들 때 안 보이는 부분이 있기 때문에 평면도에 표시하는 층수가 정확하지 않을 수도 있음을 논의하는 것이 필요하다.

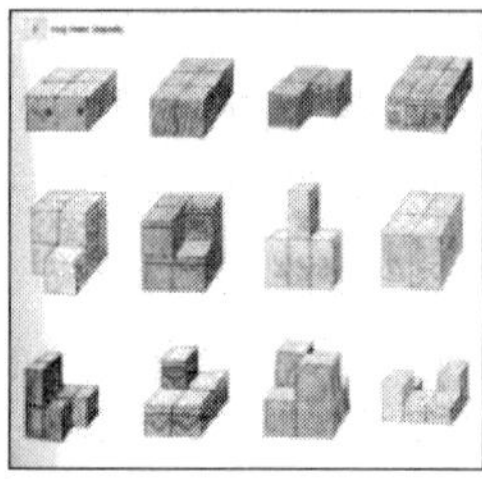

[그림 Ⅲ-8] 1학년 쌓기나무의 개수 구하기 (Pap, Janssen, & Pap, 2003a: 19)

[그림 Ⅲ-9] 2학년 상자 모양과 평면도 연결하기 (Munsterman, & de Weerd-Fourdraine, 2003a: 58)

3학년에서는 [그림 Ⅲ-10]과 같이 2학년에서 쌓기나무로 만든 모양을 층수가 표시된 평면도

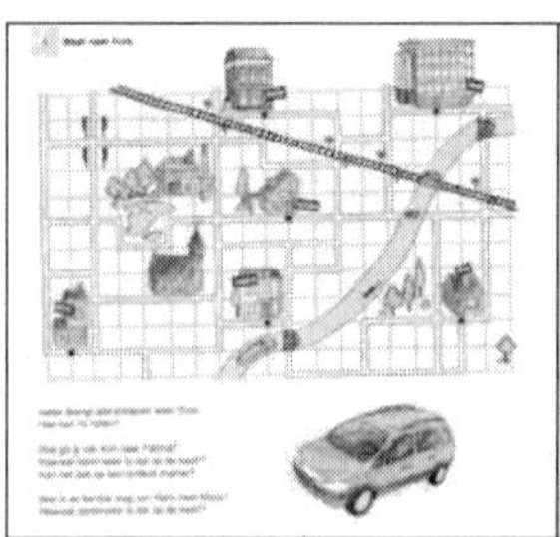

[그림 Ⅲ-5] 2학년 경로 찾기와 거리 구하기 (Munsterman, & de Weerd-Fourdraine, 2003a: 70)

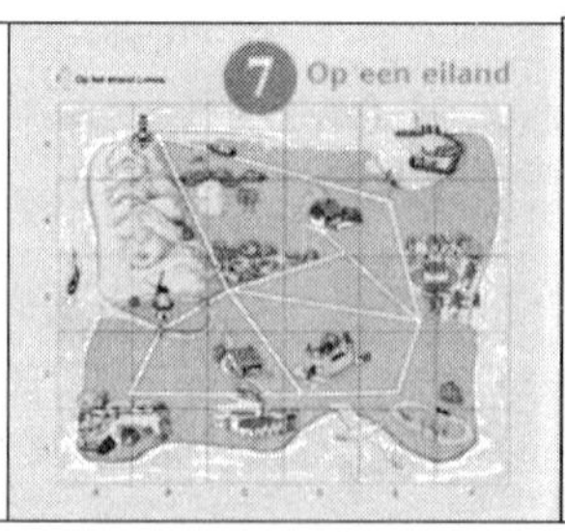

[그림 Ⅲ-6] 2학년 격자 좌표와 거리 구하기 (Munsterman, & de Weerd-Fourdraine, 2003a: 74)

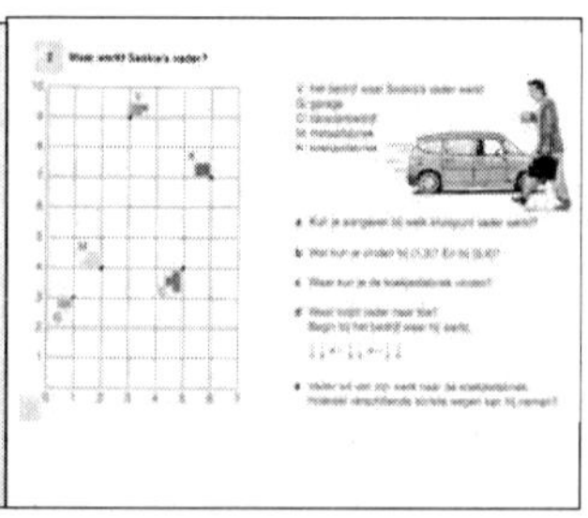

[그림 Ⅲ-7] 4학년 점좌표와 화살표로 경로 표시하기 (Groen, Rouvroye, van de Straaten, de Weerd-Fourdraine, 2003a: 58)

로 나타내고, 그 개수가 몇 개인지, 보이지 않는 부분들이 있는지를 탐구했던 내용을 더욱 확장한다. 쌓기나무로 만든 모양을 다양한 위치에서 바라본 그림을 보고 다른 위치에서는 어떻게 보이는지 논의하며, 실제로 만들어 보고 다양한 위치에서 관찰한다. 새로운 중심 도시를 설계하면서 쌓기나무의 개수나 조건이 주어지면, 만들 수 있는 건물 모양의 수가 제한된다는 사실도 인식한다. 평면도를 충분히 다룬 후에 [그림 Ⅲ-11]과 같이 입면도의 개념이 도입되고, 측면도도 다루어진다. 4학년에서는 3학년에서 다루었던 공간 추론의 내용을 더욱 확장해서 쌓기나무로 만든 모양의 층수가 표시된 평면도 그리기, 층수가 표시된 평면도로 쌓기나무로 모양 만들기, 쌓기나무로 만든 모양에서 쌓기나무의 개수 구하기, 쌓기나무로 만든 모양의 겨냥도와 투시도에서 보이는 것과 보이지 않는 것 나누어 개수 구하기, 쌓기나무로 만든 모양과 평면도를 회전 또는 대칭을 통해 서로 연결하기 등을 다룬다. 5학년에서는 쌓기나무로 만든 모양의 층수가 표시된 평면도 그리기를 간단하게 다룬다.

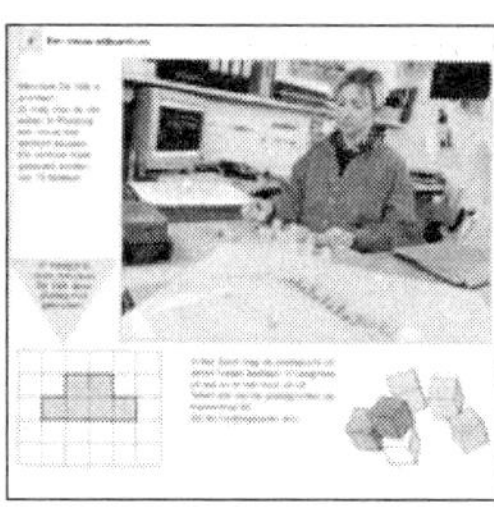

[그림 Ⅲ-10] 3학년 평면도에 맞는 쌓기나무 모양 만들고 층수 표시하기 (Van Gool, Janssen, Munsterman, 2003a: 79)

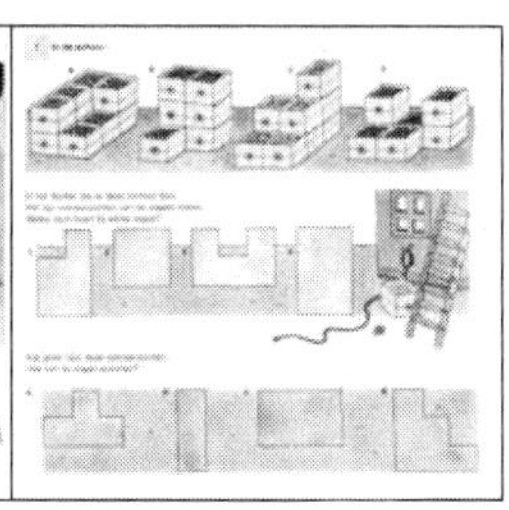

[그림 Ⅲ-11] 3학년 쌓기나무 모양에서 입면도 인식하기 (Van Gool, Janssen, Munsterman, 2003a: 130)

위에서 살펴본 바와 같이 공간 표현은 평면도 활동을 통해 3차원의 모양을 2차원으로 나타내는 공간 시각화 능력이나 2차원으로 표현된 모양들을 결합해서 보이는 부분과 보이지 않는 부분들을 고려하면서 3차원 모양을 만들거나 생각하는 과정에서 가설을 세우고, 반박하거나 입증하는 공간 추론의 과정이 중요한 역할을 한다.

나) 도형 인식

도형 인식은 장면이나 건물, 그림 등에서 입체도형이나 평면도형을 인식하는 것을 의미한다. 1학년에서는 [그림 Ⅲ-12]와 같이 다양한 건물 모양에서 구, 원기둥, 원뿔, 삼각뿔, 직육면체, 정육면체 등의 입체도형 찾기, 서양 정원 사진의 다양한 나무 모양에서 입체도형 찾기, 정사각형을 여러 개의 도형으로 분할한 그림들 중에서 삼각형 두 개와 직사각형 세 개로 만든 성 모양을 만들 수 있는 그림 찾기 등을 다룬다. 2학년에서는 [그림 Ⅲ-13]과 같이 직사각형을 여러 개의 선으로 분할한 그림에서 삼각형, 사각형, 오각형 모양 찾기, 도서관에 있는 서로 다른 모양의 책을 분류하기, 여러 모양으로 장식된 케이크 반쪽을 보고 모양들을 비교하여 나머지 반쪽 찾기, 여러 가지 상사 모양을 관찰하기, 다각형의 케이크 밑면 모양을 보고 변의 수에 따라 접힌 케이크 옆면에 붙일 종이띠 찾기 등을 다룬다. 3학년에서는 직사각형을 여러 개의 선으로 분할한 그림에서 삼각형과 사각형 찾기나 [그림 Ⅲ-14]와 같이 텐트에 맞는 사각형, 삼각형, 원, 오각형, 육각형 등의 깔개 모양 찾기와 같은 3차원 도형의 밑면 모양 찾기를 하면서 종이본으로 다양한 텐트를 만들어 보기도 하고 텐트 모양과 측면의 모서리의 수에 주의를 기울이면서 밑면의 변의 수 등을 다룬다. 5학년에서는 여러 시각을 나타내고 있는 시계에서 두 바늘이 이루는 각이 예각인지, 직각인지, 둔각인지 인식하기, 여러 가지 상징 기호(맑음, 흐림 등)가 나타내는 것을 이해하기 등을 다룬다. 6학년에서는 안이 들여다보이는 정육면체의 대각선 방향으로 면들이 하나 또는 그 이상으로 들어가 있고 왼쪽 위-오른쪽아래 면(빨강), 왼쪽 아래-오른쪽 위(초록), 뒤쪽 위-앞쪽 아래 면(파랑), 앞쪽 위 뒤쪽 아래 면(노랑)에 각각 색을 정했을 때, 빨강, 초록, 파랑, 노랑, 빨강과 노랑, 빨강과 초록, 빨강과 파랑, 초록과 노랑, 파랑과 초록, 파랑과 노랑, 노랑/초록/파랑/노랑 정육면체에서 안에 들어 있는 면들을 색에 맞추어 칠하기에서 정육면체의 관련된 면을 인식하기 등을 다룬다.

다) 도형 구성

도형 구성은 2학년에서 6학년까지 다루는 내용으로, 2차원 도형과 3차원 도형들을 어떤 조건에 따라 그리거나 직접 만드는 것을 의미한다. 2학년에서는 둘레의 길이가 24cm인 사각형 그리기, 시계의 눈금을 연결해서 세 변의 길이가 같은 삼각형과 별 모양 그리기, 조각들을 맞추어 정사각형 재구성하기 등을 통해 여러 가지 사각형과 삼각형을 다룬다. 3학년에서는 여러 조각들을 맞추어 사각형이나 원을 재구성하기, 전개도로 정육면체나 상자 만들기, 사각기둥, 삼각기둥, 정육면체, 팔각기둥의 전개도 찾기, [그림 Ⅲ-15]와 같이 전개도의 각 면 위에 눈의 수를 표시하면서 주사위 만들기, [그림 Ⅲ-16] 과 같이 종이를 삼각기둥 모양으로 접어서 다리 만들고 설계하기 등을 다룬다. 이 때 학생들은 평면도형과 입체도형의 관계를 알게 되며, 전개도를 보고 어떤 모양을 구성할 수 있을지 머릿속

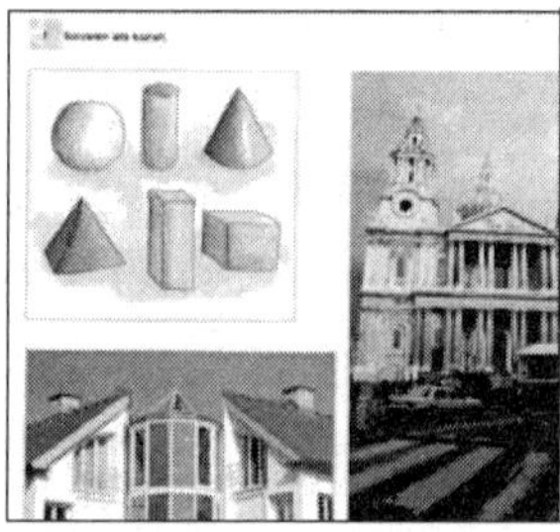

[그림Ⅲ-12] 1학년 건물에서 입체도형과 대칭 인식하기 (Pap, Janssen, & Pap, 2003a: 118)

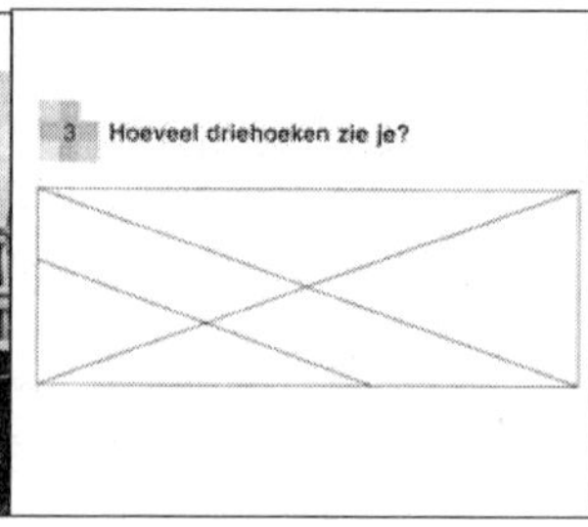

[그림 Ⅲ-13] 2학년 분할된 직사각형에서 삼각형 인식하기 (Munsterman, & de Weerd-Fourdraine, 2003e: 37)

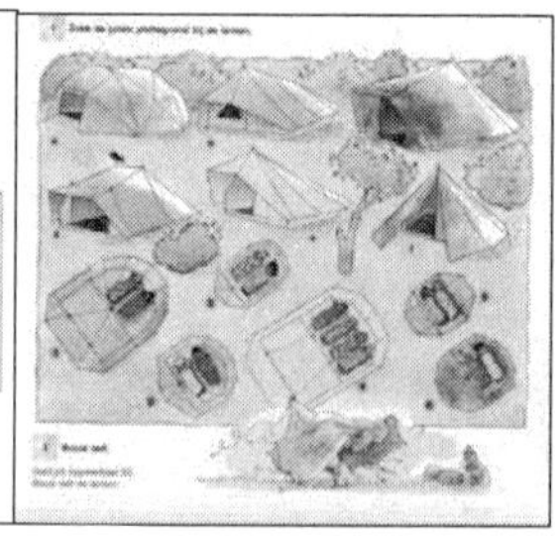

[그림 Ⅲ-14] 3학년 3차원 도형의 밑면 모양 찾기 (Van Gool, Janssen, Munsterman, 2003a: 106)

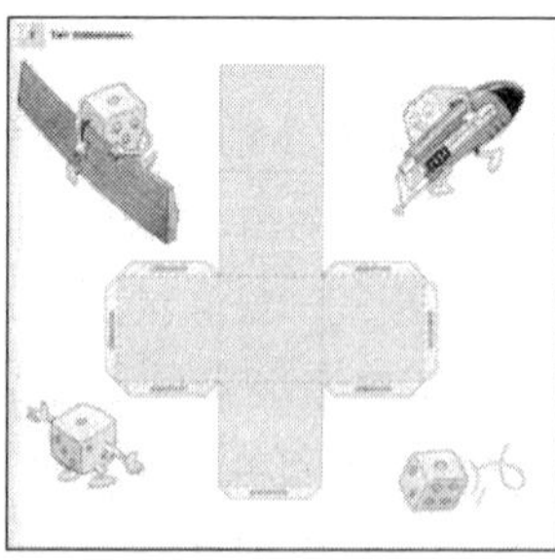

[그림 Ⅲ-15] 3학년 전개도로 주사위 만들기 (Van Gool, Janssen, Munsterman, 2003a: 11)

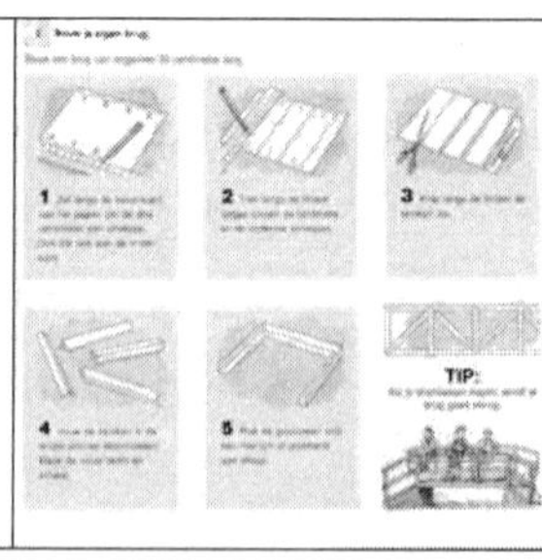

[그림 Ⅲ-16] 3학년 삼각기둥으로 다리 만들기 (Van Gool, Janssen, Munsterman, 2003a: 83)

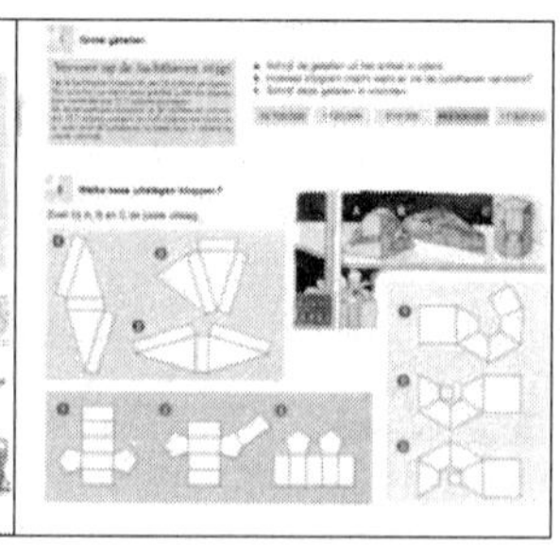

[그림 Ⅲ-18] 6학년 다양한 상자 모양의 전개도 (Boersma, van Gool, Groen, van der Straaten, de Weerd-Fourdraine, 2003a: 56)

에서 그려보아야 하고, 그 이후에 모양을 직접 접으면서 알아보아야 한다. 4학년에서는 다양한 전개도를 이용해서 날개를 어떻게 붙여서 주사위를 만드는지를 탐구하기, 성냥개비로 만든 모양에서 몇 개의 성냥개비를 이동해서 다른 개수의 사각형을 만드는 성냥개비 퍼즐을 다룬다.

5학년에서는 [그림 Ⅲ-17]과 같이 큰 정사각형과 작은 정사각형, 좁은 직사각형과 넓은 직사각형으로 이루어진 모눈종이 위에 모눈 수는 같게 코끼리 그림 그리고, 전개도를 이해하고 정육면체 모양의 상자 만들기 활동을 한다. 이 때 학생들은 전개도를 이용하여 상자를 직접 구성하기보다는 정신적 수준에서 논의를 기초로 해결책을 찾는 여러 가지 상황과 과제에 접하게 된다. 따라서 학생들은 대상에 대한 정신적 표상을 회전하고 연결해서 생각해야 한다. 그러나 이 과정에서 어려움을 겪는 경우에는 전개도를 만들어서 모양을 만들어보는 활동을 하고 논의한다. 6학년에서는 5학년에서 했던 정신적 수준에서의 논의를 이어가면서 [그림 Ⅲ-18]과 같이 사각뿔대, 삼각기둥, 오각기둥의 상자모양의 전개도 등 더 다양한 도형을 구성한다.

라) 공간 통찰

공간 통찰은 6학년에서 중점적으로 이루어지는 것으로 대상을 직접 구성하기보다는 시각적 표상과 정신적 표상을 조작하여 정신적 수준에서 논의를 기초로 문제를 해결하는 것을 의미한다. 그러나 이는 이미 앞의 여러 범주, 공간 표현이나 도형 구성에서도 함께 다루어진다.

여기서는 지도서에서 분류된 부분만 생각하기로 한다. 2학년에서는 직접적인 구성이 같이 수행되지만 탱그램 조각으로 고양이, 새, 집, 새로운 다각형, 걸어가는 사람 등 다양한 모양 만들기에서 실제로 탱그램 조각을 놓아보기 전에 머릿속에서 여러 조각들을 놓아본 후에 직접 조각들을 맞추어 보는 활동이 다루어진다. 6학년에서는 다양한 과자 모양과 과자 굽는 틀을 펼쳐 놓은 모양을 보고 서로 맞는 것을 찾기, 가로 0.8cm, 세로 0.8cm, 높이 16m인 직육면체 모양의 상자와 6개의 그림을 제시하고 이 상자에 맞는 전개도를 찾기, 전개도가 되는 그림과 전개도가 되지 않는 그림 만들기, 정육면체와 정팔면체의 상자와 각 상자에 대해 3개씩 그림을 제시하고 각 상자에 맞는 전개도 찾기, [그림 Ⅲ-19]와 같이 투명한 도형, 즉 직육면체, 직육면체의 각 꼭지점에서 삼각형을 잘라낸 도형, 육각기둥의 밑면에 육각뿔이 달린 도형의 면, 모서리, 꼭지점의 수 구하기, 18개의 쌓기나무로 9개씩 2층으로 쌓은 모양에서 맨 위의

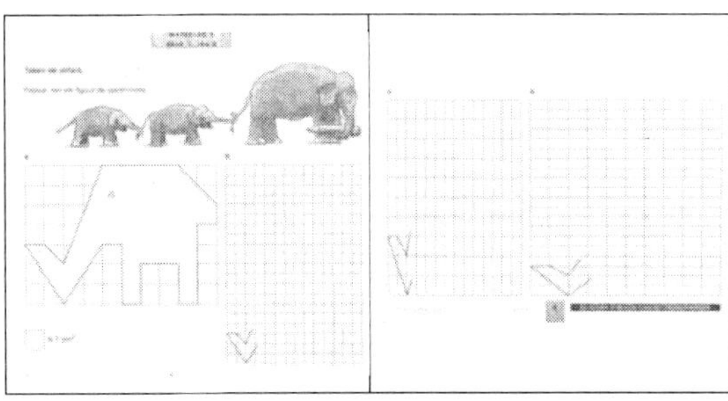

[그림 Ⅲ-17] 5학년 여러 모양과 크기의 격자 위에 코끼리 그림 그리기
(Janssen, Munsterman, Rouvroye, 2003f: 4)

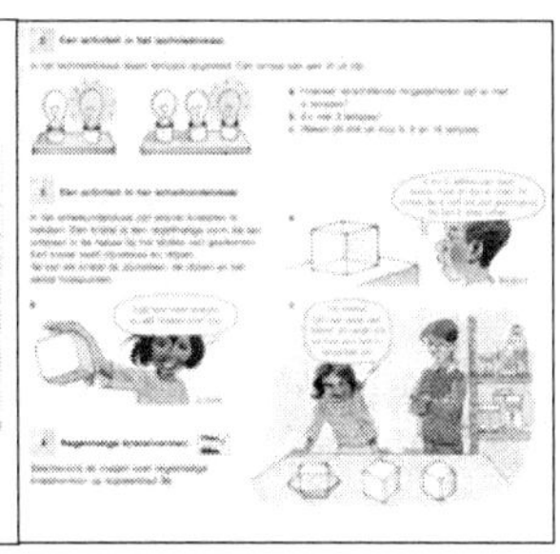

[그림 Ⅲ-19] 6학년 공간통찰에 의해 투명한 입체도형의 면, 꼭지점의 수 구하기
(Boersma, van Gool, Groen, van der Straaten, de Weerd-Fourdraine, 2003a: 67)

층에 있는 쌓기나무에는 1부터 9까지의 숫자가 적혀 있을 때, 숫자가 적혀 있는 쌓기나무 하나를 빼낼 때 부피는 어떻게 되는지, 어떤 쌓기나무를 빼낼 때 겉넓이가 작아지는지, 작아지게 하는 것은 몇 개나 되는지, 어떤 쌓기나무를 빼낼 때 겉넓이가 커지는지, 그런 것은 몇 개나 있는지, 어떤 쌓기나무를 빼내면 겉넓이가 변하지 않는지 등을 통해 겉넓이와 부피 사이의 관계 알기, 주사위의 숫자가 일부 표시된 그림에서 전개도 완성하기, 서로 마주보는 수의 합이 9인 정팔면체 주사위의 전개도 완성하기, 여러 개의 그림에서 정육면체, 정사면체, 직육면체의 전개도 찾기, 정육면체의 서로 다른 전개도 4개를 제시하고 정육면체를 만들기 위해서는 몇 개의 날개를 어느 부분에 만들어야 하는지 찾기, 정육면체의 겨냥도에서 높이의 반에 해당되는 부분까지 색칠되어 있을 때 이에 맞게 여러 개의 전개도에 색칠하기 등을 다룬다.

3) 모양과 도형으로 조작하기

가) 규칙성

규칙성은 평면이나 공간에서 제시된 대상들의 규칙을 발견하고 확장하는 활동으로 이루어진다. 규칙을 발견하고 확장하는 과정에서 학생들은 탐구하고, 분석하고, 논리적으로 설명을 할 수 있어야 한다. 1학년에서는 줄에 정육면체 모양, 구 모양이 반복되어 있을 때 규칙을 발견하고 확장하기, 케이크를 장식하기, 일부 제시된 타일 무늬를 보고 규칙을 발견하고 확장하기 등이 다루어진다. 2학년에서는 줄에 널린 여러 가지 모양의 깃발을 보고 규칙을 찾아 확장하기, 줄에 깃발로 다양한 규칙 만들기 등이 다루어진다.

나) 대칭 · 회전 · 평행

대칭 · 회전 · 평행은 도형을 조작하고 이동하는 것과 관련된다. 1학년에서는 두 사람이 마주 보고 앉아 서로 상대방의 카드를 보면서 같은 모양을 찾기, 구, 원기둥, 원뿔, 삼각뿔, 직육면체, 정육면체 등 다양한 모양, 건물 사진에서 대칭을 인식하기, 서양 정원 사진에서 대칭 인식하기, 일부 무늬가 제시된 머플러의 무늬를 대칭이 되도록 완성하기, 종이를 접어서 일부를 오려낸 그림에서 대칭 인식하기 등을 다룬다. 2학년에서는 [그림 Ⅲ-20]과 같이 수영장 탈의실에서 여러 사람들이 여러 거울에 비친 모습들을 살펴보기, 거울에 비친 글자 모습 쓰기, [그림 Ⅲ-21]과 같이 거울로 비추어 볼 때 바로 보이는 경서 읽기, 탱그램 조각으로 다양한 모양 만들기 등이 다루어진다. 이 때 거울

[그림 Ⅲ-20] 2학년 거울에 비친 모습 살펴보기 (Munsterman, & de Weerd-Fourdraine, 2003a: 23)

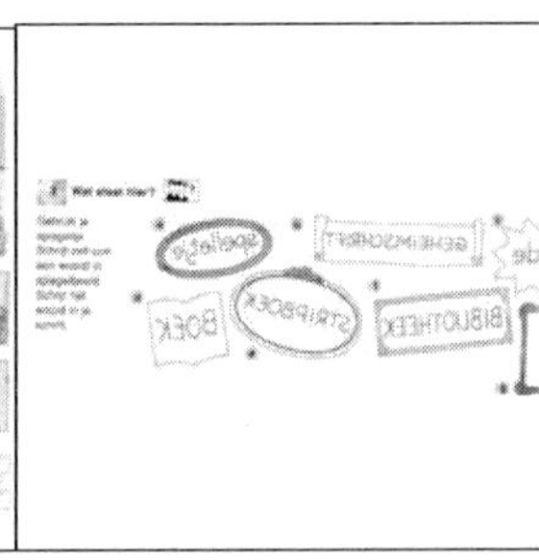

[그림 Ⅲ-21] 2학년 경서 읽기 (Munsterman, & de Weerd-Fourdraine, 2003e: 44)

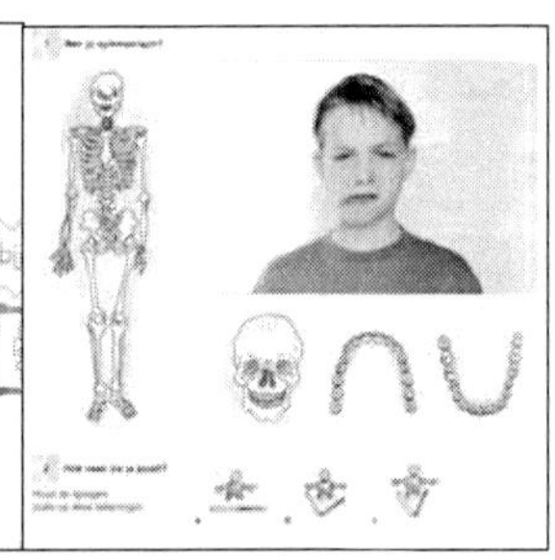

[그림 Ⅲ-22] 5학년 신체에서 대칭과 대칭축 찾기 (Janssen, Munsterman, Rouvroye, 2003a: 106)

을 직접 사용하여 도형들을 조작하고 이동하는 활동을 통해 원래의 모양과 거울에 비친 모양을 비교한다. 3학년에서는 단추 4개, 안경 5개가 놓여 있을 때 여러 군데 거울을 놓아보고 각각 몇 개의 단추와 안경이 생기는지 알아보기, 다양한 사선 무늬가 있는 종이들 중에서 가운데 세로 점선 부분에 거울을 놓았을 때 원래의 모양과 똑같은 모양이 생기는 종이 찾기, 여러 휘장에서 대칭인 것 찾기 등이 다루어진다. 4학년에서는 클럽을 상징하는 무늬에서 대칭축 찾기, 쌓기나무로 만든 모양들과 평면도들을 회전과 대칭을 통해 서로 같은 것끼리 찾기 등이 다루어진다.

5학년에서는 [그림 Ⅲ-22]와 같이 사람의 골격 사진, 얼굴을 실룩인 모습과 두개골, 이틀을 보고 대칭인 것과 대칭축 찾기, 거울 두 개를 평각, 직각, 예각으로 이어서 세워 놓고 가운데 한 사람이 서 있을 때 어떻게 보이는지 살펴보기 등이 다루어진다. 6학년에서는 모눈종이 위에 연 모양을 확대하고 대칭이동하기, 모눈종이 위에 8각형, 화살표, 돌고래 모양을 대칭축을 중심으로 평행이동하거나 대칭이동하기, 열쇠가 꽂혀 있는 자물쇠를 대칭, 반의 반 바퀴 회전, 반 바퀴 회전해서 찍은 사진을 제시하여 어떻게 이동한 것인지 설명하기 등이 다루어진다.

다) 축소와 확대

축소와 확대는 2학년에서 6학년까지 다루는 주요 내용이며, 비와 측정과 관련되어 있다. 2학년에서는 모눈종이 위에서 그림과 글씨의 축소와 확대 등이 다루어지고, 3학년에서는 축척이 1:10으로 축소된 원 모양의 그림을 실제 크기로 확대하여 그리기, 4학년에서는 축척이 제시된 지도에서 축척 이해하고 실제 거리와 걸리는 시간 구하기와 도시와 도시간의 거리표 구하기, 5학년에서는 축척을 이용하여 두 지점 사이의 거리 구하기, [그림 Ⅲ-23]과 같이 길이와 그림자 사이의 비를 이용하여 나무, 학교, 깃대의 높이를 구하기, 6학년에서는 모눈종이 위에서 연 모양 확대하기, 복사기에서 종이를 축소하고 확대하는 비율 구하기와 신문광고 비용 구하기, 여러 가지 축척으로 만들어진 지도 비교하기, [그림 Ⅲ-24]와 같이 네덜란드의 Wadden 섬들의 다양한 축척으로 만들어진 지도에서 축척을 이용하여 거리 구하기, 길이와 그림자 사이의 비를 이용하여 나무의 높이 구하기 등이 다루어진다.

4) 주제 단원

주제 단원 '지구는 큰 구이다(De aarde is een grote bol).'는 제시된 맥락에서 공간에 대한 논의에 초점을 맞춘다. 학생들은 공간 경험에 대해 탐구하고, 분석하고, 설명한다. 지구의 공

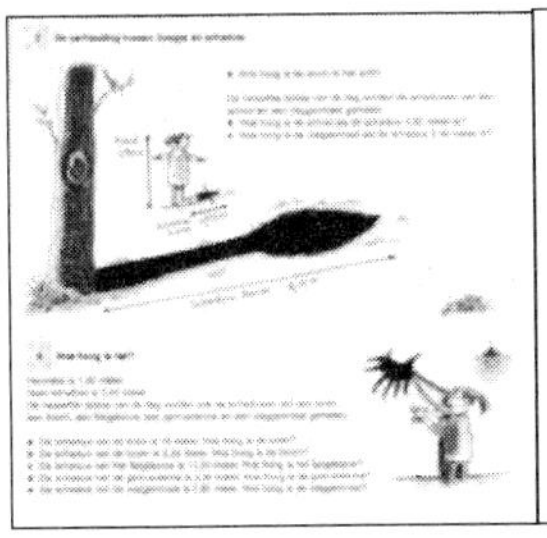

[그림 Ⅲ-23] 5학년 길이와 그림자 사이의 비로 나무 높이 구하기 (Janssen, Munsterman, Rouvroye, 2003a: 107)

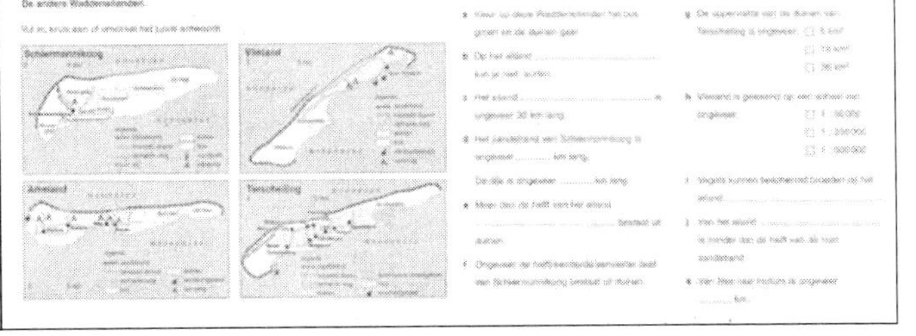

[그림 Ⅲ-24] 6학년 여러 섬들의 다양한 축척 지도에서 거리 구하기 (Boersma, van Gool, Groen, van der Straaten, de Weerd-Fourdraine, 2003e: 2)

모양에 대한 탐구가 이 단원의 출발점이다. 이 단원은 이전 학년에 기하학과 공간 방향 영역에서 다루었던 내용뿐만 아니라 지리학과 밀접한 관련이 있다. 그러나 수학에 초점이 맞추어지며, 공간 현상과 공간 개념에 대한 다양한 표현, 설명, 예측을 강조한다. 이 단원에서는 이전에 배웠던 지도와 좌표, 공간 표현, 도형 구성, 대칭·회전·평행 내용의 반복과 응용을 다룰 뿐만 아니라 구 위에서 위치, 방향, 좌표, 경로 기술 등 새로운 주제를 다룬다. 구체적으로 살펴보면, 네덜란드의 주요 도시들이 표시된 지도에서 Den Haag가 자신의 학교의 어느 방향에 있는지 방위를 써서 나타내기, [그림 Ⅲ-25]과 같이 지구의 여러 가지 지도를 살펴보고 가장 긴 선과 짧은 선을 찾는 등의 질문을 통해 지구 위의 경선과 위선을 도입하고 여러 도시의 좌표 구하기, [그림 Ⅲ-26]과 같이 축구공, 테니스공 등을 살펴보면서 곡면을 포함한 면의 수 구하기, 지구 모형을 여러 조각으로 오려서 펼쳐 보는 활동을 통해 지구의 전개도 이해하기, 다양한 준정다면체 알아보기, [그림 Ⅲ-27]과 같이 태양의 위치와 빛을 보내는 방식에 따라 달이 보이는 방향과 달의 모양 변화에 대한 실험, 표준시간대를 도입하고 각 도시의 시간 알아보기, 정육면체의 다양한 전개도 그리기와 꼭지점의 수 구하기 등을 다룬다.

다. 현실적 수학교육에 기초한 기하 영역 지도 방법의 특징

이 절에서는 앞에서 살펴본 네덜란드의 현실적 수학교육에 기초한 기하 영역에서 지도 방법의 특징을 현실 공간의 탐구 중시, 직관적·비형식적 접근의 중시, 직관에서 추론으로 점진적 접근, 다른 영역과의 연결 중시, 상호작용의 중시, 경험-설명-연결의 순환 과정[11) 등으로 나누어 살펴보고자 한다.

1) 현실 공간의 탐구 중시

현실적 수학교육에 기초한 초등학교의 기하는 우리를 둘러싸고 있는 공간과 그 안에서 발생하는 현상의 탐구이다. 따라서 모든 기하 개념과 내용은 현실적인 현상에서 출발하고 현실적인 현상과 지속적인 관련을 맺는다. 예를 들면, 방향과 관련해서 위치, 지도와 좌표에서 다

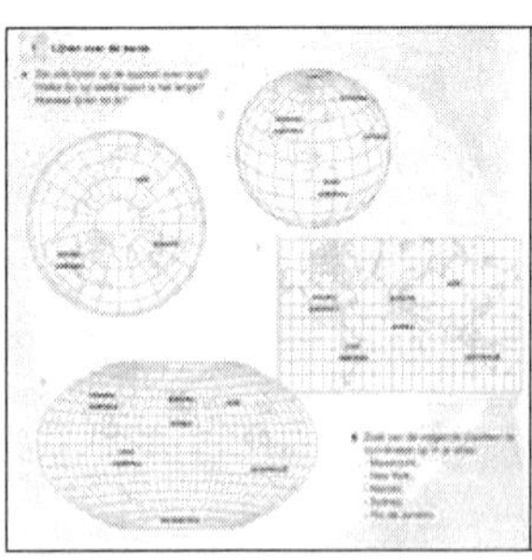

[그림 Ⅲ-25] 6학년 지구의 경선과 위선
(Boersma, van Gool, Groen, van der Straaten, de Weerd-Fourdraine, 2003a: 88)

[그림 Ⅲ-26] 6학년 여러 가지 공의 면의 수 구하기
(Boersma, van Gool, Groen, van der Straaten, de Weerd-Fourdraine, 2003a: 90)

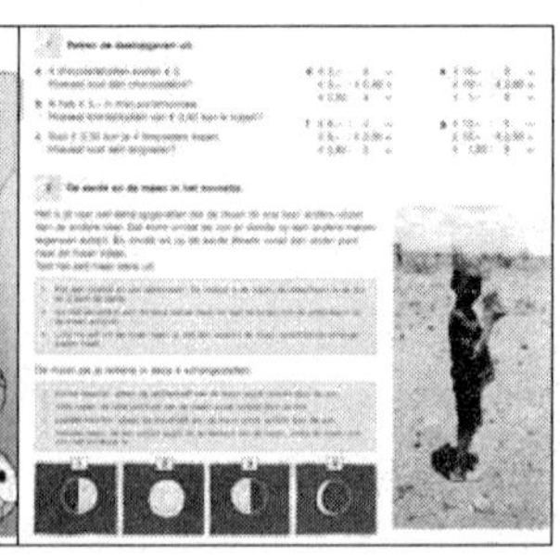

[그림 Ⅲ-27] 6학년 달의 모양 변화
(Boersma, van Gool, Groen, van der Straaten, de Weerd-Fourdraine, 2003a: 92)

---

11) 이런 특징은 de Moor(1990, 2005)를 참조하면서 연구자가 교과서와 지도서를 살펴보면서 추출해낸 것이다. 물론 지도 방법의 이런 특징들은 현실적 수학교육에서 추구하는 일반적인 수업 이론과 중복되는 것들도 있지만, 이것이 기하 영역에서 구체적으로 어떻게 드러나는지에 초점을 맞추었다.

룬 사진사의 위치 찾기와 지도 위에서 경로 찾기, 구성과 관련해서 공간 통찰에서 다룬 3차원 건물, 3차원 공간에 대한 평면도 찾기, 변환과 관련해서 대칭·회전·평행에서 거울을 이용한 많은 활동과 주변의 사물에서 보이는 대칭 현상 등이 이에 해당한다. 이런 접근은 입체도형과 평면도형을 위주로 다루고 있는 우리나라의 교육과정과는 많은 차이가 있음을 알 수 있다. 특히 현실 공간 탐구와 관련하여 공간 방향과 관련된 활동이 매우 중시되고 있음을 알 수 있다.

2) 직관적·비형식적 접근의 중시

현실적 수학교육에 기초한 초등학교의 기하에서는 형식적 접근이 아니라 직관적이고 비형식적 접근을 강조한다. 즉, 기하에서 다루는 여러 가지 개념과 기능이 명시적으로 정의되지 않으며, 적절한 현실 맥락 속에 포함된 우리의 지각적 현실로부터 유도된다(de Moor, 1990). 예를 들면, 앞에서도 살펴본 바와 같이 삼각기둥, 원뿔, 구 등의 입체도형은 건축물이나 다양한 물체를 관찰하거나 직접 만들어보는 활동을 통해 직관적 경험을 통해 도입하고 발전시켜나가며, 직선과 점도 시선을 통해 도입하며, 간단한 용어에 대한 소개는 있지만 이를 구체적이거나 명시적으로 정의하지는 않는다. 또한 좌표 개념도 처음부터 수의 순서쌍으로 정의하는 것이 아니라 격자가 없는 지도, 격자가 있는 지도 등 다양한 종류의 지도에서 직관적이고 비형식적으로 도입하고 격자좌표로부터 점좌표로 점진적으로 형식화해 나간다.

3) 직관적 활동에서 공간 추론으로의 점진적 접근

현실적 수학교육에 기초한 초등학교의 기하는 학년이 올라가면서 직관적 활동에서 시각적 활동을 거쳐 정신적 활동으로 초점을 옮긴다(de Moor, 1990). 예를 들면, Pluspunt 교과서에서는 이런 방향으로 1, 2, 3, 4학년에서는 구체적 활동과 직관을 통해 알게 된 것을 반성에 의해 의식하고 설명하는 데 초점을 맞추다가 구체적 활동보다는 시각적 그림을 기초로 판단하는 시각적 활동으로 초점이 바뀌다가, 5, 6학년에서는 필요한 경우에는 구체적 활동이나 시각적 활동을 하기도 하지만 그전에 개념과 경험을 기초로 정신적 활동에 기초한 공간 추론을 중시하고 이에 대한 설명과 논증을 제시하도록 격려한다. 구체적인 교과서의 예를 살펴보면 다양한 입체도형의 전개도를 찾을 때 저학년에서는 주로 직접 만들어 보고 판단하지만, 고학년에서는 도형의 정신적 표상을 머릿속에서 회전하고 연결하는 공간 추론에 의해 해결하는 것 등이 이에 해당된다.

4) 다른 영역과의 연결 중시

현실적 수학교육에 기초한 초등학교의 기하는 공간의 현실을 중시한다는 점을 고려하면 현실 자체가 여러 측면을 가지고 있기 때문에 여러 영역이 서로 연결되는 것은 자연스러운 특징이다. Pluspunt 교과서에서는 1, 2, 3, 4학년에서는 현실과의 연결성을 매우 중시하지만, 5, 6학년에서는 현실과의 연결성뿐만 아니라 여러 영역, 더 나아가서는 다른 교과와의 연결성도 매우 강조한다. 예를 들면 축척을 이용해서 여러 도시간의 실제 거리를 구하거나 길이와 그림자 사이의 비를 이용하여 나무의 높이를 구하는 활동에서는 측정과 비 영역과 관련되어 있으며, 특히 6학년의 주제 단원에서는 지리학과와 밀접하게 관련된 활동들이 많이 제시되어 있다.

5) 상호작용의 중시

현실적 수학교육에 기초한 초등학교의 기하

는 학생들의 상호작용을 매우 중시한다(de Moor, 1990). 현실적 수학교육에 기초한 기하 영역에서는 구체적 활동뿐만 아니라 공간 현상을 설명하는 것이 중요한 특징이다. 이런 과정은 학생들 나름대로의 설명을 찾는 과정으로 이루어지기 때문에 학생들 간의 상호작용이 본질적인 역할을 한다. Pluspunt 교과서에서는 1학년부터 6학년까지 구체적 활동에 기초하든 정신적 활동에 기초하든 학생들 자신의 설명을 중시하면서, 학생들의 상호작용을 매우 강조하고 있다.

6) 경험-설명-연결의 순환 과정

현실적 수학교육에 기초한 초등학교 기하에서 지도하는 내용을 구성하는 원리 중 하나는 경험-설명-연결의 순환 과정을 강조한다는 것이다(de Moor, 2005). 경험 단계는 새로운 공간 현상을 구체적 활동을 통해 경험하는 것이고, 설명 단계는 적절한 모델 등을 사용해서 공간 현상에 포함된 수학 개념이나 개념 사이의 관계를 직관적으로 찾아내는 것이고, 연결 단계는 앞 단계에서 알게 된 주제를 다른 개념과 현상에 연결하는 것을 의미한다. 이런 세 단계는 이전의 기하 교육에서도 강조해 왔던 것을 종합한 것이다.

경험-설명-연결의 세 단계는 de Moor(2005)에 의하면 이전에 논의되어 왔던 Pierre van Hiele의 사고 수준, 즉 시각적 수준, 기술적 수준, 이론적 수준과 유사하다. 그는 시각적 수준을 매우 중요하게 생각했으며, 여기서 지각된 구조가 통찰을 얻기 위한 기초가 된다. 이 수준에서는 관찰이 주로 이루어지며, 따라서 언어를 사용하지 않는 직관적 방식으로 구조를 지각한다. 그의 부인인 Dina van Hiele-Geldof는 1950년대에 12학년과 13학년을 위한 첫 번째 기하 수업에서 이 이론을 적용하여, 삼각형 마루 타일과 관련된 주제에서 지각 구조 단계, 언어 구조 단계, 사고 구조 단계의 학습-교수 단계로 발전시켰다. Treffers(1987)도 van Hiele의 이론을 적용하여 네덜란드의 초기 기하 교육과정을 설명하고 있다.

이런 단계는 교과서마다 적용하는 방식이 다를 수 있겠지만, Pluspunt 교과서에서는 이를 도입, 연습, 적용의 세 단계로 제시하고 있다. 이는 한 차시의 수업을 중심으로 구성되는 것이 아니라 한 주제를 여러 학년과 여러 단원에서 걸쳐 세 단계를 순환하여 적용하고 있다. 예를 들면, 위치 범주에서 속하는 위치 찾기 주제를 살펴보면, 도입에 해당되는 내용으로 1학년에서 일렬로 서 있는 키 차이가 나는 아이들 세 명이 종이 액자틀을 손에 높이 들고 약간 떨어진 거리에 있는 성을 액자틀 사이로 바라본 성의 모양을 찍은 세 장의 사진에서 각각의 아이들이 본 성의 사진을 찾기, 연습에 해당되는 내용으로 1학년에서 어떤 마을 사진 세 장의 찍은 위치를 찾기, 가위, 의자, 인형, 서 있는 사람들, 사람 뒷머리 등을 다양한 위치에서 찍은 사진들을 보고 사진사의 위치 찾기, 농장에서 찍은 여러 사진에서 사진사의 위치 찾기 등이 다루어지고, 적용에 해당되는 내용으로 2학년에서 쌓기나무로 만든 건물 모양들을 다양한 방향에서 찍은 사진들과 연결하기가 다루어지며, 다시 도입에 해당되는 내용으로 2학년에서 섬 주변에 떠 있는 배 위에서 선장이 망원경으로 본 장소의 사진들을 보고 어디에서 보았는지 위치 찾기, 연습에 해당되는 내용으로 2학년에서 배를 여러 방향에서 본 사진들을 어느 쪽에서 찍은 것인지 찾기, 3학년에서 어떤 마을의 일부를 위치와 거리를 달리해서 찍은 사진을 보고 어디에서 찍은 것인지 찾기 등을 다루고, 적용에 해당되는 내용으로 캠핑 장소에서 텐트 사이를 버스가 지나가고 있을 때 여러 방향에서 버스를 찍은 사진을 보고 어디서 찍은 것인지 찾기 등을 다루고 있다. 이와 같이 주제를 한 번에 다루는 것이 아니라 세세한 변화를 주면서 경험, 설명, 연결의 단계를 순환하고 있다는 점이 특징이다.

Ⅳ. 초등학교 기하 교육과정과 교과서 개발을 위한 논의

이 장에서는 앞에서 살펴본 네덜란드 교육과정의 지도 내용과 지도 방법의 특징을 바탕으로 우리나라 초등 교육과정과 교과서 개발과 관련하여 몇 가지 사항에 대해 생각해 보고자 한다.

1. 우리나라 초등학교 도형 영역의 지도 내용과 관련된 논의

우리나라의 제 7차 교육과정(교육부, 1997) 및 제 7차 부분 수정한 수학과 교육과정(교육인적 자원부, 2007)의 도형 영역의 내용을 앞에서 살펴본 Pluspunt 교과서의 방향 나타내기, 구성하기, 모양과 도형으로 조작하기의 틀과 전미수학교사협의회(NCTM, 2000)에서 제시하고 있는 네 가지 규준에 비추어 살펴보면서, 몇 가지 논의할 부분들을 제안하고자 한다.

가. 방향 나타내기

방향 나타내기와 관련해서 위치나 지도와 좌표의 내용은 우리나라 초등학교 도형 영역의 경우 해당되는 내용이 없다. 물론 좌표와 관련된 내용은 중학교에서부터 지도되기는 하지만, 앞에서 살펴본 바와 같이 공간에 대한 탐색으로서의 도형 영역의 내용으로는 초등학교 학생들에게 앞으로의 도형 영역의 개념을 다루는 데 기초가 되는 매우 풍부한 현상을 담고 있다. 이는 전미수학교사협의회(NCTM, 2000)에서 제시하고 있는 규준 중 좌표기하 및 다른 표현 체계를 이용한 위치 확인과 공간 관계 기술과 관련되는 것으로, 서론에서 언급한 연구자들이 주장하는 공간 감각의 내용의 중요한 측면을 차지하고 있는 공간 방향의 내용이고, 각, 직선, 좌표평면 등을 명시적으로 지도하기 전에 학생들이 자신들의 현실과 관련하여 쉽게 경험할 수 있는 내용들로 그 가치가 높다고 할 수 있다. 우리나라 교육과정은 우리나라 내부의 필요뿐만 아니라 세계적인 동향의 변화도 고려하여 이루어져 왔고 이루어져야 한다면, 앞으로의 도형 영역에서 방향 나타내기와 관련된 내용을 고려하는 것도 필요하다. 이 때 본 논문에서 살펴본 내용이 도움이 될 것으로 생각한다.

나. 구성하기

1) 공간 표현

구성하기와 관련해서 공간 표현에서는 우리나라 초등학교 도형 영역의 경우 제 7차 교육과정에서는 1-나 단계의 점판에서 공간 감각 기르기, 6-가 단계의 쌓기나무로 모양 만들기를 다루고 있다. 특히 쌓기나무와 관련된 활동은 앞의 서론에서 기술한 공간 감각 중 3차원 대상을 2차원으로 표현하거나 2차원 표현으로부터 3차원 대상을 구성하는 공간 시각화와 관련된 것으로 제 7차 교육과정에 새롭게 도입된 부분이다. 이와 관련하여 제 7차 교육과정에는 다루어야 할 기본 과정의 내용으로 주어진 모양을 보고 쌓기나무로 만들기, 심화 과정의 내용으로 앞, 옆, 위에서 본 그림을 보고 쌓기나무로 만들기 등을 제시하고 있다.

학년별로 다루는 내용은 생각하지 않고 전반적으로 다루는 내용 요소를 보면 앞에서 살펴본 현실적 수학교육을 반영한 Pluspunt 교과서나 우리나라 제 7차 수학과 교육과정에 따른 수학 6-가 교과서(교육 인적 자원부, 2002c)나 비슷하다. 그러나 차이점은 첫째, 전자는 3차원 대상의 2차원 표현인 겨냥도나 평면도를 다루면서 2차원 표현으로는 3차원 대상의 보이는 부분과 보이지 않는 부분이 있을 수 있기 때문에 정확한 정보를 알 수 있는 경우도 있고 그렇지 않은 경우도 있음을 계속 강조하면서 평면도 위에 층수를 적은 방법이 필요함을 강조하고 있는 반면, 후자는 보이는 부분에 대한 정보가 정확한 경우만 다루면서 평면도 위에 층수를 적는 방법이 3차원 대상을 2차원으로 표현하는 한 가지 방법으로 다루어지고 있다는 점이고, 둘째, 전자는 3차원 대상으로 다양한 현실 속의 대상을 활용하는 반면, 후자는 쌓기나무로 만든 모양만을 다루고 있다는 점이다. 제 7차 교육과정을 부분 수정한 수학과 교육과정에서는 쌓기나무 활동과 관련하여 다루어야 할 내용 중 하나로 여러 가지 물체의 위, 앞, 옆에서 본 모양을 표현하기를 제시하고 있으며, 교수·학습 상의 유의점에서는 여러 가지 물체를 다룰 때에는 실생활과 밀접한 소재를 활용하는 것을 강조하고 있다. 이는 둘째 논의 내용을 고려한 것이지만, 첫째 논의 내용도 포함되는 것이 공간 시각화를 다루는 의의를 좀 더 살릴 수 있는 방향이라 생각한다.

2) 도형 구성과 도형 인식

도형 구성과 도형 인식에서는 우리나라 초등학교 도형 영역의 경우 1-가 단계의 입체도형의 모양, 1-나 단계의 평면도형의 모양, 2-가 단계의 기본적인 평면도형, 2-나단계의 입체도형의 구성, 3-가 단계의 각과 평면도형, 3-나 단계의 원의 구성 요소, 4-가 단계의 각과 여러 가지 삼각형, 삼각형과 사각형에서 내각의 크기, 4-나 단계의 여러 가지 사각형, 수직과 평행, 간단한 다각형과 정다각형, 5-가 단계의 직육면체와 정육면체의 성질과 전개도, 6-가 단계의 각기둥과 각뿔의 성질과 전개도, 6-나 단계의 여러 가지 입체도형이 다루어진다.

전반적으로 다루는 내용 요소를 보면 앞에서 살펴본 현실적 수학교육을 반영한 Pluspunt 교과서나 우리나라 제 7차 수학과 교육과정에 따른 교과서나 비슷하다. 그러나 차이점은 전자는 평면도형과 입체도형에서 실생활에서 볼 수 있는 물체와 더불어 도형의 종류나 전개도를 다양하게 다루지만 명확한 구성요소나 성질에 대한 명시적인 언급 없이 비형식적 탐구 수준에서 머무르는 반면, 후자는 실생활과 관련짓기는 하나 그보다는 도형의 종류나 전개도가 상대적으로 다양하지 않으며 도형의 구성요소나 성질과 그 관계를 다루는 데 초점이 맞추어져 있다. 우리나라의 경우도 실생활에서 쉽게 볼 수 있는 물체들로부터 도형을 인식하는 활동이 포함되어 있기는 하지만, 예를 들면 수학 1-가(교육 인적 자원부, 2002a)에서 상자 모양, 둥근 기둥 모양, 공 모양을 도입할 때, 수학 1-나(교육 인적 자원부, 2002b)에서 세모 모양, 네모 모양, 동그라미 모양을 도입할 때 실생활의 물체에서 이런 모양들을 찾아보게 하는 활동 등을 하고 있지만, 그 다양성에서 제한이 있는 점을 고려할 때, 도형의 구성요소나 성질과 그 관계를 집중적으로 다루되, 좀더 다양한 상황으로부터 도형을 인식하고 그 성질을 알아보는 활동이 다루어지는 것도 필요하다고 생각한다.

3) 공간 통찰

공간 통찰에서는 우리나라 초등학교 도형 영역의 경우 4-나 단계의 여러 가지 모양 만들기, 5-가 단계의 여러 가지 모양으로 주어진 도형 덮기, 직육면체와 정육면체의 성질과 전개도,

6-가 단계의 각기둥과 각뿔의 성질과 전개도가 다루어진다.

전반적으로 다루는 내용 요소를 보면 앞에서 살펴본 현실적 수학교육을 반영한 Pluspunt 교과서나 우리나라 제 7차 수학과 교육과정에 따른 교과서나 비슷하다. 그러나 후자는 모양 만들기와 전개도에 관련된 부분에 한정되어 있는 반면, 앞에서 살펴본 바와 같이 전자는 좀더 다양한 활동과 더불어 시각적 표상과 정신적 표현을 조작하여 정신적 수준에서의 논의를 통한 공간 추론을 좀더 강조하고 있다는 점에서 차이가 있다.

다. 모양과 도형으로 조작하기

모양과 도형으로 조작하기에서는 우리나라 초등학교 도형 영역과 규칙성과 함수 영역의 경우 1-가 단계의 규칙적인 배열에서 규칙 찾기, 2-가 단계의 구체물의 이동에서 공간 감각 기르기, 3-가 단계의 평면도형의 이동에서 공간 감각 기르기, 3-나 단계의 거울을 통한 공간 감각 기르기, 규칙에 따라 여러 가지 무늬 만들기, 4-나 단계의 여러 가지 모양 만들기, 5-가 단계의 여러 가지 모양으로 주어진 도형 덮기, 여러 가지 이동을 이용하여 규칙적인 무늬 만들기, 5-나 단계의 합동과 대칭 등이 다루어지고 있다. 제 7차 교육과정을 부분 수정한 수학과 교육과정에서는 모양과 도형으로 조작하기와 관련해서 2-가 단계의 구체물의 이동에서 공간 감각 기르기가 3학년의 평면도형의 이동으로 합쳐지고, 3-나 단계의 거울을 통한 감각 기르기가 5학년의 합동과 대칭 부분으로 이동되고, 5-가단계의 여러 가지 모양으로 주어진 도형 덮기가 4학년으로 이동되었을 뿐 제 7차 교육과정과 전체적인 내용의 변화는 없다.

현실적 수학교육을 반영한 Pluspunt 교과서와 우리나라 제 7차 수학과 교육과정에 따른 교과서를 모양과 도형으로 조작하기와 관련해서 비교하면, 규칙성의 경우 비슷한 내용을 다루며, 대칭·회전·평행의 경우 네덜란드의 경우 여러 학년에서 걸쳐서 지도하고 있는 반면, 우리나라의 경우는 일부 학년에서만 지도하고 있고, 확대와 축소의 경우는 네덜란드의 경우는 여러 학년에 걸쳐 지도하고 있는 반면, 우리나라에서는 초등학교 도형 영역에서는 지도하고 있지 않음을 알 수 있다.

지금까지 지도 내용과 관련해서 살펴본 내용을 전미수학교사협의회(NCTM, 2000)에서 제시한 기하 영역의 규준, 즉 도형의 특징과 성질 분석, 좌표기하와 공간에서의 위치, 변환, 공간 시각화와 공간 추론에 비추어 보면 네덜란드의 경우는 좌표기하와 공간에서의 위치, 변환, 공간 시각화와 공간 추론의 많은 내용을 다루고, 도형의 특징과 성질 분석은 직관적으로 다루고 있는 반면, 우리나라의 경우는 도형의 특징과 성질 분석, 변환은 매우 중시하지만, 좌표기하와 공간에서의 위치, 공간 시각화와 공간 추론의 측면은 그다지 많이 다루지 않고 있다고 할 수 있다. 따라서 세계적인 초등학교의 기하 동향을 고려해볼 때, 공간 방향의 도입, 공간 시각화와 공간 추론을 좀더 강화하는 것에 대해 좀더 심도 있는 논의가 필요할 것으로 보인다.

2. 우리나라 초등학교 도형 영역의 지도 방법과 관련된 논의

우리나라의 제 7차 수학과 교육과정에서는 최근 세계적으로 중요하게 인식되고 있는 구성주의를 배경으로 학습자의 활동을 중시하면서 수학적 소양을 기르는 것을 강조하고 있으며, 제 7차 교육과정을 부분 수정한 수학과 교육과정에서도 이를 더욱 강조하고 있다(교육부, 1999; 교육 인적 자원부, 2007). 제 7차 교육과정에 따른 수학 교과서도 교육과정의 배경이 되는 방향에 따라 수학과 실생활과의 연결성을 중시하고 학생들의 활동을 강조하면서, 학생들 스스로 수학을 학습하는 데 중점을 두었다. 그러나 수학 교과서의 지도 방법이 학생들 스스로가 자신의 비형식적 지식을 바탕으로 수학적 지식을 구성하는 데 충분한지, 또한 학생들이 수학을 실생활을 포함하여 다양한 영역과 연결하는데 충분하지, 특히 도형 영역과 관련해서는 앞에서 논의한 바와 같이 초등학교에서 기하교육이 담당해야 할 한 측면이 학생들의 공간에 대한 통찰의 자연스러운 발달에 기여하는 것으로 보고 논리적 구조로서의 기하뿐만 아니라 공간에 대한 탐색으로서의 기하를 강조하는 최근의 경향을 고려할 때 충분한지에 대해서는 계속 반성적으로 고찰할 필요가 있다. 이런 점에서 현실적 수학교육을 반영한 Pluspunt에서 드러난 지도 방법의 특성에 비추어 몇 가지 논의할 점에 대해 살펴보고자 한다.

첫째, 도형 영역 지도에서 공간적 접근과 도형적 접근의 균형을 맞출 필요가 있다. 우리나라 제 7차 교육과정에 따른 교과서에서는 공간감각이 새롭게 도입이 되기는 했지만, 이는 구성하기에서 공간 시각화를 강조하는 공간 표현과 모양과 도형으로 조작하기에서 대칭·회전·평행에 대한 내용과 관련된 것이고, 앞에서 살펴본 바와 같이 방향 나타내기에서는 위치 찾기와 지도와 좌표로 표현된 공간 방향의 내용은 도입되지 않았다. 최근 기하 지도와 관련된 논의, 즉 논리적 구조로서의 기하와 공간 탐색으로서의 기하를 모두 중시하는 것과 전미수학교사협의회에서 제시하고 있는 방향에 비추어 볼 때 공간 방향에 관련된 내용을 도입하는 것과 더불어 현실 공간에 대한 탐구와 도형의 특징과 성질 분석의 두 가지 내용을 어떻게 균형을 맞출 것인지 또한 어떻게 지도할 것인지 고려해볼 필요가 있다. 특히 전자와 관련하여 우리를 둘러싸고 있는 현실 공간과 그 안에서 발생하는 다양한 현상의 경험적 탐구와 반성적 설명에 의해 공간에 대한 통찰의 자연스러운 발달을 이끌어야 한다. 이런 점에서 현재 6-가 수학의 공간 시각화 관련해서 다루어지는 내용이 현실 공간에 대한 탐구가 아닌 이미 수학적으로 처리된 쌓기나무라는 구체물을 다루는 것에 제한되어 있는 점을 고려할 때, 공간 방향, 공간 시각화, 공간 추론을 중심으로 하는 공간 탐색으로서의 기하에서는 학생들에게 제시되는 실생활 상황이 수학적으로 정리된 현상이나 대상이 아닌 학생들이 생활하고, 호흡하고, 활동하는 공간과 그 안에서 일어나는 다양한 현상과 대상들을 다룰 필요가 있다.

둘째, 도형 영역 지도에서 형식적 접근보다 직관적 접근을 좀더 강조할 필요가 있다. 우리나라 제 7차 교육과정에 따른 교과서에서는 1학년에서 입체도형과 평면도형을 다룰 때는 직관적 접근이 강조되지만, 2학년에서 6학년까지 평면도형과 입체도형을 다루는 과정에서 물론 실생활 상황과 관련하여 도입하고는 있지만 약속하기를 통해서 도형에 대한 정의나 성질, 도형의 합동과 대칭의 정의와 성질 등을 명시적으로 제시하는 경향이 있다. 이는 학생들에게 개념이나 성질을 명확하게 인식시키는 긍정적인 측면도 있고 네덜란드의 경우처럼 초등학교에서는 형식적 접근을 하지 않도록 미루어 둘 필요까지는 없지만, 여러 학년에 걸쳐 많은 구체적 활동과 직관적 인식을 거쳐 자신의 비형식적 지식을 기초로 점진적으로 스스로 개념을 구성해갈 수 있도록 하는 방안도 고려해 볼 필요가 있다고 생각한다. 특히 앞에서 기술한 공간적 접근을 위해서는 많은 현상에 대한 직관적 경험이 매우 중요하며, 이에 대한 형식화는 이런 경험을 바탕으로 좀더 점진적으로 이루어질 필요가 있고, 처음에는 구체적·시각적 활동을 기초로 학년이 올라갈수록 정신적 활동을 기초로 전개하는 것이 필요하다.

셋째, 도형 영역 지도에서 분리적 접근과 더불어 통합적 접근도 고려할 필요가 있다. 우리나라 제 7차 교육과정에 따른 교과서에서는 변환과 관련하여 무늬 꾸미기 등 실생활과 관련된 활동이 많이 도입되기는 하였지만, 전반적으로 평면도형과 입체도형의 특징과 성질 분석에 초점이 맞추어져 있기 때문에 도형 영역에서는 주로 도형의 내용만을 다루는 분리적 접근 방법이 우세하다고 할 수 있다. 따라서 도형 영역의 여러 아이디어를 다양한 맥락과 관련해서 생각할 수 있도록 여러 영역과 다른 교과 영역에 관련된 좀더 통합적인 활동이 다루어질 필요가 있다고 생각된다. 이를 통해서 학생들은 수학을 다양한 영역과 연결 지어 생각해 보는 경험을 통해 수학의 의미와 유용성을 더욱 체험할 수 있을 것이다. 특히 마지막 학년의 경우에는 지금까지 배운 내용들을 통합해서 고려하고 확장할 수 있는 경험을 제공하는 것을 고려해 볼 필요가 있다고 생각한다.

본 논문에서는 최근 기하 교육의 동향에 비추어 RME에 기초한 초등학교 기하 교육과정의 내용을 핵심 목표, 네덜란드의 교과서를 중심으로 살펴보고, 이에 따라 지도 내용과 지도 방법에서 논의해야 할 문제들을 제기하였다. 지도 내용의 측면에서는 공간 방향의 도입, 공간 시각화와 공간 추론의 강화, 지도 방법의 측면에서는 공간적 접근과 도형적 접근의 균형, 직관적 접근의 중시, 통합적 접근의 도입을 논하였다. 한 나라의 교육과정과 교과서를 개정하는 일은 여러 가지 변수를 포함한 매우 복잡한 일이다. 앞에서 살펴본 바와 같이 초등학교 기하 교육과정과 관련해서 고려해야 할 측면이 매우 많다. 따라서 본 논문에서 살펴본 내용들이 앞으로의 초등학교 기하 교육과정과 교과서 개발을 위한 참고 자료가 되기를 기대해 본다.

참고문헌

교육부(1997). 수학과 교육과정(교육부 고시 제 1997-15호 [별책8]). 서울: 대한 교과서 주식회사.

_____(1999). 초등학교 교육과정 해설(Ⅳ)-수학, 과학, 실과. 서울: 대한 교과서 주식회사.

교육 인적 자원부(2002a). 수학 1-가. 서울: 대한 교과서 주식회사.

_____(2002b). 수학 1-나. 서울: 대한 교과서 주식회사.

_____(2002c). 수학 6-가. 서울: 대한 교과서 주식회사.

_____(2007). 수학과 교육과정(교육인적자원부 고시 제 2007-79호 [별책8]). 서울: 대한 교과서 주식회사.

Boersma, G., van Gool, A., Groen, J., van der Straaten, H., & de Weerd-Fourdraine, A. (2003a). *Pluspunt Reken-Wiskundemethode voor de Basisschool Lesboek voor Groep 8.* 's-Heterogenbosch: Malmberg.

_____(2003b). *Pluspunt Reken-Wiskundemethode voor de Basisschool Leerlijnen voor Groep 8.* 's-Heterogenbosch: Malmberg.

_____(2003c). *Pluspunt Reken-Wiskundemethode voor de Basisschool Handleiding 8A.* 's-Heterogenbosch: Malmberg.

_____(2003d). *Pluspunt Reken-Wiskundemethode voor de Basisschool Handleiding 8B.* 's-Heterogenbosch: Malmberg.

_____(2003e). *Pluspunt Reken-Wiskunde-methode voor de Basisschool Werkboek voor Groep8.* 's-Heterogenbosch: Malmberg.

Clements, D. H. (1999). Geometric and spatial thinking in young children. In V. C. Juanita(ed.), *Mathematics in the early years*(pp. 66-79). Reston, VA: National Council of Teachers of Mathematics.

Clements, D. H., & Battista, M. T. (1992). Geometry and spatial reasoning. In D. A. Grouws(ed.), *Handbook of research on mathematics teaching and learning*(pp. 420-464). NY: Macmillian Publishing Co., Inc.

De Moor E. (1990). Geometry instruction in the Netherlands(ages 4-14)-the realistic approach-. In L. Streefland (ed.), *Realistic mathematics education in primary school*(pp. 119-138). Culemborg: Technipress.

_____(2005). Domain description geometry. In M. van den Heuvel-Panhuizen & K. Buys(Eds.), *Young children learn measurement and geometry. A learning-teaching trajectory with intermediate attainment targets for lower grades in primary school*(pp. 115-144). Amersfoort: Drukkerij Wilco.

Freudenthal, H. (1973). *Mathematics as an educational task.* Dordrecht: Kluwer Academic Publishers.

_____(1991). *Revisiting mathematics education.* Dordrecht: Kluwer Academic Publishers.

Freudenthal, H., Janssen, G. M., & Sweers, W. J. (Eds.) (1976). Five Years IOWO. *Educational Studies in Mathematics, 7*(3), 187-367.

Gravemeijer, K. (1990). Realistic geometry instruction. In K. Gravemeijer, M. van den Heuvel-Panhuizen, & L. Streefland(Eds.), *Contexts Free Productions Tests and Geometry in Realistic Mathematics Education*(pp. 79-91). Utrecht: CD β Press.

Groen, J., Rouvroye, R., van de Straaten, H., & de Weerd-Fourdraine, A. (2003a). *Pluspunt Reken-Wiskundemethode voor de Basisschool Lesboek voor Groep 6.* 's-Heterogenbosch: Malmberg.

_____(2003b). *Pluspunt Reken-Wiskunde-methode voor de Basisschool Leerlijnen voor Groep 6.* 's-Heterogenbosch: Malmberg.

_____(2003c). *Pluspunt Reken-Wiskunde-methode voor de Basisschool Handleiding 6A.* 's-Heterogenbosch: Malmberg.

_____(2003d). *Pluspunt Reken-Wiskunde-methode voor de Basisschool Handleiding 6B.* 's-Heterogenbosch: Malmberg.

Hershikowitz, R. (1990). Psychological aspects of learning geometry. In P. Nesher & J. Kilpatrick(ed.), *Mathematics and cognition* (pp. 70-95). Cambridge: Cambridge University Press.

Janssen, D., Munsterman, B., & Rouvroye, R. (2003a). *Pluspunt Reken-Wiskundemethode voor de Basisschool Lesboek voor Groep 7.* 's-Heterogenbosch: Malmberg.

_____(2003b). *Pluspunt Reken-Wiskunde-methode voor de Basisschool Leerlijnen voor Groep 7.* 's-Heterogenbosch:

Malmberg.

______(2003c). *Pluspunt Reken-Wiskunde-methode voor de Basisschool Handleiding 7A*. 's-Heterogenbosch: Malmberg.

______(2003d). *Pluspunt Reken-Wiskunde-methode voor de Basisschool Handleiding 7B*. 's-Heterogenbosch: Malmberg.

______(2003e). *Pluspunt Reken-Wiskunde-methode voor de Basisschool Opdrachten-boek voor Groep 7*. 's-Heterogenbosch: Malmberg.

______(2003f). *Pluspunt Reken-Wiskunde-methode voor de Basisschool Werkboek voor Groep 7*. 's-Heterogenbosch: Malmberg.

Kennedy, L. M., Tipps, S., & Johnson, A. (2004). Guiding children's learning of mathematics. Belmont, CA: Wadsworth.

Munsterman, B., & de Weerd-Fourdraine, A. (2003a). *Pluspunt Reken-Wiskundemethode voor de Basisschool Lesboek voor Groep 4*. 's-Heterogenbosch: Malmberg.

______(2003b). *Pluspunt Reken-Wiskunde-methode voor de Basisschool Leerlijnen voor Groep 4*. 's-Heterogenbosch: Malmberg.

______(2003c). *Pluspunt Reken-Wiskunde-methode voor de Basisschool Handleiding 4A*. 's-Heterogenbosch: Malmberg.

______(2003d). *Pluspunt Reken-Wiskunde-methode voor de Basisschool Handleiding 4B*. 's-Heterogenbosch: Malmberg.

______(2003e). *Pluspunt Reken-Wiskunde-methode voor de Basisschool Opdrachten-boek voor Groep 4*. 's-Heterogenbosch: Malmberg.

National Council of Teachers of Mathematics (2007). 학교수학을 위한 원리와 규준. (류희찬 · 조완영 · 이경화 · 나귀수 · 김남균 · 방정숙, 역). 서울: 경문사. (영어 원작은 2000년 출판).

Pap, W., Janssen, D., & Pap, L. (2003a). *Pluspunt Reken-Wiskundemethode voor de Basisschool Lesboek voor Groep 3*. 's-Heterogenbosch: Malmberg.

______(2003b). *Pluspunt Reken-Wiskunde-methode voor de Basisschool Leerlijnen voor Groep 3*. 's-Heterogenbosch: Malmberg.

______(2003c). *Pluspunt Reken-Wiskunde-methode voor de Basisschool Handleiding 3A*. 's-Heterogenbosch: Malmberg.

______(2003d). *Pluspunt Reken-Wiskunde-methode voor de Basisschool Handleiding 3B*. 's-Heterogenbosch: Malmberg.

Treffers, A. (1987). *Three dimension. A model of goal and theory description in mathematics instruction-The Wiskobas Project*. Dordrecht: D. Reidel Publishing Company.

Van den Heuvel-Panhuizen, M. (2001a). *Children learn mathematics. A learning-teaching trajectory with intermediate attainment targets for calculation with whole numbers in primary school.* Utrecht/Enschede: Freudenthal Institute/SLO.

______(2001b). A learning-teaching trajectory description as a hold for mathematics teaching in primary schools in the Netherlands. In M. Tzekaki(Ed.), *Didactics of Mathematics and Informatics in*

Education. 5th Panhellenic Conference with International Participation(pp. 21-39). Thessaloniki: Aristotle University of Thessaloniki/ University of Macedonia/ Pedagogical Institute.

______(2005). Mathematics standards and curricula in the Netherlands. *Zeitschrift für Didaktik der Mathematik, 37*(4), 287-307.

Van den Heuvel-Panhuizen, M., & Buys, K. (2005). *Young children learn measurement and geometry. A learning-teaching trajectory with intermediate attainment targets for lower grades in primary school.* Amersfoort: Drukkerij Wilco.

Van Gool, A., Janssen, D., & Munsterman, B. (2003a). *Pluspunt Reken-Wiskundemethode voor de Basisschool Lesboek voor Groep 5.* 's-Heterogenbosch: Malmberg.

______(2003b). *Pluspunt Reken-Wiskunde-methode voor de Basisschool Leerlijnen voor Groep 5.* 's-Heterogenbosch: Malmberg.

______(2003c). *Pluspunt Reken-Wiskunde-methode voor de Basisschool Handleiding 5A.* 's-Heterogenbosch: Malmberg.

______(2003d). *Pluspunt Reken-Wiskunde-methode voor de Basisschool Handleiding 5B.* 's-Heterogenbosch: Malmberg.

05 『분수 나눗셈 알고리즘 도입 방법 연구: 남북한, 중국, 일본의 초등학교 수학 교과서의 내용 비교를 중심으로』에서 사용한 **'교과서 내용 국제 비교 연구' 방법 해설**

임 재 훈[5)]

학교에서 학생들은 교과서로 수학을 배우므로, 교과서는 수학교육의 실천을 결정짓는 중요한 요소라 할 수 있다. 우리나라는 국가 수준의 단일한 교육과정을 가지고 있으며, 자유 발행이 아닌 국정 또는 검인정 교과서 제도를 통해 전국 단위의 교육 내용의 공통성을 확보하고 있다. 교과서가 예전과 같이 독보적인 소위 경전의 지위를 점하지는 않지만, 여전히 교과서는 수학 공부의 핵심 기초 교재이다. 교과서 집필 과정에서 저자들은 자신들의 지식, 경험, 자원을 모두 동원하여 좋은 교과서를 만들고자 하지만, 어떤 교과서든 더 좋게 개선될 여지가 있기 마련이다. 교과서 비교 연구는, 교과서 저자들의 노력 위에, 더 좋은 더 나은 교과서를 지향하는 학계 구성원들의 노력의 일환으로서 의의가 있다.

이 연구와 같이 특정한 수학적 소주제에 관한 교과서 비교 연구는 크게 두 가지 작업으로 이루어진다. 첫째는 교과서의 해당 부분을 들여다보는 일이고, 둘째는 분수 나눗셈에 대한 글을 읽으며 공부하는 것이다. 실제 논문을 완성하고 보면, 둘째 작업은 이론적 배경이나 틀과 같은 논문의 전반부의 주요 내용이 되고, 첫째 작업은 논문의 후반부의 주요 내용이 된다. 실제 연구 과정이 꼭 단선적으로 어느 한 작업이 끝난 다음에 다른 작업이 시작되는 방식으로 이루어지는 것은 아니다. 이론적 공부를 한 결과로 교과서를 보고 싶어지고 교과서를 본 결과로 이론적 공부를 더 하고 싶어지는 식으로 두 작업이 쌍방향적으로 이루어지는 경우가 많다.

어느 날 뜬금없이 분수 나눗셈과 같은 특정한 수학적 주제를 여러 교과서에서 어떻게 다루고 있는지 비교해 보고 싶다는 생각이 든다는 것은 비현실적인 일이다. 교과서를 비교해 보아야겠다는 동기는 많은 경우 소위 교수학적 분석이라고 불리는 이론적 공부(이 연구에서는 분수 나눗셈에 관한 논문 읽기)로부터 생긴다. 이 연구의 출발점도 나눗셈에 관한 논문 읽기였다. 교육대학교에서의 강의 준비를 위해 나눗셈에 관한 논문을 읽어 가는 중에 포함제와 등분제라는 나눗셈의 두 가지 맥락을 자연수 나눗셈에서 분수 나눗셈

5) 경인교육대학교, jhyim@ginue.ac.kr

으로 확장하는 과정에 단순하지 않은 문제가 숨어 있다는 것을 알게 되었다. 이와 같은 인식을 문헌 공부에서 얻게 되면, 자동으로 교과서에서는 이 문제를 어떤 식으로 다루고 있을지 궁금해지게 된다.

대개 처음 펼쳐 보게 되는 교과서는 현재 우리나라에서 사용되고 있는 교과서일 것이고, 이 교과서에서 이 문제를 다루고 있는 방식을 보고 별다른 의문이 생기지 않는다면, 본격적인 교과서 비교 연구로 넓히지 않고 끝난다. (이론적 공부와 우리나라 교과서 확인을 바탕으로 한 강의 자료 만드는 것으로 끝나고, 논문 작업까지 가지 않는다.) 이론적 공부를 통해 저자가 형성하게 된 인식과 교과서에서 이 문제를 다루고 있는 방식 사이에 차이가 있다고 느낄 때, 다른 교과서에서는 이 문제를 어떤 식으로 해결하고 있는지 본격적으로 찾아보게 된다. 이때 찾아보는 교과서는 이전에 사용된 교과서들(역사적 비교 연구)일 수도 있고, 현재 다른 나라에서 사용되는 교과서들(국제 비교 연구)일 수도 있다. 중등이라면 현재 사용되고 있는 다른 검인정 교과서들일 수도 있다.

본 논문(임재훈· 박교식· 김수미, 2005)의 작업에서도 그러했다. 나눗셈에 관한 논문을 읽으면서 분수 나눗셈에서 포함제와 등분제를 이러이러하게 다루면 어떨까하는 생각을 가지게 되었고, 우리나라 교과서의 해당 단원의 구성 방식을 보니 저자의 생각과는 차이가 있었다. 이에 다른 나라 교과서들을 살펴보게 되었고, 일본이나 중국의 교과서에 저자의 생각의 일부가 구현되어 있다는 것을 알게 되었다. 이에 일본이나 중국의 교과서의 해당 내용을 저자의 논지를 펴는 방편으로 사용하였다. 이런 방식으로 교과서 비교를 사용하는 것은 우리나라 교과서의 약점을 찾아내고 다른 나라 교과서가 더 좋다고 하는 것처럼 비칠 수 있으나, 연구의 동기는 그런 것이 아니라 우리나라 교과서를 더 좋게 만들기 위해 고려할 필요가 있는 사항을 공론화하여 우리 교육의 발전에 일조하려는 것이다.

이 논문의 출발점은 강의 준비를 위한 이론적 공부에서 생겨났지만, 실제 해당 단원을 가르친 교사의 경험이 연구의 출발점이 되기도 한다. 현행 교과서와 이전 교과서의 분수 곱셈 도입 방식을 비교한 임재훈(2012)의 연구는 "아동들에게 교과서의 해당 내용을 잘 지도하기 어렵다."는 어느 교사의 토로에서 시작되었다. 교과서 분석 연구에 관심이 있는 사람에게 교사들의 교과서 지도 경험은 연구의 좋은 출발점이 된다.

특정 수학적 소주제에 대한 교과서 비교 연구는, 교과서 비교 연구라는 제목이 주는 첫인상 때문에 여러 교과서를 펴 놓고 비교하는 것이 주된 작업일 것처럼 생각될 수 있지만, 꼭 그런 것은 아니다. 이론적 공부가 선행 또는 병행되지 않으면 교과서를 펴 놓고 봐도 이면에 있는 무엇인가가 잘 포착되지 않고, 표면적인 차이점 정리 제시 수준을 넘어선 논의가 힘들어진다. 이렇게 되어서는 논문의 마무리 부분에 힘이 실리지 않는다. 특정 수학적 소주제에 대한 교과서 비교 논문은 그 주제를 어떻게 다루는 것이 좋을지에 대한 저자의 견해를 여러 교과서의 사례를 증거로 사용하면서 펼쳐 나가는 글이라고 할 수 있다. 외국의 교과서의 암산 관련 내용을 암산 전략과 교수학적 모델에 비추어 분석한 정영옥(2003)의 논문도 이 점을 잘 보여주는 연구로, 독자들에게 일독을 권한다.

분수 곱셈이나 나눗셈과 같은 좁은 범위의 특정 수학적 주제에 관한 교과서 내용 비교가 아닌, 좀더 넓은 범위의 비교 연구도 수행된다. 최병훈·방정숙·송근영·황현미·구미진·이성미(2006)의 도형과 측정 영역에 관한 교과서 국제 비교 연구나 Park & Leung(2006)의 동서양 교과서 비교 연구를 예로 들 수 있다. 이와 같은 교과서 비교 연구에서는 다루는 범위가 넓은 만큼, 해당 영역의 전개 방식, 학년별 학습 내용 및 도입 시기, 전반적인 교과서의 특징 및 사회 문화적 배경 등 광역적인 이슈에 논의의 초점이 맞추어진다.

참고문헌

임재훈, 심수미, 박교식 (2005). 분수 나눗셈 알고리즘 도입 방법 연구: 남북한, 중국, 일본의 초등학교 수학 교과서의 내용 비교를 중심으로. **학교수학, 7**(2), 103-121

임재훈 (2012). 초등수학 교과서의 분수 곱셈 알고리즘 구성 활동 분석: 모델과 알고리즘의 연결성을 중심으로. **학교수학, 14**(1), 135-150.

정영옥 (2003). 초등학교에서 암산 지도에 관한 논의. **학교수학, 5**(2), 167-189.

최병훈, 방정숙, 송근영, 황현미, 구미진, 이성미 (2006). 한국과 싱가포르의 초등 수학 교과서 비교 분석: 도형과 측정 영역을 중심으로. **학교수학, 8**(1), 45-68.

Park, K., & Leung, K. S. (2006). A Comparative study of the mathematics textbooks of China, England, Japan, Korea, and the United States. In Frederick K. S. Leung, Klaus-D. Graf, & Francis J. Lopez-Real (Ed.), *Mathematics education in different cultural traditions-A comparative study of East Asia and the West* (New ICMI Study Series Volume 9, pp. 227-238). Springer.

대한수학교육학회지<학교수학> 제 7 권 제 2 호
Journal of Korea Society of Educational Studies in Mathematics
School Mathematics Vol.7, No.2, 103-121. Jun 2005

분수 나눗셈 알고리즘 도입 방법 연구: 남북한, 중국, 일본의 초등학교 수학 교과서의 내용 비교를 중심으로

임 재 훈* · 김 수 미** · 박 교 식***

이 연구에서는 남북한, 중국, 일본의 초등학교 수학 교과서를 비교·분석하여 분수 나눗셈 알고리즘 도입을 위한 교재 구성 및 학습 지도의 개선 방향을 제안하고자 한다. 이를 위해 먼저 분수 나눗셈 알고리즘의 의미를 '포함제', '단위비율 결정', '비 또는 측정 단위 세분', '곱셈의 역연산', '분수의 곱셈으로부터의 유추'의 다섯 맥락에서 살펴보았다. 이어 북한, 중국, 일본 그리고 우리나라 초등학교 수학 교과서의 분수 나눗셈 알고리즘 도입 및 전개 방법의 특징을 분석하였다. 이러한 분석으로부터 얻은 시사점은 다음의 다섯 가지이다. 첫째, 제수의 역수의 의미와 제수의 역수를 곱하는 의미를 명확하게 드러내도록 다루어야 한다. 둘째, 분수 나눗셈을 단위비율 결정 맥락에서 도입하는 방안을 검토하여야 한다. 셋째, 현재 <7-가 단계> 용어인 '역수'를 <6-나 단계> 분수의 나눗셈 지도 장면에서 제기하거나, 적어도 역수의 의미가 드러나도록 지도하여야 한다. 넷째, 분수 나눗셈은 다양한 맥락에서 풍부한 의미로 전달되어야 한다. 끝으로 <5-나 단계>, <6-나 단계>에 걸쳐 여러 지엽적인 주제로 세분되어 있는 현재의 분수 나눗셈 단원 구성은 포괄적이고 통합적인 방식으로 구성하여야 한다.

Ⅰ. 서 론

이 연구의 목적은 다양한 맥락에서 분수 나눗셈 알고리즘의 의미를 고찰하고, 분수 나눗셈 알고리즘의 도입방법에 대한 남북한, 일본, 중국 교과서의 내용을 비교하고, 우리나라에서의 분수 나눗셈 알고리즘 도입을 위한 교재 구성 및 학습 지도의 개선 방향을 제시하는 것이다.

분수 나눗셈은 우리나라 초등학교수학의 '수와 연산' 영역의 정점에 있는 내용으로, 그 알고리즘은 "나누는 수의 분자와 분모를 뒤집어 곱한다."는 것으로 요약될 수 있다. 이 알고리즘은 그 자체로 간단하며 기억하기도 어렵지 않다. 그러나 이 알고리즘을 이용하여 분수 나눗셈 계산을 할 줄 아는 학생들 중에는 '뒤집어서 곱하는' 이유를 모르거나 제수의 역수의 의미를 모르는 학생들이 적지 않다(송정화, 2005; 백선수, 2004; 박혜경, 2003). 분수 나눗셈 알고리즘에 내재된 의미의 이해라는 측면에서 볼 때, 이러한 현상은 결코 만족스럽지 않다.

이 연구에서는 먼저 다양한 맥락에서 분수 나눗셈 알고리즘의 의미, 곧 제수의 역수의 의미와 왜 제수의 역수를 곱하는지에 대해 고찰

* 경인교육대학교(jhyim@ginue.ac.kr)
** 경인교육대학교(smkim@ginue.ac.kr)
*** 경인교육대학교(pkspark@ginue.ac.kr)

할 것이다. 그리고 남북한, 일본, 중국의 초등 학교 교과서에서 분수 나눗셈 알고리즘을 도입하는 방법이 어떻게 다른지 비교·분석할 것이다. 끝으로, 분수 나눗셈 알고리즘의 의미 분석과 교과서 비교 결과를 토대로, 현재 우리나라 교과서에서의 분수 나눗셈 알고리즘 도입 방식을 반성하고 교재 구성 및 학습지도의 개선 방향을 제시할 것이다.

남북한의 수학 교과서에 대한 초창기 비교연구에서는 주로 교육과정 및 교과서의 외형과 체제, 각 영역별 내용 요소, 도입 시기 등 다소 일반적이고 양적인 비교에 초점을 둔 것들이 주를 이루었다(김삼태, 이식, 1999; 박경미, 1995; 신성균, 황혜정, 박경미, 강문봉, 박문환, 1997; 임재훈, 이경화, 박경미, 2003a; 최택영, 김인영, 1998; 현진오, 강태석, 1999). 그러나 최근에는 피타고라스 정리나 분수 개념과 같은 학교수학의 구체적인 내용에 대한 내용 구성 및 전개 과정의 구체적인 특징에 주목한 질적인 비교·분석이 이루어지고 있다(박문환, 2002a, 2002b; 임재훈, 이경화, 박경미, 2003b; 임재훈, 2003: 박교식, 이경화, 임재훈, 2004). 이 연구는 이러한 질적인 비교 분석 연구의 연장선 상에 있다.

또한 이 연구에서는 일본과 중국의 교과서의 내용도 같이 비교한다. 한국, 중국, 일본은 같은 동북아시아 문화권에 속한 나라로 고대부터 서로 긴밀한 관계를 유지하며, 서로에게 영향을 미쳤다. 특히 국가 공통 교육과정 체제를 가지고 있다는 점이 유사하다. 또, 적은 지면에 많은 내용의 정수만 뽑아 간결하게 제시하는 교과서 체제도 유사하다.

그러나 학교 수학을 전개하는 방식을 자세히 살펴보면, 내용에 따라 상당한 차이점이 발견된다. 이 연구에서는 분수 나눗셈 알고리즘의 도입 장면에서 이러한 차이점을 확인하고, 수학 교재 구성 및 학습 지도를 위한 시사점을 추출하고자 한다.

Ⅱ. 분수 나눗셈 알고리즘의 의미

분수 나눗셈 알고리즘의 이해에서 핵심은 '제수의 역수'의 의미이다. 제수의 역수는 맥락에 따라 각각 다르게 파악될 수 있다. 여기서는 '포함제', '단위비율 결정', '비와 측정단위의 세분', '곱셈의 역연산', '분수의 곱셈으로부터의 유추'의 다섯 맥락으로 나누어 분수 나눗셈 알고리즘이 도입되는 다양한 방식과 제수의 역수의 의미를 고찰해 보고자 한다.

1. 포함제 맥락

포함제 맥락에서 나눗셈은 예를 들어, "한 수에 다른 수가 몇 번 포함 되는가 또는 들어가는가"로 해석된다. 즉 "$\frac{3}{4}\div\frac{2}{7}$는 $\frac{3}{4}$에 $\frac{2}{7}$가 몇 번 들어가는가?"와 같이 해석된다. 포함제 맥락에서 분수 나눗셈 알고리즘의 의미를 이해하기 위해서는 우선 '피제수가 1인 나눗셈', 즉 '1÷(어떤 수)' 형태의 나눗셈의 의미를 이해하여야 한다. 예를 들어 $1\div\frac{3}{5}$은 포함제 맥락에서 다음과 같이 해결할 수 있다(Siebert, 2002).

> 1 안에는 $\frac{3}{5}$이 <1번> 들어가고 $\frac{2}{5}$가 남는다. $\frac{2}{5}$안에는 $\frac{3}{5}$의 <$\frac{2}{3}$>만 들어가므로, 1 안에는 $\frac{3}{5}$이 총 <$\frac{5}{3}$>번 들어가는 셈이다.
>
> 또는 다음과 같이 생각할 수 있다.
>
> 1 안에는 $\frac{1}{5}$이 <5번> 들어간다. $\frac{1}{5}$은 $\frac{3}{5}$의 $\frac{1}{3}$이다. 그러므로 1 안에 $\frac{3}{5}$의 <$\frac{1}{3}$>이 5번 들어간다. 즉, 1 안에는 $\frac{3}{5}$이 <$\frac{5}{3}$번> 들어간다.

피제수가 1이 아닌 경우는 피제수가 1인 경우에 대한 비례적 사고를 통해 다음과 같이 해석할 수 있다.

> 1 안에는 $\frac{3}{5}$이 $\frac{5}{3}$번 들어가므로, 2 안에는 $\frac{3}{5}$이 $\frac{5}{3}$×2번 들어간다. 따라서 $2\div\frac{3}{5}=\frac{5}{3}\times 2$이다. 대분수인 경우도 마찬가지로, $1\frac{1}{2}\div\frac{3}{5}$은 $\frac{5}{3}$에 $1\frac{1}{2}$을 곱하면 된다.

결국 '(분수)$\div\frac{3}{5}=\frac{5}{3}\times$(분수)'이다. 이로부터 "피제수와 제수의 역수를 곱한다."라는 알고리즘이 유도될 수 있다. 포함제의 의미로, $\frac{3}{5}$의 역수 $\frac{5}{3}$는 "1 안에 $\frac{3}{5}$이 몇 번 들어가는가?"를 나타낸다. 즉, $\frac{3}{5}$을 $\frac{5}{3}$번 하면 1이 되고, 이는 곱셈의 뜻에 의해 $\frac{3}{5}\times\frac{5}{3}=1$이 된다.

이상과 같이 포함제 맥락은 제수의 역수에 나름대로의 의미를 부여하고, 왜 제수의 역수를 곱하게 되는지를 보여주지만, 다음과 같은 단점이 있다. "$\frac{3}{4}$ 안에 $\frac{2}{5}$가 몇 번 들어가는가?"라는 문제에 "$1\frac{7}{8}$번 들어간다."라고 하는 것은 어색하다. 분수는 '몇 번'이라는 표현과 잘 어울리지 않는다. 뿐만 아니라 "1번 들어가며 $\frac{7}{8}$이 남는다."와 같은 오답을 유도할 가능성이 있다. 또, 제수가 피제수보다 커지면 어색하다. 예를 들어, "$\frac{3}{4}m$를 $\frac{5}{2}m$씩 자르면 몇 도막이 되는가?"라는 문제에 대해 '$\frac{3}{10}$도막'이라는 답을 형식적으로 도출했다 해도, 이 답을 받아들이는 것은 어색하다. 또, (피제수)÷(제수)가 곧바로 (피제수)×(제수의 역수)가 아니라, (제수의 역수)×(피제수)가 된다는 점에서 교과서에 제시된 표준 알고리즘과 일치하지 않는다.

2. 단위비율 결정 맥락

단위비율 결정 맥락에서 분수의 나눗셈은 예를 들어 "1인당 사탕을 몇 개씩 받는가?", 또는 "$1m$ 당 무게는 얼마인가?"와 같이 '1' 곧, 단위에 대한 양을 구하는 것에 관련 된다[1].

예를 들어, $\frac{3}{4}\div\frac{2}{7}$는 "철근 $\frac{2}{7}m$의 무게가 $\frac{3}{4}kg$ 일 때 철근 $1m$의 무게는 몇 kg 인가?"와 같은 단위비율의 문제로 생각할 수 있다.

포함제 맥락에서는 '1÷(어떤 수)'가 제수의 역수의 의미와 관련하여 중요하였으나, 단위비율 결정 맥락에서는 '(어떤 수)÷1'이 중요하다. 즉, 단위비율 결정 맥락은 제수를 1로 만들면 나눗셈을 해결할 수 있음을 지시하고 있다. 제수를 1로 바꾸는 방법을 모색하는 과정에서 제수의 역수가 자연스럽게 등장하며, "피제수에 제수의 역수를 곱한다"는 분수 나눗셈 알고리즘이 다음과 같이 유도될 수 있다.

$$\frac{3}{4}\div\frac{2}{7}=(\frac{3}{4}\times\frac{7}{2})\div(\frac{2}{7}\times\frac{7}{2})=\frac{3}{4}\times\frac{7}{2}$$

위 과정은 피제수와 제수에 같은 수를 곱해도 몫에 변함이 없다는 사실을 토대로 한다. 이와 매우 유사하게, 인도의 한 초등학교 수학 교과서(Gupta & Ramachandram, 2003)에서는 분수의 나눗셈을 번분수로 바꾸어, 분모를 1로 만들어 [그림 II-1]과 같이 해결하고 있다.

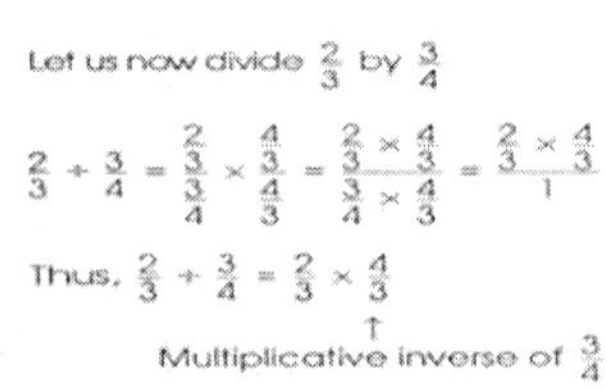

[그림 II-1] 번분수(Gupta. & Ramachandram, 2003 : 57)

---

1) 단위비율 결정 맥락은 등분제 맥락과 밀접한 관련이 있다. '등분'이라는 말은 제수의 개수로 똑같이 나눈다는 것으로, 제수가 자연수인 경우는 어울리지만 분수인 경우는 적합하지 않다. 그러나 '사탕 10개를 2명에게 똑같이 나누어 줄 때 몇 개씩 주어야 하는가'와 같은 등분제에서 '자연수'로 등분하는 것에 주목하는 대신, '1인당' 얼마씩 주어야 하는가에 주목하면, 등분제는 단위비율 결정 상황의 한 부분이라 할 수 있다.

이 방법에서는 $a \div b$의 나눗셈이 $\frac{a}{b}$와 같으며, 1이 분모와 분자가 같은 분수 즉, $\frac{c}{c}$꼴로 표현될 수 있음을 알아야 한다. 그런데 우리나라 초등학교 수학에서는 c가 분수인 경우 즉, 번분수는 다루지 않고 있다.

한편, 단위비율 결정 맥락에서 제수의 역수는 '줄이고 늘이는 연산자'로 설명될 수 있다(Siebert, 2002). 예를 들어, $1\frac{1}{2} \div \frac{3}{5}$은 $\frac{3}{5}$에 해당하는 양이 $1\frac{1}{2}$일 때, 1에 해당하는 양을 구하는 문제이다. 먼저 $\frac{1}{5}$에 해당하는 양이 얼마인지 구한다(줄인다). 그것은 $\frac{1}{2}$이다. 그 다음 1에 해당하는 양을 구한다(늘린다). 결국 3으로 나누고 5를 곱한 것이므로 $\frac{5}{3}$를 곱한 것과 같다. 이를 식으로 표현하면 다음과 같다.

$$1\frac{1}{2} \div \frac{3}{5} = 1\frac{1}{2} \div 3 \times 5 = 1\frac{1}{2} \times \frac{5}{3}$$

다시 말해, $1\frac{1}{2} \div \frac{3}{5}$에서 $\frac{3}{5}$의 역수 $\frac{5}{3}$의 의미는 $\frac{3}{5}$을 $\frac{1}{5}$로 줄였다가 1로 늘이는 연산자이다.

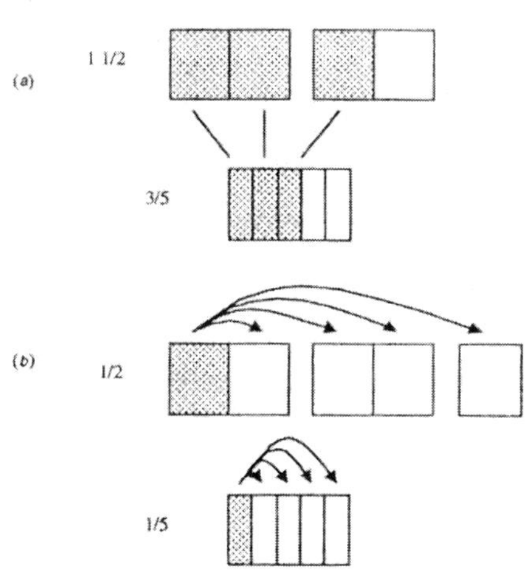

[그림 II-2] 연산자(Siebert, 2002: 253)

이와 유사하게 Dewey와 Mclellan(1895: 260)은 제수를 뒤집어 곱하는 분수 나눗셈 규칙을 정당화하는 방법을 다음과 같이 제시하였다.

> $\frac{3}{8} \div \frac{5}{9}$. $\frac{3}{8}$을 5로 나누면 $\frac{3}{40}$이 된다. 그러나 5가 아니라 5의 $\frac{1}{9}$로 나누어야 한다. 그러므로 $\frac{3}{40}$을 9배해야 한다. 그러므로 $\frac{27}{40}$, 즉 $\frac{3 \times 9}{8 \times 5}$.

이 과정 역시 줄이고 늘이는 방식으로 분수의 나눗셈을 해결하는 단위비율 결정 맥락이다. $\frac{3}{8}$을 5로 나누어 $\frac{3}{40}$을 구한 것은 '$\frac{1}{9}$에 해당하는 양'을 구한 것이다. 후에 $\frac{3}{40}$을 9배 한 것은 '1에 해당하는 양'을 구한 것이다.

단위비율 결정 맥락은 제수의 역수의 의미나 제수의 역수를 곱하는 이유를 보여준다. 뿐만 아니라, 제수가 피제수보다 커도 어색하지 않고 나눗셈 계산 결과와 실제 상황의 답이 정확히 일치한다.

3. 비 또는 측정 단위의 세분 맥락

유리수 $\frac{a}{b}$는 두 양 a와 b 사이의 비를 표현하는 것으로 볼 수 있다[2]. 이를 비율분수라고 한다(이용률, 2001). $a \div b$는 $\frac{a}{b}$로 표현되므로, 나눗셈은 두 양 a와 b 사이의 곱셈적 비교 즉, 비의 값을 구하는 것으로 해석될 수 있다.

동분모분수는 같은 크기의 조각들의 집합으로 생각할 수 있다. 따라서 동분모분수의 나눗셈 $\frac{2}{5} \div \frac{3}{5}$은 $\frac{1}{5}$크기의 조각이 각각 2개, 3개 있는 두 집합을 곱셈적으로 비교하는 상황으로 해석될 수 있다. 곱셈적 비교에서는 두 집합의 조각의 크기가 같으면 크기는 생각하지 않고 개수만 생각하면 된다. 이로부터, $2 \div 3$, $\frac{2}{5} \div \frac{3}{5}$, $\frac{2}{8} \div \frac{3}{8}$은 모두 같은 답을 가짐을 알 수 있다. 그러므로 동분모분수의 나눗셈은 분자끼리 나누면 된다(Flores, 2002: 239).

다른 한편, 이분모분수의 나눗셈은 동분모분수의 나눗셈으로 환원하여 다음과 같이 계산할 수 있다.

$$\frac{3}{4} \div \frac{2}{5} = \frac{3\times5}{4\times5} \div \frac{2\times4}{5\times4} = \frac{3\times5}{2\times4} = \frac{3\times5}{4\times2} = \frac{3}{4} \times \frac{5}{2}$$

Dewey와 Mclellan(1895: 258-260)은 분수 나눗셈 알고리즘의 핵심을 측정 단위를 같게 만드는 것으로 보고 있다. 예를 들어, 12(달러)÷$\frac{4}{5}$(달러)를 계산하려면, 제수와 피제수가 같은 측정 단위로 표현되어야 한다. 제수 $\frac{4}{5}$달러는 $\frac{1}{5}$달러를 단위로 4번, 피제수 12달러는 $\frac{1}{5}$달러를 단위로 60번(12×5) 측정된다. 결국 이 문제는 자연수 나눗셈(60÷4)으로 환원된다.

마찬가지로, $\frac{12}{13}$(달러)÷$\frac{4}{5}$(달러)에서 제수 $\frac{4}{5}$달러는 $\frac{1}{5}$달러를 단위로 4번, 피제수 $\frac{12}{13}$달러는 $\frac{1}{5}$달러를 단위로 $\frac{60}{13}$($\frac{12}{13}$×5)번 측정된다. 이렇게 해서 $\frac{12}{13}$(달러)÷$\frac{4}{5}$(달러)는 $\frac{60}{13}$÷4와 같게 된다. 이처럼 피제수와 제수를 같은 측정 단위로 표현함으로써 제수가 분수인 나눗셈은 제수가 자연수인 나눗셈으로 환원된다.

이 과정은 분수 나눗셈 알고리즘에서 '제수의 분모인 자연수'를 피제수에 곱하는 이유를 설명해 준다. 제수 $\frac{4}{5}$의 분자 4는 $\frac{1}{5}$로 제수를 측정한 회수를 의미하며, 분모 5는 피제수를 동일 측정 단위로 측정한 결과로 나타내기 위해 피제수에 곱해야 하는 수를 나타낸다. 그러나 이 맥락에서 제수의 역수 $\frac{5}{4}$ 자체의 의미는 분명하지 않다.

지금까지 $\frac{1}{\text{제수의 분모}}$을 측정 단위로 하였으나, $\frac{1}{\text{피제수와 제수의 분모의 최소공배수}}$과 같이 측정 단위를 세분하면 동분모 분수의 나눗셈으로 환원되어, 결국 자연수의 나눗셈이 된다.

예를 들어, $\frac{12}{13}$(달러)÷$\frac{4}{5}$(달러)에서 $\frac{1}{13\times5}$ $=\frac{1}{65}$(달러)를 측정 단위로 하면, 피제수 $\frac{12}{13}$(달러)는 $\frac{1}{65}$(달러)가 60($\frac{12}{13}$×13×5)번 측정되고, 제수 $\frac{4}{5}$(달러)는 42($\frac{4}{5}$×13×5)번 측정된다. 그러므로 $\frac{12}{13} \div \frac{4}{5} = \frac{12\times5}{4\times13} = \frac{12\times5}{13\times4}$가 된다. 측정 단위의 세분이라는 아이디어는 제수의 분모와 분자의 의미, 피제수에 제수의 분모가 곱해지는 이유를 설명해주지만, 제수의 역수 그 자체의 의미를 분명하게 드러내지는 못한다.

4. 곱셈의 역연산 맥락

나눗셈은 곱셈의 역연산이다. 예를 들어 8÷2는 "2의 몇 배가 8인가?"와 같은 문제로 환원할 수 있는 것과 마찬가지로 분수의 나눗셈 역시 곱셈의 역연산으로 환원하여 문제를 해결할 수 있다. 예를 들어, 나눗셈 $\frac{2}{7} \div \frac{3}{4}$을 구하는 방법을 생각해 보자(이용률, 2001). 이 문제는 "$\frac{3}{4}$에 얼마를 곱하면 $\frac{2}{7}$가 되는가?" 혹은 "$\frac{3}{4}$의 몇 배가 $\frac{2}{7}$인가?"를 구하는 것이다. 이를 위해 아래 수직선과 같이 1을 4등분 하여 $\frac{3}{4}$을 표시한 후, 다시 각 부분을 7등분하면 화살표로 표시된 모든 부분이 $\frac{2}{7}$에 해당하는 양이 된다. [그림II-3]에서 화살표 하나는 $\frac{1}{28}$을 나타낸다.

2) 두 양을 곱셈적 구조로 비교하는 경우 '포함', '분리'의 두 측면에서의 비교가 가능하다. '포함'은 '남자가 전체의 $\frac{10}{30}$'과 같이 비교하는 것이고, '분리'는 '여자는 남자의 2배, 남자는 여자의 $\frac{10}{20}$'과 같이 보는 것을 뜻한다.

$\frac{3}{4}$은 화살표 하나가 7×3개, $\frac{2}{7}$는 화살표 하나가 2×4개 있다. 따라서 $\frac{2}{7}$는 $\frac{3}{4}$의 $\frac{2\times4}{7\times3}$이다.

[그림 II-3] 수직선 모델(이용률, 2001: 162)

이 과정에서 "제수의 역수를 곱한다."는 알고리즘을 이끌어낼 수 있지만, 제수의 역수를 곱하는 이유 즉, 제수 $\frac{3}{4}$의 역수 $\frac{4}{3}$의 의미가 분명하게 드러나지 않는다.

직사각형의 넓이 모델을 이용하여 분수의 나눗셈을 해결할 수도 있다. $\frac{2}{7}\div\frac{3}{4}$은 "넓이가 $\frac{2}{7}$이고 가로의 길이가 $\frac{3}{4}$인 직사각형의 세로의 길이를 구하는 것"으로 해석될 수 있다. [그림 II-4]의 첫째 그림은 가로가 $\frac{3}{4}$이고 넓이가 $\frac{2}{7}$인 직사각형이며, 둘째 그림은 그것을 3(가로)×2(세로)로 분할한 것이다. 셋째 그림은 넓이가 1인 직사각형으로 만들기 위해 3×7의 크기로 확장한 것이다. 넷째 그림은 셋째 그림의 21개 단위사각형을 재배열하여 정사각형으로 만든 것이다. 21개를 우선 4×5(20)로 배열하고 남은 한 개를 4등분하여 하단에 배열하면, 가로와 넓이가 모두 1이므로 결국 세로도 1인 정사각형이 된다. 이 정사각형의 세로는 4등분한 단위사각형의 21배에 해당하므로, 결국 단위사각형의 세로는 $\frac{4}{21}$이며, 우리가 처음에 구하고자 한 직사각형의 세로는 단위사각형이 두개이므로 $\frac{8}{21}$ 이 된다. 이것은 $\frac{2}{7}\times\frac{4}{3}$와 같다.

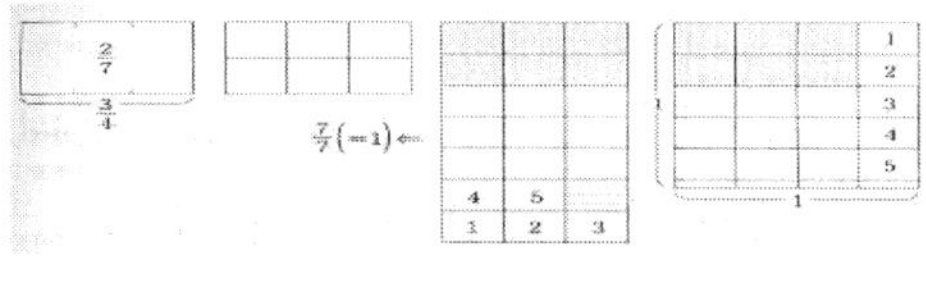

[그림 II-4] 직사각형 모델(이용률, 2001: 163)

'넓이 모델'은 '카테시안 곱의 역 연산으로서의 나눗셈'이라는 맥락에서 온 것으로 볼 수 있다. 이 모델은 결과적으로 제수를 뒤집어 곱하면 답이 나온다는 알고리즘과 연결되지만, 이 과정에서 제수 $\frac{3}{4}$의 역수 $\frac{4}{3}$의 의미는 분명하게 드러나지 않으며, 역수를 곱해야 하는 이유도 분명하게 드러나지 않는다.

제수의 역수의 의미와 역수를 곱하는 이유를 분명히 드러내기 위해서는 [그림II-4]의 셋째 그림에 주목할 필요가 있다. 사실상 위의 모델에서 넓이가 1인 직사각형을 적절히 재구성해 정사각형으로 만드는 마지막 과정은 그다지 중요하지 않다. 중요한 것은 셋째 그림에서 보듯이 넓이가 1인 직사각형을 만들어 생각한다는 것이다. 이 과정을 $\frac{7}{3}\div\frac{5}{4}$를 예로 하여 살펴보자.

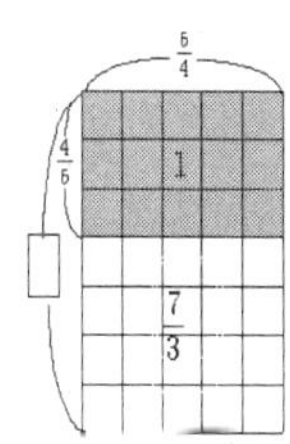

[그림 II-5] 넓이 모델

[그림 II-5]는 가로가 $\frac{5}{4}$이고 넓이가 $\frac{7}{3}$ 인 직사각형이며, 그 중 위의 세 줄은 넓이가 1인 직사각형으로 그 세로의 길이는 $\frac{4}{5}$가 된다. 이것이 바로 제수의 역수의 의미이다.

[그림 II-5]에서 넓이에 주목하면, 전체 직사각형의 넓이 $\frac{7}{3}$은 위 세 줄로 이루어진 직사각형의 넓이 1의 $\frac{7}{3}$배이다. 가로가 일정하므로 구하고자 하는 전체 직사각형의 세로의 길이는 위 세 줄로 이루어진 직사각형의 세로의 길이 $\frac{4}{5}$의 $\frac{7}{3}$배이다. 따라서 □$=\frac{4}{5}\times\frac{7}{3}$이 된다. 즉, (피제수)÷

(제수)는 (제수의 역수)×(피제수)가 된다.

이 모델에서 제수의 역수는 넓이가 1인 직사각형의 세로의 길이를 의미한다. 이 모델은 넓이가 1인 경우, 즉 '1÷제수'가 핵심이 됨을 보여준다. '1÷제수'가 핵심이고 비례 관계를 이용한다는 점에서, 이 모델 사용 맥락은 포함제 맥락과 유사하다. 또, (피제수)÷(제수)가 곧바로 (피제수)×(제수의 역수)가 아니라, (제수의 역수)×(피제수)가 된다는 점에서도 포함제와 유사하다.

5. 분수의 곱셈으로부터의 유추

초등학교수학 지도에서는 새로운 개념이나 원리의 도입을 위해 이전에 학습한 유사한 내용을 상기시키는 방식으로 유추적 사고를 많이 활용한다. 분수의 나눗셈 알고리즘은 분수의 곱셈 알고리즘과 유사하게 전개되는 부분이 있다. 이를 활용하는 방안을 다음과 같은 가상의 수업 상황을 통해 살펴보기로 한다.

교사: $\frac{9}{8}\div\frac{3}{2}$을 어떻게 계산하면 좋을까?

학생: 분자는 분자끼리, 분모는 분모끼리 나누어서 다음과 같이 계산하면 될 것 같아요.

$\frac{9}{8}\div\frac{3}{2}=\frac{9\div3}{8\div2}=\frac{3}{4}$

교사: 왜 그러면 될 것 같다고 생각하게 되었니?

학생: 두 분수의 곱셈을 할 때, $\frac{3}{4}\times\frac{2}{5}=\frac{3\times2}{4\times5}$와 같이 분자는 분자끼리, 분모는 분모끼리 곱했으니까요. 나눗셈도 그렇게 하면 될 것 같아요.

교사: 그렇지만 분수의 덧셈에서는 $\frac{3}{4}+\frac{2}{5}=\frac{3+2}{4+5}$와 같이 하면 안 된다고 했잖아. 그런데 나눗셈에서 그렇게 해도 될까?

학생: 덧셈은 뺄셈과 친구이고, 나눗셈은 곱셈과 친구이기 때문에, 곱셈에서 그렇게 해도 되었으니까 나눗셈에서도 될 거예요.

교사: $\frac{3}{4}\div\frac{2}{7}$는 어떠니? 분자끼리 나누고 분모끼리 나누면 $\frac{3\div2}{4\div7}$이 되는데 더 이상 계산을 할 수가 없지 않니?

학생: 그렇군요. 분자끼리 나누고 분모끼리 나누면 안 되겠어요.

위에서 학생은 이내 분자끼리 나누고 분모끼리 나누는 방법을 포기하지만, 사실은 이 방법에 약간의 테크닉을 구사하면 곱셈과 유사한 방법을 $\frac{3}{4}\div\frac{2}{7}$에도 적용할 수 있다. 3÷2, 4÷7을 계산할 수 없는 것이 문제가 되므로, 이것을 계산 가능하도록 미리 피제수에 제수의 분자와 분모를 곱한다. 그러면 다음과 같이 된다.

$$\frac{3}{4}\div\frac{2}{7}=\frac{3\times2\times7}{4\times2\times7}\div\frac{2}{7}=\frac{3\times2\times7\div2}{4\times2\times7\div7}=\frac{3\times7}{4\times2}$$

이 방법은 유추적 사고를 경험하게 할 수 있고, 곱셈과 나눗셈의 '친구 관계'를 인식하게 할 수 있고, 왜 분수 나눗셈을 계산할 때 제수의 역수를 곱하게 되는지도 잘 보여준다. 피제수와 제수의 분자는 분자끼리 분모는 분모끼리 각각 나눗셈이 되도록 하기 위해, 제수의 분자 분모를 피제수에 곱하고, 그것의 분자 분모를 각각 제수의 분자 분모로 각각 나눈다. 그러므로 결과적으로 분자에서는 제수의 분자 2가 사라지고 분모 7이 남고, 분모에는 제수의 분모 7이 사라지고 제수의 분자 2가 남게 된다. 그러나 제수의 역수 그 자체의 의미를 잘 드러내지는 못한다. 또, 분자는 분자끼리 분모는 분모끼리 나눈다고 하는 것이 왜 정당한지를 설명해야 하는 문제가 남아 있다. 유추가 분자는 분자끼리, 분모는 분모끼리 나누는 것의 정당성까지는 제공하지 못하기 때문이다.

III. 남북한, 중국, 일본 교과서의 분수 나눗셈 알고리즘 도입 방식

여기서는 우리나라, 북한, 중국, 일본의 교

과서에서 “제수의 역수를 곱한다.”는 분수 나눗셈 알고리즘이 어떻게 도입되고 있는지 ‘(분수)÷(분수)’ 유형의 나눗셈을 중심으로 살펴본다. 비교에 사용된 북한 교과서는 교육도서출판사에서 2002년에 발행한 《인민학교 수학 4》이다. 중국의 교과서는 人民教育出版社에서 2002년에 발행한 《九年義務教育6年制小學校科書 數學 第11冊》 및 연변교육출판사에서 발행한 이 책의 번역본이다. 일본 교과서는 鶏林館과 東京書籍에서 2004년에 각각 출판한 《新しい算數6上》와 《算數6年下》이다.

1. 북한 교과서의 분수 나눗셈 알고리즘 도입 방식

북한에서 제수가 분수인 분수 나눗셈은 인민학교 4학년에서 취급된다. 북한 교과서의 분수 나눗셈 알고리즘 도입의 첫째 특징은 [그림 III-1]에서 볼 수 있듯이 분수의 나눗셈 이전에 ‘거꿀수’(역수)를 간단히 다룬다는 것이다.

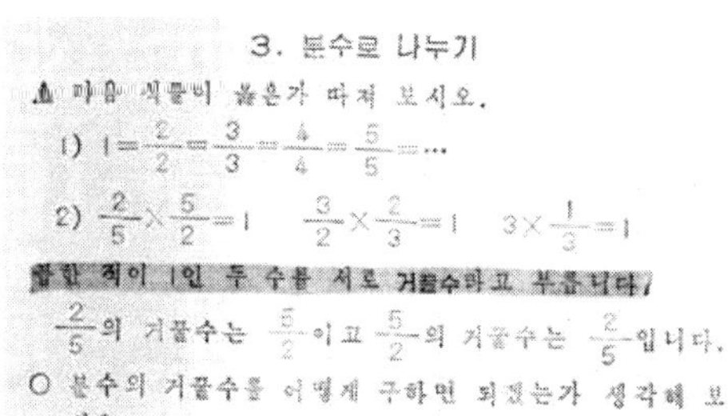

[그림 III-1] 거꿀수(남호석, 박희순, 2002:203)

역수를 다룬 이후, “순철이네는 꽃밭 48평을 $\frac{1}{3}$시간에 가꾸었습니다. 이렇게 하면 1시간 동안에 몇 평을 가꿀 수 있겠습니까?”라는 문제에 뒤이어 “$\frac{2}{3}$시간에 가꾸었다면 1시간에는 몇 평을 가꾸게 되겠습니까?”와 같은 단위비율 결정 맥락의 문장제를 소재로 [그림III-2]와 같이 분수의 나눗셈 알고리즘을 이끌어 내고 있다.

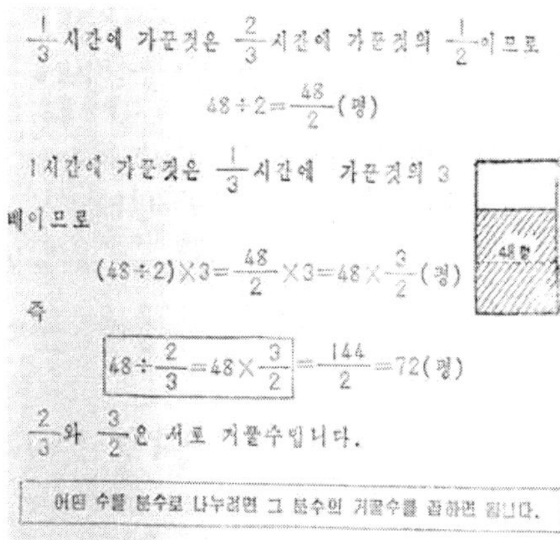

[그림 III-2] 분수나눗셈(남호석, 박희순, 2002:205)

우선 $\frac{1}{3}$시간에 가꾼 것을 구하고 그것을 기초로 1시간에 가꾼 것을 구하는 풀이를 제시하고 있다. 이것은 단위비율의 결정 맥락에서 제수의 역수의 의미 즉, ‘줄이고 늘이는 연산자’의 의미를 다루고 있는 것이다. [그림 III-3]에서도 이러한 의미가 취급되고 있다.

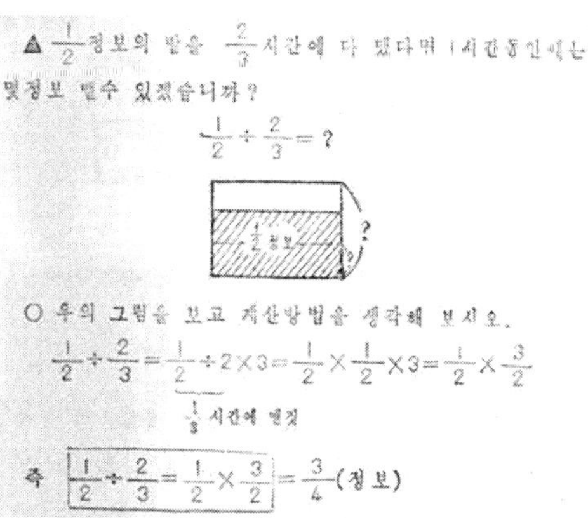

[그림 III-3] 분수나눗셈(남호석,박희순, 2002:207)

이와 같이 북한 교과서에서는 분수 나눗셈 알고리즘 도입을 위해 단위비율 결정 맥락에서 ‘줄이고 늘이는 연산자’로서의 제수의 역수의 의미를 먼저 다루고 있다.

2. 중국 교과서의 분수 나눗셈 알고리즘 도입 방식

중국 교과서의 분수 나눗셈 알고리즘 도입 방법은 북한 교과서의 도입 방법과 매우 유사하다. [그림 III-4]에서 알 수 있듯이 분수의 나눗셈이 시작되기 전에 별도의 절을 두어 '倒數'(역수)를 강조해서 다룬다.

目　录

3. 倒数的认识

观察下面的算式。

$\frac{3}{8}\times\frac{8}{3}=1$　　$\frac{7}{15}\times\frac{15}{7}=1$

$3\times\frac{1}{3}=1$　　$\frac{1}{80}\times 80=1$

每个算式中两个数相乘的积是 1。

乘积是 1 的两个数叫做互为倒数。

$\frac{3}{8}$和$\frac{8}{3}$互为倒数，就是$\frac{3}{8}$的倒数是$\frac{8}{3}$，$\frac{8}{3}$的倒数是$\frac{3}{8}$。

[그림 III-4] 역수(人民敎育出版社, 2002: 205)

중국 교과서에서 분수 나눗셈 알고리즘을 이끌어내는 과정은 다음과 같다. 먼저 예비문제로, "한 자동차가 2시간에 90km를 달렸을 때, 1시간에 몇 km씩 달렸겠는가?"라는 문제를 제시하고 뒤이어 본문제인 "한 자동차가 $\frac{2}{5}$시간에 18km를 달렸다. 1시간에 몇 km씩 달렸겠는가?"를 제시한다. 이것은 단위비율 결정 맥락의 문제이다. 풀이 과정은 [그림 III-5]와 같이 두 단계로 나누어져 있다.

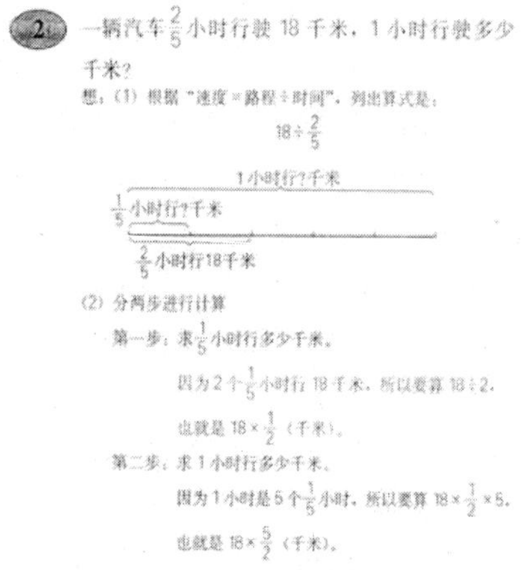

2 一辆汽车$\frac{2}{5}$小时行驶 18 千米，1 小时行驶多少千米？

想：(1) 根据 "速度 = 路程 ÷ 时间"，列出算式是：

$18\div\frac{2}{5}$

(2) 分两步进行计算

第一步：求$\frac{1}{5}$小时行多少千米。

因为 2 个$\frac{1}{5}$小时行 18 千米，所以要算 18 ÷ 2，

也就是 $18\times\frac{1}{2}$（千米）。

第二步：求 1 小时行多少千米。

因为 1 小时是 5 个$\frac{1}{5}$小时，所以要算 $18\times\frac{1}{2}\times 5$，

也就是 $18\times\frac{5}{2}$（千米）。

[그림 III-5] 분수나눗셈(人民敎育出版社, 2002: 28)

단계(1)에서는 '(속도)=(거리)÷(시간)'에 의해 $18\div\frac{2}{5}$라는 식을 구한다. 여기서 주의 깊게 볼 필요가 있는 부분은 단계(2)이다. 단계(2)는 다시 두 개의 하위 절차로 나누어져 있다.

첫째 절차: $\frac{1}{5}$시간에 몇 km를 달렸는지 구한다. 18÷2, 즉 $18\times\frac{1}{2}$

둘째 절차: 1시간에 몇 km씩 달리는지 구한다. $18\times\frac{1}{2}\times 5$, 즉 $18\times\frac{5}{2}$

이렇게 해서 $18\div\frac{2}{5}=18\times\frac{5}{2}$가 됨을 이끌어내고 있다. (×제수의 역수)는 이 두 절차 즉, 줄이고 늘이는 절차를 나타낸다.

뒤이어 [그림III-6]과 같이 동일한 유형의 시간-거리 문제로 '(분수)÷(분수)'의 계산 방법을 설명하고 있다. 풀이 과정 중에 '어째서 $\times\frac{10}{3}$으로 고칠 수 있는지' 생각해 보게 하고 있다.

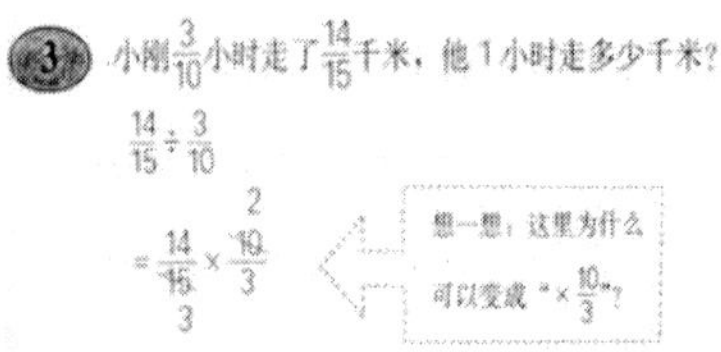

3 小刚$\frac{3}{10}$小时走了$\frac{14}{15}$千米，他 1 小时走多少千米？

$\frac{14}{15}\div\frac{3}{10}$

$=\frac{14}{15}\times\frac{10}{3}$

[그림 III-6] 역수곱하기(人民敎育出版社, 2002: 29)

이와 같이 중국 교과서에서는 분수 나눗셈 알고리즘 도입 이전에 역수의 개념을 정식으로 별도의 절을 두어 취급하고, 분수 나눗셈 알고리즘을 단위비율 결정 맥락에 충실하게 '줄이고 늘이는 연산자'라는 제수의 역수의 의미를 드러내면서 이끌어내고 있다.

3. 일본 교과서의 분수 나눗셈 알고리즘 도입 방식

일본 교과서 역시 단위비율 결정 맥락의 문장제를 소재로 하여 분수 나눗셈 알고리즘을 이끌어 내고 있다. 먼저 東京書籍에서 발행한 교과서에서는(69쪽) 예를 들어, "$\frac{3}{4}m$의 무게가 $\frac{2}{5}kg$인 파이프 1 m의 무게는 몇 kg인가?"를 $\frac{2}{5}\div\frac{3}{4}$으로 구할 때 먼저 $\frac{1}{4}m$에 해당하는 무게를 구하고, 이것을 4배해서 1 m의 무게를 구하는 풀이를 제시하고 있다. 이것은 중국이나 북한 교과서에서의 도입 방법과 유사하게 '줄이고 늘이는 연산자'로서의 제수의 역수의 의미에 기초한 도입이라 볼 수 있다. 또한, 東京書籍에서 발행한 교과서에서는, [그림 III-7]에서 볼 수 있듯이, 선분도를 사용하여 두 양 사이의 비례 관계를 드러내는 특징이 있다.

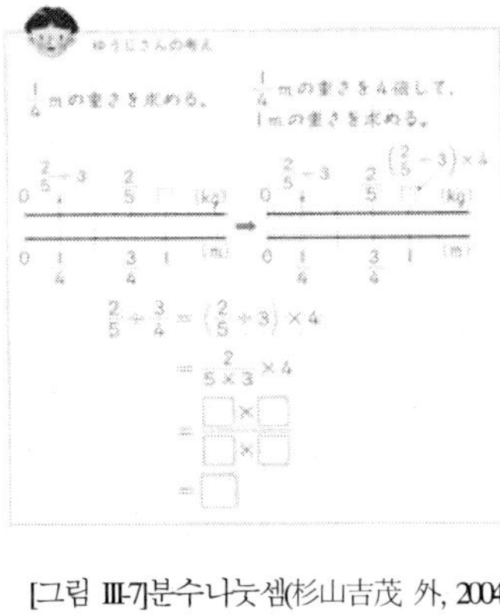

[그림 III-7]분수나눗셈(杉山吉茂 外, 2004:69)

鶏林館에서 발행한 교과서에서도(27쪽) 예를 들어, "$\frac{3}{5}㎡$의 천을 $\frac{2}{3}$시간에 짜는 사람은 1시간 당 몇 ㎡의 천을 짤 수 있을까?"와 같은 단위비율 결정 맥락에서 분수 나눗셈 알고리즘을 도입하지만, 전개 방식에서는 東京書籍에서 발행한 교과서와는 차이가 있다. 鶏林館에서 발행한 교과서에서는 먼저 제수가 자연수 2인 경우를 취급하고(25쪽), 둘째로 제수가 $\frac{1}{3}$과 같은 단위분수인 경우를 다루고(26쪽), 셋째로 제수가 $\frac{2}{3}$와 같이 단위분수가 아닌 경우를 취급한다(27쪽).

제수가 $\frac{1}{3}$과 같은 단위분수인 경우, [그림 III-8]의 왼쪽에 제시된 풀이에서 볼 수 있듯이, '줄이는' 과정은 나타나지 않으며 '늘이는' 과정만 나타난다. 제수가 이미 단위분수이므로, '줄이는' 과정이 불필요하기 때문이다.

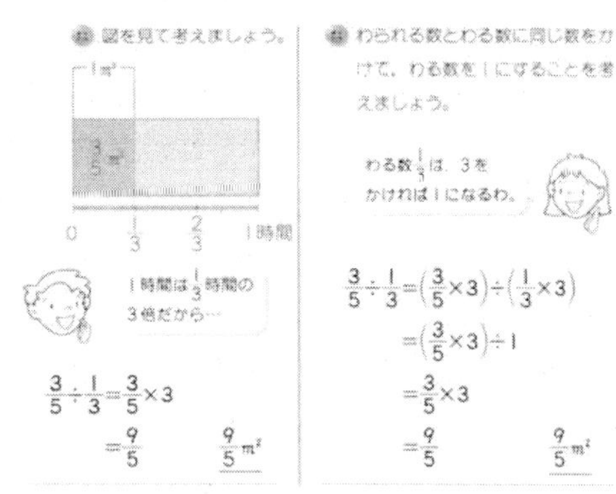

[그림 III-8] 분수 나눗셈(細川藤次 外, 2004: 26)

그런데 [그림 III-8]의 오른쪽 풀이와 관련하여, 鶏林館에서 발행한 교과서에서 단위분수가 제수인 경우를 먼저 사용한 것에는 나름대로의 의도가 있는 것으로 보인다. 오른쪽 풀이는 나눗셈의 제수와 피제수에 같은 자연수를 곱해도 그 값이 변하지 않는다는 것을 이용한 것이다. 이 때 절차는 분수에서 분자, 분모에 각각 3을 곱해도 그 값이 변하지 않는다는 것이고, 이것은 앞에서 통분과 관련하여 학습한 것이다. 그러나 분자, 분모 각각에 곱해지는 수가 분수인 경우를 이전에 정식으로 취급한 적이 없다. 이 때문에 우선 자연수를 곱하면 되는 상황 즉, 제수가 단위분수인 상황에서 시작하여, 유추적으로, [그림 III-9]와 같이 분수를 피제수와 제수에 각각 곱하는 상황으로 옮겨 가려는 의도가 있는 것으로 보인다.

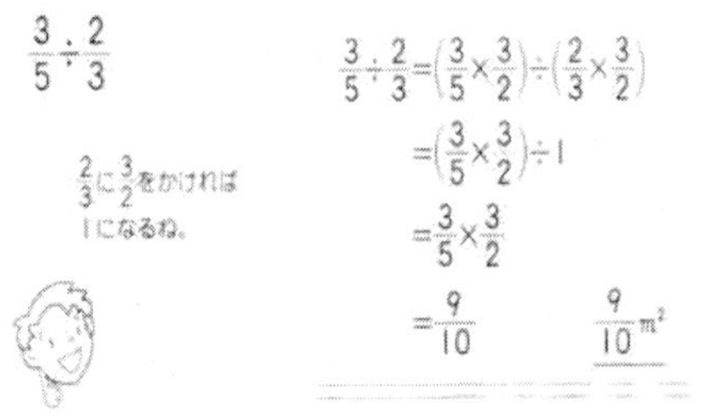

[그림 III-9] 역수곱하기 (細川藤次 外, 2004: 27)

앞에서 이미 논의했듯이 단위비율 결정 맥락은 "제수를 1로 만들면 나눗셈을 해결할 수 있다."는 해결 방향을 지시하고 있다. 비율은 곱셈적 관계이므로 제수를 1로 만들려면 제수의 역수를 곱해야 한다. [그림 III-9]의 풀이는 이와 같은 접근법을 보여 준다. 그런데 통분에서 분자, 분모에 각각 자연수가 아닌 분수를 곱할 때도 값이 변하지 않는다는 것을 명확히 취급한 적이 없기 때문에, 여기서는 다소 비약이 있어 보인다. 또, 제수 $\frac{2}{3}$를 1로 만드는 데는 '$\times\frac{3}{2}$'을 해도 되지만, '$\div\frac{2}{3}$'을 해도 된다. 나눗셈이 곱셈적 관계에 기초하고 있다는 것을 알아야 '$\div\frac{2}{3}$'이 아니라 '$\times\frac{3}{2}$'을 해야 한다는 것을 알 수 있다. 鶏林館에서 발행한 교과서에서는 이와 같은 것을 드러내어 설명하지 않으나, 제수가 $\frac{1}{3}$과 같은 단위분수인 경우의 풀이를 통해 학생들이 '$\times\frac{3}{2}$'을 해야 한다고 생각하게 이끄는 것으로 보인다. $\frac{3}{5}\div\frac{1}{3}$에서 $(\frac{3}{5}\div\frac{2}{3})\div(\frac{1}{3}\div\frac{2}{3})$와 같이 하는 것은 문제의 뜻에 맞지 않다는 것을 교과서에 제시된 그림에서 바로 알 수 있기 때문이다. 이와 같이 일본 교과서에서는 역수라는 용어를 사용하지도, 정식으로 취급하지도 않지만, 분수 나눗셈 알고리즘에서 제수의 역수가 지니는 의미를 취급하고 있다. 특히, 鶏林館에서 발행한 교과서에서는 '(어떤 수)÷1을 만드는 것'이 중요하며, 그렇게 하려면 제수의 역수를 곱하면 된다는 것을 강조하는 도입 방식을 취하고 있다.

4. 우리나라 교과서의 분수 나눗셈 알고리즘 도입

우리나라 교과서에서는 <5-나 단계>에서 '(분수)÷(자연수)' 유형의 계산을 다루고, <6-나 단계>에서 '(분수)÷(분수)' 유형의 계산을 다룬다. <5-나 단계>에서는 "1m의 색 테이프를 5등분했을 때 한 도막의 길이를 알아보는" 등분제 맥락을 소재로 하여 먼저 '1÷(자연수)'를 취급한다. "1을 5등분한 한 조각은 $\frac{1}{5}$이며, 이것은 1의 $\frac{1}{5}$배와 같다. 따라서 $1\div5=1\times\frac{1}{5}$이다."와 같은 내용을 간단한 그림을 통해 전개한다. 이후 3÷5는 3의 $\frac{1}{5}$배이며, $\frac{2}{3}\div5$는 $\frac{2}{3}$의 $\frac{1}{5}$배라는 사실이 모두 등분제 맥락을 통해 유도되고 있다.

한편, <6-나 단계>에서는 예를 들어, "길이가 $\frac{5}{6}$m인 색 테이프를 $\frac{2}{6}$m씩 자르면 몇 도막이 되는지 알아보자."와 같은 식으로 전반적으로 포함제 문제를 통해 '(분수)÷(분수)'를 도입하고 있다. 앞에서 포함제 맥락에서는 '1÷(어떤 수)' 형태가, 단위비율 결정 맥락에서는 '(어떤 수) ÷1' 형태가 중요한 역할을 한다고 하였다. 이러한 관점에서 보면 <5-나 단계>의 '1÷(어떤 수)'는 <6-나 단계>의 포함제 맥락과 연결되기 위한 것으로 생각할 수도 있으나,

<5-나 단계>에서 사용하는 맥락이 포함제가 아닌 등분제라는 점에서 일관성이 결여되어 있다.

또한, <6-나 단계>에서는 동분모분수의 나눗셈을 통해 이분모분수의 나눗셈으로 나아가고 있다. 예를 들어 "길이가 $\frac{5}{6}$m인 색 테이프를 $\frac{2}{6}$m씩 자르면 몇 도막이 되는지 알아보자."와 같은 포함제 맥락을 5m를 2m씩 자른 맥락과 비교하면서 $\frac{5}{6}\div\frac{2}{6}$와 5÷2의 몫이 같다는 점에 주목해 $\frac{5}{6}\div\frac{2}{6}=5\div2$라는 분모가 같은 진분수의 계산 방법을 유도하고 있다.

이와 마찬가지로 이분모분수의 나눗셈은 예를 들어, "$\frac{3}{4}$을 $\frac{2}{5}$씩 자르면 몇 도막이 되고 얼마나 남는가?"라는 포함제 맥락을 통해 도입되고 있다. $\frac{3}{4}\div\frac{2}{5}$의 몫과 $\frac{15}{20}\div\frac{8}{20}$의 몫이 같다는 것을 취급한 후, 다음과 같이 이분모 진분수 나눗셈 계산 방법을 유도하고 있다.

3 분모가 다른 진분수끼리의 나눗셈을 계산하는 방법을 알아보시오.

● $\frac{3}{4}$과 $\frac{2}{5}$를 통분하면 $\frac{3}{4}=\frac{3\times5}{4\times5}$, $\frac{2}{5}=\frac{2\times4}{5\times4}$입니다. 이것을 이용하여 나눗셈 $\frac{3}{4}\div\frac{2}{5}$를 계산하는 방법을 생각해 보시오.

$$\frac{3}{4}\div\frac{2}{5}=\frac{3\times5}{4\times5}\div\frac{2\times4}{5\times4}=\frac{3\times5}{2\times4}$$

그런데 $\frac{3\times5}{2\times4}=\frac{3}{4}\times\frac{5}{2}$이므로, $\frac{3}{4}\div\frac{2}{5}=\frac{3}{4}\times\frac{5}{2}$입니다.

[그림 III-10] 분수나눗셈(교육인적자원부, 2002b:9)

"제수를 뒤집어 곱한다."는 알고리즘을 이끌어내는 결정적 과정은 "동분모분수의 나눗셈은 분자끼리 나눈 것과 같다."는 것이다. 이와 같은 우리나라 교과서에서의 도입 방식은 '비 또는 측정 단위의 세분 맥락'과 유사하다고 볼 수도 있으나, 피제수와 제수의 분모를 통분하는 이유가 측정 단위를 같게 하기 위한 것이 아니라, 단지 동분모분수를 만들기 위한 것이라는 점에서 동일하다고 볼 수 없다.

또, 우리나라 교과서에서는 분수 나눗셈 알고리즘을 다루기 전에 역수 개념을 취급하지 않는다. 물론 <5-나 단계>에서 $1\div5=1\times\frac{1}{5}$이라는 사실이 유도되지만, 이것을 통해 5와 $\frac{1}{5}$이 역수 관계에 있다는 것은 알 수는 없다. 이것은 교육과정 구성과 관련이 있어 보인다. 역수는 교육과정상 <7-가 단계>의 용어이다. <7-가 단계> 교과서에서는 정수의 나눗셈에서 역수를 이용하면 나눗셈을 곱셈으로 바꾸어 계산할 수 있다는 내용을 소개한다. 그러나 이 때 왜 역수를 곱하는지에 대한 이유나 제수의 역수의 의미에 대한 설명은 찾기 어렵다. 다만, $6\times\frac{4}{3}=8$에서 $6=8\div\frac{4}{3}$이고 $6=8\times\frac{3}{4}$이므로 $8\div\frac{4}{3}=8\times\frac{3}{4}$라는 설명이 제시되어 있을 뿐이다(강옥기, 정순영, 이환철, 2004: 84).

이상의 내용을 정리하면 다음과 같다. 첫째, 중국, 일본, 북한 교과서에서는 단위비율 결정과 관련된 실생활 문제를 소재로 하여 분수 나눗셈 알고리즘을 도입하는 반면, 우리나라 교과서에서는 포함제 상황에서 분수의 나눗셈 알고리즘을 이끌어내고 있다. 둘째, 중국, 일본, 북한 교과서에서는 제수의 역수의 의미를 나름대로 드러내려는 시도를 하고 있으나, 우리나라 교과서에서는 그러한 시도를 찾아보기 어렵다. 셋째, 중국과 북한 교과서에서는 분수 나눗셈 알고리즘 도입 직전에 역수를 정식으로 취급하고 있다. 일본 교과서에서는 역수라는 용어를 정식으로 다루지는 않으나, 역수 개념은 분수 나눗셈 알고리즘과 관련하여 중요하게 취급하고 있다. 우리나라 교과서에서는 분수 나눗셈 알고리즘 도입과 관련하여 역수 개념을 취급하지 않고 있다.

Ⅳ. 교재 구성 및 학습지도 개선 방향

여기서는 지금까지의 고찰을 기초로 우리나라에서의 분수 나눗셈 알고리즘 도입을 위한 교재 구성 및 학습 지도의 개선 방향에 대하여 논의한다.

첫째, 제수의 역수의 의미와 제수의 역수를 곱하는 이유를 드러내어 취급할 필요가 있다. 중국, 북한, 일본 교과서에서는 '줄이고 늘이는 연산자' 또는 '주어진 나눗셈을 (어떤 수)÷1 꼴로 만드는 수단'이라는 제수의 역수의 의미를 취급하고 있다. 그러나 우리나라 교과서의 분수 나눗셈 알고리즘 설명에서는 제수의 역수의 의미가 드러나지 않고 있다.

우리나라 교과서에서는 분수 나눗셈 알고리즘 도입 맥락으로 포함제 맥락을 사용한다. II장에서 논의한 바와 같이, 포함제 맥락에서도 제수의 역수는 나름대로의 의미를 지니고 있으며, 그 의미와 관련하여 "제수의 역수를 곱한다."는 알고리즘을 설명하는 것이 가능하다. 포함제 맥락에서 볼 때, 분수 나눗셈 알고리즘의 의미 이해의 핵심은 '피제수가 1인 나눗셈' 즉, '1÷(어떤 수)' 유형의 나눗셈의 의미를 이해하는 것이며, 제수의 역수는 1 안에 제수가 몇 번 들어가는지를 나타낸다.

우리나라 교과서에서는 포함제 맥락에서 '1÷(어떤 수)' 유형의 나눗셈에 주목하게 하지 않으며, 그 결과 제수의 역수의 의미와 제수의 역수를 곱하는 이유가 분명하게 드러나지 않는다.

우리나라 교과서에서는 이분모분수의 나눗셈을 통분을 통해 동분모분수의 나눗셈으로 환원하여 분수 나눗셈 알고리즘을 유도하고 있다. 이 방식은 알고리즘의 수학적 정당화로서는 깨끗하고 타당하다. 통분의 이면에는 측정 단위를 같게 만드는 것, 또 그렇게 하기 위해 '더 세분된 단위로 제수와 피제수를 재측정'하는 아이디어가 들어 있지만, 이러한 아이디어가 우리나라 교과서의 분수 나눗셈 알고리즘 도입 부분에는 드러나 있지 않다.

사실, 측정 단위의 세분이라는 아이디어가 드러나도록 교재를 구성한다고 해도 제수의 역수나 제수의 역수를 곱하는 이유를 제대로 취급했다고 하기는 어렵다. 측정 단위의 세분이라는 아이디어는 제수의 역수 그 자체의 의미를 분명하게 드러내지 못하기 때문이다. 따라서 제수의 역수의 의미와 분수의 나눗셈에서 제수의 역수를 곱하는 이유를 분명하게 드러낼 수 있는 방안을 강구해야 한다.

둘째, 단위비율 결정 맥락에서 분수 나눗셈 알고리즘을 도입하는 방안을 적극적으로 고려하여야 한다. 현재 우리나라 교과서에서는 포함제 맥락을 소재로 분수 나눗셈 알고리즘을 도입하고 있다. 그러나 포함제 맥락에서는 제수가 피제수보다 커지면 어색하다. 또한 나눗셈 계산 결과가 문제 상황의 답과 정확히 일치하지 않는다. 예를 들어, 우리나라 교과서의 분수 나눗셈 도입에 사용된 문제, "$\frac{3}{4}$을 $\frac{2}{5}$씩 자르면 몇 도막이 되고 얼마나 남는가?"에서 분수 나눗셈 알고리즘에 의한 계산 결과는 $\frac{3}{4}\times\frac{5}{2}=\frac{15}{8}=1\frac{7}{8}$이지만, "1도막과 $\frac{7}{8}$이 남는다"고 해서는 안 된다. 말을 바꾸어 "$\frac{3}{4}$에 $\frac{2}{5}$가 $1\frac{7}{8}$번 들어간다."고 하여도 어색하다. 분수는 '몇 번'이라는 우리말 표현과 잘 어울리지 않기 때문이다.

이와 달리 단위비율의 결정 맥락은 제수가 피제수보다 커도 전혀 어색하지 않다. 또 나눗셈 계산 결과와 실제 상황의 답이 정확히 일치한다. 예를 들어, "쇠 파이프 $\frac{7}{4}$m가 $\frac{2}{5}$kg일 때, 쇠 파이프 1m의 무게는 얼마이겠는가?"라는 문제에서는 $\frac{2}{5} \div \frac{7}{4} = \frac{2}{5} \times \frac{4}{7} = \frac{8}{35}(kg)$이라는 나눗셈의 계산 결과는 그대로 실제 상황에 일치한다. 따라서 분수 나눗셈 알고리즘 도입 문제로는 계산 결과와 실제 상황이 완전히 일치하고 제수의 역수의 의미를 설명하는데 어색함이 없는 '단위비율 결정' 맥락을 사용하는 것이 적절하다.

도입 부분뿐만 아니라 적용 부분에서도 우리나라 교과서에서는 포함제 맥락이 우세하다. <6-나 단계> 교과서에 제시된 실생활 문제를 분석해 보면 대부분이 포함제에 해당 된다[3]. 분수 나눗셈의 다양한 측면을 반영해야 한다는 점에서 볼 때, 우리나라 교과서의 개선이 요망된다.

셋째, 분수 나눗셈 알고리즘 도입에서 역수 개념을 드러내어 다룰 필요가 있다. 중국과 북한 교과서에서는 분수 나눗셈 알고리즘 도입 직전에 역수를 정식 내용으로 취급하고, 역수에 해당하는 용어도 사용한다. 일본교과서에서는 역수에 해당하는 용어를 사용하지 않고 있으나, 알고리즘 도입 과정에서 역수 개념을 실질적으로 중요하게 사용하고 있다. 예를 들어, 일본 교과서의

$$\frac{3}{5} \div \frac{2}{3} = (\frac{3}{5} \times \frac{3}{2}) \div (\frac{2}{3} \times \frac{3}{2}) = (\frac{3}{5} \times \frac{3}{2}) \div 1$$

과 같은 내용 속에는 사실상 역수 개념이 사용되고 있는 것이다.

우리나라 교과서에서는 분수 나눗셈 알고리즘 도입 직전에 역수를 별도의 내용으로 취급하지도, 분수나눗셈 도입 과정에서 드러내지도 않고 있다. 역수 개념이 어떤 방식으로든 분수 나눗셈 알고리즘과 관련지어 다루어지지 않으면, 분수 나눗셈 알고리즘에 도입되는 제수의 역수는 그저 '분자와 분모를 뒤집은 수'로 취급될 수밖에 없다. $\frac{3}{4} \div \frac{2}{7} = \frac{3}{4} \times \frac{7}{2}$에서 $\frac{7}{2}$를 $\frac{2}{7}$의 역수 즉, '$\frac{2}{7}$와 곱해서 1이 되는 수'로 인식하는 것과 '$\frac{2}{7}$의 분자 분모를 뒤집은 수'로 인식하는 것은 천양지차다. 앞의 것은 수학적 이해이지만, 뒤의 것은 그저 시각적 특징을 인식한 것일 뿐이다. 분수 나눗셈 알고리즘에서 제수의 역수는 '제수와 곱해서 1이 되게 하는 수'로 인식되어야 하며, 단순히 제수의 분자, 분모를 뒤바꾼 수로 다루어져서는 안 된다. 또, 제수와 곱해서 1이 되는 수로 인식된다고 하더라도, "결과적으로 나중에 제수와 곱해 보니 1이 되더라."와 같이 인식되는 것으로는 불충분하다. 분수 나눗셈 알고리즘의 유도 과정에서 그것이 역수라는 것이 인식될 수 있어야 한다.

역수는 현재 교육과정상 <7-가 단계> 용어이다. 역수가 중학교 내용이기에 초등 교과서에서 역수와 관련 내용을 드러내어 다루지 못한 것일 수 있다. 역수가 7단계의 용어로 제시되어 있는 것은 약하게는 역수라는 용어를 초등학교에서 사용하면 안 된다는 것을 의미할 수도 있고, 강하게는 역수 개념 자체를 초등에서 취급해서는 안 된다는 것으로 해석될 수도 있다. 약하게 해석한다면 일본과 같이 역수라는 용어는 사용하지 않으면서 내용상 개념을 다루는 방식이 허용될 수 있다. 그러나 이 같은 방식이 교육과정에 위배되는 것이라면, 차기 교육과정 개정에서는 역수를 <6-나 단계>에서 일찍 도입하는 방안을 고려할 필요가 있다.

넷째, 곱셈의 역연산 맥락 및 분수의 곱셈으로부터의 유추 맥락은 분수 나눗셈 알고리즘을 발견하도록 하는 데 긍정적으로 기여할 수 있

3) 포함제(6쪽 색 테이프 자르기, 8쪽 도막 자르기, 11쪽 돼지고기 자르기, 16쪽 $3m$를 $\frac{1}{2}m$씩 자르기, 22쪽 물통 채우기), 단위비율 결정(19쪽 철근 $1m$의 무게), 카테시안 곱(21쪽: 직사각형 모양의 꽃밭 세로 길이 구하기)

으므로, 이들 맥락을 활용하는 방안을 강구하여야 한다. 직사각형 모델을 이용해 넓이가 1인 직사각형을 고려하고, 비례 관계에 의해 분수 나눗셈 알고리즘을 이끌어내는 방식은 카테시안 곱의 맥락에서 제수의 역수의 의미, '1÷(어떤 수)'가 중요하다는 것, 나눗셈과 비례적 관계 등에 대해 반성적으로 생각해 볼 수 있는 기회를 제공할 수 있다.

분수의 곱셈 알고리즘에서 분수의 나눗셈 알고리즘을 유추하는 과정도 긍정적으로 활용할 필요가 있다. 유추적 사고에 의해 피제수와 제수의 분자는 분자끼리 분모는 분모끼리 각각 나눈다는 생각으로부터 분수 나눗셈 알고리즘을 이끌어내는 과정은 수학적인 정당화는 아니지만, 왜 분수 나눗셈을 계산할 때 제수의 역수를 곱하게 되는지를 보여줄 수 있을 뿐 아니라, 분수의 곱셈과 나눗셈을 통합적으로 이해할 수 있는 기회를 제공하며, 아울러 알고리즘 발견의 기회도 제공할 수 있다.

물론 제한된 지면의 교과서에 이러한 내용을 모두 제시하기 어려울 수 있다. 그러나 교사용 지도서에라도 이러한 내용을 할애 한다면 교사의 학습지도에 의해 보완될 수 있을 것이다. 특히, 직사각형 모양의 꽃밭의 세로의 길이 구하기와 같이 현재 교과서에 제시된 문제를 카테시안 곱의 맥락에서 다룸으로써 학생들에게 반성적 사고의 기회를 제공할 수 있다.

끝으로, 현재 우리나라 교과서의 분수 나눗셈 단원 구성에서 지나친 세분이 적절한 것인지 재검토해야 할 필요가 있다. 우리나라 교과서에서는 <5-나 단계>에서 '(분수)÷(자연수)'를, <6-나 단계>에서 '(분수)÷(분수)'를 취급하고 있다. 또한, 각 단계의 구성도 다음과 같이 매우 작은 내용 요소로 분할해 단계적으로 학습하도록 하고 있다.

【5-나 수학 교과서】
- 나눗셈을 곱셈으로 나타내어 봅시다. (24-25쪽)
- (분수)÷(자연수)를 알아봅시다. (26-27쪽)
- (대분수)÷(자연수)의 계산을 알아봅시다. (28-29쪽)
- 분수와 자연수의 혼합 계산을 알아봅시다. (30-32쪽)[4]

【6-나 수학 교과서】
- 분모가 같은 진분수끼리의 나눗셈을 알아봅시다. (6-7쪽)
- 분모가 다른 진분수끼리의 나눗셈을 알아봅시다. (8-9쪽)
- (자연수)÷(진분수)를 알아봅시다. (10-11쪽)
- 가분수의 나눗셈을 알아봅시다. (12-13쪽)
- 대분수의 나눗셈을 알아봅시다. (14-15쪽)
- (자연수)÷(단위분수)를 알아봅시다. (16-17쪽)
- 분수 나눗셈의 간편한 방법을 알아봅시다. (18-19쪽)

일본 6학년 수학 교과서에서는, 약 6쪽 정도의 분량으로 분수 나눗셈의 계산을 취급하고 있다. 東京書籍에서 발행한 교과서에서는 61-62쪽에서 '분수 나누기 자연수'($\frac{4}{5}\div3$)를 다루고, 69-72쪽에서는 일반적인 분수의 나눗셈($\frac{2}{5}\div\frac{3}{4}$, $\frac{9}{10}\div\frac{3}{4}$, $5\div\frac{2}{3}$ 등)을 다룬다. 鷄林館에서 발행한 교과서에서는 25-28쪽에서 $\frac{3}{5}\div2$, $\frac{3}{5}\div\frac{1}{3}$, $\frac{3}{5}\div\frac{2}{3}$의 순으로 일반적인 분수의 나눗셈을 다룬다. 본질상 우리나라 교과서 <5-나 단계>와 <6-나 단계> 교과서에서 취급하는 내용을 단지 6쪽의 분량에서 취급하고 있다.

중국 교과서에서는 분수의 나눗셈과 관련하여, 분수의 나누기의 의미(25쪽), 분수 나누기 자연수($\frac{6}{7}\div2$, 26쪽), 한 수를 분수로 나누기

4) $\frac{4}{5}\times3\div6$과 같은 계산을 다룸.

($18 \div \frac{2}{5}$, $\frac{14}{15} \div \frac{3}{10}$, 28-29쪽)를 약 4쪽 분량으로 다루고 있다. 즉, 중국이나 일본 교과서에서는 상대적으로 적은 교재 분량으로 분수 나눗셈을 취급하고 있다.

우리나라 교과서에서 (대분수)÷(자연수), (자연수)÷(진분수), 가분수의 나눗셈, 대분수의 나눗셈, (자연수)÷(단위분수)는 본질상 그 앞에서 취급된 계산 원리를 확대 적용하여 해결되는 것이다. 이와 관련하여 교과서에서도 새로운 계산 원리나 계산 방법이 별도로 제시되는 것은 아니다. 이렇게 볼 때, (자연수)÷(진분수)의 특수한 경우인 (자연수)÷(단위분수)를 별도로 뒤에서 두 페이지를 할애해서 다시 취급할 필요는 없다. 더 나아가 분수의 나눗셈을 현재와 같이 소항목으로 나누어 단계별로 취급하는 것이 좋은지 아니면, 응용문제 형태로 축소해 다루는 것이 나은지 반성할 필요가 있다. 또, 소항목으로 나누어 취급할 경우 각각의 항목을 현재와 같은 내용으로 구성하는 것이 좋은지 아니면 그 앞에 제시된 것과 다른 맥락에서 계산 방법을 새롭게 탐구해 보는 내용을 삽입하는 것이 좋은지에 대해서도 반성적 검토가 필요하다.

Ⅴ. 결 론

분수의 나눗셈은 일상생활에서의 활용 빈도가 매우 낮기 때문에 알고리즘 절차만을 강조할 경우 맹목적이고 기계적인 암기식 학습으로 변질되기 쉽다. 이 연구에서는 이러한 문제 의식을 가지고 남북한, 중국, 일본 교과서의 분수 나눗셈 알고리즘 도입 부분을 비교하여 살펴보았다. 이것을 바탕으로 분수 나눗셈 알고리즘을 여러 가지 다양한 맥락에서 의미 있게 전달하기 위한 가능성을 탐색하였다.

이 연구의 결과, 우리나라 교과서에서의 분수 나눗셈 알고리즘 도입 및 전개 방식은 일맥락적이며 형식적 측면이 강한 것으로 드러났다. 이런 점에서 우리나라 학생들이 알고리즘이 유도되는 과정을 개념적으로 이해하리라 기대하는 것은 어려워 보인다. 이어 이 연구에서는 분수 나눗셈 알고리즘 도입과 관련된 교육과정 및 교수 학습 과정에 대해 다음과 같은 몇 가지 제안을 하고자 한다.

첫째, 분수 나눗셈 알고리즘 지도에서 제수의 역수를 곱하는 이유가 학생들의 마음에 설득력 있게 다가가기 위해서는 기존의 도입 방식이 재고되어야 한다. 학생들은 분수의 나눗셈을 하는 경우 왜 제수의 역수를 곱하는지 맥락적으로 이해해야 하며, 이를 위해서는 분수의 역수가 지니는 의미가 보다 명확하게 드러나도록 다루어져야 한다. 현재 <7-가 단계> 용어인 '역수'를 <6-나 단계> 분수의 나눗셈 지도 장면에서 제시하거나, 일본 교과서와 같이 적어도 역수의 의미가 드러나도록 지도하는 방안이 고려되어야 한다. 둘째, 분수 나눗셈 도입은 가급적 다양한 맥락에서 풍부한 의미로 전달되는 것이 바람직하나, 도입 초기에는 단위비율 결정 맥락을 활용하는 것이 바람직하다. 단위비율 결정 맥락은 자연수 나눗셈의 등분제와 맥을 같이 하는 것으로, 제수를 1로 바꾸는 방법을 모색하는 과정에서 제수의 역수가 피제수를 '줄이고 늘이는' 연산자로 깨끗하게 설명될 수 있기 때문이다. 마지막으로, <5-나 단계>, <6-나 단계>의 두 단계에 걸쳐 여러 주제로 세분되어 있는 분수 나눗셈 단원 구성을 한 학년 혹은 한 단계에 안에서 통합적으로 다루는 방안이 고려되어야 한다.

참고문헌

강옥기 · 정순영 · 이환철(2004). 중학교 수학 7-가. 서울: (주)두산.

교육부(1997). 수학과 교육과정. 서울: 대한 교과서 주식회사.

교육인적자원부(2002a). 수학 5-나. 서울: 대한 교과서 주식회사.

교육인적자원부(2002b). 수학 6-나. 서울: 대한 교과서 주식회사.

김삼태 · 이식(1999). 남 · 북한 중등학교 수학 교과서의 영역별 내용 비교 분석: 대수, 통계, 해석, 기하 영역을 중심으로. 수학교육, 38(1), 1-14.

남호석 · 박희순(2002). 수학(인민학교 4). 교육도서출판사.

박경미(1995). 남 · 북한 수학 교과서 비교 · 분석. 대한수학교육학회논문집, 5(2), 101-109.

박교식 · 이경화 · 임재훈(2004). 남북한 초등학교 교과서의 분수 도입 방식 비교. 수학교육학연구, 14(4), 367-385.

박문환(2002a). 교과서에 나타난 '수학적 귀납법'에 대한 남 · 북한 비교. 수학교육학연구, 12(2), 181-191.

박문환(2002b). 피타고라스 정리의 지도에 대한 남북한 비교. 학교수학, 4(2), 223-235.

박혜경(2003). 분수 나눗셈의 개념적 이해를 위한 관련 지식의 연결 관계 분석. 한국교원대학교 대학원 석사학위논문.

백선수(2004). 비형식적 지식을 활용한 분수 곱셈과 나눗셈에서의 형식화 지도 방안 개발. 한국교원대학교 대학원 박사학위논문.

송정화(2005). 분수의 곱셈, 나눗셈 문제 해결 과정에서 나타난 장애 요인 분석. 전주교육대학교 대학원 석사학위논문.

신성균 · 황혜정 · 박경미 · 강문봉 · 박문환(1997). 남북한 초등학교 수학과 교육과정 및 교과서 분석 연구. 대한수학교육학회논문집, 7(1), 159-170.

우정호 · 박문환(2002). 남북한 중등학교 수학교육의 통합 방안 모색. 수학교육학연구, 12(1), 49-70.

이용률(2001). 지도내용의 핵심과제 99. 서울: 경문사.

임재훈(2003). 중학교 근사값 단원 학습 지도 방향 탐색: 남북한 교과서 비교를 중심으로. 수학교육학연구 13(1). 77-94.

임재훈 · 이경화 · 박경미(2002). 남북한 수학 교과서 영역별 분석 및 표준 수학 교육과정안 개발 연구 (I): 남북한 학교수학 용어 통합 방안 연구. 수학교육학연구, 12(4), 493-508.

임재훈 · 이경화 · 박경미(2003a). 북한 고등중학교 수학 교과서 구성 방식의 변화 고찰. 수학교육학연구, 13(1), 95-106.

임재훈 · 이경화 · 박경미(2003b). 남북한 수학 교과서 영역별 분석 및 표준 수학 교육과정안 개발 연구(II): 남북한 초등학교 수학 교과서의 구성과 전개 방법 비교. 학교수학, 5(1), 43-58.

최택영 · 김인영(1998). 남북한 수학 교과서의 비교: 북한의 고등중학교(중등반) 기하를 중심으로. 수학교육, 37(1), 35-54.

현진오 · 강태석(1999). 남 · 북한 수학 교과서의 내용 체계 및 용어에 대한 비교 분석: 북한의 중학교 교과서를 중심으로. 수학교육, 38(2), 105-128.

人民教育出版社小學數學室 編著 (2002). 九年義務教育6年制小學教校科書 (數學 第11冊). 北京: 人民教育出版社.

人民教育出版社小學數學室 編著 (2003). 9년의무교육6년제소학교교과서 (수학 제11권). (엄금석, 역). 연변교육출판사. (원작은 2002

년 출판).

杉山吉茂 外(2004). 新しい算數6上. 東京: 東京書籍.

細川藤次 外(2004). 算數6年下. 大阪: 啓林館.

Dewey, J., & Mclellan, J. A. (1895). *The psychology of number and its application to methods of teaching arithmetic.* New York: D. Appleton and company.

Flores, A. (2002). Profound understanding of division of fractions. In B. Litwiller & G. Bright (Eds.), *Making sense of fractions, ratios, and proportions* (pp. 237-246). Reston, VA: NCTM.

Gupta, V. P., & Ramachandram, K. (2003). *Let's learn mathematics: a textbook for class V.* 4th ed. New Delhi: National Council of Educational Research and Training.

Siebert, I. (2002). Connecting informal thinking and algorithms: The case of division of fractions. In B. Litwiller & G. Bright (Eds.), *Making sense of fractions, ratios, and proportions* (pp. 247-256). Reston, VA: NCTM.

Part II 정량적 연구 방법 해설

06 『초등학교 2, 4, 6학년 학생들의 함수적 관계 이해 실태 조사』에서 사용한 '조사 연구' 방법 해설

최 지 영[6)]

조사 연구는 어떤 현상에 대한 원인과 결과를 설명하기 보다는, 있는 그대로의 현상을 파악하는 데 초점을 두며, 자연스러운 상황에서 이루어진 질문에 대한 반응을 분석함으로써 현재의 실태를 알아보고자 할 때 유용한 연구 방법이다(성태제, 2005). 본 논문(최지영 · 방정숙, 2012)은 초등학생들이 함수적 관계와 관련하여 어느 정도의 성취 수준을 보이는지 그 실태를 파악하는 데 관심을 두므로, 조사연구 방법을 적용하였다. 조사 연구는 연구자와 연구 대상 사이에 어떤 매개체를 이용하느냐에 따라 우편조사, 전자 설문조사(전자 우편에 의한 설문조사, 웹을 이용한 설문조사), 면접법(개별 면접법, 전화면접법) 등으로 구분할 수 있다(성태제 · 시기자, 2006). 본 연구는 다섯 가지 유형의 함수적 관계로 구성된 검사지를 개발한 후, 우편을 통해 검사지를 전달하고 또 전달 받는 우편조사 방법을 사용하였다.

본 논문의 과정에서 연구자는 특히, 우리나라 초등학생들을 대표할 수 있는 신뢰할 수 있는 정보를 얻기 위해 많은 노력을 기울였으며, 무엇보다 검사지 개발 과정 및 연구 대상자 선정 과정에 신중을 기했다. 검사지 개발 과정에서는 '여러 차례의 예비 검사'를 실시하고, 그 때마다 'Cronbach의 α의 값' 및 '전문가의 검토 의견'을 반영하는 방법으로 검사 도구 자체의 타당도와 신뢰도를 높여 나갔다. 최종적인 검사 도구는 다섯 가지 함수적 관계별로 각각 3문항씩 구성되어, 총 15문항으로 이루어졌다. 특히, 함수적 관계별로 제시된 3개 문항들은 세트로 구성되었다(① x가 늘어남에 따라 y의 값이 어떻게 변화하는지를 파악하고 표를 완성할 수 있는가?, ② x와 y사이의 관계를 적용하여 x의 값이 큰 수로 주어졌을 때 y의 값을 바르게 구할 수 있는가?, ③ x와 y사이의 관계를 일반화하여 x의 값이 □일 때, y의 값을 바르게 구할 수 있는가?).

본 연구에서 모집단은 우리나라 초등학생이지만, 학생을 직접 추출하지 않고, 학교와 학급을 표집 단위로 하는 2단계 비례 층화 군집 표집(two-stage proportionate stratified cluster sampling) 방법을 적용하였다. 연구 대상자 선정 과정에서는 특히, '전국 초등학

6) 서울영남초등학교, ji2006@empal.com

교에서 표집 대상을 무작위로 선정하는 과정'과 '선정된 표집 대상을 상대로 연구 참여율을 높이기 위한 과정'에 각별한 노력을 기울였다.

먼저, 무선 표집을 위해서, 연구 시점에서의 '전국 초등학교의 수와 학생 수'를 정확하게 파악해야 했는데, 교육통계서비스(http://cesi.kedi.re.kr/)에서 제공해 준 '2009년 전국 초등학교 주소록'이 매우 유용했으며, 본 연구에서 '학교 표집틀'로 활용되었다. 본 연구자는 학생들의 능력이 지역에 따라 동일하지 않을 수 있다는 가능성을 염두에 두었기 때문에, 전국 초등학교를 지역 규모에 따라 서울특별시, 광역시, 중·소도시, 읍·면지역으로 구분하고, 각 지역에 소재한 초등학교의 수에 비례하도록 난수표를 이용하여 서울특별시 5개교, 광역시 10개교, 중·소도시 10개교, 읍·면지역 14개교를 선정하였다. 2009년 10월에 발표된 교육통계연보에 따르면 전국의 초등학교 수는 총 5,829개이며, 본 연구에서는 총 39개 초등학교를 표집 대상으로 하였는데, 이는 전국 초등학교의 0.669%에 해당한다.

표집 대상 학교의 연구 참여율을 높이기 위해 본 연구자는, 본인이 소속된 기관장의 승낙을 받아 각 표집 대상 학교를 대상으로 '실태조사 협조 공문("교육과학기술부에서 제시한 전국 초등학교 표집 틀에 의거, 귀교가 전국적인 표본 중 하나로 선정되었기에 귀교 학생들의 참여는 본 연구에 매우 중요하다"는 내용과 "학생들의 반응 결과는 오직 학문적 연구를 위해서만 사용하겠다"는 내용)'을 팩스로 발송하였고, 검사지를 담은 우편물에는 본 연구자에 대한 소개, 연구의 목적, 연구의 가치, 연구의 성격 등을 밝히고 연구 협조를 간곡하게 부탁하는 내용의 편지를 동봉하였으며, 학생들이 검사에 참여하는 동안 학생관리 및 감독을 맡아 수고하시게 될 담임선생님들에게 소정의 선물을 준비하여 미약하나마 감사한 마음을 표현하려고 애썼다. 이와 같은 방법으로, 표집된 39개 초등학교에 검사지를 전달하고 협조를 요청한 결과, 32개 학교가 본 검사에 참여하였고, 검사 결과지도 성공적으로 회신해 주었다. 그러나 이 중 2개 학교에서 학교 행사 등의 이유로 2, 4, 6학년이 모두 검사에 참여하지는 못했다. 이에 따라 2개 학교를 제외한 30개 초등학교 학생들의 반응을 분석하였는데, 이는 본 연구의 표집학교 중 약 76.9%에 해당한다. 한편, 30개 학교의 2, 4, 6학년 한 개 학급 학생 중에서 검사에 응시하지 않거나 특수아인 경우는 분석 대상자에서 제외하였다. 따라서 본 연구에서 최종적으로 선정된 분석 대상은 총 2087명이다.

학생들의 반응은 학년별, 문제 상활별, 지역 규모별, 성별, 과제 유형별로 각각 정리하여 분석하였다. 지역 규모별 분석과 성별 분석의 경우 학생들의 점수를 문항 당 1점씩 총 15점 만점으로 계산하였다. 그런 후, 지역의 규모에 따라 평균 차이가 얼마나 나타나는지, 성별에 따라 평균 차이가 얼마나 나타나는지를 분석하였다. 한편, 지역별 차이가 통계적으로 유의미한지는 사후검정(Scheffe test)을 통해 알아보았고, 성별 차이가 통계적으로 유의미한지는 독립표본 t-검정을 통해 알아보았다. 학년별 분석과 문제 상황별 분석 및 과제 유형별 분석은, 정답자의 빈도수와 정답률을 바탕으로 분석하였다. 그리고 각 분류 기준에 따라 함수적 관계를 이해하는 능력상에 어떤 특징과 경향이 드러나는지를 자세하게 기술하였다. 특히, 학년별 분석의 경우, 각 학년별로 나타난 반응의 차이가 통계적으로 유의미한지를 살펴보았는데, 이는 학년별 분산 분석 및 사후검정(Scheffe test)을 통해 알아보았다.

조사 연구에서 강조하고 싶은 것은 아무리 연구 일정이 바쁘고 빠듯하다고 하더라도, 예비 조사를 소홀히 하지 말라는 것이다. 조사 연구에서는 검사 도구의 타당도와 신뢰도가 매우 중요한데, 예비 조사 과정을 통해 검사 도구의 문제점을 사전에 발견할 수 있기 때문이다. 본 논문에서 연구자는 세 번의 예비 검사를 실시하였는데, 이 과정에서 검사 도구의 타당도를 높이고, 적절성과 난이도를 보완할 수 있었다.

참고문헌

최지영, 방정숙 (2012). 초등학교 2, 4, 6학년 학생들의 함수적 관계 이해 실태 조사. **학교수학, 14**(3). 275-296.

성태제 (2005). **교육연구방법의 이해**. 서울: 학지사.

성태제, 시기자 (2006). **연구방법론**. 서울: 학지사.

Carraher, D. W., & Schliemann, A. D. (2007). Early algebra and algebraic reasoning. In F. K. Lester (Ed.), *Second handbook of research on mathematics teaching and learning* (pp. 669-705). Reston, VA: National Council of Teachers of Mathematics.

National Council of Teachers of Mathematics. (2000). *Principles and standards for school mathematics*. Reston, VA: Author.

대한수학교육학회지 <학교수학> 제 14 권 제 3 호
Journal of Korea Society Educational Studies in Mathematics
School Mathematics Vol. 14, No. 3, 275 ~ 296. Sep. 2012

초등학교 2, 4, 6학년 학생들의 함수적 관계 이해 실태 조사

최 지 영* · 방 정 숙**

본 연구는 우리나라 초등학생들의 함수적 사고 능력의 실태를 알아보고자, 다섯 가지 유형의 함수적 관계로 구성된 검사지를 이용하여 2, 4, 6학년 학생 총 2087명의 반응을 분석하였다. 분석 결과, 함수적 관계에 대한 학생들의 이해는 지역규모나 성별에 따라 큰 차이가 나타나지 않았으며, 통계적으로도 유의미한 차이를 보이지는 않는 것으로 드러났다. 반면, 과제 유형이나 문제 상황별로는 학생들의 이해 정도에 다소 큰 차이가 나타났으며, 이러한 차이에 주의를 기울일 필요가 있음이 드러났다. 특히, x의 값이 임의의 수(□)로 주어졌을 때 y값을 구하는 문항에서의 정답률은, x의 값이 큰 수로 주어졌을 때 y값을 구하는 문항에서의 정답률에 비하여 다소 높게 나타나는 경향이 발견되었다. 본 논문은 이러한 결과들을 토대로 초등학교에서의 함수적 사고 지도 방안에 대한 시사점을 제공하였다.

I. 서 론

함수는 여러 분야의 수학을 하나로 통합하는데 중요한 역할을 할 뿐만 아니라 현실 세계에 존재하는 다양한 맥락의 변화들을 분석하고 해석하며 예측하도록 돕는 강력한 도구가 된다(김남희 외, 2006). 함수의 가치와 중요성은 많은 연구자들에 의해 꾸준히 강조되어 왔으며, 학교수학에서도 오랫동안 핵심 주제로 다루어져 왔다(교육부, 1997; 교육인적자원부, 2007; 교육과학기술부, 2011; Kilpatrick & Izsák, 2008).

최근에는 초기 대수(early algebra) 교육을 성공적으로 진작하기 위한 주요 방안 중 하나로 초등학교에서 함수적 사고 능력을 신장해야 할 필요성이 제기되고 있다(Carraher & Schliemann, 2007; NCTM, 2000). 초기 대수 교육의 선구자라 할 수 있는 Kaput과 그의 동료들은 학교 수학의 초기 단계에서부터 대수적으로 추론할 수 있는 기회와 경험을 제공할 것을 강조하면서 초등학교에서 접근 가능하면서도 유망한 대수적 추론의 유형 중 하나로 함수적 사고를 들고 있다 (Blanton & Kaput, 2005; Kaput, 2008).

초등학교에서의 함수 지도 가능성과 관련하여, 많은 연구자들은 초등학생들의 함수적 사고 능력 및 잠재력을 낙관적으로 평가하고 있다. 구체적인 예로, Warren과 Cooper(2008)는 초등학생들은 함수적 사고를 개발할 수 있는 능력을 가지고 있을 뿐만 아니라 그들의 사고를 언어 및 기호적으로 의사소통할 수 있음을 교수실험을 통해 확인하였다. 또한, Blanton과 Kaput(2004)은 초등학교 저학년 학생들과 유치원생들도 변화하는 두 양 사이의 관계에 초점을 맞추고, 함수적 관계를 성공적으로 추론할 수 있음을 밝힌 바

* 서울영남초등학교, ji2006@empal.com (제1저자)
** 한국교원대학교, jeongsuk@knue.ac.kr (교신저자)

있다. 최근, 우리나라에서도 초등학교 중학년을 대상으로 한 수업사례 연구를 통해, 초등학생들이 일상 언어 및 비형식적인 기호 등을 활용하여 변화하는 두 양 사이의 관계를 성공적으로 일반화 할 수 있음을 보고한 바 있다(최지영 · 방정숙, 2008).

그러나 함수적 사고 능력과 관련하여 우리나라 초등학교 저·중·고학년 학생들의 전반적인 이해 수준과 어려움 등을 체계적으로 분석한 연구는 찾아보기 어렵다. 이러한 연구 배경을 바탕으로 본 연구에서는 전국 초등학교 2, 4, 6학년 학생들을 대상으로 함수적 관계에 대한 이해 실태를 조사하였다. 구체적으로, 다섯 가지 유형의 함수적 관계를 중심으로, 학생들이 패턴을 인식하고 표를 완성할 수 있는지, x의 값이 큰 수로 주어졌을 때 y의 값을 구할 수 있는지, x의 값이 임의의 수(□)로 주어졌을 때 y의 값을 구할 수 있는지를 자세하게 분석하였다.

II. 이론적 배경

1. 초기 대수 관점에서의 함수적 사고

전통적으로 학교 대수는 형식적인 기호 조작을 중심으로 중·고등학교 과정에서 다루어져왔다(교육부, 1997; 교육인적자원부, 2007; 교육과학기술부, 2011; Kilpatrick & Izsák, 2008). 그러나 초등수학과는 매우 이질적인 형태로 중등과정에서 갑작스레 도입되는 대수는 많은 학생들에게 어려움과 곤란을 야기한다는 사실이 밝혀졌다(Carraher & Schliemann, 2007).

이러한 학교 대수의 문제점을 근본적으로 해결하기 위한 방안으로, 학교 수학 교육과정의 초기 단계에서부터 대수를 필수 요소로 다루어야 할 필요성이 제기되어 왔다(NCTM, 2000). 일반적으로 대수는 형식적인 기호 체계 및 기호 조작이라는 특징을 갖지만, 학교 수학의 초기 단계에서 초점을 두고자 하는 초기 대수는 형식적인 기호체계 및 기호 조작보다는 풍부한 문제 상황(rich problem contexts)을 토대로 수학적인 아이디어를 추측하고 정당화하며 일반화하고 그러한 일반화를 학년 수준에 알맞은 형식으로 표현하는 일련의 사고 과정에 초점을 둔다(Blanton & Kaput, 2005; Kaput, 1998, 2008).

초기 대수적 접근을 지지하는 많은 연구자들은 학교 수학 교육과정의 초기 단계에서부터 대수적으로 사고할 수 있는 기회를 제공함으로써 학생들의 대수적인 개념을 의미 있게 점진적으로 발달시킬 수 있다고 보았으며, 궁극적으로 학생들에게 더 높은 수준의 수학에 참여하기 위한 강력한 토대를 형성해 줄 수 있다고 강조한다(Carraher & Schliemann, 2007; Kaput, Carraher, & Blanton, 2008).

한편, 학생들의 대수적 사고 능력을 촉진하기 위해 다루어야 할 핵심적인 내용으로 함수에 주목할 필요가 있다. Carraher 외(2006)는 함수적으로 사고하는 기회와 경험은 대수의 개념과 형식을 풍부한 문맥을 통해 이해하게 함으로써, 학생들의 대수적 추론 능력을 개발하는 데 기여한다고 보았다. 또한, Kaput(2008, p.11)은 대수적 추론을 구성하는 핵심적인 요소를 크게 세 가지로 범주화하고 있는데, 그 중 하나가 "함수, 관계, 이변량 변수에 관한 연구로서의 대수"이다. (NCTM, 2000, p.36)에서도 대수 규준과 관련된 학습 목표 중 하나로 "유아원·유치원부터 12학년에 이르기까지 모든 학생들이 규칙성, 관계, 함수를 이해할 수 있어야 한다"는 것을 명시하고 있는데, 이는 함수가 학교 대수의 필수 요소임을 드러낸다.

이와 같은 이론적 배경을 토대로 본 연구는 학교 교육과정의 초기 단계에서부터 대수를 다루어야 한다는 초기 대수적 접근을 기본 입장으로 취하며, 대수적 추론의 유형 중 특히, 함수적 사고로서의 대수적 추론을 집중적으로 다루고자 한다. 본 연구는 함수적인 문제 상황을 대상으로 변하는 양과 변하지 않는 양을 구분하고, 변화하는 양들 사이에서 규칙성을 발견하며, 변화하는 양들 사이의 관계에 초점을 두어 일반화를 이끌어내고, 그러한 일반화를 표현하는 일련의 사고 과정에 초점을 둔다.

2. 초등학교에서의 함수적 사고

'함수'라는 용어는 중학교 교육과정부터 도입되지만, 초등학교 교육과정에 이미 함수와 관련된 내용들이 상당부분 포함되어 있다. 예를 들어, 4학년의 규칙성과 문제해결 영역에서 '규칙과 대응'을 다루는데, 대응은 함수의 개념을 이해하는 데 바탕이 되는 핵심적인 개념이다(교육과학기술부, 2010a, 2010b). 또한, 4학년 1학기 교과서에서 규칙을 찾아 '수'나 '말', '글'로 나타내어 보도록 활동을 제시하고 있고, 4학년 2학기 교과서에서 변화하는 두 양 사이의 관계를 □, △등의 기호를 사용하여 '식'으로 표현해보도록 제시하고 있는데([그림 Ⅱ-1] 참조), 이러한 활동들은 학생들이 변화하는 두 양 사이의 관계에 주목하여 탐구하도록 하는데 유용하다. 한편, 6학년의 규칙성과 문제해결 영역에서 '정비례와 반비례'를 다루는데, 정비례 관계와 반비례 관계는 학교수학에서 주요하게 다루어지는 함수적 관계 중 하나이다. 이처럼 초등학교 과정에서는 규칙성과 문제 해결 영역을 통해 함수를 이해하는 데 기초가 되는 다양한 경험들을 제공하고 있다.

그러나 초등학교 교육과정 및 교과서에 함수적인 문제 상황이 포함되어 있다는 사실이, 초등학생들의 함수적 사고 능력의 발달을 보장하지는 않는다는 점에 주의를 기울일 필요가 있다. Smith(2008)에 의하면, 함수적 사고란 변화하는 양들 사이의 관계에 초점을 두기 시작할 때 비로소 발현되는 사고로서, 그는 학생들이 변화하는 양이 무엇인지를 바르게 선택하고 변화하는 양들 사이의 관계에 초점을 두는 데 성공하지 못한다면, 함수적 사고 역시 촉진되기 어렵다고 보았다. 이러한 이유로 Smith(2008)는 학생들이

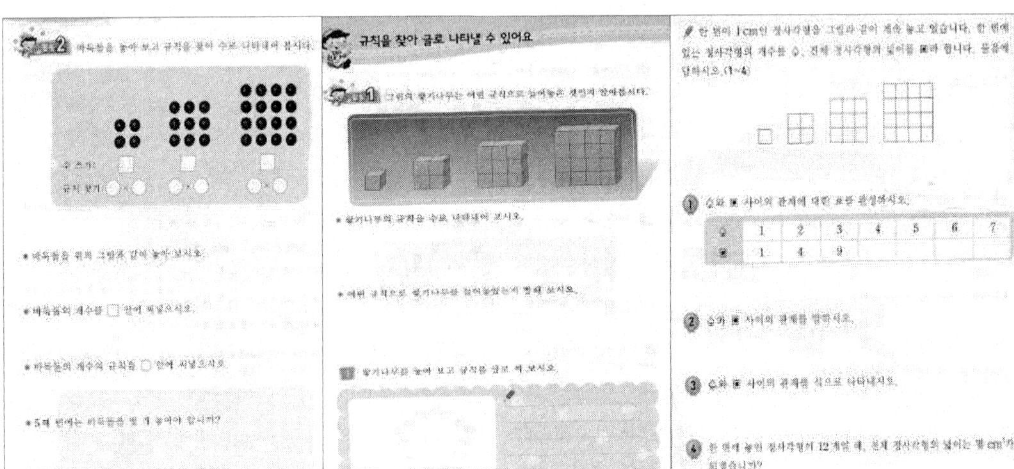

4-1, p.122　　　4-1, p.124　　　4-2, p. 120

[그림 Ⅱ-1] 교과서에 제시된 제곱 관계의 예

함수적 사고 활동에 성공적으로 참여하도록 하기 위해 교사가 어떠한 점들을 고려하여 활동을 고안해야 하는지, 그리고 학생들에게 어떤 발문들을 제시하여 교실토론에 참여하도록 이끌 것인지에 대하여 보다 세심한 주의를 기울일 필요가 있음을 강조한다. 그리고 동일한 문제 상황을 다루더라도, 초등학교 교사가 세부 과제와 활동들을 어떻게 구성하여 제시하느냐에 따라, 그리고 학생들이 과제 활동에 어떻게 접근하고 참여하느냐에 따라, 실제 학생들이 경험하게 되는 함수적 사고의 양과 질이 달라질 수 있음을 시사한다.

이외에도, 초등학교에서의 함수 지도와 관련하여 많은 연구들이 보고되고 있다(예, 김성준, 2003; 나경수·최성필, 2011; 이화영·류현아·장경윤, 2009; 최지영·방정숙, 2008; Blanton & Kaput, 2004; Boester, & Lehrer, 2008; Brizuela & Earnest, 2008; Moss, Beaty, Barkin, & Shillolo, 2008; Warren, 2005; Warren & Copper, 2008). 예를 들어, Blanton과 Kaput(2004)은 유치원생이나 초등학교 저학년 학생들도 성공적으로 변화하는 두 양 사이의 관계를 탐구하고 함수적으로 추론할 수 있음을 보이면서, 초등학교 수준에서도 함수적인 관계를 탐구하고 함수적으로 추론할 수 있도록 기회를 제공해야 함을 강조한다. Warren과 Copper(2008)는 일련의 기하적 증가 패턴(geometric growth pattern) 활동을 통해, 초등학생들의 함수적 사고가 어떻게 발달되어 나가는지를 보여준다. 그들은 학생들이 반복 패턴과 증가 패턴을 구분해야 한다고 강조하고 있는데, 이 과정에서 기하적인 패턴 활동은 반복패턴과 증가 패턴 사이의 차이를 시각적으로 보여주기 때문에 유용하다고 설명한다. 그들은 특히, 학생들 스스로 규칙을 구성해보게 하거나, 학생들이 발견한 규칙들을 확장해보도록 하는 활동들을 소개하고 있는데, 이러한 활동들은 변수 개념을 비형식적으로 도입할 수 있는 의미 있는 맥락을 제공함으로써 학생들이 성공적으로 일반화하는데 기여하였다.

국내의 대표적인 연구로는, 패턴과 일반화를 탐구하는 경험을 초등수학에서부터 단계적으로 제공함으로써 대수 교육과정을 성공적으로 개선할 수 있다고 논의한 김성준(2003)의 연구를 들 수 있다. 패턴과 일반화는 함수적 사고 활동과 밀접하게 관련된 것으로서 그의 연구는 초등학교과정에서 함수적 사고를 지도하는 것이 가능하면서도 의미 있는 일임을 강조하고 있다. 한편, 이화영 외(2009)는 공학도구와 점진적인 그래프 표현 활동 등을 고안, 적용하여 교수 실험을 실시한 결과를 바탕으로, 초등학교 고학년에서도 일차함수의 그래프 지도가 가능하다는 것을 보이고 있다. 그들은 특히, 논의를 통해 본격적인 함수 지도를 중학교 과정으로 미루고 있는 현 교육과정에 대해 제고할 필요가 있음을 시사한다. 나경수 · 최성필(2011)은 사회와 과학과 같은 타 교과와 연결하여 함수적인 상황을 구성하여 수업에 적용한 예를 보임으로서, 초등학교에서 함수적 사고를 유의미하게 지도할 수 있는 구체적인 방안을 제시하고 있다.

이처럼 국내외의 많은 연구들은, 초등학교에서 함수적 사고를 지도하는 것이 충분히 가능하다는 것을 예증하고 있다. 그러나 실제로 초등학생들이 함수적 관계에 대하여 얼마나 이해하고 있는지, 어느 정도의 함수적 사고를 발현할 수 있는지, 그리고 함수와 관련하여 어떤 어려움을 겪고 있는지 등을 이해하기에는 한계가 있다. 이에 본 연구는 초등학생들이 함수적 관계를 얼마나 잘 이해하고 일반화 할 수 있는지를 지역규모, 성별, 학년, 문제 상황에 따라 알아보고자 하였으며, 이러한 시도는 초등학교에서 함수를 성공적으로 지도하기 위한 기초적인 자료를 제공할 수 있을 것으로 기대한다.

III. 연구 방법

1. 연구 대상

본 연구는 함수적 사고 능력과 관련하여 우리나라 저·중·고학년 학생들의 전반적인 이해 실태를 알아보는 데 그 목적이 있다. 그러나 학생을 직접 추출하지 않고, 학교와 학급을 표집 단위로 하는 2단계 비례 층화 군집 표집(two-stage proportionate stratified cluster sampling) 방법을 적용하였다(<표 Ⅲ-1> 참고). 이를 위해 전국 초등학교를 지역 규모에 따라 서울특별시, 광역시, 중·소도시, 읍·면지역으로 구분하고, 각 지역에 소재한 초등학교의 수에 비례하도록 고려하여, 전국 초등학교의 0.669%에 해당하는 39개 학교를 표집하였다.

표집된 39개 초등학교에 우편을 이용하여 검사지를 전달하였고, 2, 4, 6학년에서 한 개 학급씩이 검사에 참여하도록 안내하였다. 실제로 검사에 참여하고 검사 결과지를 회신해 준 학교는 30개 학교였는데, 이는 본 연구의 표집 학교 중 약 76.9%에 해당한다. 한편, 검사 대상 의 학급 학생들 중 결석 등의 이유로 결시하였거나 특수아인 경우를 제외하여, 본 연구에서 최종적으로 선정된 분석 대상은 총 2087명이다(<표 Ⅲ-2> 참고).

2. 검사 도구

본 연구는 검사지를 통해 초등학교 2, 4, 6학년 학생들의 함수적 사고 능력이 어떠한지를 파악하는 데 초점을 두기 때문에 조사 연구 방법을 적용하였다. 검사 도구는 Blanton과 Kaput(2005)이 제안한 함수적 사고로서의 대수적 추론의 유형과 Jacobs 외(2007)의 연구에서 사용된 검사 문항을 참고하여 개발하였다.

검사 도구는 덧셈 관계($y=x+b$), 정비례 관계($y=a\times x$), 제곱 관계($y=x\times x$), 반비례 관계($x\times y=a$), 선형 관계($y=a\times x+b$)의 다섯 가지 함수적 관계를 중심으로 구성하였는데, 이러한

<표 Ⅲ-1> 초등학교 2, 4, 6학년 표본 설계

모집단		우리나라 초등학교 2, 4, 6학년 학생
학교 표집틀		2009년 전국 초등학교 주소록
표집 설계		2단계 비례층화군집표집
층화 변인		지역 규모(서울특별시, 광역시, 중·소도시, 읍·면지역)
표집 단위	1단계	학교
	2단계	학급
표집 방법	1단계	무선 표집
	2단계	편의 표집

<표 Ⅲ-2> 본 연구의 분석 대상

학년 \ 지역	서울특별시 (3개교)	광역시 (8개교)	중·소도시 (6개교)	읍·면지역 (13개교)	계 (30개교)	학년별분석대상수 / 학년별전국학생수
2학년	86명	215명	134명	213명	648명	0.122% (648/529,390)
4학년	86명	211명	156명	235명	688명	0.116% (688/594,143)
6학년	89명	229명	155명	278명	751명	0.117% (751/641,421)
계	261명	655명	445명	726명	2087명	0.118% (2087/1764954)

관계들은 우리나라 초등학교 교과서에서 한 번 이상 다루어지고 있는 함수적 관계이다.

검사도구에서 다루는 함수적 관계 중, 덧셈 관계나 정비례 관계, 반비례 관계는 각각 초등학교 과정에서 주요하게 다루어지는 덧셈 개념, 곱셈 개념, 나눗셈 개념과 직접적으로 관련되기 때문에, 초등학생들도 쉽게 접근할 수 있는 함수적 관계이다. 반면에, 제곱 관계나 선형 관계의 경우 이차원적이거나 혹은 두 개 이상의 연산이 복합적으로 관련되기 때문에, 초등학교에서 다루기에는 부적절한 관계라고 볼 수도 있을 것이다. 그러나 본 연구는 형식적인 접근이 아닌, 구체적이고 풍부한 문제 상황을 토대로 초등학생들이 함수적 관계를 얼마나 이해하고 일반화 할 수 있는지를 파악하는 데 관심을 두기 때문에, 초등학생들도 충분히 접근 가능하다고 판단하였다.

개발된 검사 도구의 타당도를 높이고, 적절성과 난이도를 보완하기 위해 총 3회의 예비 검사를 거쳤다. 또한, 문항수의 조절, 문항 진술상의 문제점 수정, 난이도 조정 등을 거친 후 전문가 1인과 교사 7인의 검도를 받았나. 최종적인 검사 도구는 다섯 가지 함수적 관계별로 각각 3문항씩 구성되어, 총 15문항으로 이루어졌다. 특히, 함수적 관계별로 제시된 3개 문항들은 세트로 구성되었다(① x가 늘어남에 따라 y의 값이 어떻게 변화하는지를 파악하고 표를 완성할 수 있는가?, ② x와 y사이의 관계를 적용하여 x의 값이 큰 수로 주어졌을 때 y의 값을 바르게 구할 수 있는가?, ③x와 y사이의 관계를 일반화하여 x의 값이 □일 때, y의 값을 바르게 구할 수 있는가?). 완성된 검사 문항들은 결과 분석 파트에서 자세하게 제시하였다(<표 Ⅳ-7>, <표 Ⅳ-8>, <표 Ⅳ-9>, <표 Ⅳ-10>, <표 Ⅳ-11> 참조).

특히, 검사 도구는 교육과정상의 학년별 수준과 범위를 고려하여, 2학년용과 4·6학년용으로 구분하여 작성하였다. 즉, 두 검사지의 문항 구성은 같지만, 2학년용 검사지의 경우 4·6학년용 검사지에 비해 상대적으로 더 작은 수를 사용하였고, 나눗셈 대신 동수누감의 개념을 사용하였다. 정비례 관계를 예로 들면, 4·6학년용 검사지에는 '72×3'을 계산할 수 있어야만 적절하게 답을 할 수 있는 문항으로 구성된 반면, 2학년용에서는 '9×3'을 계산할 수 있으면 적절하게 답할 수 있는 문항으로 구성하였다. 반비례 관계의 경우를 예로 들면, 4·6학년용 검사지에는 사지선다형 문항에 '120÷□'가 포함되어 있는 반면, 2학년용 검사지에는 ' 24 에서 □를 몇 번 빼면 되는지를 생각해 본다'와 같이 2학년 학생들이 이해할 수 있는 정도의 표현으로 문항을 구성하였다.

검사지의 신뢰도는 Cronbach의 Alpha값을 이용하였는데, 분석 결과 2학년 0.824, 4학년 0.872, 6학년 0.858로 신뢰할 수 있는 것으로 밝혀졌다.

3. 자료 분석

학생들의 반응은 학년별, 문제 상황별, 지역 규모별, 성별, 과제 유형별로 각각 정리하여 분석하였다. 지역 규모별 분석과 성별 분석의 경우 학생들의 점수를 문항 당 1점씩 총 15점 만점으로 계산하였다. 그런 후, 지역의 규모에 따라 평균 차이가 얼마나 나타나는지, 그리고 성별에 따라 평균 차이가 얼마나 나타나는지를 분석하였다. 한편, 지역별 차이가 통계적으로 유의미한지는 사후검정(Scheffe test)을 통해 알아보았고, 성별 차이가 통계적으로 유의미한지는 독립표본 t-검정을 통해 알아보았다.

학년별 분석과 문제 상황별 분석 및 과제 유형별 분석은, 정답자의 빈도수와 정답률을 바탕으로 분석하였다. 그리고 각 분류 기준에 따라 함수적 관계를 이해하는 능력상에 어떤 특징과 경향이 드러나는지를 자세하게 기술하였다. 특히, 학년별 분석의 경우, 각 학년별로 나타난 반응의 차이가 통계적으로 유의미한지를 살펴보았는데, 이는 학년별 분산 분석 및 사후검정(Scheffe test)을 통해 알아보았다.

Ⅳ. 결과 분석

1. 지역규모 및 성별에 따른 차이 분석

학생들의 함수적 사고 능력이 지역의 규모에 따라 성취 정도에 차이가 있는지를 알아보기 위해, 전국을 서울특별시, 광역시, 중·소도시, 읍·면지역으로 구분하여 학생들의 반응을 분석하였다. 지역의 규모별 평균, 표준편차, 표준오차, 각 집단 평균에 대한 95% 신뢰구간을 제시하면 <표 Ⅳ-1>과 같다. 지역별 평균은 서울특별시 약 10.05점, 광역시 약 10.33점, 중·소도시 약 10.11, 읍·면지역 약 9.83점으로 학생들의 성취도는 광역시> 중·소도시> 서울특별시> 읍·면지역의 순으로 높게 나타났다. 이러한 지역별 차이가 통계적으로 유의미한지는 사후검정(Scheffe test)을 통해 알아보았으며, 유의수준 0.05에서 분석한 결과, 학생들의 함수적 사고 능력은 지역 규모에 따라 차이가 있다고 보기에는 어려운 것으로 드러났다(<표 Ⅳ-2> 참조).

한편, 학생들의 함수적 사고 능력이 성별에 따라 성취 정도에 차이가 있는지를 알아보기 위해 남학생과 여학생으로 구분하여 평균, 표준편차, 표준오차, 각 집단 평균에 대한 95% 신뢰구간을 구한 결과 <표 Ⅳ-3>과 같이 나타났다. 성별에 따른 평균은 남학생 약 10.09점, 여학생 약 10.06점으로 남학생이 약 0.03점 더 높게 나타났다. 이러한 성별 차이가 통계적으로 유의미한지는 독립표본 t-검정을 통해 알아보았으며 유의수준 0.05에서 분석한 결과, 학생들의 함수적 사고 능력은 성별에 따라 차이가 있다고 보기에는 어려운 것으로 드러났다(<표 Ⅳ-4> 참조).

<표 Ⅳ-1> 학생들의 지역규모별 함수적 관계 이해

	N	평균	표준편차	표준오차	평균에 대한 95% 신뢰구간	
					하한값	상한값
서울특별시	261	10.0536	3.84870	.23823	9.5845	10.5227
광역시	655	10.3282	3.86200	.15090	10.0319	10.6246
중·소도시	445	10.1056	3.81617	.18090	9.7501	10.4612
읍·면지역	726	9.8320	4.03835	.14988	9.5377	10.1262
합 계	2087	10.0738	3.91549	.08571	9.9057	10.2419

<표 Ⅳ-2> 지역규모별 사후검증-다중 비교

(I) 지역규모	(J) 지역규모	평균차(I-J)	표준오차	유의확률	95% 신뢰구간	
					하한값	상한값
서울특별시	광역시	-.27460	.28643	.821	-1.0760	.5268
	중·소도시	-.05198	.30508	.999	-.9055	.8016
	읍·면지역	.22168	.28242	.893	-.5684	1.0118
광역시	서울특별시	.27460	.28643	.821	-.5268	1.0760
	중·소도시	.22263	.24039	.836	-.4499	.8952
	읍·면지역	.49629	.21088	.137	-.0937	1.0863
중·소도시	서울특별시	.05198	.30508	.999	-.8016	.9055
	광역시	-.22263	.24039	.836	-.8952	.4499
	읍·면지역	.27366	.23559	.717	-.3855	.9328
읍·면지역	서울특별시	-.22168	.28242	.893	-1.0118	.5684
	광역시	-.49629	.21088	.137	-1.0863	.0937
	중·소도시	-.27366	.23559	.717	-.9328	.3855

* 평균 차이는 .05수준에서 유의미하다.

<표 Ⅳ-3> 학생들의 성별 함수적 관계 이해

	N	평균	표준편차	표준오차	평균에 대한 95% 신뢰구간	
					하한값	상한값
남학생	1071	10.0868	3.88971	.11886	9.8536	10.3201
여학생	1016	10.0600	3.94436	.12375	9.8172	10.3029
합계	2087	10.0738	3.91549	.08571	9.9057	10.2419

<표 Ⅳ-4> 성별 독립표본 t-검정

	Levene의 등분산 검정		평균들의 동일성에 대한 t-검정				
	F	유의확률	t	자유도	유의확률 (양쪽)	평균차	차이의 표준 오차
등분산이 가정됨	.223	.637	.156	2085	.876	.02680	.17152
등분산이 가정되지 않음			.156	2075.767	.876	.02680	.17158

2. 학년 및 문제 상황에 따른 전반적인 경향 분석

가. 학년별 반응 분석

함수적 사고 능력 검사에 대한 학생들의 반응을 학년별로 구분하여 정답의 빈도와 평균 정답률을 요약하면 <표 Ⅳ-5>과 같다. 먼저 2학년 학생들의 반응을 분석하면, 전체 평균 정답률은 45.7%로 함수적 관계에 대하여 전반적으로 낮은 이해도를 보였다. 과제 유형별로는 덧셈 관계 64.9%, 정비례 관계 59.5%, 제곱관계 22.9%, 반비례 관계 45.9%, 선형관계 35.2%로, 덧셈 관계> 정비례 관계> 반비례 관계> 선형 관계> 제곱 관계 순으로 높게 나타났다. 2학년에서 정답률이 약 60% 수준에 도달한 유형은 덧셈 관계(64.9%)와 정비례 관계(59.5%)의 두 가지인 것으로 나타났는데, 2학년이 곱셈 개념을 처음으로 도입하는 학년이라는 점을 감안하면, 2학년 학생들의 정비례 관계에 대한 이해 능력은 꽤 고무적이라고 할 수 있다.

4학년 학생들의 반응을 분석하면, 전체 평균 정답률은 65.6%로, 2학년에서의 정답률에 비해 평균적으로 20% 포인트 정도 더 높은 것으로 나타났다. 정답률이 가장 저조하게 나타난 제곱 관계와 선형 관계의 경우에도 평균 정답률이 약 60% 수준에 미치지는 못하였으나, 2학년 정답률에 비해 약 20%포인트 더 높은 것으로 드러났다. 과제 유형별로 평균 정답률을 살펴보면, 덧셈 관계 85.9%, 정비례 관계 71.9%, 제곱관계 44.1%, 반비례 관계 71.3%, 선형관계 55.0%로, 덧셈 관계> 정비례 관계> 반비례 관계> 선형 관계> 제곱 관계의 순으로 높게 나타났는데, 이는 2학년과 동일한 패턴인 것으로 드러났다.

한편, 정비례 관계와 반비례 관계 사이의 정답률 차이가 두드러지게 작아진 것으로 나타났다. 즉, 2학년에서는 정비례 관계에서의 정답률이 반비례 관계에서의 정답률에 비해 약 13.6% 포인트 더 높게 나타난 반면, 4학년에서는 정비례 관계에서의 정답률이 반비례 관계에서의 정답률에 비해 단지 0.6% 포인트 정도만 더 높은 것으로 나타났다. 이처럼 정비례 관계에 대한 이해 능력과 반비례 관계에 대한 이해 능력 사이의 차이가 4학년에서는 근소하게 나타났다는 사실은 주의를 기울일 필요가 있다.

6학년 학생들의 반응을 분석하면, 전체 평균 정답률은 87.2%로 4학년에 비해 평균적으로 21.6% 포인트 더 높은 것으로 나타났으며, 제곱

<표 Ⅳ-5> 학년별 정답의 빈도와 평균 정답률

구 분		덧셈 관계 $y=x+b$	정비례 관계 $y=ax$	제곱 관계 $y=x^2$	반비례 관계 $xy=a$	선형 관계 $y=ax+b$	합 계
2학년 (N=648)	정답 빈도수	1261*	1156	445	892	684	4438
	평균 정답률	64.9%	59.5%	22.9%	45.9%	35.2%	45.7%
4학년 (N=688명)	정답 빈도수	1773	1485	910	1472	1135	6775
	평균 정답률	85.9%	71.9%	44.1%	71.3%	55.0%	65.6%
6학년 (N=751명)	정답 빈도수	2155	2041	1753	2017	1845	9811
	평균 정답률	95.7%	90.6%	77.8%	90.0%	81.9%	87.2%
전 체 (N=2087)	정답 빈도수	5189	4682	3108	4381	3664	21024
	평균 정답률	82.9%	74.8%	49.6%	70.0%	58.5%	67.2%

* 2학년 학생 648명의 검사지를 분석한 결과 덧셈 관계와 관련된 3개 문항에서의 정답 빈도수는 각각 591, 338, 332였으며, 이 세 수의 합인 1261을 표에 제시함.

관계와 선형 관계를 제외하고는 90%이상의 높은 정답률을 보였다. 과제 유형별로는 덧셈 관계 95.7%, 정비례 관계 90.6%, 제곱관계 77.8%, 반비례 관계 90.0%, 선형관계 81.9%로, 2, 4학년에서와 마찬가지로 덧셈 관계> 정비례 관계> 반비례 관계> 선형 관계> 제곱 관계 순으로 높게 나타났다. 또한, 4학년에서와 마찬가지로, 정비례 관계에서의 정답률과 반비례 관계에서의 정답률 사이의 차이는 0.6% 포인트 정도로 근소하게 나타났다.

한편, 제곱 관계와 선형 관계에서의 정답률은 다른 유형에 비해 가장 저조하게 나타나긴 했으나, 4-6학년 간 정답률의 차이는 가장 큰 것으로 드러났다. 구체적으로, 제곱 관계의 경우 4학년에 비해 6학년에서 무려 33.7% 포인트 더 높게 나타났고, 선형관계의 경우 26.9%포인트 더 높게 나타났다. 이는 정비례 관계와 반비례관계에서의 4-6학년 간 정답률 차이가 18.7% 포인트이고, 덧셈 관계에서의 정답률 차이가 9.8% 포인트인 것과는 대비되는 것으로, 주의를 기울일 필요가 있다.

학년별로 정답률을 분석한 결과, 정도의 차이는 있지만 모든 유형의 과제에서 학년이 높아질수록 정답률도 향상됨을 확인할 수 있었다. 특히, 2학년에서부터 이미 60%이상의 정답률을 보였던 덧셈 관계의 경우 4학년에서는 80%이상, 6학년에서는 95%이상의 정답률을 보였으며, 저·중·고 학년에서 모두 가장 성취율이 높은 과제 유형임을 드러냈다. 한편, 정비례 관계와 반비례 관계의 정답률 차이에 주의를 기울일 필요가 있었다. 즉, 나눗셈 개념을 도입하기 전인 2학년에서는 반비례 관계에서의 정답률이 정비례 관계에서의 정답률에 비하여 13.6% 포인트 더 낮게 나타난 반면, 범자연수의 사칙연산이 완성되는 시기인 4학년과 6학년에서는 두 관계사이의 정답률 차이가 약 1% 포인트로 매우 미미하게 나타났다. 이러한 결과는 정비례 관계는 곱셈 개념과, 반비례 관계는 곱셈의 역연산인 나눗셈 개념과 직결된다는 점을 고려할 때, 학생들의 정비례 관계에 대한 이해 능력과 반비례 관계에 대한 이해 능력이 서로 긴밀하게 연결된다는 사실을 단편적으로 드러낸다고 할 수 있다. 한편, 제곱 관계는 2, 4, 6학년에서 모두 가장 낮은 정답률을 나타낸 과제 유형인 동시에, 2학년과 6학년에서의 정답률 차이가 무려 54.9% 포인트로 가장 두드러진 차이를 나타낸다는 측면에서 주목할 필요가 있다.

한편, 각 과제 유형별로 학년 간 반응의 차이가 통계적으로 유의미한지는 학년별 분산 분석 및 사후검정(Scheffe test)을 통해 알아보았다. 유의 수준 0.05에서 분석한 결과, 다섯 가지 관계 모두에서 2, 4, 6학년 간 성취 정도에 유의미한 차이가 있는 것으로 드러났다.

나. 문제 상황별 반응 분석

함수적 사고 능력 검사에 대한 학생들의 반응을 문제 상황별로 구분하여 정답의 빈도와 평균 정답률을 요약하면 <표 Ⅳ-6>와 같다. 먼저 전체 평균 정답률을 살펴보면, 패턴을 인식하고 표를 완성하는 문항에서의 정답률은 81.6%, x의 값이 큰 수로 주어졌을 때 y의 값을 구하는 문항에서의 정답률은 57.7%, x의 값이 임의의 수(□)로 주어졌을 때 y값을 구하는 문항에서의 정답률은 62.2%로, 패턴을 인식하고 표 완성하기> x의 값이 임의의 수(□)로 주어졌을 때 y값 구하기> x의 값이 큰 수로 주어졌을 때 y의 값을 구하기의 순으로 높게 나타났다. 여기서 특히, x값이 큰 수로 주어졌을 때 y값을 구하는 문항에서의 정답률이 패턴을 인식하고 표를 완성하기 문항에서의 정답률에 비해 평균 23.9% 포인트 더 낮게 나타났다는 점에 주목할 필요가 있나. 이러한 차이는 x값이 큰 수로 주어졌을 때에는 전항과 후항 사이의 관계를 이용하기 어렵고, x와 y사이의 함수적 관계를 보다 명확하게 이해하고 적용해야 한다는 점을 그 이유로 들 수 있을 것이다.

한편, x의 값이 임의의 수(□)로 주어졌을 때 y값을 구하는 문항에서의 정답률이 x의 값이 큰 수로 주어졌을 때 y값을 구하는 문항에서의 정답률에 비하여 높게 나타났다는 사실에 주의를 기울일 필요가 있다. 먼저, 본 검사에서 x의 값이 큰 수로 주어졌을 때 y의 값을 구하는 문항의 경우에는 학생들이 답을 직접 기술하도록 단답형으로 제시된 반면, x의 값이 임의의 수(□)로 주어졌을 때 y값을 구하는 문항의 경우에는 □가 포함된 네 개의 연산식 중에서 알맞은 식을 고르는 형태로 제시되었다는 점을 감안할 필요가 있다. 또한, x의 값이 큰 수로 주어졌을 때 y의 값을 구하는 문항의 경우 x와 y사이의 관계를 바르게 파악했다고 하더라도 계산 상의 오류로 오답을 할 수 있는 반면, x의 값이 임의의 수(□)로 주어졌을 때 y의 값을 구하는 문항의 경우, x와 y사이의 관계가 어떠한지에 관한 명확한 이해가 선행되지 않았다고 하더라도, 몇몇 수치들을 대입해 봄으로써 간편하게 답을 구할 수 있는 가능성이 있다. 그러나 그렇다고 하더라도 x의 값이 임의의 수(□)로 주어졌을 때 y값을 구하는 문항은 x와 y사이의 관계를 바르게 파악하고, x와 y사이의 알맞은 관계식이 무엇인지를 판

<표 Ⅳ-6> 문제 상황별 정답의 빈도와 평균 정답률

구 분 (N=2087)		덧셈 관계 $y=x+b$	정비례 관계 $y=ax$	제곱 관계 $y=x^2$	반비례 관계 $xy=a$	선형 관계 $y=ax+b$	합 계
패턴을 인식하고 표 완성하기	정답 빈도수	2001*	1915	1069	1910	1622	8517
	평균 정답률	95.9%	91.8%	51.2%	91.5%	77.7%	81.6%
x의 값이 큰 수로 주어졌을 때, y의 값 구하기	정답 빈도수	1586	1448	814	1179	991	6018
	평균 정답률	76.0%	69.4%	39.0%	56.5%	47.5%	57.7%
x의 값이 임의의 수로 주어졌을 때, y값 구하기	정답 빈도수	1602	1319	1225	1292	1051	6489
	평균 정답률	76.8%	63.2%	58.7%	61.9%	50.4%	62.2%
전 체	정답 빈도수	5189	4682	3108	4381	3664	21024
	평균 정답률	82.9%	74.8%	49.6%	70.0%	58.5%	67.2%

* 2, 4, 6학년 학생 총 2087명의 검사지를 분석한 결과 덧셈 관계와 관련된 과제 중 패턴을 인식하고 표를 완성하는 문항에서의 정답자 수는 2001명으로 나타났으며, 이 수치를 표에 제시함.

단할 수 있는지를 가늠할 수 있는 지표로서 역할을 한다.

패턴을 인식하고 표 완성하기 문항에서의 정답률을 자세히 살펴보면, 덧셈 관계 95.9%, 정비례 관계 91.8%, 제곱관계 51.2%, 반비례 관계 91.5%, 선형관계 77.7%로, 덧셈 관계> 정비례 관계> 반비례 관계> 선형 관계> 제곱 관계 순으로 높게 나타났다. 특히, 덧셈 관계와 정비례 관계, 반비례 관계에서는 90%이상의 높은 성공률을 보인 반면, 제곱 관계의 경우 정답률이 약 50% 수준으로 낮은 성공률을 보였다. 물론 제곱은 초등학생들이 자주 경험하게 되는 주제는 아니지만, 점이 늘어나는 규칙을 찾아 직접 점을 그려보고 세어서 답할 수도 있다는 점을 감안할 때, 이처럼 제곱 관계에서의 정답률이 덧셈 관계와 정비례 및 반비례 관계에서의 정답률에 비해 무려 40% 포인트 정도나 더 낮게 나타났다는 사실은 주목할 만하다.

x값이 큰 수로 주어졌을 때 y값을 구하는 문항에서의 정답률을 살펴보면, 덧셈 관계 76.0%, 정비례 관계 69.4%, 제곱 관계 39.0%, 반비례 관계 56.5%, 선형 관계 47.5%로, 덧셈 관계> 정비례 관계> 반비례 관계> 선형 관계> 제곱 관계 순으로 높게 나타났다. 그러나 가장 높은 정답률을 보인 덧셈 관계에서도 성공률이 80% 수준에 미치지 못하였다. 덧셈 개념이 1학년 1학기 과정부터 도입되기 시작하여 초등학교 전학년에 걸쳐 지속적으로 다루지는 연산임을 고려하면, 꽤 낮은 성취라 할 수 있다. 한편, 패턴을 인식하고 표를 완성하는 문항에서는 모두 90%이상의 정답률을 보였던 정비례 관계와 반비례 관계의 경우, X가 큰 수로 주어졌을 때의 정답률이 70% 수준에 미치지 못하는 것으로 드러났다. 또한, 반비례 관계에서의 정답률이 정비례 관계에서의 정답률에 비해 13.1% 포인트 더 낮게 나타났는데, 이는 패턴을 인식하고 표 완성하기 문항에서 정답률 차이가 0.3% 포인트밖에 나지 않았던 점과 비교할 때, 두드러진 차이라고 할 수 있다.

x값이 임의의 수(□)로 주어졌을 때 y값을 구하는 문항에서의 정답률을 살펴보면, 덧셈 관계 76.8%, 정비례 관계 63.2%, 제곱관계 58.7%, 반비례 관계 61.9%, 선형관계 50.4%로, 덧셈 관계> 정비례 관계> 반비례 관계> 선형 관계> 제곱 관계 순으로 높게 나타났다. 정비례 관계에서의 정답률은 x값이 큰 수로 주어졌을 때의 정답률보다 6.2%포인트 더 낮게 나타난 반면, 나머지 관계들은 x값이 큰 수로 주어졌을 때의 정답률보다 더 높게 나타났다. 특히, 제곱 관계에서의 정답률에 주의를 기울일 필요가 있다. 제곱 관계는 학생들의 성취율이 가장 낮은 과제 유형으로, 패턴을 인식하고 표 완성하기 문항에서의 정답률은 51.2%, x값이 큰 수로 주어졌을 때의 정답률은 39.0%로 나타났다. 그러나 x값이 임의의 수(□)로 주어졌을 때의 정답률은 58.7%로 가장 높은 성취율을 나타났다.

3. 과제 유형별 함수적 관계 이해 분석

가. 덧셈 관계: $y=x+b$

덧셈 관계에 대한 이해는 가위로 빨대를 자르는 상황에서 변화하는 두 양인 '빨대를 자른 횟수(x)'와 빨대를 잘랐을 때 생기는 '빨대 도막의 수(y)' 사이의 관계가 '$y=x+1$'임을 파악하고, x가 각각 작은 수, 큰 수, 임의의 수로 주어졌을 때, y의 값을 구할 수 있는지에 대한 반응 분석을 통해 알아보았다(<표 Ⅳ-7> 참조). 문항별로 학생들의 반응을 자세히 분석하면 다음과 같다. 먼저 x의 값이 작고 연속된 수(3, 4, 5)로 주어진 1번 문항에서의 반응을 살펴보면, 정답률이 2학년 91.2%, 4학년 96.8%, 6학년 99.1%로 저·중·고 학년에서 모두 90%이상의 높은 성공률을 보였다. 한편, x의 값이 각각 3, 4, 5로 주어졌을 때

<표 Ⅳ-7> 덧셈 관계 과제에서의 정답 빈도수와 정답률

<table>
<tr><th rowspan="2">검사 문항 (4·6학년용의 예)</th><th rowspan="2">비 고</th><th colspan="2">2학년(N=648)</th><th colspan="2">4학년(N=688)</th><th colspan="2">6학년(N=751)</th></tr>
<tr><th>빈도수</th><th>정답률</th><th>빈도수</th><th>정답률</th><th>빈도수</th><th>정답률</th></tr>
<tr><td rowspan="4">1. 아래 그림과 같이 가위로 빨대를 자를 때, 빨대를 자른 횟수가 늘어남에 따라 빨대 도막의 수는 어떻게 변화할까요? 빈칸에 알맞은 수를 써 넣으시오.
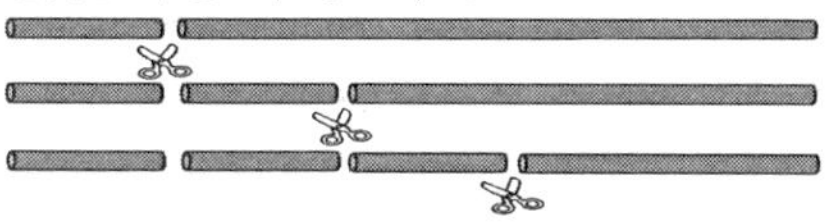
<table><tr><td>자른 횟수</td><td>1</td><td>2</td><td>3</td><td>4</td><td>5</td></tr><tr><td>도막의 수</td><td>2</td><td>3</td><td>4</td><td>5</td><td>6</td></tr></table></td><td>자른 횟수=3
도막의 수=4</td><td>606</td><td>93.5%</td><td>677</td><td>98.4%</td><td>748</td><td>99.6%</td></tr>
<tr><td>자른 횟수=4
도막의 수=5</td><td>604</td><td>93.2%</td><td>675</td><td>98.1%</td><td>747</td><td>99.5%</td></tr>
<tr><td>자른 횟수=5
도막의 수=6</td><td>593</td><td>91.5%</td><td>667</td><td>96.9%</td><td>745</td><td>99.2%</td></tr>
<tr><td>위의 3개
항목을 모두
맞춘 경우</td><td>591</td><td>91.2%</td><td>666</td><td>96.8%</td><td>744</td><td>99.1%</td></tr>
<tr><td>2. 빨대를 자른 횟수가 90일 때, 빨대 도막의 수는 얼마일까요?
--> 빨대 도막의 수: (91)개</td><td>자른 횟수=90
도막의 수=91</td><td>338</td><td>52.2%</td><td>549</td><td>79.8%</td><td>699</td><td>93.1%</td></tr>
<tr><td>3. 빨대를 자른 횟수가 □일 때, 빨대 도막의 수는 얼마일까요? ------(①)
① □+1 ② □-1 ③ □×1 ④ □×2</td><td>자른 횟수=□
도막의
수=□+1</td><td>332</td><td>51.2%</td><td>558</td><td>81.1%</td><td>712</td><td>94.8%</td></tr>
</table>

의 반응을 비교하면, 각각의 정답률이 매우 근사한 것으로 드러났다. 특히, x=3일 때의 y의 값은 검사지에 제시된 그림을 직접 세어봄으로써 구할 수 있는 반면, x=4일 때는 그렇지 않다는 점을 감안할 때, x=3인 경우와 x=4인 경우 사이의 정답률 차이가 2, 4학년은 0.3%포인트, 6학년은 0.1%포인트 밖에 나지 않는 것은 주목할 만하다. x=4인 경우와 x=5인 경우의 정답률 차이 역시 2학년 1.7%포인트, 4학년 1.2%포인트, 6학년 0.3%포인트로 미미하게 나타났다. 이처럼 덧셈 관계의 문제 상황에서 주어진 패턴을 토대로 후속항의 값을 예측하고 표를 완성하는 데 있어서, 저·중·고학년 학생 모두 높은 성공률을 보였는데 특히, 2학년에서도 성공률이 90%이상이라는 점은 꽤 고무적이라고 할 수 있다.

x의 값이 큰 수(90)로 주어진 2번 문항에서는 정답률은 2학년 52.2%, 4학년 79.8%, 6학년 93.1%로 나타났다. 이는 1번 문항에서의 정답률에 비해 2학년은 39%포인트, 4학년은 17%포인트, 6학년은 6%포인트 더 낮은 것이다. 이러한 결과는 1번 문항의 경우 x의 값이 작고 연속된 수들로 주어졌기 때문에, 학생들이 변화하는 두 양 사이의 관계를 파악하지 못하더라도 그림이나 전항과 후항 사이의 관계를 이용하여 y의 값을 간편하게 구할 수 있는 반면, 2번 문항의 경우 그림이나 전항과 후항 사이의 관계를 이용하기 어려우므로 변화하는 두 양 사이의 관계를 바르게 파악해야 한다는 점을 반영한다고 할 수 있다. 분석 결과, 덧셈 관계의 문제 상황에서 변화하는 두 양 사이의 관계를 바르게 파악하고 이를 이용하여 문제를 해결할 수 있는 학생의 비율은 저학년에서는 약 50% 수준에 머무르며, 중학년에서는 약 80%, 고학년에서는 약 90% 수준에 도달하는 것으로 드러났다.

x의 값이 임의의 수(□)로 주어졌을 때 y값을 적절하게 선택해야 하는 3번 문항의 경우, 정답률이 2학년 51.2%, 4학년 81.1%, 6학년 94.8%로 나타났다. 이는 2번 문항에서의 정답률에 비해 2학년의 경우 1% 포인트 더 낮게 나타난 데 반해, 4학년과 6학년은 각각 1.3% 포인트와 1.7%

포인트 더 높게 나타났다. 오답 반응으로는 2, 4, 6학년 모두 '□×2'를 옳은 식으로 잘못 판단한 학생들이 가장 많은 것으로 드러났다. 이러한 학생의 비율은 2학년 24.5%, 4학년 9.2%, 6학년 1.9%로 특히, 2학년과 4학년에서 두드러지게 나타났다. '□×2'는 y의 값이 x값의 두 배가 되는 관계로, 빨대를 한 번 자르면 두 도막이 되는 첫 번째 항의 경우(x=1, y=2)에만 참이 될 뿐, 후속 항에서는 거짓이 된다. 그러나 상당수의 학생들이 첫 번째 항에서의 x값과 y값에만 초점을 두었을 뿐, 문제 상황 전반에 걸쳐 x와 y가 어떤 관계를 갖는지를 고려하지 못한 것으로 드러났다.

나. 정비례 관계: $y = ax$

정비례 관계에 대한 이해는 모양조각으로 일련의 집들을 만드는 상황에서 변화하는 두 양인 '단계의 수(x)'와 각 단계에서 필요한 '조각의 수(y)' 사이의 관계가 '$y = 3 \times x$'임을 파악하고, x가 각각 작은 수, 큰 수, 임의의 수로 주어졌을 때, y의 값을 구할 수 있는지에 대한 반응 분석을 통해 알아보았다(<표 Ⅳ-8> 참조). 문항별로 학생들의 반응을 자세히 분석하면 다음과 같다. 먼저 x의 값이 작은 수(3, 4, 5)로 주어진 4번 문항의 경우, 정답률이 2학년 86.4%, 4학년 91.0%, 6학년 97.1%로 저·중·고 학년에서 모두 높은 성공률을 보였다. 특히, x=3일 때와 x=4일 때의 정답률은 2학년의 경우에도 90%이상으로 높게 나타났는데, 곱셈 개념이 2학년에서 처음으로 도입된다는 점을 감안하면, 꽤 주목할 만한 결과라 할 수 있다. 이처럼 정비례 관계의 문제 상황에서 패턴을 파악하여 후속항의 값을 예측하고 표를 완성하는 능력은 저·중·고학년 모두 높은 성공률을 보이는 것으로 드러났다.

한편, x의 값이 큰 수(2학년: 9, 4·6학년: 72)로 주어진 5번 문항의 경우, 정답률이 2학년 54.5%, 4학년 63.5%, 6학년 87.6%로 나타났다. 이는 4번 문항에서의 정답률에 비해 2학년 31.9% 포인트, 4학년 27.5% 포인트, 6학년 9.5% 포인트 더 낮

<표 Ⅳ-8> 정비례 관계 과제에서의 정답 빈도수와 정답률

<table>
<tr><th rowspan="2">검사 문항 (4·6학년용의 예)</th><th rowspan="2">비 고</th><th colspan="2">2학년(N=648)</th><th colspan="2">4학년(N=688)</th><th colspan="2">6학년(N=751)</th></tr>
<tr><th>빈도수</th><th>정답률</th><th>빈도수</th><th>정답률</th><th>빈도수</th><th>정답률</th></tr>
<tr><td rowspan="4">4. 아래 그림과 같이, 모양 조각으로 집을 만들 때, 단계가 높아짐에 따라 필요한 조각의 수는 어떻게 변화할까요? 빈칸에 알맞은 수를 써 넣으시오.
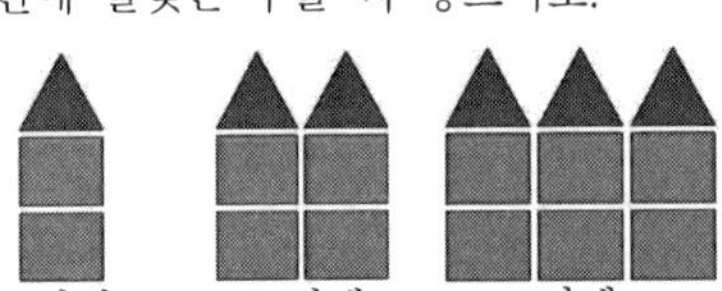
1단계 2 단계 3단계
단계 | 1 | 2 | 3 | 4 | 5
조각의 수 | 3 | 6 | 9 | 12 | 15</td><td>단계의 수=3
조각의 수=9</td><td>601</td><td>92.7%</td><td>655</td><td>95.2%</td><td>740</td><td>98.5%</td></tr>
<tr><td>단계의 수=4
조각의 수=12</td><td>584</td><td>90.1%</td><td>642</td><td>93.3%</td><td>739</td><td>98.4%</td></tr>
<tr><td>단계의 수=5
조각의 수=15</td><td>568</td><td>87.7%</td><td>632</td><td>91.9%</td><td>733</td><td>97.6%</td></tr>
<tr><td>위의 3개
항목을 모두
맞춘 경우</td><td>560</td><td>86.4%</td><td>626</td><td>91.0%</td><td>729</td><td>97.1%</td></tr>
<tr><td>5. 72 번째 단계에는 몇 개의 모양 조각이 필요할까요? -> 조각의 수: (216)개</td><td>단계의 수=72
조각의 수=216</td><td>353</td><td>54.5%</td><td>437</td><td>63.5%</td><td>658</td><td>87.6%</td></tr>
<tr><td>6. □ 번째 단계에는 몇 개의 모양 조각이 필요할까요? -------(④)
① □+2 ② □+3 ③ □×2 ④ □×3</td><td>단계의 수=□
조각의 수=□×3</td><td>243</td><td>37.5%</td><td>422</td><td>61.3%</td><td>654</td><td>87.1%</td></tr>
</table>

은 것이다. 이러한 결과는 4번 문항의 경우 x의 값이 작고 연속된 수들로 주어졌기 때문에, 학생들이 변화하는 두 양 사이의 관계를 파악하지 못하더라도 그림이나 전항과 후항 사이의 관계를 이용하여 y의 값을 구할 수 있는 반면, 5번 문항의 경우 x의 값이 상대적으로 매우 큰 수로 주어졌기 때문에 변화하는 두 양 사이의 관계를 파악하지 않고서는 정답을 하기 어렵다는 점을 고려할 수 있을 것이다. 분석 결과, 정비례 관계의 문제 상황에서 변화하는 두 양 사이의 관계를 바르게 파악하고 이를 이용하여 문제를 해결할 수 있는 학생의 비율은 저·중학년의 경우 약 60% 수준이며, 고학년이 되어서도 90%에 미치지 못하는 것으로 드러났다.

x의 값이 임의의 수(□)로 주어졌을 때 y의 값으로 적절한 것을 선택하는 6번 문항의 경우, 정답률이 2학년 37.5%, 4학년 61.3%, 6학년 87.1%로 나타났다. 이는 5번 문항에서의 정답률에 비해 2학년의 경우 17% 포인트, 4학년 2.2% 포인트, 그리고 6학년의 경우 0.5% 포인트 더 낮은 것으로 특히, 2학년에서의 정답률이 매우 저조한 것으로 드러났다. 오답 반응으로는 2, 4, 6학년 모두 '□+3'을 옳은 식으로 잘못 판단한 학생들이 가장 많은 것으로 드러났다. 이러한 학생의 비율은 2학년 36.7%, 4학년 24.4%, 6학년 7.2%로 특히, 2학년과 4학년에서 두드러지게 나타났다. 이 때, '□+3'을 선택한 학생들은 문제 상황에서 단계가 '1'씩 커질 때마다 조각의 수가 '3'개씩 늘어난다는 점에 착안하여 '+3'이 제시된 ②번을 선택한 것으로 유추된다.

다. 제곱 관계: $y=x^2$

제곱 관계에 대한 이해는 정사각형 모양의 배열로 점을 늘어놓는 상황에서 변화하는 두 양인 '배열의 단계(x)'와 '필요한 점의 수(y)' 사이의 관계가 '$y=x\times x$'임을 파악하고, x가 각각 작은 수, 큰 수, 임의의 수로 주어졌을 때, y의 값을 바르게 구할 수 있는지에 대한 반응 분석을 통해 알아보았다(<표 Ⅳ-9> 참조). 문항별로 학생들의 반응을 자세히 분석하면 다음과 같다. 먼저 x의 값이 작은 수(3, 4, 5)로 주어진 7번 문항의 경우, 정답률이 2학년 20.5%, 4학년 49.0%, 6학년 79.8%로 낮은 성공률을 보였다. 특히, x=3일 때의 정답률은 2학년 55.6%, 4학년 69.8%, 6학년 88.5%로 나타났는데, 검사지에 x가 3일 때의 점의 배열이 제시되어 있기 때문에 점을 직접 세어봄으로서 y의 값을 쉽게 구할 수 있다는 점을 고려하면, 학생들의 성공률이 꽤 낮다고 할 수 있다. x=4일 때의 정답률은 x=3일 때의 정답률에 비하여 더욱 낮게 나타났다. 즉, x=4일 때의 정답률은 2학년 27.2%, 4학년 54.7%, 6학년 83.2%로, 이는 x=3일 때의 정답률에 비하여, 2학년 28.4% 포인트, 4학년 15.1% 포인트, 6학년 5.3% 포인트 더 낮은 것이다. 특히, 2학년에서는 곱셈 구구를, 4학년에서는 자연수끼리의 곱셈 연산을 완성하는 시기라는 점을 고려하면, 이러한 결과는 계산상의 오류 보다는 제곱 관계를 파악하는 과정상의 어려움에서 비롯된다고 할 수 있을 것이다. 한편, x=5일 때의 정답률은 x=4일 때의 정답률에 비하여 2학년 5.1% 포인트, 4학년 3.8% 포인트, 6학년 1.2% 포인트 더 낮아져, 2학년 22.1%, 4학년 50.9%, 6학년 82.0%로 나타났다. 그러나 특이한 것은, x의 값에 따른 정답률 차이가 x=3일 때와 x=4일 때의 정답률 차이는 평균 16.3% 포인트 정도로 두드러지게 나타난 반면, x=4일 때와 x=5일 때의 정답률 차이는 평균 3.4% 포인트로 상대적으로 미미하게 나타났다는 점이다.

7번에서의 오답 반응으로는, x의 값이 3일 때 y값을 7로 반응한 학생이 가장 많았다(2학년 19.0%, 4학년 13.5%, 6학년 3.1%). x=4일 때의 오답 반응으로는 y=10라고 답한 학생이 가장 많

<표 Ⅳ-9> 제곱 관계 과제에서의 정답 빈도수와 정답률

<table>
<tr><th rowspan="2">검사 문항 (4·6학년용의 예)</th><th rowspan="2">비 고</th><th colspan="2">2학년(N=648)</th><th colspan="2">4학년(N=688)</th><th colspan="2">6학년(N=751)</th></tr>
<tr><th>빈도수</th><th>정답률</th><th>빈도수</th><th>정답률</th><th>빈도수</th><th>정답률</th></tr>
<tr><td rowspan="4">7. 아래 그림과 같이 점을 배열할 때, 배열의 단계가 높아짐에 따라 놓이는 점의 수는 어떻게 변화할까요? 빈칸에 알맞은 수를 써 넣으시오.
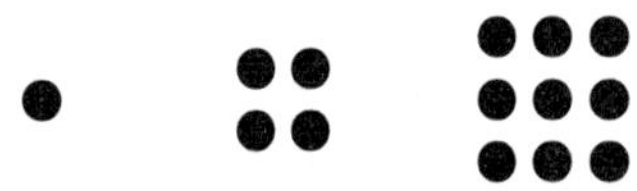
1단계 2단계 3단계
<table><tr><td>단 계</td><td>1</td><td>2</td><td>3</td><td>4</td><td>5</td></tr><tr><td>점의 수</td><td>1</td><td>4</td><td>9</td><td>16</td><td>25</td></tr></table></td><td>단계의 수=3
조각의 수=9</td><td>360</td><td>55.6%</td><td>480</td><td>69.8%</td><td>665</td><td>88.5%</td></tr>
<tr><td>단계의 수=4
조각의 수=16</td><td>176</td><td>27.2%</td><td>376</td><td>54.7%</td><td>625</td><td>83.2%</td></tr>
<tr><td>단계의 수=5
조각의 수=2</td><td>143</td><td>22.1%</td><td>350</td><td>50.9%</td><td>616</td><td>82.0%</td></tr>
<tr><td>위의 3개
항목을 모두
맞춘 경우</td><td>133</td><td>20.5%</td><td>337</td><td>49.0%</td><td>599</td><td>79.8%</td></tr>
<tr><td>8. 21번째 단계에는 몇 개의 점이 놓일까요?
-----> 점의 수: (441)개</td><td>단계의 수=21
조각의
수=441</td><td>113</td><td>17.4%</td><td>186</td><td>27.0%</td><td>515</td><td>68.6%</td></tr>
<tr><td>9. □ 번째 단계에는 몇 개의 점이 놓일까요? -------(③)
① □+3 ② □+□ ③ □×□ ④ □×4 - 1</td><td>단계의 수=□
조각의
수=□×□</td><td>199</td><td>30.7%</td><td>387</td><td>56.3%</td><td>639</td><td>85.1%</td></tr>
</table>

왔고(2학년 19.9%, 4학년 12.6%, 6학년 3.3%), x=5일 때는 y=13으로 답한 학생이 가장 많았다(2학년 18.8%, 4학년 12.4%, 6학년 3.3%). 이처럼 x의 값이 각각 3, 4, 5일 때의 y값으로 7, 10, 13을 답한 학생들의 비율이 가장 높았는데, 이러한 학생들은 단계의 수가 '1'에서 '2'로 '1'만큼 늘어났을 때, 점의 수가 '1'에서 '4'로 '3'만큼 늘어났다는 점에 착안하여 표를 완성한 것으로 유추해 볼 수 있다. 이러한 결과는 상당수의 학생들이 x와 y사이의 관계를 파악하는 과정에서 첫 번째 항과 두 번째 항 사이의 관계만을 제한적으로 고려하여 규칙을 찾는 경향이 있음을 단편적으로 드러낸다.

한편, x의 값이 비교적 큰 수(2학년: 10, 4·6학년: 21)로 주어진 8번 문항의 경우, 정답률이 2학년 17.4%, 4학년 27.0%, 6학년 68.6%로 나타났다. 이는 7번 문항에서의 정답률에 비해 평균적으로 12.1% 포인트 더 낮은 것으로, x=3일 때와 x=4일 때의 정답률 차이(평균 16.3% 포인트)보다 오히려 근소한 차이를 보이는 것으로 드러났다. 오답 반응으로는 2학년의 경우 x=10일 때의 y의 값으로 '30'을 답한 학생의 비율이 5.4%로 가장 많았고 '40'을 답한 학생의 비율이 4.0%로 그 뒤를 이었다. '30'과 '40'은 각각 '10의 3배'와 '10의 4배'에 해당하는 값으로, 상당수의 2학년 학생들이 x와 y사이의 관계를 'y=3x' 또는 'y=4x'로 잘못 파악한 것으로 보인다. 4학년에서 나타난 오답 반응으로는 x=21일 때의 y의 값을 '42'로 답한 경우였는데, 이러한 학생의 비율이 4학년의 9.3%나 되는 것으로 나타났다. '42'는 '21의 2배'에 해당하는 값으로, 상당수의 4학년 학생들이 x와 y사이의 관계를 'y=2x'로 잘못 파악한 것으로 보인다.

x의 값이 임의의 수(□)로 주어졌을 때의 정답률은 2학년 30.7%, 4학년 56.3%, 6학년 85.1%로 나타났다. 이는 x의 값이 큰 수로 주어졌을 때의 정답률에 비하여 2학년의 경우 13.3% 포인트, 4학년의 경우 29.3% 포인트, 그리고 6학년의 경

우 16.5% 포인트 더 높게 나타났다. 오답 반응을 살펴보면, 2학년에서는 '□+3'번을 선택한 학생들의 비율이 24.2%로 가장 많았고, '□+□'번을 선택한 학생의 비율이 19.6%로 두 번째로 많았다. 4학년에서는 '□+□'번을 선택한 학생의 비율이 14.2%로 가장 많았고, '□+3'을 선택한 학생들의 비율이 12.6%로 두 번째로 많았다. 이러한 결과는 상당수의 학생들이 제곱 관계를 이해하고 일반화하는 데 어려움을 겪고 있음을 드러낸다.

라. 반비례 관계: $xy = a$

반비례 관계에 대한 이해는 120쪽(2학년은 24쪽)으로 구성된 동화책을 매일 일정량만큼 읽어나가는 상황에서의 변화하는 두 양인 '하루 동안 읽는 동화책의 쪽수(x)'와 '책을 읽기 위해 필요한 날짜의 수(y)' 사이의 관계가 '$x \times y = 120$(2학년, $x \times y = 24$)'임을 파악하고, x가 주어졌을 때, y의 값을 바르게 구할 수 있는지에 대한 반응 분석을 통해 알아보았다(<표 Ⅳ-10> 참조). 문항별로 학생들의 반응을 자세히 분석하면 다음과 같다. 10번 문항에서의 정답률은 2학년 81.3%, 4학년 94.3%, 6학년 97.7%로 나타났다. 이처럼 반비례 관계의 문제 상황에서 주어진 패턴을 토대로 후속 항의 값을 예측하는 데 있어서 저·중·고학년 학생 모두 높은 성공률을 보였다. 특히, 반비례 관계는 곱셈 및 나눗셈 개념과 직결되며, 곱셈 개념은 2학년에서 나눗셈 개념은 3학년에서 도입된다는 점을 고려할 때, 2학년에서의 성공률이 80%이상이라는 것은 꽤 고무적이라고 할 수 있다.

한편, 하루에 읽는 책의 쪽수가 15쪽(2학년의 경우 2쪽)으로 주어졌을 때의 정답률은 2학년 28.9%, 4학년 52.5%, 6학년 84.0%로 나타났다.

<표 Ⅳ-10> 반비례 관계 과제에서의 정답 빈도수와 정답률

검사 문항 (4·6학년용의 예)	비 고	2학년(N=648)		4학년(N=688)		6학년(N=751)	
		빈도수	정답률	빈도수	정답률	빈도수	정답률
10. 120쪽까지 있는 동화책을 하루에 몇 쪽씩 읽어서 끝까지 다 보려고 합니다. 하루에 읽는 동화책의 쪽수를 줄여나감에 따라 책을 모두 읽기 위해 필요한 날짜의 수는 어떻게 변화할까요? 빈칸에 알맞은 수를 써 넣으시오. 일 월 화 수 목 금 토 1 2 3 4 5 6 7 8 9 10 11 12 13 14 15 16 17 18 19 20 21 22 23 24 25 26 27 28 29 30  하루에 읽는 책의 쪽 수: 120 / 60 / 40 / 30 / 24 날짜의 수: 1 / 2 / 3 / 4 / 5	하루에 읽는 책의 쪽 수=40 날짜의 수=3	569	87.8%	663	96.4%	735	97.9%
	하루에 읽는 책의 쪽 수=30 날짜의 수=4	567	87.5%	658	95.6%	735	97.9%
	하루에 읽는 책의 쪽 수=24 날짜의 수=5	553	82.3%	650	94.5%	734	97.7%
	위의 3개 항목을 모두 맞춘 경우	527	81.3%	649	94.3%	734	97.7%
11. 책을 하루에 15쪽씩 읽는다면, 책을 모두 읽는 데 며칠이 걸릴까요? -->날짜의 수: (8)일	하루에 읽는 책의 쪽 수=15 날짜의 수=8	187	28.9%	361	52.5%	631	84.0%
12. 책을 하루에 □쪽씩 읽는다면, 책을 모두 읽는 데 며칠이 걸릴까요?-(④) ① 120+□ ② 120-□ ③ 120×□ ④ 120÷□	하루에 읽는 책의 쪽 수=□ 날짜의 수 =120÷□	178	27.5%	462	67.2%	652	86.8%

이는 앞선 문항에서의 정답률에 비해 2학년 52.4% 포인트, 4학년 41.8% 포인트, 6학년 13.7% 포인트 더 낮은 것으로 주의를 기울일 필요가 있다.

12번 문항은 하루에 읽는 책의 쪽수가 임의의 수(□)로 주어졌을 때 필요한 날짜의 수를 구하는 것으로, 정답률이 2학년 27.5%, 4학년 67.2%, 6학년 86.8%로 나타났다. 특히, 2학년은 나눗셈 개념 대신 동수누감을 사용하여 문항을 구성하였고 책 한권의 분량을 '24'쪽으로 제시하였는데, 적절한 반응(24에서 □를 몇 번 빼면 되는지를 생각해본다)을 보인 학생의 비율이 30%수준에 미치지 못하는 것으로 드러났다. 오답 반응을 살펴보면, 2학년 학생들은 '24에 □를 몇 번 더하면 되는지를 생각해본다'를 선택한 학생들이 23.1%로 가장 많았고, 4학년 학생들은 '120+□'를 선택한 학생들이 10.2%로 가장 많았다. '덧셈 관계'는 주어진 문제 상황과는 거리가 먼 것으로, 이러한 결과는 상당수의 저·중학년 학생들이 x와 y사이의 반비례 관계를 파악하는 데 어려움을 겪고 있음을 단편적으로 드러낸다고 할 수 있다. 한편, 6학년 학생들의 오답 반응으로는 '120-□'를 선택한 학생들이 4.9%로 가장 많았으며, '120+□'를 선택한 학생들의 비율은 2.3%로 상대적으로 낮게 나타났다.

마. 선형 관계: $y = ax + b$

선형 관계에 대한 이해는 책상과 의자를 이어 붙이는 상황에서 변화하는 두 양인 '책상의 수(x)'와 '앉을 수 있는 사람의 수(y)' 사이의 관계가 '$y = 4 \times x + 2$'임을 파악하고, x가 각각 작은 수, 큰 수, 임의의 수로 주어졌을 때, y의 값을 구할 수 있는지에 대한 반응 분석을 통해 알아보았다(<표 Ⅳ-11> 참조). 문항별로 학생들의 반

<표 Ⅳ-11> 선형 관계 과제에서의 정답 빈도수와 정답률

<table>
<tr><th rowspan="2">검사 문항 (4·6학년용의 예)</th><th rowspan="2">비 고</th><th colspan="2">2학년(N=648)</th><th colspan="2">4학년(N=688)</th><th colspan="2">6학년(N=751)</th></tr>
<tr><th>빈도수</th><th>정답률</th><th>빈도수</th><th>정답률</th><th>빈도수</th><th>정답률</th></tr>
<tr><td rowspan="4">13. 아래 그림과 같이 책상을 길게 이어 붙여서 앉으려고 합니다. 이어붙이는 책상의 수를 늘려 나감에 따라 앉을 수 있는 사람의 수는 어떻게 변화할까요? 빈칸에 알맞은 수를 써 넣으시오.

책상 1개 책상 2개 책상 3개
<table><tr><td>책상의 수</td><td>1</td><td>2</td><td>3</td><td>4</td><td>5</td></tr><tr><td>사람의 수</td><td>6</td><td>10</td><td>14</td><td>18</td><td>22</td></tr></table></td><td>책상의 수=3
사람의 수=14</td><td>507</td><td>78.2%</td><td>611</td><td>88.8%</td><td>714</td><td>95.1%</td></tr>
<tr><td>책상의 수=4
사람의 수=18</td><td>459</td><td>70.8%</td><td>587</td><td>85.3%</td><td>694</td><td>92.4%</td></tr>
<tr><td>책상의 수=5
사람의 수=22</td><td>398</td><td>61.4%</td><td>573</td><td>83.3%</td><td>683</td><td>90.9%</td></tr>
<tr><td>위의 3개 항목을 모두 맞춘 경우</td><td>388</td><td>59.9%</td><td>565</td><td>82.1%</td><td>669</td><td>89.1%</td></tr>
<tr><td>14. 책상 15개를 이어 붙이면, 몇 명의 사람이 앉을 수 있을까요?
---> 사람의 수: (62)명</td><td>책상의 수=15
사람의 수=62</td><td>170</td><td>26.2%</td><td>254</td><td>36.9%</td><td>567</td><td>75.5%</td></tr>
<tr><td>15. 책상 □개를 이어 붙이면, 몇 명의 사람이 앉을 수 있을까요? -------(③)
① □× 4 ② (□ × 2) + 4
③ (□× 4) + 2 ④ (□ × 4) + 4</td><td>책상의 수=□
사람의 수=(□× 4) + 2</td><td>126</td><td>19.4%</td><td>316</td><td>45.9%</td><td>609</td><td>81.1%</td></tr>
</table>

응을 자세히 분석하면 다음과 같다. 먼저 x의 값이 작고 연속된 수(3, 4, 5)로 주어진 13번 문항에서의 반응을 살펴보면, 정답률이 2학년 59.9%, 4학년 82.1%, 6학년 89.1%로 나타났다. 즉, 선형 관계의 문제 상황에서 주어진 패턴을 토대로 후속 항의 값을 예측하는 데 있어서 저학년은 약 60%, 중·고학년은 80% 수준의 성공률을 보였다.

한편, 책상의 수가 비교적 큰 수(2학년: 8, 4·6학년: 15)로 주어졌을 때의 정답률은 2학년 26.2%, 4학년 36.9%, 6학년 75.5%로, 13번 문항의 정답률에 비해, 2학년 33.7%, 4학년 45.2%, 6학년 13.6% 더 낮게 나타났다. 이는 앞선 문항이 그림을 이용하거나 전항과 후항 사이의 관계를 이용해서도 답을 쉽게 구할 수 있지만, 책상의 수가 상대적으로 큰 수일 때는 그런 방법들이 쉽게 통하지 않으며, 두 변량 사이의 관계를 파악할 필요가 있음을 반영한다. 오답 반응으로는 2학년의 경우 x=8일 때의 y의 값으로 '32'를 답한 학생의 비율이 9.3%로 가장 많았고, 4학년에서는 x=15일 때의 y의 값으로 '60'을 답한 학생의 비율이 14.5%로 가장 많았다. 이는 상당수의 학생들이 x와 y사이의 관계를 '$y=4\times x$'로 잘못 파악하고 있음을 드러낸다.

책상의 수가 임의의 수(□)로 주어졌을 때 의 정답률은 2학년 19.4%, 4학년 45.9%, 6학년 81.1%로, 14번 문항에서의 정답률에 비해 2학년의 경우 6.8% 포인트 더 적게 나타난데 반해, 4학년 9% 포인트 더 높게, 6학년 5.6% 포인트 더 높게 나타났다. 오답 반응으로는 2, 4학년 모두 '□×4'를 선택한 학생이 가장 많았으며, 이러한 학생의 비율은 2학년의 30.4%, 4학년의 23.0%로 나타났다. 반면, 6학년에서의 오답 반응으로는 '(□×2)+4'를 선택한 학생들이 8.0%로 가장 많았으며, '□×4'를 선택한 학생 5.2%로 상대적으로 적은 것으로 나타났다.

V. 결론 및 시사점

본 연구는 초등학교 교과서에서 다루는 함수적 관계들을 중심으로 저·중·고학년 학생들의 이해 수준과 경향 등을 분석하였다. 이에 본 연구는 다음과 같은 결론을 얻을 수 있었다.

첫째, 함수적 관계에 대한 학생들의 이해는 지역규모나 성별에 따라 큰 차이가 나타나지 않았으며, 통계적으로도 유의미한 차이를 보이지는 않는 것으로 드러났다. 반면, 과제 유형이나 문제 상황별로는 학생들의 이해 정도에 다소 큰 차이가 나타났으며, 이러한 차이에 주의를 기울일 필요가 있었다.

둘째, 초등학생들의 함수적 사고 능력은 다루는 함수적 관계가 무엇이냐에 따라 다르게 나타났다. 예를 들어, 덧셈 관계의 경우에는 초등학교 저학년에서부터 60%이상의 정답률을 보이기 시작하여 4학년에서는 80%이상, 6학년에서는 95%이상의 정답률을 보였다. 이에 반해, 제곱 관계와 선형관계의 경우에는 4학년에서도 정답률이 60% 수준을 넘지 못하였으며, 6학년에서도 80% 내외의 정답률을 보이는데 그쳤다.

셋째, 학생들은 그림을 활용하거나, 전항과 후항 사이의 관계를 이용하여 해결할 수 있는 문항의 경우에는 꽤 높은 성공률을 보이지만, 변화하는 두 양 사이의 관계를 바르게 파악해야만 해결가능한 문항의 경우에는 많은 어려움을 겪는 것으로 나타났다. 덧셈 관계를 예로 들면, 학생들은 x의 값이 일련의 연속된 수로 주어져서 전항과 후항 사이의 관계를 적용하여 후속 항을 예측할 수 있는 문항에서는 2학년에서도 90%이상의 성공률을 보였다. 이에 반해, x의 값이 큰 수로 주어져서 전항과 후항 사이의 관계를 적용하기 어려운 문제 상황에서는 6학년의 경우에만, 정답률이 90% 수준에 도달하였고, 2학년과 4학년은 각각 약 50%와 약 80% 정도의 정답률을 보이는데 그쳤다.

넷째, 초등학생들에게 임의의 수(□)를 대상으로 함수적 관계를 탐구하도록 하는 활동이, 큰 수를 대상으로 함수적 관계를 탐구하도록 하는 활동에 비해 더 어려운 활동이라고 단정 짓기에는 무리가 있는 것으로 드러났다. 본 연구에서 x의 값이 임의의 수(□)로 주어졌을 때 y값을 구하는 문항에서의 정답률은, x의 값이 큰 수로 주어졌을 때 y값을 구하는 문항에서의 정답률에 비하여 다소 높게 나타났다.

분석 결과를 바탕으로 초등학교에서의 함수적 사고 지도 방안에 대한 시사점을 논의해 보면 다음과 같다. 첫째, 충분한 사례 탐구를 통해 문제 상황 전체를 아우를 수 있는 규칙을 찾아내도록 독려할 필요가 있다. 본 연구에서 상당수의 학생들이 문제에서 주어진 첫 번째 항과 두 번째 항만을 제한적으로 고려하여 규칙을 찾는 경향이 있음을 확인하였다. 이러한 학생들은 자신이 찾은 규칙이 후속 항에서도 참이 되는지에 대한 검토 과정 없이 문제 상황에서 항상 성립하는 규칙으로 쉽게 받아들임으로써 결국 문제 해결에 실패하게 되는 결과를 낳았다. 따라서 문제 상황에 어울리는 충분한 사례들을 찾아내고, 그러한 사례들에 공통으로 적용될 수 있는지를 점검해 나가는 경험을 제공할 필요가 있다.

둘째, 전항과 후항 사이의 관계를 넘어서서 변화하는 두 양 사이의 관계를 탐구하고 정당화하는 경험을 보다 강조하여 제공할 필요가 있다. 본 논문에서 작고 연속된 수 사이의 관계를 찾아 표를 완성하는 문항에서는 비교적 성공률이 높았으나, 큰 수로 주어졌을 때의 성공률은 평균적으로 23.93%포인트 더 낮은 것으로 드러났다. Smith(2008)는 변화하는 두 양 사이의 관계에 초점을 맞추고 하나의 양이 변화할 때, 다른 양이 어떻게 변화하는지를 관련지어 탐구할 때, 비로소 함수적 사고가 시작된다고 논의한다. 그러나 연구결과 상당수의 학생들이 전항과 후항 사이의 관계 탐구에만 머무르는 것으로 나타났다. 이러한 양상은 특히, 문제 상황에 알맞은 관계식을 찾는 과정에서 두드러지게 나타났는데, 많은 학생들이 변화하는 두 양 사이의 관계를 관계식으로 표현하기 보다는, 전항과 후항 사이의 관계를 반영하여 관계식으로 나타내려는 경향을 보였다.

셋째, 초등학교에서 제곱 관계를 다룰 때, 더욱 세심하게 접근할 필요가 있다. 제곱 관계는 4학년 1, 2학기 교과서에서 다루어지는 관계 중 하나로, 변화하는 양 사이의 관계를 '수', '글', '말' '기호를 이용한 식' 등을 사용하여 표현하도록 일련의 활동들이 제시되어 있다. 그러나 연구 결과, 학생들의 제곱 관계에 대한 이해는 다른 함수적 관계와 비교해 볼 때 가장 낮게 드러났다. 특히 교과서와 유사한 형태의 문항에 대해서 4학년 학생들의 정답률이 50%에 미치지 못하는 것으로 드러났음에 주목할 필요가 있다. 교육과정상 6학년에서 다루는 정비례 관계와 반비례 관계에 대한 4학년 학생들의 정답률이 70%를 넘는다는 것과 대조해볼 때 제곱 관계에 대한 정답률은 더욱 낮다는 것을 알 수 있다. 따라서 다른 함수적 관계와 비교하여 특히 제곱 관계에 대한 학생들의 이해 정도가 낮은 이유를 보다 면밀하게 조사할 필요가 있다.

본 연구는 초기 대수적 관점에서 초등학생들의 함수적 사고 능력에 대한 최근의 관심에도 불구하고 정작 우리나라 학생들 전반에 걸친 이해 능력을 조사한 연구가 없다는 점을 감안할 때 의미 있는 자료를 제공해 줄 수 있을 것으로 기대된다. 본 연구를 바탕으로 앞으로 초등학생들의 함수적 사고 능력을 함양하기 위한 구체적인 지도 방안이 논의되기를 기대한다.

참고문헌

교육부(1997). 수학과 교육과정. 교육부 고시 제 1997-15 [별책 8]. 서울: 대한교과서.

교육과학기술부(2011). 수학과 교육과정. 교육과학기술부 고시 제2011-361호[별책 8].

교육과학기술부(2010a). 수학 4-1. 서울: 두산동아.

교육과학기술부(2010b). 수학 4-2. 서울: 두산동아.

교육인적자원부(2007). 수학과 교육과정. 교육인적자원부 고시 제2007-79호[별책 8].

김남희 · 나귀수 · 박경미 · 이경화 · 정영옥 · 홍진곤(2006). 수학교육과정과 교재연구. 서울: 경문사.

김성준(2003). 패턴과 일반화를 강조한 대수 접근법 고찰. 학교수학, 5(3), 343-360.

나경수·최성필(2011). 타 교과와 연결된 상황 설정을 통한 함수적 사고 지도 방안. 학교수학, 13(4), 651-674.

이화영·류현아·장경윤(2009). 함수의 그래프 표현 및 그래프 해석 지도 가능성 탐색: 초등학교 5학년을 중심으로. 학교수학, 11(1), 131-145.

최지영·방정숙(2008). 초등학교 4학년 학생들의 대수적 사고 분석. 수학교육 논문집, 22(2), 137-164.

Blanton, M. L., & Kaput, J. J. (2004). Elementary grades students' capacity for functional thinking. *Proceeding of the 28th Conference of the International Group for the Psychology of Mathematics Education,* Vol. 2, pp. 135-142.

Blanton, M. L., & Kaput, J. J. (2005). Characterizing a classroom practice that promotes algebraic reasoning. *Journal for Research in Mathematics Education,* 36(5), 412-446.

Boester, T., & Lehrer, R. (2008). Visualizing algebraic reasoning. In J. J. Kaput, D. W. Carraher, & M. L. Blanton (Eds.), *Algebra in the early grades* (pp. 211-234). New York, NY: Lawrence Erlbaum.

Brizuela, B., & Earnest, D. (2008). Multiple notational systems and algebraic understandings: The case of the "best deal" problem. In J. J. Kaput, D. W. Carraher, & M. L. Blanton (Eds.), *Algebra in the early grades* (pp. 273-302). New York, NY: Lawrence Erlbaum.

Carraher, D. W., & Schliemann, A. D. (2007). Early algebra and algebraic reasoning. In F. K. Lester (Ed.), *Second handbook of research on mathematics teaching and learning* (pp. 669-705). Reston, VA: National Council of Teachers of Mathematics.

Carraher, D. W., Schliemann, A. D., Brizuela, B. M., & Earnest, D. (2006). Arithmetic and algebra in early mathematics education. *Journal for Research in Mathematics Education,* 37(2), 87-115.

Jacobs, V. R., Franke, M. L., Carpenter, T. P., Levi, L., & Battey, D. (2007). Professional development focused on children's algebraic reasoning in elementary school. *Journal for Research in Mathematics Education,* 38(3), 358-288.

Kaput, J. J. (1998). Transforming algebra from an engine of inequity to an engine of mathematical power by "algebrafying" the K-12 curriculum. In National Council of Teachers of Mathematics & Mathematical Sciences Education Board (Eds.), *The nature and role of algebra in the K-14 curriculum: Proceedings of a national symposium.* Washington, DC: National Academy Press.

Kaput, J. J. (2008). What is algebra? What is algebraic reasoning? In J. J. Kaput, D. W.

Carraher, & M. L. Blanton (Eds.), *Algebra in the early grades* (pp. 5-17). New York: Lawrence Erlbaum.

Kaput, J. J., Carraher, D. W., & Blanton, M. L. (Eds.). (2008). *Algebra in the early grades.* New York, NY: Lawrence Erlbaum.

Kilpatrick, J., & Izsák, A. (2008). A history of algebra in the school curriculum. In C. E. Greenes & R. Rubenstein (Eds.), *Algebra and algebraic thinking in school mathematics* (pp. 3-18). Reston, VA: National Council of Teachers of Mathematics.

Moss, J., Beatty, R., Barkin, S., & Shillolo, G. (2008). "What is your theory? What is your rule?" fourth grades build an understanding of functions through patterns and generalizing problems. In C. E. Greenes, & R. Rubenstein (Eds.), *Algebra and algebraic thinking in school* mathematics (pp. 155-168). Reston, VA: National Council of Teachers of Mathematics.

National Council of Teachers of Mathematics. (2000). *Principles and standards for school mathematics.* Reston, VA: Author.

Smith, E. (2008). Representational thinking as a framework for introducing functions in the elementary curriculum. In J. J. Kaput, D. W. Carraher, & M. L. Blanton (Eds.), *Algebra in the early grades* (pp. 133-160). New York: Lawrence Erlbaum.

Warren, E. (2005). Young children's ability to generalize the pattern rule for growing patterns. In H. Chick, & J. Vincent (Eds.), *Proceedings of the 29th Conference of the International Group for the Psychology of Mathematics Education,* Vol. 4, pp. 305-312. Melbourne, Victoria: University of Melbourne.

Warren, E., & Cooper, T. (2008). Patterns that support early algebraic thinking in the elementary school. In C. E. Greenes, & R. Rubenstein (Eds.), *Algebra and algebraic thinking in school mathematics* (pp. 113-126). Reston, VA: National Council of Teachers of Mathematics.

07 『평가 문항을 활용한 중학교 수학 교육과정의 내용 및 인지행동의 위계성 조사』에서 사용한 '양적 연구' 방법에 대한 해설

송 미 영[7]

학생들이 수학적 능력이나 특성은 직접 관찰할 수 없는 내재적 속성이기 때문에 검사(test)라는 도구를 사용하여 측정한다. 경험적 자료를 수집하여 분석하는 양적 연구의 경우, 대개 검사 도구를 통해 측정하여 수학적 능력이나 특성에 대한 정보를 수집한다. 학생들의 응답결과를 검사 이론에 의해 분석하여 문항난이도(item difficulty), 문항변별도(item discrimination) 등 문항의 특성에 대한 정보 또한 얻을 수 있다.

본 논문(송미영 외, 2007)의 주요 연구 방법은 양적 연구로서, 수학과 교육과정의 특성을 실증적으로 검토하기 위해 학생들의 수학 성취를 평가한 경험적 자료를 활용하여 문항 특성을 분석하였다. 학생들에게 학습하기 쉬운 내용이 어려운 내용에 앞서 도입되었는지, 다시 말해 우리나라 학생들이 학습하기에 용이한 순서로 수학과의 교육내용이 배열되어 있는지를 조사하는 것이 본 논문의 주요 목적이다. 우리나라의 수학과 교육과정은 국가 수준에서 운영되는 것이기 때문에, 국가 수준에서 교육과정에 근거하여 평가 도구가 개발되어 전국 단위로 시행되는 국가수준 학업성취도 평가 문항과 그에 대한 학생들의 응답 자료를 분석하였다. 본 연구에서는 2004년과 2005년에 실시된 중학교 수학과 학업성취도 평가 문항 60개를 분석 대상으로 선정하였다. 1개년 자료로는 문항 수가 30개로 매우 제한적일 수 있기에 본 연구를 수행할 당시 최신 2개년 자료를 활용하였다.

어떤 내용영역과 인지행동을 다루고 있는 문항이 학생들에게 쉬운지 아니면 어려운지는 문항난이도를 분석함으로써 파악할 수 있다. 문항의 쉽고 어려운 정도를 나타내는 문항난이도를 분석하기 위하여 본 연구에서는 고전검사이론(classical test theory)과 문항반응이론(item response theory)을 각각 적용하였다. 두 가지 검사이론에 의해 문항난이도를 추정한 이유는 고전검사이론에 의한 문항난이도는 손쉽게 산출되며 널리 쓰이고 있기 때문이고, 문항반응이론에 의하여 문항난이도를 추정하면 고전검사이론과 달리 어떤 능력 수준의 집단에 검사를 실시한 자료로 분석하여도 거의 같은 추정치를 갖는 장점(이를 불변성이라 함)이 있기 때문이다.

7) 한국교육과정평가원, mysong@kice.re.kr

고전검사이론에 의한 문항난이도 지수는 총 수험자 중에서 답을 맞힌 수험자의 비율, 즉 해당 문항의 정답률 p로 계산하고, 값이 커질수록 쉬운 문항이다. 문항반응이론에서는 [그림 1]과 같이 학생의 능력수준 θ와 문항에 대한 정답 확률 P(θ)와의 함수관계를 표현하는데, 이를 문항특성곡선이라 한다(성태제, 2001). 문항반응이론의 문항난이도 b란 문항의 정답을 맞힐 확률이 (1-c)/2에 해당하는 능력수준으로 추정하며, 값이 커질수록 어려운 문항이라 평가한다. 고전검사이론의 문항난이도는 수험자 집단의 특성에 의하여 변하는 반면, 문항반응이론에 의한 문항난이도는 불변성이 유지되는 장점이 있으므로 측정 분야에서의 활용도가 점점 높아지고 있다. 국가수준 학업성취도 평가에서는 연도간 검사점수 비교를 위해 문항반응이론에 의한 동등화(equating)를 수행하고 있으며(박정 외, 2006), 이러한 작업을 통해 2004년과 2005년의 문항난이도 b는 모두 공통척도 위에 놓여 있으므로 상호 비교할 수 있다.

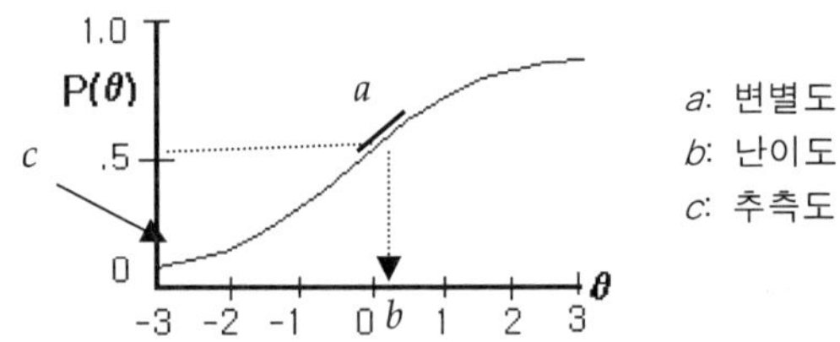

[그림 1] 문항특성곡선의 예

고전검사이론과 문항반응이론에 의한 문항난이도를 추정하여 문항의 내용 및 인지행동 위계(1~60)와의 상관관계를 파악함으로써 수학 교육과정의 내용이 수학의 논리적 체계 속에서 학년에 따라 위계적으로 구성되어 있는지를 살펴보았다. 이러한 방법은, 미국 내 한 대학의 수학 교과의 이수 내용 순서와 진단평가 문항의 난이도 순위 사이에 상관관계가 있음을 밝혀, 교육과정의 위계성이 적절함을 보인 Shermis & Chang(1997)의 연구에 사용된 바 있다. 두 변수의 관계를 파악하기 위해 보편적으로 쓰이는 Pearson의 적률상관계수는 원칙적으로 두 변수가 연속적인 동간척도나 비율척도인 변수이며 또한 각각 정규분포를 이룬다는 조건이 성립될 때 적용될 수 있다. 문항의 위계는 이러한 조건을 만족하지 않는 서열척도이라는 특성을 가지므로, 두 변수간 순위의 일치도를 검정할 때 사용하는 Spearman의 등위상관계수(rank order correlation)를 산출하고, 통계적으로 유의한지 검증하였다. 연구 자료를 통계적으로 분석할 때, 이와 같이 주어진 자료의 특성에 맞는 통계적 방법을 적용하는 것이 중요하다.

문항의 위계는 질적인 내용 분석과 전문가 합의에 의해 다음과 같은 방법으로 1부터

60까지 설정되었다. 우선 문항의 위계를 설정하기에 앞서 국가수준 학업성취도 평가틀에 따라 문항별로 내용영역과 인지행동을 규정하였다. 문항의 내용영역 위계는 교육과정에 제시된 내용영역의 순서에 따라 설정하였고, 인지행동의 위계는 그 복잡성을 기준으로 설정하였다. 계산→이해→추론→문제해결 순으로 복잡한 인지행동이 요구되는 것으로 평가하고, 네 가지 인지행동의 동일한 영역 내에서는 문제에 제시된 식을 간단히 하고, 관련 개념이 여러 개이고, 식을 세우고, 답을 도출하고, 해석하는 등에서의 상대적인 복잡성을 평가하였다(Nesher 등, 2003). 그럼에도 문항의 인지행동 위계가 설정되지 않는 경우에는 교육과정 내용의 위계를 따랐다. 이와 같은 기준을 적용하여 전체 60문항의 인지행동 위계를 설정할 때 주관적인 판단이 개입되는 것을 보정하기 위하여 수학교육 전문가 3인의 합의를 거쳤다.

두 변수의 상관관계를 분석할 때, 전반적인 경향과 다소 다른 사례가 일부 발견되기도 한다. 이럴 경우 왜 이러한 현상이 나타나는지에 대해서 살펴봄으로써 연구 결과에 대한 풍부한 해석이 가능해진다. 본 연구에서는 문항 위계와 문항난이도 순위 간 선형성 관계에서 가장 벗어난 문항들을 특이 문항으로 선정하고 그 문항들의 답지반응분포 등의 경험적 자료와 함께 그 특성에 대해 질적인 내용도 분석하였다.

참고문헌

박정, 김경희, 김수진, 손원숙, 송미영, 조지민 (2006). **국가수준 학업성취도 평가 – 기술보고서–**. 한국교육과정평가원 연구보고 RRO 2006-4.

성태제 (2001). **문항반응이론의 이해와 적용**. 서울: 교육과학사.

송미영, 김선희 (2007). 평가 문항을 활용한 중학교 수학 교육과정의 내용 및 인지행동의 위계성 조사, **학교수학, 9**(2), 223-240.

Nesher, P., Hershkovitz, S., & Novotna, J. (2003). Situation model, text base, and what else? Factors affecting problem solving. *Educational Studies in Mathematics, 52*, pp. 151-176.

Shermis, M.D. & Chang, S. (1997). The use of item response theory(IRT) to investigate the hierarchical nature of a college mathematics curriculum. *Educational and Psychological Measurement, 57*(3), pp. 450-458.

대한수학교육학회지<학교수학> 제 9 권 제 2 호
Journal of Korea Society of Educational Studies in Mathematics
School Mathematics Vol.9, No.2, 223-240. Jun. 2007

평가 문항을 활용한 중학교 수학 교육과정의 내용 및 인지행동의 위계성 조사

송 미 영* · 김 선 희**

본 연구는 중학생들의 수학 성취를 국가수준에서 평가한 경험적 자료를 활용하여 우리나라 중학교 수학과 교육과정의 내용과 수학에서의 인지행동이 위계적으로 구성되어 있는지를 조사하였다. 전반적으로 교육과정의 내용 제시 순서는 난이도 순위와 통계적으로 유의한 상관관계가 나타나지 않은 반면, 인지행동의 위계는 난이도 순위와 통계적으로 유의한 상관관계가 있었다. 이러한 결과에서 검사 문항의 난이도 순위가 학교에서 배운 수학 교과 내용의 순서보다는 문항에서 요구하는 인지행동의 수준과 더 관련이 있음을 알 수 있었다. 그리고 내용 위계와 인지행동의 위계 간 상관관계가 유의하게 나타나, 교육과정에서 늦게 등장하는 내용일수록 요구되는 인지행동도 높은 수준임을 발견할 수 있었다. 내용 및 인지행동의 위계와 난이도 순위 간 상관분석에서 특이한 양상을 나타낸 문항에 대해서는 그 특성을 분석하였다.

Ⅰ. 서 론

교육과정의 질에 대한 평가는 학생들이 반드시 성취해야 할 내용이 포함되었는지, 그 내용이 학생들의 인지 수준에 적정한지, 내용 간의 위계가 적절하고 학습하기에 용이한 순서로 조직되었는지, 실현 가능한지, 전체적으로 일관성 있게 구성되었는지, 정확하고 원활하게 의사소통 되는지 등 다면적으로 이루어질 수 있다(박선화 외, 2006). 특히 학생들에게 쉬운 내용이 어려운 내용에 앞서 도입되어야 하는 것이 적절하다는 측면에서(NCTM, 1989), 학생들이 학습하기에 용이한 순서로 수학과의 교육내용이 배열되어 있는지, 즉 수학 교육과정의 내용이 수학의 논리적 체계 속에서 학년에 따라 위계적으로 구성되어 있는지에 대한 검토는 필요하다.

학교 교육의 결과로서 학생들이 얻게 되는 교육적 경험은 학교 내에서 교사와 학생의 상호 작용 속에서 실행된 교육과정에 의존하게 되고, 학교 내에서 교육과정의 실행은 교육과정 문서나 교과서 등에 드러난 국가 교육과정을 기초로 하여 이루어진다. 따라서 학생들의 수학 성취를 평가한 경험적 자료를 통해 수학과 교육과정의 특성에 대한 실증적 검토는 교육과정의 질 판단을 위한 의미 있는 기초 자료를 산출할 수 있다. 한 예로 Shermis & Chang (1997)은 미국 내 한 대학의 수학 교과목의 이수 내용 순서와 진단평가 문항의 난이도 순위 사이에 유의한 상관관계가 있음을 밝혀, 대학 수학 교육과정에 대하여 위계성이 적절함을 보인 바 있다.

우리나라 수학과 교육과정의 질에 대한 평가는 교육과정 개정 시에 집중적으로 이루어지

* 한국교육과정평가원 부연구위원(mysong@kice.re.kr)
** 한국교육과정평가원 부연구위원(math1207@kice.re.kr)

며, 학교 현장의 수학 교사들과 수학, 수학교육 전문가들의 의견을 중심으로 현대 수학교육의 동향이 반영되어 새로운 대안을 모색하는 양상을 띠고 있다. 즉 학습의 주체인 학생들의 입장에서 교육과정에 대한 평가는 이루어지지 않고 있으며, 보다 쉬운 것이 어려운 것에 선행되어 구성되었는지에 대한 실증적인 검토는 거의 이루어지지 않고 있다. 이에 본 연구는 교육과정의 범위를 중학교 교육과정에 한정하여 국가수준에서 실시된 학업성취도 평가 자료를 통해 우리나라 수학과 교육과정의 내용 구성이 위계적인 본질을 갖고 있는지 파악해 보고자 한다. 교육과정의 질을 평가하는 일은 다양한 측면에서 이루어져야 할 것이나 본 연구에서는 학생의 성취라는 실증적 자료를 통해 문항의 난이도로 교육과정 내용의 위계를 탐색하려는 것이다. 이 때 학생의 성취는 교과 지식 내용뿐 아니라 인지행동에서도 일어나므로, 두 영역에서의 위계성을 점검할 것이다.

수학과 교육과정 문서의 진술에는 교과 지식인 내용영역뿐 아니라 인지행동도 포함되어 있다. 예를 들면 '…를 이해하고 이를 구할 수 있다.'와 같이 내용과 인지행동이 조합된 형식으로 학생들이 성취해야 할 기준이 진술되어 있다. 이렇게 진술된 교육과정을 기초로 학생이 얻게 되는 교육적 경험은 교과 지식 내용뿐 아니라 인지행동도 포함된다. 같은 수준의 동일 내용영역은 여러 인지행동과 연관지어 학습될 수 있으며, 더 고차원적인 능력 및 기술을 익힐 때 쉬운 주제로 다루어질 수도 있다.

따라서 본 연구는 중학교 수학과 교육과정에서 학생들이 성취하기를 기대하는 교과 지식 내용과 수학에서의 인지행동, 그리고 그 위계에 대한 고찰을 토대로 교육과정 문서에서 제시된 교과 내용의 조직 위계 및 인지행동의 위계와 국가수준 학업성취도 평가 문항의 난이도 순위 간 상관관계를 파악하고자 한다. 이를 통하여 중학교 수학과 교육과정의 내용과 인지행동의 위계성을 점검하고, 어떤 것이 문항의 난이도와 더 강한 상관관계를 갖는지, 내용 조직의 순서와 인지행동의 수준은 상관이 있는지 분석하고자 한다. 이러한 목적을 달성하기 위하여 본 연구에서 설정한 연구 문제는 다음과 같다.

첫째, 중학교 수학 교육과정의 내용영역 위계와 문항난이도 순위 간에 상관관계가 있는가?

둘째, 수학 교과의 인지행동 위계와 문항난이도 순위 간에 상관관계가 있는가?

셋째, 중학교 수학 교육과정의 내용영역 위계와 인지행동 위계 간에 상관관계가 있는가?

II. 인지행동의 위계

수학 교육을 통해 학생들은 다양한 수학적 능력을 신장시킬 기회를 갖는다. 기본적인 알고리즘에 따라 수나 문자를 다루는 계산 능력, 수학적 개념을 알고 그것을 적용할 수 있는 이해 능력, 논리나 발견을 조장할 수 있는 추론 능력, 문제 상황에서 수학적 지식을 전략적으로 활용할 수 있는 문제해결 능력 등은 수학 교육을 통해 가장 잘 형성될 수 있다. 이러한 수학적 능력은 인지행동으로도 불리며, 여러 평가 틀에서 행동 영역으로도 분류되고 있다.

예를 들어, 경제협력개발기구(Organization for Economic Co-operation and Development; OECD)의 학업성취도 국제 비교 연구인 PISA (Programme for International Student Assessment)는 수학적 능력을 수학적 사고와 추론, 수학적 논쟁, 수학적 의사소통, 모델링, 문제 제기와 문제해결, 표현, 상징적 · 형식적 · 기법적인 언어와 조작의 활용, 보조 교구와 도구의 활용 등의 8가지로 제시한다. 이러한 능력들은 많은 부분에서 중첩되며 '실제 상황'에서 수학을 할 때는 다양한 능력들이 동시에 필요하기 때문에, 학교 교육을 받은 학생들이 장차 사회에 나가서 생산적인 역할을 할 준비가 되어 있는가를 점검하기 위한 연구인 PISA는 각각의 능력을 포괄하여 재생군(reproduction cluster), 연결군(connection cluster), 반성군(reflection cluster)으로 구분하고 있다(이미경 외, 2004). PISA 2000 (노국향, 최승현, 박경미, 2001)에서 이 세 가지의 능력군을 수준 1, 2, 3으로 표현한 것을 볼 때, 각각의 능력군에 수준의 위계가 내포되어 있음을 알 수 있다.

국제교육평가협회(International Association for the Evaluation of Educational Achievement: IEA)가 추진하는 수학·과학 추이 변화 국제비교 연구인 TIMSS(Trends in Mathematics and Science Study) 평가 틀에도 인지행동이 제시되어 있다. 학생들이 수학 내용을 학습함에 따라 습득하기를 기대하는 인지행동은, TIMSS 2007에서는 알기(knowing), 적용하기(applying), 추론하기(reasoning)의 세 영역으로 구성된다 (Mullis et al, 2005). 이는 TIMSS 2003에서 사실과 절차 알기, 개념의 활용, 정형적인 문제해결, 추론의 네 영역으로 구분된 인지행동이 수정된 것이다.

우리나라 국가수준 학업성취도 평가[1)]에서는 수학과 관련된 인지행동을 황혜정·최승현(1999)의 연구에 따라 계산, 이해, 문제해결, 추론, 의사소통으로 나눈다. '계산'은 여러 가지 계산 방법뿐 아니라 문제해결에 이르기 위한 명확한 절차, 즉 알고리즘을 능숙하게 구사할 수 있는 능력에 관한 것이고, '이해'는 기본적인 수학적 개념, 원리, 법칙 및 그 관련성을 이해하여 의미 충실한 개념적 사고를 형성할 수 있는 능력에 관한 것이다. '추론'은 관찰, 열거, 실험 등을 통한 귀납, 유추, 추측에 의해 수학적 법칙과 문제의 해법을 발견할 수 있는 능력, 조건명제의 증명, 삼단논법에 의한 연역적 추론, 반례에 의한 증명, 간접증명법, 모순법, 동치인 명제의 증명, 수학적 귀납법 등을 이용한 증명을 읽고 이해할 수 있으며 이러한 방법을 사용하여 수학적 명제를 증명할 수 있는 능력을 말한다. '문제해결'은 수학의 여러 가지 내용 사이의 개념, 원리, 법칙 등의 관련성이 요구되는 수학 내적인 문제를 해결할 수 있는 능력과, 수학과 일상생활 및 타교과와 관련성이 있는 통합교과적인 소재의 응용 문제를 해결할 수 있는 능력에 관한 것이다. '의사소통'은 계산, 개념, 추론, 문제해결 영역에 관한 문제를 해결하는 상황에서 주어진 문제 상황과 관련된 수학적 내용을 토대로 수학적 용어, 기호, 문장 등을 이용하여 그 해결 과정의 근거와 이유를 표현할 수 있는 능력을 말한다. 의사소통 능력은 구성형, 개방형의 문항에서 적절하게 평가될 수 있으며 선다형에서는 측정하기 어렵다.

위의 여러 평가 틀에 따른 인지행동의 구분을 볼 때, 인지행동은 평가의 목적과 문항 유형에 따라 다름을 알 수 있다. 그리고 하나의 평가 틀 내에서의 인지행동 구분도 규정하기에 따라 수정 가능하다. 또한 하나의 문항이 어떤 능력 한 가지만을 측정한다고 규정하기에 어려움이 있다는 것도 PISA의 능력군 개념을 통해 알 수 있다.

인지행동의 위계를 설정하기 위해 본 연구는 성취도 평가 문항 각각에 인지행동을 대응시키

---

1) 이하 성취도 평가라 함.

고 그 위계를 규정하였다. 인지행동의 위계를 규정하는 것은 크게 두 가지 차원에서 이루어질 수 있다. 첫째는 평가 틀의 인지행동 간의 위계이고, 둘째는 각 인지행동 내에서의 위계이다.

첫 번째, 인지행동 간의 위계는 PISA의 능력군 개념을 적용하여 그 위계를 생각해 볼 수 있다. 본 연구는 성취도 평가의 선다형 문항을 사용할 것이므로, 그 평가 틀에 따라 인지행동을 계산, 이해, 추론, 문제해결로 구분한다. '계산'은 기본적인 알고리즘을 구사할 수 있는 재생군 수준의 능력으로, 다른 인지행동에 비해 낮은 수준이라 할 수 있다. '이해'는 단순한 지식의 기억보다는 그 관련성을 이해하는 것으로 연결군에 해당한다고 할 수 있다. 그리고 '추론'과 '문제해결'은 논증이나 일반화, 문제의 수학화 등에 해당하는 반성군이다. 이때 추론은 문제해결에서도 적용되는 능력이므로, 문제해결을 추론보다 더 상위 수준으로 두었다. 따라서 인지행동은 '계산-이해-추론-문제해결'의 순으로 높은 수준이 되는 위계라 할 수 있다.

두 번째, 각 인지행동 내에서의 위계는 복잡성의 정도에 따라 그 위계를 정할 수 있다. 동일한 '계산'이라도 주어진 식의 복잡성에 따라 수준이 다를 수 있으며, '이해' 내에서도 관련 개념의 수준이나 얼마나 많은 개념의 연결이 필요한지에 따라 그 수준이 다를 수 있다. 또한 이것은 '추론'이나 '문제해결'에서도 마찬가지이다. Nesher, Hershkovitz & Novotna(2003)는 세 양의 비교를 S-P(공유된 부분) 스키마와 H(위계적) 스키마, S-W(공유된 전체)의 스키마로 나누고 이 스키마 각각에서의 복잡성 지수를 도출하여, 문제에서 요구되는 과정이 제시되는 조건에 따라 얼마나 복잡한지를 구하였다. 스키마별로 문제해결에 사용되는 복잡성 지수는 그 문제를 해결하는 데 있어 학생들이 얼마나 많은 개념과 절차를 활용해야 하는지를 나타낸다. 이 방법을 적용한다면, 동일한 인지행동 내에서 복잡한 정도에 따라 문항의 위계성을 세워, 각 문항간 상대적인 복잡성으로 인지행동 내에서의 순서를 정할 수 있다.

이러한 방식에서 의하여 인지행동의 위계를 설정하는 구체적인 예는 다음과 같다. [그림 Ⅱ-1]과 [그림 Ⅱ-2]는 모두 도형 영역에서 문제해결 행동을 요구하는 문항이다. [그림 Ⅱ-1]에 제시된 문항을 풀기 위해서 학생들은 $\triangle ABD$와 $\triangle ACD$이 합동임을 파악하고 삼각형의 내각의 합이 180°임을 이용하여 x의 크기를 구하여야 한다. 이에 비해 [그림 Ⅱ-2]는 닮음의 위치에 있는 두 사각형에서 닮음의 중심이 무엇인지 파악하고, "닮음의 중심으로부터 두 도형 위의 대응하는 점까지의 거리의 비가 일정하고 그것이 닮음비와 같다"는 성질을 생각하여, 주어진 변의 길이로 어떻게 닮음비를 만들어야 하는지 찾아야 한다. [그림 Ⅱ-1]에서 합동인 삼각형을 시각적으로 바로 인지하고 각의 크기도 쉽게 구할 수 있는 반면, [그림 Ⅱ-2]에서는 관련된 성질을 적용하기에 도형이 더 복잡하고 비례식을 이용하는 계산이 더 복잡하므로 [그림 Ⅱ-1]보다 높은 수준의 문제해결 행동이 요구된다고 할 수 있다. 즉, 동일한 인지행동 내에서도 문항의 복잡성에 따라 그 위계를 설정하는 것이다.

4. $\overline{AB}=\overline{AC}$인 이등변삼각형 ABC에서 점 D는 점 A에서 변 BC에 내린 수선의 발이다. $\angle ACD = 63°$일 때, $\angle BAD$의 크기는?

① 23° ② 27° ③ 30°
④ 33° ⑤ 37°

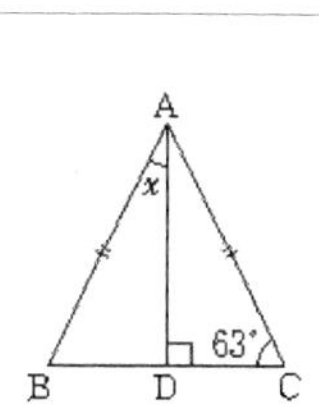

[그림 Ⅱ-1] 2005년 성취도 평가 A형 4번 문항

12. 사각형 ABCD와 사각형 EFGC가 서로 닮음의 위치에 있다. $\overline{GO} = 4cm$, $\overline{OC} = 6cm$, $\overline{DG} = 5cm$일 때, 두 도형의 닮음비는?

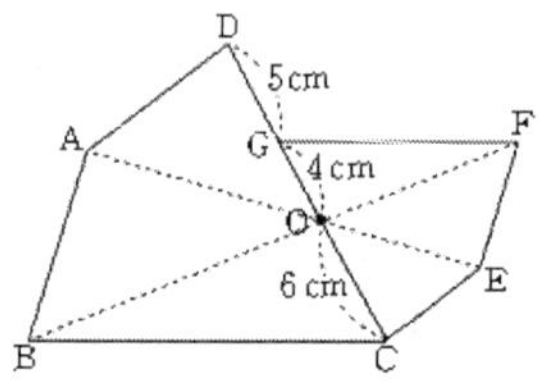

① 3 : 2 ② 4 : 3 ③ 5 : 4
④ 6 : 5 ⑤ 7 : 6

[그림 Ⅱ-2] 2005년 성취도 평가 A형 12번 문항

Ⅲ. 연구 방법

1. 연구 자료

본 연구에서는 중학교 수학과 7차 교육과정의 내용과 인지행동의 위계성을 분석하기 위해서 2004년과 2005년 성취도 평가의 중학교 3학년용 수학 검사와 이에 대한 응답 자료를 사용하였다. 성취도 평가는 교육과정에서 규정하고 있는 교육목표에 비추어 학생의 목표 도달도, 교육과정의 문제점과 정착 정도, 연도별 변화추이 등을 파악하기 위하여 매년 10월 시행되는 전국 규모의 평가이다. 성취도 평가의 중학교 3학년용 수학 검사는 중학교 교육과정의 전체 6개 내용영역, 즉 수와 연산, 도형, 측정, 확률과 통계, 문자와 식, 규칙성과 함수에서 계산, 이해, 추론, 문제 해결, 의사소통의 인지행동을 측정하는 문항 36개로 구성된다.

본 연구는 현재까지 성취도 평가 결과가 발표된 최근 2개년, 즉 2004년 성취도 평가의 중학교 3학년용 수학 검사와 2005년 성취도 평가의 중학교 3학년용 수학 검사 중 A형[2]의 선다형 문항을 분석 대상으로 선택하였다. 이 검사도구는 선다형 30문항과 구성형(constructed-response item) 6문항으로 구성된 혼합형 검사이다. 혼합형 검사는 각 문항 유형간 특성의 차이로 인한 유형 효과(format effect)가 발생할 수 있다. 선다형 문항과 구성형 문항이 동일한 영역과 내용을 다루도록 제작하더라도 각 문항 유형이 측정하는 특성(trait), 수험자가 문항을 인지하는 과정과 정서적 반응 등에 차이가 있다고 보고되었다(노국향, 김신영, 2000; Birenbaum & Feldman, 1998; Thissen, Wainer, & Wang, 1994; Zeinder, 1987). 이러한 문항 유형의 차이를 고려하여 본 연구는 각 문항 유형에서 요구되는 인지행동이 차별화되기 때문에 선다형 문항만을 선택하여 분석하였다. 따라서 본 연구에서 분석한 문항의 수는 2004년 검사 중 선다형 30문항과 2005년 A형 검사 중 선다형 30문항, 총 60개의 선다형 문항이다. 각 문항의 내용영역과 인지행동은 [부록]에 제시되어 있으며, <표 Ⅲ-1>은 내용영역과 인지행동별 문항 수를 보여준다.

<표 Ⅲ-1> 내용 및 행동영역별 문항 분포

내용 \ 행동	계산	이해	추론	문제해결	합계
수와 연산	2	4	1	2	9
도형	0	3	5	4	12
측정	1	3	1	3	8
확률과 통계	1	3	1	5	10
문자와 식	7	2	0	3	12
규칙성과 함수	0	6	1	2	9
합계	11	21	9	19	60

2) 2005년 성취도 평가 이후에는 변화추이 분석을 위한 검사점수 동등화의 목적으로 교과별 검사 도구 2종(A형, B형)을 개발・시행하고, 이 중 B형 검사의 문항은 공개하지 않음.

2004년과 2005년 성취도 평가는 전국의 중학교 3학년에 재학 중인 학생 중 1%의 학생을 표집하여 당해연도 10월 셋째 주에 실시되었다(조영미, 이대현, 이봉주, 2004; 이양락 외, 2005). 시·도교육청, 도시화, 학교 규모 등을 고려한 2단계 층화군집표집설계(A two-stage stratified cluster sample design)에 의해 평가대상으로 선정되어 2004년 검사를 치른 6,276명의 문항반응자료와 2005년 A형 검사를 치른 3,309명의 문항반응자료를 분석하였다.

2. 분석 방법 및 절차

I 장에서 기술한 연구문제에 따라 성취도 평가 문항의 내용영역 위계 및 인지행동 위계를 각각 설정하고, 이들과 문항난이도간 상관관계를 산출하였으며, 특이한 경향을 보이는 문항 내용에 대한 질적 분석을 수행하는 일련의 절차를 거쳐 연구가 진행되었다.

가. 내용영역의 위계 설정

성취도 평가 중학교 3학년용 검사도구에 포함된 선다형 60문항이 측정하는 내용영역의 위계는 7차 교육과정과 교과서에 제시되어 있는 순서에 따라 설정하였다. 교과서를 편찬할 때 교육과정을 재구성할 수 있도록 되어 있으나 7차 교육과정이 적용된 교과서들은 내용 순서를 거의 동일하게 따르고 있다. 따라서 총 60개 문항의 내용영역 위계를 교육과정과 교과서에서 제시되는 순서에 따라 정하고, 6개 내용영역 내에서도 이와 같은 방식에 의하여 그 위계를 정하였다. <표 Ⅲ-2>는 60개 선다형 문항의 주된 평가 내용을 6개 내용영역 및 단계별로 간략하게 제시한 것이며, 평가 내용은 교육과

<표 Ⅲ-2> 내용영역별 평가 내용

내용 영역	단계	평가 내용
수와 연산	7	집합, 자연수의 성질(소인수분해, 최대공약수, 최소공배수), 십진법과 이진법, 정수와 유리수의 개념과 대소관계, 정수와 유리수의 사칙계산
	8	유리수와 소수, 유리수와 순환소수
	9	제곱근과 실수(무리수의 개념, 실수의 대소 관계와 수직선), 근호를 포함한 식의 계산
도형	7	기본도형, 작도와 합동, 평면도형의 성질, 입체도형의 성질
	8	삼각형과 사각형의 성질, 도형의 닮음, 닮음의 응용,
	9	피타고라스의 정리 및 활용
측정	7	다각형과 각의 크기, 도형의 길이, 넓이, 부피
	8	근사값과 오차, 근사값의 덧셈과 뺄셈
확률과 통계	7	도수분포와 그래프, 상대도수의 분포와 누적도수의 분포
	8	확률과 그 기본성질
	9	상관도와 상관표
문자와 식	7	문자의 사용과 식의 계산, 일차방정식, 일차방정식의 활용
	8	식의 계산, 미지수가 2개인 연립일차방정식, 연립일차방정식의 활용, 일차부등식과 연립일차부등식, 일차부등식과 연립일차부등식의 활용
	9	다항식의 곱셈과 인수분해, 이차방정식, 이차방정식의 활용
규칙성과 함수	7	함수와 그 그래프(정비례, 반비례, 제1, 2, 3, 4사분면)
	8	일차함수와 그 그래프, 일차함수의 활용(평행이동)
	9	이차함수와 그 그래프(축, 꼭지점, 최대값, 최소값)

정에 근거하여 작성된 것이다.

나. 행동영역의 위계 설정

성취도 평가의 평가 틀에 따라 인지행동은 계산, 이해, 추론, 문제해결의 4개 영역으로 구분하였다. 행동영역에 대한 위계 설정은 성취도 평가 문항 검토에 참여한 수학교육 전문가 3인의 의견을 토대로 이루어졌다. 60개의 선다형 문항을 제시하고, 계산, 이해, 추론, 문제해결의 개념과 성격을 연구자가 설명하였고, 4가지 인지행동의 위계를 Ⅱ장에서와 같이 계산-이해-추론-문제해결의 순으로 합의하고 각 문항이 어떤 인지행동에 초점을 둔 것인지 구분하였다. 또한, 각 행동영역 내에서는 제시된 인지행동의 복잡성에 따라 그 위계를 설정하였다. 복잡성의 정도는 Nesher 등(2003)의 연구를 참조하여 문제에 제시된 식을 간단히 하고, 관련 개념이 여러 개이고, 식을 세우고, 답을 도출하고, 해석하는 등에서의 복잡성으로 평가하였다. 각 문제마다의 복잡성은 도출하지 않고 상대적인 복잡성으로 인지행동 내에서의 순서를 정하였다. 이와 같은 방법으로 전문가들의 합의에 따라 각 문항의 행동영역과 그 위계가 설정되었다.

다. 문항난이도의 추정

문항의 쉽고 어려운 정도를 나타내는 난이도 지수는 대개 전체 응답자 중 정답자의 비율로 추정한다. 이는 고전검사이론에 의한 문항난이도 지수로서 검사를 치루는 집단의 능력 수준에 따라 다르게 추정될 수 있다. 하지만 문항반응이론에 의하여 추정된 문항난이도는 집단의 특성에 관계없이 동일하다는 특징이 있다. 성취도 평가에서는 두 검사이론을 모두 적용하고 있으며[3], 문항반응이론에 의해 분석할 때 선다형 문항에는 3모수 로지스틱 모형을 적용하여 문항변별도와 난이도 및 추측도를 추정한다. 3모수 로지스틱 문항반응모형에서 학생 i가 선다형 문항 j에 정답을 맞힐 확률 P_{ij}는 다음과 같이 표현된다.

$$P_{ij}=c_j+(1-c_j)\frac{\exp[Da_j(\Theta_i-b_j)]}{1+\exp[Da_j(\Theta_i-b_j)]}$$

(단, $i=1,2,\cdots,G,\ j=1,2,\cdots,K$)

이 식에서 a_j는 문항 j의 변별도, b_j는 문항 j의 난이도(위치모수), c_j는 문항 j의 추측도, Θ_i 는 학생 i의 능력모수를 가리키며, D는 1.7이다. 고전검사이론에 의한 정답률은 0부터 1사이의 값을 가지며 값이 클수록 쉬운 문항으로 해석하지만, 문항반응이론에 의한 위치모수는 이론적으로 음의 무한대부터 양의 무한대 사이의 값을 가지며 값이 클수록 어려운 문항으로 해석된다. 본 연구에서 분석대상으로 선택한 검사는 2004년 성취도 평가와 2005년 성취도 평가의 검사로서, 각 검사를 치른 집단의 수준이 동일하다고 보장할 수 없기 때문에 집단의 능력 수준에 영향을 받는 정답률 이외에 문항반응이론에 의한 위치모수도 사용하였다. 이때 위치모수는 연도간 검사유형간 검사점수 비교를 위한 동등화(equating) 작업으로 공통척도화한 것이다.

성취도 평가에서 활용되는 동등화 기법은 문항반응이론에 의한 진점수 동등화 방법이며, 이 방법의 핵심이 되는 모수의 공통척도화를 간략히 개관하면 다음과 같다(박정 외, 2006). 우선 기존 검사(예: 2004년 검사)의 응답 자료와 새로운 검사(예: 2005년 A형 검사)의 응답 자료에 대해 각각 문항반응모형의 문

3) 성취도 평가에서 두 검사이론을 적용하는 목적이 상이함. 고전검사이론은 문항의 양호도 분석을 위해서 사용되고, 동등화를 위해서는 문항반응이론이 사용됨.

항모수와 능력모수를 추정한다. 문항반응이론의 모수 불변성 특성으로 인해 각 모수치는 선형으로 연결되어 있다(Lord, 1980)는 속성을 이용하여, 새로운 검사의 문항모수와 능력모수 추정치를 기존 검사의 척도, 즉 공통척도로 변환한다.

본 연구에서 사용할 문항난이도의 추정치, 즉 문항반응이론에 의한 위치모수와 고전검사이론에 의한 정답률간 등위상관계수를 산출한 결과 .925(p=.000)로 매우 높은 상관을 갖고 있는 것으로 나타났다. 이러한 결과로부터 공통척도화된 위치모수의 순위와 정답률의 순위는 크게 다르지 않으며, 난이도 순위를 비교하는 경우에는 위치모수와 정답률 중 어느 것을 사용해도 무방하다고 하겠다. 60개 선다형 문항의 정답률은 [부록]에 제시되어 있다.

라. 문항의 위계와 난이도의 관계 파악

교육과정과 교과서에 제시되어 있는 순서에 따라 설정한 문항의 내용영역 위계, 수학 교육 전문가의 합의에 따라 설정한 인지행동 위계가 각각 문항난이도 순위와 어느 정도 관련성이 있는지를 분석하기 위하여 Spearman의 등위상관계수(rank correlation coefficient)를 산출하고 상관도(scatter plot)를 그렸다. 난이도 순위는 쉬운 문항에서 어려운 문항으로 순서를 배열하였다. 내용영역 위계와 인지행동 위계, 문항난이도 순위는 서열 척도에 의한 변수이므로 다음 식에 의해 계산되는 Spearman의 등위상관계수 r_s과 그 유의도 검정에 의해 각 변수간 상관성을 파악하였다.

$$r_s = 1 - \frac{6\sum D_i^2}{n(n^2-1)}$$

이 식에서 D_i는 대상 i의 두 등위 간 차이, n은 사례수를 가리킨다. 등위상관계수를 산출할 때에는 문항난이도 지수로서 문항반응이론의 위치모수와 고전검사이론의 정답률을 모두 사용하였고, 상관도를 그릴 때에는 위치모수보다 보편적으로 널리 사용되고 있는 정답률을 사용하였다.

Spearman의 등위상관계수 r_s의 값은 -1에서부터 +1 사이의 값을 가지며, 그 절대값이 클수록 강한 상관관계, 양의 부호이면 정적인 상관관계, 음의 부호이면 부적인 상관관계인 것으로 해석할 수 있다. 상관계수에 대한 유의도 검정을 위한 영가설은 '모집단의 상관계수는 0이다.', 유의수준은 .05로 설정하였다. 본 연구 자료에서 산출된 상관계수에 대한 유의확률이 유의수준 .05보다 작으면 두 변수 간에 통계적으로 유의한 상관관계가 있다고 해석한다. 예를 들어, 교육과정 내용 위계와 문항난이도 순위 간 등위상관계수가 통계적으로 유의하다면 문항난이도를 지표로 할 때 교육과정 내용은 위계적이라고 볼 수 있는 것이다.

마. 특이 문항 분석

내용영역 위계 및 인지행동 위계와 문항난이도의 상관도에서 선형성을 크게 벗어나는 문항을 추출하여, 어떠한 이유에서 특이성을 보이는지를 파악하기 위해 그 문항에서 요구하는 내용영역과 인지행동을 살펴보았다.

Ⅳ. 연구 결과

1. 내용영역의 위계성

내용영역의 위계가 존재하는지 분석하기 위하여 교육과정 내용 제시 순서와 문항난이도 순위간 Spearman의 등위상관계수를 산출한 결과는 <표 Ⅳ-1>과 같다.

<표 Ⅳ-1> 내용영역 위계와 문항난이도 순위간 등위 상관계수

내용영역	위치모수	정답률
수와 연산 (9문항)	.133 (.732)	.283 (.460)
문자와 식 (12문항)	.315 (.319)	.406 (.191)
규칙성과 함수 (9문항)	.567 (.112)	.650 (.058)
확률과 통계 (10문항)	.503 (.138)	.212 (.558)
도형 (12문항)	-.245 (.443)	-.077 (.812)
측정 (8문항)	-.619 (.102)	-.214 (.610)
전체 (60문항)	.113 (.390)	.147 (.262)

* ( ) 안은 유의확률

총 60개 문항의 교육과정 내용 제시 순서와 문항반응이론의 위치모수 순위에 대해 등위상관계수를 구한 결과 통계적으로 유의한 결과는 아니었다(r=.113, p=.390). 교육과정 내용 제시 순서와 고전검사이론에서의 정답률 순위 사이의 상관계수도 통계적으로 유의한 결과는 나타나지 않았다(r=.147, p=.262). 중학교 수학 교육과정 전체로는 내용의 위계성이 문항난이도 순위와 상관관계가 있지 않았다.

각 내용영역 내에서 위계가 존재하는지 살펴보면, 모든 영역에서 교육과정 내용 제시 순서와 위치모수 순위 간의 상관관계, 정답률 순위 간의 상관관계가 통계적으로 유의하지 않았다. 이러한 경향은 [그림 Ⅳ-1]~[그림 Ⅳ-6]에 제시된 내용 위계와 정답률 순위간 상관도에서도 관찰된다.

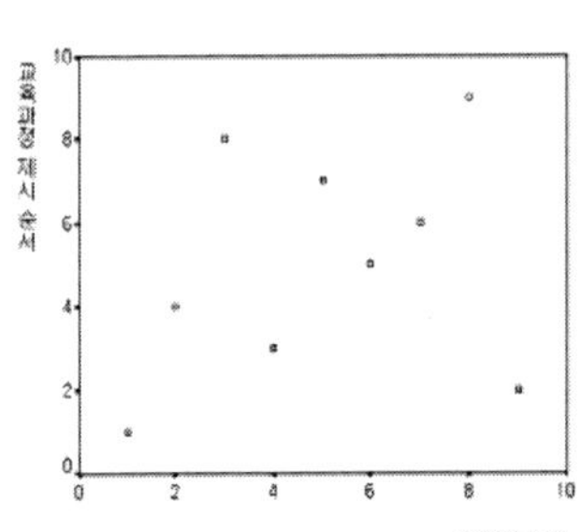

[그림 Ⅳ-1] 수와 연산 영역에서 내용 위계와 정답률 순위와의 상관도

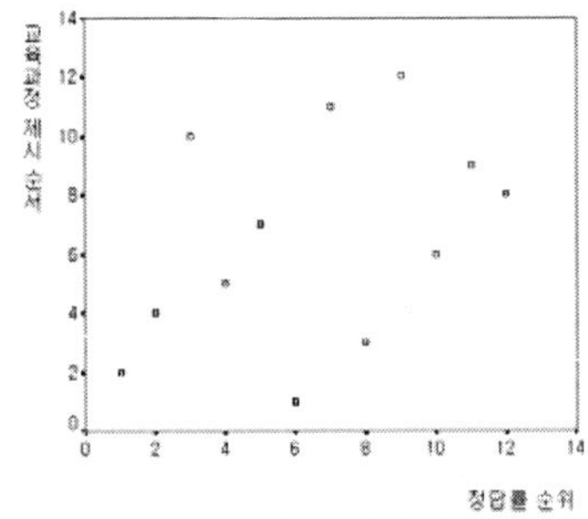

[그림 Ⅳ-2] 문자와 식 영역에서 내용 위계와 정답률 순위와의 상관도

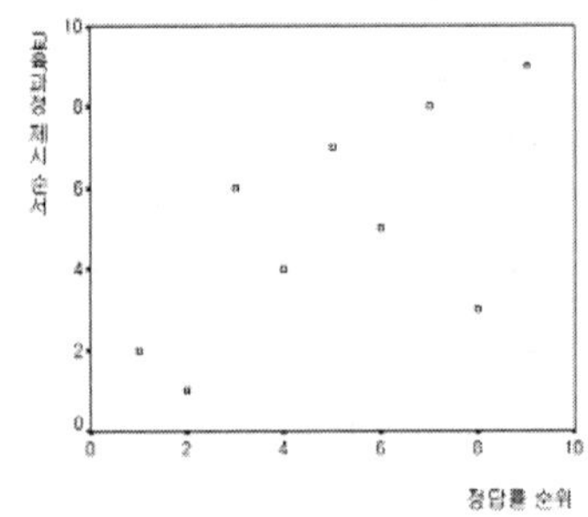

[그림 Ⅳ-3] 규칙성과 함수 영역에서 내용 위계와 정답률 순위와의 상관도

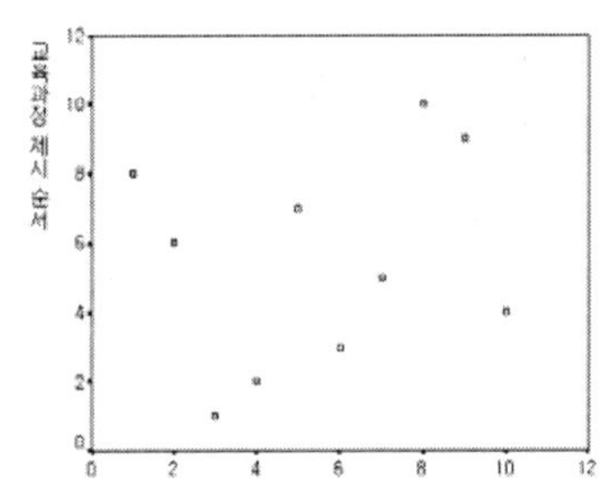

[그림 Ⅳ-4] 확률과 통계 영역에서 내용 위계와 정답률 순위와의 상관도

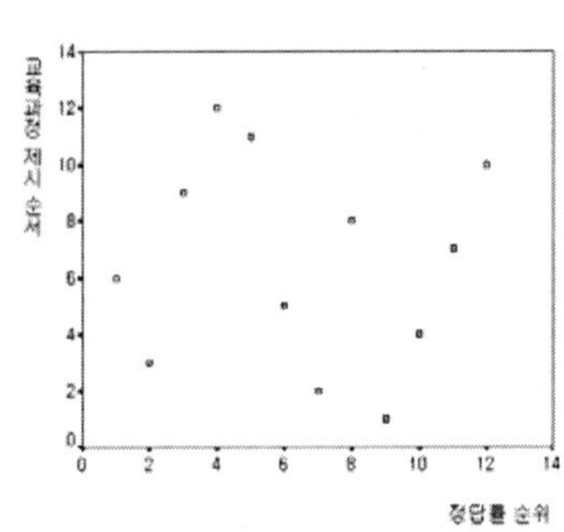

[그림 Ⅳ-5] 도형 영역에서 내용 위계와 정답률 순위와의 상관도

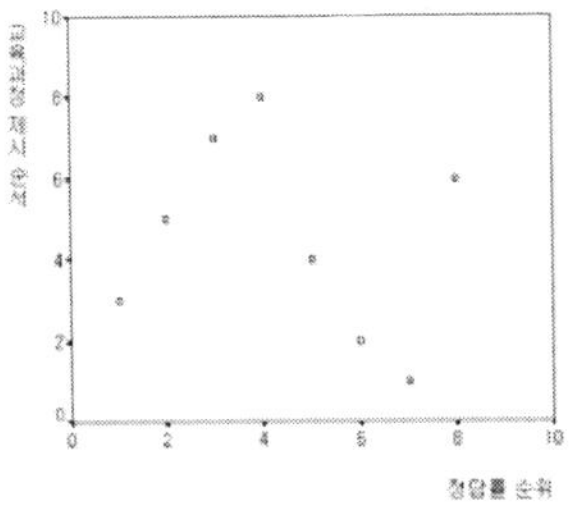

[그림 Ⅳ-6] 측정 영역에서 내용 위계와 정답률 순위와의 상관도

'규칙성과 함수' 영역의 9개 문항은 내용 제시 순서와 정답률 순위와의 등위상관계수가 .650(p=.058)으로 다른 영역에 비해 가장 높았고, '규칙성과 함수' 영역의 교육과정 제시 순서는 성취도 평가의 문항 정답률 순위와 상관관계가 있다고 볼 수도 있다. '규칙성과 함수' 영역은 중학교 수학 교육과정에서 정비례와 반비례를 통하여 함수의 개념을 도입하고, 정비례와 반비례 그래프를 학습하며, 일차함수, 이차함수의 내용으로 전개되는데, 이 내용 전개의 순서가 문항의 정답률 순위와 상관관계가 있는 것이라 하겠다.

2. 인지행동의 위계성

본 연구에서 설정한 인지행동의 위계와 문항난이도 순위 간 Spearman의 등위상관계수를 산출한 결과는 <표 Ⅳ-2>와 같다.

<표 Ⅳ-2> 행동영역 위계와 문항난이도 순위간 등위상관계수

인지행동	위치모수	정답률
계산 (11문항)	.664 (.026)	.773 (.005)
이해 (19문항)	.478 (.028)	.491 (.024)
추론 (21문항)	.683 (.042)	.167 (.668)
문제해결 (9문항)	.526 (.021)	.556 (.013)
전체 (60문항)	.440 (.000)	.406 (.001)

* (   ) 안은 유의확률

인지행동 위계와 위치모수의 순위 및 정답률 순위 사이의 등위상관계수는 각각 .440, .406이었으며 통계적으로 유의하였다(p=.000; p=.001). 이것은 인지행동의 위계가 문항난이도 순위와 서로 관련 있다는 것을 말해 준다. 특히 인지행동의 위계를 계산, 이해, 추론, 문제해결의 순서로 설정한 것이 적절하였음을 문항난이도 순위와의 상관관계를 통해 알 수 있다.

4가지 인지행동에서의 위계성을 각각 살펴보면, 인지행동 내에서의 위계와 위치모수 순위 간에는 모두 통계적으로 유의한 상관관계가 있었으며, 등위상관계수의 범위는 .478~.664이었다. 인지행동 위계와 정답률 순위 간에는 추론 영역을 제외하고는 모두 통계적으로 유의한 상관관계가 있었으며 등위상관계수의 범위는 .406~.773이었다. 이러한 결과가 나타난 것은 일반화나 논증 등의 추론은 문제의 복잡성보다는 추론 능력 자체의 위계로 그 순서가 정해질 수 있기 때문으로 사료된다.

[그림 Ⅳ-7]~[그림 Ⅳ-10]은 정답률 순위와 인지행동 위계 간의 상관도이다. 각 행동영역 내에서 문제의 복잡성이 높을수록 문항의 정답률 또한 낮아짐을 알 수 있다. 이와 같은 분석 결과를 볼 때, 본 연구에서 설정한 인지행동의 위계는 문항난이도의 순위와 상호 관련이 있다. 인지행동의 수준이 높을수록 그 문항은 어려운 경향을 보인다고 할 수 있다.

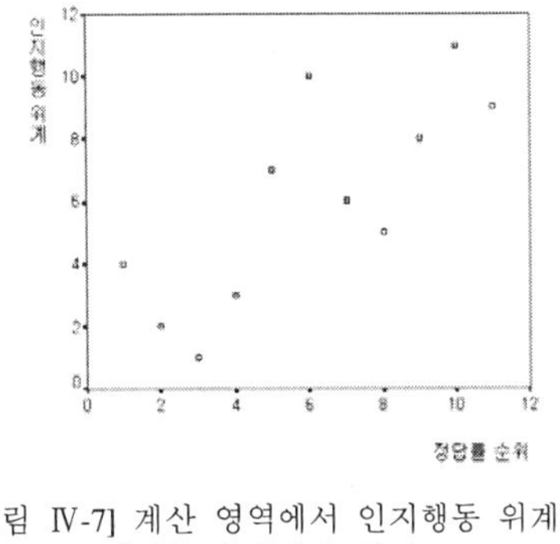

[그림 Ⅳ-7] 계산 영역에서 인지행동 위계와 정답률 순위와의 상관도

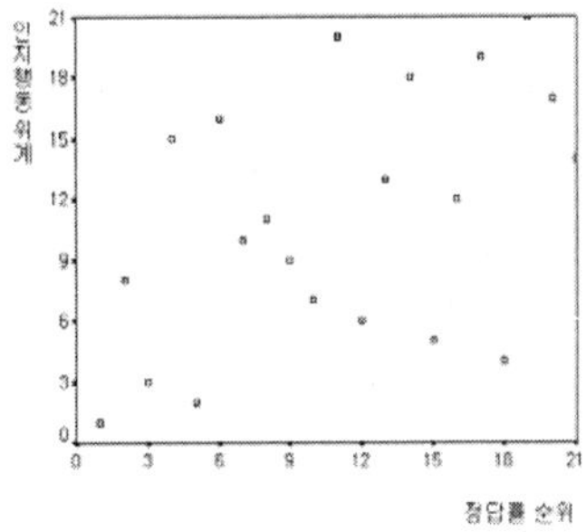

[그림 Ⅳ-8] 이해 영역에서 인지행동 위계와 정답률 순위와의 상관도

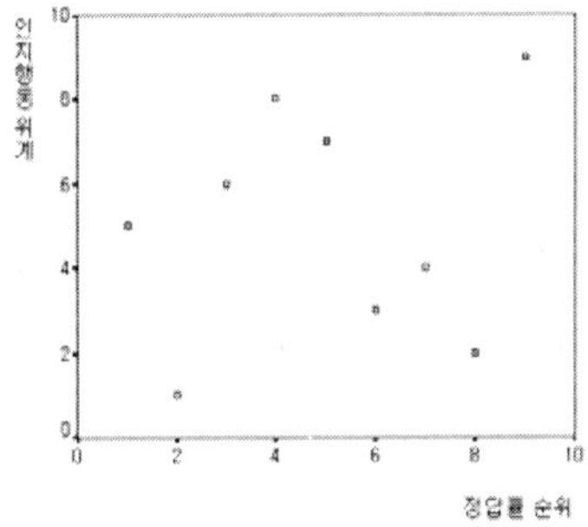

[그림 Ⅳ-9] 추론 영역에서 인지행동 위계와 정답률 순위와의 상관도

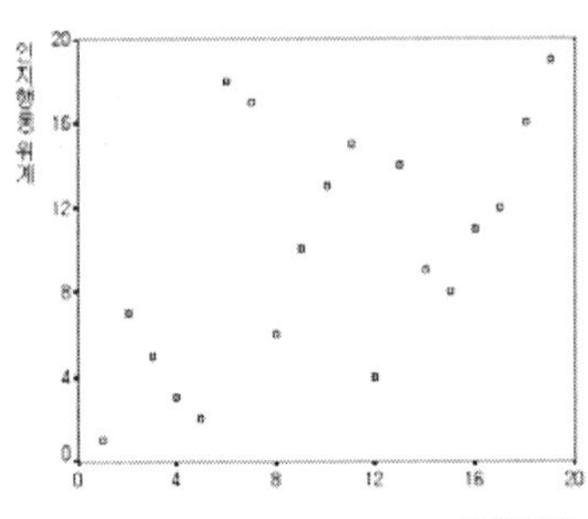

[그림 Ⅳ-10] 문제해결 영역에서 행동 위계와 정답률 순위와의 상관도

3. 내용영역과 인지행동 위계의 상관관계

교육과정의 내용영역 위계와 인지행동 위계가 상호 관련이 있는지 알아보았다. <표 Ⅳ-3>에 제시된 바와 같이 교육과정 내용 위계와 인지행동 위계 사이에는 통계적으로 유의한 상관관계가 있었다(r=.371, p=.003). 전반적으로 교육과정에서 늦게 등장하는 내용일수록 요구되는 인지행동도 높은 수준이라 할 수 있다.

<표 Ⅳ-3> 내용영역 위계와 행동영역 위계 간 등위 상관계수

구분	영역 (문항 수)	상관계수 (유의확률)
내용 영역	수와 연산 (9문항)	.550 (.125)
	문자와 식 (12문항)	.559 (.059)
	규칙성과 함수 (9문항)	.400 (.286)
	확률과 통계 (10문항)	.903 (.000)
	도형 (12문항)	.266 (.404)
	측정 (8문항)	-.595 (.120)
행동 영역	계산 (11문항)	.255 (.450)
	이해 (19문항)	-.025 (.915)
	추론 (21문항)	.583 (.099)
	문제해결 (9문항)	.067 (.786)
전체 (60문항)		.371 (.003)

내용영역별로 상관계수를 살펴보면, '확률과 통계' 영역에서의 내용 제시 순서와 행동영역의 위계와의 상관계수가 .903(p=.000)으로 상당히 높은 편이었다. '확률과 통계' 영역의 내용 제시 순서는 계산, 이해, 추론, 문제해결의 위계에 따라 조직되는 것과 관련이 있다고 할 수 있다. 하지만 문항의 수가 충분히 많지는 않기 때문에 '확률과 통계' 교육과정이 아닌 성취도 평가의 문항이 높은 학년에서 다루는 내용일수록 높은 수준의 인지행동을 사용하도록 구성된 것은 아닌지 살펴볼 필요는 있다.

한편, 인지행동별로 교육과정 내용 위계와의 상관계수를 조사하였을 때는 통계적으로 유의한 결과를 얻지 못했다. 이는 동일한 인지행동이 모든 내용 영역을 통틀어 반복적으로 교수·학습되도록 조직되어 있음을 반증하는 결과라고도 할 수 있다.

4. 특이 문항 분석

이 절에서는 교육과정의 위계와 문항난이도 순위 간에 통계적으로 유의한 상관관계가 있다고 판명된 일부 영역에서 관찰된 특이 문항의 특성을 분석하였다. 규칙성과 함수 영역은 교육과정 내용 위계가 정답률 순위와 상관이 있다고도 할 수 있었는데, <그림 Ⅳ-3>을 보면 몇 개의 문항은 교육과정 내용 위계와 정답률 순위의 선형성에서 벗어나고 있다. 또한 추론을 제외하고는 인지행동 위계와 정답률 순위 간에 유의한 상관관계가 있었는데, <그림 Ⅳ-8>과 <그림 Ⅳ-10>에서 보듯이 이해와 문제해결 영역에서 선형성에서 벗어난 몇 개의 문항들이 있다. 선형적인 관계에서 가장 멀리 떨어져 있는 문항들을 특이 문항으로 선정하고 그 문항들을 분석해 보고자 한다.

가. 규칙성과 함수 영역

규칙성과 함수 영역에서 선정된 특이 문항은 2004년 검사의 21번 문항으로, 이 문항은 일차함수의 기울기에 대한 것이며, 인지행동으로는 이해에 해당한다. 규칙성과 함수 영역에서 출제된 9개의 문항 중에서 교육과정 내용 순서상 3번째에 해당하는 것으로 초기에 도입되는 내용이지만, 정답률 순위로는 8번째로 낮은 편이다. 기울기의 의미만 안다면 풀 수 있는 그리 복잡하지 않은 문항으로 판단되며 인지행동 '이해'에 해당하는 19문항 중에서도 순위가 4위였다. 개념에 대한 이해가 단편적으로 기억될 때 인지행동이 낮은 수준의 복잡하지 않은 것이라 할지라도 정답률은 낮을 수 있음을 보여주는 것이며, 중학교 3학년 학생들에게 일차함수의 기울기 개념이 그러하다고 볼 수 있다.

21. 기울기가 $\frac{3}{2}$인 일차함수의 그래프에서 x 의 값이 1 에서 5까지 증가할 때, 다음 중 y 의 값의 변화를 바르게 설명한 것은?

① 3만큼 증가한다.
② 4만큼 증가한다.
③ 4만큼 감소한다.
④ 6만큼 증가한다.
⑤ 6만큼 감소한다.

내용영역	규칙성과 함수		인지행동	이해	
답지 반응분포(%)	①	②	③	④	⑤
	9.9	24.4	17.5	41.3	6.8

* 답지반응분포에서 음영처리된 것이 정답임.

나. 이해 영역

이해 영역에서의 특이 문항인 2005년 검사의 17번 문항은, 19개의 이해 영역 문항 중 5순위로 복잡성이 상대적으로 낮다. 하지만 정답률이 51.5%로 이해 영역 내에서 15번째로 정답률이 낮았다. 즉, 복잡성이 낮고 인지행동 중 낮은 수준인 이해 문제이지만 학생들은 정답을 잘 맞히지 못한 것이다. 답지반응분포에서 28.2%의 학생들이 답지 ①을 선택한 것을 볼 때, 포물선의 폭이 이차항의 계수와 관련이 있다는 것은 알지만, 계수의 절대값이 작을수록 폭이 넓어진다는 것을 반대로 이해하였음을 알 수 있다. 즉, 일부 학생들은 포물선의 폭이 가장 넓을 때와 가장 좁을 때의 값을 혼동하고 있었다. 복잡한 이해 능력을 요구하지 않았지만, 학생들은 포물선의 폭에 대한 잘못된 내용을 기억하고 있어서 문항의 정답률이 낮은 것으로 보인다. 일차함수의 기울기에 대한 2004년 검사의 21번 문항의 반응과 마찬가지로 도구적 이해의 수준에서 포물선의 폭에 대한 개념이 형성되어 나타난 결과라 하겠다.

17. 다음 포물선 중 폭이 가장 넓은 것은?

① $y = -3x^2$

② $y = -2x^2$

③ $y = 2x^2$

④ $y = x^2$

⑤ $y = \frac{1}{3}x^2$

내용영역	규칙성과 함수		인지행동		이해
답지 반응분포(%)	①	②	③	④	⑤
	28.2	3.7	12.1	4.3	51.5

다. 문제해결 영역

문제해결 영역에서의 특이 문항으로는 2005년에 출제된 16번 문항을 살펴보았다. 문제해결 영역에 속한 19개의 문항 중에서 순위가 18인 복잡한 문제였으나 정답률 순위는 6위로서 학생들에게 상대적으로 쉬운 문제였다고 할 수 있다. 이 문제를 해결하기 위해서는 직사각형의 가로나 세로의 길이를 미지수로 놓고 식을 구해야 한다. 가로의 길이를 x라 한다면 세로의 길이가 $x-2$이고, 변형된 텃밭의 넓이는 $(x+3)(x-2-1)=16$가 되어 이차방정식을 풀어야 한다. $x=\pm5$가 되고 문항에서 x는 길이이므로 $x=5$라 하면, 처음 텃밭의 넓이는 $5\times3=15\text{m}^2$이 된다. 복잡한 문제해결을 해야 했지만 학생들의 정답률은 상당히 높은 것으로 나타났다. 직사각형의 넓이를 이용하는 이차방정식의 활용 문제는 상당히 정형화된 것으로 교과서에서 많이 등장하고 있다. 중학교 3학년 학생에게 친숙하고 학습한 지 오래 되지 않은 내용이고, 문제를 해결하는 과정에서 만든 이차방정식이 간단하여 정답률이 높았을 수도 있다. 실생활 문제에 학생들이 취약하다는 것을 생각해 볼 때, 실생활 문제라고 해서 학생들이 모두 어려워하는 것은 아님을 알 수 있다. 이에 대한 더 심층적인 조사가 앞으로 이루어져야 할 것이다.

16. 가로가 세로보다 2m 긴 직사각형 모양의 텃밭이 있다. 이 텃밭의 가로를 3m 늘리고 세로를 1m 줄였더니 넓이가 16m^2가 되었다. 처음 텃밭의 넓이는?

① 15m^2 ② 16m^2 ③ 20m^2

④ 24m^2 ⑤ 25m^2

내용영역	문자와 식		인지행동		문제해결
답지반응분포 (%)	①	②	③	④	⑤
	63.5	9.3	12.3	10.6	4.0

Ⅴ. 결론 및 제언

본 연구는 성취도 평가 자료를 활용하여 중학교 수학 교육과정의 내용 제시가 위계적으로 조직되었는지와 수학에서의 인지행동이 위계적인지 알아보고자 성취도 평가 문항의 난이도 순위와의 상관관계를 조사하였다. 교육과정의 내용 제시 순서는 전반적으로 문항 정답률 순위와 통계적으로 유의한 상관관계가 나타나지 않았다. 내용영역의 순서와 문항난이도 순위 간에 상관관계가 나타나지 않은 것은 내용영역의 위계보다 인지행동의 위계가 난이도를 결정하는 데 더 중요한 요인일 수 있지만, 중학교 3학년 학생들에게 내용 위계상 높은 순서인 것이 최근에 배운 내용으로 더 잘 알고 있는 내용일 가능성도 있으므로 이에 대해서는 더 심도 있는 분석과 논의가 필요하다.

인지행동은 성취도 평가 틀의 4개 영역, 즉 '계산-이해-추론-문제해결'의 순으로 위계를 설정한 후 문제의 복잡성에 따라 영역 내에서의 위계를 설정하여 문항난이도 순위와의 등위상관계수를 통해 위계성을 알아보았다. 행동영역에서 전체적인 위계는 문항난이도 순위와 상관관계가 있었다. 이러한 결과는 성취도 평가 문항의 난이도가 문항에서 요구하는 인지행동의 수준과 관련이 있음을 말해준다 하겠다. 각 행동영역 내에서의 위계와 문항난이도 순위와의 상관관계를 조사하였을 때에도 통계적으로 유의한 결과가 나타나, 행동영역 내에서 문제의 복잡성이 문항난이도 순위와 관련이 있음을 알 수 있다. 그러나 행동영역 중 '추론'은 정답률 순위와 상관계수가 통계적으로 유의하지 않았는데, 이것은 '추론' 영역에서는 문항의 복잡성보다는 추론 능력 자체의 수준에 따라 문항난이도가 결정될 수도 있음을 시사한다.

수학과 교육과정 내용의 제시 순서와 인지행동의 위계 간에 상관관계가 있는지 조사한 결과, 전체적으로 통계적으로 유의한 상관관계가 있었고, 영역별로는 '확률과 통계'에서 상관계수가 높았으며 통계적으로 유의하였다. 즉, 학년이 높을수록 보다 높은 수준의 인지행동을 요하는 내용을 다루며, 특히 '확률과 통계' 영역에서 그러한 경향이 강하다고 할 수 있다.

본 연구에서 제시한 기준에 따라 설정된 내용이나 인지행동의 위계와 문항난이도 순위와의 상관관계를 분석하는 과정에서 일반적인 경향인 선형성을 많이 벗어난 특이 문항이 관찰되었으며, 그 이유를 탐색하기 위하여 특이 문항의 특성을 분석하였다. 각 문항을 분석한 결과 교육 내용의 순서나 인지행동의 위계와 별도로 학생들이 개념을 잘못 이해하거나 암기하는 성향을 갖고 있다면 그러한 내용이나 인지행동을 다루는 문항은 일반적인 경향인 선형성에서 이탈됨을 알 수 있었다. 본 연구에서는 일차함수 기울기의 정의에 따른 의미와 포물선의 폭과 관련된 내용이 그러한 것으로 파악되었다. 학생들이 무엇을 모르고 잘못 알고 있는지에 대하여 파악하고자 할 때도 본 연구의 방법을 이용하여 특이한 사항을 파악하는 것은 유용할 것이며, 앞으로 보다 많은 개념적 오류를 파악해 나가야 할 것이다. 또한 특이 문항 분석을 통해 실생활 문제이고 복잡한 문제해결 과정이 도입되더라도 학생들이 모두 어려워하고 기피하는 것은 아니라는 것을 알 수 있었다. 실생활 상황을 수학화하고 문제를 해결할 수 있는 능력을 기르는 것은 수학 교육의 목표 중 하나이며, 학생들이 이러한 문제에 어떤 반응을 보이는지에 대한 분석이 더 심층적으로 이루어져야 할 것이다.

본 연구에서는 중학생들의 수학 성취 결과가 반영된 경험적 자료를 활용하여 중학교 수학 교육과정 구성의 위계성을 점검하는 실증적 사례를 제시하였다는 점에서 의의가 있으나, 중학교 수학 교육과정에 국한하여 위계를 살펴보았다. 앞으로 초등학교나 고등학교 과정에 대한 질 판단의 일환으로 이와 같은 연구를 확장해 볼 수 있을 것이다. 특히 고등학교에서는 학생들이 과목을 선택할 수 있는 체계로 되어 있으므로 수학 Ⅰ이나 Ⅱ를 이수한 후 어떤 선택과목이 위계성이 있는지 확인해 볼 수도 있을 것이다.

우리나라는 국가수준의 교육과정이 구성되고 학교 교육과정에서 실현되기 때문에 본 연구에서는 국가수준 학업 성취도 평가 결과를 활용하였지만, 교육과정의 모든 내용이 빠짐없이 평가되지는 못했다는 한계가 있다. 또한 문항 유형의 효과를 배제하기 위하여 선다형 문항만 선택하여 분석함으로써, 일부 내용에 해당하는 인지행동이 고루 갖추어지지 못했다는 한계가 있다. 후속 연구에서는 모든 내용이 포함될 수 있도록 충분한 수의 문항으로 구성된 검사를 활용하여 대규모로 학생의 성취도를 조사하고 그 결과를 분석해 볼 것을 제안한다. 그리고 본 연구에서는 수학 교육과정의 위계에 대하여 문항난이도라는 관점에서만 탐색했으나 다측면적으로 평가하려는 시도가 계속 필요할 것이다.

참고문헌

노국향 · 김신영(2000). 문항의 형태에 따른 피험자의 인지적 · 정의적 반응의 차이에 관한 연구. 교육평가연구, 13(1), 181-194.

노국향 · 최승현 · 박경미(2001). PISA 2000 수학 평가 결과 분석 연구. 한국교육과정평가원 연구보고 RRE 2001-9-3.

박선화 · 고정화 · 권점례 · 김선희 · 도종훈 · 신성균 · 최승현 · 나귀수 · 박경미 · 이만근 · 정순영 · 정영옥 · 권혁천 · 전성진 · 최동렬(2006). 수학과 교육과정 개정 시안 수정 · 보완 연구. 한국교육과정평가원 연구보고 CRC 2006-9.

박정 · 김경희 · 김수진 · 손원숙 · 송미영 · 조지민(2006). 국가수준 학업성취도 평가 -기술보고서-. 한국교육과정평가원 연구보고 RRO 2006-4.

이미경 · 곽영순 · 민경석 · 채선희 · 최성연 · 최미숙 · 나귀수(2004). PISA 2003 결과 분석 연구 - 수학적 소양, 읽기 소양, 과학적 소양 수준 및 배경변인 분석-. 한국교육과정평가원 연구보고 RRE 2004-2-1.

이양락 · 김선희 · 고정화 · 조영미 · 구자형(2005). 2004년 국가수준 학업성취도 평가 연구 -수학-. 한국교육과정평가원 연구보고 RRE 2005-1-4.

조영미 · 이대현 · 이봉주(2004). 2003년 국가수준 학업성취도 평가 연구 -수학-. 한국교육과정평가원 연구보고 RRE 2004-1-4.

황혜정 · 최승현(1999). 수학과 평가틀에 관한 고찰. 수학교육학연구 9(2), 459-471.

Birenbaum, M., & Feldman, R. A.(1998). Relationships between learning patterns and attitudes towards two assessment formats. *Educational Research, 40*, 90-98.

Lord, F. M.(1980). *Applications of Item Response Theory to practical testing problems.* Hillsdales, NJ: Erlbaum.

Mullis, I.V.S., Martin, M. O., Ruddock, G. J., O'Sullivan, C. Y., Arora, A., & Eberber, E.(2005). *TIMSS 2007 Assessment Frameworks.* IEA.

NCTM(1989). *Curriculum and Evaluation standards for school mathematics.* Reston, VA: Author.

Nesher, P., Hershkovitz, S., & Novotna, J. (2003). Situation model, text base, and what else? Factors affecting problem solving. *Educational Studies in Mathematics, 52*, 151-176.

Shermis, M.D. & Chang, S. (1997). The use of item response theory(IRT) to investigate the hierarchical nature of a college mathematics curriculum. *Educational and Psychological Measurement, 57*(3), 450-458.

Thissen, D., Wainer, H. & Wang, X. B. (1994). Are tests comprising both multiple-choice and free-response items necessarily less unidimensional than multiple-choice test: An analysis of two test. *Journal of Educational Measurement, 31*, 11-123.

Zeinder, M.(1987). Essay versus multiple-choice type classroom exams: the student's perspective, *Journal of Educational Research, 80,* 352-358.

[부록] 문항 정보

연도	문항 번호	내용영역	행동영역	정답률
2004	1	수와 연산	이해	90.4
2004	2	수와 연산	계산	77.2
2004	3	도형	이해	91.4
2004	4	도형	추론	54.0
2004	5	수와 연산	이해	52.5
2004	6	측정	이해	75.9
2004	7	확률과 통계	문제해결	55.4
2004	8	확률과 통계	문제해결	79.5
2004	9	문자와 식	계산	84.8
2004	10	문자와 식	이해	72.0
2004	11	규칙성과 함수	이해	56.5
2004	12	규칙성과 함수	이해	55.8
2004	13	도형	추론	50.5
2004	14	측정	문제해결	80.7
2004	15	도형	추론	50.1
2004	16	측정	계산	67.8
2004	17	확률과 통계	이해	71.7
2004	18	문자와 식	계산	57.9
2004	19	수와 연산	이해	32.9
2004	20	문자와 식	계산	64.8
2004	21	규칙성과 함수	이해	41.3
2004	22	규칙성과 함수	추론	59.5
2004	23	도형	문제해결	61.4
2004	24	규칙성과 함수	문제해결	47.7
2004	25	확률과 통계	추론	33.5
2004	26	도형	이해	51.4
2004	27	문자와 시	문세해결	26.1
2004	28	수와 연산	문제해결	47.4
2004	29	확률과 통계	문제해결	50.5
2004	30	도형	추론	28.3
2005	1	문자와 식	계산	85.6
2005	2	규칙성과 함수	이해	81.9
2005	3	확률과 통계	문제해결	73.7
2005	4	도형	문제해결	92.1
2005	5	수와 연산	이해	76.8
2005	6	문자와 식	이해	69.0
2005	7	문자와 식	계산	71.7
2005	8	문자와 식	계산	64.0
2005	9	수와 연산	계산	57.1
2005	10	수와 연산	문제해결	49.0
2005	11	확률과 통계	이해	67.6
2005	12	도형	문제해결	81.7
2005	13	측정	추론	73.1
2005	14	문자와 식	계산	70.0
2005	15	확률과 통계	문제해결	52.6

2005	16	문자와 식	문제해결	63.5
2005	17	규칙성과 함수	이해	51.5
2005	18	규칙성과 함수	이해	46.2
2005	19	도형	이해	64.2
2005	20	수와 연산	추론	52.5
2005	21	확률과 통계	이해	53.8
2005	22	도형	추론	54.9
2005	23	도형	문제해결	54.2
2005	24	측정	이해	39.3
2005	25	측정	문제해결	59.0
2005	26	측정	문제해결	41.3
2005	27	측정	이해	16.1
2005	28	문자와 식	문제해결	42.6
2005	29	확률과 통계	계산	55.0
2005	30	규칙성과 함수	문제해결	36.9

08 『좋은 수학 수업을 위해 수학교사에게 필요한 역량과 교사교육에 대한 현직교사의 인식조사』에서 사용한 '리커트 척도를 통한 설문 조사 연구' 방법 해설

강 현 영[8)]

좋은 수학 수업을 위해 수학교사는 여러 가지 역량을 필요로 한다. 교사 전문성 향상을 위한 연수나 예비교사 교육에서는 수학 교사가 좋은 수학 수업을 하기 위해서 갖추어야 할 역량을 계발하도록 하는 것을 한 가지 목표로 설정하고 있다. 그러나 수학교사가 갖추어야 할 역량에 대한 연구자의 입장과 현직 교사의 입장은 종종 일치하지 않는다. 본 연구에서는 관련 선행연구 검토를 통해 좋은 수학수업의 의미와 특징을 반영한 수업을 실행하기 위한 교수 역량 요소를 도출하고, 각 요소에 대한 현지교사들의 의견을 알아보았다. 또한 과거 교사 양성 과정의 대학에서 배운 수학과 현재 예비교사 교육이 교수 역량 계발에 얼마나 영향을 미치는지 조사하였다. 연구 결과를 바탕으로 수학 교사의 수업 역량과 예비 교사 교육과 관련된 시사점을 논의하였다.

본 연구(강현영 외 5인, 2011)는 좋은 수학 수업을 위해 수학교사에게 필요한 역량이 무엇인가를 현직 수학교사의 입장에서 파악하기 위해 '리커트 척도를 통한 설문 조사연구(survey research)' 방법을 사용하였다. 조사연구는 모집단을 대표하는 표본의 특징을 기술하는 것을 목적으로 하는 연구이며, 주로 정량적이고 수치적인 자료를 증거로서 수집하며 통계적 방법을 통해 자료를 분석하며, 통계적 추정을 통해 연구 결과를 표본에서 모집단으로 일반화한다(우정호 외, 2006). 조사연구는 수학교육 현상의 중요한 측면을 밝힘으로서 수학교육 관련 연구자 및 정책입안자들에게 흥미로운 정보를 제공할 수 있다.

본 연구는 현직 교사의 인식을 조사하기 위해 표본 집단을 선정하여, 설문조사를 실시하였다. 이를 위해 연구자들은 먼저 선행연구와 본 연구자들의 현직교사 재교육 및 예비교사 교육 경험에 기초하여 수학교사에게 필요한 22가지의 역량을 선별하여 보기로 제시하였다. 여러 선행연구를 검토한 후 교사의 전문성 중 수업 역량 및 자기 개발과 관련된 영역에서 공통적인 요소를 선별하였다. 특히 수학교과내용 지식, 수학의 유용성, 교구 및 공학 도구의 사용 등과 같이 수학 교과 지식 및 내용교수법과 관련된 역량, 학생에

8) 목원대학교, hykang@mokwon.ac.kr

대한 지식과 관련된 역량, 수업의 설계, 실행, 평가와 관련된 역량들을 선별하였다.

설문지는 A, B, C 세 부분으로 구성되었으며, 세 부분의 질문은 서로 다르지만 보기는 모두 동일하게 제시하였다. 즉, 좋은 수학수업을 위해 수학교사에게 필요한 역량이 무엇인가에 대한 현직교사의 인식을 조사하기 위해 A 부분에서는 '본 설문은 좋은 수학수업을 위해 현직 수학교사들에게 필요한 여러 가지 역량을 요약, 정리한 것입니다. 제시된 항목이 좋은 수학수업을 위해 중요하다고 생각하신다면 해당되는 란에 √표시해 주시기 바랍니다.'라고 질문한 후 22개의 보기를 제시한 후, 각각에 대해 중립입장을 취하지 않는 6점의 리커트 척도로 표시하도록 하였다. 각 항목에 대한 응답 점수는 다음과 같이 부여하였다.

구분	전혀 그렇지 않다	그렇지 않다	그렇지 않은 편이다	그런 편이다	그렇다	매우 그렇다
점수	1	2	3	4	5	6

또한 이 외의 다른 역량이 필요하다고 생각되는 경우 자유롭게 의견을 서술해 줄 것을 요청하였으며, 이를 위해 빈칸을 제시하였다.

사범대학에서 배운 대학수준의 수학지식이 역량 배양에 도움을 주는지에 대한 현직교사의 인식을 조사하기 위해 B 부분에서는 '여러분이 과거 대학에서 학습한 수학지식(해석학, 위상수학, 현대대수학, 미분기하학 등)이 다음과 같은 수학교사의 역량을 배양하는데 도움이 된다고 생각하십니까? 해당되는 곳에 √ 표로 응답해 주십시오.'라고 질문한 후 A 부분에서 제시한 22개의 보기를 제시하고 각각에 대해 6점의 리커트 척도로 표시하도록 하였다. B 부분에서도, 이 외에 자유롭게 의견을 서술해 줄 것을 요청하였으며, 이를 위해 빈칸을 제시하였다.

사범대 교육과정의 전반적 내용이 역량 배양에 도움을 주는지에 대한 현직교사의 인식을 조사하기 위해 C 부분에서는 '좋은 수학수업을 위해 현재 현장의 교사교육(예: 사범대학 교육)에서 예비교사가 다음과 같은 역량을 갖출 수 있다고 생각하십니까? 해당되는 곳에 √ 표로 응답해 주십시오.'라고 질문한 후 A 부분에서 제시한 22개의 보기를 제시하고 각각에 대해 6점의 리커트 척도로 표시하도록 하였다. C 부분에서도, 이 외에 자유롭게 의견을 서술해 줄 것을 요청하였으며, 이를 위해 빈칸을 제시하였다.

본 연구의 참여자는 58명의 중· 고등학교 현직 수학교사로, 독자들이 연구결과를 해석하는데 반영할 수 있도록 연구 참여자들의 교사경력과 최종학위를 요약하여 제시하였다.

자료 분석을 위해 A, B, C 세 부분 각각에서 각 역량에 대한 평균과 표준편차 또는 빈도를 구하고, 이를 바탕으로 우리나라 현직교사들의 의견을 어떠한지 해석적 기술을 제시하였다. 또한 각 문항에 대해 수학교사들이 서술형으로 작성한 추가 의견을 통해 분석 결과와 시사점을 뒷받침하고자 하였다.

본 연구는 좋은 수학수업을 위해 수학교사에게 필요한 역량을 파악하기 위해 설문을 실시하고 그 결과를 제시하였다. 본 연구결과가 의미를 가지기 위해서는 좋은 수학수업을 위한 역량에 대한 명확한 정의가 필요하며, 그러한 정의에 따는 설문 문항이 적절하게 제작되는 것이 매우 중요하다. 본 연구에서는 선행연구를 분석하고 수학교육 전문가로서 연구자의 경험에 근거하여 설문 문항을 객관적이고 명확하게 작성하기 위해 노력하였으나 관점에서 따라 본 연구에서 정의한 좋은 수학수업을 위한 수학교사의 역량에 동의하지 않을 가능성도 있다. 이러한 부분은 조사연구의 근본적인 한계일 수 있으므로, 조사연구를 사용하거나 참조할 경우 해당 연구에서 사용한 조사도구의 신뢰성과 타당성을 점검해야 한다. 이러한 한계점을 보완하기 위해 소수의 교사를 대상으로 면담을 진행하여 그 특성을 분석하는 사례연구 방법을 수행할 수 있다. 본 연구에서 주관식 설문 문항에서 제시된 몇몇 교사의 의견은 설문지에 포함되지 않은 내용이며, 이에 대한 자세한 분석은 면담을 통해 가능할 수 있다. 특히, 면담을 통해 좋은 수학수업을 위해 필요한 역량에 대한 모종의 관점을 갖게 된 계기를 파악할 수 있다면, 교사교육에 중요한 시사점을 던져 줄 수 있을 것이다.

참고문헌

강현영, 고은성, 김태순, 조완영, 이경화, 이동환 (2011). 좋은 수학수업을 위해 수학교사에게 필요한 역량과 교사교육에 대한 현직교사의 인식조사. **학교수학, 13**(4), 633-649.

우정호, 정영옥, 박경미, 이경화, 김남희, 나귀수, 임재훈 (2006). **수학교육학 연구 방법론**. 서울: 경문사

대한수학교육학회지 <학교수학> 제 13 권 제 4 호
Journal of Korea Society of Educational Studies in Mathematics
School Mathematics Vol.13, No.4 633-649. Dec. 2011

좋은 수학수업을 위해 수학교사에게 필요한 역량과 교사교육에 대한 현직교사의 인식조사

강 현 영* · 고 은 성** · 김 태 순*** · 조 완 영**** · 이 경 화***** · 이 동 환******

좋은 수학 수업을 위해 수학교사는 여러 가지 역량을 필요로 하지만, 수학교사가 갖추어야 할 역량에 대한 연구자의 입장과 현직교사의 입장은 종종 일치하지 않는다. 본 연구에서는 먼저 관련 선행연구와 본 연구자들의 현직교사 재교육 및 예비교사 교육 경험에 기초하여 좋은 수학수업의 의미와 특징을 반영한 수업을 실행하기 위한 교수 역량 요소를 도출하고, 연구자의 입장에서 도출된 각 요소에 대해 현직 수학교사들의 인식은 어떠한지 조사하였다. 또한 과거 교사 양성 과정의 대학에서 배운 수학이 교수 역량 계발에 얼마나 영향을 주었다고 판단하는지 그리고 현재 이루어지고 있는 예비교사 교육이 교수 역량 계발에 미치는 영향에 대해 현직 수학교사들의 인식은 어떠한지 조사하였다. 이 연구의 결과를 바탕으로 수학교사의 수업 역량과 예비교사 교육과 관련된 시사점을 논의하였다.

Ⅰ. 도입

좋은 수학 수업을 하기 위해서 수학교사는 여러 가지 역량을 필요로 한다. 교사 전문성 향상을 위한 연수나 예비교사 교육에서는 수학교사가 좋은 수학 수업을 하기 위해서 갖추어야 할 역량을 계발하도록 하는 것을 한 가지 목표로 설정하고 있다. 그러나 연수를 진행하거나 예비교사를 교육하는 대학 구성원 또는 연구자의 입장과 현직교사의 입장은 종종 일치하지 않는다. 더욱이 연구자들 또는 대학 구성원들이 제시하는 좋은 수학수업의 의미와 이를 실행하기 위해 갖추어야 할 역량의 구성 요소 또한 단일하지 않다.

예를 들어, 수학을 잘 가르치기 위해 수학교사들은 어느 정도의 수학적 지식을 갖추어야 하는지(Zazkis & Leikin, 2010), 수학적 지식 외에 어떠한 역량을 갖추어야 하는지(Ball, Thames, & Phelps, 2008; Shulman, 1986), 교사의 역량을 향상시키는데 대학과 현장학교의 역할은 무엇인지(Hutchinson, 2011) 등에 관한 논의가 이루어져왔고, 연구자들마다 다소간의 차이가 있는 견해와 시사점을 제시해왔다. Shulman(1986)은 수학교사가 갖추어야 할 지식을 PCK[1]까지 확대할 것을 주장하였다. Ball 외(2008)는 수학수업의 실제에 대한 관찰과 분석을 토대로 Shulman의 관점을 정교화 하여 제시하였다. 예비교사들을 대상으로 한 Zazkis와 Leikin(2010)은 대학에서 지도되

* 목원대학교 (hykang@mokwon.ac.kr, 제1저자)
** 서울대학교 대학원 (kes-7402@hanmail.net)
*** 목원대학교 (tskim@mokwon.ac.kr)
**** 충북대학교 (wycho@cbu.ac.kr)
***** 서울대학교 (khmath@snu.ac.kr)
****** 한국과학창의재단 (dhlee@kofac.re.kr, 교신저자)
1) PCK: Pedagogical Content Knowledge

는 고급 수학이 중고등학교에서 수학을 지도하는데 있어 어떠한 측면에서 도움이 되며, 또한 어떠한 측면이 보완되어야 하는지에 주목하였다. Hutchinson(2011)은 사범대학의 교육과 현장 실습을 통한 예비교사 교육의 협력의 필요성을 주장하였다.

그러나 이들 연구는 연구자 또는 예비교사의 관점에서 수학을 잘 지도하는데 필요한 수학교사의 역량을 도출하고 있다는 제한점을 지닌다. 좋은 수학수업을 위해 교사가 갖추어야 할 역량에 대한 현직교사의 인식은 어떠한지, 바람직한 교사교육의 방향에 대한 현직교사의 인식은 어떠한지에 대한 연구는 부족하다. 최근 이론적 논의의 한계를 극복하고자 교사의 인터뷰와 실제 수업 분석을 바탕으로 한 접근이 나타나고 있다(Wilson, Cooney, & Stinson, 2005; Pang, 2008; Lin, & Li, 2009).

이 연구에서는 관련 선행연구 검토를 통해 좋은 수학수업의 의미와 특징을 반영한 수업을 실행하기 위한 교수 역량 요소를 도출하고, 각 요소에 대한 현직교사들의 의견을 알아본다. 또한, Klein이 제기한 이중단절(우정호, 1998)의 문제를 고려하여, 과거 교사 양성 과정의 대학에서 배운 수학이 교수 역량 계발에 얼마나 영향을 미쳤다고 판단하는지 살펴본다. 마지막으로 현재 이루어지고 있는 예비교사 교육이 교수 역량 계발에 얼마나 영향을 미치는지 알아본다. 이 연구의 결과를 바탕으로 수학 교사의 수업 역량과 예비교사 교육과 관련된 시사점을 논의하고자 한다.

II. 이론적 배경

Krainer(2005)는 좋은 수학수업의 의미를 찾는 수학교육 연구의 관점을 세 가지로 구분하였다. 첫째, 교사는 자신이 처한 수업 상황에 따라 각자의 기준을 세워나가므로 좋은 수학수업을 판단하는 보편적인 기준을 거부하는 관점으로, 상향식(bottom-up) 과정을 추구한다. 좋은 수학수업은 '특수화'의 문제이며, 교사의 수만큼 다양한 좋은 수학수업이 존재한다는 것이다. 둘째 좋은 수학수업의 보편적인 기준을 세우려는 관점으로, 하향식(up-down) 과정을 추구한다. 보편적인 기준을 근거로 수학 수업의 질을 판단하고 교사의 전문성 신장을 유도할 수 있다는 것이다. 마지막으로, 세 번째 관점은 좋은 수학수업의 기준을 거부나 확립의 대상이 아니라 협상과 구성의 대상으로 보는 관점이다. 특수한 수업으로부터 근거를 수집하고 동시에 보편적인 방향을 따라가면서 기준을 구성해가는 입장이다. 좋은 수학수업은 특수화뿐만 아니라 일반화의 문제이며, 상향식 과정과 동시에 하향식 과정을 추구한다는 것이다. 이러한 입장에서는 연구자와 교사 사이의 협력을 중요시 한다. Krainer (2005)는 앞으로의 수학교육연구는 세 번째 관점을 채택해야 한다고 권고한다. 즉, 수학교육 연구자가 좋은 수학수업의 기준을 제시할 수 있지만, 이는 단지 좋은 수학수업에 대한 논의의 출발점이라는 것이다. 따라서 좋은 수학수업에 대한 논의를 활성화시키고 결실을 맺으려면 수학교육연구자에 의해 기준을 제시하는 하향식 과정을 보완할 수 있는 교사들의 의견을 수렴하는 상향식 과정이 필요하다는 것이다. 실제로 최근에는 좋은 수학수업에 대한 이론적 논의보다는 교사의 인터뷰와 실제 수업 분석을 바탕으로 한 상향식 접근이 새롭게 나타나고 있다(Wilson, Cooney, & Stinson, 2005; Pang, 2008; Lin, & Li, 2009). 본 연구는 선행연구로부터 좋은 수학수업을 실행하기 위한 교수 역량 요소를 도출하고, 각 요소에 대한 현직교사들의 의견을 알아본다. Krainer(2005)의 세 번째 관점을 채택한다.

최돈형 외(2010)[2]에서는 학교 현장에서 요구되는 교사 양성을 위하여 교사가 갖추어야 할 능력 요소를 설정하고 기본모형을 제시하고자 하였다. '교실친화적 교사'에게 기대하는 능력 요소를 교실활동 능력, 자기개발 능력, 교직품성이라는 세 영역으로 나누어 제시하고 있다. 교실활동 능력 중 수업능력 요소로 교과내용지식, 교수-학습 이론(방법), 수업활동 설계, 전개, 평가 능력, 언어적 표현 능력, 교과서 재구성 능력, 학생 능력의 차이에 대한 이해 등을 들고 있다.

최승현(2007)은 국내·외 내용교수지식(PCK) 관련연구동향을 분석하고 이를 기반으로 수학과 내용 교수 지식(PCK) 분석틀을 제시하고 이 분석틀에 입각하여 수업 아이디어 및 교실 수업의 특징을 분석하여 수학과 고유의 PCK 분석 사례를 제시한다. 이러한 분석 결과에 나타난 특징을 범주화하여 선정된 주제나 개념에 따라 PCK 유형으로 제시하고자 하였다. 이를 통해 수학과 고유 내용을 지도하기에 효과적인 방법 지식을 찾아 제공함으로써 수학 교사의 전문성 발달을 지원하고자 하였다. 이 연구에서는 수학교사의 수업 전문성의 요소들로 수학 내용 지식, 수학과 교수 방법 및 평가에 대한 지식, 수학 학습에 대한 학생 이해 지식, 수학과 수업 상황에 대한 지식 등을 포함하고 있다.

Wilson 외(2005)는 고등학교 수학교사 9명이 가진 좋은 수학수업에 대한 인식을 조사하였다. 교사들은 기본적인 수학지식, 수학적 개념을 시각화하고 연결성을 보여줌으로서 수학적 이해를 추구, 학생들의 동기유발과 참여기회를 확대, 효율적인 학급 관리 등을 좋은 수학수업의 특징으로 제시하였다. Wilson외(2005)는 이러한 좋은 수학수업에 대한 인식이 근본적으로 교사중심 수업이라는 점에서 수학교육학자의 관점과 일치하지 않는다고 지적하였다. Wilson 외(2005)는 이러한 차이가 교사교육자와 교사의 상호보완성을 보여주는 증거이며 교사교육의 과제라고 주장한다. 교사교육자는 문헌과 학자들의 합의에 근거하여 좋은 수학수업의 기준을 제시하는 반면, 교사들은 자신의 경험과 동료와의 대화에 근거하여 좋은 수학수업의 기준을 제시한다는 것이다. 이들은 또한 교사교육자들이 교사들의 의견에 더욱 더 귀를 기울여야 한다고 제안한다.

김현진 외(2010)에서는 사회적 요구에 부응하는 예비교사의 수업 능력에 대해 재개념화하고 이론과 실천이 통합된 수업능력의 개발을 위해 교사양성기관에서 실시할 교육방안을 제안하고자 하였다. 전국의 교육대학교와 사범대학교의 교수와 초·중등 학급의 교사들을 대상으로 설문조사를 실시하여 예비교사 수업 능력의 개념, 현재 교사양성과정에 대한 문제점, 수업능력 향상을 위한 요구를 조사하였다.

Lin과 Li(2009)는 대만 수학교사들의 수업을 분석하여 대만에서 생각하는 좋은 수학수업의 특징을 조사하였다. 수업 전, 수업 중, 수업 후의 단계에 맞춰 좋은 수학수업의 특징을 분석하였다. 대만의 수학교육도 학생중심 수업을 지향한다는 점에서는 서양과 거의 비슷하지만 실제 수업현장은 대만 특유의 사회적 문화적 특성을 반영하고 있었다. 좋은 수학수업에 대한 관점은 해당 국가의 사회 문화적 신념과 가치관에 따라 다른 것이다(Pang, 2009).

한국교육과정평가원에서는 2004년부터 2006년까지 3년에 걸쳐 수업평가의 일반기준을 개발하여 교사의 수업 전문성 관점을 정리하고자 하였으며, 보다 구체적으로 각 교과별 수업

2) 최돈형 외(2009, 2010)에서 제시하는 '교실친화적 교사'는 교실로 대변되는 학교 교육의 기본적 장에서 바람직한 교육활동을 수행할 수 있는 전문적 능력을 지니고 이를 실행하는 교사라고 정의하고 있다.

평가 기준을 개발하였다. 최승현, 임찬빈(2006)[3]은 2004년, 2005년에 걸쳐서 진행된 「수업평가 기준 개발 연구 I, II」에서 개발된 수업평가 일반 기준과 NCTM(1991, 1993)에서 개발한 수학과 수업평가 기준과 수업관찰 및 면담 분석 결과를 참조하여 수학 과목 고유의 특성을 고려하여 수학과 수업평가 기준을 제시하였다. 수학과 수업평가 기준의 방향으로는 수학 교사의 수업 전 과정을 종합적으로 다루는 포괄적 기준, 수학과 모든 내용 영역에 적용 가능한 종합적 기준, 목적과 상황에 유연하게 선택가능한 종합적인 기준 목록, 하나의 개별 기준도 다양한 방식으로 접근, 판단 가능하도록 제시하고자 하였다. 수학과 수업평가 기준은 수학 및 수학교육에 대한 전문적 '지식', '계획'으로서 수업설계, '수업 실천'으로 교실 환경 및 수업분위기와 수업실행, 교사가 자신의 전문성 계발을 위해 해야 할 것인 '전문성' 영역을 중심으로 평가자의 관찰지표들을 제시하고 있다.

이러한 선행연구는 공통적으로 좋은 수학수업의 특성을 밝히거나 이러한 특성을 수학교육 이론과 비교하고 그 차이의 원인을 규명한다. 또한 문헌 연구, 설문 조사, 면담 등을 통해 교사의 전문성이 무엇인지, 요구되는 역량들은 어떠한 것인지 등에 대해 제시하여 좋은 수업을 위한 교직 전문성, 사범대학의 바람직한 교육과정과 역할에 대한 제언을 하였다. 그러나 우리나라의 연구의 경우 교사의 전문성을 위한 역량을 주로 연구자 또는 예비교사의 눈으로 도출하거나 그 과정에서 현직교사의 역할은 미비하였다. 좋은 수학수업에 대한 관점은 해당 국가의 사회 문화적 신념과 가치관에 따라 다르기 때문에(Pang, 2009), 수업 현장에서 경험한 현직 교사들의 시각은 우리나라 특유의 사회 문화적 특성이 반영된 좋은 수학수업이 무엇인지에 대해 보여 줄 수 있을 것이다. 그동안 현직교사들의 시각에서 제안된 것은 주로 일반적인 교사의 전문성에 관한 역량이었으며 학교 현장에서 수학교사가 수업을 경험하면서 생각한 역량들이 충분히 반영되어 제시되지는 못하였다.

이에 따라 본 연구에서는 선행연구에서 제시한 좋은 수업을 위한 교사의 수업 역량을 기초로 하여 현장교사의 시각에서 좋은 수학 수업에 대한 인식에 대해 조사하고자 하였다. 이를 위하여 먼저 선행연구들에서 제시된 교사 전문성에 대한 영역 중 수업 능력과 관련된 역량들을 중심으로 공통된 요소들을 선별하고, 본 연구자들의 현직교사 재교육 및 예비교사 교육 경험에 기초하여 설문에 역량들을 제시하였다. 그리고 설문에 제시된 역량들에 대하여 수학교사들이 이해하기 쉽도록 수학 교사의 의견을 바탕으로 설문에 제시된 역량들에 대한 진술을 수정하여 제시하였다.

III. 연구방법

1. 연구참여자

본 연구의 참여자는 58[4]명의 중·고등학교 현직 수학교사로, <표 Ⅲ-1>과 <표 Ⅲ-2>는 연구참여자들의 교사경력과 최종학위를 요약한 것이다.

3) 수업평가 일반 기준을 4가지 영역으로 설정하고 6개의 세부 영역, 20개의 평가 기준을 제시하였다.
4) 본 연구는 확실성과 유용성을 바탕으로하는 비확률 표본 선정방식(Creswell, 2004, p.210)에 따라 응답자를 선정하고 설문지를 배포·수집하였다. 이는 독자들이 연구결과를 해석하는데 반영되어야 한다.

<표 Ⅲ-1> 연구참여자의 교사경력

경력	1-5년	5-10년	10-15년	15년 이상	무응답	전체
빈도 (%)	14 (24.1)	9 (15.5)	6 (10.3)	27 (46.6)	2 (3.4)	58 (100.0)

<표 Ⅲ-2> 연구참여자의 최종학위

최종학위	학사	석사	박사	전체
빈도 (%)	28 (48.3)	27 (46.6)	3 (5.2)	58 (100.0)

2. 설문지

본 연구는 좋은 수학수업을 위해 수학교사에게 필요한 역량이 무엇인가를 현직 수학교사의 입장에서 파악하는 데 목적이 있다. 또한 사범대학에서 배운 대학수준의 수학지식이 수학교사의 역량을 배양하는데 어떠한 도움을 주는지와 현재 사범대학 교육과정의 전반적 내용이 수학교사의 좋은 수학수업을 위한 역량을 배양하는데 어떠한 도움을 주는지에 대한 수학교사의 입장을 파악하는 데 목적이 있다. 따라서 선행연구와 본 연구자들의 현직교사 재교육 및 예비교사 교육 경험에 기초하여 수학교사에게 필요한 22가지의 역량(<표 Ⅲ-3> 참조)을 선별하여 보기로 제시하였다. 최돈형 외(2010), 최승현(2007), 김현진 외(2010), 최승현, 임찬빈(2006) 등에서 제시한 교사의 전문성 중 수업 역량 및 자기 개발과 관련된 영역에서 공통적인 요소를 선별하였다. 특히 최돈형 외(2010), 최승현, 임찬빈(2006)에서 제시한 수학교과내용 지식, 수학의 유용성, 교구 및 공학 도구의 사용 등과 같이 수학 교과지식 및 내용교수법과 관련된 역량, 학생에 대한 지식과 관련된 역량, 수업의 설계, 실행, 평가와 관련된 역량들을 선별하였다. 설문지는 A, B, C 세 부분으로 구성되어 있으며, 각 부분별 질문은 서로 다르지만 보기는 모두 동일하게 제시하였다.

좋은 수학수업을 위해 수학교사에게 필요한 역량이 무엇인가에 대한 현직교사의 인식을 조사하기 위해 A 부분에서는 '본 설문은 좋은 수학수업을 위해 현직 수학교사들에게 필요한 여러 가지 역량을 요약, 정리한 것입니다. 제시된 항목이 좋은 수학수업을 위해 중요하다고 생각하신다면 해당되는 란에 √표시해 주시기 바랍니다.'라고 질문한 후 22개의 보기를 제시한 후, 각각에 대해 6점의 리커트 척도[5]로 표시하도록 하였다. 또한 이 외의 다른 역량이 필요하다고 생각되는 경우 자유롭게 의견을 서술해 줄 것을 요청하였으며, 이를 위해 공란을 제시하였다. 사범대학에서 배운 대학수준의 수학지식이 역량 배양에 도움을 주는지에 대한 현직교사의 인식을 조사하기 위해 B 부분에서는 '여러분이 과거 대학에서 학습한 수학지식(해석학, 위상수학, 현대대수학, 미분기하학 등)이 다음과 같은 수학교사의 역량을 배양하는데 도움이 된다고 생각하십니까? 해당되는 곳에 √ 표로 응답해 주십시

5) 본 연구에서는 중립입장을 취하지 않은 6점 척도를 사용하였으며, 각 항목에 대한 응답 점수는 다음과 같이 부여하였다.

	전혀 그렇지 않다	그렇지 않다	그렇지 않은 편이다	그런 편이다	그렇다	매우 그렇다
점수	1	2	3	4	5	6

오.'라고 질문한 후 A 부분에서 제시한 22개의 보기를 제시하고 각각에 대해 6점의 리커트 척도로 표시하도록 하였다. B 부분에서도, 이 외에 자유롭게 의견을 서술해 줄 것을 요청하였으며, 이를 위해 공란을 제시하였다. 사범대 교육과정의 전반적 내용이 역량 배양에 도움을 주는지에 대한 현직교사의 인식을 조사하기 위해 C 부분에서는 '좋은 수학수업을 위해 현재 현장의 교사교육(예: 사범대학 교육)에서 예비교사가 다음과 같은 역량을 갖출 수 있다고 생각하십니까? 해당되는 곳에 √ 표로 응답해 주십시오.' 라고 질문한 후 A 부분에서 제시한 22개의 보기를 제시하고 각각에 대해 6점의 리커트 척도로 표시하도록 하였다. C 부분에서도, 이 외에 자유롭게 의견을 서술해 줄 것을 요청하였으며, 이를 위해 공란을 제시하였다.

IV. 분석결과

1. 우리나라 수학교사들이 중요히게 인식하는 역량

A문항에 제시된 22개 항목 가운데 평균점수가 가장 높은 항목 즉, 수학교사들이 좋은 수학수업을 하기 위해 가장 필요하다고 생각하는 역량은 '학습 내용과 관련된 수학적 개념 및 내용과 이들 사이의 상호 관계에 대한 정확한 지식(M=5.72, SD=0.555)'이었다. 이 항목은 표준편차 역시 가장 낮았는데, 이는 거의 모든 수학교사들이 이 항목에 대해 깊이 공감하고 있다는 뜻으로 해석된다. 이처럼 우리나라 수학교사들은 교과지식에 대한 전문성을 중요한 역량으로 인식하고 있으며 3, 7, 8, 19번 항목에 대한 응답결과 역시 이를 뒷받침하고 있다. '수학적 진술의 의미를 말로 나타내고 문제를 모델링하고 해결하는 능력(M=5.22)' '단순 암기보다는 고차원적 사고 기능을 강조하기 위해 수학적 탐구활동을 시범적으로 보여줄 수 있는 능력(M=5.26)'과 '다양한 문제해결 전략에 대한 지식(M=5.24)', '과제나 평가를 위해 문항을 개발하고 구성하는데 필요한 지식(M=5.04)'을 갖추기 위해, 수학교사는 높은 수준의 수학적 지식을 가져야 한다. 또한 수학교사들은 높은 수준의 수학지식이 학교수학의 내용과 연계될 수 있어야 함을 지적하였다. 예를 들어, '변화하는 교육과정의 의도를 이해하고 학습내용에 대한 교육과정 상의 위계를 파악하는 능력(M=5.19)', '필요에 따라 교과서를 자유자재로 재구성하여 수업을 진행할 수 있는 능력(M=5.36)', '지도 내용과 관련된 적절한 인지 전략(예시, 귀납, 유추 등)이 무엇인지 판단하고 활용할 수 있는 능력(M=5.25)'은 수학지식을 바탕으로 한 학교수학에 대한 통찰이 필요한 역량에 해당하는 것이다.

그러나 우리나라 수학교사들은 좋은 수학수업을 하기 위해 교과지식에 대한 전문성만으로는 충분하지 않다는 점을 인식하고 있었다. 수학교사들은 학생의 수준과 학습과정을 정확하게 파악하는 능력을 중요하게 생각하였다. 예를 들어, '학생의 설명, 표현을 해석하고 이해함으로써 학생들의 사고 과정을 파악할 수 있는 능력(M=5.47)'과 '학생들에게 친숙한 용어를 선택하고, 지도 내용을 눈높이에 맞게 설명할 수 있는 능력(M=5.55)', '학생들의 오개념을 파악하고 끌어내어 교정하는 능력(M=5.34)'은 수학교사들이 교과지식에 대한 전문성은 물론 학생에 대한 이해능력을 중요하게 생각하고 있음을 보여준다.

또한 우리나라 수학교사들은 학생 중심의 수업을 위한 역량에 대해서도 높게 평가하고 있었다. '학생들의 사고를 촉진할 수 있는 질문을 제시하는 능력(M=5.53)', '학생들의 아이디어를 활

<표 Ⅳ-1> 설문 구성 문항 및 교사응답 결과

항 목	Mean(SD)		
	A	B	C
1. 학습 내용과 관련된 수학적 개념 및 내용과 이들 사이의 상호 관계에 대한 정확한 지식	5.72 (.555)	4.83 (.841)	4.88 (.965)
2. 변화하는 교육과정의 의도를 이해하고 학습내용에 대한 교육과정 상의 위계를 파악하는 능력	5.19 (.847)	4.09 (1.189)	4.56 (1.053)
3. 수학적 진술의 의미를 말로 나타내고 문제를 모델링하고 해결하는 능력	5.22 (.773)	4.29 (1.124)	4.53 (.966)
4. 학습 내용의 유용성을 학생들이 이해할 수 있도록 설명할 수 있는 능력	5.47 (.731)	4.14 (1.131)	4.23 (1.102)
5. 학습 내용을 타 교과목의 학습 주제와 연결하여 설명할 수 있는 능력	4.95 (.847)	3.97 (1.199)	3.96 (1.149)
6. 학생들과 함께 문제해결 과정과 결과를 의사소통할 수 있는 능력	5.53 (.655)	4.10 (1.165)	4.16 (.996)
7. 단순 암기보다는 고차원적 사고 기능을 강조하기 위해 수학적 탐구활동을 시범적으로 보여줄 수 있는 능력	5.26 (.870)	4.72 (1.121)	4.35 (1.188)
8. 다양한 문제해결 전략에 대한 지식	5.24 (.802)	4.53 (1.104)	4.35 (.973)
9. 지도 내용과 관련된 적절한 인지 전략(예시, 귀납, 유추 등)이 무엇인지 판단하고 활용할 수 있는 능력	5.25 (.689)	4.41 (1.185)	4.61 (.940)
10. 필요에 따라 교과서를 자유자재로 재구성하여 수업을 진행할 수 있는 능력	5.36 (.852)	4.12 (1.285)	3.86 (1.202)
11. 다양한 공학도구(컴퓨터 그래픽, 프로그램)를 수업에 활용하는 능력	4.72 .833	3.41 (1.402)	4.14 (1.246)
12. 다양한 수학 교구를 제작하고 활용하는 능력	4.74 .870	3.42 (1.238)	3.88 (1.251)
13. 학습 내용과 관련된 기본 법칙, 개념, 이론 등과 관련된 수학사 및 수학자에 대한 지식을 활용할 수 있는 능력	4.86 (.868)	4.66 (1.052)	4.53 (.966)
14. 학생의 설명, 표현을 해석하고 이해함으로써 학생들의 사고 과정을 파악할 수 있는 능력	5.47 (.754)	4.09 (1.204)	4.07 (1.147)
15. 학생들에게 친숙한 용어를 선택하고, 지도 내용을 눈높이에 맞게 설명할 수 있는 능력	5.55 (.705)	3.81 (1.317)	3.98 (1.232)
16. 학생들의 오개념을 파악하고 끌어내어 교정하는 능력	5.34 (.828)	4.22 (1.185)	4.14 (1.141)
17. 학생들의 사고를 촉진할 수 있는 질문을 제시하는 능력	5.53 .777	4.31 (1.030)	4.28 (1.114)
18. 학생들의 아이디어를 활용하고 적절한 피드백을 제공하는 능력	5.34 (.828)	4.17 (1.126)	4.23 (1.053)
19. 과제나 평가를 위해 문항을 개발하고 구성하는데 필요한 지식	5.04 (.873)	4.43 (1.045)	4.25 (1.074)
20. 교수, 학습, 평가 전략들을 통합할 수 있는 능력	5.00 (.879)	4.28 (1.114)	4.16 (1.192)
21. 동료 교사들의 수업을 관찰하고 분석할 수 있는 능력	4.86 (.847)	3.86 (1.115)	3.91 (1.106)
22. 자신의 수업을 반성하고 개선하는 능력	5.50 (.656)	4.00 (1.254)	4.21 (1.171)

용하고 적절한 피드백을 제공하는 능력(M=5.34)'은 교사가 일방적으로 수학지식을 전달하기 보다는 학생의 반응으로부터 수업을 이끌어가기 위해 필요한 역량에 해당한다. 특히, '학생들과 함께 문제해결 과정과 결과를 의사소통할 수 있는 능력(M=5.53)', '학습 내용의 유용성을 학생들이 이해할 수 있도록 설명할 수 있는 능력(M=5.47)'을 보면, 우리나라 수학교사들이 학생과의 소통에 대해 매우 중요하게 생각하고 있음을 알 수 있다.

우리나라 수학교사들은 좋은 수학수업을 위해 '자신의 수업을 반성하고 개선하는 능력(M=5.50)' 역시 중요하다고 생각하였다. 이에 대해서는 두 가지 해석이 가능한 것으로 보인다. 첫째, 교사들의 수업 역량은 대학에서의 교사교육에 의해 완성될 수 없는 것으로, 현장에서 학생들과의 계속적인 상호작용을 반드시 필요로 한다. 따라서 교사들은 학교현장에서 학생들과의 경험을 통해 수학교사로서의 역량을 계속해서 발전시켜나가는 것으로 간주된다. 본 연구의 이러한 결과와 해석은 Wilson 외(2005)의 연구 결과와 유사한 경향을 보인다. Wilson 외(2005)의 연구에 참여한 현직교사들은 연구자들과의 면담에서 경험, 재교육, 자신의 수업에 대한 반성을 통해 그들의 교수(teaching)를 발전시켜나간다고 진술하고 있다. 둘째, 교사들이 변화하는 학생들의 요구에 맞추어 자신들의 수업을 개선하고 발전시켜나가려는 의지가 강함을 보여주는 것으로 해석된다. 이는 좋은 수학수업을 위해 학생 중심의 수업을 위한 역량을 높이 평가한 결과와 일맥상통하는 것으로 해석될 수 있다.

우리나라 수학교사들은 또한 좋은 수학수업을 위해 '교수, 학습, 평가 전략들을 통합할 수 있는 능력(M=5.00)' 역시 중요하다고 생각하였다. 최근 교육과정에서 수행평가 등의 과정중심의 평가를 지향하고 있는데(한국과학창의재단, 2011), 이러한 조사결과는 교육계의 노력이 현장 교사들에게 반영될 결과로 간주된다. 과정중심의 평가가 이루어지기 위해서는 교수와 학습과 평가가 통합적으로 다루어지는 것이 중요하다.

우리나라 수학교사들은 다른 항목들에 비해 '다양한 공학도구(컴퓨터 그래픽, 프로그램)를 수업에 활용하는 능력(M=4.72)', '다양한 수학 교구를 제작하고 활용하는 능력(M=4.74)', '학습 내용과 관련된 기본 법칙, 개념, 이론 등과 관련된 수학사 및 수학자에 대한 지식을 활용할 수 있는 능력(M=4.86)'을 좋은 수학수업을 위해 반드시 필요한 역량으로 간주하지는 않고 있었다. 이러한 결과는 중고등학교 수학을 지도하는데 있어 공학도구, 교구, 수학사적 지식 등을 매 차시마다 필요로 하기 보다는 간헐적으로 필요로 하기 때문인 것으로 해석된다.

'동료 교사들의 수업을 관찰하고 분석할 수 있는 능력(M=4.86)'은 가장 하위였다. 교사 전문성의 지속적인 개선을 위하여 교사 스스로의 노력을 통해 자신이 필요한 지식, 소양 등을 습득할 필요가 있다. 교사들은 좋은 교사로서 활동하기 위해서는 교사 개인적 역량에만 의존하는 것이 아니라 동료 교사, 학부모, 학생 등과의 원활한 의사소통이 충분히 이루어질 때 가능하다는 것을 일관되게 지적하고 있다(최돈형 외, 2009, pp.22-23). 특히 수업을 개선하기 위해서는 동료 교사들과의 수업에 대한 의사소통이 중요한 역할을 할 수 있으며 이는 최근 '수석교사제' 도입에서도 엿볼 수 있다. 그럼에도 불구하고 좋은 수학 수업을 위한 역량으로 간주되지 않는 것은 현재 교사들이 동료 교사들의 수업을 관찰 분석하는 경험이 적거나 그러한 경험을 하더라도 체계적이고 효과적인 활동이 되지 못하였기 때문인 것으로 생각된다.

2. 대학수준의 수학지식의 역할에 대한 수학교사의 인식

B문항에 제시된 22개 항목 가운데 평균점수가 가장 높은 항목 즉, 수학교사들은 대학에서 학습한 수학지식 덕분에 '학습 내용과 관련된 수학적 개념 및 내용과 이들 사이의 상호 관계에 대한 정확한 지식(M=4.83, SD=0.841)'을 얻을 수 있었다고 답하였다. A문항과 마찬가지로 이 항목은 표준편차도 가장 낮았다. 우리나라 수학교사들은 좋은 수학수업을 하기 위해 교과지식에 대한 전문성을 갖추는 일이 제일 중요하다고 생각하였고, 대학 수준의 수학지식 학습이 이러한 역량을 키우는 데 제일 도움이 된다고 판단한 것이다. 그러나 <표 Ⅳ-4>에서 볼 수 있듯이, 20.7%, 48.3%의 교사가 각각 '매우 그렇다'와 '그렇다'라고 생각한 반면, 24.1%, 6.9%의 교사가 각각 '그런 편이다'와 '그렇지 않은 편이다'라고 응답하였다. 이는 대학에서의 수학지도가 중고등학교에서 다루는 수학적 개념 및 내용과 이들 사이의 상호 관계에 좀 더 주목할 수 있도록 보강할 필요가 있음을 시사한다. 그 밖에 7, 8, 13번 항목의 평균 점수가 상대적으로 높았는데, 이 항목들은 모두 교과지식에 대한 전문성과 관련이 높은 역량이다. 특히, '학습 내용과 관련된 기본 법칙, 개념, 이론 등과 관련된 수학사 및 수학자에 대한 지식을 활용할 수 있는 능력(M=4.66)'에 대해서는 A문항과 B문항의 평균점수 차이가 거의 없었다. 이 항목의 평균점수는 A문항에서는 밑에서 세 번째였던 반면에, B문항에서는 위에서 세 번째에 해당하였다. 우리나라 수학교사들은 좋은 수학수업을 하는데 이 역량의 중요성을 상대적으로 낮게 보았지만, 대학 수준의 수학지식이 이 역량을 배양하는 데는 큰 도움이 된다고 파악하고 있었다. 교사교육 과정에서 수학교사들은 대학 수준의 수학학습을 통해 '학습 내용과 관련된 기본 법칙, 개념, 이론 등과 관련된 수학사 및 수학자에 대한 지식을 활용할 수 있는 능력'을 갖출 수 있지만, 실제 학교현장에서 이러한 역량을 발휘할 기회를 갖지 못한다고 볼 수 있다. 다시 말해, 수학교사들은 관련 교과 지식을 활용할 수 있는 능력을 갖추었지만, 수업이라는 교육적 맥락에서 이 능력이 제대로 활용되지 못하고 있다는 해석이 가능한 것이다.

B문항에서 평균점수가 4.0 미만인 항목은 5개였다. 평균점수가 4.0 미만이라는 것은 대학수준의 수학지식 학습을 통해서는 해당 항목의 역량을 갖추기가 쉽지 않다는 수학교사들의 인식을 보여준다. 12번 항목 '다양한 수학 교구를 제작하고 활용하는 능력(M=3.42)', 11번 항목 '다양한 공학 도구를 수업에 활용하는 능력(M=3.41)', 15번 항목 '학생들에게 친숙한 용어를 선택하고, 지도 내용을 눈높이에 맞게 설명할 수 있는 능력(M=3.81)'을 갖추는 데 대학수준의 수학지식이 도움이 되지 않는다고 판단했다는 것은 대학수학과 학교수학의 간극을 좁히는 일이 쉽지 않다는 점을 의미한다. 특히, 대학 수준의 수학지식이 5번 항목 '학습 내용을 타 교과목의 학습 주제와 연결하여 설명할 수 있는 능력(M=3.97)' 향상에 도움이 되지 않는다고 답한 것은 의외의 결과라고 볼 수 있다. 왜냐하면, 대개 타 분야에서 활용되는 수학은 학교수학의 수준을 넘어서며, 수학을 활용하기 위해서는 수학에 대한 높은 이해를 전제로 한다는 점에서, 대학수준의 수학지식이 타 분야와 수학의 연계성을 이해하는 데 도움이 될 것이라고 예상할 수 있기 때문이다. 그러나 수학교사들이 이에 대해 부정적으로 답했다는 것은, 우리나라 수학교사들이 대학에서 수학을 학습하면서 타 분야와의 연계성을 경험하지 못했기 때문이라고 볼 수 있다. C문항에서 5번 항목

<표 Ⅳ-2> B문항의 각 항목별 빈도

항목 \ 응답 점수	전혀 그렇지 않다	그렇지 않다	그렇지 않은 편이다	그런 편이다	그렇다	매우 그렇다	전체	M (SD)
	1	2	3	4	5	6		
	빈도(%)							
1	0 (0.0)	0 (0.0)	4 (6.9)	14 (24.1)	28 (48.3)	12 (20.7)	58 (100.0)	4.83 (.841)
2	2 (3.4)	1 (1.7)	15 (25.9)	20 (34.5)	12 (20.7)	8 (13.8)	58 (100.0)	4.09 (1.189)
3	1 (1.7)	1 (1.7)	12 (20.7)	19 (32.8)	16 (27.6)	9 (15.5)	58 (100.0)	4.29 (1.124)
4	0 (0.0)	3 (5.2)	16 (27.6)	17 (29.3)	14 (24.1)	8 (13.8)	58 (100.0)	4.14 (1.131)
5	2 (3.4)	2 (3.4)	18 (31.0)	16 (27.6)	14 (24.1)	6 (10.3)	58 (100.0)	3.97 (1.199)
6	0 (0.0)	2 (3.4)	20 (34.5)	16 (27.6)	10 (17.2)	10 (17.2)	58 (100.0)	4.10 (1.165)
7	0 (0.0)	2 (3.4)	5 (8.6)	19 (32.8)	13 (22.4)	19 (32.8)	58 (100.0)	4.72 (1.121)
8	0 (0.0)	1 (1.7)	10 (17.2)	18 (31.0)	14 (24.1)	14 (24.1)	57 (100.0)	4.53 (1.104)
9	1 (1.7)	1 (1.7)	11 (19.0)	18 (31.0)	14 (24.1)	13 (22.4)	58 (100.0)	4.41 (1.185)
10	2 (3.4)	1 (1.7)	17 (29.3)	18 (31.0)	8 (13.8)	12 (20.7)	58 (100.0)	4.12 (1.285)
11	6 (10.3)	7 (12.1)	21 (36.2)	10 (17.2)	9 (15.5)	5 (8.6)	58 (100.0)	3.41 (1.402)
12	4 (7.0)	7 (12.3)	21 (36.8)	14 (24.6)	8 (14.0)	3 (5.3)	57 (100.0)	3.42 (1.238)
13	0 (0.0)	2 (3.4)	6 (10.3)	15 (25.9)	22 (37.9)	13 (22.4)	58 (100.0)	4.66 (1.052)
14	2 (3.4)	2 (3.4)	14 (24.1)	18 (31.0)	15 (25.9)	7 (12.1)	58 (100.0)	4.09 (1.204)
15	2 (3.4)	6 (10.3)	18 (31.0)	15 (25.9)	9 (15.5)	8 (13.8)	58 (100.0)	3.81 (1.317)
16	0 (0.0)	5 (8.6)	10 (17.2)	20 (34.5)	13 (22.4)	10 (17.2)	58 (100.0)	4.22 (1.185)
17	0 (0.0)	1 (1.7)	14 (24.1)	16 (27.6)	20 (34.5)	7 (12.1)	58 (100.0)	4.31 (1.030)
18	0 (0.0)	4 (6.9)	13 (22.4)	17 (29.3)	17 (29.3)	7 (12.1)	58 (100.0)	4.17 (1.126)
19	0 (0.0)	2 (3.4)	10 (17.2)	15 (25.9)	23 (39.7)	8 (13.8)	58 (100.0)	4.43 (1.045)
20	0 (0.0)	3 (5.3)	13 (22.8)	13 (22.8)	21 (36.8)	7 (12.3)	57 (100.0)	4.28 (1.114)
21	0 (0.0)	6 (10.3)	17 (29.3)	19 (32.8)	11 (19.0)	5 (8.6)	58 (100.0)	3.86 (1.115)
22	2 (3.5)	3 (5.3)	16 (28.1)	15 (26.3)	14 (24.6)	7 (12.3)	57 (100.0)	4.00 (1.254)

'학습 내용을 타 교과목의 학습 주제와 연결하여 설명할 수 있는 능력'에 대한 평균이 3.96 (<표 Ⅳ-1> 참조)으로 나타났는데, 이러한 결과는 이를 잘 뒷받침해 준다.

지금까지 B문항에서 평균점수가 높은 항목과 낮은 항목을 살펴보았는데, 이를 제외한 10여개의 항목은 평균점수가 4.0 초반이며 표준편차가 1.0 이상이라는 점에서, 이들 항목에 대한 긍정과 부정의 응답이 거의 비슷하게 존재한다고 볼 수 있다(<표 Ⅳ-2> 참조). 이는 대학 수준 수학지식의 한계와 가능성을 보여주는 것이다. 예를 들어, 어떤 수학교사는 대학 수준의 수학지식을 통해 14번 항목인 '학생의 설명, 표현을 해석하고 이해함으로써 학생들의 사고 과정을 파악할 수 있는 능력(M=4.09, SD=1.204)'을 갖추었다고 답한 반면에, 어떤 수학교사는 대학 수준의 수학지식이 이러한 역량 향상에 도움이 되지 않는다고 답한 것이다. 대학에서 수학을 어떻게 배웠는가에 따라 이러한 역량을 갖출 수도 그렇지 않을 수도 있다는 것이다. 이는 대학에서 예비교사를 상대로 수학을 가르칠 때, 이러한 역량의 향상 측면을 고려할 필요가 있음을 시사한다. 실제로, 16번 항목 '학생들의 오개념을 파악하고 끌어내어 교정하는 능력(M=4.22, SD=1.185)', 17번 항목 '학생들의 사고를 촉진할 수 있는 질문을 제시하는 능력(M=4.31, SD=1.030)', 18번 항목 '학생들의 아이디어를 활용하고 적절한 피드백을 제공하는 능력(M=4.17, SD=1.126)'을 갖추기 위해서, 수학교사는 학교수학 이상의 수학지식을 알아야 한다. 그러나 설문결과에서 보듯이, 대학 수준의 수학지식이 이러한 역량 향상에 도움이 되지 않는다고 인식하는 수학교사가 상당수에 이른다는 것은 대학 수학교육에서 이러한 측면을 좀 더 보강할 필요가 있음을 시사한다.

3. 사범대학 교사교육에 대한 수학교사의 인식

C문항에서 평균점수가 가장 높은 항목도 A, B문항과 마찬가지로 '학습 내용과 관련된 수학적 개념 및 내용과 이들 사이의 상호 관계에 대한 정확한 지식(M=4.88)'이었다. 우리나라 수학교사들은 교과지식에 대한 전문성을 가장 높이 평가했고, 사범대학의 교사교육 역시 이러한 역량을 가장 잘 키워주고 있다고 응답하였다. 그러나 A문항에서 1번 항목의 평균이 5.72인데 반해, C문항에서의 평균은 4.88로 나타났다. 이는 B문항에서 1번 항목에 대한 결과를 뒷받침하는 것으로, 단순히 대학에서 고등수학적 지식을 학습하는 것에서 그쳐서는 안 되며, 중고등학교에서 다루는 수학적 개념 및 내용과 이들 사이의 상호 관계와 관련지어 지도할 필요가 있음을 시사하는 것으로 볼 수 있을 것이다.

수학교사들은 교사교육을 통해 '변화하는 교육과정의 의도를 이해하고 학습내용에 대한 교육과정 상의 위계를 파악하는 능력(M=4.56)'을 갖출 수 있다고 응답하였는데, 이는 우리나라 수학교사들이 교사교육에서 학교수학의 교육과정에 대한 학습을 중요하게 인식하고 있음을 보여준다. 반면에 교사교육을 통해 '필요에 따라 교과서를 자유자재로 재구성하여 수업을 진행할 수 있는 능력(M=3.86)'을 갖추기에는 부족하다고 지적하고 있다. 이는 사범대 교사교육이 국가 교육과정을 재구성하고 활용하는 수학교사의 양성보다는 교육과정의 의도를 이해하고 수용하는 수학교사의 양성에 초점을 두고 있음을 시사한다.

우리나라 수학교사들은 대학에서의 교사교육을 통해 다른 역량에 비해 '지도 내용과 관련된 적절한 인지 전략(예시, 귀납, 유추 등)이 무엇인지 판단하고 활용할 수 있는 능력(M=4.61)'

과 '수학적 진술의 의미를 말로 나타내고 문제를 모델링하고 해결하는 능력(M=4.53)'을 갖출 수 있다고 응답하였다. B문항에서 각각의 평균은 4.41과 4.29로 나타났는데, 이는 대학에서의 수학 학습에 의해서뿐만 아니라 교과교육학의 역할이 뒷받침된 결과로 간주될 수 있다.

우리나라 수학교사들은 사범대 교사교육을 통해 '다양한 수학 교구를 제작하고 활용하는 능력(M=3.88)', '학생들에게 친숙한 용어를 선택하고, 지도 내용을 눈높이에 맞게 설명할 수 있는 능력(M=3.98)'을 갖추기가 쉽지 않다고 하였는데, 이러한 역량은 모두 학생의 수준을 파악하고 그에 적합한 교수학적 처치를 제공하는 능력에 해당한다. 특히 '학생들에게 친숙한 용어를 선택하고, 지도 내용을 눈높이에 맞게 설명할 수 있는 능력(M=3.98)'의 경우 A문항에서 5.55의 평균을 나타냈는데, 즉 교사들은 좋은 수학 수업을 위해 이를 매우 중요한 역량으로 평가하고 있다. 이러한 상이한 조사 결과는 현재의 대학의 교사교육이 교사들로 하여금 이러한 능력을 배양하도록 하기 위해 좀 더 적극적이고 새로운 방안을 모색할 필요가 있음을 시사한다.

뿐만 아니라 '학습 내용의 유용성을 학생들이 이해할 수 있도록 설명할 수 있는 능력(A문항에서 5.47, C문항에서 4.23)', '학생들과 함께 문제 해결 과정과 결과를 의사소통할 수 있는 능력(A문항에서 5.53, C문항에서 4.16)', '학생의 설명, 표현을 해석하고 이해함으로써 학생들의 사고 과정을 파악할 수 있는 능력(A문항에서 5.47, C문항에서 4.07)', '학생들의 오개념을 파악하고 끌어내어 교정하는 능력(A문항에서 5.34, C문항에서 4.14)', '학생들의 사고를 촉진할 수 있는 질문을 제시하는 능력(A문항에서 5.53, C문항에서 4.28)', '학생들의 아이디어를 활용하고 적절한 피드백을 제공하는 능력(A문항에서 5.34, C문항에서 4.23)' 역시 A문항과 B문항에서 상이한 결과를 보였다. 이러한 상이한 조사 결과는 현재의 대학의 교사교육이 교사들로 하여금 이러한 능력들을 배양하도록 하기 위해 좀 더 적극적이고 새로운 방안을 모색할 필요가 있음을 시사한다. 특히, 학습주제와 관련하여 학생들이 보이는 오개념은 국내외 수학교육연구에서 오랫동안 관심을 갖고 연구되어온 주제로, 다양한 수학적 주제에 대해 학생들의 오개념과 관련하여 많은 정보가 축적되어 왔다. 그럼에도 불구하고, 대학의 교사교육에서 수학교사들이 학생들의 오개념을 파악하고 끌어내어 교정하는 능력을 배양하지 못한다는 것은 수학교육연구 결과가 교사교육에 좀 더 적극적으로, 그리고 빠르게 반영되어야 할 필요가 있음을 시사한다.

V. 논의 및 결론

본 논문에서는 좋은 수학수업을 위해 수학교사에게 필요한 역량에 관하여 설문 조사를 통해 현직 수학교사들의 의견을 알아보았다. 이 절에서는 앞의 분석 결과로부터 시사점을 논의하고, 각 문항에 대해 수학교사들이 서술형으로 작성한 추가 의견을 통해 분석 결과와 시사점을 뒷받침하고자 한다.

'학습 내용과 관련된 수학적 개념 및 내용과 이들 사이의 상호 관계에 대한 정확한 지식'은 A, B, C 세 문항에서 가장 높은 평균점수를 획득하였다. 다시 말해, 우리나라 수학교사들은 좋은 수학수업을 하기 위해 최우선적으로 수학 교과에 대한 전문성을 갖추어야 한다고 인식하고 있으며, 이러한 역량은 사범대학에서 학습한 수학지식과 교사교육 과정을 통해 키울 수 있다고 생각하였다. 이처럼 수학 교과에 대한 전문성을 중시하는 우리나라 수학교사들의 인식은 우리나라 수학교육의 고유한 특징으로 나타난다고 볼 수 있다.

우리나라 수학교육의 관점이 가진 고유한 측면은 '교사가 담당해야 할 역할에 대한 강한 책임의식'에서 찾을 수 있었다. 특히 기본과 기초를 충실히 다지고, 구조와 본질에 주목하는 진지함을 추구하며, 지나치게 열려있어 학습가능성을 알 수 없는 의사소통 모델보다는 안정적으로 얼마간의 목표를 추구하는 조용한 실질론에 따르고 있음을 알 수 있었다(이경화, 2010, p.221)

이경화(2010)는 '이론적인 지식으로서의 수학'의 특성을 강조한 우정호(1992, 2004, 2007)의 관점이 우리나라 예비교사 교육과 현직교사 교육에 많은 영향을 주었다고 분석하고 이로부터 '효율성 또는 효과성을 중시하는 한편, 현상을 보는 안목의 형성을 위한 수학적 지식의 본질을 강조하는 관점'을 우리나라 수학교육의 고유한 관점으로 제시하였다. 본 연구에서 나타난 우리나라 수학교사들의 인식 즉, '학습 내용과 관련된 수학적 개념 및 내용과 이들 사이의 상호 관계에 대한 정확한 지식'이 중요하다는 인식은 이경화(2010)의 연구를 뒷받침한다고 볼 수 있다. 게다가 본 연구결과에 따르면, 우리나라 수학교사들은 이러한 역량을 사범대학의 교사교육을 통해 갖출 수 있다고 생각하고 있다.

그러나 사범대학의 교사교육을 통해 '학습 내용을 타 교과목의 학습 주제와 연결하여 설명할 수 있는 능력'을 키우기가 쉽지 않다는 지적을 살펴보면, 대학 수준의 수학지식 학습이 수학적 지식의 본질을 지나치게 협소하게 파악하여 수학 내적인 관계와 구조에만 주목하는 경향이 있음을 시사한다. 우정호(2007)가 수학적 지식의 본질을 강조한 이유는 수학교육을 통해 학생들이 현상을 '보는' 개념적인 도구 또는 안목을 가지게 하는 데 있으므로, 수학교사들은 수학적 지식이 타 교과목의 학습 주제나 실생활 현상과 밀접한 관련을 맺고 있음을 볼 수 있어야 한다. 우리나라 수학교사들은 수학과 타 분야와를 관련시키고 이를 통해 여러 현상을 설명하는 능력 역시 수학교과에 대한 전문성으로 인식하고 있지만, 사범대학 교육과정에서 이러한 능력을 갖추기가 쉽지 않다고 지적하고 있는 것이다.

대학에서 학습한 수학지식이 좋은 수학수업을 하기 위해 필요한 역량 향상에 도움이 되는가를 물어보는 B문항에 대한 우리나라 수학교사들의 응답결과는 Klein(1968)이 지적한 이중단절(double discontinuity) 현상을 시사하고 있다. 우리나라 수학교사들은 대학 수준의 수학지식 학습을 통해 '학습 내용과 관련된 수학적 개념 및 내용과 이들 사이의 상호 관계에 대한 정확한 지식'을 갖출 수는 있지만, 이러한 수학지식을 학교수학과 관련시키기가 쉽지 않다고 지적하고 있다. 특히, '학생들에게 친숙한 용어를 선택하고, 지도 내용을 눈높이에 맞게 설명할 수 있는 능력'에 대해 부정적인 응답이 많았다는 것은 수학교사들이 학교현장에서 학교수학을 가르치면서 자신들의 대학에서 배운 수학지식을 제대로 활용하였다는 현상을 보여주는 것이다. 또는 대학에서 수학을 배우면서 적절한 수학적 사고활동을 하지 못하였다는 의미이기도 하다.

또한 '학생들의 오개념을 파악하고 끌어내어 교정하는 능력', '학생들의 사고를 촉진할 수 있는 질문을 제시하는 능력', '학생들의 아이디어를 활용하고 적절한 피드백을 제공하는 능력' 등 학생에 대한 이해를 전제로 하는 역량에 대해서도 부정적인 응답이 많았다. 이는 수학교사들의 과거 학교수학 학습 경험이 대학에서의 수학학습과 연계되지 않고 있음을 보여준다. 학교수학을 학습하는 과정에서 자주 발생하는 오개념과 질문 및 아이디어가 대학 수준의 수학을 학습하는 과정과 연계된다면, 예비 교사들이 대학에서 수학을 배울 때, 과거의 학습경험이 망각되는 일은 상당히 줄어들 여지가 있다. 실제로 많은 교사들은 다음과 같이 B문항 응답에 대한 기타의견으로 대학수학과 학교수학의 연계를 강력하게 희망하고 있었다.

> 수학 강좌는 수학의 내용중심보다는 체계, 구조중심이 되어야 하고, 항상 중등과정과 연계된 설명이 필요할 것 같습니다(교사 H, 경력 1-5년).

> 대학에서도 학교수학의 현실을 들여다 볼 필요가 있다는 생각이 듭니다. 현직 교사와 사범대학과의 의사소통, 교류가 여러 가지 방법으로 이루어 질 수 있다면 좋겠습니다(교사 K, 경력 10-15년).

우리나라 수학교사들은 대학의 수학학습을 통해 고등수학적 개념의 습득보다는 학교수학 전체를 조망할 수 있는 체계와 구조를 학습하여 학교수학과 대학수학을 연계하여 볼 수 있는 안목을 갖추기를 희망하고 있다. 또한 이러한 역량은 사범대학에서의 교사교육을 통해 단기간에 완성되기 보다는 학교와 대학 사이의 지속적인 상호작용을 통해 완성될 필요가 있음을 지적하고 있다.

C문항에 대한 분석결과로부터 사범대학의 교육과정이 '학생과의 소통', '수업의 실제'와 관련된 역량을 향상하는데 미흡한 측면이 있음을 알 수 있다. 그러나 수학교사들은 바로 이러한 역량 향상에 대한 요구가 매우 크며, 사범대학의 교육과정에 대한 불만 역시 이 부분에 집중되고 있다. 각 문항에 대해 교사들이 서술형으로 작성한 추가 의견에도 이러한 요구가 강하게 드러나 있다.

> 어떻게 가르쳐야 하고, 학생들은 어떤 오개념을 많이 가지는지, 현재 교과서의 특징은 무엇인지 등 교사가 되어 실질적으로 필요한 것에 대한 교육은 정말 부족 했다고 생각합니다(교사 M, 경력 5-10년).

> 교사교육이 실제 교실 현장에서 학생들과의 의사소통을 위한 능력을 키워 줄 수 있어야 한다. 대학 수학 자체만이 아니라 그 대학수학 내용을 학교 수학에서 학생들에게 전달 될 수 있는 지식으로 연계, 변형 시킬 수 있어야 한다(교사 E, 경력 1-5년).

수학교사들은 좋은 수학수업을 하기 위해 필요하다고 생각하는 역량을 주로 학교현장의 경험이나 동료교사와의 연수를 통해 개인적으로 습득하고 있었다.

> 교사로 양성되는 과정에서 교과관련 지식은 많이 배우는 편이나 실질적으로 학생들하고 소통하고 교수하는 방법론적인 측면은 간과되어 교사 대상의 연수 등을 통해 터득하는 것 같습니다(교사 K, 경력 1-5년).

> 수학교육에 대한 수업이 많이 부족하며 수학적 지식수업에 많이 치중되어 있다. 사범대에서 배운 것 보다는 학교현장에서 새로이 배우는 내용이 더 많다. 이런 것들을 사범내에서 배우면 학생 지도에 많은 도움이 되리라 생각한다(교사 L, 경력 15년 이상).

수학교사들은 사범대학 과정을 통해 교사로서의 자격을 갖추고 전문지식을 습득하고 있으나 학교현장을 경험하면서 수학교사로서 자신에게 부족한 역량을 느끼고 있다. 사범대학 교육과정에서 학교현장에 대한 이해가 깊어질 수 있어야 하며, 특히 학생과의 소통을 키워줄 수 있는 교사교육이 제공되어야 한다. 수학교사들은 이를 위해 교과교육학 수업의 내실화, 교육실습 확대, 인턴교사나 보조교사 제도의 확대 등을 제시하고 있다. 그러나 이러한 방안이 실질적으로 교사들이 필요로 하는 학생과의 소통과 관련된 역량을 키워줄 수 있는가에 대해서는 보다 주의 깊은 연구가 진행될 필요가 있다. 또한 좋은 수학수업을 위한 수학 교사의 전문성을 지속적으로 개발하기 위한 보다 구체적인 방안을 연구할 필요가 있다.

참고문헌

김현진 · 김진수 · 최성욱 · 박영민 · 이광호 · 이혁규(2010). **예비교사의 수업능력 개발을 위한 교육방안 연구,** 한국교육과정평가원 연구보고서 RRI 2010-16

우정호(1992). A Korean perspective on mathematics education. **수학교육학연구, 2**(1). pp.119-131.

______(2004). School Mathematics as a Major Subject for "Humanity Education." **학교수학, 6**(4), pp.313-324.

______(2007). School mathematics and cultivation of mind. In J. Woo, H. Lew, K. Park, & D. Seo (Eds.) *Proceedings of the 31st Conference of the International Group for the Psychology of Mathematics Education*, Vol. 1, (pp.65-93). Seoul Korea: The Korea Society of Educational Studies in Mathematics.

이경화(2010). 모델링 관점에 대한 논의에서 본 한국 수학교육의 관점 탐색, **수학교육학연구, 20**(3), pp.221-239.

조완영(2011). 중등 수학교사의 수학내용 지식. **학교수학, 13**(2), pp.345-361.

최돈형 · 허병기 · 곽영순 · 김도기 · 김민희 · 김정호 외 8명(2009). **교실친화적 교사 양성 연구 I; 교실친화적 교사 양성 기본체제의 설계.** 한국교육과정평가원 연구보고서 RRI 2009-1-1

최돈형 · 권동택 · 김경철 · 김성혜 · 김정환 · 김진수 외 7명(2010). **교실친화적 교사 양성과정과 교사 임용시험 체제의 연계성 강화 방안 연구.** 한국교육과정평가원 연구보고서 RRI 2010-1

최승현 · 임찬빈(2006). **수업평가 매뉴얼; 수학과 수업평가 기준.** 한국교육과정평가원 연구자료 ORM 2006-24-5

최승현(2007). **교육과정 개정에 따른 수학과 내용 교수 지식(PCK) 연구.** 한국교육과정평가원 연구보고서 RRI 2007-3-2

홍선주 · 김주훈 · 노원경 · 이수정 · 김현진(2010). **우수교사 인증제 실태 분석 및 발전방안 연구.** 한국교육과정평가원 연구보고서 RRI 2010-6

한국과학창의재단(2011). **창의중심의 미래형 수학과 교과내용 개선 및 교육과정 개정 시안 연구.**

Ball, D. L., Thames, M. H.,& Phelps, G. (2008). Content knowledge for teaching: What makes it special? *Journal of Teacher Education*, 59(5), 389-407.

Cai, J., Kaiser, G., Perry, B., & Wong, N.-Y. (2009). *Effective mathematics teaching from teachers' perspectives.* Rotterdam, The Netherlands: Sense Publishers.

Cai, J., Perry, B., Wong, N.-Y., Wang, T. (2009). What is effective teaching?: A study of experienced mathematics teachers from Australia, the Mainland China, Hong Kong-China, and the United States. In J. Cai, G. Kaiser, B. Perry, & N.-Y. Wong (Eds.), *Effective mathematics teaching from teachers' perspectives:* National and cross-national studies (pp.1-36). Rotterdam, The Netherlands: Sense Publishers.

Creswell, J. W. (2005). **연구설계: 정성연구,**

정량연구 및 혼합연구에 대한 실제적인 접근. (강윤수, 고상숙, 권오남, 류희찬, 박만구, 방정숙, 이중권, 정인철, 황우형 공역). 서울: 교우사. (영어 원작은 2003년 출판)

Hutchinson, S. A. (2011). Boundaries and bricolage: examining the roles of universities and schools in student teacher learning. *European Journal of Teacher Education,* 34(2), 177-191.

Klein, F. (1968). *Elementary Mathematics from an Advanced Standpoint: Arithmetic · Algebra · Analysis.* Dover Publication, Ins. U.S.A

Krainer, K. (2005). What is ""Good"" mathematics teaching, and how can research inform practice and policy? *Journal of Mathematics Teacher Education,* 8, 75-81.

Lin, P. J., & Li, Y. (2009). Searching for good mathematics instruction at primary school level valued in Taiwan. ZDM, 41, 363-378

Pang, J. S. (2008). Good mathematics instruction and its development in South Korea. In O. Figueras, J. L. Cortina, S. Alatorre, T. Rojano, & A. Sepu'lveda (Eds.), *Proceedings of the joint meeting of 32nd annual conference of the International Group for the Psychology of Mathematics Education and the 30th of the North American chapter,* (Vol. 1, pp. 173 - -178). Mexico: Michoacan University of Saint Nicholas of Hidalgo.

__________(2009). Good mathematics instruction in South Korea. ZDM, 41, 349-362.

Shulman, L. S. (1986). Those who understand: knowledge growth in teaching. *Educational Researcher,* 15(2), 4-14.

Wilson, P. S., Cooney, T. J., & Stinson, D. W. (2005). What constitutes good mathematics teaching and how it develops: Nine high school teachers'' perspectives. *Journal of Mathematics Teacher Education,* 8, 83 - 111.

Zazkis, R. & Leikin, R. (2010). Advanced mathematical knowledge in teaching practice: Perceptions of secondary mathematics teachers. *Mathematical Thinking and Learning,* 12(4), 263 281.

09 『CRESST 형성평가 프로그램의 이해 및 효과성-중학교 2학년 대수 관련 내용을 중심으로-』에서 사용한 '실험 연구' 방법 해설

최 승 현[9)]

본 논문(최승현·황혜정·류현아, 2010)의 연구는 미국 CRESST에서 5년 일정으로 추진된 연구와 공동으로 진행된 것으로 대수 영역에서 형성평가를 실시하고 그 결과를 토대로 교사의 수업전략 및 구체적인 실천을 변화시켜 나갈 필요가 있다는 지적에서 시작되었다. 본 논문의 연구는 지속적으로 형성평가를 투입하고 그 결과를 반영하여 교사의 수업 개선과 학생의 내용 숙달을 지원하고, 투입한 형성평가 프로그램의 교육 효과성을 검증하려는 실험연구이다. 실험연구는 원인-효과 관계에 대한 가설 검증을 할 수 있는 연구 유형으로, 실제적이고 이론적인 교육 문제에 대한 해법과 교육 발전에 대한 타당한 접근법을 제공하는 대표적인 연구 방법이다. 실험연구에 대한 설계를 할 때에는 적어도 하나 이상의 독립변인을 조작하고 효과에 영향을 줄 수 있는 관련된 변인들을 완전히 통제하여, 독립변인에 대한 효과가 종속변인에서 어떻게 나타나는가를 측정할 수 있는 방법을 모색해야 한다. 독립변인에는 조작이 가능한 실험변인과 조작이 불가능한 유기체변인이 있을 수 있다. 예를 들면, 교수 방법, 학습 자료의 유형, 학습 집단의 크기, 과제의 양과 같은 변인들은 조작이 가능한 실험변인이 될 수 있으나, 성별, 종교, 연령, 인종과 같은 변인들은 조작이 불가능하다. 준거변인이라고도 하는 종속변인은 독립변인의 결과로 발생하는 집단들에서의 변화 또는 차이이다. 여기서 중요한 점은 종속변인은 측정 가능한 결과이어야 한다는 점이다(전평국·박성선, 2009). 본 연구에서의 독립변인은 '형성평가 프로그램을 투입한 수업 방법'과 '교사 개인의 일반적인 방법'으로 조작된 변인이며 이것들은 모두 실험변인이다. 종속변인은 '대수 영역에서의 지도 효과'로, '유리수 동치의 이해', '분배법칙의 이해', '방정식의 풀이'로 측정 가능한 변인이다. 이러한 종속변인의 검사를 통해 얻은 점수를 이용하여 독립변인인 형성평가 수업 방법과 일반적인 수업 방법 간의 차이를 비교하게 되는 것이다.

실험연구에서 실험집단과 통제집단은 적용되는 처치 이외의 다른 조건들에 대해서는 모두 동일해야 한다. 만일 동일하지 않다면, 실험처치에 대한 효과에서 차이가 발생했다

---

9) 한국교육과정평가원, jhtina@kice.re.kr

고 하더라고 그 차이의 원인이 반드시 적용된 처치 때문에 발생하였다고 말할 수 없다. 다시 말하면, 처치 이외의 다른 조건이 그 효과에 영향을 줄 수 있기 때문이다(전평국·박성선, 2009). 본 연구에서는 학교 및 지역 분포를 고려하여 총 10개 학교를 선정하고, 각 학교에서 동일한 교사가 지도하는 2개 반을 선정하여 한 반은 실험집단, 다른 한 반은 통제집단으로 배정하였다. 이는 두 집단에 적용되는 처치 이외의 다른 조건들은 최대한 동일하게하기 위함이다. 이때, 한 학교에서의 두 집단에 대하여 동일한 교사가 수업을 하도록 하였으며, 연구에 참여할 교사들에게 두 차례 연수를 실시하였다. 이것은 교사들에게 투입할 프로그램을 이해시키기 위한 것이기도 하고, 교사 개인별 수업 방법에 차이가 있을 수 있기 때문에 그것이 학습 효과에 영향을 미치는 것을 최소화하기 위한 것이기도 하다.

본 연구는 이질 집단에 사전검사를 실시하고 각각 처치 후 사후검사를 실시하도록 설계되었다. 이때 사전검사와 사후검사는 동형검사 또는 동일검사로 구성해야 한다. 실험연구에서는 처치에 대한 효과의 주요한 차이를 발견하기 위해서 실험집단에 대한 처치와 통제집단에 대한 처치에서 분명한 차이가 있도록 해야 하며, 실험처치에 대한 효과가 발생할 수 있도록 실험기간이 충분히 길어야 한다. 한편, 사전검사를 실시하는 이유는 집단 간의 동질성을 확보하거나 실험 처치 후 사후검사에서의 차이를 통계적으로 분석하기 위한 것이다. 이와 같은 설계를 하는 할 때 학교에서 기존의 학급을 그대로 사용하게 되는 경우가 많은데, 그럴 경우 비교되는 두 집단의 특성이 동일하지 않아 연구의 내적 타당도가 낮아질 수 있음에 주의해야 한다. 이럴 때 보완할 수 있는 방법은 무선 할당(피험자를 실험집단과 통제집단에 배치하는 경우, 각각의 피험자가 실험 집단과 통제집단에 할당될 확률을 동일하게 하여 동질 집단을 구성하는 방법) 방법과 피험자의 여러 특성을 미리 짝지어 배치하는 방법이 있다. 그러나 현실적으로 학교 현장에서 적용하기는 쉽지 않을 것이다. 만일 사전검사 결과에 의해 두 집단이 동질집단으로 판단되면 사후검사 점수를 t-검정을 통하여 비교하고, 만일 두 집단이 동질집단이 아닌 것으로 판단되면 공분산분석(ANCOVA)을 통하여 분석할 수 있다. 본 연구에서는 두 집단이 동질집단이 아닌 것으로 나타나서 공분산분석을 실시한 결과 통계적으로 수업의 유형에 따라 학생의 수학성취도에 유의미한 차이를 주었다고 말할 수는 없지만 실험집단이 통제집단에 비해 사전 점수보다 사후 점수가 높게 나타났다. 이에 더하여 실험집단에 적용한 프로그램에 포함된 형성평가들의 동형 문항에서 학생들의 답안 유형과 그 변화를 분석함으로써 수업의 효과를 뒷받침하고자 하였다.

정리하면, 일반적으로 교육현장에서 실험연구 방법은 어떤 집단에 실험처치 후 사후검사 결과를 통해 처치의 효과를 결정하고자 할 때 쓰인다. 또 사전검사, 처치, 사후검사의 순서로 시행하여 사전검사와 사후검사 결과를 비교함으로써 처치의 효과를 검증하고자 할 때 사용하게 된다. 여기서 집단은 단일 집단인 경우가 있고 실험집단과 통제집단을 포함하여 두 개 이상인 경우가 있다. 예를 들어, 방정식에서 스토리텔링 기법을 적용한 수업의 효과성을 알아보기 위해 A반(통제집단) 학생들에게는 전통적인 지도 방식을 시행하고, B반(실험집단) 학생들에게는 스토리텔링 기법으로 지도한 후 두 반의 성취도를 비교하였더니 B반 학생들의 평균이 높았다고 하자. '방정식에서 스토리텔링 기법을 적용한 수업이 효과적이다'라고 결론을 내린다면 이것은 특정 한 집단의 그 수업에 대한 결과일 뿐이다. 그래서 모집단에서도 동일한 결과가 나타나는지 확인하기 위해 통계적 검증 과정을 거쳐야 하는 것이다. 더욱 중요한 것은 A반과 B반이 처치 받은 수업 방법을 제외한 모든 특성들이 동일하게 통제 되었는가이다. 현실적으로 무선 할당으로 집단을 구성하기 불가능하므로 이러한 경우, 만약 성별이 방정식 단원의 성취도에 영향을 준다는 선행 연구가 있다면 연구자는 실험집단과 통제집단 학생들의 성비를 동일하게 하여 성별이 결과에 미치는 영향을 통제해줄 수 있다. 그 외에도 실험집단과 통제집단에 배치될 학생들의 특성을 미리 짝지어서 두 집단에 한 명씩 배치하여 동질 집단으로 구성하는 방법이 있다. 연구자는 실험 연구 방법을 사용할 경우 연구 결과의 내적 타당도를 높이기 위해서 연구 대상의 표집에서부터 실험 처치에 이르기까지 결과에 영향을 줄 수 있는 변인을 통제할 수 있는 방법을 철저히 계획해야 할 것이다.

참고문헌

최승현, 황혜정, 류현아 (2010). CRESST 형성평가 프로그램의 이해 및 효과성 – 중학교 2학년 대수 관련 내용을 중심으로. **학교수학, 12**(2), 293-217.

전평국, 박성선 (2009). **수학교육연구 방법: 이론과 실제**. 서울: 교우사.

대한수학교육학회지<학교수학> 제 12 권 제 2 호
Journal of Korea Society of Educational Studies in Mathematics
School Mathematics Vol.12, No.2, 193-217. Jun. 2010

CRESST 형성평가 프로그램의 이해 및 효과성
- 중학교 2학년 대수 관련 내용을 중심으로 -

최 승 현* · 황 혜 정** · 류 현 아***

미 연방정부 교육부로부터 재정 지원을 받고 있는 평가·기준·검사 전문연구센터인 CRESST (The National Center for Research on Evaluation, Standards, and Student Testing at UCLA)에서는 지속적인 형성평가 실시에 따른 결과 반영을 통하여 교사의 수업 개선과 학생의 내용 숙달을 지원하고, 투입한 형성평가 프로그램의 교육 효과성을 검증하고자 하는 5년 일정(2007년~2011년)의 장기적 연구를 수행 중에 있다. 2007년과 2008년의 사전 연구를 토대로, 2009년도 연구에서는 우리나라 중학교 1학년 학생들에게 PowerSource©를 투입하여 대수 영역 성취도의 변화 추이를 분석하고, 해당 프로그램의 활용에 대한 교사와 학생의 반응을 탐색하고자 하였다. 또한, 우리나라 중학교 2학년 학생들에 PowerSource©를 투입하여 대수 영역 성취도의 변화 추이를 분석하고자 하였다. 본고에서는 CRESST의 PowerSource©의 이해 및 이의 활용을 토대로, 중학교 2학년 학생들을 대상으로 하는 대수 영역 성취도의 변화 추이를 분석하는 데에 초점을 두었다.

I. 연구의 필요성 및 목적

최근 한국교육과정평가원에서 실시한 국내·외 교실 학습 연구 결과에 따르면 영국, 프랑스, 일본 학생에 비하여 우리나라 학생은 교사로부터 학습 과정이나 결과에 대하여 적절한 피드백을 받지 못하고 있으며, 학습 과정에서 자신이 공부를 제대로 하고 있는지에 관심을 두기보다는 얼마나 과제를 빨리 해결하느냐에 초점을 두는 경향이 있는 것으로 나타났다(전효선 외, 2007). 이는 학습이 끝난 다음에 학생의 학습 결과에 대해 평점을 매기는 총괄평가가 강조되어 온 것에 기인한 것으로 학기 중에 수시로 형성평가를 실시하고 이에 대한 피드백을 적절히 받을 수 있다면 학생의 입장에서는 자신이 공부를 제대로 하고 있는지에 대하여 좀 더 관심을 기울이게 될 것이다. 또한 교사의 입장에서도 학습자의 성취수준을 파악할 수 있고 이를 반영하여 수업 전략 및 구체적인 실천 방식을 변화시켜나갈 수 있을 것이다. 따라서 형성평가 체제는 학생 중심 교육과정을 표방하는 국가수준 교육과정 지원 체제의 일환이기도 하다.

한편, NAEP(National Assessment of Educational Progress)의 2000년 당시 연구 결과에 따르면, 높은 수준의 학생들의 점수는 시간이 흐르면서 향상되어온 반면 낮은 수준의 학생들의 점수는 계속 하강하고 있다(NAEP, 2007). 또한 미국의 고등학교 학생들은 41개국이 참여한 PISA 평가 결과 31위로 나타났으며, 대학 신입생 중 약 ⅓ 정도는 정규 대학 강좌를 시작하

* 한국교육과정평가원(jhtina@kice.re.kr)
** 조선대학교(sh0502@chosun.ac.kr, 교신저자)
*** 한국교육과정평가원(ryuha29@kice.re.kr)

기 전에 교정 교육을 받아야만 하는 상황에 처해 있다. 이러한 점은 CRESST(The National Center for Research on Evaluation, Standards, and Student Testing at UCLA)[1]가 교수·학습 방법 및 평가에 대한 계속적인 연구에 대한 당위성을 강조하게 하였다. 이에 대한 한 가지 방법으로 CRESST는 수업 방법의 변화와 함께 형성평가의 활용을 제안하고, 형성평가 체제 도입의 교육 효과를 제고하기 위하여 5년(2007년~2011년) 일정으로 연구를 추진하고 있다. 이는 지속적으로 형성평가를 투입하고, 그 결과를 반영하여 교사의 수업 개선과 학생의 내용 숙달을 지원하고, 투입한 형성평가 프로그램의 교육 효과성을 검증하려는 연구이다. 이를 위하여, CRESST에서는 일차년도인 2007년에 대수 영역의 내용을 중심으로 중학교 1학년에 해당하는 자료를 개발하였으며, 이를 당해년도 7월부터 우리나라와 공유하면서 본격적으로 공동 연구가 착수되었다. 이 연구에서 대수 영역을 선택한 일차적 이유는 수학의 여러 영역 중에서 특별히 미국 학생들의 성취 수준이 낮기 때문이었으며, 또한 대학 입학을 포함한 후속되는 학업에서 대수에서의 성취 수준이 중요하다고 판단하였기 때문이다(Brown & Niemi, 2007). 따라서 학생들이 이후 상급 학교 교육에서 성공적인 교육 기회를 보장받고 자신의 활동 영역에서 능숙하게 대처할 수 있기 위해서는 해당 학교급에서 관련된 대수 영역 성취도를 보장해 줄 필요가 있다는 문제의식에서 출발한 것이라 하겠다.

이차년도인 2008년도에는 차기년도 연구에 앞서 사전적 의미에서의 연구가 실시되었다. 즉, 우리나라 13개 중학교의 1학년 학생 800여 명을 대상으로 PowerSource©를 시행하였으며 그 결과, 형성평가 실시 후 계속적으로 발전하는 긍정적인 효과가 있는 것으로 나타났다. 이러한 긍정적인 효과는 기존 학습 방법이나 1회성 평가 방법과는 달리 형성평가와 이를 기초로 한 피드백을 중시하는 형태로 진행되는 데서 비롯된 것으로 판단된다. 2009년도 연구에서는 우리나라 중학교 1학년 학생들에 PowerSource©를 투입하여 대수 영역 성취도의 변화 추이를 분석하고, 해당 프로그램의 활용에 대한 교사와 학생의 반응을 탐색하고자 하였다. 또한, 우리나라 중학교 2학년 학생들에 PowerSource©를 투입하여 대수 영역 성취도의 변화 추이를 분석하고자 하였다. 연구 계획에 따르면 2008년에 1학년, 2009년에 1, 2학년, 2010년에 1, 2, 3학년을 대상으로 시행하여 연차적으로 학생 개인별 성장 변화를 보고자 하였으며, 이 계획에 따라 우리나라도 2009년에 1학년과 2학년에 동시에 투입하였다. 본고에서는 CRESST의 PowerSource©의 이해 및 이의 활용을 토대로, 중학교 2학년 학생들을 대상으로 하는 대수 영역 성취도의 변화 추이를 분석하는 데에 초점을 두고자 하였다.

II. PowerSource© 프로그램의 이해

이 장에서는 CRESST에서 개발한 PowerSource© 프로그램의 특징을 살펴보고, 이를 토대로 개발된 대수 영역에서의 형성평가 문항 및 수업 자료에 관하여 간략히 제시하고자 한다.

1) CRESST는 미 연방정부 교육부로부터 재정지원을 받고 있는 평가·기준·검사 전문연구센터로, UCLA의 교육·정보학 대학원 및 평가연구센터(CSE)와 제휴하여 운영되고 있다. 뿐만 아니라 콜로라도 대학, 스텐포드 대학, 랜드 연구소, 피츠버그 대학, 캘리포니아 산타 바바라 대학, 남캘리포니아 대학(USC), 그리고 ETS등과도 연합하여 구성되었다. CRESST는 설립 이래 주로 공교육의 주요 문제를 다루어왔으며, 교육의 질 평가, 평가 시스템의 설계와 활용에 있어서의 문제를 해결하기 위한 다양한 방안 제시 등의 평가 및 책무성 분야의 발전에 도움이 되는 연구를 선도적으로 수행하였음.

1. PowerSource©의 구성 및 절차

현재, 미국에는 국가 수준의 교육과정이 존재하지 않고 주 단위에서 교육과정을 마련하여 운영하고 있으나 CRESST에서는 어느 한 주에서만 사용되는 것이 아닌 핵심 개념(Big Idea)을 대수 영역을 중심으로 도출하여 PowerSource©를 개발하였다. 핵심 개념은 수학의 한 영역을 이루는 기본적인 개념을 일컫는 것으로, 이를테면 대수 영역에서는 수, 정수, 유리수, 집합, 수식, 등식, 부등식 이외의 여러 가지 내용을 포함하며, 이 개념들 간의 연계성이나 상호 관계를 대수 지식 내용의 지도로 나타낸 것이다(최승현 외, 2008). 이를 도식화하여 나타내면 [그림 Ⅱ-1]과 같으며, 음영 처리된 부분이 CRESST에서 PowerSource©로 개발된 것이다. 실험 연구에 앞서, PowerSource©에서 제공하는 교수 학습 목표, 내용, 방법 등이 우리나라 교육 현장에서도 활용 가능한지 살펴보기 위하여, 우리나라 2007 개정 교육과정 내용을 바탕으로 하는 핵심 개념도를 마련하고 CRESST의 것과 비교하였다. 그 결과 CRESST에서 마련한 대수에 관한 핵심 개념도와 한국교육과정평가원의 것이 유사함을 인식하고, 이에 따라 미국 측에서 제안한 핵심 개념도를 그대로 적용하여 실험 연구를 실시하였다.[2)]

한편, 대수 영역 PowerSource©의 구성을 살펴보면 다음과 같다. CRESST에서 제공하는 중학교 2학년 PowerSource© 자료는 '유리수 동치', '분배법칙', '방정식 풀이', '복습과 활용' 영역으로 구분되어 있으며, [그림 Ⅱ-2]에서와 같이 각각 2차시 분량의 수업 자료와 3회의 형성평가로 구성되어 있다.[3)] 부연 설명하면, 각 주제별로 해당 주제에 대한 초기 평가(평가1), 1차시 학습지도안(수업1), 1차시 학습지도에 대한 형성평가(평가2), 평가2의 결과에 대한 피드백 위주의 2차시 학습지도안(수업2), 2차시 학습지도안에 대한 형성평가(평가3)로 구성되어 있다. 여기서, 평가1은 초기평가로써 학습시키고자 하는 내용에 기초한 문항들로 이루어져 있고, 이 문항들과 유사한 형태의 문항을 평가2와 평가3에서 다시 접하도록 하였다. 수업1은 각 주제별로 다뤄야 할 개념 및 성질에 대하여, 교사 발문, 설명 내용, 구체적인 예 등을 상세히 수록한 것이다. 이 지도안에 나와 있는 표현이나 구조를 정확하게 따르지 않고 교사 자신의 아이디어를 융통성 있게 활용하여 수업하도록 허용하되, 수업 자료에 제시된 개념들은 반드시 모두 다루도록 하였다. 평가2는 수업1에서 다룬 내용에 기초한 것으로 평가1에 포함된 문항 중 일부와 유사한 형태를 취하고 있다. 수업2는 개별 학습이나 소집단 학습 그리고 전체 학습하는데 모두 이용할 수 있도록 구성되어 있으며, 평가1의 결과에 따라 지도안의 활용 방법을 교사가 결정할 수 있도록 하였다.[4)] 평가3은 수업2에서 다룬 내용을 기초한 것으로 평가1에 포함된 문항 중 일부와 유사한 형태를 취하고 있다.

---

2) CRESST의 PowerSource© 프로그램이 개발된 미국의 상황과 우리나라의 상황, 교육과정이나 교과서 등이 완전히 일치하는 것이 아니므로 프로그램을 수정, 변형 없이 적용했다는 점이 본 연구의 제한점이 될 수 있겠으나 학생들이 알아야 할 기본적인 대수 내용은 같으며, 문항 유형에서 차이가 있다 하더라도 개념을 정확히 이해한다면 해결 가능하기 때문에 프로그램의 수정, 변형 없이 그대로 적용하였음.

3) 실험 수행 당시, '복습과 활용' 관련 자료가 CRESST 측으로부터 전달되지 않아서 이 부분을 포함시키지 못하였음.

4) 본 연구에서는 1차 형성평가 실시 후 문제별 오답 수와 응답 유형을 정리하여 상대적으로 오답 수가 많은 문항과 상당수의 학생들이 오류를 범하고 있는 문항을 파악하여 2차시 수업 자료에서 해당 부분을 선택하여 전체 학생 대상으로 피드백 수업하거나 개인별 또는 그룹별 활동지로 활용할 수 있도록 하였다. 교사의 지도 방법이 학생들의 평가 결과에 영향을 미칠 수 있음을 고려할 때 교사별 자료 활용 및 수업 방법에 관한 질적 분석 또한 의미 있는 연구가 될 수 있음.

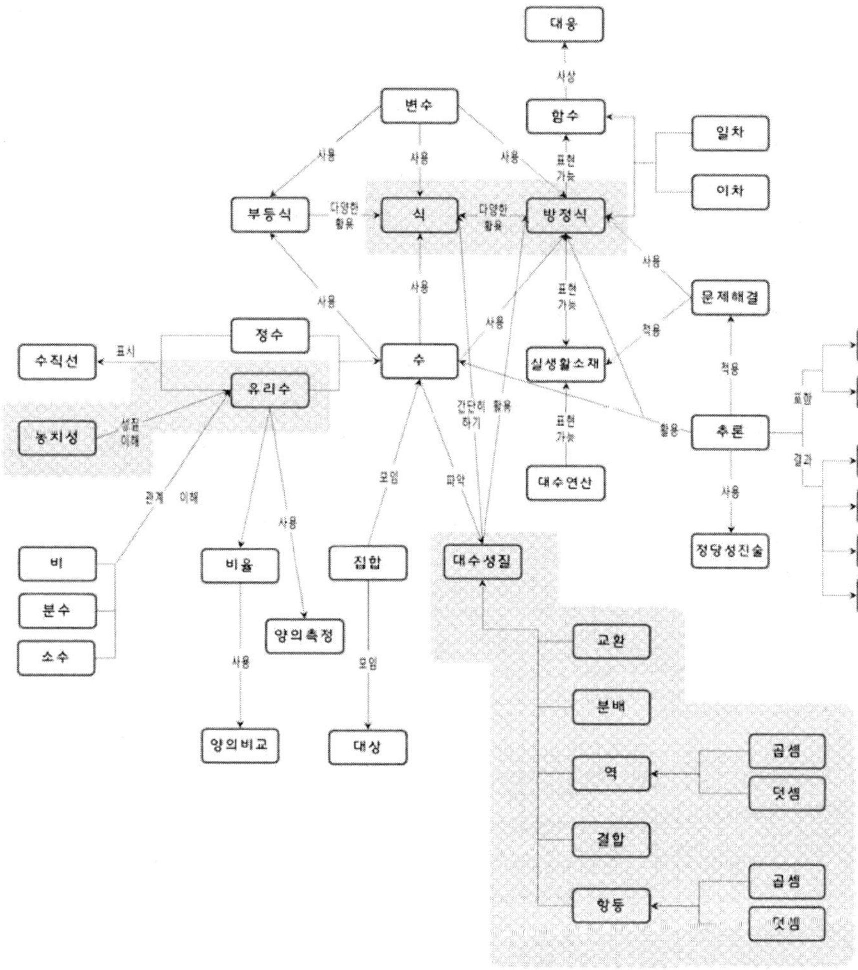

[그림 Ⅱ-1] CRESST에서 사용한 대수 영역 핵심 개념(Big Idea) 연계도

평가1		수업1		평가2		수업2		평가3
수업1에 대한 초기평가	➔	1차시 학습지도안	➔	수업1에 대한 형성평가	➔	평가2에 대한 피드백 수업	➔	수업2에 대한 형성평가

[그림 Ⅱ-2] PowerSource©의 자료 구성

2. 대수 영역의 형성평가 문항

CRESST는 수 년 간의 평가 모델로부터 효과적이었던 문항들을 모아 PowerSource© 평가 문항들을 개발하였다(Baker, Freeman, & Clayton, 1991; Baker, 1997; Chi, et. al., 1989; Niemi, Baker, & Sylvester, 2007; Niemi, 1996; Renkl, Atkinson, & Maier, 2000; Sweller, van Merrienboer, & Paas, 1998; VanLehn, 1996). 수식의 사용, 계산 능력, 문제 풀이, 그리고 중요

요소의 이해와 설명 등을 사용하여 각 핵심 개념 영역에 필요한 지식을 평가하기 위한 문항들을 개발하였다. 수학 교육자들과 평가 전문가들로 이루어진 평가 문항 개발 팀이 기본 문항들을 개발한 후 이를 수학 교육자들과 연구자들이 각 문항들의 일관성과 편향성을 검토하였다. 평가 문항은 7가지 유형으로, 평가에 사용하기 쉽고 문항 간 신뢰도를 높일 수 있는 형태로 개발하였다. 문항 유형은 다음과 같다.

가. 기초 계산과 기호 표현 과제(basic computation and symbolic representation tasks)

이 문항은 학생들이 문제를 인식하고 성공적으로 해결할 수 있는지를 보기 위한 유형으로, 간단하면서 대표적인 예는 '$6(3+1)=6\times\square+6\times1$'과 같다.

나. 풀이 과정을 빈 칸에 채우는 문제(partially worked problems without explanation)

이 문항은 주어진 문제 풀이 과정의 내용을 읽고 이해한 다음, [그림 Ⅱ-3a]와 같이 빈 칸에 숫자나 문자를 채워 넣거나 [그림 Ⅱ-3b]와 같이 풀이 단계를 채워 넣는 유형이다.

다. 풀이 과정에 대한 이유를 빈 칸에 채우는 문제(partially worked problems with explanations)

이는 문제에서 주어진 풀이 과정의 이해를 토대로 이 과정에 요구되는 원리나 법칙 등을 설명하도록 하는 유형이며, 이의 예는 다음 [그림 Ⅱ-4]와 같다.

단계	문제 풀이 과정
1	$x+5=10$
2	$x+5-5=10-\square$
3	$x=\square$

[그림 Ⅱ-3a] 문항의 예 1

단계	단순화 과정
1	$2(7+4)$
2	$2\cdot7+2\cdot4$
3	
4	22

[그림 Ⅱ-3b] 문항의 예 2

❹ 한 학생이 $\frac{7}{12}+\frac{1}{4}$을 다음과 같은 방법으로 풀었다. 이 학생이 두 번째 단계에서 $\frac{1}{4}$에 $\frac{3}{3}$을 곱한 이유를 설명하여라. 이 때 사용한 수학적 규칙이나 원리에 대해 설명하여라.

	문제 해결 단계	설명
1	$\frac{7}{12}+\frac{1}{4}=$	이 분수들은 분모가 다르다. 이 분수들을 더하려면 공통분모를 찾아야 한다.
2	$\frac{7}{12}+(\frac{1}{4}\times\frac{3}{3})$	a) 이 학생은 왜 $\frac{1}{4}$에 $\frac{3}{3}$을 곱하였는가? [ ] b) $\frac{1}{4}$에 $\frac{3}{3}$을 곱하는 것이 수학적으로 옳은가? 이유를 설명하여라. [ ]
3	$\frac{7}{12}+\left(\frac{3}{12}\right)=$	$(\frac{1}{4}\times\frac{3}{3})$의 괄호 안의 분수를 곱하였다.
4	$\frac{10}{12}$	

[그림 Ⅱ-4] 문항의 예 3

라. 설명하는 문제(explanation tasks)

이 문항은 문제를 해결하는 과정에서 요구되는 내용이나 개념이 무엇인지 예를 들어 논리정연하고 분명하게 설명해야 하는 유형이며, 이에 관한 예는 '분배법칙을 설명하고, 이것을 사용하는 예를 쓰시오.'를 들 수 있다.

마. 문장제(word problems)

이 문항은 [그림 Ⅱ-5]와 같이 주어지는 문제 상황과 함께 관련된 한두 문장의 짧은 물음 내용이 제시되는 유형이며, 이러한 문항은 학생들이 문제에 대한 답을 구하고 설명하도록 하고 있다.

민석과 재혁은 여름에 신문 배달을 한다. 이번 여름에 민석은 60만원 벌어서 20만원 저축하고 재혁은 40만원 벌어서 15만원 저축했다. 이번 여름에 누가 더 많은 부분을 저축하였는가? 분수를 사용하여 문제를 풀고 어떻게 풀었는지 설명하여라.

[그림 Ⅱ-5] 문항의 예 4

바. 그림이 포함된 문제(complex problems involving graphics)5)

이 문항은 그림이 포함된 유형으로, [그림 Ⅱ-6]과 같이 주어진 그림에 표시된 정보를 이용하여 풀도록 하는 것이다.

평행사변형의 내각의 합은 360°이다. 각 x를 구하는 식을 쓰고, 그 값을 구하여라.

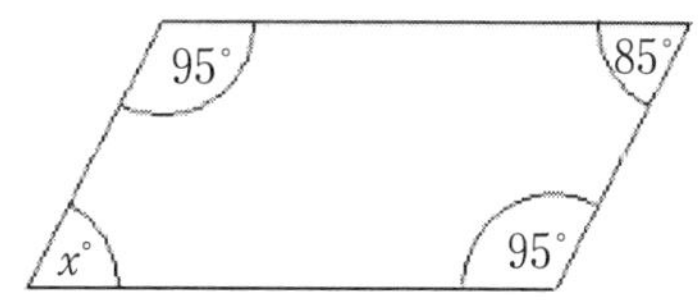

[그림 Ⅱ-6] 문항의 예 5

이상의 평가 유형을 토대로 형성 평가지가 개발되었으며, 각각은 3~5개 유형의 문항으로 구성되었으며, 대략 15분 내에 해결할 수 있는 간단한 형태의 물음이다. 일부 예는 다음 [그림 Ⅱ-7]과 같다.

형 성 평 가 (check your understanding)	유리수 동치

다음 분수들을 더하시오. 풀이 과정을 쓰시오.

❸ $\frac{5}{7}+\frac{2}{p}=$ Note: $p \neq 0$

$$\frac{5}{7}+\frac{2}{p}=\frac{5}{7}\cdot\frac{p}{p}+\frac{2}{p}\cdot\frac{7}{7}$$
$$=\frac{5p}{7p}+\frac{14}{7p}$$
$$=\frac{5p+14}{3p}$$

(중략)

❺ 어떤 학생이 $\frac{3}{4}+\frac{2}{5}$를 계산하기 위해 다음과 같이 풀이 과정의 첫 번째 단계를 적었다:

$$\text{Step 1: } \frac{3}{4}\cdot\frac{5}{5}+\frac{2}{5}\cdot\frac{4}{4}=$$

a) 지금까지의 계산과정이 옳은가? *예*

b) 왜 옳다 또는 옳지 않다고 생각하는지 그 이유를 말로 설명하시오.

지금까지의 계산은 옳다. 왜냐하면 분수들을 더하려면 공통된 분모를 찾아야 한다. 공통분모를 찾기 위해 이 학생은 첫 번째 분수에 5/5를 곱하고, 두 번째 분수에는 4/4를 곱했다. 이 학생은 원래 분수값의 크기를 똑같이 유지하면서 공통된 분모를 찾기 위해 곱셈의 항등원 성질 (각 분수를 1로 곱하는 것)을 활용하고 있다.

[그림 Ⅱ-7] 중2 유리수 동치 형성평가의 일부

5) 이 외에, 만화책 형태로 그림이 포함된 '이야기가 포함된 문제'(tasks embedded in narratives)의 유형이 있으며, 참고로 본 실험에는 포함되지 않았음.

구체물	시각자료 1
발문	두 개의 액수를 더하면 얼마일까요? (학생들은 \$7이라고 말할 것이다). (\$5짜리 지폐를 흔들면서 "하나"라고 하고, \$2짜리 지폐를 흔들면서 "둘"이라고 하면서) 만약에 어떤 초등학교 1학년 학생이 둘을 더하면 둘이라고 말하면 어떻게 하겠어요?
화면	화면2  x 7
구체물	2달러 지폐를 1달러짜리 2장으로, 5달러 지폐를 1달러짜리 다섯 장으로 교체하는 것을 보여준다.
	(중략)
판서	$\frac{1}{4}$, $\frac{1}{2}$, $\frac{1}{10}$, $\frac{1}{100}$
	(이하 생략)

[그림 II-8] 중2 유리수 동치 수업 자료1의 일부

수업 자료2	유리수 동치

분수를 더하기 위해 활용한 똑같은 규칙을 분수들의 뺄셈에서도 적용할 수 있다. 다음 두 분수들을 더해 보자.

$$\frac{4}{5} + \frac{-3}{b} =$$

a) 이 문제의 분모들은 무엇인가? *분모들은 5와 b 이다.*

b) 왜 이 분수들을 당장 더할 수 없는지 그 이유를 설명하시오.
두 개의 분모가 다르다. 우리는 공통분모를 구해서 같은 것끼리 더해야 한다.

c) 공통분모는 무엇인가? *공통분모는 5b 이다.*

d) 첫 번째 계산 단계는 무엇인가? 공통분모를 가진 값이 같은 분수들을 찾기 위해 다음 박스들을 활용하시오.

Step 1: $\frac{4}{5} \bullet \frac{b}{b} + \frac{-3}{b} \bullet \frac{5}{5} = ?$

e) 다음 빈칸에 값이 같은 분수를 쓰시오.

Step 2: $\frac{4b}{5b} + \frac{-15}{5b} = ?$

f) 1단계에서 그렇게 계산한 이유를 설명하시오.
양쪽 분수값을 바꾸지 않기 위해서 양쪽 분수에 1을 곱했다. 0이 아닌 숫자인 경우 그 숫자 분의 그 숫자는 1이 된다.

g) 2단계에서 그렇게 계산한 이유를 설명하시오.
분수들을 곱하기 위해 분자들끼리 곱하고, 그리고 나서 분모들끼리 곱한다.

(이하 생략)

[그림 II-9] 중2 유리수 동치 수업 자료2의 일부

3. 대수 영역의 수업 자료

PowerSource©는 교사가 진행할 수업을 지원하기 위해 판서와 도식 자료, 설명 방법 및 내용을 포함하여 수업 방법을 상세하게 제시하고 있다. [그림 Ⅱ-8]은 유리수 동치의 기본 개념 및 원리를 학습시키기 위한 수업 자료로써 1차시에 해당하며, [그림 Ⅱ-9]는 전 평가에 대한 피드백을 제공하는 수업 자료로써 2차시에 해당한다. 이전 평가의 결과에 따라 교사가 개별 학습이나 조별 활동 등 선택적으로 사용할 수 있다.

Ⅲ. 연구 방법 및 절차

1. 표집 선정

미국의 경우 최소한 2개 주 이상을 선정하여 연구를 실시하였으며, 우리나라 연구에서는 학교 및 지역 분포를 고려하여 총 10개 학교(서울 5개, 경기 3개, 인천 1개, 광주 1개)를 선정하고, 각 학교에서 무작위로 2개 반을 선정하여 한 반은 실험군, 다른 한 반은 통제군으로 배정하였다. 총 실험반 학생의 수는 385명이고 통제반 학생의 수는 239명이다.[6] 이 실험 연구에 참여할 교사들에게 두 차례 연수를 실시하였다. 첫 번째는 PowerSource© 자료의 개발 배경, CRESST의 연구 내용 및 결과에 대한 연수이며, 두 번째는 PowerSource© 자료의 내용과 활용 방법, 형성평가 실시 방법 및 사후 조치에 대한 연수이다. 이때 제시된 자료들은 PowerSource© 평가 문항 및 교수 학습 지침서에 대한 활용 방법뿐만 아니라 CRESST가 교사 연수 시 사용하였던 연수 자료 및 관련 연구물도 포함한다.

2. 연구 실행 절차

전체 PowerSource© 프로그램을 실행하기 전과 후에, 학생들의 성취도 향상 정도를 파악하기 위해 사전평가와 사후평가를 실시하였다. 이 평가는 27개의 객관식 문제로 유리수 동치, 분배법칙, 방정식 풀이 세 주제에 관한 문항을 모두 포함하고 있다. 통제집단의 수업은 PowerSource© 프로그램 절차를 따르지 않고 사전평가 후에 각 주제별로 학습 요소를 추출하여 일상적인 방법으로 수업을 진행하고 사후평가를 실시하였으며, 이때 특별한 용어나 별도의 설명이 필요한 경우 교육과정에서 벗어나지 않는 수준에서 간결하게 설명하는 것을 허용하였다. 실험반은 PowerSource© 프로그램 절차에 따라 진행하였다. 프로그램 절차는 [그림 Ⅲ-1]과 같이 각 주제별로 평가1→수업1→평가2→수업2→

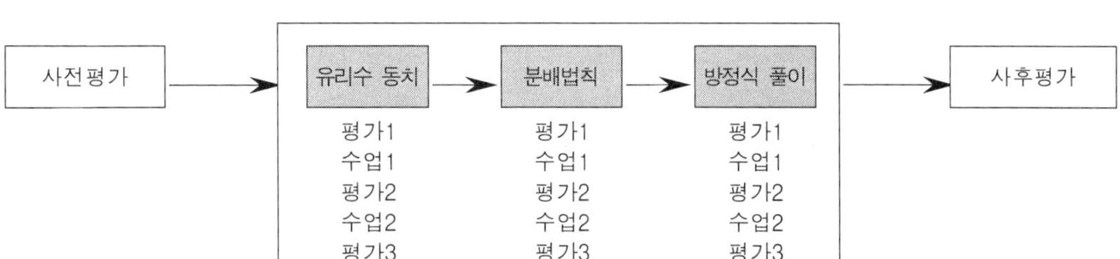

[그림 Ⅲ-1] 프로그램 절차

6) 실험반과 통제반 모두 평가 시간의 학생 출결 상황에 따라 각 평가에 참여하는 전체 학생 수에 다소 차이가 있음.

평가3의 순서로 진행된다. 학생들에게 평가1은 20~25분, 평가2와 평가3은 15분을 주었다. 각각의 평가를 실시한 후 학생들의 부족한 부분을 보충하기 위해 문제별 오답 수와 응답 유형을 정리함으로써 복습하거나 다시 가르쳐야 할 개념을 파악하여 다음 수업에 반영하도록 하였다.

Ⅳ. 대수 영역의 PowerSource© 실행 결과 분석

PowerSource© 투입 전과 후에 실시한 진단평가의 정답률을 비교하고, 형성평가에서 동형 문항에 대해 응답의 변화를 분석하였다.

1. 사전 · 사후평가의 정답률 비교[7]

가. 사전 · 사후평가의 정답률 변화

실험반과 통제반의 사전 · 사후평가 결과를 문항별 정답률의 변화로 비교 · 분석하였다. 다음 [그림 Ⅳ-1], [그림 Ⅳ-2], [그림 Ⅳ-3], [그림 Ⅳ-4]는 각각 문항별 정답률을 나타낸 그래프이다. 실험반과 통제반 모두 전 문항에서 전반적으로 정답률이 상승하였음을 알 수 있으며, 전체적으로 실험반 결과의 상승률이 더 높음을 알 수 있다. 특히 그래프에서 실선으로 표시된 진단평가의 1번, 2번, 9번, 10번, 11번, 18번, 21번, 24번, 25번 문항의 뚜렷한 차이는 PowerSource©의 확연한 학습 효과가 돋보인다고 판단할 수 있다. 한편, 학습한 후에 오히려 정답률이 떨어지거나, 변화가 거의 없는 문항들은 점선으로 표시하였다.

그래프 분석에서도 전체적으로 실험반의 결과가 상승하였음을 알 수 있지만 실제 평균

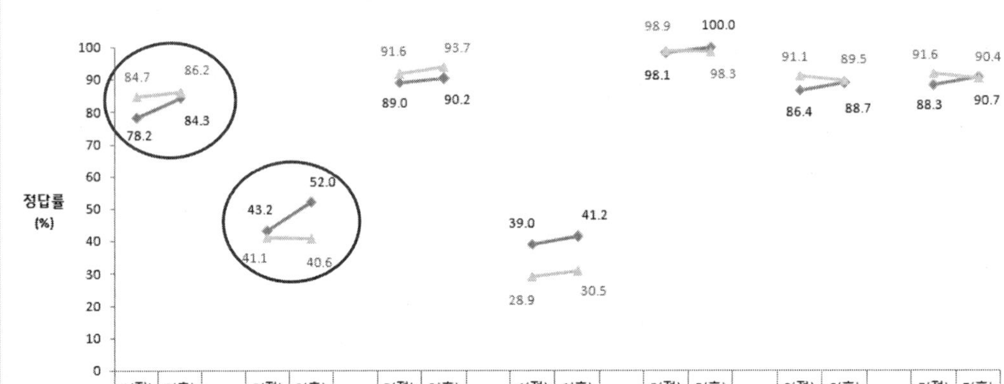

	1(전)	1(후)	2(전)	2(후)	3(전)	3(후)	4(전)	4(후)	5(전)	5(후)	6(전)	6(후)	7(전)	7(후)
실험반	78.2	84.3	43.2	52.0	89.0	90.2	39.0	41.2	98.1	100.	86.4	88.7	88.3	90.7
통제반	84.7	86.2	41.1	40.6	91.6	93.7	28.9	30.5	98.9	98.3	91.1	89.5	91.6	90.4

[그림 Ⅳ-1] 실험반과 통제반의 사전 · 사후평가 결과 비교 (1번~7번 문제)

7) 실험반과 통제반 각각의 사전 · 사후평가에 대한 변화를 분석하기 위해 t-검증을 시도하였으나 참여한 교사들의 데이터 관리가 제대로 이루어지지 않아 학생 개인별 자료 획득에 어려움이 있었다. 일부 보존된 데이터로부터 t-검증을 실시하였고, 실험반과 통제반의 차이는 있으나 수치상 유의미한 차이가 없는 것으로 나타났다. 그러나 이는 전체 데이터가 아니라 일부 학교 학생들의 데이터로서 전체에 대한 설명을 대표할 수 없으므로, 본 연구에서는 실험반과 통제반의 평균 정답률 변화로 향상 정도를 파악하였다. 본 연구 결과는 사전 · 사후 평가의 정답률 변화뿐만 아니라 세 차례의 형성평가 결과를 통해 응답 유형에서 질적으로 유의미한 차이를 볼 수 있었음.

정답률에서도 나타났다. 실험반 평균 정답률은 70.9%에서 73.7%로 상승하였으나, 통제반 평균 정답률은 74.8%에서 73.7%로 하락하였다. 실험반의 사전평가 결과를 볼 때 PowerSource© 투입 전에는 통제반보다 학업성취도가 낮았던 것으로 나타났다. 이는 연구에 참여한 교사들이 실험반을 통제반에 비해 학습 성취 수준이 더 낮은 반을 선택하였기 때문이다. 그러나 PowerSource© 사용 후 실험반의 사후평가 결과를 통제반과 비교할 때 실험반이 더 향상되었음을 알 수 있다. 한편 각 문항별로 정답률의 변화를 보면 실험반의 정답률이 통제반에 비해

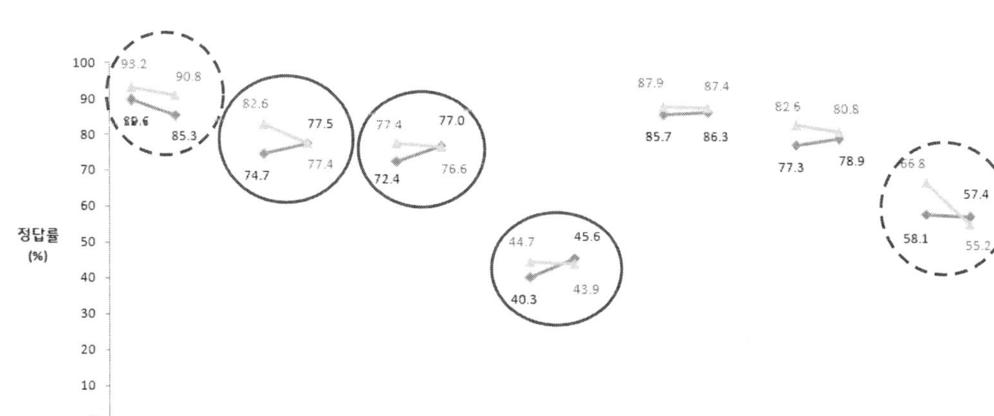

	8(전)	8(후)	9(전)	9(후)	10(전)	10(후)	11(전)	11(후)	12(전)	12(후)	13(전)	13(후)	14(전)	14(후)
실험반	89.6	85.3	74.7	77.5	72.4	77.0	40.3	45.6	85.7	86.3	77.3	78.9	58.1	57.4
통제반	93.2	90.8	82.6	77.4	77.4	76.6	44.7	43.9	87.9	87.4	82.6	80.8	66.8	55.2

[그림 Ⅳ-2] 실험반과 통제반의 사전·사후평가 결과 비교 (8번~14번 문제)

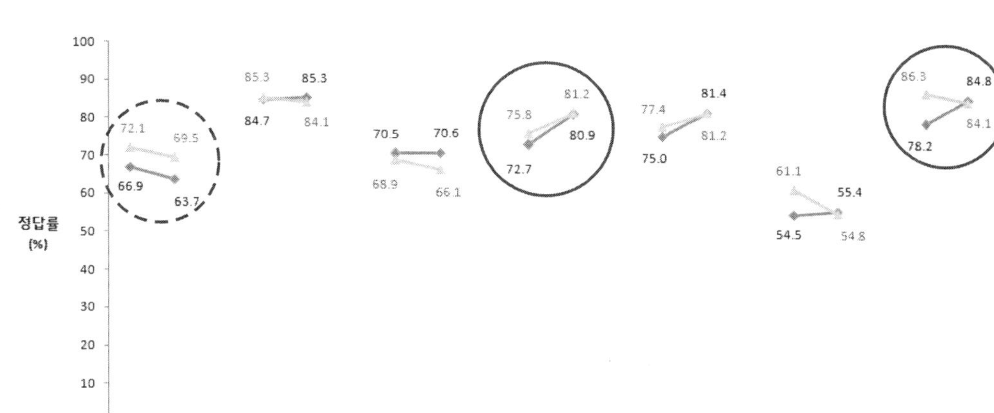

	15(전)	15(후)	16(전)	16(후)	17(전)	17(후)	18(전)	18(후)	19(전)	19(후)	20(전)	20(후)	21(전)	21(후)
실험반	66.9	63.7	84.7	85.3	70.5	70.6	72.7	80.9	75.0	81.4	54.5	55.4	78.2	84.8
통제반	72.1	69.5	85.3	84.1	68.9	66.1	75.8	81.2	77.4	81.2	61.1	54.8	86.3	84.1

[그림 Ⅳ-3] 실험반과 통제반의 사전·사후평가 결과 비교 (15번~21번 문제)

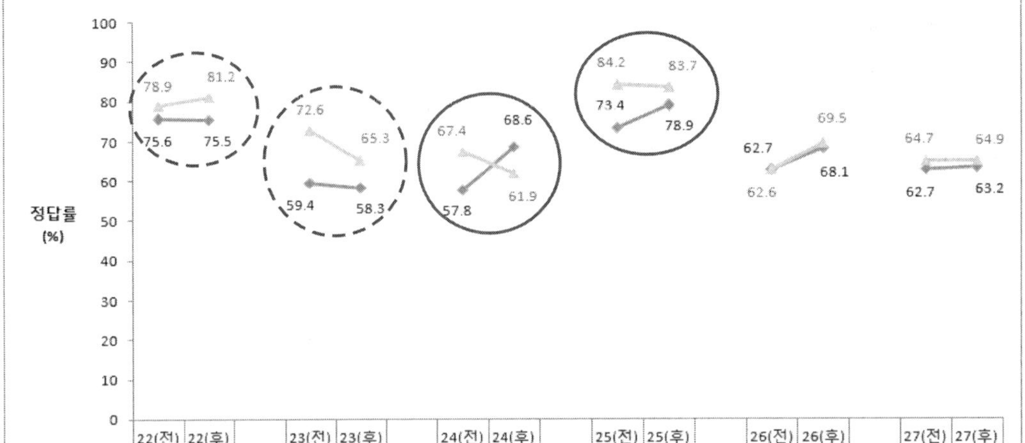

	22(전)	22(후)	23(전)	23(후)	24(전)	24(후)	25(전)	25(후)	26(전)	26(후)	27(전)	27(후)
실험반	75.6	75.5	59.4	58.3	57.8	68.6	73.4	78.9	62.7	68.1	62.7	63.2
통제반	78.9	81.2	72.6	65.3	67.4	61.9	84.2	83.7	62.6	69.5	64.7	64.9

[그림 Ⅳ-4] 실험반과 통제반의 사전·사후평가 결과 비교 (22번~27번 문제)

많이 상승한 경우가 있는 반면, 변화가 없거나 다소 떨어진 경우도 발견할 수 있었다. 후자의 문항에 대해서는 통제반 학생들도 어려움이 있는 것으로 보이며, 관련 개념 및 원리에 대한 수업과 평가 문항의 보강이 필요하겠다.

나. 문항별 학생 답안의 변화

사후평가에서 통제반과 비교할 때 실험반의 정답률이 큰 폭으로 상승한 문항에 대해서 학생들의 답안의 변화를 분석하였다.[8] 각 문항의 물음 내용 및 사전 사후 평가 결과는 <부록 1>에 일괄 제시되어 있다.

진단평가 1번 문항의 경우, 정답인 ①번 답안을 선택한 학생이 사전평가에서 78.2%, 사후평가에서 84.3%로 증가하였다. 반면 ②번과 ④번 답안을 선택한 학생의 비율이 감소하였다. 이는 PowerSource© 프로그램에서 문자가 있는 식에서 분배법칙을 사용할 수 있음을 학습할 때 다루는 기초적인 내용으로 수업 전반에 걸쳐서 다룸으로써 학습되었을 것으로 여겨진다. 진단평가 2번 문항의 경우에는 정답인 ③번 답안을 선택한 학생이 사전평가에서 43.2%, 사후평가에서 52.2%로 증가하였다. 사전평가에서는 ④번 답안을 선택한 학생이 51.3%로 가장 많았으나 사후평가에서는 ④번 답안이 줄고 정답인 ③번 답안을 선택한 것으로 보인다. 통제반에서는 정답률이 41.1%에서 40.%로 줄고, ④번 답안을 선택한 학생이 52.%에서 55.6%로 늘어난 것으로 볼 때, 실험반 학생들이 Power- Source© 자료로 학습한 후 괄호 묶는 방법에 대한 학습이 원만히 이루어진 것으로 판단된다. 진단평가 9번 문항의 경우에는, 실험반에서 정답인 ②번 답안을 선택한 학생이 사전평가에서 74.7%, 사후평가에서 77.5%로 증가하였다. 상대적으로 ③번 답안을 선택한 학생의 비율이 16.2%에서 14.5%로 감소하였다. 비교하여 통제반에서는 정

8) 사후평가의 정답률이 하락하거나 변화가 없는 문항에 관해서는 정도가 1~2% 내외의 매우 근소한 차이며 내용에서도 단순 계산의 오류나 부주위로 인한 오류이므로 분석 결과를 기술하지 않음.

답률이 82.6%에서 77.4%로 상당히 감소하면서 다른 오답들이 약간씩 증가하였다. 이는 PowerSource©의 유리수 동치 수업에서 종이테이프를 이용하여 4등분한 점을 $\frac{1}{4}$로 표시하고 다시 5등분한 점을 $\frac{1}{20}$으로 표시하는 등 1보다 작은 분수에 대한 이해를 돕기 위한 활동 수업의 효과라 볼 수 있다.

또, 진단평가 10번 문항의 경우, 실험반에서 정답인 ①번 답안을 선택한 학생이 사전평가에서 72.4%, 사후평가에서 77.0%로 증가하였다. 상대적으로 무응답의 비율과 ②번 답안을 선택한 학생의 비율이 감소하였다. 비교하여 통제반의 정답률은 77.4%에서 76.6%로 하락하면서 무응답이 증가하였다. 이는 PowerSource©의 유리수 동치 수업에서 분수의 값이 1이 되도록 하는 반복 학습의 효과라 볼 수 있다. 진단평가 11번 문항의 경우에는 실험반에서 정답인 ②번 답안을 선택한 학생이 사전평가에서 40.3%, 사후평가에서 45.6%로 증가하였다. 비교하여 통제반에서는 정답률이 44.7%에서 43.9%로 하락하면서 ①번 답안을 선택한 학생의 비율이 44.7%에서 49.0%로 증가하였다. 이것은 PowerSource©의 유리수 동치 수업에서 분모와 분자가 같으면 1이 되고, 이러한 1을 어떤 분수에 곱하더라도 원래 분수의 크기는 변하지 않음을 여러 가지 예를 통해 반복 학습한 효과라 볼 수 있다. 다만, ①번 답안을 선택한 경우도 46.1%로 여전히 정답보다 많은 것은 학생들이 단순히 한번 약분한 경우의 답인 ①번 답안 $\frac{26}{39}$을 선택한 것으로 보인다. 그러나 만약 문제에서 답안의 순서가 바뀌었다면 그 결과는 달라졌으리라 본다. 즉, 학생들은 일차적으로 약분한 답이라고 생각한 것이 앞쪽에 있으므로 이를 선택한 것으로 여겨진다. 이는 학생들이 간단히 하는 방법은 알고 있으나 매력적인 오답으로 인하여 오류를 범한 것으로 판단된다.

진단평가 18번 문항의 경우, 정답인 ③번 답안을 선택한 학생이 사전평가에서 72.7%, 사후평가에서 80.9%로 증가하였다. 상대적으로 ①번 답안을 선택한 학생이 15.6%에서 8.8%로 감소하였다. 이는 통제반의 정답률이 86.3%에서 84.1%로 감소한 것으로 볼 때 PowerSource© 프로그램에서 분배법칙에 대한 학습이 원만히 이루어진 결과라 할 수 있다. 진단평가 21번 문항의 경우에는 정답인 ①번 답안을 선택한 학생이 사전평가에서 78.2%, 사후평가에서 84.8%로 증가하였으며 상대적으로 무응답의 비율이 11.0%에서 4.9%로 감소하였다. 비교하여 통제반에서는 정답률이 86.3%에서 84.1%로 줄고, 무응답이 많아졌다. 이는 PowerSource© 프로그램에서 일차방정식의 풀이 과정의 모든 단계를 순차적으로 제시하면서 설명하고, 각 단계에서 식이 전개되는 이유를 밝히고 학생들이게 이해시키는 수업 내용의 영향으로 보인다. 진단평가 24번 문항의 경우에는 정답인 ③번 답안을 선택한 학생이 사전평가에서 57.8%, 사후평가에서 68.6%로 증가하였고 무응답이 상당 수 줄었다. 통제반의 경우 정답률이 67.4%에서 61.7%로 감소한 것으로 볼 때, PowerSource©에서는 방정식의 풀이에서 첫 번째 단계를 강조하여 반복적으로 학습하도록 한 것에 영향을 받은 것으로 판단된다. 끝으로, 진단평가 25번 문항의 경우에는 정답인 ②번 답안을 선택한 학생이 사전평가에서 73.4%, 사후평가에서 78.9%로 증가하였다. 통제반에서는 정답률이 67.4%에서 61.9%로 감소하면서 무응답이 많아졌다. 이 문제의 경우 문장제 유형으로 선택형으로 제시되어 학생들이 어떤 과정으로 이러한 답을 구했는지 제대로 파악하기 어렵다. 그러나 통제반에서는 무응답이 5%이상 증가한 것에 반해 실험반에서는 6% 이상 감소하였음을 볼 때 실험반 학생들이 문제를 해결하고자 시도하고 있음을 알 수 있다.

2. 평가 간 동형 문항별 응답 유형 비교 · 분석

각 주제에서 초기 평가인 평가1의 각 문항과 동형은 평가2, 평가3에 포함되어 있으며, 이에 관한 '유리수 동치' 부분의 예가 <부록 2>에 제시되어 있다. 이 절에서는 동형 문항의 응답 유형을 분석함으로써 학생들의 이해도와 학습의 효과를 검증하고자 하였다.

가. 유리수 동치

유리수 동치에서 초기 평가인 평가1의 각 문항에 대한 평가2와 평가3에서의 동형 문항 중에서 응답 유형에 의미가 있거나 변화가 보이는 몇몇 문항들을 분석하면 다음과 같다.

평가1의 3번 문항은 분모에 문자가 포함된 두 분수의 덧셈이다. <표 Ⅳ-1>에서 학생들의 응답 유형을 볼 때 정답률뿐만 아니라 학생들의 생각을 읽을 수 있는 오답 유형까지도 알 수 있다. 수업 전에 이루어진 평가1에서는 학생들이 문자와 숫자를 통분하여 덧셈을 하는 것을 생각조차 못하는 학생들이 50% 이상이었으나, 수업1을 진행한 후 평가2에서는 정답률이 70.4%로 상당히 향상된 것으로 나타났다. 뿐만 아니라 평가1에서는 무응답이 28.1%였던 것에 비해 평가2, 평가3에서는 10% 정도로 나타난 것은 학생들이 분모에 문자를 포함하는 다소 복잡한 형태의 분수의 덧셈 문제에 접근할 수 있게 된 것으로 판단된다. 이는 평가 결과를 다음 수업에 반영하는 형태의 PowerSource© 프로그램이 학생들의 이해를 높이고 수학에 대한 의욕을 불러일으키는데 영향을 미쳤음을 보여주는 결과이다.

평가1의 6번과 7번 문항은 분수의 덧셈에서 제시한 첫 번째 단계의 풀이가 옳은지 판단하고, 그 이유를 설명하는 문제이다. 6번의 식은 문자를 포함하지 않은 반면 7번의 식에서는 분모가 문자인 분수라는 차이를 두고 있다. <표 Ⅳ-2>에서 평가1의 정답률은 58.4%, 평가2의 정답률은 60.6%로 큰 변화가 없는 듯 보이나 그 응답 유형을 보면 큰 차이가 있음을 알 수 있다. 평가1에서는 학생들이 문제의 답을 알기는 하지만 제대로 용어를 사용하지 못하는 답이 많았던 반면, 평가2에서는 정확한 설명과 용어를 사용하여 답하였다. 이는 PowerSource© 프로그램의 수업 방법에 있어서 여러 가지 예를 최대한 활용하여 반복적으로 설명하거나 일부 내용을 집중적으로 설명하는 등의 형태로 진행됨에 따라 학생들로 하여금 개념을 명확히 하고 명료한 용어를 사용하게 하였음을 보여준다.

또, <표 Ⅳ-3>에서와 같이 평가1의 정답률은 39.5%, 평가3의 정답률은 60.9%로 큰 변화가 나타났으며 그 응답 유형 또한 큰 차이가 있음을 알 수 있다. 평가1에서는 학생들이 개념을 알기는 하지만 제대로 용어를 사용하지 못한 정답이 많았던 반면, 평가3에서는 다양한 설명 방법을 동원하여 답하였다는 점이다. 이 문제의 경우, 앞서 제시된 평가1의 6번 문항, 평가2의 5번 문항과 비슷한 형태인 계산 과정을 쓰고 그 이유가 정당함을 밝히는 문제이나 이 문제의 형태는 문자도 포함되었다는 점에서 차이가 있다. 이러한 문항은 이유를 설명하는 경우로 학생들이 많이 어려워하는 유형 중 하나이다. 그러나 PowerSource© 수업에서 반복적으로 교사의 발문을 통해 학생들의 반응을 이끌어내면서 정당한 이유를 설명하도록 하고 있음을 볼 때, <표 Ⅳ-3>에서와 같이 학생들이 여러 가지 방법으로 이유를 설명할 수 있었다는 것은 수업의 큰 효과라 볼 수 있다.

<표 Ⅳ-1> 중2 유리수 동치 평가1의 3번, 평가2의 3번, 평가3의 2번 응답 유형 비교[9]

평가1

문3) $\frac{3}{7}+\frac{2}{m}$

응답 유형	응답률(%)
$\frac{3m+14}{7m}$, $\frac{3m}{7m}+\frac{14}{7m}$	42.6
$\frac{17m}{7m}$	4.4
$\frac{17}{7}$, $2\frac{3}{7}$	4.4
$\frac{5}{7}$	3.4
$\frac{5}{7m}$	3.9
기타	13.2
무응답	28.1
계	100.0

평가2

문3) $\frac{5}{7}+\frac{2}{p}$

응답 유형	응답률(%)
$\frac{5p+14}{7p}$	68.8
$\frac{5}{7}\times\frac{p}{p}+\frac{2}{p}\times\frac{7}{7}$	1.6
$\frac{19p}{7p}$, $\frac{19}{7}$	6.9
기타	11.1
무응답	11.6
계	100.0

평가3

문2) $\frac{2}{n}+\frac{4}{9}$

응답 유형	응답률(%)
$\frac{18+4n}{9n}$, $\frac{18}{9n}+\frac{4n}{9n}$	71.5
$\frac{22n}{9n}$	4.9
$\frac{2}{9n}+\frac{4}{9n}$	1.3
$\frac{22}{9n}$, $\frac{22n}{9}$	0.5
기타	10.9
무응답	10.9
계	100.0

<표 Ⅳ-2> 중2 유리수 동치 평가1의 6b)번, 평가2의 5b)번 응답 유형 비교

평가1

문6b) $\frac{4}{5}+\frac{3}{7}=\frac{4}{5}\times\frac{7}{7}+\frac{3}{7}\times\frac{5}{5}$ 옳은 이유?

응답 유형	응답률(%)
분수의 값은 똑같이 유지하면서 공통분모를 찾기 위해	23.6
통분해야 하므로	15.6
통분이 필요하기 때문에 분모의 최소공배수를 구해야하고, 분자와 분모에 같은 수를 곱해야하기 때문	4.2
분수의 값이 변하지 않으므로	3.6
분모를 35로 (같게) 만들어야 하므로	3.1
최소공배수가 나오게 통분하여 계산해야 하므로	3.1
5와 7의 최소공배수는 35로 $\frac{4}{5}$에 7을 분자와 분모에 곱하고 $\frac{3}{7}$에 5를 분자와 분모에 곱해야 하므로	2.3
분모를 통분할 때 분자도 같은 수로 곱했으므로	1.6
1을 곱하는 것이므로	1.0
항등원 1을 곱해도 같은 값이다	0.3
최소공배수를 곱해야 한다	0.3
계산이 옳다	2.3
기타 및 옳지 않다	13.2
무응답	25.7
계	100.0

평가2

문5b) $\frac{3}{4}+\frac{2}{5}=\frac{3}{4}\times\frac{5}{5}+\frac{2}{5}\times\frac{4}{4}$ 옳은 이유?

응답 유형	응답률(%)
분수의 값은 똑같이 유지하면서 공통분모를 찾기 위해	23.3
통분해야 하므로	15.6
분모를 같게 만들어야 하므로	12.7
곱셈의 항등원 1을 곱해도 그 값이 변하지 않으므로	4.5
분자와 분모에 같은 수를 곱해야 하므로	2.4
공통분모를 구하기 위해 분모의 공배수를 구해야 하고 분모에 곱한 수를 분자에도 곱해야 하므로	2.1
통분해야 하므로 최소공배수를 만들기 위해 4에는 5를 5에는 4를 곱하고 분자에도 같은 수를 곱했으므로	2.9
최소공배수가 되도록 분자와 분모에 곱한다	0.5
기타 및 옳지 않다	15.6
무응답	20.4
계	100.0

9) <표 Ⅳ-1>에서 음영 처리된 부분은 정답에 관한 부분을 나타낸 것이며, 이후 문항의 경우에도 마찬가지임.

<표 Ⅳ-3> 중2 유리수 동치 평가1의 7b)번, 평가3의 4b)번 응답 유형 비교

평가1

문7b) $\frac{2}{a}+\frac{5}{b}=\frac{2}{a}\times\frac{b}{b}+\frac{5}{b}\times\frac{a}{a}$ 옳은 이유?

응답 유형	응답률(%)
분수의 값은 똑같이 유지하면서 공통분모를 찾기 위해	20.8
분모를 같게 만들어야 하므로	2.6
항등원 1을 곱해도 같은 값이다	1.3
(최소공배수를 이용하여) 통분해야 하므로	14.0
분수의 값이 변하지 않으므로	0.8
서로의 분모를 곱했기 때문	3.1
$\frac{2}{a}+\frac{5}{b}=\frac{2}{a}\times\frac{1}{b}+\frac{5}{b}\times\frac{1}{a}$	0.3
설명 없이 계산과정 씀	0.5
최소공배수를 곱해야 한다	3.9
기타 및 옳지 않다	14.3
무응답	38.3
계	100.0

평 가 3

문4b) $\frac{4}{7a}+\frac{3}{5b}=\frac{4}{7a}\times\frac{5b}{5b}+\frac{3}{5b}\times\frac{7a}{7a}$ 옳은 이유?

응답 유형	응답률(%)
분수의 값은 똑같이 유지하면서 공통분모를 찾기 위해	16.1
분수의 값은 변하지 않으므로	5.7
(공통분모를 만들기 위해, 분모가 같아지게, 통분하기위해)1을 곱했으므로	3.4
공통분모를 만들기 위한 과정이므로	2.6
항등원 성질 활용해서 통분하였으므로	7.0
분모를 같게 만들어야 하므로 분모를 같게 만들면서 분자에도 같은 수를 곱했으므로	8.3
분모를 통분해야 하므로	8.3
통분으로 단위를 맞춰줘야 하므로	8.0
통분해서 분자 분모가 같아지게 하기 위해 최소공배수를 구하여 통분하고 같은 수를 분자에도 곱했으므로	1.6
최소공배수가 되도록 같은 수를 곱했으므로	3.1
각 분수에 서로의 분모를 곱했으므로	0.8
설명 없이 식을 품	0.5
기타 및 옳지 않다	8.3
무응답	26.4
계	100.0

나. 분배법칙

분배법칙에서 초기평가인 평가1의 응답 유형과 비교할 때, 평가2와 평가3의 응답 유형에 의미가 있거나 변화가 보이는 몇몇 동형 문제들을 분석하면 다음과 같다.

평가1의 8번 문항은 대수의 성질에서 분배법

<표 Ⅳ-4> 중2 분배법칙 평가1의 8번, 평가2의 5번 응답 유형 비교

평가1

문8) 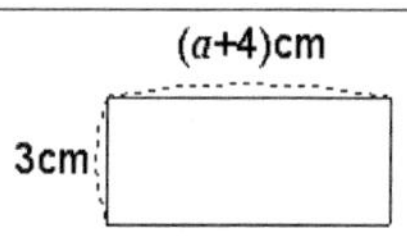

둘레?

응답 유형	응답률(%)
$2(a+4)+2\times3$, $2(a+4+3)$ $2(a+7)$, $2(a+4)+6$	54.9
$3+3+a+4+a+4$	4.1
$3(a+4)$, $3a+12$ (넓이를 구한 경우)	5.4
기타	11.1
무응답	24.4
계	100.0

평가2

문5) 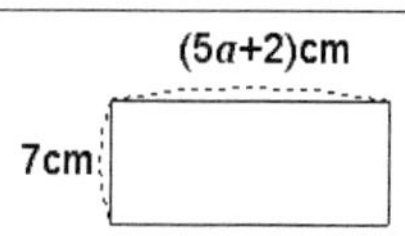

넓이?

응답 유형	응답률(%)
$7(5a+2)$ $7\times5a+7\times2$	73.8
$35a+14$	6.7
$2(5a+2+7)$ 등 (둘레를 구한 경우)	5.4
기타	6.7
무응답	7.5
계	100.0

칙을 이용하여 직사각형 둘레의 길이를 구하는 문제이고, 평가2의 5번 문항은 직사각형의 넓이를 구하는 문제이다. <표 Ⅳ-4>에서와 같이 문제의 내용상 응답 유형이 다양하게 나타날 수 있는 문항은 아니므로 정답률의 변화를 보면, 평가1의 정답률은 59.0%, 평가2의 정답률은 80.4%로 상승하였다. 특히 평가1에서는 답을 하지 못하는 무응답이 24.4%로 나타난 반면, 평가2에서는 7.5%로 상당히 낮아졌다. 이를 통해 미지수가 포함된 식에서 분배법칙을 이용할 수 있음을 학습한 효과임을 알 수 있다. 평가1의 10번은 <표 Ⅳ-5>에서와 같이 분배법칙을 사용하는 이유를 묻는 문제로 평가3의 5번 문항이 동형이다. 평가1의 정답률은 48.3%, 평가3의 정답률은 58.0%로 큰 변화가 나타났으며 그 응답 유형을 보면 큰 차이가 있음을 알 수 있다. 평가1에서는 제대로 설명을 못하여 무응답이 38.1%로 높았던 반면, 평가3에서는 무응답이 29.8%로 낮아졌다는 점이다. 이는 PowerSource© 수업에서 반복적으로 교사의 발문을 통해 학생들의 반응을 이끌어내면서 정당한 이유를 설명하도록 하는 방법의 효과라 할 수 있다.

다. 방정식의 풀이

방정식의 풀이에서 초기평가인 평가1의 응답 유형과 비교할 때, 평가2와 평가3의 응답 유형에 의미가 있거나 변화가 보이는 몇몇 동형 문제들을 분석하면 다음과 같다.

평가1의 6번은 일차방정식의 풀이 과정에서 제시한 첫 번째 단계의 옳고 그름을 판단하고 이유를 설명하는 문제이다. 평가1의 정답률은 34.7%, 평가2의 동형문항의 정답률은 46.8%로 증가하였으며, <표 Ⅳ-6>의 응답 유형을 보면 큰 차이가 있음을 알 수 있다. 특히 평가2에서는 풀이 과정 설명을 다양한 방법으로 서술하였음을 알 수 있다. 또, 평가1에서는 무응답이 43.5%인 반면, 평가2에서는 무응답이 32.8%로 줄어든 것으로 보아 수업 후 학생들이 답안에 접근할 수 있게 된 것으로 사료된다. 또, 평가1의 10번 문항은 문장제이며 동형인 문항은 평가3의 3번이다. 이 문제는 다른 문장제와 비교할 때 비교적 높은 정답률을 보였는데, 이는 문제에 주어진 요소에 대해 변수를 지정해 주었기 때문이라 사료된다. <표 Ⅳ-7>에서 정답률과 응답 유형을 보면, 평가1의 10벋 뮤항의

<표 Ⅳ-5> 중2 대수의 성질 평가1의 10번, 평가3의 5번 응답 유형 비교

평가1

문10) $5\times3\frac{1}{4}$을 $(5\times3)+\left(5\times\frac{1}{4}\right)$와 같이 계산하는 이유는?

응답 유형	응답률(%)
분배해서 곱해야 하므로	7.3
두 수에 공평하게 곱해주어야 하므로	3.8
쉽게 풀기 위해	21.9
간단히 하기 위해	12.3
따로따로 계산해서 더해야 답이 나오므로	1.6
$3\frac{1}{4}$은 $3+\frac{1}{4}$이므로	0.3
기타	13.7
무응답	38.1
계	100.0

평가3

문5) $4\times7\frac{1}{2}$을 $(4\times7)+\left(4\times\frac{1}{2}\right)$와 같이 계산하는 이유는?

응답 유형	응답률(%)
분배해서 곱해야 하므로	13.9
두 수에 공평하게 곱해 주어야 하므로	5.9
쉽게 풀기 위해	27.7
간단히 하기 위해	10.5
괄호를 풀어야 하므로	1.3
자연수와 분수를 각각 계산해야 하기 때문	1.3
규칙이다, 그래야 풀 수 있다	2.1
기타	7.6
무응답	29.8
계	100.0

<표 Ⅳ-6> 중2 일차방정식 평가1의 6번, 평가2의 3번 응답 유형 비교

평가1

문6) $6a+12=48$의 풀이 과정의 첫 번째 단계

$$\frac{6p}{p}+\frac{12}{6}=\frac{48}{6}$$

응답 유형	응답률(%)
옳지 않다. 같은 수로 나누어야 한다.	34.7
옳지 않다. 12를 먼저 이항시켜야 한다.	13.4
기타	8.4
무응답	43.5
계	100.0

평가2

문3) $48=8p+16$의 풀이 과정의 첫 번째 단계

$$\frac{48}{8}=\frac{8p}{8}+\frac{16}{8}$$

응답 유형	응답률(%)
옳다. p를 구하기 위해 p의 계수를 1로 하기 위해	6.4
옳다. 문자(p)만 남기기 위해	11.1
옳다. 같은 수로 나누어도 등호가 성립하므로	17.0
옳다. 양변을 모두 8로 나누었으므로	6.8
옳다. 분모를 없애기 위해	2.1
옳다. 간단히 하기 위해	3.4
이항하여 푼다	6.8
기타	12.6
무응답	32.8
계	100.0

<표 Ⅳ-7> 중2 일차방정식 평가1의 10번, 평가3의 3번 응답 유형 비교

평가1

문10) 통밀 과자의 3배에 해당하는 머쉬맬로우가 있다. 머쉬맬로우는 m, 통밀 과자는 g

응답 유형	응답률(%)
$m=3g$	45.6
$3m=g$	8.4
$3m+g$	3.3
기타	4.2
무응답	38.5
계	100.0

평가3

문3) 기린 수의 4배에 해당하는 펭귄이 있다. 펭귄의 수는 p, 기린의 수는 q

응답 유형	응답률(%)
$p=4q$	70.5
$q=4p$	7.7
$x=4x$, $y=4x$ (다른 문자 사용)	0.4
기타	6.8
무응답	14.5
계	100.0

정답률은 45.6%, 평가3의 3번 문항의 정답률은 70.5%로 급격히 증가하였으며, 평가1에서는 무응답이 38.5%인 반면, 평가3에서는 무응답이 14.5%로 줄어, 학생들이 문제를 해결하는데 필요한 학습이 이루어진 것으로 판단할 수 있다.

Ⅴ. 결론 및 제언

CRESST에서 개발한 PowerSource©로 우리나라 중학교 2학년 학생들을 대상으로 유리수 동치, 분배법칙, 일차방정식에 관한 수업 및 형성평가를 실시하였다. 사전·사후평가의 진단평가 결과를 분석해 보면, 실험반과 통제반 모두 모든 문항에서 전반적으로 정답률이 상승하였음을 알 수 있었다. 통제반과 실험반의 결과를 비교할 때 전반적으로 실험반 결과의 상승률이 더 높았으며, 특히 일부 문항의 경우 Power- Source©의 확연한 학습 효과가 나타나는 것으로 판단할 수 있었다. 또한 실험반의 세 차례의 형성평가에서 동형 문항에 대한 응답의 변화를 살펴보면 정답률은 차츰 높아졌고, 무응답의 수는 확연히 줄어들었으

며, 애매모호한 풀이 과정이나 답을 제시하였던 학생들이 수학적 용어를 사용하여 좀 더 구체적으로 답하는 것을 확인할 수 있었다. 이는 여러 가지 예를 통한 반복적인 설명과 발문을 통해 학생들의 생각을 계속적으로 이끌어내어 설명하도록 하는 수업과 수 년 간의 평가 모델로부터 효과적이었던 문항들을 모아 각 핵심 개념 영역에 필요한 지식을 평가하기 위해 개발한 문항을 포함하는 PowerSource© 프로그램의 효과라 할 수 있다. 이러한 결과에 터하여, 본 연구로부터 도출될 수 있는 결론 및 제언은 다음과 같다.

현재 우리나라의 경우 학생에게 시험을 치르게 하여 성적 또는 등급을 부여하거나 선발을 위해 평가를 실시하는 선발적 교육관에 치중하고 있다. 많은 교사들은 학생을 평가하기 위한 출제, 채점, 우열 판정을 위해 많은 시간을 보내지만, 평가 결과를 통해 해당 학생이 가지고 있는 오개념이나 오류 유형에 대한 처치는 소홀히 하고 있다는 지적과 우려가 그다지 새삼스럽지 않다. Black과 Wiliam(1998a, 1998b)에 따르면, 교실에서의 주된 평가는 '학습을 위한 평가(assessment for learning)'이어야 하며, 이는 기본적으로 학생들의 학습을 위해 고안되고 실행되어야 한다. 여기서 학습을 위한 평가는 과거의 전통적인 형성평가에 비해서 실제 교육 현장에서의 활용 방법과 철학에 대하여 보다 더 깊이 있게 하였다는 점에서 기존의 것과 차별화될 수 있다(김명숙, 2008). 이는 곧 학습을 위한 평가에서의 시험은 교수·학습과 괴리되어 일련의 수업이 실시된 후에 추가되는 것이 아니라 교수·학습을 위한 것이며 교수·학습과 통합되어 실시하는 것이어야 함을 의미한다고 하겠다.

또한, 학습을 위한 평가에서 피드백은 학습자가 현재 자기 자신이 도달(성취)하고 있는 성취 수준과 미래에 자신이 성취하고자 하는 학습 수준 내지 목표와의 차이를 알아, 그 간격을 좁히기 위해 필요한 행동을 안내한다(Ramaprasad, 1983; Sadler, 1989). 이때 제안되는 피드백의 형태는 단순히 그 해결 방법이나 답을 알려주는 것에서 벗어나 학습자가 가지고 있는 오개념이나 오류에 대한 적절하고 구체적인 처치 방안을 제시하여야 하며, 뿐만 아니라 제시한 처치 방안에 따라 학습자가 제대로 이행하는지를 집중적으로 관리, 감독하여야 할 것이다. 이러한 점에서, 학생들의 형성평가 결과를 반영하여 수업 운영 방법을 조정하고 피드백을 주도록 하는 PowerSource© 프로그램은 학생들의 오류 유형이나 오개념을 파악하여 보충 학습은 물론 완전 학습으로의 길로 나아가게 함으로써 학습 부진을 최소화 하는데 기여할 수 있을 것으로 여겨진다.

한편, 우리나라 국가 수준 학업성취도 평가에서 수학의 경우 가장 큰 비율을 차지하는 학생들의 성취 수준은 학교급이 올라감에 따라 점차 낮아지는 것으로 나타났다(고정화 외, 2007). 이러한 현상은 '계통성'이라는 기초적인 내용을 기반으로 하여 새로운 내용을 첨가함으로써 일관성 있게 순차적으로 이루어지는 수학의 특성에서 기인하는 것으로 해석되고 있다. 즉, 학생들이 수학 학습을 할 때 선행 지식을 충분히 숙지하고 있어야 하는데 학년이 올라갈수록 선행 지식의 양은 점차 많아져 학습에 대한 부담이 점점 커지게 되므로 이전 단계의 학습 결손은 다음 단계의 학습 결손을 초래하는 중요한 원인이 되어 결국 학습 부진으로 이르게 될 수 있다. 따라서 계통성을 갖는 수학은 형성평가를 실시하여 적절하게 피드백을 받을 수 있으면 학생의 입장에서는 보다 충실한 학습을 할 수 있고 나아가 수학의 학업 성취 수준을 높이는데 매우 중요한 역할을 할 것으로 판단된다. 이러한 학습 방법이 바로 CRESST에서 개발한 PowerSource©에서 추구하는 것이며, 이러한 수업 방법에 따라 수업 자료들을 개발하여 재조직하는 노력들이 지속된다면 학생들의 수학 성취 수준은 점차 높아질 것으로 사료된다.

본 연구의 PowerSource© 형성평가 결과에서도 현재 우리나라 학생들이 특정의 수학적 개념이나 원리에 대한 정확한 이해와 적용 능력이 다소 미흡함을 알 수 있었다. 학생들이 수학 공식을 암기하여 문제를 해결하는 방식으로 수학을 학습하고 있으나 이러한 학습 방법으로는 의미 있는 수학적 능력이 신장되기는 어려울 것이다. 학생들의 수학 성취 수준과 수학적 소양이 신장되기 위해서는 수학적 개념에 대한 정확한 이해와 그 개념이 적용되는 다양한 맥락에서 활용해 보는 경험을 충분히 쌓는 것이 필요하다. 이를 위해 수학 수업의 개선뿐만 아니라 수학 학습 평가에서도 수학적 개념이나 원리와 관련된 이해 및 적용 능력의 평가를 위한 형태로 문제해결 과정을 설명하는 문항이 보다 적극적으로 활용되어야 할 것이다. 이러한 관점에서 볼 때, 답에 대한 근거나 풀이 과정을 제시하는 문항으로 구성된 PowerSource© 형성평가는 학생들로 하여금 자신의 수학적 개념에 대한 이해를 보다 확고히 할 수 있도록 하는데 도움이 된다고 하겠다.

또한, 수학적 사고를 글이나 수식으로 표현하는 것은 수학적 의사소통 능력과 관계되며 2007 개정 교육과정에서도 강조하고 있는 요소이다. 그런데, 2006년의 PISA 연구에서도 이미 나타난 바와 같이(이미경 외, 2007), 본 연구의 PowerSource© 평가 결과에서도 우리나라 학생들의 수학적 의사소통 능력이 여전히 미흡한 것으로 나타났다. 따라서, 수학적 의사소통 활동이 충분히 반영된 교수 학습 자료가 개발되어 보다 적극적으로 수학적 의사소통이 활발하게 일어날 수 있는 수업 분위기가 조성되어야 함은 중요한 수학교육 과제일 것이다.

끝으로, TIMSS에서와 같이 있는 그대로의 교실을 두고 교실 학습이나 교육 상황에 대하여 국가 간 비교 연구를 수행한 적은 있지만, 특정 목적으로 개발된 교수·학습 프로그램을 공동으로 투입하고 그 성과를 연구한 사례는 드물다. 이번 PowerSource© 형성평가 프로그램 효과성 평가 연구의 경우, 미국과 한국이라는 국가 단위에서 공통의 학습 내용에 대한 학습 성과를 개선하기 위해 프로그램 개발에서부터 연구에 참여할 교사 연수, 투입 후 성과 측정에 이르기까지 일련의 프로그램 실행과 평가를 시도하였다는 것 자체로 의미를 찾아볼 수 있을 것이다. 한 마디로, 본 연구는 CRESST의 PowerSource© 프로그램의 투입과 결과를 통해 형성평가의 효과성을 재고할 수 있는 좋은 계기가 되었음은 물론, 한국과 미국의 국간 간 공동 연구로서의 의미를 담고 있다. 그러나 이렇게 공동 프로그램을 투입하는 경우 어려움이 적지 않게 발생하게 되는데, 이는 표준화된 평가도구를 활용한 국제 비교 연구의 문제점은 왜 그러한 결과가 나타났는지에 대한 진단이 쉽지 않다는 점이다. PowerSource©와 같은 공동 프로그램을 투입할 때 교육 상황의 차이, 투입의 세부 과정에서의 변이, 행위자나 참여자 측면의 차이 등으로 인해 명확한 비교가 어렵다. 즉, 한국의 교사와 미국의 교사들이 생각하는 수학 교과에 대한 인식이 다르고, 한국과 미국 학생들이 수학을 배우는 목적도 각각 다른 상황에서 프로그램의 효과를 정확히 검증하기란 어렵다.

일련의 프로그램을 투입하거나 참여자들의 반응을 설문 조사하기 이전에 비교 당사자들의 인식론적 특징과 문화적 맥락에 대한 이해가 병행되어야 제대로 된 결과 해석과 성과 분석이 가능할 것이다. 예컨대 '유리수 동치'를 주제로 한 동일한 PowerSource© 프로그램이 한국적 상황 속에서 투입 학년이 어떻게 조정되는지, 같은 프로그램을 가지고 한국의 교실 맥락에서 어떻게 활용 방법이 달라지는지, 프로그램에 대한 학생과 교사의 반응은 어떻게 달라지는지, 연구에 참여하는 관계 당사자들의 관점은 어떻게 달라지는지 등을 들여다볼 필요가 있다. 한마디로, PowerSource©와 같은 프로그램을 투입하고 그 성과를 비교하는 연구를 수행하더라도 획일적인 처치와 연구 방법을 고집하기보다는 동일한 프로그램이 각국이 처한 고유의 교육상황 속에서 어떤 변이와 조정 과정을 거치는지를 문화적 맥락에서 보다 신중히 탐구할 필요가 있다.

참고문헌

고정화 · 도종훈 · 조지민 · 김명화 · 최인봉 · 송미영 · 김수진(2007). 2006년 국가수준 학업성취도 평가 연구 -수학-. 한국교육과정평가원 연구보고 RRE 2007-3-4.

김명숙(2008). 교수 · 학습 혁신 세미나: 교수 · 학습과 평가의 연계. 한국교육과정평가원 연구보고 ORM 2008-18.

이미경 · 손원숙 · 노언경(2007). PISA 2006 결과 분석 연구 - 과학적 소양, 읽기 소양, 수학적 소양 수준 및 배경 변인 분석. 한국교육과정평가원 연구보고 RRE 2007-1.

전효선 · 오상철 · 박진용 · 권순달 · 정미경 · 김이성(2007). **국내외 교실 학습 연구(Ⅰ) - 한국, 영국, 프랑스, 일본의 초등학교를 중심으로.** 한국교육과정평가원 연구보고 RRI-2007-1.

최승현 · 곽영순 · 김주훈(2008). **2008년 CRESST 형성평가 프로그램(PowerSource©)과 한국교육과정평가원 공동 연구.** 한국교육과정평가원 연구보고 RRI-2008-6.

Baker, E. L.(1997). Model based performance assessment. *Theory into Practice, 36*(4), 247-254.

Baker, E. L., Freeman, M., & Clayton, S. (1991). Cognitive assessment of history for largescale testing. In M. C. Wittrock & E. L. Baker (Eds.), *Testing and cognition* (pp. 131-153). Englewood Cliffs, NJ: Prentice-Hall.

Black, P. J., & Wiliam, D. (1998a). *Assessment and classroom learning. Assessment in Education: Principles, Policy, and Practice,* 5(1), 7-74.

Black, P. J., & Wiliam, D. (1998b). *Inside the black box: Raising standards through classroom assessment.* London: School of Education, King''s College. (See also article with the same title, 1998, in Phi Delta Kappan, 80(2), 139-148.)

Brown, R. S. & Niemi, D. N. (2007). *Investigating alignment of high school and community college assessments in California.* San Jose, CA: National Center for Public Policy in Higher Education

Chi, M. T. H., Bassok, M., Lewis, M., Reimann, P., & Glaser, R. (1989). Self-explanations: How students study and use examples in learning to solve problems. Cognitive Science, 13, 145-182.

NAEP(2007) Http://www.ed.gov/print/nclb.overview/intro(검색일: 2009.5.1)

Niemi, D. N. (1996). *Instructional influences on content area explanations and representational knowledge: Evidence for the construct validity of measures of principled understanding.* (CRESST Tech. Rep. No. 403). Los Angeles: University of California, National Center for

Research on Evaluation, Standards and Student Testing (CRESST).

Niemi, D. N., Baker, E. L., & Sylvester, R. (2007). Scaling up, scaling down: seven years ofperformance assessment development in the nation''s second largest school district. *Educational Assessment, 12,* 195 - 214.

Ramaprasad, A. (1983). On the definition of feedback. *Behavioral Science, 28*(1), 4-13.

Renkl, A., Atkinson, R. K., & Maier, U. H. (2000). From studying examples to solving problems: Fading worked-out solution steps helps learning. In L. Gleitman & A. K. Joshi (Eds.), *Proceeding of the 22nd Annual Conference of the Cognitive Science Society* (pp. 393-398). Mahwah, NJ: Lawrence Erlbaum Associates.

Sadler, R. (1989). Formative assessment and the design of instructional systems. *Instructional Science, 18,* 1 - 25.

Sweller, J., van Merrienboer, J., & Paas, F. (1998). Cognitive architecture and instructional design. *Educational Psychology Review, 10,* 251 - 296.

VanLehn, K. (1996). Cognitive skill acquisition. In J. Spence, J. Darly & D. J. Foss (Eds.), *Annual review of psychology* (Vol. 42, pp. 513 - 539). Palo Alto, CA: Annual Reviews.

<부록 1> 각 문항의 사전사후 응답 변화

1. 다음 중 $3x$와 같은 것을 고르면?

① $x+x+x$　② x^3　③ $x\times x\times x$　④ 정답 없음

	①	②	③	④	무응답
사전평가	78.2	3.9	10.7	6.5	0.6
사후평가	84.3	1.5	11.3	2.9	0.0

2. 다음 중 $a\times(2\times3)$과 같은 것은?

① $2a+3$　② $a+2+3$　③ $(a\times2)\times3$　④ $a\times2\times a\times3$

	①	②	③	④	무응답
사전평가	1.9	2.6	43.2	51.3	1.0
사후평가	6.9	2.0	52.0	38.2	1.0

9. 다음 수직선에서 $\frac{2}{3}$와 근사한 위치를 나타내는 점에 표시하여라.

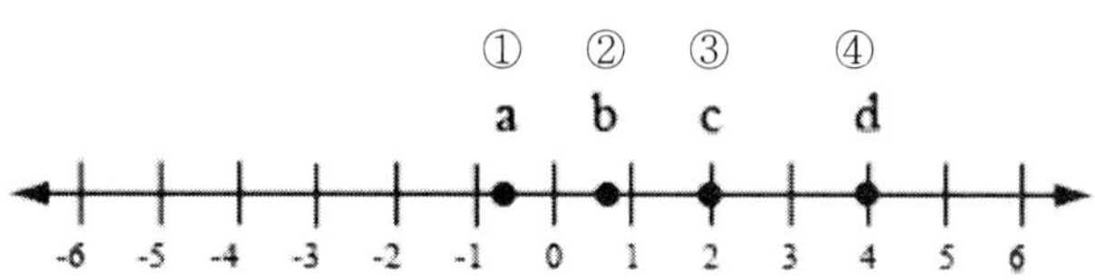

	①	②	③	④	무응답
사전평가	1.9	74.7	16.2	3.6	3.6
사후평가	3.4	77.5	14.5	2.9	2.0

10. 다음 방정식이 참이 되게 하는 P의 값은?

$$\left(\frac{1}{p}\right)(4)=1$$

① $p=4$　② $p=\frac{1}{4}$　③ $p=16$　④ $p=-4$

	①	②	③	④	무응답
사전평가	72.4	18.2	1.9	2.3	5.2
사후평가	77.0	16.7	2.5	2.5	1.5

11. 분수 $\frac{52}{78}$를 최대한 간단히 하면?

① $\frac{26}{39}$ ② $\frac{2}{3}$ ③ $\frac{4}{6}$ ④ 분수 $\frac{52}{78}$는 더 이상 간단히 할 수 없다.

	①	②	③	④	무응답
사전평가	52.6	40.3	1.9	2.9	2.3
사후평가	46.1	45.6	3.9	2.9	1.5

18. $3+2(x-2)$와 같은 것을 고르면?

① $5(x-2)$ ② $5(x+4)$ ③ $3+2x-4$ ④ $3+2+x-2$

	①	②	③	④	무응답
사전평가	15.6	4.2	72.7	3.2	4.2
사후평가	8.8	2.5	80.9	3.9	3.9

21. $6x+0=4x-3$과 같은 것은?

① $6x=4x-3$ ② $6x+0=4x$ ③ $6x+4x=1x$ ④ $6x-3=0$

	①	②	③	④	무응답
사전평가	78.2	3.2	4.2	3.2	11.0
사후평가	84.8	5.4	2.1	2.9	4.9

24. 한 학생이 방정식 $3x+6=-9$를 풀려고 하고 있다. 다음 중 첫 번째 단계로 옳은 것은?

① $\frac{3x}{3}+6=\frac{-9}{3}$ ② $3x+6+(-9)=(-9)-(-9)$ ③ $\frac{3x}{3}+\frac{6}{3}=\frac{-9}{3}$ ④ $9x=-9$

	①	②	③	④	무응답
사전평가	3.9	15.3	57.8	6.5	16.6
사후평가	5.9	13.7	68.6	4.4	7.4

25. 재경의 나이는 선우의 나이의 두 배보다 6살이 적다. 선우가 6살일 때, 재경은 몇 살인가?

① 0 ② 6 ③ 12 ④ 18

	①	②	③	④	무응답
사전평가	2.3	73.4	7.8	4.9	11.7
사후평가	3.4	78.9	9.3	2.9	5.4

<부록 2> 평가 간 동형 문항의 예 (유리수 동치)

평가1	평가2와 평가3
1. $\frac{3}{7}+\frac{1}{7}=$	[평가2] 1. $\frac{2}{9}+\frac{5}{9}=$ [평가3] 1. $\frac{5}{11}+\frac{3}{11}=$
2. $\frac{2}{3}+\frac{3}{5}=$	[평가2] 2. $\frac{1}{3}+\frac{2}{7}=$
3. $\frac{3}{7}+\frac{2}{m}=$ $(m \neq 0)$	[평가2] 3. $\frac{5}{7}+\frac{2}{p}=$ $(p \neq 0)$ [평가3] 2. $\frac{2}{n}+\frac{4}{9}=$ $(n \neq 0)$
4. 다음 분수를 더하기 위한 첫 번째 풀이 과정을 쓰시오. $\frac{1}{7}+\frac{2}{5}$	[평가2] 4. 다음 분수를 더하기 위한 첫 번째 풀이 과정을 쓰시오. $\frac{3}{5}+\frac{1}{8}=$
5. $\frac{3}{7}+\frac{2}{7}$을 계산할 때, 왜 답이 $\frac{5}{14}$가 아닌지 설명하시오.	[평가3] 3. $\frac{1}{9}+\frac{5}{9}$를 계산할 때, 왜 답이 $\frac{5}{18}$가 아닌지 설명하시오.
6. 한 학생이 분수의 덧셈 $\frac{4}{5}+\frac{3}{7}$을 하고 있다. 풀이의 첫 번째 단계는 다음과 같다. $\frac{4}{5}+\frac{3}{7}=\frac{4}{5}\times\frac{7}{7}+\frac{3}{7}\times\frac{5}{5}$ a) 과정이 옳은가? b) 이유를 설명하시오.	[평가2] 5. 한 학생이 분수의 덧셈 $\frac{3}{4}+\frac{2}{5}$를 하고 있다. 풀이의 첫 번째 단계는 다음과 같다. $\frac{3}{4}+\frac{2}{5}=\frac{3}{4}\times\frac{5}{5}+\frac{2}{5}\times\frac{4}{4}$ a) 과정이 옳은가? b) 이유를 설명하시오.
7. 한 학생이 $a \neq 0$, $b \neq 0$일 때, 분수의 덧셈 $\frac{2}{a}+\frac{5}{b}$를 하고 있다. 풀이의 첫 번째 단계는 다음과 같다. $\frac{2}{a}+\frac{5}{b}=\frac{2}{a}\times\frac{b}{b}+\frac{5}{b}\times\frac{a}{a}$ a) 과정이 옳은가? b) 이유를 설명하시오.	[평가3] 4. 한 학생이 $a \neq 0$, $b \neq 0$일 때, 분수의 덧셈 $\frac{4}{7a}+\frac{3}{5b}$을 풀고 있다. 풀이 과정의 첫 단계는 다음과 같다. $\frac{4}{7a}+\frac{3}{5b}=\frac{4}{7a}\times\frac{5b}{5b}+\frac{3}{5b}\times\frac{7a}{7a}$ a) 과정이 옳은가? b) 이유를 설명하시오.
8. $\frac{1}{4}$마일 걷고 난 후 다시 $\frac{2}{5}$마일을 걸었다. a) 총 거리는 얼마인가? 풀이 과정을 모두 쓰시오. b) 풀이 과정의 각 단계를 설명하시오. 사용한 수학적 성질을 쓰고, 그 중요성을 설명하시오.	[평가3] 5. 케익을 만들면서 흑설탕 $\frac{2}{3}$컵과 백설탕 $\frac{1}{4}$컵을 사용하였다. a) 사용한 설탕의 전체 양은? b) 풀이 과정의 각 단계를 설명하시오. 사용한 수학적 성질을 쓰고, 그 중요성을 설명하시오.

10 『주 5일 수업제 시행에 따른 학교와 가정을 연계한 수학학습프로그램 개발과 활용에 관한 연구-프로젝트형 과제를 중심으로-』에서 사용한 '실험연구' 방법에 대한 해설

류 성 림[10)]

본 연구(남승인 · 류성림 · 백선수, 2008)를 수행하게 된 배경은 2006년도부터 월 2회의 주5일제 수업을 실시하던 것을 2012년도부터 전면적인 주5일제 수업이 실시됨에 따라 매주 토요일에 유용하게 활용할 수 있는 학습 프로그램을 제공하여 학교교육과 가정교육을 연계하기 위한 것이다. 따라서 본 연구의 주된 목적은 다음과 같다. 학교와 가정을 연계한 학습 프로그램(프로젝트 과제)을 개발 · 적용함으로써 학생들의 수학적 능력과 수학적 성향에 어떤 영향을 미치는지 알아본다.

본 연구의 목적에서 제시된 바와 같이 만일 누군가 어떤 새로운 방법 또는 절차를 시도(원인의 제공)한 후, 그것의 결과 또는 효과를 확인하기를 원할 때 '실험'이 필요하다. 따라서 본 연구에서는 자연적으로 실험연구(experimental research)라는 연구 방법을 선택하게 되었다. 실험연구는 원인-효과 관계에 대한 가설 검증을 진정으로 할 수 있는 유일한 연구 유형으로, 실제적이고 이론적인 교육문제에 대한 해법과 교육발전에 대한 가장 타당한 접근법을 제공하는 대표적인 연구 방법이다(전편국 · 박성선, 2009; 이종성, 1998). 실험연구에서 연구자는 적어도 하나 이상의 '독립변인'이 하나 이상의 '종속변인'에 어떤 영향을 줄 것인가에 관심을 갖는다. 독립변인은 실험변인 또는 처치변인이라고도 하는데, 차이를 유발시키는 활동이나 처치를 말한다. 종속변인은 결과변인 또는 준거변인이라고도 하는데, 독립변인의 결과로 발생하는 집단들의 변화 또는 차이를 말한다. 이 때 중요한 점은 종속변인은 측정 가능한 결과이어야 한다는 것이다. 다른 연구 방법들과 구별되는 실험연구의 가장 큰 특성은 연구자가 독립변인을 '조작'한다는 것이다. 보통 독립변인과 종속변인은 연구목적이나 연구문제에 드러나 있는 것이 보통이다.

위에서 제시한 본 연구의 목적에서 독립변인은 '프로젝트 과제의 적용'과 '일반적인 과제의 적용'으로 조작된 변인이고, 종속변인은 '수학적 능력'과 '수학적 성향'으로 측정 가능한 변인이다. 종속변인은 검사를 통하여 얻은 점수를 이용하여 두 독립변인의 차이를 비교한다. 이것을 간단히 그림으로 나타내면 [그림 1]과 같다.

---

10) 대구교육대학교, srryu@dnue.ac.kr

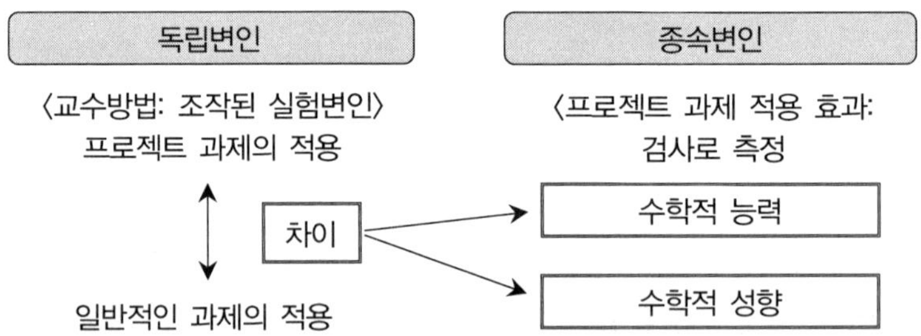

[그림 1] 독립변인과 종속변인과의 관계

본 연구에서 볼 수 있듯이, 교육연구에서 실험연구는 전형적으로 실험집단과 비교집단(또는 통제집단)을 포함한다. 비교집단은 실험집단에 적용한 처치의 효과를 비교하기 위한 목적으로 필요하다. 본 연구에서 실험집단(4학년 28명)은 프로젝트 과제를 적용한 집단이고, 비교집단(4학년 28명)은 일반적인 과제를 적용한 집단을 가리킨다. 실험연구에서 주의할 점은 실험집단과 비교집단은 적용되는 처치 이외의 다른 조건들에 대해서는 동일해야 한다는 것이다. 따라서 종속변인의 수행에 영향을 줄 수 있는 간섭변인이나 외래변인의 영향을 통제해야 한다. 본 연구에서도 사전검사를 통해 집단의 특성을 동등화 하였고, 수업 기간은 두 집단 모두 16차시로 같게 진행되었으며, 지도하는 교사의 경력이나 수업성향 등도 같게 하였다.

실험연구에서는 어떤 실험설계를 선택할 것인가가 중요하다. 내적 타당도 저해 요인(역사적 사건, 성숙, 사전·사후검사의 간섭, 검사도구의 신뢰도, 피험자의 차별적 선택, 피험자 손실 등)을 통제할 수 있는 설계가 좋은 설계이다. 실험설계는 독립변인이 하나인 단일-변인설계와 독립변인이 두 개 이상인 요인설계로 나누어진다. 단일-변인설계는 내적 타당도와 외적 타당도를 위협하는 요인들을 통제하는 정도에 따라 전-실험설계(pre-experimental designs), 진-실험설계(true-experimental designs), 준-실험설계(quasi-experimental designs)로 분류된다.

본 연구에서는 기존에 구성되어 있는 학급의 학생들을 피험자로 사용해야하기 때문에 피험자를 두 집단에 무작위로 할당하는 것이 불가능하여 준-실험설계를 이용하였는데, 준-실험설계 중에서 〈표 1〉과 같이 '이질통제집단 전후검사 설계(Nonequivalent Control

Group Pretest-Posttest Design)'를 적용하였다.

〈표 1〉 실험설계

실험집단	O_1	O_2	X	O_3	O_4
비교집단	O_1	O_2	Y	O_3	O_4

O_1: 사전 수학과 학업성취도 검사, O_2: 사전 수학적 성향 검사
X: 프로젝트 과제 활용 학습, Y: 일반적인 과제 활용 학습
O_3: 사후 수학과 학업성취도 검사, O_4: 사후 수학적 성향 검사

이 설계는 내적 타당도와 외적 타당도를 완벽하게 통제할 수 없기 때문에 가능하면 대등한 집단을 만드는 것이 중요하다. 따라서 본 연구에서는 사전검사를 통해 학업성취 능력과 수학적 성향이 동질인 두 집단을 선택하였다.

실험연구의 자료 분석은 보통 기술통계와 추정통계가 이용된다. 본 연구에서는 일반적으로 사용되는 자료 분석 방법을 이용하였는데, 기술통계로는 평균, 표준편차를, 추정통계로는 두 집단의 평균 사이에 통계적으로 유의미한 차이가 있는가의 여부를 알아보는 t-검정을 사용하여 분석하였다.

위와 같은 연구 방법을 이용한 결과 프로젝트 과제 활동은 주5일제 수업에 따른 토요일의 여가 시간을 유용하게 활용하고, 부모를 사녀교육에 동참시킴으로써 학교교육에 대한 이해를 높일 수 있음을 알게 되었다.

참고문헌

남승인, 류성림, 백선수 (2008). 주5일 수업제 시행에 따른 학교와 가정을 연계한 수학학습프로그램 개발과 활용에 관한 연구 –프로젝트형 과제를 중심으로–. **학교수학, 10**(1), 79-103.

이종성 (1998). **교육연구의 설계와 자료분석**. 서울: 교학연구사.

전평국, 박성선 (2009). **수학교육연구 방법: 이론과 실제**. 서울: 교우사.

대한수학교육학회지<학교수학> 제 10 권 제 1 호
Journal of Korea Society of Educational Studies in Mathematics
School Mathematics Vol.10, No.1, 79-103. Mar. 2008

주 5일 수업제 시행에 따른 학교와 가정을 연계한 수학학습프로그램 개발과 활용에 관한 연구[1)]

— 프로젝트형 과제를 중심으로 —

남 승 인[*] · 류 성 림[**] · 백 선 수[***]

본 연구의 목적은 주5일 수업제의 근본 취지를 살릴 수 있는 방안의 하나로 학교와 가정을 연계할 수 있는 프로젝트형 과제를 개발·활용함으로써 학생들의 수학적 능력과 수학적 성향에 어떤 영향을 미치는지 알아보는데 있다. 본 연구에서는 초등학교 4학년 학생들에게 16차시에 걸친 프로젝트 과제를 투입하여 학업성취도와 수학적 성향의 변화를 알아보았다. 학업성취도에서는 유의수준 5%에서 p=0.010으로서 효과가 있는 것으로 나타났고, 수학적 성향에서도 p=0.007로서 유의한 차이가 있는 것으로 나타났다. 또한 실험반의 사전과 사후의 수학적 성향은 전체적으로 큰 차이가 없었지만 평균은 약간 향상된 것으로 나타났다. 각 요인별로는 6가지 요인 중 수학적 가치에서 p=0.030으로서 유의수준 5%에서 유의한 차이가 있고, 나머지는 통계적으로 유의한 차이는 없었으나 평균은 수학적 반성을 제외하고는 모두 약간씩 높게 나왔다. 따라서 프로젝트 과제 활동은 주5일 수업제에 따른 여가 시간을 유용하게 활용하고, 부모를 자녀교육에 동참시킴으로써 학교교육에 대한 이해를 높일 수 있을 것이다.

Ⅰ. 서 론

2003년「근로기준법 개정안」에 의해 2004년부터 일반 기업체에서 주5일 근무제가 시행됨에 따라 학교에서도 '학교, 가정, 사회가 교육의 주체가 되어 보다 균형 있는 교육을 추구(박순경, 2005)'하기 위해 2004년부터 연구·시범 학교를 중심으로 주5일 수업제가 시범 시행된 이후 2006년부터는 월 2회 주5일 수업제가 시행되고 있으며, 이후 전면적으로 확대하여 시행될 예정이다. 그러나 학교교육과 가정교육을 연계하여 학생들의 건전한 심신 발달을 돕고 휴업일을 유용하게 활용할 수 있는 프로그램이 제공되지 않는다면, 주5일 수업제는 도입 취지와는 달리 오히려 사교육을 조장하고 학력의 저하를 가져오며 불규칙적인 생활 습관을 기르는 등 부작용을 초래할 가능성이 높다. 물론 이에 대비하여 1990년대 후반부터 교육부 산하 연구기관 및 연구·시범학교를 통하여 주5일 수업제 도입과 관련된 연구가 이루어져 왔다. 그러나 대부분의 연구 내용(KEDI, 2000, 2001; KICE, 2005; 부산 구서초등, 2001; 광주 살레시오초등, 2002; 경기 왕곡초등, 2002, 2005; 박순경, 2005, 재인용)이 운영 체제나 방법 등 하드웨어적인 측면에서 이루어진 경향이

* 대구교육대학교(sinam@dnue.ac.kr)
** 대구교육대학교(srryu@dnue.ac.kr)
*** 대구대곡초등학교(ss-baek@hanmail.net)

1) 이 논문은 2006년도 정부재원(교육인적자원부 학술연구조성사업비)으로 한국학술진흥재단의 지원을 받아 연구되었음(KRF-2006-721-B00043)

있으며, 학교교육의 근간인 교과교육과 관련된 소프트웨어적 측면에 대해서는 소홀히 다루고 있는 실정이다. 또 연구학교에서 시행한 토요 휴업일의 활동 내용을 구체적으로 살펴보면 교과 내용과 연계성을 고려하지 않은 채 체험 및 봉사활동 등 생활교육에 초점을 두고 있으며, 교과와 관련된 활동 내용은 사회과 및 예·체능 교과에 편중되어 있어 학교교육과정의 중핵인 동시에 도구 교과인 수학교육을 매우 소홀히 다루려는 경향이 뚜렷하다. 이는 '산업화 시대에 생산기관을 가동시키기 위해 화석 연료를 태웠던 것과 마찬가지로 정보화 시대를 움직이게 하는 주 연료는 수학(Devin, 2000)'이라는 말이나 '정보화 시대라고 일컫는 요즈음의 사회뿐만 아니라 미래 사회에 능동적으로 대처할 수 있는 기본적인 자질과 능력으로써 모든 사람들에게 일정한 수준의 수학적 소양을 갖추어야 한다(Willoughby, 2000)'는 등 사회 구조의 변화에 따라 수학의 중요성이 이전에 비하여 훨씬 강화되고 있음에도 불구하고 제 7차 교육과정부터 학교교육에서 수학시간이 차지하는 비중이 감소된 것은 매우 우려되는 사항이다.

학교수학의 초점은 수학의 기본·기초적인 개념과 원리·법칙을 의미있게 이해하도록 하는데 있으며, 이에 대한 이해를 깊게 하고 활용·응용하는 능력을 기르는 교육은 학교 밖에서 이루어지기 때문에 학교교육과 가정교육은 밀접한 상보적인 관계를 유지해야 한다. 그러나 관습적으로 학부모들은 수학교육의 모든 것을 학교교육에 의존하려는 경향이 짙으며 또 모든 교육이 학교에서 완성되는 것으로 잘못 인식하고 있다. 교육의 정상화를 위해서는 교사와 학생과 학부모의 삼위일체를 권고해 왔으나 이러한 권고는 초등학교 입학초기에는 어느 정도 반영되고 있으나 학년이 올라갈수록 학부모의 참여와 역할은 점차 감소되고 부모의 참여를 통한 교육보다 과외나 학원 등 사교육에 의존하는 비중이 매우 높은 실정이다. 이러한 현상의 원인은 부모가 자녀를 지도할 수 있는 시·공간적인 제약과 지도 능력의 한계를 생각할 수 있으나, 부모가 자녀의 학습지도에 참여할 수 있는 프로그램의 부족과 학교교육과 가정교육의 연계성을 고려하지 않은 과제 제시에서도 그 원인을 찾을 수 있을 것이다. 이러한 문제를 해결하기 위해서는 가정교육과 학교교육을 연계시킬 수 있는 방안을 강구해야 할 것이다.

전통적으로 학교교육과 가정교육을 연계시킬 수 있는 방법은 흔히 숙제라고 불리는 가정학습 과제를 제시하는 것이다. 수학숙제를 제공하는 주된 목적은 수학에 대한 이해를 깊게 하고 학교수학에 대한 응용능력을 기르며, 부모를 자녀교육에 동참시킴으로써 학교교육에 대한 이해를 높이는 데 있다. 이에 비추어 볼 때, 학교교육의 연장선상에서 이루어지는 숙제는 교실에서 이루어지는 교수·학습 활동과 동등한 의미와 가치를 지닌다. 만일 가정학습 과제 해결과 관련된 상세한 안내와 조언, 그리고 결과에 대한 적절한 피드백이 제공되지 않는다면 가정학습 과제는 한낱 학생들을 괴롭히는 도구이며, 이는 결국 수학에 대한 부정적인 인식과 수학학습 기피 현상을 초래할 위험성을 내포하고 있다.

따라서 교사들은 매우 신중하고 치밀하게 계획된 교수·학습동의 일환으로써 가정학습 과제를 제시하고, 과제 해결과정과 그 결과에 대한 사후지도에 보다 세심한 배려를 해야 할 것이다. 그러나 현재 수학교과에서의 가정학습 과제의 유형을 살펴보면, 교과서나 익힘책에 제시된 문제 해결에 초점을 두는 경향이 있으며, 다양한 체험적인 탐구활동보다는 지필에 의존하여 해결하는 복습형 과제, 상호협력학습

보다는 개별학습에 초점을 두고 있으며, 또 원리・법칙의 발견과 활용보다는 원리・법칙에 대한 반복연습과 기계적으로 적용하여 해결하는 문제의 비중이 높은 실정이다. 이러한 현상은 과거 행동주의적 교수관에 근거한 것으로 학습 과제의 교육적 가치를 잘못 이해하고 있는 것으로부터 비롯된 것이라고 볼 수 있다. 수학교육의 궁극적인 목적인 수학적 힘을 기르기 위해서는 다음과 같은 유형의 과제를 제공해야 할 것이다: 학생 자신이 수학자들처럼 체험을 통하여 수학적 원리와 법칙을 발견하고 이를 실생활의 문제해결과 연결시킬 수 있는 과제, 부모・형제나 동료들과 함께 해결할 수 있는 과제, 지필에 의존하여 해결하는 문제뿐만 아니라 조사・관찰, 실험・실습 등 구체적인 활동을 통하여 해결할 수 있는 과제, 교과서나 익힘책 등 한정된 정보를 이용하여 해결하는 과제보다 여러 유형의 서적과 인터넷 사이트 등 다양한 정보를 활용하여 해결하는 과제, 문제풀이와 같은 단편적 지식이나 기능을 활용한 과제보다 여러 영역의 수학적 지식과 기능을 통합적으로 활용하여 해결할 수 있는 과제의 개발・활용에 관한 연구가 필요하다고 생각된다.

따라서 본 연구의 목적은 학교와 가정을 연계한 학습 프로그램(프로젝트형 과제)을 개발・적용함으로써 학생들의 수학적 능력과 수학적 성향에 어떤 영향을 미치는지 알아보는데 있다.

II. 이론적 배경

1. 학교와 가정을 연계한 프로그램

여기서는 학교와 가정을 연계할 수 있는 프로그램을 개발을 위한 이론적 기저로 학교교육에 학부모를 참여시킬 수 있는 방법, 가정학습 과제에 가족 참여가 미치는 영향, 수학과 가정학습의 유형 및 과제의 요건, 가정학습을 지원하기 위한 교사의 역할에 대해서 살펴본다.

가. 학교 교육에 학부모를 참여시키는 방법

미국의 경우 1981년부터 '가족수학(Family Math)'이란 명칭으로 K-8학년생의 부모를 포함한 가족을 학교 수학교육에 참여시키기 위한 공식적인 노력이 이루어져 왔으며, 1994년부터 교육 개혁의 일환으로 "모든 학교는 학생들의 사회적, 정서적, 학문적 성장을 촉진하기 위해 학부모 참여를 증진시키도록 장려할 것(U.S. DOE 1994)"을 권고한 이후, 최근에는 국가적 차원에서 학부모와 가족 및 지역사회가 학교교육에 참여할 수 있는 기회를 확대하고 있다. NCTM(2000)에 의하면 학생들의 수학학습에 학부모를 포함한 가족의 참여는 수학 학업 성취도, 수학학력과 관련된 표준화 검사, 과제 수행 등 인지적인 측면뿐만 아니라 수학에 대한 긍정적인 신념이나 태도 등 정의적 측면에서도 영향을 미치는 것으로 나타나고 있다.

한편, 학부모는 학교교육에 다양한 방법으로 참여할 수 있다. Epsten(1994; Peressini, 2000, 재인용)은 학부모 참여를 양육, 의사소통, 자원봉사, 가정학습, 지역사회 협조, 의사결정 등 6가지 유형으로 분류하고 있다. 위 6가지 유형 중에서 '양육'은 자녀의 건강과 안전, 건전한 인성과 사회성 기르기와 관련이 있으며, '지역사회 협조'란 학생들의 학습을 증진시키기 위해 지역사회와 기업체, 정부 기관, 대학 등과 연계시키는 것을 의미하며, '의사결정'이란 학부모 운영위원회나 교육 위원회 등 각종 위원회, 학부모-교사 협의회를 통해 학교 및 학급 경영과 관련된 의사결정 등에 학부모가 참여한다는 것을 의미한다. 본 연구와 관련하여 의사소통, 자원봉사, 가정학습에 대하여 좀 더 살펴본다.

① 의사소통(Communicating): 학교와 가정 사이의 쌍방향 의사소통은 학부모들에게 자녀들이 교실에서 무엇을 경험하고 있는지 알도록 하고, 그들의 관심을 반영할 수 있는 수단인 동시에 자녀의 교육과 관련된 정보를 교사와 공유할 수 있다는 장점이 있다. 이러한 의사소통은 학교와 가정 사이에 친밀하고 개방적인 상호작용이 이루어지도록 해야 한다. 교사가 학부모와 의사소통하기 위한 방법에는 수업 참관이나 상호 방문 상담, 가정통신문이나 뉴스레터를 활용하는 것이며, 최근 컴퓨터 보급이 확대됨에 따라 E-mail이나 학교 홈페이지, 전화 등을 활용하는 방법을 들 수 있다. 내용은 학교와 교실에서 이루어지고 있는 교육활동에 대한 정보로써 학교 및 학급 행사, 교과학습 및 생활지도와 관련된 정보와 부모의 협조사항, 교육활동과 관련된 학생의 산출물, 교수 학습 방법에 대한 정보, 학습 과제 및 그에 따른 가정의 협조사항, 학부모 질문 등으로 구성된다. 학부모들은 자녀의 기능, 흥미, 성장배경에 관해 풍부한 정보를 가지고 있어서 이러한 정보들을 교사와 함께 공유한다면 개별 학생들에 관한 이해를 넓히는데 도움을 줄 수 있으며, 생활지도 및 교수·학습 활동과 수업 전략을 개별화할 때 유익하다.

② 자원봉사(Volunteering): 자원봉사는 학부모와 가족이 학교나 그 밖의 다른 장소에서 학생, 교사, 학교를 지원하는 것을 의미한다. 학부모들이 학생들의 학습 활동에 직접 참여하는 것은 자녀들의 수학 교육에서의 변화를 이해하는데 도움을 주는 가장 효과적인 방법이다. 자원봉사는 교사의 역할을 이해하고 지원할 수 있게 만들 뿐만 아니라 교사들이 직면하는 어려움을 도와줄 수 있는 소중한 자료를 제공한다. 자원 봉사의 방법으로는 여가 시간을 이용하여 직접 학교를 방문해서 교사를 돕는 방법을 생각할 수 있다. 학교 환경 개선, 교외 생활지도, 학교행사 지원하기 등 교과외의 활동도 매우 가치 있는 활동이지만 교과교육과 관련한 몇 가지를 정리하면, 학부모의 능력에 따라 부진아 및 영재아 등 특수한 학생을 지도하기, 수학과제 보살피기, 교구 제작 및 준비하기, 수학학습과 관련된 도서 및 정보 사이트 검색 및 소개, 교과와 관련된 각종 행사(경시대회, 전시회, 견학 등)참여 및 지원을 생각할 수 있다.

③ 가정학습(Learning at home): 가정에서 자녀의 숙제를 도와주는 것은 부모들이 수학 교육에 참여하기를 원하는 가장 보편적인 방법일 것이다. 그러나 수학 내용과 교육학이 계속적으로 발달하고 변화함에 따라서 학부모들은 자녀들과 함께 수학을 공부하는데 있어 낯설어 할 수도 있다. 따라서 교사는 다양한 방법으로 학부모를 도와줄 수 있는 방법을 고안해야 한다. 가족과 학생이 함께 탐구할 수 있는 과제, 그리고 서로에게 배움의 가치를 느끼게 할 수 있는 과제를 제공하는 것은 참여하고자 하는 가족의 노력을 좀 더 생산적으로 만들어 줄 수 있다. 그러나 학습 활동에 부모가 지나치게 개입하여 조절·통제하려고 할 경우 그 만큼 학생 활동은 위축될 것이다. 따라서 교사는 부모들이 자녀들의 수학 과제를 도와줄 때 상세하게 안내하고 그 방법을 가르쳐주어야 한다.

나. 가정학습에 가족 참여가 미치는 효과

가정학습에 학부모를 비롯한 가족을 참여시키려는 궁극적인 목적은 교실에서 이루어지는 교수·학습활동에 대한 이해를 바탕으로 서로 연계된 교육활동이 이루어짐으로써 학생의 인지적 능력 및 정의적 능력의 발달을 돕는데 있다. 이 밖에도 의사소통 기회 확대를 통한 원만한 인간관계를 형성하고, 여가 시간을 유용하게 활용할 수 있으며, 서로의 역할 수행에 대한 정보를 공유할 수 있다. 학교에서 이루어지는 학습의 연장선상에서 이루어지는 가정학습에 부모를 비롯한 가족이 참여함으로써 발생할 수 있는 현상을 긍정적인 측면과 부정적인 측면에서 각각 몇 가지로 요약하면 다음과 같다(Leonard and Tracy, 1993; O'Connell, 1992; Epstein and Dauber, 1991; Myer, 1985; Bratina, 2000, 재인용).

① 가족 참여의 긍정적인 측면

- 학생들의 가정학습에 가족의 참여는 학습 성취도를 포함하여 문제 해결력 등 인지적 영역뿐만 아니라 학습 방법과 태도 등 정의적 영역에 긍정적인 영향을 미친다.
- 부모와 자녀가 함께 할 수 있는 수학 게임이나 퍼즐은 여가 시간을 유용하게 보낼 수 있게 해 줄뿐만 아니라 건전한 인간관계를 형성할 수 있다.
- 실생활에서의 학교수학의 응용은 부모와 학생 모두에게 합리적인 문제 해결력 신장과 함께 수학의 가치와 유용성을 재인식할 수 있는 기회를 제공한다.
- 부모는 자녀의 학력을 올바르게 파악할 수 있으며, 자녀의 학력 신장에 기여할 수 있다는 자부심과 즐거움, 그리고 책임의식을 갖게 해 준다.
- 시·공간적인 제약으로 인한 불충분한 학교 학습 활동을 보완해 줌으로써 교사의 부담을 경감시켜 줄 수 있다.

② 가족 참여의 부정적인 측면

- 자녀의 학업 성취에 대한 조급함으로 인하여 이해를 바탕으로 한 학습보다는 기성의 수학적 개념이나 원리·법칙에 대한 기계적인 반복연습을 통해 기억중심의 기능학습으로 흐를 가능성을 배제할 수 없다.
- 학력에 대한 가족의 기대와 학생의 성취수준, 가족의 열성 및 학습관과, 학생의 노력 및 학습관 사이에 균형을 이루지 못할 경우 가족 사이의 인간관계에 갈등을 유발할 수 있다. 특히 학생의 학습에 가족의 지나친 개입은 자기 주도적 학습을 방해할 가능성이 높다.
- 수학에 대해 부정적인 인식을 갖고 있는 부모가 자신의 생각을 자녀에게 정제됨이 없이 이야기한다면 자녀 또한 수학에 대해 부정적인 인식을 이어받을 가능성이 있다.
- 교수법 및 학습 내용의 변화에 민감하지 못한 부모는 과거 자신의 학습 경험에 비추어 전통적인 설명식 학습, 이해보다는 기억중심의 기계적 학습을 강요할 가능성이 있다.
- 학습내용에 대해 이해가 부족하거나 지도할 시간이 부족한 부모는 자녀학습을 돕는 것이 정신적으로 갈등과 부담으로 작용할 가능성이 있다. 따라서 위와 같은 부정적인 측면을 예방하기 위해서 교사의 역할은 매우 중요하다. 학부모가 공동으로 참여하는 과제를 제시할 경우에는 교사에 의한 적절한 안내가 필요하다.

다. 수학 가정학습 과제의 유형

가정학습 과제는 교실이라는 제한된 공간에서 교사의 지시와 통제를 벗어나 학생 스스로 조절·통제할 수 있는 자유로운 환경에서 학습활동이 이루어질 수 있으므로 자기주도적 학습을 지원할 수 있으며, 숙제의 교육적 가치를 증대시키기 위해서는 '얼마만큼 숙제를 내 주는가보다 어떤 종류의 숙제를 내 주느냐하는 것이 더 중요하다(권성룡 외 역, 2005).' 가정학습 과제를 부여하는 목적은 여러 가지를 생각할 수 있으나 교실에서 이루어지는 수학적 활동과 관련하여 정리한다면 새로 학습한 개념 및 원리·법칙을 체계화하고, 알게 된 것을 적용해 보고, 새로운 상황을 분석하며, 자신의 학습 활동과 내용에 대해 반성할 기회를 주기 위한 것이다. 과제는 그 성격에 따라 여러 가지로 분류할 수 있겠다. van de Walle(1998)은 숙제의 유형을 크게 2가지 -개념발달을 위한 과제와 연습을 위한 과제-로 나누고 있으나 본고에서는 개념적 지식의 발달을 돕기 위한 과제, 연습을 위한 과제, 적용 · 활용 능력을 신장시키기 위한 과제로 나누어 생각해 본다.

① 개념적 지식의 발달을 돕기 위한 과제: 가정학습 과제는 새로이 학습한 개념이나 절차들이 실존하는 다른 개념들과는 어떤 관련성이 있으며, 실생활의 어떤 문제 장면에서 어떻게 관련되고 적용되는지를 탐색하고 적용해 보는 것에 초점을 두어야 한다. 과제는 교실에서 이루어지는 수학적 활동에 대해 부모들이 볼 수 있는 정보의 창이다. 학생들은 부모와 함께 과제를 수행하거나 과제에 대해 이야기하는 과정에서 학교교육과 가정교육을 연계시킬 수 있는 아이디어를 고안할 수 있으며 참여의욕을 자극할 수 있다. 개념의 이해에 초점을 둔 과제는 다음 3가지 사항을 고려해야 한다.

- 개념을 기억하도록 하는 과제는 피해야 한다.
- 개념 그 자체는 추상적이기 때문에 구체적인 실험, 실측 등 체험할 수 있는 과제가 필요하다.
- 반복을 통하여 개념을 정확하고 의미 있고 유용하게 활용해 보는 기회를 제공해줄 수 있는 과제가 필요하다.

② 연습을 위한 과제: 연습(drill)이란 유사한 문제 장면에서 정해진 순서에 따라 과제를 보다 신속하고 정확하게 수행할 수 있는 기능을 연마하기 위한 행위이다. 우리는 흔히 반복연습을 통한 기능학습과 이해를 위한 학습과는 서로 대립, 또는 경쟁관계에 있는 것으로 오해하는 경우가 있다. 즉 기능을 강조하면 이해가 약해지고 이해를 강조하면 기능이 약해지는 것으로 생각하지만 사실은 이해와 기능은 함께 발달한다. 연습을 위한 과제는 수학학습을 위한 일부분으로써 중요한 자리를 차지하고 있으며 또 그러한 시간이 필요하다. 연습에 초점을 둔 과제는 다음 몇 가지 사항을 고려해야 한다.

- 반복연습 과제는 필요할 경우만 제공해야 한다.
- 반복연습은 능력차에 따라 개별화해야 한다.
- 가급적 과제의 양을 최소화해야 한다.
- 반복과제는 등급을 매기지 말아야 한다.

③ 적용 · 활용 능력을 신장시키기 위한 과제: 교실 수업에서 지도되고 있는 원리 · 법칙 등 절차적 지식은 분명히 일반화, 즉 적용을 위한 것이다. 이러한 일반화는 실생활의 또 다른 문제 해결에 유용한 도구로 활용하기 위함이다. 적용을 위한 의미 있는 과제는 양보다 질적인 측면이 중요하다. 즉 숙제를 얼마나 내주는가보다 어떤 종류의 숙제를 내 주느냐하는 것이 더 중요하다. 양보다는 도전의욕을 유발하는 장면의 문제와 학교수업 시간에 배운 것을 실제로 적용해 보면서 학습한 내용에 대한 가치와 유용성을 부여하는 것이 지루한 반복연습에 비하여 훨씬 가치 있는 것이다. 적용에 초점을 둔 과제는 다음 몇 가지 사항을 고려해야 한다.

- 과제를 수행한 결과에 대하여 등급을 매기지 말아야 한다. 개인에 따라 적용 장면과 사례가 다를 수 있기 때문이다. 따라서 발표나 전시회 등을 통하여 서로의 작품을 감상하는 과정에서 아이디어를 공유할 기회를 제공하도록 한다.

- 반성의 기회를 제공해야 한다. 구체적 장면에서 수학적 지식이나 기능을 체험적으로 적용해 보거나 문제를 해결하는 경험을 통하여 수학의 쓰임과 가치와 유용성을 인식할 수 있도록 하기 위해 수학일기나 일지쓰기, 가족과의 대화 등을 통하여 과제에 대한 반성의 기회를 제공하도록 한다.

라. 수학 가정학습 과제의 요건

가정학습이 수학 학습에 아주 효과적일 수 있는 한 가지 측면은 학생들이 학교 수학과 일상생활과의 연결성을 인식하는 데 도움이 된다는 점이다. 학생들에게 학교에서 배운 수학을 자신들의 일상적 생활에 적용해보도록 유도하는 것은 학생 각자에게 의미 있는 방법으로 학교 수학에 대해 보다 깊이 이해할 수 있게 한다. 초등학생들은 학습 방법이나 습관이 미숙하기 때문에 매우 교사 의존적이다. 따라서 학생들이 가정에서 시간을 어떻게 보내느냐는 그들에게 주어지는 과제의 양과 종류에 달려 있다. 교실 과제는 첫째, 학생들에게 문제의식을 느끼게 해야 하며, 여기서 말하는 문제의식이란 학생이 수학을 이해하지 못하거나 좌절감을 주는 뜻으로 해석해서는 안 된다. Hiebert. et al.(1997; Bratina, 2000, 재인용)는 교실 과제는 '첫째, 학생들에게 문제의식을 느끼게 해야 하며, 둘째, 과제는 학생들의 생활과 관련. 즉 이전의 지식과 기능을 사용할 수 있어야 하며, 셋째, 학생들은 수학적 활동에 참여. 즉 중요한 수학적 아이디어를 반영하는 기회를 제공해야 하고 학생들이 이런 경험을 통해 수학적인 가치를 맛볼 수 있어야 한다.'고 주장하고 있다. 이를 바탕으로 과제의 요건을 두 가지로 정리하면 다음과 같다.

① 학생 중심 과제의 요건: 과제는 학생들이 정해진 규칙을 수행하는 것보다는 문제 상황에서 이미 알고 있는 수학적 지식과 기능을 사용할 기회를 제공하는 것이 더욱 가치가 있다. 특히 프로젝트형 과제를 해결하기 위해서는 해결 계획 세우기, 연구하기, 자료 정리·표현하기, 보고서 쓰기 등 처음부터 끝까지 문제를 해결하고 아이디어를 탐구하고, 가설을 연구하고 수학적 원리를 적용하는데 드는 모든 노력들이 수학과 프로젝트 학습에 포함된다. 프로젝트는 새로운 수학 개념이나 이론을 발달시킬 수 있으며 다른 수학 영역, 혹은 과학 영역에 수학적 아이디어나 원리와의 관계를 보여줄 수도 있으며 아이디어와 원리의 적용까지 나타내어 줄 수 있다. 학생 중심 과제의 요건은 매우 다양하고 복잡하지만 다음 몇 가지를 고려할 필요가 있다.

- 과제는 수학적으로 가치가 있어야 한다.
- 과제는 흥미로워야 한다.
- 과제는 학생들의 정신적·시간적 부담을 최소화해야 한다.
- 과제는 해결 방법이 자세하게 안내되어야 한다.
- 과제는 반성할 수 있는 기회를 제공해야 한다.
- 과제는 의사소통을 지원해야 된다.

② 가족 공동 과제의 요건: 과제는 학생 스스로 해결할 수 있는 내용뿐만 아니라 가족과 함께 해결하는 방법이나 과정에 대해서 토의하여 해결할 수 있는 것이 바람직하다. 특히 가족과 함께 해결할 과제는 학생뿐만 아니라 참여하는 가족에게도 의미 있는 과제로써, "우리는 함께 활동함으로써 모두 배운다."는 의식을 가질 수 있도록 하여 참여자 모두 이득을 볼 수 있는 내용이 바람직하다. 부모가 과제해결에 참여하도록 하기 위해서는 다음의 조언을 고려해야 한다.

- 부모가 과제를 이해할 수 있어야 한다.

- 활동은 너무 복잡하지 않아야 한다.
- 충분한 시간을 주어야 한다.
- 과제의 효과를 높이기 위해 정기적인 활동 과제를 제시해야 한다.
- 비용이 너무 많이 들지 않도록 해야 한다.
- 프로그램을 개선하기 위해 반응을 살펴야 한다.
- 가족이 함께 참여할 기회가 제한된 학생에 대한 배려가 필요하다.

마. 가정학습을 지원하기 위한 교사의 역할

부모가 자녀교육에 참여하는 것은 학업 성취도 향상뿐만 아니라 부모와 자녀 사이의 긴밀한 인계관계 형성과 학교교육에 대한 이해의 폭을 넓히고 교사의 활동을 지원할 수 있는 값진 자원이다. 이는 다른 과목에서와 마찬가지로 수학에서 부모의 참여는 아동의 학습과 긍정적인 태도를 형성하는 토대를 제공할 수 있다. 부모가 자녀의 수학학습에 대해 높은 기대를 갖고, 자녀와 함께 정기적으로 수학적 활동을 수행하고, 수학에 대해 긍정적인 성향을 보인다면 자녀의 수학학습에 긍정적인 영향, 예컨대 자신의 수학적 능력에 대한 자신감과 수학학습에 흥미를 가질 것이며, 학습의욕을 가지고 수학학습을 즐길 것이며, 더 깊고 많은 내용을 학습할 것이며, 수학의 가치와 유용성을 깨닫게 될 것이다. 다음은 가족을 수학학습에 참여시키기 위한 방안의 하나로 가정에서 수학을 행하도록 지원하기 위한 교사의 역할에 대해서 살펴본다(Bratina, 2000).

- 가족과 함께 할 수 있는 상황을 제안한다.
- 가족 공동 활동을 위한 아이디어를 제공해야 한다.
- 학교에서 배우는 내용과 연결시켜야 한다.
- 서로의 아이디어를 공유할 수 있는 기회를 제공해야 한다.
- 지속적인 도움을 제공하기 위해 의사소통의 길을 열어 놓아야 한다.

2. 수학 프로젝트형 과제

본 절에서는 수학 프로젝트형 과제를 개발하기 위하여 수학과에서 프로젝트 학습의 의미와 특징, 그리고 프로젝트 과제의 유형에 대해서 개괄적으로 살펴본다.

가. 수학과에서 프로젝트 학습의 의미와 특징

프로젝트는 열린 반응을 요구하는 일종의 수행과제(open-response tasks)를 말하며, 학생들은 과제 수행을 위해 어떤 수학적 지식을 사용해야 하는지 결정해야 하고 나아가 어떻게 접근해 나아가야 할 것인가에 대한 수학적 방법까지도 결정해야 한다. 또한 수학교과에 있어서 수학적 사실이나 법칙, 알고리즘 등을 이용하여 학습자가 지접 답을 작성하거나 구할 수 있는 문항을 '서술형'으로, 학습자가 문제 해결 과정이나 답을 스스로 생각하여 작성하거나 고안해 낼 수 있는 문항을 '논술형'으로 분류하고, 논술형 문항의 대표적인 형태로 '프로젝트'를 포함시킬 수 있다. 프로젝트는 학생들의 실제 생활과 직접 관련되어 그들의 고등 사고 능력을 발휘할 수 있는 문제 상황을 주제로 제시함으로써 과정 중심의 수행 경험을 하게 된다(황혜정, 최승현, 1999).

Krulik과 Rudnick(1998)에 의하면 프로젝트는 학생들이 수학 교실 밖에서도 자신의 지식, 기능, 개념을 사용하도록 강화할 뿐 아니라 그들 간의 상호작용 및 의사소통이 가능하도록 하는 훌륭한 방법임을 강조하고 있다. 특히 프로젝트 활동에서는 학생들에게 실제 생활 문제나 상황을 제시함으로써 그들이 그것을 해결하는 데 수학적 지식의 사용은 물론, 과학 기술 도구의 활용이 요구되고 있으며, 특히 학생들이 수행해야 하는 범위와 해결 방법을 결정하도록 권고하고 있다. 또한 그 결과는 통합되어 명확하고 간결하게 결말지어져야 하며, 적절한 말과 글로 표현되어야 한다고 제안하고 있다. 또한 프로젝트는 각 교과별로나 통합교과적으로 여러 가지 연구 주제 중에서 학생의 능력이나 흥미에 적합한 주제를 선택하여 그 주제에 대해서 자기 나름대로 자료를 수집하고 분석 종합하여 연구 보고서를 작성 제출하도록 하여 평가하는 것으로도 정의할 수 있다. 요약하면, 프로젝트는 주어진 실생활 관련의 문제 상황을 학생들 나름대로 수학적으로 해결하게 하는 일종의 열린 반응을 요구하는 수행 과제이고 수행평가로 활용할 수 있으며, 이를 위하여 해결 방법 및 과정에 관한 계획 수립, 올바른 수학적 지식의 선택 및 활용, 효율적인 의사소통, 계산기나 컴퓨터 등 다양한 도구의 활용을 필요로 한다.

나. 프로젝트 과제의 유형

프로젝트 과제를 수업에 활용하기 위해 다양한 노력들이 있고, 다양한 예로 유형을 분류하려고 노력하려는 움직임이 최근에 있어 왔다. 예를 들어, 박경미와 임재훈(1999)은 프로젝트의 소재나 주어진 문제 상황의 종류에 따라 실생활 문제해결형, 타교과 연계형, 수학사 활용형, 신문 활용 교육형, 패러독스형으로 나누며 프로젝트를 해결하는 방법적인 측면과 관련해서 찬반 토론형, 자료 해석형, 수학적 모델링형, 주제 탐구형, 게임으로 분류하고 있다. 이와 같은 분류 기준에 따라 프로젝트 문제의 유형을 분류하면 다음 표와 같다(김희정, 2003).

III. 연구 방법

본 연구에서 개발한 프로젝트 학습 프로그램의 효과를 알아보기 위해 4학년 2개 학급을 실험반과 비교반으로 나누어 적용해 보았다. 수학 학습에서 학업성취도와 수학적 성향에 어떤

<표 Ⅱ-1> 수학프로젝트 유형

소재면	수학 내적	일반 과제형	수학 교과에서 습득한 선행 수학적 지식을 주로 이용하여 해결할 수 있는 것
		수학사 활용형	수학사와 관련된 소재를 갖춘 프로젝트로, 수학사에서 찾아 볼 수 있는 수학적 사고의 발생과 발전 과정을 활용하여 해결할 수 있는 것
	수학 외적	실생활 관련형	실생활과 관련된 소재를 갖춘 프로젝트로, 보다 풍부한 현실적 맥락 속에서 문제 상황을 이해하여 해결할 수 있는 것
		타교과 연계형	다른 교과와의 연계성에 초점을 두어 수학적 지식뿐만 아니라 다른 교과 지식을 함께 활용하여 해결할 수 있는 것
해결방법면	탐구형	자료 수집형	주변 사람들에게 설문을 하거나 자신이 직접 실험을 계획하고 해 봄으로써 자료를 얻어 해결할 수 있는 것
		정보 활용형	책이나 인터넷 등을 이용하여 여러 가지 정보를 찾아보고 그 정보를 이용하여 해결할 수 있는 것
		도구 활용형	자, 블록, 계산기, 수 카드 등과 같은 수학 교구 및 도구를 활용하여 해결할 수 있는 것
	게임형	게임형	수학적 지식의 활용을 수반하는 게임을 통해 해결할 수 있는 것

영향을 미치는지 알아보기 위해 검사지를 통해 나온 결과를 t-검정으로 확인하였다.

1. 적용 대상

본 연구의 적용 대상은 D광역시에 소재하고 있는 S초등학교 4학년 학급 가운데 담임교사의 연령과 학력, 교육경력, 수학 학습에 대한 관심도 등을 고려하여 비교적 조건이 유사한 2학급을 선정하였다. 이 학교에 다니는 학생들의 문화·경제적 수준은 중류층에 해당된다고 볼 수 있다.

연구 대상인 56명 중에서 실험반 28명은 프로젝트 과제를 활용하도록 하였고, 비교반 28명은 프로젝트 과제가 아닌 일반적인 과제를 활용하도록 하였다. 실험반과 비교반은 사전 학업성취도 검사에서 평균이 각각 58.0, 59.6이고, p=0.693(>0.05)으로써 유의수준 5%에서 유의미한 차이가 없는 것으로 나타났으므로 동질성이 어느 정도 확보되었다고 본다.

2. 연구의 설계

본 연구에서는 프로젝트 과제 활용의 효과를 학업 성취도와 수학적 성향의 두 가지 측면에서 알아보기 위해 다음과 같이 준실험 설계인 이질 통제집단 전후검사 설계(Nonequivalent Control Group Pretest-Posttest Design)를 적용하였다.

<표 Ⅲ-1> 실험 설계

실험반	O_1	O_2	X	O_3	O_4
비교반	O_1	O_2	Y	O_3	O_4

O1 : 사전 수학과 학업성취도 검사
O2 : 사전 수학적 성향 검사
X : 프로젝트 과제 활용 학습
Y : 일반적인 과제 활용 학습
O3 : 사후 수학과 학업성취도 검사
O4 : 사후 수학적 성향 검사

여기서 실험반의 프로젝트 과제 활용 학습은 본 연구자가 주5일 수업제에 적용하기 위해 개발한 프로젝트 과제를 제공하여 학습하게 한 것이고, 비교반의 일반적인 과제 활용 학습은 통상적으로 수업 시간에 배운 내용을 단순히 복습시키기 위한 과제로서 익힘책 수준의 과제를 제공하여 학습하게 한 것이다.

3. 검사 도구

가. 수학 학업성취도 검사

1) 사전 수학과 학업성취도 검사: 사전 수학과 학업성취도 검사는 실험집단과 비교집단 학생들의 학업성취 능력의 동질성 여부를 알아보기 위한 것으로 검사항목은 3학년에서 배운 내용 중에서 출제하였으며 [부록 1]에 제시하였다.

2) 사후 수학과 학업성취도 검사: 사후 수학과 학업성취도 검사는 실험실시 후 실험집단과 비교집단 사이에 유의미한 차이가 있는지를 알아보기 위한 것으로 프로젝트 과제가 부여된 단원의 내용으로 구성하였다. 문항의 신뢰도와 타당도를 높이기 위해 예비 검사를 실시하였으며, 그 결과를 비탕으로 수정·보완하였으며 [부록 1]에 제시하였다.

나. 수학적 성향 검사

수학적 성향 검사 설문지는 학생들이 프로젝트 과제를 수행하였을 때, 수학적 자신감, 수학적 융통성, 수학적 의지, 수학적 호기심, 수학적 반성, 수학적 가치의 요인별 학습 성향이 어떻게 변화하였는지를 검증하기 위한 것이다. 수학적 성향 검사지는 한국교육개발원에서 개발한 것을 바탕으로 재구성하였으며, 각 요인별로 4문항씩 모두 24문항으로 구성되었다. 평가 척도의 경우 '매우 그렇다'가 5점, '그렇다'가 4점, '보통이다'가 3점, '아니다'가 2점, '전혀 아니다'가 1점으로 모든 문항이 5개의 평가 척도로 구성되었으나, 15번 문항은 역추적 문항으로 '매우 그렇다'가 1점, '그렇다'가 2점, '보통이다'가 3점, '아니다'가 4점, '전혀 아니다'가 5점으로 통계 처리하였다. 사전검사와 사후검사 문항은 동일 문항을 사용하였으며, 문항은 [부록 2]에 제시하였다.

4. 연구 절차

가. 연구 수행 일정

본 연구의 적용은 다음 일정에 의해 진행되었다.

① 프로젝트 과제 개발: 2006년 8월 ~ 2007년 2월

② 연구 대상 선정: 2007년 2월

③ 사전검사 실시: 2007년 3월

④ 프로젝트 과제 학습 진행: 2007년 4월 ~ 2007년 6월

⑤ 사후검사 실시: 2007년 6월

나. 지도 계획

프로젝트 과제 활용 학습에 이용된 교수·학습 자료의 지도 내용은 다음과 같다.

<표 Ⅲ-2> 차시별 지도 내용

차례	프로젝트 과제 내용 및 활동	단 원	프로젝트 유형 소재(◇), 방법(◆)
1	◦ 여러 가지 방법으로 곱셈을 하여보자	· 4-가-2.곱셈과 나눗셈 - 새로운 곱셈원리 발견	◇ 일반과제형 ◆ 정보활용형
2	◦ 낚시 대회가 열리는 날	· 4-가-2.곱셈과 나눗셈 - 텐트에 적힌 문제해결	◇ 일반과제형 ◆ 정보활용형
3	◦ 곱셈의 검산 방법 탐구	· 4-가-2.곱셈과 나눗셈 - 원리를 이용한 검산	◇ 일반과제형 ◆ 정보활용형
4	◦ 각도기를 만들어 봅시다.	· 4-가-3.각도 - 표준단위 도입을 위한 활동	◇ 일반과제형 ◆ 도구활용형
5	◦ 각도를 비교해 봅시다.	· 4-가-3. 각도 - 임의단위로 각의 크기 비교	◇ 일반과제형 ◆ 도구활용형
6	◦ 패턴블록을 이용한 여러 가지 크기의 각 만들기	· 4-가-3. 각도 - 패턴불럭을 이용한 각도 측정	◇ 일반과제형 ◆ 도구활용형
7	◦ 삼각형 속에 숨어있는 비밀	· 4-가-4.삼각형 - 삼각형 만들기 및 종류	◇ 실생활관련형 ◆ 도구활용형
8	◦ 이등변삼각형을 탐구해 보아요.	· 4-가-4.삼각형 - 이등변삼각형의 성질탐구	◇ 일반과제형 ◆ 도구활용형
9	◦ 정삼각형을 탐구해 보아요.	· 4-가-4.삼각형 - 정삼각형의 성질 탐구	◇ 일반과제형 ◆ 도구활용형
10	◦ 시계가 발달해 온 길을 살펴보자	· 4-가-5.시간과 무게 -수학외적 소재활용	◇ 타교과관련형 ◆ 자료수집형
11	◦ 집에서 학교까지 거리를 알아봅시다.	· 4-가-5.시간과 무게 - 시간의 ±, 거리 환산	◇ 실생활관련형 ◆ 정보활용형
12	◦ 성냥개비를 이용한 도형 탐색	· 4-가. 문제 푸는 방법 찾기 -성냥개비를 이용한 도형만들기	◇ 실생활관련형 ◆ 도구활용형
13	◦ 수학 마술	· 4-가-6. 혼합계산 - 수의 혼합계산	◇ 일반과제형 ◆ 게임형
14	◦ 도형을 이용한 퍼즐	· 4-가-8.문제 푸는 방법 찾기 - 도형 구성 및 공간지각력 개발	◇ 일반과제형 ◆ 게임형
15	◦ 수를 이용한 퍼즐	· 4-가-8.문제 푸는 방법 찾기 - 수 감각형성 및 추론	◇ 일반과제형 ◆ 게임형
16	◦ 스무고개를 넘어봅시다.	· 4-가-8.문제 푸는 방법 찾기 - 논리 및 추론	◇ 일반과제형 ◆ 게임형

과제의 예로서 8차시 프로젝트 과제를 [부록 3]에 제시하였다.

5. 자료 분석 및 방법

자료분석은 SPSS(Statistical Package for Social Science) V. 10을 이용하여 다음과 같은 통계방법을 이용하여 분석하였다.

가. 프로젝트 과제를 활용한 실험반과 그렇지 않은 비교반 사이의 수학 학업성취도에 대해 t-검정을 실시함으로써 실험반과 비교반의 사전・사후 검사에서의 차이를 알아보았다.

나. 프로젝트 과제를 활용한 실험반과 그렇지 않은 비교반 사이의 수학적 성향에 대해 t-검정을 실시함으로써 실험반과 비교반의 차이 및 실험반에서의 사전・사후 검사에서의 차이를 알아보았다.

Ⅳ. 결과 분석 및 논의

1. 프로젝트 과제 활용이 수학 학습에 미치는 영향

프로젝트 과제의 활용이 어느 정도 영향을 미치는지 알아보기 위해 4학년을 대상으로 프로젝트 과제를 활용한 실험반과 활용하지 않은 비교반으로 나누어 실험을 한 후 사후검사의 결과를 t-검정에 의해 알아보았다.

위의 <표 Ⅳ-1>에서 보는 바와 같이 실험반과 비교반의 차이를 검정한 결과 $p=0.010(<0.05)$으로서 유의수준 5%에서 유의미한 차이가 있음을 알 수 있다. 따라서 프로젝트 과제를 활용한 수학 학습이 학생들의 학업 성취도 향상에 도움이 되는 것을 알 수 있다. 또한 <표 Ⅳ-2>를 보면 사후 학업성취도 검사에서 4번, 7번, 14번, 15번에서 실험반과 비교반의 평균 점수에 있어서 큰 차이가 있었는데, 각 문항에 대해 좀 더 자세히 분석하면 다음과 같다.

4. 4명의 친구가 다음과 같은 길이의 막대를 가지고 삼각형을 만들었습니다.

• 종수: 3cm, 4cm, 5cm • 민호: 5cm, 5cm, 8cm
• 경수: 4cm, 4cm, 9cm • 현철: 5cm, 5cm, 10cm

(1) 삼각형을 만들지 못한 사람은 누구입니까?
………………… (　　　　)

(2) 이등변삼각형을 만든 사람은 누구입니까?
………………… (　　　　)

<표 Ⅳ-1> 프로젝트 과제 활용 학습 사후 학업성취도 분석

	학생 수	평균	표준편차	t 값	p
실험반	28	73.50	13..043	-2.663	0.010
비교반	28	61.96	18.847		

* : $p<0.05$

<표 Ⅳ-2> 문항별 성취도 검사 결과

구분	1	2	3	4-1	4-1	5	6	7	8	9	10	11	12	13	14	15	총점
배점	6	6	6	6	6	7	6	8	6	6	6	5	5	5	8	8	100
실험집단	4.29	4.50	5.25	2.68	2.36	3.50	5.57	6.29	4.93	5.14	5.36	4.64	4.29	5.00	5.43	4.29	73.50
비교집단	4.07	4.07	4.29	0.86	1.07	3.75	4.50	3.71	4.50	5.36	5.36	4.46	4.46	4.64	3.71	3.14	61.96

4번 문항은 주어진 길이의 막대 3개를 이용하여 삼각형을 만들 수 있는 경우와 이등변삼각형을 만들 수 있는 경우를 각각 찾는 2개의 하위 문제로 구성되어 있다. 두 문제에 대해 각각 6점 만점을 부여했을 때, 비교반과 실험반의 평균은 다음과 같았다.

문항	비교반	실험반
4. (1)	0.86	2.68
4. (2)	1.07	2.36

위 표와 같이 점수 차이가 나타난 원인은 무엇일까? 물론, 삼각형이 만들어지는 경우는 4학년 교육과정에서 다루지 않는 내용으로 성취도를 상대적으로 비교하는 것은 무리한 일이다. 그러나 [그림 Ⅳ-1]처럼 종이띠를 이용하여 여러 가지 모양의 삼각형들을 만들어보는 구체적인 체험활동은 수학적 원리를 탐구하는 데 긍정적인 영향을 미치는 것으로 생각된다.

7. 다음 시계에서 두 바늘이 나타내는 작은 쪽의 각은 몇 도입니까?-----(　　　)

① 30°　　② 45°
③ 50°　　④ 60°

주 제	삼각형 속에 숨어있는 비밀

[활동 1] 마분지에 다음 그림과 같이 일정한 길이의 세 변을 표시하고, 남는 부분은 잘라 낸 후 표시한 선을 따라 접어서 삼각형을 만들어 보자.

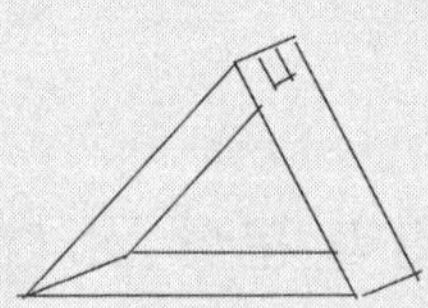

(1) 세 변의 길이가 다음과 같은 삼각형을 만들어 보고, 그 이름을 말하여라.

세 변의 길이	예각의 수	직각의 수	둔각의 수	삼각형의 이름
10cm, 10cm, 10cm				
10cm, 10cm, 8cm				
10cm, 5cm, 5cm				
10cm, 10cm, 4cm				
10cm, 8cm, 3cm				
3cm, 4cm, 5cm				
6cm, 3cm, 10cm				
9cm, 10cm, 11cm				
6cm, 8cm, 10cm				
8cm, 8cm, 8cm				

(2) 위의 활동을 통해서 알게 된 사실을 근거로 하여 다음 물음에 답하여라.
① 삼각형을 만들기 위해서는 세 변의 길이가 각각 어떠해야 하는지를 설명하여라.

② 삼각형에서는 예각이 반드시 2개 이상인 이유를 설명하여라.

③ 삼각형에서는 직각이나 둔각이 2개 이상일 수 없는 이유를 설명하여라.

[그림 Ⅳ-1] 삼각형 속에 숨어있는 비밀

7번 문항은 시계의 두 바늘이 나타내는 작은 쪽의 각도를 구하는 문제인데, 8점 만점을 부여했을 때 비교반과 실험반의 평균은 각각 3.71점과 6.29점이었다. 이와 같이 비교반과 실험반의 평균이 사후평가에서 큰 차이가 나는 이유는 실험반에서는 다음 [그림 Ⅳ-2]에서와 같이

주 제	각도기를 만들어 봅시다.

각도기는 학교에서 자주 사용하는 측정도구들 중의 하나임에도 불구하고 가장 이해하기 어려운 도구들 중의 하나입니다. 그러한 어려움은 단위(1°)가 매우 작기 때문에 발생할 수 있는데, 실제로 1°를 잘라서 사용하는 것은 거의 불가능합니다. 또 다른 문제점은 대부분의 각도기에는 시계방향과 반시계 방향으로 모두 숫자가 적혀 있으므로 어느 숫자를 읽을지 잘 모릅니다. 따라서 큰 단위각으로 이루어진 각도기를 만들면 이러한 어려움을 어느 정도 해소할 수 있습니다. 우리 스스로 각도기를 만들어 봅시다.

[활동 1] 다음 절차에 따라 각도기를 만들어 봅시다.

① 일반적으로 사용하는 투명 종이를 한 장 준비해서 빈으로 접은 후 접은 자국을 선명하게 나타냅니다.

② 아래 그림과 같이 접은 모서리가 만나도록 다시 반으로 4번 접은 후 남는 부분을 자르시오.

③ 만약 바르게 접어서 잘랐다면 360°를 16개의 각으로 나눈 각도기를 만들 수 있습니다.

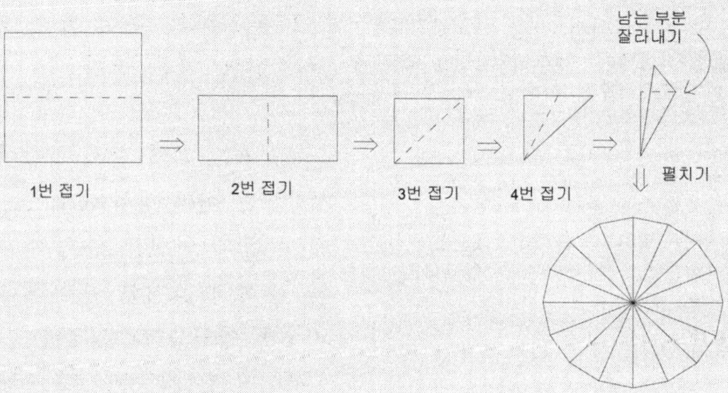

• 위에서 만든 각도기의 한 각을 단위각이라고 합니다.
  단위각은 몇 °입니까? (   )°

[활동 2] 앞에서 만든 각도기의 원의 절반을 잘라 버리고, 시계 방향과 반시계 방향으로 숫자를 각각 쓴 후, 이렇게 만든 임의의 각도기를 사용하여 다음의 각들을 재어 봅시다.

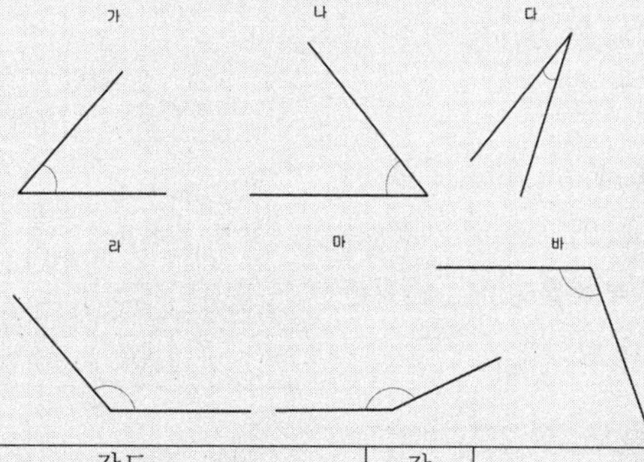

각	각도	각	각도
가	단위각의 약 ( )배	라	단위각의 약 ( )배
나	단위각의 약 ( )배	마	단위각의 약 ( )배
다	단위각의 약 ( )배	바	단위각의 약 ( )배

[그림 Ⅳ-2] 각도기를 만들어 봅시다.

학생들이 실제로 임의의 단위 각을 만들어보는 활동을 통하여 각도를 구한다는 의미를 더욱 잘 이해했기 때문이라고 생각된다. 더욱이 문제 자체가 실생활 장면의 문제로써 이는 실험반 학생들이 실생활과 관련된 과제를 더욱 잘 해결할 수 있다는 점을 반영한다.

14번 문항은 반장 선거에 입후보했던 4명의 어린이가 나눈 이야기를 바탕으로 각자의 득표수를 추론하는 문제이고, 15번 문항은 100m 달리기에서 4명의 학생의 순위별 거리에 대한 정보를 일부 제시하고, 제시하지 않은 순위별 거리를 추론하는 문제이다.

14. 다음은 학급 어린이회에서 반장 선거를 마친 후, 입후보했던 4명의 어린이가 나눈 이야기입니다. 반장으로 뽑힌 사람은 누구입니까? --------------- (　　　　)

- 한별 : 내가 얻은 표의 수는 15보다 작으며 3과 4로 나누어지는 수이다.
- 성균 : 내가 얻은 표의 수는 16과 23사이에 있는 홀수이며 3으로 나누어지는 수이다.
- 동원 : 내가 얻은 표의 수는 3과 5로 나누어지는 수 중에서 가장 작은 수이다.
- 유진 : 내가 얻은 표의 수는 25보다 작은 두 자리 수로 9로 나누어지는 수이다.

15. 4명의 어린이가 100m 달리기를 하고 있습니다. 1등과 3등 사이의 거리는 6m이고, 2등과 4등 사이는 4m입니다. 그리고 3등과 4등 사이의 거리는 1m입니다. 1등과 2등 사이의 거리는 몇 m입니까? -- ( )m

두 문제는 모두 수학 교과서에서 일반적으로 제시되지 않는 비정형문제라고 할 수 있는데 각각에 대해 8점 만점을 부여했을 때, 비교반과 실험반의 평균은 다음과 같았다.

문항	비교반	실험반
14	3.71	5.43
15	3.14	4.29

앞에서도 언급했지만 14번과 15번 문항은 교과서에서 일반적으로 제시되지 않을 뿐만 아니라 프로젝트 과제에서도 그와 같은 문항을 다룬 적은 없다. 그럼에도 불구하고 비교반과 실험반 사이의 정답률에 있어서 큰 차이가 나는 이유는 무엇일까? 그것은 실험반에 참여했던 학생들이 프로젝트 과제를 통하여 지필에 의한 반복연습에만 초점을 두었기 보다는 조사·관찰, 실험·실습 등 직접 구체적인 활동을 통하여 문제를 해결하고, 단편적인 지식이나 기능을 활용한 복습형 과제보다 여러 영역의 수학적 지식과 기능을 통합적으로 활용할 수 있는 능력이 배양되었기 때문이라 생각한다.

2. 프로젝트 과제 활용 학습이 수학적 성향에 미친 영향

프로젝트 과제 활용 학습이 학생들의 수학적 성향에는 어떤 영향을 미쳤는지를 알아보기 위해 수학적 자신감, 수학적 융통성, 수학적 의지, 수학적 호기심, 수학적 반성, 수학적 가치의 6개 영역을 각 영역마다 4개의 소문항으로 이루어진 총 24문항으로 구성된 설문지를 만들어 조사하였다. 다음 <표 Ⅳ-3>은 전체적 수학적 성향 요인에 대해 사전검사와 사후검사로 나누어 실험반과 비교반을 t-검정한 결과이다.

<표 Ⅳ-3> 두 집단 간 수학적 성향 검사의 사전·사후검사 결과 분석

집단 유형	사전검사			사후검사		
	평균	표준편차	t(p)	평균	표준편차	t(p)
실험반	3.3333	0.4706	-1.029 (0.309)	3.5375	0.3768	-2.845 (0.007)
비교반	3.2042	0.3962		3.1750	0.4977	

위의 <표 Ⅳ-3>에서 알 수 있듯이 사전검사에서는 두 집단 간에는 p=0.309로서 유의수준 5%에서 유의미한 차이가 없는 것으로 드러났다. 학생들의 성향은 모두 유사한 것 같다. 그러나

사후검사에서 얻은 결과의 검정에서는 p=0.007로서 유의미한 차이가 있는 것으로 나타났다. 즉 프로젝트 과제의 활용이 학생들의 수학적 성향에 긍정적인 변화를 가져왔다고 볼 수 있다. 평균에서는 실험반은 향상된 반면 비교반은 오히려 낮아진 것으로 나타났고, 사전검사에 비해 사후검사에서 평균의 차이가 많이 나는 것으로 보아 프로젝트의 활용이 수학적 성향에 다소 긍정적인 변화를 가져올 수 있음을 알 수 있다.

프로젝트를 활용한 실험 집단의 사전과 사후의 수학적 성향 결과 분석에서는 <표 Ⅳ-4>에서 알 수 있듯이 전체적으로는 p=0.151로서 유의수준 5%에서 유의미한 차이가 없는 것으로 드러났다. 그러나 6개의 요소 중 '수학적 가치'는 p=0.030으로서 유의수준 5%에서 유의미한 차이가 있는 것으로 나타났다. 즉, '수학적 가치'에서는 프로젝트 학습이 영향을 미친 것으로 볼 수 있다. 이는 각 항목의 내용이 수학의 유용성과 필요성 및 일상생활과 관련된 것으로서 프로젝트 학습이 우리의 일상생활과 관련된 활동이 많았고, 이를 경험한 결과 수학적 가치관에 변화가 왔다고 볼 수 있을 것이다. 다른 요소에서도 수학적 반성을 제외하고는 모두 평균에서 정도의 차이는 있지만 향상된 것으로 나타나고 있다.

Ⅴ. 결 론

학교수학의 역할이 학생들에게 수학의 기본・기초적인 개념과 원리・법칙에 대한 최소한의 이해에 있다면 그것을 자신의 것으로 소화하고 응용할 수 있는 능력을 기르는 교육은 학교 밖에서 병행되어야 한다. 주5일 수업제는 학교와 가정과 사회가 교육의 공동 주체가 되어 보다 균형있는 교육을 추구하기 위한 것이라고 할 수 있다. 주5일 수업제를 실시했던 학교를 대상으로 조사한 결과에 따르면 토요 휴업일 활동에 대해 초등학생들의 51.4%와 학부형의 48.7%는 '가족과 함께하는 체험 및 문화활동'을 희망하고 있으나 실제 활동 내용에 대한 조사 결과 40.3%는 '집에서 숙제를 하거나 공부'를 하고 있으며, 31.2%는 '놀거나 휴식'을 취하고 있으며, '체험활동을 한다.'는 응답은 18.7%에 불과하다(박순경, 2005). 이러한 실태조사를 살펴볼 때, 아직까지 교육인프라 구축의 미비로 인하여 주5일 수업제의 근본 취지를

<표 Ⅳ-4> 프로젝트 활용 집단의 사전・사후 수학적 성향의 결과 분석

요인	검사유형	평균	표준편차	t(p)
전체 요인	사전검사	3.3333	0.4706	-1.460
	사후검사	3.5375	0.4977	(0.151)
수학적 자신감	사전검사	3.1250	0.2986	-1.196
	사후검사	3.4250	0.2217	(0.236)
수학적 융통성	사전검사	3.3250	0.5188	-0.874
	사후검사	3.6000	0.3559	(0.416)
수학적 의지	사전검사	3.6000	0.3367	-0.091
	사후검사	3.6250	0.4349	(0.931)
수학적 호기심	사전검사	3.0000	0.4967	-0.365
	사후검사	3.1500	0.6557	(0.728)
수학적 반성	사전검사	3.2500	0.2887	-0.000
	사후검사	3.2500	0.2657	(1.000)
수학적 가치	사전검사	3.7000	0.6377	-2.222
	사후검사	4.1750	0.4573	(0.030)

살릴 수 있는 운영은 기대하기가 어려운 실정이다. 본 연구에서는 주5일 수업제의 근본 취지를 살릴 수 있는 방안의 하나로 학교와 가정을 연계할 수 있는 프로젝트형 과제를 개발·활용함으로써 학생들의 수학적 능력의 향상과 수학에 대한 긍정적인 인식 및 자기주도적인 학습 태도를 갖도록 하는 데 있다.

본 연구에서는 D시에 소재하고 있는 초등학교 4학년 2개반 56명을 선정하여 실험반(28명)과 비교반(28명)으로 나누어 실험반에는 본 연구에서 개발한 프로젝트 과제를 16차시 투입하여 학업성취도와 수학적 성향에 어떤 영향을 미치는지 알아보았다. 학업성취도 면에서는 $p=0.010(<0.05)$로서 유의수준 5%에서 효과가 있는 것으로 밝혀졌다. 따라서 프로젝트 과제 활용이 학생들의 학업성취력 향상에 도움이 되는 것을 알 수 있다.

프로젝트 과제의 활용이 학생들의 수학적 성향에는 어떤 영향을 미쳤는지를 알아보기 위해 수학적 자신감, 수학적 융통성, 수학적 의지, 수학적 호기심, 수학적 반성, 수학적 가치의 6개 영역을 각 영역마다 4개의 소문항으로 이루어진 총 24문항의 설문지를 만들어 조사하였다. 실험반과 비교반의 사후검사에서 얻은 결과의 검정에서는 $p=0.007$로서 유의미한 차이가 있는 것으로 나타났다. 즉 프로젝트 과제의 활용이 학생들의 수학적 성향에 긍정적인 변화를 가져왔다고 볼 수 있다. 평균의 차이가 사전검사에 비해 사후검사에서 많이 나는 것으로 보아 프로젝트의 활용이 수학적 성향에 다소 긍정적인 변화를 가져올 수 있음을 알 수 있다.

또한 실험반의 사전과 사후의 수학적 성향은 전체적으로 유의수준 5%에서는 유의미한 차이가 없는 것으로 나타났지만, 평균은 사전검사의 3.3333에서 사후검사의 3.5375로 약간 향상된 것을 볼 수 있다. 각 요인별로는 6가지 요인 중 수학적 가치에서 $p=0.030(<0.05)$으로서 유의수준 5%에서 유의미한 차이가 있고, 나머지 요인은 통계적으로는 유의미한 차가 없는 것으로 나타났으나 평균은 수학적 반성을 제외하고는 모두 약간씩 높게 나왔다. 따라서 프로젝트 과제 활동은 학생들의 수학적 성향의 변화에 어느 정도 긍정적인 변화를 가져왔다고 볼 수 있다.

지금까지의 결과를 바탕으로 프로젝트 과제를 주5일 수업제에 도입하여 시행한다면 다음과 같은 효과가 있을 것으로 기대한다.

첫째, 수학 학습을 학교 밖의 상황과 연계시킴으로써 수학적 개념의 이해도를 높이고, 문제해결력을 향상시킬 수 있을 것이다.

둘째, 주5일 수업제에 따른 여가 시간을 유용하게 활용하고, 부모를 자녀교육에 동참시킴으로써 학교교육에 대한 이해를 높일 수 있을 것이다.

셋째, 수학에 대한 학습 불안 및 부정적인 성향이 줄어들 것이다.

넷째, 실용적인 측면에서 수학의 가치와 유용성을 느끼게 될 것이다.

다섯째, 가족 사이의 대화의 기회가 확대될 것이다.

여섯째, 수학에 대한 자신감을 갖고 자기 주도적인 학습태도가 길러질 것이다.

참고문헌

김희정(2003). 초등 수학과 프로젝트 유형에 관한 연구. 서울교육대학교 교육대학원 석사 학위논문.

박경미 · 임재훈(1999). 수행평가 프로젝트법의 의의와 실제. 학교수학, 1(2), 723-745.

부산 구서초등학교(2001). 주5일제 수업을 위한 토요 휴업일 선택적 학습프로그램 운영. 부산광역시 교육청 지정 정책연구학교 연구보고서.

박순경(2005). 주5일 수업제 전면 시행 대비 교육과정 편성 · 운영 방안. 연구자료 ORM 2005-43. 서울: 한국교육과정평가원.

황혜정 · 최승현(1999). 고등학교 공통수학 평가 방법 개선 방안-논술형 및 서술형 평가를 중심으로-. 한국교육과정평가원, 연수자료 CRE 99-1-3.

Baroody, J. A., & Coslick, T. R.(1998). *Fostering children's mathematical power: An investigative approach to K-8 mathematics instruction*. LEA. Inc. 권성룡 외 11인 공역(2005). 수학의 힘을 길러주자. 왜? 어떻게? 서울: 경문사.

Bratina, T.A.(2000). *No Kidding, My Mom's Got Homework?*. Involving Families in School Mathematics. NCTM. Reston, Virginia.

Devin.K.(2000). *The four Faces of Mathematics*. Learning Mathematics for a New Cenyury. 2000 Yearbook. NCTM. 16-27.

Krulik, S., & Rudnick, J. A. (1998). *Assessing reasoning and problem solving: A sourcebook for elementary school teachers*. Needham, MA: Allyn & Bacon.

NCTM. (2000). Involving Families in School Mathematics. NCTM. Reston, Virginia.

Peressini, D.D (2000). *What's all the fuss about involving parents in mathematics education?*. Involving Families in School Mathematics. NCTM. Reston, Virginia.

van de Walle, J. A.(1998). *Elementary and Middle School Mathematics; Teaching Developmentally*. Third Edition. Addison Wesley Longman, Inc.

Willoughby, S. S.(2000). *Perspectives on Mathematics Education*. Learning Mathematics for a new Century. 2000 Yearbook. NCTM.

A Study on Developing and Using Mathcmatics Learning Program which can be used to Connect Schooling and Home Education for the other days of 5 days-schooling
- Centered on Project Learning -

Nam, Seung In (Daegu National University of Education)
Ryu, Sung Rim (Daegu National University of Education)
Baek, Seon Su (Daegu Daegok Elementary School)

The purpose of this study is for developing and using project tasks which can be used to connect schooling and home education for the other days of 5days-

[부록 1] 사전 · 사후 수학과 학업성취도 검사

수학학력 사전평가

제 4 학년 (　　)반 (　　)번 이름 (　　　　　)

※ 다음 물음에 알맞은 답을 말이나 번호로 ( )안에 쓰시오.

1. 1. 우리학교의 남학생은 1167명이고 여학생은 998명입니다. 우리 학교의 학생 수는 모두 몇 명입니까? (　　　　) 명

2. 백두산의 높이는 2774m이고, 한라산은 백두산 보다 824m 더 낮습니다. 백두산과 한라산의 높이를 합하면 몇 m입니까?
(　　　　)m

3. 120원짜리 스티커 7묶음과 230원짜리 연습장 6권을 사려고 합니다. 모두 얼마가 필요합니까? (　　　　)원

4. 다음 ①의 위치에 거울을 놓으면 어떤 모양이 생기는지 그리시오.

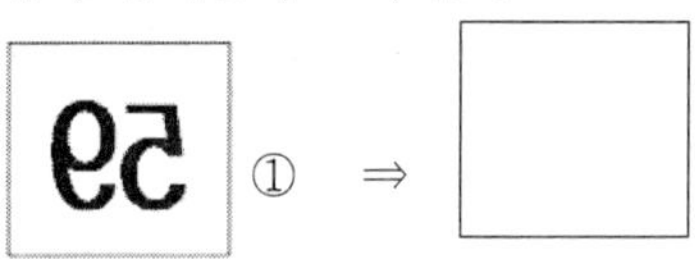

5. 꽃 한 다발을 포장하는 데 철사가 6㎝ 필요합니다. 철사 80㎝로는 꽃 다발을 몇 개 만들 수 있습니까? ………(　　)개

※ 성냥개비로 다음과 같은 도형을 만들었습니다. 물음에 답하시오. (6~7)

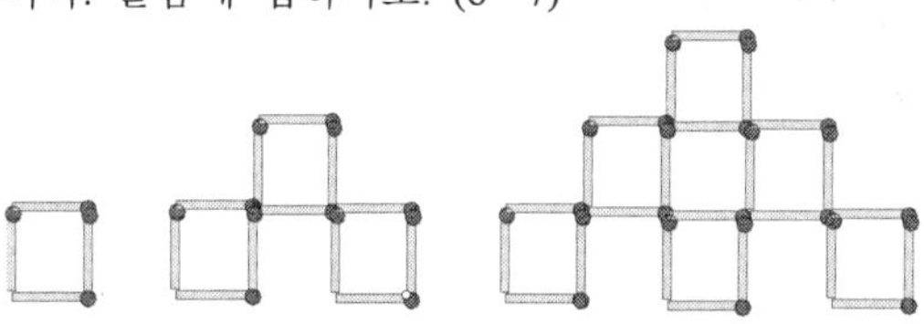

(1단계)　(2단계)　(3단계)

6. (6단계)에 놓인 성냥개비는 모두 몇 개입니까? -------------- (　　　)개

7. (2단계)에는 (1단계)의 정사각형 모양이 3개 있으며, 3단계에는 7개가 있습니다. (7단계)에는 정사각형 모양이 몇 개 있을까요? -------------- (　　　)개

8. 다음 그릇 중에서 1L가 안 되는 그릇을 모두 찾으시오. ------- (　　　　)
① 주전자　② 쥬스가 든 큰 페트병
③ 학교급식 우유 팩　④ 양동이
⑤ 유리로 된 사이다병

9. 다빈이가 가진 사탕의 개수의 $\frac{1}{3}$ 과 유주가 가진 사탕의 개수의 $\frac{1}{4}$이 서로 같다고 합니다. 다빈이는 사탕을 10개보다 더 적게 가지고 있고, 유주는 10개보다 더 많이 가지고 있다면 그들은 사탕을 각각 몇 개씩 가지고 있을까요?
(다빈:　　　개,　유주:　　　개)

10. 다음 그림과 같이 지름이 6㎝인 원을 원의 중심이 지나도록 서로 겹쳐 놓았습니다. 원을 7개 늘어놓았다면 그 길이는 몇 ㎝입니까?

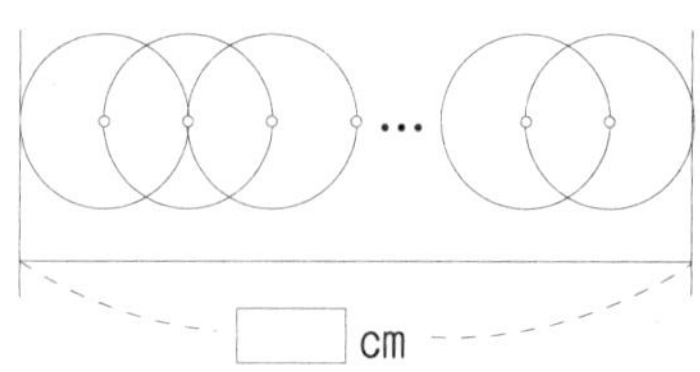

수학학력 사후평가

제 4 학년 (　　)반 (　　)번 이름 (　　　　　　)

※ 다음 물음에 알맞은 답을 말이나 번호로 (　　)안에 쓰시오.

1. 다음 그림 안에 있는 둔각은 모두 몇 개입니까? ------------(　　)

① 2개
② 4개
③ 6개
④ 8개

2. 수현이는 미술시간에 색종이를 이용하여 돛단배를 접은 후, 각도를 재어보니 아래와 같았다. □ 속에 들어갈 각도를 구하시오.

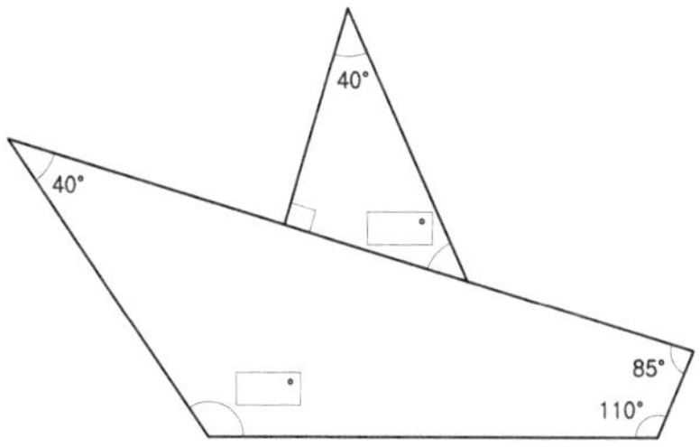

3. 길이가 29cm인 철사로 밑변의 길이가 5cm인 이등변삼각형을 만들려고 합니다. 다른 두 변의 길이를 각각 몇 cm가 되어야 합니까? ------------ (　　)

① 10cm, 14cm　　② 12cm, 12cm
③ 11cm, 13cm　　④ 13cm, 13cm

4. 4명의 친구가 다음과 같은 길이의 막대를 가지고 삼각형을 만들었습니다.

- 종수: 3cm, 4cm, 5cm
- 민호: 5cm, 5cm, 8cm
- 경수: 4cm, 4cm, 9cm
- 현철: 5cm, 5cm, 10cm

(1) 삼각형을 만들지 못한 사람은 누구입니까? .... (　　　　)

(2) 이등변삼각형을 만든 사람은 누구입니까? .... (　　　　)

5. 점판에서 두 점을 이어 한 선분 ㅂㅅ을 그린 후, 나머지 한 점 ㄱ~ㅁ을 이어 삼각형을 만들 때, 다음 중 잘못 말한 것은 어느 것입니까? ------------ (　　)

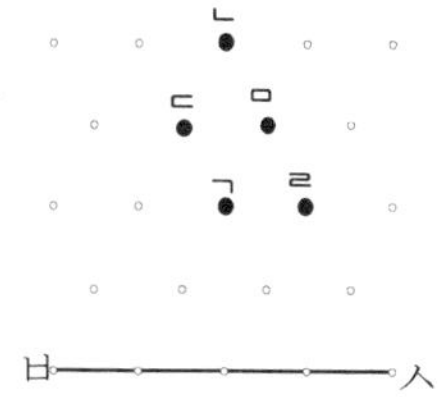

① 삼각형ㄱㅂㅅ: 이등변삼각형
② 삼각형ㄴㅂㅅ: 정삼각형
③ 삼각형ㄷㅂㅅ: 예각삼각형
④ 삼각형ㄹㅂㅅ: 직각삼각형
⑤ 삼각형ㅁㅂㅅ: 둔각삼각형

6. 다음 중 삼각형에 대해 잘못 말한 사람은 누구입니까?(　　)

7. 다음은 2008년 9월의 달력을 나타낸 것입니다. 오늘이 9월 3일 수요일이라면 오늘부터 50일 후는 무슨 요일입니까? (　)

일	월	화	수	목	금	토
	1	2	3	4	5	6
7	8	9	10	11	12	13
14	15	16	17	18	19	20
21	22	23	24	25	26	27
28	29	30				

①월요일
②화요일
③수요일
④목요일

8. 다음 시계에서 두 바늘이 나타내는 작은 쪽의 각은 몇 도입니까?---(　　)

① 30°　　② 45°
③ 50°　　④ 60°

9. 어느 날 지수는 TV를 통하여 해 뜨는 시각이 오전 6시 8분 10초이고, 해 지는 시각은 18시 52분 40초라는 것을 알게 되었다. 그렇다면 이 날의 낮의 길이는 몇 시간 몇 분 몇 초입니까?
답　　　시간　　　분　　　초

10. 예찬이는 어머니를 돕기 위해 장을 본 뒤 어머니와 무게를 똑같이 나누어 집까지 들고 가려고 합니다. 아래 표를 보고, 어머니의 장바구니에서 어떤 물건을 꺼내어 예찬이의 바구니에 넣어야 될지 고르고, 이유를 설명하시오.

[어머니의 장바구니]	[예찬이의 장바구니]
과자(200g) 야채(500g)	과일(300g) 떡(300g)
고기(300g) 샴푸(200g)	통조림(200g)

(1) 옮겨야 할 물건:

2) 그렇게 생각한 이유:

11. 제과점에서 빵의 무게를 총 700g으로 정확히 맞추어서 담아오면 할인해 주는 행사를 벌이고 있습니다. 700g이 되는 빵의 묶음이 아닌 것은 어느 것입니까? (　　)

도너츠	초코빵	마늘빵	바게트
60g	50g	30g	100g

① 도너츠 4개, 초코빵 6개
② 바게트 4개, 도너츠 5개
③ 바게트 2개, 초코빵 4개, 도너츠 5개
④ 바게트 3개, 초코빵 2개, 도너츠 4개, 마늘빵 2개

12. 용준이가 강아지를 안고 몸무게를 재었더니 33kg 200g이고, 고양이를 안고 무게를 재었더니 31kg 800g이었습니다. 강아지는 고양이보다 얼마나 더 무겁습니까?
-----------(　　　　　　)

13. 책과 학용품이 든 책가방을 저울로 달아보았더니 4kg 600g이었고, 책가방 속에 든 물건들을 모두 빼고 빈 가방의 무게를 재었더니 900g이었습니다. 책가방 속에 든 물건들의 무게는 얼마입니까?
답　　kg　　　g

14. 다음 나눗셈을 검산하는 식으로 바르게 나타낸 것은 어느 것입니까?-----(　　)

278 ÷ 30 = 9 · · · 8

① 30 × 8 = 278
② 30 × 9 + 8 = 278
③ 8 × 9 + 30 = 278
④ 30 × 8 + 9 = 278

15. 다음은 학급 어린이회에서 반장 선거를 마친 후, 입후보했던 4명의 어린이가 나눈 이야기입니다. 반장으로 뽑힌 사람은 누구입니까? -------------- (　　　　)

• 한별 : 내가 얻은 표의 수는 15보다 작으며 3과 4로 나누어지는 수이다.
• 성균 : 내가 얻은 표의 수는 16과 23사이에 있는 홀수이며 3으로 나누어지는 수이다.
• 동원 : 내가 얻은 표의 수는 3과 5로 나누어지는 수 중에서 가장 작은 수이다.
• 유진 : 내가 얻은 표의 수는 25보다 작은 두 자리 수로 9로 나누어지는 수이다.

16. 4명의 어린이가 100m 달리기를 하고 있습니다. 1등과 3등 사이의 거리는 6m이고, 2등과 4등 사이는 4m입니다. 그리고 3등과 4등 사이의 거리는 1m입니다. 1등과 2등 사이의 거리는 몇 m입니까?
-------------------(　　　　　)m

[부록 2] 수학적 성향 검사지

* 각 문제마다, 자신의 생각, 태도, 습관에 따라 번호에 ∨표를 하나만 하시오.

※ 질문에 답을 하기 전에 반드시 학년, 반과 성별을 구분하여 주세요.

(4)학년 (　)반 / 성별 (남 , 여)

	물　음	전혀 아니다.	아니다.	보통 이다.	그렇다.	매우 그렇다.
자신감	1. 나는 어려운 수학 문제도 풀 수 있다					
	2. 수학 문제를 풀 때 내가 풀고 있는 것이 맞을 것이라는 생각이 든다.					
	3. 나는 수학을 잘 하는 편이라 생각한다.					
	4. 나는 수학을 푸는데 대해서 별로 걱정하지 않는다.					
융통성	5. 나는 문제를 풀 때 교사가 가르쳐 준 방법이나 교과서에 나오는 방법을 이용한다.					
	6. 나는 수학 문제를 다양한 방법으로 풀기를 좋아한다.					
	7. 수학 문제를 여러 가지 방법으로 풀 수 있다.					
	8. 나는 수학 문제를 해결할 때 나의 방식으로 바꾸어 해결하는 편이다.					
학습의지	9. 수학 시간에 풀리지 않는 문제가 있으면, 수업 시간 후에도 그 문제에 대해					
	10. 수학 공부를 열심히 할수록 재미있을 것이라고 생각한다.					
	11. 나는 누가 시키지 않아도 스스로 수학 공부를 한다.					
	12. 나는 문제 해결이 안될 때 모르는 것이 있으면 주위의 도움을 받아서라도 풀려고 한다.					
호기심	13. 수학은 즐겁고 신나는 과목이다					
	14. 나는 수학 시간이 기다려진다.					
	15. 나는 수학 시간이 지루하다.					
	16. 수학은 내가 좋아하는 과목이다.					
반성	17. 문제를 해결했어도 다른 풀이 방법이 없나 생각해 본다.					
	18. 나는 수학 문제를 풀고 난 후 검토를 한다.					
	19. 내가 풀 수 있는 문제라도 더 쉬운 방법이 있으면 꼭 그 방법을 알려준다.					
	20. 내가 푼 문제를 다른 친구들과 이야기하며, 친구들이 푼 방법을 알아본다.					
가치	21. 나는 학교 밖에서 게임, 독서 등 일상의 생활에서도 수학을 이용한다.					
	22. 나는 장래를 위하여 수학이 필요하다고 생각한다.					
	23. 수학은 일상 생활의 여러 가지를 해결하는데 도움을 준다고 생각한다.					
	24. 수학을 공부하면 좀 더 창의적으로 살 수 있을 것이라 생각한다.					

[부록 3] 프로젝트 과제 활동지의 예(8차시)

4학년 반 번 이름: 적용시기: 2007. . . ~ . .

주 제	이등변삼각형을 탐구해 보아요.

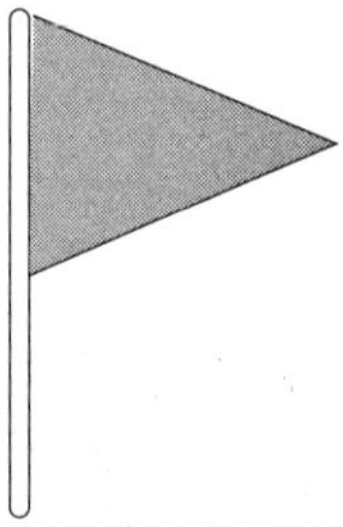

[활동 1] 오른쪽 그림과 같은 깃발을 만들고, 눈높이에서 깃발을 천천히 돌려 봅시다.(나무 젓가락에 이등변삼각형 모양의 종이를 붙입니다.)
깃발을 시계반대 방향으로 반바퀴 돌리면서 볼 수 있는 변화를 아래 칸에 그림으로 나타내 보세요.

시작할 때 모습	과정 1	과정 2	90° 돌렸을 때	과정 3	과정 4	반바퀴 돌렸을 때
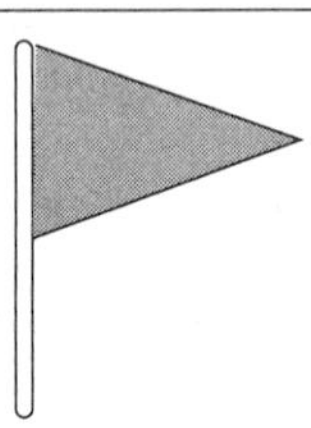						

[활동 2] 아래 그림은 어느 회사를 상징하는 마크입니다. 물음에 답하시오.(마주보는 선은 서로 평행합니다.)

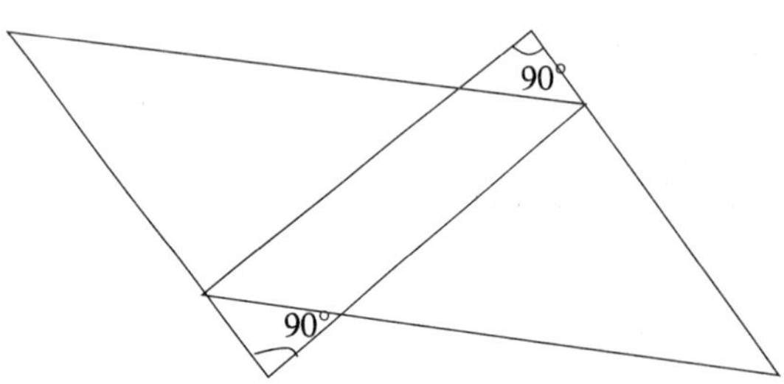

(1) 위의 마크에는 크고 작은 삼각형이 모두 몇 개있습니까?
( )개

(2) 위의 마크에는 이등변삼각형이 몇 개 있습니까?
( )개

[활동 3] 다음 그림에는 크고 작은 이등변삼각형이 몇 개 있는지 찾아보세요.

(1)

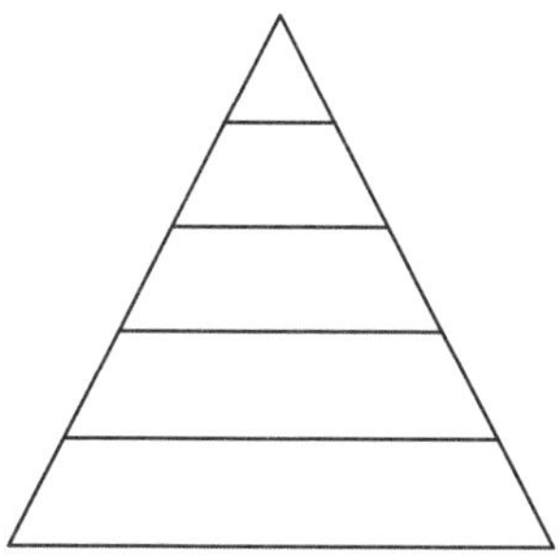

(　　　　　)개

(2)

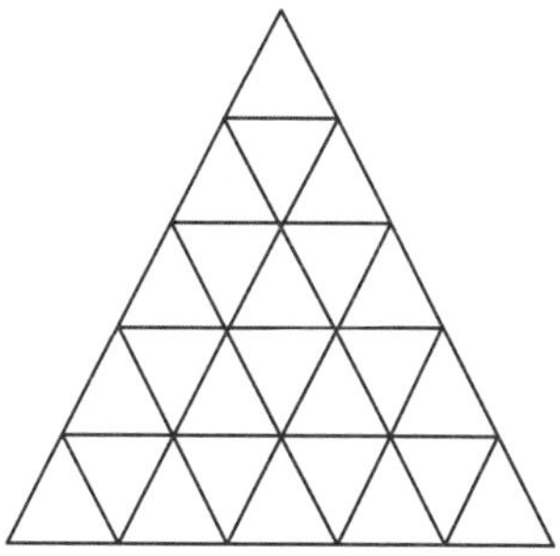

(　　　　　)개

[활동 4] 다음 그림은 일정한 간격으로 25개의 점이 찍힌 점판입니다. 여기에 크기가 다른 이등변삼각형은 모두 몇 개 그릴 수 있는지 그려보시오.(단, 뒤집거나 돌려서 크기가 같은 모양은 하나로 봅니다. 하나의 점판에 여러 개를 그려도 됩니다.)

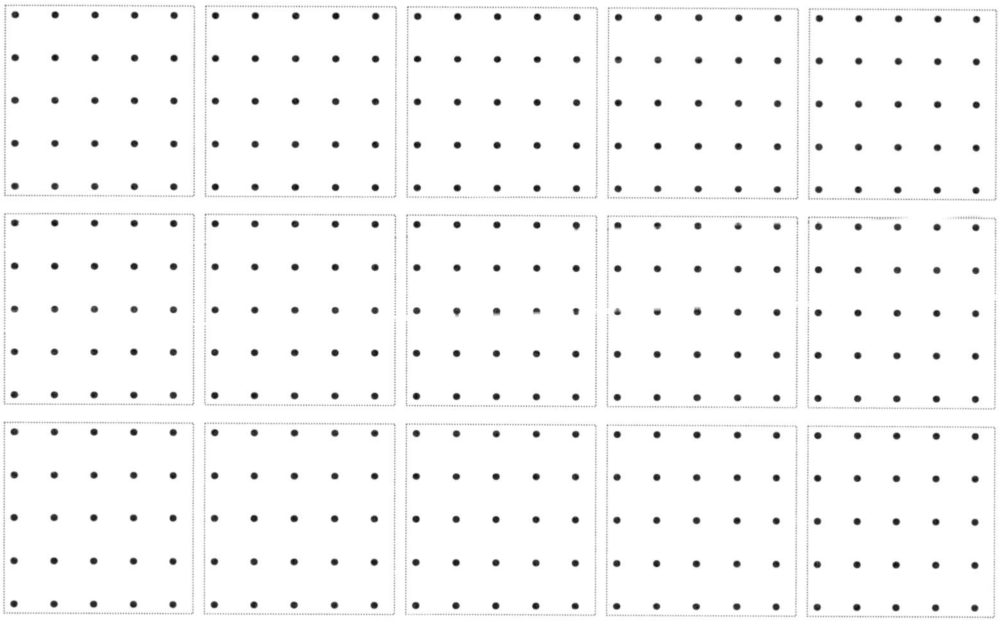

구 분	의 견	확 인
학부모		
담 임		

Part Ⅲ

정성적 연구 방법 해설

11 『교실문화 비교를 통한 수학교육개혁에 관한 소고』에서 사용한 '사례 연구' 방법 해설

방 정 숙[11]

저자가 1990년대 후반 유학시절 들은 이야기가 있다. 그 당시 교수님이 대학원생에게 어떤 논문을 쓸 것인지 물어보면, 흔히들 이렇게 대답했다고 한다. "죄송하지만 아직 논문 주제를 정하지 못했습니다. 그런데, 어찌하든 사례 연구를 할 것입니다." 수학교육 연구에서 기존에 실험 연구를 위주로 한 양적(또는 정량) 연구 방법이 많이 사용되다가 질적(또는 정성) 연구 방법이 부각됨에 따라 얼마나 사례 연구가 많이, 그러나 아마도 무분별하게 사용되었는지를 짐작하게 하는 일화로 기억에 남는다. 저자 역시 박사 학위 논문의 방법론으로 사례 연구 방법을 택하게 되었고, '사례 연구 방법론'이라는 강좌를 수강하면서 사례 연구에 대한 기초를 학습했다고 생각했지만, 정작 논문을 작성하고 심사받는 과정에서 이 방법론에 대해서 더 공부해야 했다. 예를 들어, 양적 연구에 정통한 심사 위원에게 어떻게 사례 연구가 통계적 일반화와는 다르지만 여전히 일반화를 지향할 수 있는 방법인지, 민족지학적 연구 방법에 정통한 심사 위원에게 어떻게 사례 연구가 민족지학적 연구와 차이가 있는 방법인지(물론 공통점도 있지만) 등을 이론적 근거를 바탕으로 설득해야 했다. 2000년대부터는 아무래도 혼합 연구 방법이 부각되었지만, 여전히 사례 연구는 수학교육 연구에서 많이 사용되는 방법인 것 같다. 어느 방법론이나 마찬가지겠지만, 사례 연구 방법도 잘만 사용되면 한낱 사례로 폄하되는 것이 아니라, 수학교육 연구에서 충분히 가치 있는 방법이 될 것이다.

본 논문(방정숙, 2001)에 사용한 연구 방법 역시 사례 연구(case study)이다. 우선, 본 연구의 주된 목적은 학생 중심의 교수법이 적용되는 수학 교실을 찾아 사회적 규범을 비교 또는 대조함으로써 수학교육개혁에서 강조되는 아이디어가 수학 수업에 어떻게 적용되는지를 알아보고 그 시사점을 탐색하는 것이었다. 구체적으로 보다 성공적인 학생 중심 수학 교수법을 형성하는 과정과 덜 성공적인 학생중심 교수법을 형성하는 과정이 어떠한지, 그러한 교수법을 형성하는 과정에서 사회적 규범 및 사회수학적 규범과 관련하여 두 교실간의 유사점과 차이점은 무엇인지, 그리고 궁극적으로 수학 교실 문화를 변화시켜 나가는 데 있어서 교사가 겪게 되는 도전과 그에 따른 시사점은 무엇인지를 알아보고자 했다. 이를 위해 탐구적·질적·비교 사례 연구 방법을 선택하였다.

---

11) 한국교원대학교, jeongsuk@knue.ac.kr

사례 연구 방법을 선택한 이유는 크게 세 가지였다. 첫째, 사례 연구는 관찰하려고 하는 현상과 그 현상이 내재된 상황간의 경계가 분명하지 않을 때 특히 유용한 방법이었기 때문이다(Yin, 2002). 본 연구에서 심층적으로 탐색하려고 했던 '학생중심 교수법'이라는 것은 일반적인 용어로 설명될 수는 있으나, 그 구체적인 의미를 알기 위해서는 실제 그와 같은 교수법이 구현된 교실의 독특한 상황을 분석하지 않고서는 제대로 파악하기 어려웠기 때문이다. 둘째, 사례 연구는 연구자가 결과보다 과정에 관심을 두고 있을 때 적합한 방법이었기 때문이다(Merriam, 1998). 본 연구는 교사가 어떻게 학생중심 교수법을 이해하고 학생들과의 상호작용을 바탕으로 그런 교수법을 구현해 나가는지, 그리고 그 과정에서 학생들이 어떠한 수학 학습 기회를 갖는지에 대한 관심으로부터 시작되었다. 이와 같은 측면에서 실제 연구 대상으로 선정된 각 교실의 수학 교실 문화를 상세히 분석하는 데 상당한 노력을 기울였다. 셋째, 사례 연구는 해당 연구가 많지 않은 교육 분야에 있어서 기초적인 정보를 찾아내는 데 적절한 방법이었기 때문이다(Merriam, 1998). 연구를 계획한 당시에도 학생중심 교수법에 대한 연구는 새로운 것은 아니었다. 그러나 본 연구는 기존의 연구 경향과 다음과 같은 측면에서 차별화되었다. 기존의 연구는 수학교육자가 직접 교사로서 학생중심 교수법을 적용해보던가, 특정한 교사 전문성 개발 프로그램에 참여한 후 교사 변화를 측정하기 위해서 수업을 관찰하던가, 또는 수학교육자가 교사와 긴밀한 협력 체제를 유지하면서 수업 설계부터 반성에 이르기까지 상세한 안내를 제공하는 경향 등이 많았다. 이에 반해 본 연구는 교사가 연구자의 직접적인 영향이 없는 상태에서 자신의 고유한 교수 경험을 바탕으로 학생중심 교수법을 적용하는 과정을 분석하려고 하였다. 또한 한 교실을 집중적으로 분석하는 대신에, 학생중심 교수법을 적용하려고 노력하지만, 그 성공의 정도가 다른 두 교실의 미묘한 차이점을 분석함으로써 수학교육 개혁에 관한 중요한 시사점을 도출하고자 했다는 점에서 선행 연구와 차별화할 수 있었다.

본 연구는 사례 연구 중에서도 탐구적·질적·비교 사례 연구를 선택하였다. 우선 탐구적 사례 연구는 질문에 명백한 대답을 찾기보다는 새로운 문제점을 찾아내는 데 그 주요 목적을 둔다. 연구 여건 상 상대적으로 적은 수의 교실 선정과 짧은 기간 동안의 관찰만 가능했기 때문에 기술적 또는 설명적 사례 연구를 택하기보다는 탐구적 사례 연구를 택했다. 이를 통해 이론적 통찰과 경험적 논점을 만들어 냄으로써 후속 연구를 촉진할 수 있을 것으로 기대되었기 때문이다. 다음으로 질적·비교 사례 연구를 선택한 이유는, 연구 목적 상 학생중심 교수법을 적용하는 과정에서 그 성공의 정도가 다른 두 교실을 비교하기 위함이었고, 그 과정에서 수업에 대한 양적 분석보다는 질적 분석이 더 의미 있는 것으로 판단되었기 때문이다.

이와 같이 선택된 연구 방법을 적용함에 있어서 가장 어려웠던 것은 연구 목적에 가장 부합하는 사례를 선정하는 것이었다. 실제 본 연구 목적에 부합하는 2개의 교실을 찾기 위해서, 추천 받은 17개의 교실을 최대 3번까지 관찰하였고, 해당 교사의 교수법과 신념에 초점을 둔 면담을 실시하였다. 최종 연구대상 교실이 선정된 후, 예비 녹화 이외에 전체 14개의 수학 수업을 2대 또는 3대의 카메라를 이용하여 녹화하였다. 부가적으로 관찰된 수업과 관련한 학생들의 학습지나 저널을 수집하였다. 또한 수업에 대한 이해를 돕기 위해 교사와 비구조화된 면담을 실시하였고, 장기간에 걸친 각 교사의 교수법 개발 과정을 이해하기 위해 반구조화된 면담을 실시하였다.

자료 분석은 다음과 같이 두 단계에 걸쳐 이루어졌다. 첫 단계는 각 교실의 교수 관행을 면밀하게 분석하기 위한 것으로 주요 수업 에피소드를 중심으로 전반적인 수업의 흐름, 교사의 접근 방법, 학생들의 접근 방법, 학생들의 수학 학습 기회 측면에서 상세히 분석하였다. 다음 단계에서는 개별 분석 자료를 바탕으로 사회적 규범과 사회수학적 규범을 바탕으로 두 교실을 비교 분석하였고, 관련된 면담 자료를 분석하여 각 교사의 교수법을 심층적으로 이해하는 데 초점을 두었다.

마지막으로, 사례 연구 방법을 적용하는 과정에서 유의할 점을 적으면서 본 글을 맺고자 한다. 사례 연구에서 가장 유의할 점을 고르라고 한다면, 저자는 연구 목적에 부합하는 사례를 주의 깊게 선정해야 한다는 점을 강조하고 싶다. 사례가 학생이든, 교사이든, 수업이든 그 무엇이든지 간에 선택한 사례가 수학교육적으로 의미가 있으려면 그 사례가 무엇을 대표하는(또는 나타내는) 사례인지가 분명해야 한다. 최적의 사례 선정은 사례 연구의 초석이 되기 때문이다.

참고문헌

방정숙 (2001). 교실문화 비교를 통한 수학교육개혁에 관한 소고. **수학교육학연구, 11**(1), 11-35.

Merriam, S. B. (1998). *Qualitative research and case study applications in education.* San Francisco, CA: Jossey-Bass.

Yin, R. K. (2002). *Case study research: Design and methods* (3rd ed.). Thousand Oaks, CA: Sage.

大韓數學敎育學會誌 數學敎育學硏究 第 11 卷 第 1 號
The Journal of Educational Research in Mathematics
Vol. XI, No.1, 11-35. July 2001

교실문화 비교를 통한 수학교육개혁에 관한 소고

방 정 숙*

I. 시작하는 말

사회의 새로운 변화, 학생들의 수학 학습에 관한 지속적인 연구, 교수·학습결과의 평가 등은 수학교육개혁을 촉진시켜 온 중요한 요소들이다. 특히, 기존의 수학 교육이 본래 의도된 대로 학생들의 수학적 계발을 적절하게 향상시키지 못한다는 실험적 연구 보고서는 개혁에 박차를 가하는 요소 중 빼놓을 수 없는 것이다. 예를 들면, 미국에서 1980년 이래로 문제해결력 향상은 수학교육의 중요한 목표로써 특별히 강조되어 왔음에도 불구하고, 학생들은 기초적인 수학적 개념과 절차마저 피상적인 수준에서 학습한 것으로 드러났고, 그들의 문제해결력은 예상과는 다르게 전반적으로 낮게 평가되었다(National Assessment of Educational Progress, 1992). 현재의 수학교육 개혁을 촉진시킨 경험적 근거는 이외에도 수학 개념에 대한 깊이 있는 이해의 부족(Hiebert, et al., 1997), 학년이 올라갈수록 부정적인 수학적 성향 만연(Renga & Dalla, 1993), 창의적인 수학적 사고력의 부족 (Lappan & Schram, 1989) 등을 들 수 있다.

이와 같은 수학 교육의 문제점은 교육에 관한 전반적인 사회문화적 분위기, 교육과정의 편제와 운영, 교수·학습 방법 등 여러 가지로부터 그 원인을 유추해 볼 수 있는데, 여기서 상당 부분의 원인은 그 사회의 문화 및 가치와 밀접하게 관련되어 있어서 즉각적인 개혁으로의 변화를 불러일으키기가 어렵다. 하지만 교수·학습 방법은 수학교육개혁과 보다 직접적인 관련을 가진 요소라고 볼 수 있으며, 실제로 위에서 언급된 수학 교육의 문제점은 수업의 전형적인 모형으로 인식되는 교사 중심의 수업 방식에서 비롯된 것이라 해도 과언은 아닐 것이다(Mullis, et al., 1997; Third International Mathematics and Science Study [TIMSS], 1996). 여기서 교사중심(teacher-centered)이라는 말은 교사의 설명과 아이디어가 수학 수업의 초점을 이루는 것을 뜻한다. 교사의 주요 역할은 주어진 수학 문제에 대해서 특별한 해결 방법을 명백하게 제시해 준 다음, 학생들에게 연습할 기회를 제공하여 요구되는 문제해결기법을 충분히 숙달하도록 도와주며, 필요할 때마다 단계별로 차근차근 반복하여 설명하는 것이라 할 수 있다.

이와 같은 전형적인 교수법에 반하여, 수학교육자들은 교사 중심의 수학 수업을 학생 중심의 수업으로 개혁하려고 부단히 노력해 오고 있다(National Council of Teachers of Mathematics [NCTM], 1989, 1991, 1995, 2000). 여기서 학생중심(student-centered)이라는 말은 학생들의 참여와 토론이 수업의 초점을 이루는 것을 말

* 한국교육학술정보원

한다. 새 교육 과정을 적용하는 교사는 학생들의 일상 생활과 관련된 수학적 과제를 선택하거나 개발하고, 수학적인 논리 및 증거에 기초하여 학생들이 문제를 풀고 그 해결 방법에 대해서 토론할 수 있는 학습 공동체를 만들어 나가도록 권장 받고 있다.

수학교육개혁운동은 그 동안 교수법혁신을 위한 대규모의 재정지원을 얻었으며, 많은 수학교사들이 그와 관련된 모임에 참여하고 협력해 왔다는 점에서 비교적 성공적이라고 평가받고 있다(Knapp, 1997). 실제 미국의 46개 주는 각각 NCTM의 규준(Standards)과 방향을 같이 하는 수학교육규준을 만들었고(Council of Chief State School Officers, 1997), 많은 교과서와 프로그램이 '규준에 근거한(Standards-based)' 방법을 사용하고 있다고 광고한다. 현재의 수학교육 개혁 방향에 대해서 많은 교사들 역시 익숙히 알고 있다고 보고하고 있다. 예를 들어서, TIMSS에 참여한 8학년 미국 교사들의 95%가 수학 교수법과 관련하여 현재의 개혁 운동이 무엇을 추구하는지 안다고 보고했다(National Center for Education Statistics [NCES], 1996). 또한 그 교사들의 70%가 비디오로 녹화된 자신들의 실제 수업을 평가하면서 그 수업은 현재의 개혁 방향과 상당히 일치한다고 주장하였다(Stigler & Hiebert, 1998).

교사들 자신의 이와 같은 인식과 평가에도 불구하고, 그들의 실제 수학 수업은 일반적으로 그 개혁에 대해서 깊이 있게 이해하지 못하고 있음이 드러났다(Cohen, 1990; Hiebert, et al., 1996; Research Advisory Committee, 1997). 예를 들면, 교사들은 새로운 교수법적 기술들을 쉽게 배우지만, 어떻게 가르치는 전략의 변화가 실제로 학생들의 개념적 이해나 수학적 성향을 개발할 수 있는지에 대해서는 잘 이해하지 못하는 형편이다(Burrill, 1997; Stigler & Hiebert, 1998). 우리를 더욱 낙담시키는 것은, 이와 같은 실정이 수학교육개혁방향에 동의하여 실제 자신의 수업을 바꾸어 보려고 부단히 노력하는, 헌신된 교사들에게조차 비슷한 양상으로 나타난다는 것이다(Peterson, 1994; Stein, Grover, & Henningsen, 1996).

이와 같은 수학교육 개혁과 관련된 난제들을 고려해 볼 때, 실제 교실수준에서 수학교육 개혁을 이루어 나가는 교사들의 교수법과 그러한 교수법에 기초하여 형성되는 수학교실 문화를 상세하게 분석하는 것은 필수적인 연구라 할 수 있으며, 추후의 개혁 방향의 설정과 실행에 실질적인 시사점을 줄 수 있을 것이다. 좀 더 구체적으로, 교사가 개혁의 목표들을 취사 선택하여 피상적으로 교실 수업에 적용하는 경우와 그 목표들을 개혁의 취지에 걸맞게 보다 효과적으로 적용하는 경우를 비교해 봄으로써, 수학교육 개혁의 와해 지점을 찾는 것은 시기적절한 연구라 할 수 있겠다. 특히, 기존의 연구 경향이 개혁을 추진하는 하나의 수학 교실만을 집중적으로 분석하는 것임을 고려해 볼 때, 이와 같은 비교연구는 추상적일 수 있는 개혁의 아이디어를 실제 학교 현장에 적용하는 것과 관련하여 매우 미묘하면서도 중요한 쟁점들을 반영할 수 있는, 독특한 기회를 제공해 줄 수 있는 것으로 기대되어졌다.

한국과 미국은 교육문화, 교육과정, 수업의 구조와 조직 등에서 많은 차이가 있으며(Grow-Maienza, Hahn, & Joo, 1999; Sorensen, 1994), 그러한 차이들은 왜 TIMSS에서 한국 학생들이 미국 학생들보다 수학성취도면에서 유의미하게 높은 것으로 나타나는지를 설명해 주는 요인이 될 수 있다(Mullis, et al., 2000; NCES, 1996, 1997). 수학성취도에서의 그와 같은 차이에도 불구하고, 위에서 제기된 수학 교육의 문제점들은 비단 미국에서뿐만 아니라 한국의 수학교육과 관련해서도 빈번히 지적되는 문제이기도 하다(e.g., Noh, 1998). 또한 한국의 전형적인 수학 수업은 미국 수업과 비교해 볼 때, 더 적은 개별 학습 시간을 가지며, 상대적으로 전체 학생들을 대상으로 설명하는 데 더 많은 시간을 들이고 있음에도 불구하고, 여전히 교사중심의 수업으로 분석되었다(김진규 외, 1996). 이런 실정에서 새로운 교육 과정은 학생중심의 수업을 강조하고 있다(교육부, 1997; 백석윤, 2001). 이점에서 실제 학교 수학수업을 통해 드러나는 미국의 수학교육개혁을 자세히 살펴보는 것은 한국의 수학교육개혁에 적절한 시사점을 부여해 줄 수 있을 것이다[1].

II. 이론적 배경

학습 기회를 구조화하는, 교실의 사회적 문화가 학생들의 수학 학습에 많은 영향을 미친다는 것은 수학교육자들 사이에서 일반적으로 받아들여진다. 하지만, 학습이 개개 학생들이 가지고 있는 지식 체계의 재 구조화를 통한 산물이냐 사회적 참여에 기초한 관행의 산물이냐 하는 것에 대해서는 빈번한 논란이 있어 왔다(e. g., Cobb, 1994; Confrey, 1991; Sfard, 1998). 이에 Cobb과 그의 동료들은 수년간의 교실실험 프로젝트를 기반으로 하여 실용적인 관점을 소개하였는데(Cobb & Bauersfeld, 1995), 이는 현재의 수학교육 개혁 동향과도 조화를 이룬다. 이 관점에서 보면, 수학적 의미는 사회적인 상호 작용을 통한 계속적인 협상과정 속에서 나타나는 것으로 이해된다. 상징적 상호작용론(symbolic interactionism)을 수학 교육에 적용해서 학생들의 수학적 사고와 사회적 상호작용, 학습과 관련된 대화, 그리고 교실 문화 등은 서로 상대를 전제하지 않고는 적절하게 이해되지 못하는 관계에 있다고 주장된다(Voigt, 1994).

학생들의 수학 학습을 분석하면서, Cobb과 그의 동료들은 사회적 규범(social norms)이라는 개념을 소개하였다. 간단히 말해서, 사회적 규범이란 교실의 참여 구조를 구성하는 특색으로써, 교실 활동의 일반적인 패턴이나 교사나 학생의 기대, 의무, 역할 등을 그 예로 들 수 있겠다. Cobb과 그의 동료들은 또한 사회 수학적 규범(sociomathematical norms)이라는 개념을 설명하고 있는데, 이것은 "학생들의 수학 활동에 독특한, 전체수업 토론의 규범적인 양상(the normative aspects of whole-class discussions that are specific to students' mathematical activity)"으로 정의되었다(Cobb & Yackel, 1996, p. 178). 사회적 규범은 어느 교과에나 적용 가능한 일반적인 개념인데 반해, 사회수학적 규범은 그 교실 상황에서 특별히 수학적인 설명과 정당화에 관련된 규범이라 볼 수 있다(Cobb & Bauersfeld, 1995; Yackel & Cobb, 1996).

학생중심 수업에서 형성될 수 있는 일반적인 사회적 규범들 중의 하나는 학생들은 자기 자신의 문제해결 방법을 창안하여 발표하고 정당화하며, 교사는 학생들의 발표를 주의하여 듣고, 전체 학생들을 위해 부연 설명한다라는 것이다. 좀 더 특수한 상황을 예로 들자면, 전체

1) 한국과 미국의 수학교육과 관련된 문제점과 개혁방향의 유사성에 기초하여 한국의 수학교실 문화에 관한 상세 연구가 진행되었는데 (자세한 내용은 다음 문헌을 참조하기 바람: Kirshner, D., Jeon, P. K., Pang, J.S., & Park, S. S. (1998). Sociomathematical norms of elementary school classrooms: Crossnational perspectives on challenges of reform in mathematics teaching. Final report to the Research Foundation of the Korea National University of Education). 이것은 본 연구의 방향과 방법론을 다지는데 예비실험연구의 역할을 하였음을 밝힌다.

토론에 참여하는 학생들은 이전에 발표된 해결 방법과는 다른 아이디어를 제시할 것이라는 기대도 일반적인 수학적 규범에 들어간다. 하지만, 무엇이 하나의 해결 방법을 다른 해결 방법과 비교하여 볼 때, 수학적으로 다른 해결 방법을 만드는 지를 이해하는 것은 사회수학적 규범과 관련된다(Pang, 1998).

유사하게, 무엇이 한 교실 공동체내에서 수학적으로 받아 들여질만한 설명인지에 대한 이해, 또는 수학적으로 정당화할 수 있는, 쉬운, 분명한, 효과적인, 또는 세련된 설명인지에 대한 이해는 사회수학적 규범의 예이다(Bowers, Cobb, & McClain, 1999; Cobb, et al., 1997; Yackel & Cobb, 1996). 이러한 사회수학적 규범은 교사가 준비하여 수업 시간에 일방적으로 제시해 주는 것도 아니요, 학생들의 수업 참여로 인해 자동적으로 성취되는 것도 아니다. 대신, 교사와 학생들이 교실 수학 활동 및 토론에 적극적으로 참여하는 과정 속에서 계속적으로 협상하고 재정의하는 사회적 과정을 통해 형성되는 것으로 분석되었다.

교사는 한 교실에서 수학 공동체의 대리인으로서, 사회수학적 규범을 형성하도록 토론을 진행시키는데 중요한 역할을 한다(McClain, 1995). 현재의 수학교육 개혁 운동은 교사들이 실제적으로 무엇을 해야하는지 보다는 무엇을 하지 말아야 하는 지를 좀 더 명확하게 제시해 준다는 점을 고려해볼 때(Smith, 1996), 학생들과 같이 사회수학적 규범을 만들어 나가는데 있어서의 교사들의 능동적인 역할은 자세하게 연구될 필요가 있으며, 이러한 연구는 또한 수학 교수법을 바꾸려고 노력하는 교사들이 어떻게 학생들의 참여와 공헌에 기초하여 자신들의 수업 목표를 추구하는지와 관련되어져야 할 것이다.

일반적인 사회적 규범으로부터 사회수학적 규범을 구분하는 것은 특히 수학교육자에게 중요한데, 이는 교실의 사회적 구조 안에 내재된 수학적 양상을 탐구하는 데 초점을 둘 수 있기 때문이다. 하지만, 기존의 사회적 규범 또는 사회수학적 규범에 관한 연구는 주로 교실 공동체내에서 학생들의 개념 학습을 자세하게 분석하기 위한 전제조건으로써 간단하게 기술하는데 그쳤다(e.g., Bowers, Cobb, & McClain, 1999; Stephan, 1998). 이와 같은 연구 경향은 사회수학적 규범 자체의 제한이라기 보다는 Cobb과 그의 동료들이 수행한 프로젝트의 특수성, 곧 학생들에게 수학 개념을 가르치기 위한, 특정한 학습 계열과 프로그램을 개발하는 데에 목적을 두고, 그러한 학습환경에서 학생들의 수학 학습을 설명하는데 초점을 둔 목적에서 비롯된 것이라고 볼 수 있다(Pang, 2001).

본 연구에서는 수학교육개혁과 관련하여 사회수학적 규범을 학생들의 수학적 참여의 질을 반영하는 주요 요소로써 재정립할 수 있는지에 대한 가능성을 탐구해 보았다. 앞에서 언급된 수학교육개혁의 현실을 고려해 볼 때, 사회수학적 규범은 실제 교육개혁을 추구하는 교사가 교실의 사회적 구조를 활용하여 학생들에게 바람직한 수학적 신념이나 가치를 개발하도록 북돋워주고, 수학적 개념에 대한 이해를 증진시키는지 그렇지 못한지를 이해하는데 매우 중요한 매체가 될 수 있다.

학생들의 학습 기회는 교실 수업의 성공을 판가름 짓는 중요한 기준중의 하나이다(Cobb & Whitenack, 1996). 특히, 수학교육 개혁에 있어서의 근본적인 관심사는 교수 방법의 변화와 그것을 통해 학생들이 겪게 되는 학습 기회의 변화를 관련짓는 것이기 때문에 본 연구는 사회적 규범, 사회수학적 규범뿐만 아니라 해당 교실에서의 학생들의 학습기회 또한 분석하였다. 사회적 관점과 심리학적 관점을 서로 연계하는 관점을 취하면서 Cobb과 그의 동료들은 사회수학적 규범을 교사나 학생의 수학적 신념과 가치에 관련지었다(Cobb & Yackel, 1996). 하지만, 기존 연구에서는 사회수학적 관점과 학생들의 개념 학습간의 관계가 직접적으로 논의되지 않아 왔다. 이와 같은 연구 경향은 역시 Cobb과 그의 동료들이 수행한 프로젝트의 특성과 밀접하게 연관된 것으로 분석되는데, 그것은 한 연구 학교를 선정하여 특정한 수학 개념 형성 과정에 관하여 장기간에 걸쳐 교실에서의 수학적 관행(mathematical practices)을 분석하는데 초점을 두었다는 데에 있다. 본 연구에서는 특정한 수학적 개념이나 아이디어에 국한되지 않고, 어느 내용 영역을 가르치는 수학 교실에서든지 교수법 개혁을 추진하는 과정에서 일어나는 문제점과 쟁점들을 탐구하는데 주요 목적을 두었기 때문에, 사회수학적 규범과 학생들의 개념 학습 기회도 연관지어 논의하려 했다.

III. 연구 프로젝트

1. 연구목적 및 방법

앞서 언급된 수학교육개혁과 관련된 난제들을 고려하면서, 본 연구는 실제 수학교육 개혁에서 강조되고 있는 학생 중심의 교수법이 적용되는 수학 교실을 찾아 사회적 규범을 비교 및 대조함으로써 해당 교실 문화를 상세하게 분석하여, 수학교육개혁에서 강조되는 아이디어가 수학수업에 어떻게 적용되는지를 알아보고, 개혁에 관한 시사점을 탐색해 보는 것을 목적으로 두었다. 여기서 강조될 것은 본 연구의 특성상 연구대상으로 선정된 두 학교가 수학교육 개혁의 아이디어를 실제 학교 현장에 적용하는 측면에서 그 성공도가 다르기 때문에 선택되었다는 점이다.

구체적으로, 연구 문제는 (a) 미국의 초등학교에서 더 성공적인 학생중심 수학 교수법과 덜 성공적인 학생중심 교수법을 형성하는 과정은 어떠한가, (b) 특별히 사회적 규범 및 사회수학적 규범과 관련하여 더 성공적인 수학 교실과 그렇지 못한 교실사이에 유사점과 차이점은 무엇인가, 그리고 (c) 수학 교수의 문화를 변화시키는 데 있어서 겪게 되는 도전과 그에 따른 시사점은 무엇인가였다.

이 연구는 일정한 비교 분석(constant comparative analysis)에 기초하여 근거 있는 이론을 찾는 방법론(grounded theory methodology)을 이용한(Glaser & Strauss, 1967; Strauss & Corbin, 1998), 탐구적, 질적, 비교 사례 연구(case study)이다(Yin, 1994). 이 연구 방법론은 사례 분석을 시작하면서 찾아낸, 분석 초기단계의 추측을 전체 자료와 견주어 계속적으로 비교하고 대조하는 것을 핵심으로 한다. 이렇게 비교하고 대조하는 과정을 통해 예비적인 추측이 견고하게 되기도 하고, 설명력이 강한 요소로 부각되기도 하는 것이다.

사례 연구는 관찰하려고 하는 현상(phenomenon)과 그 현상이 내재된 상황(context)간의 경계가 분명하지 않을 때 특히 유용한 탐구방법이다(Yin, 1994). 수학교수법과 관련하여 학생중심 또는 교사중심이라는 말은 일반적으로 그 개념이 정의될 수 있는 반면에 그 구체적인 의미는 해당 교실이라는 독특한 상황 속에서 찾을 수 있다는 점에서, 사례 연구는 본 연구에 적합한 연구 방법론이었다.

사례 연구는 또한 연구자가 결과보다는 과정에 관심을 두고 있을 때 적합한 연구방법이다(Merriam, 1998). 연구문제에서 나타나듯이 본 연구는 학생과의 상호작용을 통해서, 교사가 어떻게 수학교육 개혁에서 요구되는 교수법을 적용하는지, 그리고 그런 교실문화에서 학생들은 어떠한 학습기회를 갖는지에 대한 관심으로부터 시작되었다. 이에 따라 교실 상황의 복잡성을 줄이려고 노력하는 대신에, 연구대상 교실에서 수학을 가르치고 배우는 과정에 대해서 '두꺼운 설명(thick description)'[2]을 제공하고, 그에 대한 깊이 있는 분석을 하고자 노력하였다 (Geertz, 1973).

사례 연구는 또한 해당 연구가 많지 않은 교육분야에 있어서 기초적인 정보를 찾아내는데 적절하다(Merriam, 1998). 수학교육개혁과 관련된 교수 관행(teaching practices)에 관한 연구는 그 동안 많이 연구되어 오고 있다. 하지만, 기존의 연구는 수학교육자(researcher)가 직접 현장 교사의 역할을 하면서 개혁과 관련된 아이디어를 적용해 보는 방법(e. g, Ball, 1993), 교사개발 전문 프로그램에 참여한 후의 교사 변화(teacher change)를 분석하기 위해서 일종의 후속 연구로써 수학 수업을 관찰하는 경향(e. g., Fennema & Nelson, 1997), 또는 현장 교사와 긴밀한 관계를 유지하면서 그 교사가 수학 교수법을 변화시켜 나갈 수 있도록 수업 준비단계에서부터 평가단세에 이르기까지 연구자가 자세한 도움을 주는 경향(e. g., Cobb & Bauersfeld, 1995) 등으로 분석된다.

본 연구는 각각의 교실 단계에서 현장 교사가 직접 수학교육개혁의 근본 아이디어를 적용하는 과정에 초점을 두었기 때문에, 기존 연구에서의 특정한 교사개발 전문프로그램이나 외부 연구자의 직접적인 영향이 없는 상태에서, 교사가 자신의 고유한 교수 경력을 통해 형성한 수학적 가치와 아이디어를 근간으로 하는 수업을 관찰하고 분석하였다. 이와 같은 연구는 교실 문화를 탐색하는 데 있어서 새로운 연구 방향이라 할 수 있으며, 따라서 수학교육개혁과 관련하여 기초 정보를 제공해 줄 수 있다.

탐구적 사례 연구는 질문에 명백한 대답을 찾기보다는 새로운 문제점을 찾아내는 데 그 주요 목적을 둔다(Yin, 1993, 1994). 상대적으로 적은 수의 교실 선정과 그 각각의 교실에서의 짧은 기간 동안의 관찰들은 그 연구 결과를 일반화하는데 어려움이 많다. 그러나 이 방법론은 광범위한 후속 연구를 촉진할 수 있도록, 이론적인 통찰과 경험적인 논점을 만들어 내기에 적절한 방법론으로 잘 인식되고 있다(Yin 1994). 특별히, 탐구적 · 질적 사례 연구는 조사 과정을 통해 핵심 쟁점들을 찾아내고, 논쟁하고, 합의점을 찾아가는 기회를 거치는, 대단위 규모의 후속 국제 비교 연구에 매우 유용한 것으로 알려져 있다(Schmidt, et al., 1996).

2. 자료수집

미국 루이지애나 주의 수도 베턴루지에서 학생중심 교수 방법을 적용하는 것으로 추천되는 17개의 2학년 수학 수업을 1999년 2월과 3월에 걸쳐서, 필요한 경우, 한 교실을 세 번까지 관찰하였고 해당 교사의 교수 방법과 신념에 초점을 두고 간단한 면담을 실시하였다. 이 예비 관찰을 통해서 어떻게 학생들의 아이디어가 추려지고, 전체 토론과 활동에서 사용되어지는지를 비교 분석하여 최종적으로 두 개의 교실이 선정되었다. 한 교실에서는 학생들의 특정한 아이디어보다는 그들의 참여가 더 중요하게 여겨졌고, 다른 교실에서는 교사가 학생들의

2) '두꺼운 설명 (Thick Description)'은 '얇은 설명 (Thin Description)'과 대조되는 용어로써, 후자는 상황에 기초한 의미를 고려하지 않고, 있는 현상 그대로를 기술하는 방법을 일컫는 말인데 반해, 전자는 그 해당 상황속에서 특정한 행동양식이 어떠한 의미를 가지는지에 대해서 아주 상세하게 기술하는 방법을 일컫는다 (Geertz, 1973).

수학적 사고를 토론의 주요 주제로 삼았다.

연구대상 교실 각각에서 한 번의 예비 녹화 후에, 전체 14개의 수학 수업이 교실 상황에 따라서 교사중심, 학생전체, 또는 모둠별 활동 중심으로 두 개 또는 세 개의 카메라를 통해서 같은 해 4월에 비디오와 오디오로 녹화되었다. 관찰된 모든 수업과 관련된 학생들의 학습지나 저널이 수집되었다. 교사와의 면담 역시 집중적인 관찰기간동안의 비구조적 면담 외에, 관찰된 수업의 상세 분석을 위해서 그리고 해당 교사가 그동안의 교수 경험을 통해서 개발해 온 교수 방법과 그 영향을 분석하기 위해서 같은 해 5월에 반구조적 면담이 네 번에 걸쳐서 심층적으로 이루어졌다. 교실수업자료와 면담자료 전체에 걸친 트랜스크립트가 추후에 만들어졌고, 분석의 기초자료가 되었다.

3. 자료분석

본 연구의 자료는 각 교실에 대한 개별 분석과 두 교실에 대한 비교 분석으로, 크게 두 단계를 거쳐서 분석되었다. 사례 연구는 성급하게 쟁점이나 이론을 개발하기보다는 사례 자체에 대한 충실한 이해에 초점을 두어야 하기 때문에(Stake, 1998), 교수 관행에 관한 각 교실의 개별 분석은 수업 에피소드를 중심으로 주의 깊게 분석되었다. 이 개별 분석 자료는 그 다음에 더 성공적인 수학교실과 덜 성공적인 수학교실을 비교 및 대조하는데 이용되었다.

개별 분석을 위해서 처음에는 Cobb과 Whitenack(1996)이 이용한 네 가지 요소-학생들의 사회적 관계, 수학적 의미, 학습기회, 수학학습-를 고려했지만, 예비분석 과정 중 본 연구는 이전 연구의 모둠내의 수학 활동과 학생들간의 사회적 관계 형성 과정보다는 전체 수학교실 문화와 그 안에서의 교수·학습 방법에 초점을 두고 있었기 때문에, 수업의 흐름(Classroom Flow), 교사의 접근방법(Teacher's Approach), 학생들의 접근방법(Students' Approaches), 학생들의 학습기회(Students' Learning Opportunities)로 수정하였다 (<표 1> 참조).

<표 1> 교실 개별 분석을 위한 해석의 틀

구성요소	주요 분석과제
수업의 흐름	교실활동, 일반적인 상호작용 유형, 교사나 학생들이 감지하고 있는 역할이나 기대 등을 포함하여 수학교실에서의 교수 관행과 관련한 전반적인 흐름은 어떠한가?
교사의 접근방법	수업구조 및 교사의 수업을 통해 드러나는 교수 의도는 무엇인가? 교사가 수학 및 수학 교수·학습과 관련하여 가지고 있는 신념이 실제 교실 수업을 통해서 어떻게 드러나는가?
학생들의 접근방법	수학활동에 참여하는 유형에서 나타난 학생들의 학습 의도는 무엇인가?
학생들의 학습기회	앞서 분석된 교사와 학생들의 접근 방법을 고려했을 때, 개념(concepts), 연결(connections), 도구(tools)와 관련하여 어떠한 종류의 수학적 학습 기회가 학생들에게 일어날 것 같은가?

이 네 가지 구성 요소는 <그림 1>에서 보는 바와 같이 서로 밀접하게 연계되어 있다. 수업흐름은 수업의 주요 에피소드를 포함하여 상세하게 기술된다. 교사의 접근방법과 학생들의 접근방법은 각각의 접근방법이 수업흐름 속에서 유추되고 결과적으로 교실활동 속에 일관되게 기초를 두고 있다. 다시 말해, 교사와 학생들의 접근 방법은 수업의 전반적인 흐름을 통해 보고된 관찰로부터 가장 신뢰받을 만한 것으로 추려진다는 것이다. 역으로, 수업흐름은 교사와 학생들의 접근 방법에 의해서 일관되게 설명될 수 있다. 마지막으로 학생들의 학습 기회는 교사와 학생들의 접근방법으로부터 형성된다.

두 교실간의 비교 분석은 두 부분으로 나뉘었다. 먼저 개별분석 자료를 기초로 하여 일반적인 사회적 규범과 사회수학적 규범을 바탕으로 두 교실을 비교 및 대조하였고, 그 다음 면담자료 분석을 통하여 각 교사의 교수 목표에 영향을 미치는 기초적인 요인들을 비교하였다. 이는 교사들의 성공과 어려움을 분석하여, 수학교육 개혁의 아이디어를 교실 현장에 적용하는 것과 관련된 쟁점과 걸림돌을 고려해 보기 위함이었다.

IV. 연구 결과

연구 결과를 기술함에 있어서, 본 글에서는 지면관계상 각각의 교실 문화에 대한 상세 분석보다는 일반적인 사회적 규범과 사회수학적 규범에 의한 비교 분석을 주로 다루면서, 두 교실 문화 속에서 형성된 학생들의 학습 기회를 살펴보고 이를 통해서 학생 중심의 수학 수업을 만들어 가는데 있어서의 유의점을 탐구하도록 했다. 특히, 연구대상 교실 모두 일종의 학생 중심의 교수법을 반영하고 있었고, 본 연구는 교실에서의 수학교육개혁과 관련한 쟁점들을 분석하는데 그 목적이 있었기 때문에, 일반적인 사회적 규범보다는 수학교실 문화에 독특한 사회수학적 규범에 의한 비교 분석에 더 많은 초점을 두었다. 연구대상 교사는 각각 교사 E와 교사 M으로 표현되었고, 사회수학적 규범에 의한 두 교실 문화의 미묘한 차이를 보다 효과적으로 기술하기 위해서 일부 수업의 에피소드를 제시하고 이에 관한 구체적인 분석을 덧붙였다.

1. 일반적인 사회적 규범에 의한 비교분석

두 교실의 참여구조를 구성하는 특색은 <표 2>에서 보는 바와 같이 일반적으로 매우 비슷했다[3]. 다시 말해, 두 교사 모두 수학교육 개혁에서 강조되고 있는 학생중심 수업 방법과 일

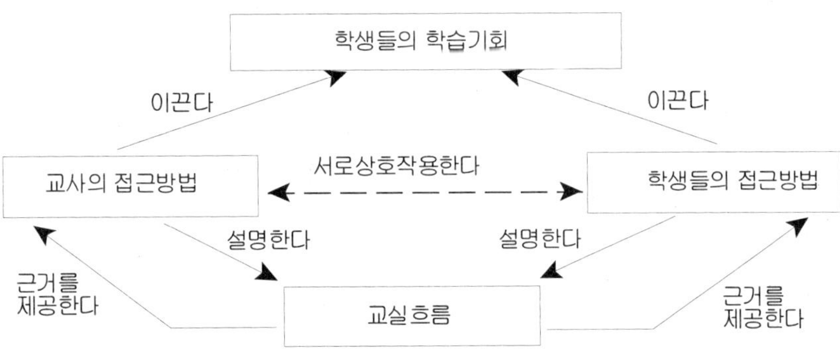

<그림 1> 해석의 틀에 있는 네 구성 요소간의 관계

3) 교사의 접근 방법이나 학생들의 접근 방법들을 각각 자세하게 분석하면 비슷함의 정도면에서 차이가 나는 점도 있었으나 (이 분석 결과에 대해서는 다음 문헌을 참고 바람: Pang, J.S. (1999). When changes don't make changes: Challenges in implementing reform ideals in elementary mathematics classrooms. (ERIC Document Reproduction Service No. ED 436 408), 거시적으로 비교하면 사회적 규범면에서는 비슷함의 정도가 매우 많다라고 분석되었다.

관된 사회적 규범을 만들어 가는데 성공적이었다.

학생들은 교사의 질문에 능동적으로 응답했고, 학생들간에 서로 의견을 주고 받았는다는 점에서 두 교실의 분위기는 개방적이면서 역동적이었다. 두 교사 모두 학생들에게 발표할 기회를 공정하게 주려고 노력했고, 특히 학생이 발표 도중에 실수했거나 제대로 응답하지 못해서 다른 학생들이 부정적인 반응을 보이는 경우, 두 교사는 그 발표 학생이 자신의 발표를 끝낼 수 있도록 도와주었다. 두 교사 모두 주어진 수학 문제에 대해서 정답을 구하는 것보다는 사고 또는 학습과정이 더 중요하다는 것을 강조했으며, 주어진 문제에 대해서 여러 가지 해결 방법을 찾도록 격려하였다. 또한 교사 또는 소집단별로 문제를 해결하고 그것을 전체 토론 시간을 통해 발표할 기회를 주었고, 기발한 아이디어에 대해서는 칭찬을 아끼지 않았으며, 학생 자신들이 직접 문제를 만들어 볼 수 있는 기회를 제공하였다. 차이가 있었다면, 교사 E는 학생들의 답변 내지 설명에 대해서 자신이 직접적으로 평가했던 반면에 교사 M은 발표된 아이디어에 다른 학생들이 동의하는지 그렇지 않은지를 물어보고 그 이유를 부가하여 설명하도록 격려하였다. 두 교사의 이와 같은 일련의 접근 방법은 학생들이 수학 수업과 관련된 여러 가지 활동과 토론에 적극적으로 참여하도록 하기 위한 것이었다. 이러한 수학 교실 문화 속에서 학생들 역시 다양한 교실 활동에 대해서 빈번하게 홍미를 보였고, 소집단 내에서나 전체 토론을 통해 적극적으로 수업에 참여했다.

<표 2> 비교: 일반적인 사회적 규범

비슷함의 정도*	사회적 규범	교사 E의 교실	교사 M의 교실
매우 많다	전반적인 교실 흐름	· 개방적, 허용적, 역동적인 교실 분위기 · 모둠별 활동 후 전체 토론시간을 갖음 · 학생들의 참여를 유도하는 다양한 활동 방법을 적용함	
	교사의 기대 및 역할	· 학생 개개인의 문제 해결과 발표를 강조함 · 칭찬과 격려로 학생들에 대한 긍정적인 기대를 표현함 · 학생들의 설명을 필요에 따라 반복하거나 보충 설명함 · 학생들의 아이디어에 대해서 홍미를 보임 · 주어진 문제에 대해서 여러 가지 해결 방법을 유도함 · 필요할 때마다 구체적 조작물을 활용하고 연계함 · 정답보다는 학습 과정을 강조함 · 학생들에게 문제 만들기 기회를 제공함	
	학생의 참여 및 역할	· 홍미진진함과 적극적인 참여 · 동료학생의 설명을 주의하여 들음 · 교사의 지시에 순응함 · 모둠별 활동을 위한 협동 · 학습과 관련된 다른 사람의 실수를 찾아냄	

2. 사회수학적 규범에 의한 비교분석

1) 교사 E 교실에서의 사회수학적 규범과 학습기회

교사 E 교실에서는 학생 중심의 수업을 이끌어 나가는데 모범이 될 수 있는 일반적인 사회적 규범에도 불구하고, 실제 교수 방법의 질과 그 내용은 주로 수학의 절차적인 지식에 치중되었다. 물론 관찰된 수업 중에 교사 E가 학생들의 개념적 이해에 관심을 보인 적도 있었지만, 그러한 경우는 전체 수업 자료를 두고 볼 때, 다소 예외적인 경우였다.

교사 E는 학생들에게 주어진 수학 문제에 대해서 여러 가지 해결 방법을 찾아보도록 격려했고, 그들의 아이디어를 타당한 것으로 받아들였다. 하지만, 대개는 주어진 문제에 대해서 표준화된 알고리즘을 사용하거나 자신이 미리 생각하고 있었던, 특정한 방법을 사용하도록 하기 위해 수학 활동이나 토론의 방향을 다소 조절하는 경향이 짙었다. 이러한 수업 경향은 여러 가지 다른 종류의 수학 활동을 하는 중에 일관되게 반복되었다. 예를 들어, 이 교실에서 매일 이용되었던 어림(estimation)활동을 통해 교사 E가 강조하는 것은 학생들의 직관적인 사고나 양감보다는 받아내림이 있는 뺄셈 알고리즘을 연습하는 것이었다. 에피소드 1은 교사 E가 어떻게 어림 활동을 뺄셈 알고리즘을 연습하는 형태로 수업을 이끌어 나갔는지를 보여주는 대표적인 예이다. 어림 활동을 위해서 학기초에 학생들은 100개의 물체가 든 봉지하나씩을 교사에게 제출했었다. 교사는 수업 시작 전 그 봉지들 중 하나를 선택하여 손으로 한 웅큼 정도 빼낸 다음 나머지를 유리병 안에 넣어 두었다. 수업이 시작되면, 교사는 그 유리병을 학생들에게 보여주면서 그 안에 몇 개나 있을지 어림하여 공책에 적어놓도록 하였다.

<에피소드 1> 어림활동에서 형식적인 알고리즘 이용하기

교사 E: 자, 처음에 100개 물체를 [다양한 크기의 조약돌을] 가지고 있었지, 그런데 선생님이 한 주먹 가득하게 빼내었어. 그래서 지금 여기에 있는 것(유리병을 보여주며)이 너희들이 추측하고 있는 거지. 처음에 100개의 물체(100을 칠판에 쓰면서), 그런 다음 내가 얼마를, 한 주먹 가득히, 빼내고(숫자 100 아래의 빈 공간을 가리키며), 그러니까 이것이 너희들이 추측하고 있는 답이지(100－[blank] = [blank]를 세로셈 형식으로 쓰면서). 자, 이 식을 쓰자 (식을 가리키며). 이제, 저기에 가서 내가 빼낸 것을 가져오려 하는데, 누가 말해볼까? 그것을 어떻게 이용하면 실제 세어보지 않고, 유리병 안에 무엇이 있는지 알아볼 수 있을까 누구 설명해 볼 수 있겠니?

찰스: 그 봉지 안에 몇 개나 있는지 세어보고, 음, 선생님께서 얼마나 빼셨는지 알아봅니다.

교사 E: 얼마나 많이 내가 빼 냈는지, 음, 맞아. 그런 다음 내가 무엇을 해야 하지? 아테리언?

아테리언: 그 유리병에서 [조약돌들을] 꺼내고 얼마나 있는지 세어봅니다.

교사 E: 하지만, 난 이것들 [조약돌] 모두를 세고 싶은 생각이 들지 않는 구나. [그 방법은] 원하지 않아. 나는 지름길(좀 빠른 방법)을 원해. 무엇을 해야 할까?

브리트니: 그 유리병에서 선생님께서 얼마나 꺼내셨는지 알아내고, 100에서 그것을 빼야합니다.

교사 E: 아주 좋아! 자, 그럼 선생님이 저기로 가서(교실의 한 구석으로 이동한다). 이번에는, 음, 선생님이 사과해야 할 것 같다. 정말 너희들을 속인 거나 다름없거든. (본인이 꺼낸 돌을 가지고 온다.) 한주먹 가득이지, 하지만 여기를 봐라(자신이 꺼낸 아주 큰 두 개의 돌을 보여주며).

학생들: 아아!

교사 E: 자, 그럼 뺄셈을 하자, 준비되었니? 이것은 무슨 자리가 될까? 일의 자리, 십의 자리, 아니면 백의 자리? 수잔나? (들고 있던 돌을 다시 보여주며)

수잔나: 일의 자리.

교사 E: 일의 자리에. (숫자 100의 일의 자리 0 아래에 2를 쓴다.) 좋아. 너희들 스스로 어디 뺄셈을 할 수 있는지 한번 보자. (학생들은 각자의 공책에 뺄셈을 한다. 교사는 교실을 순회하지만 개별적으로 학생들과 말하지는 않는다.) 연필을 사용해라. (교사는 칠판 앞으로 돌아온다.) 이전 날 켈시가 이 앞에 나와서 어떻게 했는지 기억하니? 켈시가 어떻게 해야하는지를 우리가 말로 설명해 줌으로써 도와줬었지? 오늘은 내가 그렇게 해 보려고 해. 선생님이 어떻게 해야 하는지 누가 설명을 해줬으면 좋겠구나. 내가 무엇을 처음에 해야 하는지 누가 말할 수 있니? 내가 해야 할 첫 번째 일이 무엇이지? 모간, 내가 무엇을 해야만 하는지 얘기해봐. 무엇을 해야 하는지 나에게 제발 알려주렴.

모간: 선생님께서 처음에 해야 할 일은 빼는 거예요. 0에서 2를 빼세요.

교사 E: 0에서 2를 빼라. 좋아, 모간. 앞으로 나와봐. 여기서(두 손을 붙여 앞으로 내밀며) 2를 빼 바. (모간은 선생님의 손에서 무엇인가를 빼내는 시늉을 한다.) 제발 2를 빼 봐. (모간은 다시 빼내는 시늉을 한다.) 넌 지금 하고 있지 않아.

모간: 할 수 없어요.

교사 E: 왜 안 되지?

모간: 왜냐면 아무 것도 거기에 없기 때문이죠.

교사 E: 아무 것도 없다! 자 그럼 누가 이 문제를 풀 수 있을까? 누가 우리를 위해 이 문제를 해결해 줄 수 있지? 존, 이 문제를 풀 수 있겠니? 풀 수 없어? (존은 머리를 살짝 젓는다.) 빌리 조, 너는 어때?

빌리 조: 10을 빌려요.

교사 E: 10을 빌린다! 빌리 조, 여기서(칠판에 써 놓았던 100이라는 숫자에서 십의 자리 0을 가리키며) 10을 가져올 수 있니?

에피소드 1에서 학생들이 자신의 어림치를 발표한 후에 교사는 100－( )=( )을 세로셈 형식으로 칠판에 썼다. 얼마나 많은 돌이 유리병 안에 남아있는지 알아내기 위해 어떻게 이 식을 사용할 수 있는지 교사 E는 학생들에게 질문했다. 찰스는 교사가 빼낸 돌을 세어볼 것을 제안하고, 교사는 그 다음 단계를 물어보았다. 칠판에 제시한 식을 사용하리라는 교사의 기대와는 다르게 아테리언은 직접적인 전략-유리병에 남아있는 돌을 세는 것-을 제안했다. 교사는 이에 “나는 지름길(좀 빠른 방법)을 원해(I wanna take a short cut)” 라고 말하는데, 이는 학생들이 “100－( )＝( )”을 사용할 것을 간접적으로 권장하는 말이며, 실제 결과(유리병 안에 남아 있는 돌의 개수)는 같지만 그 결과를 찾기 위해 이용하는 방법들(예: 뺄셈을 하는 방법과 유리병 안에 남아있는 돌을 세는 방법) 중에 좀더 효과적인 방법이 있음을 암시하고 있는 것이다. 빼야 한다는 브리트니의 방법은 교사의 기대에 부합했고, 교사가 의도한 토론의 방향을 지속시킬 기회를 부여했다. 교사 E는 학생들에게 자신이 빼낸 돌 2개를 보여주고, 그 결과를 100－2＝( )으로 나타내었다. 그런 다음 교사 E는 학생들이 스스로 이 문제를 해결하도록 시간을 준 후, 뺄셈을 어떻게 해야 하는지 발표하도록 격려했다. 이때 학생은 교사의 역할을 하여 어떻게 뺄셈을 하는지를 교사 E에게 제시하고, 교사 E는 학생의 역할을 했다.

하지만, “내가 무엇을 처음에 해야 하는지 누가 말할 수 있니?(Who can tell me what I need first?) 내가 해야 할 첫 번째 일이 무엇이지?(What’s the first thing I do?)” 라는 문장에서 나타나듯이, 교사는 뺄셈 전략에 대한 토론의 방향을 제한하고 있었다. 다시 말해, 학생들이 자신들의 고유한 방법을 창안하기보다는 표준 알고리즘을 사용하여 100에서 2를 빼는 방법을 발표하기를 기대하고 있었던 것이다. 100－2＝( )라는 식을 해결하기 위해 학생들의 답변을 이끌어 내면서 교사 E는 단계적으로 형식적인 알고리즘을 가르쳤다. 이 교실에서의 어림 활동은 항상 100개의 대상을 가지고 시작했기 때문에, 학생들은 항상 100에서 얼마를 빼내는, 받아내림이 있는 뺄셈을 연습하게 되었다.

에피소드 2는 문제해결 활동에서도 교사 E가 종종 자신의 해결 전략이나 아이디어를 권장하는 사례이다. 특히, 이 에피소드는 학생들이 수학적으로 근거 있는 해결 방법을 찾아낸 후에도, 교사가 특정한 방정식이나 알고리즘을 사용하도록 강화하는 경향을 간접적으로 드러낸 대표적인 예이다. 이 에피소드에서 학생들은 소집단내에서 다음의 조개껍질 문제를 풀고 있었다: “로이와 레바는 조개껍질을 사서 보석을 만들려고 한다. 이 프로젝트를 수행하기 위해 전부 60개의 조개껍질이 필요하다. 로이는 12개, 레바는 18개의 조개껍질을 각각 샀다. 얼마나 더 많은 조개껍질이 필요한가?(How many more shells do they need?)” 교사 E는 학생들이 모둠별로 이 문제를 어떻게 풀 것인가에 대해서 토의한 후, 결정된 문제 해결 방법을 학습지에 기록하라고 말했다. 에피소드 2에서 보는 바와 같이 교사 E는 전체 토론 시간을 통해, 각 모둠에서 결정된 문제해결방법을 발표할 기회를 부여했다.

<에피소드 2> 학생들의 다양한 아이디어와 방정식 이용에 관한 교사의 관심

교사 E: ‘계획’에 “어떻게 문제를 풀 수 있습니까?” [문제해결의 한 단계로써 학습지에 쓰여진 단어와 질문] 너희들이 토의하여 어떻게 하기로 결정했는지 각 모둠에서 한 명씩 자원하여 발표하는 게 어때? 음, 메리, 자 들어보자.

메리: 더해서 문제를 풉니다.

교사 E: 메리는 더해서 문제를 풀 거래. (메리에게) 네가 학습지에 기록한 모든 것이니?

메리: 네.

교사 E: 좋아. 자, 그림 여기서는 누가 읽어볼래? 알렉스? (교실 전체 학생들에게) 너희들 지금 듣고 있니? 잠깐! 알렉스가 뭔가 다른 생각을 가지고 있을 수 있으니까 잘 들어야 해. 친구로부터 배울 필요가 있는 거지.

알렉스: 어떻게 문제를 풀 수 있습니까? [학습지에 있는 질문을 읽는다.] 12에 18을 더한다. 그러면 정답을 찾을 수 있다.

교사 E: (켈시 모둠에게) 너희들은 어떻게 할 거지?

켈시: 우리는요. 어떻게 문제를 풀 수 있습니까? [학습지에 있는 질문을 읽는다.] 그들은 [로이와 레바] 가게에 가서 더 많은 조개껍질을 사거나 해변가로 나가면 됩니다.

교사 E: 좋아, 너희들은 어떻게 할래? 빌리 조.

빌리 조: 음, 18에 12를 더한다. 그런 다음 60을 만들기 위해서 얼마나 많이 필요한지 알아낸다.

교사 E: 좋아. 이 모둠에서는 누가 발표할래?

케이라: 그들은 30개 조개껍질을 더 사야합니다.

교사 E: 너희는 지금 정답을 발표하고 있구나. 어떻게 그 답을 알아낼 수 있는지를 지금 찾고 있는 거야. 좋아, 애들아, 이 문제를 풀기 위해서 너희들이 시도해 본, 많은 다른 방법들이 있구나. 너희들이 지금 찾고자 하는 것은, 로이와 레바가 무엇을 해야 하는가이지. 더 많은 조개껍질을 사야 한다, 사실이지. 하지만, 수학적 문제 해결을 원해. 너희들 중 몇 명이 발표했지. 로이와 레바는 12와 18을 더해야 한다고, 그리고 그 결과가 무엇인지 알아냈다. 너희들이 그 수를 더한 거지. 그렇다면, 그것이 이제 무엇을 말해주니? 그래, 터렌스.

터렌스: 보석을 만들려면 30개 더 조개껍질을 사야합니다.

교사 E: 어디서, 30을 더 더한다는 것을 알아냈지?

터렌스: 어떻게 문제를 풀 수 있습니까? [학습지에 있는 질문을 읽는다.]

교사 E: 숫자 30이 어디서 나왔냐구?

터렌스: 왜냐하면, 나는 알아요, 15 플러스 15는 30. 18 플러스 12는 30. 그러니까 30 더 많으

면 60(30 more is 60).

교사 E: 매우 좋은 생각이야! 15 더하기 15는 30. 18 더하기 12는 30. 음, 하지만 전부 합해 60개가 필요한 거야. 지금 30개를 가지고 있는 거지. 바로 거기서 그 수를 찾아내기 위해서 우리가 만들어야 할 방정식이 있단다. 어떤 종류의 방정식을 우리가 만들어야 하는지 아는 사람 손 들어봐. 얘들아. 너희들은 지금까지 12 플러스 18은 30이라고 말했었지(칠판에 $12+18=30$을 세로셈 형식으로 쓰면서). 터렌스가 발표하기를 15 플러스 15는 30이라 했는데(칠판에 $15+15=30$이라고 쓰면서), 정말 훌륭한 생각이고, 사실이지. 하지만 전부 합하여서 60이 되어야 해. 우리가 꼭 만들어야 할 방정식이 있는데. 무엇이 필요한지 누가 얘기해 보렴. 그러니까 학습지에 너희들의 계획을 쓸 때, 너희들이 해야만 하는 것은, 음, 너희들이 지금까지 발표하지 않은 방정식 하나가 더 있어. 계획에서 너희들이 꼭 해야만 하는 것, 그것이 무엇인지 찾아낼 수 있도록 옆 사람과 토의해봐.

(학생들은 모둠별로 의견을 나누고 교사는 교실 주위를 돌아다닌다. 간단하게 메리네 모둠에 들렀다가 켈시네 모둠으로 이동한다.)

교사 E: (켈시에게) 로이와 레바가 무엇을 해야 한다고 생각하니?

켈시: 가게에 가서 더 사야된다고요. 30개 더.

교사 E: 맞아, 그러나 그 수를 알아내기 위해서 어떤 수학을 해야 하느냐 말이지? 가게에 가야지, 하지만 얼마나 많이 사야되는 거야? 어떻게 그것을 알아낼 수 있지? 네 계획이 무엇이니? 얼마나 많이 필요하지, 방정식?

켈시: 30개를 더 더해서 찾아낼 수 있어요.

교사 E: 친구와 더 얘기해봐라.

모간: 30 플러스 30은 60.

(교사 E는 잠시 학생들 주위를 돌아다니다가 전체 토론을 이끈다.)

교사 E: 자, 로이와 레바가 [조개껍질을] 몇 개나 가지고 있는지 찾아야 해. 문제에서 로이는 12개, 레바는 18개 조개껍질을 산다고 했지? 너희들이 지금까지 발표한 것 누가 얘기할 수 있니? 너희들이 그랬지, 12 플러스 18을 하면, 30이라고. 이것은 지금 로이와 레바가 얼마나 가지고 있는지를 나타내는 것이지(칠판에 “$12+18=30$ have” 라고 쓰면서). 하지만, 그 다음 얼마나 많이, 얘들아? 그들은 이것을(숫자 30을 가리키며) 가지고 있어. 얼마나 더 사야할 필요가 있는지를 찾아내려 하는 거야. 너희들은 계속해서 답을 나한테 말하고 있어. 하지만 그 답을 얻기 위한 방정식은 말하지 않고선 말이지. 너희들은 직관적인 사고를 이용하고 있어, 좋긴 하지만. 얼마나 더 사야하는지 알아내기 위해서 내가 지금 써야할 방정식은 무엇이지? 라라?

라라: 선생님께서는 30 플러스, 30 플러스 (자신의 모둠에 속한 친구들을 쳐다보며)... 라고 써야 해요.

교사 E: 지금 얼마나 많이 우리가 가지고 있지? 라라, 여기를 봐. 얼마나 가지고 있지?

라라: 60개의 조개껍질.

교사 E: 60. 우리는 지금, 아니지, 60개의 조개껍질을 가져야하는 거지. 내가 실수했네. 지금 30개를 가지고 있지. 얼마나 많이 더 필요하지?

라라: 30개 더 필요합니다.

교사 E: 옳아. 하지만 그 답을 어떻게 알아냈지?

라라: 왜냐하면요. $3+3=6$이라는 것을 전 알거든요. 쉬워요. $3+3=6$이니까 $30+30=60$이죠.

교사 E: 그러니까, 네가 생각한 것은, 60이 되기 위해서 얼마를 더해야 할까 생각했단 말이니?

라라: 네.

교사 E: [답을 찾는데는] 여러 가지 방법이 있지. 60 마이너스 30은 얼마라고 말할 수도 있지?

학생: 30.

교사 E: 30개 더 사야하지.

교사 E가 처음 토론을 시작했을 때, 학생들 대부분은 다소 모호하게 자신들의 아이디어를 제시했다. 교사 E는 학생들의 대답을 받아들였지만, 특정한 두 개의 방정식(12 + 18 = 30과 60 − 30 = 30)에 관심을 가지고 있었던 것 같다. 몇 학생은 답이 30이라고 발표했으나, 그 답을 알아내기 위해서 교사가 염두에 두고 있었던 두 번째 방정식을 이용하지 않았다. 어떻게 정답을 알아냈는지 교사 E가 묻자, 학생 터렌스는 "나는 알아요, 15 플러스 15는 30. 18 플러스 12는 30. 그러니까 30 더 많으면 60."이라고 설명한다. "30 더 많으면 60(Then 30 more is 60)"이라고 말한 점을 고려해 보면, 터렌스는 12에다가 18을 더한 다음, 30 + X = 60이라는 방정식을 사용했었을 수도 있다. 주어진 문제가 "얼마나 더 많은 조개껍질이 필요한가? (How many more shells do they need?)" 라는 것을 고려해 보면, 방정식 30 + X = 60을 이용하는 것은 다소 자연스러우면서도 직관적인 것처럼 보인다.

교사 E가 계속하여 어디서 답 30이 나왔는지 묻자, 터렌스는 30 더 많으면 60이라는 합리적인 설명과 함께 다소 그 생각의 근거가 불분명한 15 + 15 = 30이라는 방정식을 제시한다. 교사 E는 이 아이디어 자체에 대해서 칭찬하지만, 이 시점에서 15 + 15 = 30이라는 방정식이 답 30을 알아내는데 타당한 근거로는 인정하지 않는다. 자신이 기대하고 있었던 두 번째 방정식 (60 − 30 = 30)을 학생들이 발표하지 않자, 교사는 다소 불만족스럽게 "너희들이 지금까지 발표하지 않은 방정식 하나가 더 있어"라고 반복하여 말하면서 학생들이 꼭 찾아야 하는 식이 있음을 강조했다(e.g., There is an equation we must make). 이 시점에서 학생들이 30 + 30 = 60이라는 방정식을 사용했었을 수도 있다고 교사 E가 유추했는지는 분명치 않다.

교사 E는 학생들이 뺄셈을 이용한 방정식을 찾아내기를 바라면서 추가적으로 토의할 시간을 주었다. 학생들이 모둠별로 토론에 잘 참여하는지 알아보기 위해 교실을 순회하던 중 교사 E는 켈시네 모둠에서 대화를 나눈다. 학생 켈시는 "30을 더 더해서(We can add 30 more to get...)"라고 모호한 설명을 한 반면에, 학생 모간은 "30 플러스 30은 60 (30 plus 30 is 60)"이라고 타당한 설명을 했다. 하지만 이 시점에서 교사 E는 아무런 피드백도 제공하지 않았다. 조금 후, 전체 토론을 다시 이끌면서, 교사 E는 학생들의 이와 같은 공헌을 '직관적(intuitive)'이라고 평가했고, 그 생각에 대해서 칭찬했다. 하지만 "너희들은 그 답을 얻기 위한 방정식은 말하지 않고선 말이지(You haven't talked about the equation to get it)"라고 교사 E가 말했을 때, 이것은 학생들이 적절한 방정식을 사용하지 않았다는 것을 암시하는 것이었다. 다시 말해, 주어진 문제에 대한 정답 30을 알아내는데, 30 + 30 = 60이라는 방정식을 수학적으로 타당한 식으로 인정하지 않았다는 말이다.

교사가 계속하여 (또 다른) 방정식을 사용하라고 말하자, 학생 라라는 정답을 알아내기 위해 30 + 30 = 60이라는 방정식을 사용한 근거를 다음과 같이 제시했다: "3 + 3 = 6이니까 30 + 30 = 60이죠(I know that 3 + 3 = 6. So, I know that 30 + 30 = 60)." 교사 E는 라라가 무엇을 더하면 60이 되는지를 생각했는지 확인하고 난 다음 그 아이디어를 받아들였다. 정답 30을 알아내기 위해 여러 가지 문제해결 방법이 있음을 인정하면서 교사 E는 마지막으로 60 − 30

$= 30$이라는 방정식을 사용하는 것에 대한 자신의 관심을 드러내었다.

왜 교사 E가 $60 - 30 = 30$이라는 방정식을 강조했는지에 대해서 크게 두 가지 해석이 있을 수 있다. 하나는 뺄셈이 일어날 수 있는 상황 중 전체 얼마에서 얼마를 빼는 경우에 대해 개념적으로 학생들이 이해하도록 도와주려고 의도했었을 수 있다. 하지만 실제 그런 기회가 있었음에도 불구하고 교사 E는 $30 + X = 60$과 $X = 60 - 30$간의 개념적 관계를 연결하지 않았다. 예를 들어 터렌스에게 "30을 더 더한다는 것을 어디에서 알아냈니?(Where did you get the..., adding 30 more?)"라고 질문했을 때, 교사 E는 터렌스가 $30 + X = 60$이라는 방정식을 이용하고 있을 가능성이 있다는 것을 추측할 수도 있었다. 또한 모간의 분명한 설명을 통해 학생들이 이 방정식을 사용하고 있음을 알아차릴 수도 있었을 것이다. 전체 토론에서 라라 역시 $30 + X = 60$이라는 방정식을 사용한 근거를 분명하게 제시했다. 하지만, 그 두 방정식 ($30 + X = 60$과 $X = 60 - 30$)을 관련짓는 대신에, 교사 E는 $60 - 30 = 30$이라는 방정식을 또 하나의 (대안적인) 방정식으로써 직접적으로 소개했다.

이와 같은 일련의 상황은 왜 교사 E가 $60 - 30 = 30$이라는 방정식을 강조했는지에 대해서 좀더 믿을만한 해석을 내리도록 도와준다. 교사 E는 미리 정해진 두 개의 방정식을 학생들이 사용하기를 바랬었던 것이다. 기대하고 있었던 방정식을 학생들이 이용하지 않자, 교사 E는 학생들의 타당한 수학적 사고에도 불구하고 그 방정식을 소개했던 것이다.

이 해석은 교사 E의 추후 수업의 진행과도 잘 들어맞았다. 학습지에 제시된 문제해결절차(이해, 계획, 해결, 검토)에 따라 학생들이 자신의 해결 방법을 검토하는 단계에서, 교사 E는 학생들이 그 두 개의 방정식($12 + 18 = 30$과 $60 - 30 = 30$)만을 썼는지 검사했다. $30 + X = 60$이라는 방정식을 이용한, 학생들 스스로의 직관적 사고에 대해서는 반영해 볼 기회를 갖지 못했으며, 더욱이 $30 + X = 60$과 $X = 60 - 30$간의 개념적 관계를 이해할 만한 여지는 마지막 검토단계에서도 제공되지 않았다.

교사 E의 이와 같은 수업 방식을 반영해 주는 양, 학생들은 일반적으로 정답을 찾아냈을 때 눈에 띄게 기뻐했다. 하지만, 소집단 활동에서 자기 자신의 논리나 해결책을 찾아보고 그것이 수학적으로 그럴 듯 한지 그 의미를 추구하기보다는 교사의 확인을 받기 위해 종종 기다리는 경향이 있었다. 이러한 점에서 수학적으로 무엇이 의미 있는가와 관련된 사회 수학적 규범은 표준 알고리즘이나 특정한 방정식을 이용한 것이었고, 수학적 정확성(being accurate)과 자동성(being automatic)에 관련된 것이었다. 또한 수학적으로 받아들여질 만한 것은 교사의 확인 및 검증이 주요 근거를 이루었다(<표 3> 참조).

이와 같은 교실 문화 속에서 교사 E의 학생들의 학습 기회는 정형(routine) 문제를 해결할 수 있는 절차적인 기법들을 정확성과 확신을 가지고 배우는 데로 다소 제한되는 경향이 있었다. 학생들은 능동적으로 수학 수업의 다양한 활동에 참여하고 있었지만, 그들의 활동에 근간이 되는 수학적인 이해를 개발시킬 기회를 제대로 가지지 못했다.

2) 교사 M 교실에서의 사회수학적 규범과 학습기회

교사 E와 마찬가지로, 교사 M도 수학 활동과 토론에 학생들이 적극적으로 참여하는지에 관심을 기울였다. 하지만, 교사 E와는 다르게,

교사 M은 학생들이 그 참여 속에서 어떻게 스스로 의미를 만들어 가는지 그 학습 과정에 초점을 두었다. 교사 M의 일차적인 관심은 학생들이 자기 자신의 해결 방법이나 아이디어를 창안하고 설명하며 정당화 할 수 있는 수학교실문화를 형성하는 것이었다. 학생들의 수학적 사고에 초점을 맞추는 반면에, 교사 M은 학생들이 특별히 수학적으로 무엇이 가치 있는 생각이며, 수학적으로 어떻게 의사 소통하는 지를 배울 수 있도록 수업을 이끌었다.

학생들의 사고에 대한 교사 M의 관심은 학생들이 정답은 알지만 그에 적절한 이해를 수반하지 않은 경우에 어떻게 대처했는가에서 쉽게 드러났다. 교사 M은 학생들이 정답을 맞췄느냐가 아니라 어떻게 알아냈느냐에 초점을 두었던 것이다. 에피소드 3은 이를 지지하는 대표적인 예로써, 학생이 수학적으로 타당한 설명 없이 집에서 본 곱셈 구구단에 의존해서 6 ×5 =30이라고 발표했을 때, 그것이 정답임에도 불구하고 교사 M의 교실에서는 가치 있는 답으로 받아들여지지 않았다.

<에피소드 3> 암기보다는 수학적으로 타당한 설명 강조

(교사 M은 칠판에 6개의 원과 그 각각의 원 안에 5개의 별을 그린다.)

교사 M: 너희들이 계속해서, "선생님, 곱셈을 배우고 싶어요" 라고 말해 왔으니까 이제 곱셈식 쓰는 것을 좀 해 볼 거야. 올해 초, 마이클이 시작한 이래로, 계속해서 나한테 곱셈을 배우고 싶다고 말했지? 이제 좀 준비가 된 것 같구나. 내가 여기에(칠판의 그림을 가리키며) 무엇을 가지고 있는지 누가 말해볼까? (몇 명의 학생만 손을 든다.) 얼마나 많은 묶음들(groups)이 있지? 얼마나 많은 묶음들이 있지? (많은 학생들이 손을 든다.) 아니면, 얼마나 많은 집합(sets)이 있지? 이번에는 너희들 모두 손을 들 수 있었으면 좋겠는데. 얼마나 많은 묶음이 있지? (칠판에 그려진 원 하나씩을 가리키며) 이것은 집합이나 묶음이지 (다시한번 각각의 원을 가리키며). 얼마나 많이 가지고 있지? 트리나?

트리나: 6 곱하기 5.

교사 M: 좋아.

트리나: [6 곱하기 5는] 30과 같습니다.

교사 M: 트리나가 말하기를, 내가 여기에 6개의 집합을 가지고 있고, 그 각각 안에 5개를 가지고 있다고 발표했어. 그러니까, 나는 6 묶음의 5 [5씩 6묶음]를 가지고 있는 거지[4] (칠판에 6×5 라고 쓰면서). 6 묶음의 (곱셈기호 '×'를 가리키며) 이게 곱하기야. 6묶음의 5. 트리나가 말하기를 30이래 (칠판에 ' =30' 이라고 쓰면서, 곱셈식 6×5 =30). 어떻게 알아냈지, 트리나?

트리나: 왜냐하면, 저는 이렇게... 전 그냥 알고 있었어요, 왜냐면 곱셈표(times table)를 가지고 있어서... (교사가 말을 가로챈다.)

교사 M: 너희들은 지금 2학년이야. 그냥 그렇게 알지는 못하지. 어떻게 표현(말)할 수 있는지 또는 어떻게 알아낼 수 있는지 방법을 가지고 있어야 해.

트리나: 그러니까 저희집에요 곱셈표 챠트를 가지고 있어요 그리고 (다시 교사가 말을 가로챈다.)

교사 M: 하지만 말이야, 선생님은 그 답을 알아내기 위해서 더 나은 방법을 알아내야 하겠는걸.

트리나: 5, 10, 15, 20, 25, 30 (손가락으로 칠판

---

4) "I've got 6 groups of 5." 여기서 5씩 6묶음이라 할 때, 우리 나라에서는 5X6이라고 하고, 5곱하기 6 이라고 읽는 방법을 약속하는 반면에, 미국에서는 본 에피소드에서 교사 M이 수업하듯이 "groups of" 또는 "sets of"를 곱셈기호 'X'으로 설명하며, 6묶음의 5로써 6X5라고 표현한다.

에 그려진 원을 하나씩 가리키며)

교사 M: 아하! 5, 10, 15, 20, 25, 30 (하나씩 원을 짚어가며). 그래서, 6 묶음의 5는 30이구나.

교사 M은 자신이 토론에 직접적으로 개입하여 옳고 그름을 판단하기 보다는 상당한 시간 동안 학생들이 서로 논쟁을 벌일 수 있는 학습 분위기를 조성해 주곤 했는데, 특히 학생들이 상반되는 수학적 아이디어를 가지고 있을 때 더욱 그렇게 했다. 토론에 학생들이 충분히 자기 의견을 발표한 이후에만, 교사 M은 논의되는 중요한 아이디어를 요약해 주었다. 또한 수업시간에 이용된 다양한 수학 게임과 관련하여 교사 M은 빈번히 학생들의 사고를 촉진시키는 발문을 제공하였고 이에 대한 토의로 교실 내에서 효과적인 수학공동체를 형성하는데 초점을 두었다. 에피소드 4는 이에 대한 대표적인 예라고 할 수 있는데, 교사 M은 학생들에게 "20에 얼마나 가까운가?(How close to 20)[5)]" 라는 게임을 설명하고, 이 게임에서 높은 점수를 받는 것이 좋은지 낮은 점수를 받는 것이 좋은지에 대해서 생각해 보라고 요청했다.

<에피소드 4> 교사의 흥미 있는 질문과 학생의 토론

교사 M: 선생님이 매우 어려운 질문을 하나 해봐야지. 이것은 말야, 생각하는 사람의 질문이야. 높은 점수를 가지고 싶니, 아니면 낮은 점수를 가지고 싶니? 조나단, 이것은 매우 중요하단다. 브랜던, 넌 알지 못하니? 음... 너 아니? 너는 어떤 점수를 가지고 싶니, 브랜던?

Brandon: 가장 높은 점수.

교사 M: 왜 가장 높은 점수를 가지고 싶지?

Brandon: 왜냐하면 점수가 높을수록 좋으니까요.

교사 M: 많은 게임에서 높은 점수가 더 낫지. 사실 많은 게임에서 브랜던의 생각은 옳아. 브랜던의 생각이 이 게임에서 옳을까?

학생들: 아니요, 예, 아니오, 예.

교사 M: 어떤 사람은 예라고 하고, 어떤 사람은 아니라고 하네. 브랜던의 생각이 이 게임에서도 옳으니? 옳다고 생각하면 손을 들어봐. (조금 후) 그렇지 않다고 생각하면 손을 들어봐. (좀 더 많은 학생들이 그렇지 않다에 손을 든다.) 왜 그렇지 않다고 생각하지, 데릭?

데릭: 왜냐하면, 이 게임에서는 누가 20에 가까이 갈 수 있는가를 살펴봐야 하니까요. 만약 가장 높은 점수를 가지고 있다면, 그것은 20에 가까이 있지 않다는 것을 말해줍니다.

교사 M: 자 더 얘기해 보자. 계속해서 말해봐. 토미?

토미: 그러니까, 20에 가까이 가면 갈수록 낮은 점수를 가지게 되니까요.

교사 M: 더 발표해보자. 계속해 보자. 누가 더 얘기해 볼 수 있겠니? 데이비드?

데이비드: 23을 예로 들자면, 이때, 20보다 3 만큼 여분을 가지고 있는 셈입니다.

교사 M: 좋아, 3이 1보다 더 나은 점수이니? 데이비드? 무엇이 더 나은 점수이지?

데이비드: 1.

교사 M: 그래서, 무엇을 가지고 싶단 얘기지? 무엇? 레이니?

레이니: 가장 낮은 점수.

교사 M: 가장 낮은 점수. 좋아. (이때, 체이스가

5) 한 경기자가 이 게임에서 사용할 숫자 카드(1에서 10까지 각각 4매)를 섞는다. 각각의 경기자는 자기 차례가 돌아오면 무작위로 5개의 숫자 카드를 받게 되는데, 이 중에서 3개 카드를 적절히 선정하여 그 합이 20에 가깝도록 만들어야 한다. 경기자는 매번 그 세 카드의 합과 20과의 절대값으로 점수 (score)를 계산한다. 5차례 경기를 진행한 다음 점수의 합이 적은 사람이 승자가 된다.

갑자기 손을 든다.) 체이스, 뭐 발표할 것 있니?

체이스: 골프에서와 같애요. 낮은 점수를 따려고 하죠, 왜냐면 더 높은 점수를 얻게 되면, 나쁘기 때문입니다. 만약 누군가 78을 얻게 된다면, 전혀 좋지 않지요, 왜냐면 그것은 20이 아니니까요.

교사 M: 음, 알겠다. 맞아. 그것 [78]은 20으로부터 너무 멀리 떨어져 있을 거야. 네가 78을 가졌다고 하면, 20으로부터 정말 멀리 떨어져 있는 거지, 그렇지, 체이스? 얘들아, 20을 보고, 그 다음에 78을 봐라 (교실 앞 칠판 위에 걸려있는 수직선에서 각각 20과 78을 가리키며)

학생들: 맙소사!!

교사 M: 정말 멀리 떨어져 있는 셈이지. 좋아.

이 에피소드에서 교사 M은 학생들 자신의 주장에 대한 근거를 발표하라고 격려했다. 학생들이 두 가지 대답(높은 점수와 낮은 점수)을 하자, 교사 M은 낮은 점수가 이 게임에서 올바른 선택이라는 것과 왜 그런지에 대해서 설명하도록 기회를 부여했다. 앞서 기술했듯이, 일반적으로 학생들 사이에 상반된 의견이 있는 경우, 교사 M은 양쪽의 의견을 다 듣는 방향으로 전체 토론을 유도했지만, 에피소드 3에서는 다소 예외적으로 반에서 수학을 잘 하는 학생들 중심으로 발표시켰다. 면담결과 이는 학생들이 논의중인 질문에 대해서 이미 상당히 혼동하고 있다고 교사 M이 판단했고, 그런 상황에서 교사 자신의 직접적인 설명보다는 정답을 제대로 알고 있음직한 학생들이 왜 그렇게 생각했는지 근거를 제시하는 경우에 다른 학생들이 더 잘 이해할 것이라고 교사가 생각했기 때문이었다. 토의가 진행되는 동안, 학생 체이스는 점수가 낮을수록 승리하는 골프 경기를 적절하게 예로 들었고, 큰 수 78을 가진 가상적인 경우에 대해서도 발표했다. 사실 가장 큰 숫자 카드는 10이므로, 78은 이 게임에서 세 숫자 카드의 합이 될 수는 없다. 실제 체이스가 78을 세 수의 합으로써 생각하고 발표한 것인지 아니면 5회 경기가 모두 끝난 최후의 점수로써 제시한 것인지는 분명치 않으나 아무튼 체이스의 예는 이 토론을 끝맺음 짓는데 매우 효과적인 생각이었다.

학생들의 토론 참여와 수학적 사고를 강조하는 교사 M의 이와 같은 접근 방법과 관련하여, 학생들은 전체 학습이나 소집단 활동에서 주어지는 문제를 풀 때마다, 줄곧 자신들의 방법을 창안해 냈다. 더욱이, 교사의 시작이나 중재 없이도, 학생들은 종종 중요한 수학적인 개념을 다루는 토론에 빠져들곤 했다. 이러한 점에서 무엇이 한 해결방법을 수학적으로 의미 있게 하는가와 관련된 규범은 그 해결 방법이 학생들에게 이해되느냐 하는 것이었다. 이와 비슷하게, 수학적으로 받아들여질 만한 것은 이 교실 수학 공동체내에서 타당한 근거와 논리적인 설명으로 다른 사람을 납득케 하는 것이 주를 이루었다(<표 3>참조).

<표 3> 비교: 사회수학적 규범

비슷함의 정도*	사회수학적 규범	교사 E의 교실	교사 M의 교실
거의 없다	무엇이 수학적으로 의미있는가?	· 알고리즘 또는 특정한 방정식 · 정확성 · 자동성	· 개개 학생들의 이해
	무엇이 수학적으로 받아들여 지는가	· 교사 E에 의한 확인	· 합당한 논쟁 · 논리적 설명 · 다른 사람을 납득 · 효과적인 교실 수학공동체 형성
	수학적 참여의 정도는 어떠한가?	· 교사 E의 반응을 점검 · 수학적 기능에 초점 · 기초적인 수학적 절차에 자신감 · 정답에 관한 흥미와 관심	· 자신의 고유 해결방법 창안 · 학생들 자신의 수학적 논쟁 · 좀더 도전적인 문제 요구 · 자율성

이와 같은 교실 문화 속에서 교사 M의 학생들은 수학적으로 안다는 것이 무엇인지, 가치를 부여한다는 것이 무엇인지, 논의를 벌인다는 것이 무엇인지에 대해서 배울 수 있는 학습 환경에 접할 수 있었으며, 그러한 교실 공동체에 참여하면서 자신들이 배우고 있는 수학에 대해 개념적인 근간을 만들어 나갈 학습 기회를 가지고 있었다.

V. 맺는 말

1. 사회수학적 규범과 교실개혁

교사 E와 교사 M의 초등수학교실은 유사한 사회적 규범을 형성하였는데, 그 예로는 허용적인 학습 분위기를 만든 것, 소집단내에서의 협동과 토론을 강조한 것, 학생들에게 흥미를 이끌 수 있는 활동 양식을 적용한 것, 개별 학습이나 소집단 활동 후에 전체 토론을 벌이는 것, 주어진 한 문제에 대해서 여러 가지 다양한 접근 방법을 강조한 것, 학생들의 능동적인 참여를 기대하고 격려한 것, 그리고 학생들의 발표를 교사가 부연 설명한 것들이다. 이러한 사회적 규범들은 현재 수학교육 개혁과 관련된 문헌들에서 강조되고 있는 교수 방법과 일관된다(NCTM, 1989, 1991, 1995, 2000).

이렇듯 유사한 사회적 참여 구조에도 불구하고, 두 교실은 매우 상이한 수학 교실문화를 형성했다. 한 교실에서는 교사가 일관되게 강조하는 다소 고정된 수리적 절차에 바탕을 두고 학생들이 수학을 경험하고 있어서, 수학적으로 정확하거나 자동적인 해결 방법이, 통찰력이 있거나 창의적인 해결 방법보다 더 중요하게 공헌되는 것으로 평가되어졌다. 이와 대조적으로, 다른 교실에서는 학생들이 자신의 이해 과정에 기초해서 수학을 배우고 있었는데, 특히 사고하고, 의사 소통하고, 논의하고, 증명하고, 가치를 부여하는 데 있어서, 특별히 수학적인 방법으로 여겨지는 양상을 배울 수 있는 과정에 학생들이 계속 참여하게 되었다.

이와 같은 수업 양상의 유사점과 차이점은 학생들의 학습 기회가 교실 공동체에서 형성된 일반적인 사회적 규범에서 비롯되는 것이 아니라는 것을 분명하게 드러내 주고 있다. 학생들의 학습 기회는 그 대신에, 각 교실에서 형성되는 사회수학적 규범에 밀접하게 관련되어 있는 것으로 드러났다. 따라서, 본 연구는 수학교육 개혁운동이 각각의 교실 문화에서 형성되는 사회 수학적 규범을 강조해야 한다는 것을 제안한다.

2. 사회수학적 규범의 재개념화

본 연구를 통하여 사회 수학적 규범은 학생들의 수학적 참여의 질을 반영하고, 그들의 개념적 학습 기회를 예시해준다는 점에서 교실 수학문화를 결정하는 중요한 요소로써 부각되었다. 이론적 배경에서 언급되었듯이 사회수학적 규범은 Cobb과 그의 동료들이 특정한 수학적 개념을 가르치기 위한 수업을 설계하고, 그것을 바탕으로 학생들의 수학 학습을 증진시키려고 노력하는 교사를 지원하는 과정에서 만들어졌다. 여기서 수학적 토론에 관한 기준으로서의 사회수학적 규범은 학생들의 집단적인 학습과정을 분석하기 위한 전제조건으로 비교적 간단하게 기술되었다. 하지만, 본 연구에서는 학생들이 수학 개념을 이해하고 긍정적인 수학적 성향을 갖도록 교실개혁을 추구하는 교수·학습과정의 잠재성을 분석하기 위해 사회수학적 규범을 보다 핵심적인 요소로 인식하게 되었고, 연구결과 그 개념을 재정립할 필요성이 있음이 드러났다.

Cobb의 연구에서처럼 현장 교사가 연구팀에 의해서 다각적으로 지원 받게 되는 경우, 그 교실에서의 교수법 개혁은 상대적으로 성공적일 가능성이 높다. 사실, 사회수학적 규범에 관한 거의 모든 기존의 연구에서는 해당교실에서 학생들이 충분한 수학 학습 기회를 갖을 수 있었고, 그 결과로 사회수학적 개념은 학생들의 수학적 성향, 자율성, 세련된 지식 발달 등과 같이 주로 긍정적인 사례와 함께 설명되어 왔다. 본 연구는 이러한 사회수학적 개념을 보다 넓게 응용할 수 있음을 시사한다. 예를 들어, 교사 E 교실에서는 절차 중심의 교수방법이 창의성이나 이해보다 우선하여 정확성, 알고리즘, 그리고 자동성 등을 강화하는 경향으로 나타났다. 다시 말해, 합리적인 토론의 구조나 장은 마련했으되, 수학적 탐구 문화를 반영할 만한 교실을 만들지는 못했다. 기존의 사회수학적 개념에 관한 다소 좁은 의미의 정의만을 고려하면, 어떻게 이런 교실이 사회수학적 규범을 증진하는 것으로 분석될 수 있는지 분명치 않다. 본 연구는 이러한 제한점을 극복하여 특별히 수학적인 참여 양상을 반영하고 지지하는 교실 문화의 모든 것을 포함하는 요소로써 사회수학적 규범을 재개념화할 필요성이 있고, 이에 대한 연구가 필요함을 제안한다(Pang, 2001).

3. 수학교육개혁으로의 도전

본 연구는 수학교육 개혁과 관련하여 점차적으로 인지되고 있는 양상을 지지해 주는데, 그 양상은 바로 수학 교수방법을 개혁한다는 것이 단지 수업의 사회적인 구조를 바꾸는 것도 아니요, 기존의 목록에 몇 가지 수업 기술을 첨가하는 것도 아니라는 점이다. 개혁은 학생들이 교실 공동체에 사회적으로 참여하는 것만으로 끝나는 것이 아니라 어떻게 그러한 참여가 그들로 하여금 수학적으로 점차 세련된 방법으로 알아 가는 것과 가치를 부여하는 것을 배울 수 있게 되는지에 대해서 재 개념화(re-conceptualization)하는 것을 포함해야 한다. 이러한 재개념화는 개혁의 방향과 일관되게 교수법을 바꿔보려고 부단히 노력하는 교사들에게조차 쉽게 형성되지 않는다.

교사 E의 경우를 보면, 단지 교실의 일반적인 사회적 규범들만을 바꾸는 것은 학생들이 개념적으로 수학을 배울 기회를 향상시키지 않을 수도 있으며, 다양한 수학 활동에 참여하면서도, 특별히 수학적인 방법으로 사고하는 것과 의사소통하는 것을 발전시키지 않을 수도 있다는 점을 경고해 준다. 나아가 교사 E의 학생들은 분명히 자신들의 수학 수업을 통해 긍정적이고 즐길 수 있는 수학 학습 경험을 가졌지만, 그러한 경험을 통해 특별히 자신들의 수학적인 계발을 이룰 수 있는 학습 기회는 충분히 가지지 못했다.

교사 M의 경우를 보면, 학생들이 특별히 수학적인 활동과 대화에 관련되는 설명, 정당화, 논의를 포함하는 사회적 과정에 능동적으로 참여하는 동안에 자신들이 배우고 있는 수학에 대해서 그 개념적 기초 또한 획득할 수도 있다는 것을 시사해 준다. 그리고 이것이 바로 수학 교육을 개혁하려는 노력이 보다 성공적으로 효과를 거두는 경우라고 할 수 있다. 이러한 관점에서, 수학 교육 개혁이 학교교실 수준에서 실현될 때, 그 개혁의 노력을 개시하고 평가하는 데 있어서는 일반적인 사회적 규범이 아니라 사회수학적 규범이라는 구성 요소가 강조되어야 한다.

본 연구는 학생중심 또는 교사중심 교수법이라는 단순한 이분법은 다양한 수학교육개혁의 가능성을 흐려놓을 수 있다는 것을 시사한다. 전형적인 교사중심의 수학 교실에서 찾아볼 수 있는 사회적 규범과는 매우 다른 사회적 규범을 형성하고 있다는 점에서 교사 E의 교실은 한편으로 학생중심 교수법을 실행하고 있다고 볼 수 있다. 하지만, 교사 E의 교실의 상세 분석은 수학활동과 토론의 궁극적인 초점이 학생들이 창안한 방법보다는 교사 자신의 설명이라는 점에서 또 한편으로는 교사중심임을 드러낸다. 따라서 어떤 의미에서 교사중심이고, 어떤 의미에서 학생중심인지 상세하게 분석될 필요가 있으며 그와 같은 분석은 교사와 학생들이 수학 교실 문화를 형성하는 과정을 관찰함으로써 가능하다.

개혁이라는 것은 근본적으로 중요한 변화를 일으킨다는 말이며, 교사는 그 변화의 핵심으로 늘 남아있다. 시대적 요청, 수학 학습에 관한 이론적 관점의 변화, 학생들의 수학학습 평가 등은 늘 더 나은 수학교육을 구현하고자 개혁을 불러일으키는 주요 요인이 되어 왔다. 하지만 아무리 타당한 개혁의 근거와 지침이 있다 하더라도 실제 교수·학습이 일어나는 교실 현장에서 유의미한 변화가 일어나느냐 그렇지 않느냐는 상당한 정도로 어떻게 교사들이 수학교육 개혁을 이해하고, 그것에 대해서 반응하느냐에 달려있다. 이 점에서, 교수법의 진정한 변화는 교실 수준에서 일어난다고 해도 과언은 아닐 것이며, 그러한 변화는 현장 교사들이 개혁에서 강조되고 있는 이상적인 교수법과 관련하여 자신들이 가지고 있는 가치와 우선 순위를 파악할 때 일어나게 된다고 생각된다.

미국의 수학교육 개혁은 한국의 수학교육에 직접·간접적으로 많은 영향을 끼쳐왔다. 특히, 수학교육에서 비슷한 문제점이 인식되는 형편에서 두 나라 모두 교사중심에서 학생중심으로 교수법 개혁을 추진한다는 것을 고려해볼 때, 수학 수업을 통해 드러나는 미국 수학교육개혁의 성공과 실패는 우리에게 많은 시사점을 제시한다. 본 연구는 우리 나라의 현장 교사들과 수학 교육자들이 현재 수학교육 개혁 방향에 부합될 수 있는, 다양한 수학 교수법에 개방적이 되어야 함에 동의하지만 그러한 노력이 정말로 의도한 결과를 불러일으키는지에 대해서 먼저 세심한 주의를 기울여야 함을 미국 초등수학 수업 분석을 통하여 경험적으로 제안한 것이다.

참고문헌

교육부 (1997). 제 7차 수학과 교육과정. 서울: 대한교과서 주식회사.

김진규, 김찬종, 류희찬, 임형 (1996). 학력평가 국제비교연구: TIMSS 본검사 질문지 분석 연구보고서. 서울: 국립교육평가원.

백석윤 (2001). 제 7 차 수학과 교육과정에 따른 1-6단계 수학교과용 도서 개발 방향과 수학 및 수학 익힘책 사용방안. 대한수학교육학회 수학교육학연구발표대회논문집, pp. 137-156.

Ball, D. L. (1993). With an eye on the mathematical horizon: Dilemmas of teaching elementary school mathematics. *The Elementary School Journal*, 93(4), 373-398.

Bowers, J., Cobb, P., & McClain, K. (1999). The evolution of mathematical practices: A case study. *Cognition and Instruction,* 17 (1), 25-64.

Burrill, G. (1997). The NCTM Standards: Eight years later. *School Science and Mathematics*, 97(6), 335-339.

Cobb, P. (1994). Where is the mind? Constructivist and sociocultural perspectives on mathematical development. *Educational Researcher*, 23 (7), 13-20.

Cobb, P. & Bauersfeld, H. (Eds.). (1995). *The emergence of mathematical meaning: Interaction in classroom cultures*. Hillsdale, NJ: Lawrence Erlbaum Associates.

Cobb, P., Gravemeijer, K., Yackel, E., McClain, K., & Whitenack, J. (1997). Mathematizing and symbolizing: The emergence of chains of signification in one first-grade classroom. In D. Kirshner & J. Whitson (Eds.), *Situated cognition: Social, semiotic, and psychological perspectives* (pp. 151-233). Mahwah, NJ: Lawrence Erlbaum Associates.

Cobb, P., & Whitenack, J. (1996). A method for conducting longitudinal analysis of small groups. *Educational Studies in Mathematics*, 30, 213-228.

Cobb, P., & Yackel, E. (1996). Constructivist, emergent, and sociocultural perspectives in the context of developmental research. *Educational Psychologist*, 31(3/4), 175-190.

Cohen, D. K. (1990). A revolution in one classroom: The case of Mrs. Oublier. *Educational Evaluation and Policy Analysis*, 12(3), 311-329.

Confrey, J. (1991). Steering a course between Vygotsky and Piaget. *Educational Researcher*, 20(8), 28-32.

Council of Chief State Shool Officers (1997). *Math and science content standards and curriculum frameworks: States progress on development and implementation.* Washington, DC: the Author.

Fennema, E., & Nelson, B. S. (Eds.). (1997). *Mathematics teachers in transition.* Mahwah, NJ: Lawrence Erlbaum Associates.

Geertz, C. (1973). Thick description: Toward an interpretive theory of culture. In C. Geertz (Ed.), *The interpretation of culture* (pp. 3-30). New York: Basic Books.

Glaser, B. G., & Strauss, A. L. (1967). *The discovery of grounded theory: Strategies for qualitative research.* Chicago, IL: Aldine.

Grow-Maienza, J., Hahn, D-D., & Joo, C-A. (1999)). *Mathematics instruction in Korean primary schools: A linguistic analysis of questioning*. Paper presented at the Annual meeting of the American Educational Research Association, Montreal, Canada.

Hiebert, J., Carpenter, T. P., Fennema, E., Fuson, K., Human, P., Murray, H., Oliver, A., & Wearne, D. (1996). Problem solving as a basis for reform in curriculum and instruction: The case of mathematics. *Educational Researcher*, 25(4), 12-21.

Hiebert, J., Carpenter, T. P., Fennema, E., Fuson, K., Human, P., Murray, H., Olivier, A., & Wearne, D. (1997). *Making sense: Teaching and learning mathematics with understanding*. Portsmouth, NH: Heinemann.

Knapp, M. S. (1997). Between systemic reforms and the mathematics and science classroom: The dynamics of innovation, implementation, and professional learning. *Review of Educational Research*, 67(2),

227-266.

Lappan, G., & Schram, P. W. (1989). Communication and reasoning: Critical dimensions of sense making in mathematics. In P. R. Trafton, & A. P. Shulte (Eds.), *New directions for elementary school mathematics* (pp. 14-30). Reston, VA: The National Council of Teachers of Mathematics.

McClain, K. J. (1995). *The teacher's proactive role in supporting students' mathematical growth.* Unpublished doctoral dissertation, Vanderbilt University, Nashville, TN.

Merriam, S. B. (1998). *Qualitative research and case study applications in education.* San Francisco, CA: Jossey-Bass.

Mullis, I. V. S., Martin, M. O., Beaton, A. E., Gonzalez, E. J., Kelly, D. L., & Smith, T. A. (1997). *Mathematics achievement in the primary school years: IEA's third international mathematics and science study (TIMSS).* Chestnut Hill, MA: Center for the Study of Testing, Evaluation, and Educational Policy, Boston College.

Mullis, I. V. S., Martin, M. O., Gonzalez, E. J., Gregory, K. D., Garden, R. A., O'Connor, K. M., et al., (2000). *TIMSS 1999: International mathematics report.* Chestnut Hill, MA: The International Study Center, Boston College.

National Assessment of Educational Progress. *Mathematics assessment.* Washington, DC: Author.

National Center for Education Statistics (1996). *Pursuing excellence: A study of U.S. eighth-grade mathematics and science teaching, learning, curriculum, and achievement in international context.* Washington, DC: U.S. Government Printing Office. (http://www.ed.gov/NCES/timss)

National Center for Education Statistics (1997). Pursuing excellence: A study of U.S. fourth-grade mathematics and science achievement in international context. Washington, DC: U.S. Government Printing Office. (http://www.ed.gov/NCES/timss)

National Council of Teachers of Mathematics (1989). *Curriculum and evaluation standards for school mathematics.* Reston, VA: The Author.

National Council of Teachers of Mathematics (1991). *Professional standards.* Reston, VA: The Author.

National Council of Teachers of Mathematics (1995). *Assessment standards for school mathematics.* Reston, VA: The Author.

National Council of Teachers of Mathematics (2000). *Principles and standards for school mathematics.* Reston, VA: The Author.

Noh, S. (1998). *Prospective mathematics teachers' preconceptions about learning and teaching mathematics.* Unpublished master thesis. Louisiana State University.

Pang, J. S. (1998, August). Significance of sociomathematical norms in Mathematics Education. *Proceedings of the ICMI (International Commission on Mathematical Instruction)-East Asia Regional Conference on Mathematics Education,* Vol 3, pp.503-513. Seoul, Korea: Korea Society of Mathematical Education.

Pang, J. S. (2001, April). *Challenges of reform: Utility of sociomathematical norms.* Paper presented at the Annual Meeting of the American Educational Research Asso- ciation. Seattle, WA.

Peterson, P. L. (1994). Revising their thinking: Keisha Coleman and her third grade mathematics class. In H. H. Marshall (Ed.), *Redefining student learning: Roots of educational change* (pp. 151-176). Norwood, NJ: Ablex Publishing.

Renga, S., & Dalla, L. (1993). Affect: A critical component of mathematical learning in early childhood. In R. J. Jensen (Ed.), *Research ideas for the classroom: Early childhood mathematics* (pp. 22-39). NY: Macmillan.

Research Advisory Committee (1997). Clarifying the contributions of research with NCTM. *Journal for Research in Mathematics Education*, 28(4), 396-397.

Schmidt, W., Jorde, D., Cogan, L. S., Barrier, E., Bonzalo, I., Moser, U., et al. (1996). *Characterizing pedagogical flow: An investigation of mathematics and science teaching in six countries.* Dordrecht, Holland: Kluwer Academic Publishers.

Sfard, A. (1998). On two metaphors for learning and the dangers of choosing just one. *Educational Researcher*, 27 (2), 4-13.

Smith III, J. P. (1996). Efficacy and teaching mathematics by telling: A challenge for reform. *Journal for Research in Mathematics Education*, 27(4), 387-402.

Sorensen, C. W. (1994). Success and education in South Korea. *Comparative Education Review*, 80(1), 10-35.

Stake, R. E. (1998). Case studies. In N. K. Denzin & Y. S. Lincoln (Eds.), *Strategies of qualitative inquiry* (pp. 86-109). Thousand Oaks, CA: SAGE.

Stein, M. K., Grover, B. W., & Henningsen, M. (1996). Building student capacity for mathematical thinking and reasoning: An analysis of mathematical tasks used in reform classrooms. *American Educational Research Journal*, 33(2), 455-488.

Stephan, M. (1998). *Supporting the development of one first-grade classroom's conceptions of measurement: Analyzing students learning in social context.* Unpublished doctoral dissertation, Vandebilt University, Nashville, TN.

Stigler, J. W., & Hiebert, J. (1998). The TIMSS videotape study. *American Federation of Teachers*, 7, 43-45.

Strauss, A., & Corbin, J. (1998). Grounded theory methodology: An overview. In N. K Denzin & Y. S. Lincoln (Eds.), *Strategies of qualitative inquiry* (pp 158-183). Thousand Oaks, CA: Sage.

Third International Mathematics and Science Study (1996). *Videotape classroom study.* U.S. Department of Education, National Center for Education Statistics.

Voigt, J. (1994). Negotiation of mathematical meaning and learning mathematics. *Educational Studies in Mathematics,* 26, 275-298.

Yackel, E., & Cobb, P. (1996). Sociomathematical norms, argumentation, and autonomy in mathematics. *Journal for Research in Mathematics Education*, 27(4), 458-477.

12 『구성주의자의 실험 교수』에서 사용한 '실험 교수' 방법 해설

박 만 구[12)]

수학교육의 목직은 학습자의 수준이나 상황을 가능한 정확히 파악하여 그들의 학습 능력 및 요구에 적절히 부응하여 수학을 효과적으로 학습할 수 있도록 돕는 것이라고 할 수 있다. 이런 측면에서 볼 때, 구성주의자의 실험 교수는 수학교육관련 연구 방법들이 전통적으로 해왔던 양적인 연구에서 개인의 수학적인 성장이나 변화에 초점을 맞추어 일정 기간 동안에 투여한 '교수'의 효과를 검토하는 방법이라고 할 수 있다. 이는 마치 과학자들이 계획한 환경 하에서 대상물에 특정한 자극을 가한 후 일정 시간 후에 어떻게 달라지는지를 점검하는 과정과 유사하다고 할 수 있다. 그런데 양적연구와는 달리 이 연구 방법은 구성주의적인 관점에 어울리는 연구 방법으로 연구 실행의 특성상 소수의 연구참여자와 함께 하고, 일반적으로 연구자가 이 실험을 진행하는 주체자가 된다. 본 연구자는 'Teaching Experiment'를 실험적으로 교수를 한다는 의미에서 '실험 교수'로 번역하였는데, '교수 실험'이라는 용어도 별 의미의 차이가 없이 쓸 수 있는 용어라고 할 수 있다.

구성주의자의 실험 교수(박만구, 1999)의 목적은 구성주의에서의 주요 관심사인 각 개인의 머릿속에서 어떤 일이 일어나고 있는지를 알아보는 데 가장 최선의 연구 방법 중의 하나로, 소수의 연구대상자들의 수학적 개념의 변화를 살펴보는 '실험연구' 방법을 소개하여 수학교육관련 연구자들로 하여금 이 연구 방법에 대한 이해를 돕기 위한 것이다. 이 연구 방법은 수학 관련 문제를 해결하는 동안에 학습자의 머릿속에서 어떤 일들이 일어나는지 '학습자의 수학'에 관심을 갖는다. 이 방법은 학습자가 교수학습의 상황 안에서 어떻게 자신의 수학을 구성해 가는지에 관심을 가지고 학습자의 반응에 적극적으로 응대하면서 수학적 과정 전반을 심층적으로 관찰하는 역동적인 연구 방법 중의 하나이다(Cobb & Steffe, 1983; Steffe, 1984).

이 연구 방법은 농업에서 일부의 작물에 대하여 특정한 조건에서 어떤 처치를 하였을 때 어떻게 자라는지를 보려는 연구 방법에서 유래하였는데, 수학교육에서는 조지아대학

---

12) 서울교육대학교, mpark29@snue.ac.kr

교의 Leslie Steffe 교수 등을 중심으로 아동들의 수 개념의 발달에 대하여 장기간의 교수 학습 활동에서 아동들이 보이는 반응을 심층적으로 관찰하면서 활용되어 왔다. 이 연구 방법은 '교수'와 '실험'이라는 용어의 합성어로 글자 그대로 교수이면서 실험이라는 특성이 있다. 따라서 이 연구 방법은 정해 놓은 실험의 조건 안에 정해진 질문만을 하는 것이 아니고, 실제로 '가르치면서 실험하는' 방법이라고 할 수 있다. 예를 들면, 초등학교 1학년 학생에게 '17-8'이 얼마인지 물었을 때, 교사가 예상한대로 답을 하지 않고 학생이 만들어낸 생각대로 계산을 하는 경우를 포함하여 다양한 사고과정을 이런 연구를 진행하면서 좀더 심층적으로 관찰하여 연구자는 학습자가 어떻게 수학적인 개념과 기능을 발달시켜 가는지 알 수가 있게 된다. 따라서 이 연구 방법은 Piaget의 임상면담에서와 현재의 상태에 대한 관심만을 가지는 연구 방법을 넘어 학습자의 수학적 과정에 더욱 관심을 가지는 연구 방법이라고 할 수 있다.

이 연구 방법은 양적연구에서 많이 사용하는 설문조사와 같은 피상적인 반응보다는 개개인과의 심층적이고 장기간의 상호작용을 통하여 학습자의 머릿속에서 일어나는 수학적 작용에 대하여 모델을 만드는 데 관심을 가지는 것이다. 고등학교 학생이 미적분의 개념을 어떻게 이해하고 있는지를 심층적으로 알아보기 위해서는 미적분 문제를 제시하고 학생들이 어떻게 해결해 가는지 관찰하고, 더 이상 진행하지 못하고 난관에 봉착하면 적절한 힌트도 제시하면서 학생이 어떻게 해결해 가는지 그리고 왜 그렇게 해결하는지를 해석해 가면서 머릿속의 작용을 알아내려고 한다. 이 실험 중에 학습자가 보이는 오류는 이 학습자의 구성활동을 이해하는 데 귀중한 단서를 제공하게 된다. 교수자는 학습자의 수학적 사고에 대하여 가정하고 확인하면서 각 학습자의 머릿속에서 일어나는 현상을 상세하게 검토한다는 면에서 실험 교수 방법은 '과학적'인 방법이라고 할 수 있다.

즉, 실험 교수를 진행하는 동안 연구자인 교사는 처음에 학습자에 대하여 어떤 가정을 가지고 출발할 수밖에 없다. 그러나 정해진 가정에 얽매이지 않고 실험을 진행하면서 가정을 변경하고 다시 가정하면서 좀더 유연한 실험을 진행하게 된다는 점에서 기존의 연구 방법들과는 차별화가 된다고 할 수 있다. 이런 과정을 통하여 기존에 가지고 있는 모델을 수정 보완해 가면서 더욱 잘 맞아 들어가는 세련된 모델을 만들어 가게 된다. 따라서 실험 교수 연구 방법의 목적은 대상 학습자의 지식 구성을 설명하는 데 잘 맞아 들어가는 세련된 모델을 만들어 가는데 있다. 실험 교수에서는 일반적으로 실험 교수 장면을 비디오로 촬영하여 실험 중에 놓칠 수 있는 학습자의 표정이나 장면을 점토하고 전 과정을 스크립트를 떠서 해석하게 된다. 그리고 실험 후의 즉각적인 스크립트 분석은 차후에 실험 교수의 진행 방향이나 내용을 수정 보완해 나갈 수 있도록 하므로 가능한 바로바로 분석을 병행 나갈 필요가 있다.

이 연구 방법이 우리나라의 수학교육 연구 방법에 주는 의미로는 아직도 양적인 연구가 주류를 이루고 있는 수학교육 연구와 질적인 연구라고 하더라도 대부분의 연구가 비교적 짧은 기간에 이루어지는 것에 대한 반성을 하도록 한다는 것이다. 수학교육에서 양적인 연구의 중요성에도 불구하고 실험 교수와 같은 연구는 von Glasersfeld(1981)가 언급한 것처럼 학생들의 수학적인 사고에 대한 탐구 방법으로 가장 신뢰할만한 연구 방법이 앞으로 더 많이 수행할 필요가 있다. 이런 연구의 결과는 교실 안에서의 수학 교수나 학습에 곧바로 적용이 가능하다는 장점이 있다.

따라서 장래의 수학교육 연구자들은 교실 안에서의 학생들과의 상호작용 안에서 의문을 가졌던 것을 출발점으로 하여 학생들과의 심층적인 상호작용을 통한 실험 교수를 통하여 평소에 의문을 가졌던 것에 대하여 탐구할 필요가 있다. 예를 들면, 유치원 아동의 수 개념의 발달 과정, 초등학교 학생들의 분수 개념의 이해, 고등학교 학생들이 삼각함수 개념의 이해 등 학생들이 지속적으로 어려움을 가지는 인지적 영역에 대한 부분이나 학생들이 수학에 대하여 가지는 부정적인 태도 등에 대하여 실험 교수와 같은 장기적이고 심층적인 연구를 지속해 갈 필요가 있다.

참고문헌

박만구 (1999). 구성주의자의 실험 교수. **학교수학, 1**(2), 513-528.

Cobb, P, & Steffe, L. P. (1983). The constructivist researcher as teacher and model builder. *Journal for Research in Mathematics Education, 14*(2), 83-94.

Steffe, L. P. (1984). The teaching experiment methodology in a constructivist research program. In M. Zweng (Ed.), *Proceedings of the Fourth International Congress on Mathematical Education* (pp. 469-471). Boston: Birkhauser.

Von Glasersfeld, E. (1981). An attentional model for the conceptual construction of units and numbers. *Journal for Research in Mathematics Education*, *12*, 83-94.

대한수학교육학회지<학교수학> 제1권 제2호
Journal of the Korea Society of Educational Studies in Mathematics
School Mathematics, Vol.1, No.2, 513~528 September 1999

구성주의자의 실험 교수

박 만 구 (서울노량진초등학교)

어느 학문 분야나 어떠한 연구를 하기 위해서 가장 먼저 생각해야 할 것은 연구할 주제에 맞게 적절한 연구의 방법을 선택하는 것이다. 물론, 연구자가 무엇을 알아보고자 하느냐에 따라 연구의 방법이 정해져야겠지만, 최근 수학교육 분야에서도 전체적인 연구의 추세가 양적 (quantitative) 연구보다는 질적 (qualitative) 연구 방법론 쪽으로 기울고 있다. 이러한 경향은 양적 연구에서 주로 하는 통계적으로 의미 있는 연구의 집단과 크기를 정하여, 분야별로 연구자가 알고자하는 항목에 관한 데이터를 코드화하여 수집한 다음 이 코드화 된 데이터를 토대로 통계적인 처리에 의하여 결론을 내리는 식의 연구 방법을 따르기보다는, 학생들의 수업에 직접 참여하여 장기간 관찰을 하거나 학생이 문제 하나 하나를 풀어 나가는 과정을 연구자 또는 교사가 그 학생과의 상호 작용을 통한 심층적인 관찰을 토대로 상세하게 분석하는 것 등이 수학교육의 분야에서도 학생들의 수학교육을 위하여 더 의미 있는 방법이라고 보기 때문이다.

Piaget를 중심으로 한 몇 몇의 심리학자 및 교육학자들이 소위 구성주의의 생각을 오래 전부터 해 왔으나, 이러한 생각은 약 10여년 전부터 본격적으로 수학교육 교육과정 및 교실 수업 등 수학교육 분야 전반에 걸쳐 영향을 주어 오고 있다 (NCTM, 1989, 1998). 구성주의자들은 모든 구성 또는 학습은 각 개인의 내부에서 일어난다고 말한다. 따라서, 구성주의자들은 학생이 문제를 해결해 나갈 때, 이 학생[1]의 머리 속에서 어떠한 작용이 어떻게 일어나고 있는가에 대하여 무엇보다도 많은 관심을 가진다. 그러나, 어떻게 학생들의 머리 속에서 일어나는 작용을 알 수 있을 것인가? 구성주의자들도 이것은 알 수 없는 일이라고 말한다. 하지만, 그들 중에서 학생들의 수 개념의 발달에 관심이 있는 사람들은 "실험교수 (teaching experiment)[2]"라는 방법을 이용하여 학생의 머리 속에서 일어나고 있는 수학적

1) 대부분의 실험교수가 초등학교 저학년 또는 입학 전 아동을 대상으로 이루어졌으므로 때로는 "학생" 대신에 "아동"이라는 용어를 사용해야 적절할 곳도 있으나 필자는 거의 대부분학생이라는 용어로 통일한다.

작용에 대한 모델을 만들려고 한다. 이 실험 교수 방법은 현재의 "학생들의 수학"이 어떠한가와 수학을 가르치는--여기에서 가르친다는 의미는 전통적인 의미와는 다르다--환경하에서 학생이 어떻게 수학을 구성해 나아가는가를 알기 위해 고안된 하나의 역동적인 연구 방법이다 (Cobb & Steffe, 1983; Steffe, 1984).

본 논고에서는 구성주의자들이 그들의 연구 방법으로 많이 사용하고 있는 이 실험교수 방법을 이 방법을 고안하고 발전시킨 Leslie Steffe 교수의 주장을 중심으로 소개하고, 수학교육에의 적용 사례, 그리고 수학교육에 주는 시사점에 대하여 알아보도록 하겠다.

Ⅰ. 실험교수의 도입

실험교수 방법은 약 1970년 초반부터 Steffe 교수를 중심으로 미국에서 도입되기 시작되었다. Steffe 교수는 그 당시에서부터 양적 연구로 유명한 위스콘신 대학에서 학위를 받고 조지아 대학에서 연구를 하면서 학생들을 대상으로 연구를 하던 중 그 당시에 수학교육 분야에서도 만연해 있던 양적 연구 방법으로는 학생들의 수학 활동에 대한 것을 기술하는 데 한계가 있음을 깨닫고 새로운 연구의 방법을 생각하게 되었다. 그러던 중 그 당시에 심리학과 교수로 있던 대표적인 구성주의자인 Ernst von Glasersfeld와 MIT 대학의 John Richards, 그리고 그 당시 대학원생이었던 Paul Cobb과 Patrick Thompson 등에 의한 아동들의 수 개념 발달을 위한 공동 프로젝트를 하면서 1980년대 초반부터 이 연구 방법을 본격적으로 이용하기 시작했다.

이 실험 교수의 방법은 "농업의 패러다임"에 뿌리를 두고 있다 (Steffe & Thompson, 1998). 두 실험 모두에서 연구자는 원하는 모집단에서 하나 혹은 그 이상의 표본을 뽑아서 여러 가지 실험을 한다. 농업의 실험 연구 방법에서는 피 실험자 또는 실험표본은 단지 연구자가 하는 여러 가지 실험에 피동적으로 놓여지고, 실험자는 변인들을 조절하고 그것들에 대한 효과를 분석하는 것이다. 그러나, 구성주의자의 실험교수에서는 피실험자들도 교수 학습의 현장에 능동적으로 참여하여 실험자인 교사[3]와 함께 수학적인 의미를 만들어 나간다.

---

2) 실험교수는 구 소련의 학자들 사이에서 쓰여지기도 했지만, 본 논고에서 구성주의자들이 그들의 연구를 위하여 사용한 방법을 의미한다. 즉, 교사가 학생과의 상호 작용을 통하여 학생의 머리 속에서 일어나고 있는 실제의 수학적 작용에 대한 모델을 만들려는 방법을 말한다.

3) 실험교수에서의 "교사"는 교사 자신이 곧 연구자인 경우가 많다. 그러나, 편의상 이후로는 "교사-연구자"를 단순히 "교사"로 총칭하겠다.

실험교수에서는 교사에 의하여 미리 정해진 고정된 자극들로 학생들을 이끌어 나가기보다는, 학생들이 자신들 나름대로의 수학을 만들어 가고 구성해 가는데 중점을 두게 된다.

실험교수에서 "실험"이란 말은 일반적으로 쓰는 의미와는 구별되는 것으로, 교사들이 학생들의 수학에 대하여 가정을 하고 직접 학생과 상호작용을 하면서 교사가 가정한 것을 확인한다는 의미에서 쓴 것이다. "교수"라는 용어도 주로 전통적인 의미와는 달리 실험교수에서의 교수는 직접적으로 학생을 가르치는 것이 아니다. 예를 들면, 12 - 7 = ?의 상황에서 이 뺄셈을 하기 위하여 학생들이 거꾸로 세는 전략을 이용하는 것은 교사가 가르쳐서 하는 것이 아닌 경우가 많다. 오히려, 교사가 자신의 생각에 비추어 더 진보된 것으로 생각하는 전략을 가르치더라도 학생은 계속하여 자신의 전략을 사용한다. 이것은 수학 교사가 교실에서 학생을 가르치면서 많이 경험하게 되는 사실이다.

이 실험 교수는 탐색적인 연구 방법으로 Piaget가 주로 이용한 임상면접 (clinical interview)의 영향을 받은 것으로 학생들의 수학적 활동에 대해 관심을 둔다. 그러나, 임상면접이 학생들의 현재 수학적 상태를 파악하는데 초점을 맞추고 있다면, 실험교수는 교사가 학생들의 현재의 수학적 상태를 파악하는 것 이외에 장기간에 걸친 학생과의 상호작용을 통하여 학생의 장차의 수학적 활동에 영향을 줄 수 있는 방법에도 관심을 갖고 있다는 데에서 임상면접 이상의 의미를 가지고 있다. 실험교수는 살아있는 탐구적 연구 방법으로, 순간 순간의 학생들과의 상호 작용 과정에서 학생들의 수학활동의 관찰과 적절한 질문을 통하여 교사가 학생들의 수학을 가정하여 그 가정에 바탕을 두고 다음 단계로 나아가기 위하여 학생들을 안내한다. 따라서, 학생들과 수학활동을 하는 교사는 이러한 기본 원칙 아래 미리 정해 놓은 지도안에 따라 지도하는 것이 아니라, 매 상황에 적절한 질문과 학생과 상호작용을 하면서 자신이 가정한 것을 기꺼이 수정해 나가려는 창의적인 노력을 해야 한다.

Ⅱ. 실험 교수의 특징

구성주의자의 관점에서 학생들은 나름대로 자발적이고 능동적으로 자신들의 수학을 구성해 나가는 유기체이며, 어린 학생과 성인들의 수학은 다르고, 교사는 학생들의 수학이 자기들의 수학과 같게 되도록 "가르쳐야 하는 것"이 아니라는 것을 가장 근본적인 가정으로 하고 있다. 구성주의자들의 수학 교수의 목적은 학생에게 어떤 수학 지식이 구성되고 있는가와 왜 그러한 구성이 이루어졌는가를 이해하는 것이다. von Glasersfeld (1995)는 운동선수들을 지도하는 코치는 운동선수의 경기 장면을 비디오 카메라로 찍어 한 장면 장면을 천천히 보면서 세밀하게 분석할 수 있지만, 안타깝게도 수학 교수학습에서 교사는 학생들의 머리 속에서 일어나는 수학활동을 직접 볼 수 없으므로 모델화할 수밖에는 없는데 Steffe 교수가 개발한 이 실험 교수를 이러한 접근을 하기에 가장 희망적인 수단으로 보았다.

앞에서도 언급하였듯이 실험교수의 "실험"이란 말 때문에 미리 준비된 교사들의 방식으로 수학을 가르치는 것으로 많은 사람들이 오해를 한다. 그러나, 여러 교육 연구가 미리 만들어진 실험 항목과 성인들의 기준으로 정해진 답을 가지고 분석하는 반면에, 실험교수에서는 교사는 매 실험교수에서 학생들의 선행 경험과 개념 발달 수준에 근거하여 학생들이 해결하는 전략을 보고 해석할 수밖에 없다고 본다. 실험 교수에서는 각 개인의 수학적 개념 구성에 있어서 개인적인 차이를 인정하고 나아가 개인의 차이점을 이해하려고 노력한다. 교사는 자신이 그 순간에 학생의 수학에 대하여 가정한 것에 근거하여 질문을 하고, 학생의 반응이 자기가 가정한 것과 크게 차이가 없는지를 확인하면서 자신의 가정을 수정한다. 이러한 과정을 통하여 교사는 학생의 수학에 대한 개념과 작용에 대한 하나의 모델을 만들고 계속하여 그 모델을 수정해 나간다. 이러한 과정은 개인적인 면접을 통하여 기본적인 수학의 능력을 측정한 후 연구자가 원하는 수준의 몇 명의 학생들을 선정하여 장기간의 걸친 실험교수와 실험교수 후의 세밀한 분석을 통하여 학생들의 수학이 어떠한 발달을 하게 되는지에 대한 모델을 만들어 간다. 실험교수 중에 학생이 오류를 범하는 것에 대하여 교사는 학생이 절대적으로 틀렸다거나, 또는 학생의 지식이 덜 발달된 비논리적이라고 보기보다는 그 학생이 그 밖에 무엇을 할 수 있는가에 중점을 둔다.

구성주의자의 실험 교수를 위한 연구자 또는 교사의 두 가지 핵심적인 관심사는 학생이 어떻게 수학 지식을 구성해 가느냐 하는 것과 학습의 기저에 학생의 머리 안에서는 어떠한 작용이 일어나고 있는가를 연구자나 교사의 자신들의 입장에서 설명하려는 것이다. 이러한 교사의 학생의 수학에 대한 설명은 학생의 수학 현실에 대하여 연구자가 어떻게 이해하고 있는가에 대한 모델이라고 볼 수 있다. 이것은 어디까지나 모델이므로, 학생들의 머리 속에서 일어나고 있는 실제의 작용과는 다르다. Cobb과 Steffe (1983)는 구성주의는 어른이나 교사의 간섭 그 자체가 학생들의 구성에 직접적인 영향을 주는 것이라고 보지 않고, 이러한 간섭을 학생 스스로가 개념적인 구도에 입각하여 재해석하여 받아들이는 것으로 본다고 주장한다. 즉, 학생들 자신이 어떠한 수학을 어떠한 방식으로 구성할 것인가를 결정하게 된다는 것이다. 그래서 그들은 "가르치는 환경에서 어떤 미리 정해 놓은 과정에 따른 학생의 구성에 관심이 있는 것이 아니고, 우리는 학생들과 서로 상호 작용을 하는 가운데 학생들이 구성하는 것을 이해하려고 시도하고 있다(p. 88)."고 말하고 있다. 따라서, 실험교수에서 가장 중요한 것은 교사가 학생과 어떻게 상호작용을 해 나가느냐 하는 것이다. 여기에서 교사의 역할은 앞에서 학생을 끌어 나가기보다는 뒤에서 따라가면서 학생의 수학활동을 도와주는 것으로 보아야할 것이다.

물론, 처음 실험교수를 시작할 때는 미리 해당 학생의 수학적 수준 및 상황에 대한 어떤 가정을 하고 시작할 수도 있다. 그러나, 실제로 교사가 학생이 실제의 실험교수에서 어떻게 자신의 수학적 지식을 발전시켜 나가는가를 예측하기 힘들며, 따라서 학생을 위하여 수학적으로 적절한 환경을 조성하는 일도 쉽지 않다. 결국 교사는 직접적인 실험교수를 통하여 학생들의 수학적 상태에 익숙해지면서 상황에 따라 자신의 질문이나 학생에 대한 수학적인 가정을 수정해 나가게 된다. 이렇게 하기 위해서는 먼저 학생의 수학적인 반응에 대한 정확한 해석이 선행되어야 하는데 이를 위하여 실험교수에서 교사가 학생에게 하는 가장 전형적인 질문은 "어떻게 해서 그런 답을 얻게 되었지?" 또는 "어떻게 해서 그렇게 생각했지?" 라고 묻는 것이다. 이와 같이 실험교수에서 교사는 가능한 학생이 어떻게 생각하고 있는지에 관심을 집중함으로써 가능하면 학생이 하고 있는 생각에 접근하려고 해야 하고, 결국 이러한 과정을 통하여 실험교수에서 학생이 생각하는 수학과 비슷하게 생각하게 될 수가 있게 될 수 있다. 이것은 보통의 교사들에게는 쉽지 않지만, 실험교수에 있어서는 이것은 매우 중요한 일이다. 구성주의 실험교수에서는 교사와 연구자 그리고 관찰자 등의 연구팀 사이에 실험교수의 단계를 크게 네 가지로 본다 (Cobb & Steffe, 1983; Steffe, 1991). 첫째, 연구자들이 면밀한 관찰과 상호작용에 의하여 가정한 학생들의 현 **잠재 구성 영역**(zone of potential construction)에 기초하여 다음 실험 교수의 학습 상황과 학생들과 함께 할 과제들을 결정하게 된다. 둘째, 연구자는 한 학생 또는 소그룹의 학생들과 교사로서 상호 작용하는 상황을 비디오로 녹화한다. 셋째, 실험교수에서 교사는 학생과의 상호작용을 하는 바로 그 순간 그 장소에서 학생이 쓰는 언어나 행동을 해석하고, 바로 그 순간에 어떠한 상황을 만들어 가야하고, 어떠한 결정적인 질문을 하여 학생들을 격려를 하고, 학생들에게 어떠한 인지적인 불균형 상황 (perturbation)을 줄 것인가를 결정하게 된다. 넷째, 교사는 전의 실험교수의 상황에서 학생의 언어나 행동에 근거한 연구팀의 종합적인 해석에 기초하여 학생의 현 지식에 관한 교사의 지식을 역동적으로 조정하는 이차적 모델 (second order model)을 구축하는 것이다. 여기에서 이차적인 모델이란 서로 상호작용을 하는 가운데 다른 사람이 보는 학생의 머리에서 일어나는 수학적인 작용에 관한 모델을 의미한다.

모델의 구성은 일회적인 또는 단기간의 관찰로는 할 수 없으므로, 구성주의자의 실험교수는 장기간에 걸쳐 현 상황에서 여러 가지 추론을 하면서 계속적으로 데이터를 수집하는 가운데 동시에 분석하는 과정의 연속이다. 이 실험 교수에서는 어느 두 집단을 비교하기보다는 보통 어느 학생의 계속적인 지식의 구성과정의 단계와 상황에 초점을 맞추고 있다. 구성주의는 미리 준비된 완벽하게 변함이 없는 것보다는 어느 정도 변화 가능한 준비된 인터뷰 (semi-structured interview)의 상황에서 교사는 상황에 따라서는 관찰자가 된다. 또, 많은 사람들이 오해하고 있는 것으로, 구성주의에서는 진공의 상태에서 혼자 지식을 구성하는 것으로 보는 경우가 있는데 오히려 구성주의자들은 교사와 학습자 사이의 상호 작용을 강조한나. 하지만, 이 상호 작용은 어느 한쪽의 수학 지식의 구성에 상대의 지식을 그대로 전수하기 위한 것이 아니고, 단지 서로가 자신들의 수학 지식의 구성에 중요한 "영향"을 주게 된다고 본다. 즉, 교사도 학생들의 수학에 대한 자신의 지식을 구성해 가게 되는 것이다. 구성주의자들은 이러한 서로 간의 수학적 지식의 구성에 주게 되는 영향을 "제약(constraints)"이라는 말을 사용하여 설명한다 (Steffe & Thompson, 1998). 즉, 학생은 실험교수 중에 교사가 하는 말과 행동에 의하여 제약을 받게 되고, 교사 또한 학생들의 이러한 것들에 의하여 제약을 받게 되는데 특히, 학생이 연속하여 하는 실수에 의하여 제약을 받게 된다. 여기에서 연속된 실수는 교사가 이러한 실수를 없도록 하기 위하여 학생을 도와주어도 여전히 계속되는 실수를 말한다. 교사의 입장에서 보면 바로 이러한 것을 경험하기 위하여 실험교수를 하게 되는 것이다. 이러한 제약들을 가지고 교사는 학생들의 수학에 대한 보다 나은 학생들의 수학에 대한 모델을 만들어 나가게 된다.

이 실험교수에서 교사는 학생을 가르치는 가운데 학생과의 상호작용을 하면서 매 순간과 순간에 경험하는 것이 중요하므로, 구성주의의 실험교수에서 가장 큰 특징은 학습을 하는 학생들에 대한 교사로서 연구자의 역할이다. 이는 전통적인 인터뷰나 교수법처럼 미리 정해놓은 교수에 의해 학생을 가르치는 것이 아니므로 연구자가 직접 교사가 되어서 학생과 상호 작용 하에서 매 상황에 따라서 자신의 언어와 행동을 결정하게 된다. 또, 이 실험교수에서는 연구자와 교사는 실험교수에 대한 동료들의 상호경험을 나누는 것이 중요한데, 이것은 실험교수를 하는 동안일 수도 있고 나중에 비디오 테이프를 본 후에 의견을 나누는 것이 될 수도 있다. 실험교수 중에 제 삼자가 끼여드는 것이 이상하게 생각될 수도 있으나, 학생과 수학적 문제를 해결하는 상황에 열중해 있는 교사가 보지 못하고 생각지 못하는 것을 제 삼자의 입장에서 관찰하는 동료 연구자의 눈에 의하여 볼 수 있는 경우가 많기 때문이다. 이러한 과정을 반복함으로써, Skemp (1991)가 언급한 학생의 인지적 구조(cognitive map)에 대한 보다 세련된 모델을 구성해 가게 된다. 다음 〈그림 1〉 은 컴퓨터 프로그램을 가지고 실험교수를 하기 위한 각 참여자의 배치를 나타낸 것이다.

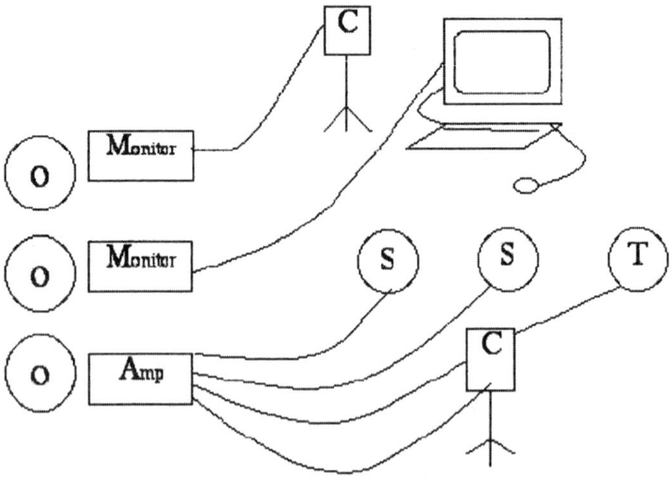

〈그림 1〉 실험교수의 배치 구조의 예 (S: 학생, T: 교사, O: 관찰자, C: 카메라)

그림에서 보는 바와 같이 실험교수에서 관찰자들이 있게 되는데 이 관찰자들은 모니터를 보면서 교사가 학생과의 상호작용 안에서 자신도 모르게 실수를 하거나 또는 어떠한 질문해야 할지를 모를 상황에 처할 때 실험교수 중이라도 끼여들어 교사나 학생에게 질문함으로써 상황이 계속되도록 도와준다. 이 때에 관찰자는 그 상황에 맞는 수학적으로 적절한 해석을 하여 실험교수가 계속될 수 있도록 한다. 이러한 관점에서 볼 때, 관찰자는 실험교수에서 중요한 역할을 한다. 컴퓨터를 이용한 실험교수에서는 비디오 카메라 두 대를 사용하여 하나는 컴퓨터의 모니터를, 다른 하나는 학생들의 활동을 녹화한다. 하지만, 믹서기를 이용하여 두 대의 카메라의 화상을 하나의 화면에 담아 녹화할 수도 있다. 또, 나중의 분석을 위한 깨끗한 음질을 위하여 아동 및 교사가 마이크를 사용할 수도 있다. 또, 실험교수 후에 교사와 관찰자들이 모여 함께 그 실험교수에 대하여 토론하는 것이 학생의 수학에 대하여 더 잘 이해할 수 있고 다음 실험교수를 위한 도움을 얻을 수 있을 것이다.

비디오를 찍어 실험교수 후에 다시 보면서 세밀히 보면서 분석하는 과정은 실험교수 방법의 한 과정으로 필수적인 것이다. 실험교수 후 비디오 테이프의 분석을 통해 교사 자신이 학생들과 수학적인 상호작용을 하면서 학생들의 수학에 대하여 배운 것의 대부분은 무의식 중에 이루어 진 것임을 깨닫게 될 것이다. 그리고 이러한 깨달음은 교사로 하여금 학생들의 수학 활동의 과정을 비교해 볼 수 있도록 하고, 실험교수 중에는 깨닫지 못했던 학생들의 수학적 행동에 대한 더 깊은 이해를 할 수 있게 될 것이다. 이것은 다음 실험교수에서 학생들과 어떻게 상호작용을 할 것인가에 대한 아이디어를 주고, 실험교수에 임해서는 학생들의 수학적인 행동에 대하여 더 잘 이해할 수 있게 해 준다.

실험교수의 가장 궁극적인 목표는 학생들의 수학에 대한 얼마간 유용한 학생들의 수학활동에 대한 해석이 맞아 들어가는 살아있는 모델을 만드는 것인데, 모든 것의 전제는 인간을 자기 자신의 조절 및 구성 능력이 있는 하나의 살아있는 유기체로 보는 것이다. 이러한 관점에서 학생을 본다고 해서, 교사는 학생에게 아무 것도 할 필요가 없다는 말은 아니다. 오히려, 교사는 학생들을 자기들 나름대로 수학적 구성을 할 수 있는 환경에 놓을 수 있고, 그들이 자신들의 인지 구조를 이용하여 수학적 구성을 해 나가는 과정을 관찰함으로 "가르칠" 수도 있다. Steffe는 Maturana (1978)의 다음 말을 인용하여 실험교수 방법을 "과학적" 연구방법이라고 주장한다. "과학자들처럼, 우리는 우리들이 관찰한 현상에 대한 설명을 하기를 원한다. 즉, 우리는 우리들이 관찰한 현상을 있도록 한 체계에 대한 우리들이 생각하기에 동형이라고 생각되는 개념적 또는 구체적인 체계를 제안하기를 원한다" (p. 29). 즉, 생물학에서 작은 세포를 관찰하여 식물의 여러 가지 작용을 설명하려고 하는 것과 마찬가지로 실험교수 방법도 아주 세밀하게 학생의 하나 하나의 수학적 활동의 분석을 하여 학생의 수학적 조작활동에 대한 모델을 만들고 설명하고자 한다는 면에서 똑같이 과학적이라고 볼 수 있다. 이와 같은 이유에서 Battista (1999)는 이러한 실험교수를 통한 장기간의 임상적인 연구로 인하여 체계화된, 학생들의 수학에 관한 구성주의의 이론을 "과학적 구성주의"라고 부르고 있다.

그러나, 실험교수에서는 어떤 특정한 관찰에서 일어나는 일회적인 학생의 수학적인 작용을 학습이나 발달이라고 보지는 않는다. 어느 정도의 장기간에 걸친 계속적인 상호작용에서 같은 수학적 작용이 반복적으로 일어나야 한다. 하지만, 대개의 경우에 인지적 구조의 변화는 서서히 이루어지므로, 실험교수 연구 방법을 사용하는 거의 모든 연구들은 장기간에 걸친 연구를 요구하게 된다. 또, 실험교수 방법을 통하여 교사도 하나의 학습자가 되어야 하고, 어떠한 변화가 교사나 학생의 수학적 인지 구조상에 있어서 일어나고 있는지, 또한 그런 변화를 어떻게 해석해야 하는지에 대하여 알려고 해야 한다.

구성주의자들의 생각도 교사는 "학생들의 수학"의 실체에 대해서 알 수는 없고 단지 교사의 입장에서 보는 학생들의 수학의 작용이 학생들과의 상호 작용에서 설명 가능하다는 것만을 말 할 수 있는 것이다. 즉, 교사가 생각하는 학생들의 수학은 학생의 머리 속에서 이루어지는 실제의 수학과 "맞아 들어가는 것 (fit)"일 뿐이지 "정확히 똑같은 것 (match)"은 아니다. 이것에 대한 훌륭한 비유를 Einstein 과 Infeld (1967)이 하고 있다 (p. 31). 즉, 마치 우리가 시계의 겉모양만을 보고 시계의 안에서 일어나는 작용을 생각하는 것과 같이 우리는 그 작용에 대한 모델을 만들 수 있을 뿐 안을 볼 수 없기 때문에 "실제"의 시계 안에서 일어나는 작용은 알 수가 없는 것이다. 또, 우리가 가정한 것을 "실제"의 작용과 비교할 수도 없는 것이다. 그러나, 보통 우리는 지식이 더하여 질수록 감각으로 감지하는 것에 의하여 보다 넓은 설명을 할 수 있으므로, 우리가 보는 실체에 대한 그림이 보다 명료해 지리라고 믿게 되는 것이다. 그리고 우리는 이러한 것을 "객관적인 진실"이라고 부르고 있다. 그러나, 구성주의자들은 준동형(homomorphic)이라는 말을 사용하여 실체와 모델과의 관계를 설명하려 한다. 즉, 우리가 보는 학생의 수학은 학생의 머리 속에서 일어나는 수학 그 자체가 아니라 하나의 준동형적인 함수 관계를 갖는 모델일 뿐이다. 따라서, 보다 잘 맞아 들어가는 모델을 만들기 위해서는 계속되는 실험 교수를 통하여 기존의 학생의 머리 안에서 일어나는 수학적 작용에 대한 모델을 계속하여 수정 보완해 나아가게 되는데, 이때 교사에게 가장 필요한 것은 학생이 생각하는 것과 같이 생각하려고 하는 것이다. 즉, 각각의 수학적 활동 가운데 교사는 왜 이 학생이 이 상황에서 이러한 행동을 하는가에 대한 끊임없는 질문을 하면서 가능한 학생의 입장에서 생각하려고 노력해야 한다. 이와 같은 과정을 통하여 기존의 모델은 차후 모델의 기저가 되면서 학생과의 수학적인 상호작용에 유용한 정보를 제공하게 되는 것이다.

학생의 학습이나 발달이 실험교수를 통하여서도 일어나지만 구성주의자들은 그 어느 것도 직접적으로 교수의 영향을 받아서 된다고 보지는 않는다[4]. 왜냐하면, 두 가지 모두를 학생 자신들에게서 일어나는 자발적인 것으로 보기 때문이다. 그러나, 앞에서도 언급했듯이 구성주의자들도 교수적인 영향을 부정하지는 않는다. Piaget (1964)는 자발적인 발달을 학생들의 신체적 그리고 사회 문화적 장면 안에서의 상호작용의 결과라고 보고 있다. 학습은 교사의 입장에서 보면 의도적일 수 있다는 면에서 자발적인 것은 아니다. 그러나, 교사가 의도하지 않았던 것을 학생 스스로 학습하는 경우가 많이 있다. 구성주의자들은 학습을 교사를 포함한 주위와의 상호작용을 통하여 학생 스스로 이루어 나가는 것으로 보고 있기 때문에 학생이 인지적으로 받아들일 수준이 되지 않으면 교사의 가르침이 거의 소용이 없다고 본다. 전통적으로 생각하듯, 교사의 직접적인 영향으로 학생이 학습을 하게 된다고 보지는 않는다.

좀더 자세히 말하면, 구성주의자들이 보는 수학교사는 어느 수학적인 장면을 학생에게 제시하여 풀도록 하기는 하지만, 단순히 학생들이 문제를 풀 수 있느냐 또는 그렇지 않으냐

4) Steffe 교수는 학습은 학생들의 적극적인 조절에 의하여 이루어진다고 설명하면서, 이 조절을 실험교수 중에 일어나는 학생의 인지 구조를 사용하는 함수적 조절과 그 외에 잠을 자면서도 이루어 질 수 있다고 보는 변형 조절 등을 포함한다.

의 피상적인 것에 관심이 있는 것이 아니고 학생들이 자신들의 인지 구조를 수학적인 활동에 임하면서 어떻게 조절해 나아가는가에 관심이 있다. 실험 교수에서의 교사의 역할은 어떻게 하면 학생이 스스로 성공적인 조절을 할 수 있도록 도와주는 것이다. 교사는 이를 위하여 때때로 학생들의 현 수학적 수준보다 조금 높은 수준으로 상황을 제시하여야 한다. 따라서, 실험교수에서의 가장 핵심적인 것은 교사가 자신이 실험교수 전에 세운 가정과 실험교수 동안에 만든 가정들을 확인하면서 체계적으로 학생을 위한 학습 상황을 만들어 가는 것이라고 할 수 있다.

이를 위해서 교사는 학생들로 하여금 자신들의 수학 활동에 대하여 인식할 수 있도록 하고 학생들이 수학적 방법에 대한 한계를 깨닫도록 해야 한다. 이러한 것의 선행 조건으로, 교사는 학생과의 상호작용을 통하여 학생의 수학적 잠재 구성 가능 영역을 가정하고, 각 수학적인 활동을 통하여 학생들에게 적절히 인지적 불안정 상태를 제공함으로써 수학적 지식을 스스로 구성하도록 하며, 학생의 이러한 수학적 활동에 대한 해석을 할 수 있어야 한다.

Ⅲ. 실험교수의 수학 교수학습의 적용

다음의 실험교수에서 교사는 학생이 어떻게 반응할 지를 예측하기가 어려운가를 보여 주고 있다. 다음은 교사로 역할을 한 저자가 6살짜리의 여자 아이인 **선혜**와 TIMA: TOYS를 가지고 실시한 예이다 (Park, 1999).

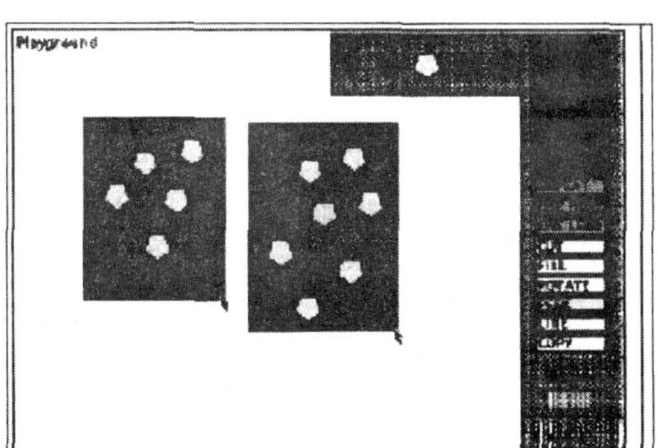

〈그림 2〉 컴퓨터 프로그램으로 제시한 문제

(위의 그림과 같이 선혜는 두 부분의 가려진 부분에 각각 다섯 개의 장남감 (오각형 모양) 과 일곱 개의 장남감이 가려져 있다는 사실을 알고 있다. 실제의 컴퓨터 그림에서는 장남감들이 덮혀 있

어 보이지 않는다.)

교사: (가려진 두 부분을 가리키면서) 자, 그러면 다해서 몇 개일까?

선혜: (머리를 만지며 머뭇거린다.) 음...

교사: (왼쪽의 가려진 부분을 가리키면서) 여기 다섯 개지. (오른쪽의 가려진 부분을 가리키면서) 여기는?

선혜: 일곱.

교사: 일곱.

선혜: 음...음.

교사: 잘 생각해 봐. (가려진 부분을 차례로 가리키면서) 여기 다섯, 여기에 일곱.

선혜: (머리를 만지다가 약 7초 후에) 열 둘.

교사: 아, 아주 잘했어. 어떻게 해서 알았지?

선혜: 음, (왼쪽에 가려진 부분을 가리키면서, 왼손 다섯 손가락 편다.) 다섯 개 하고, (오른쪽에 가려진 부분을 가리키면서, 오른손 손가락 다섯 개를 펴고 오른손 손가락 두 개를 검지, 중지 가락을 차례로 구부리면서) 이쪽에 다섯 개 하고 두 개 하면 일곱 개니까, 그리고, 또, 그 다섯 개 하고, 다섯 개를 합하면 열이 되니까. 그리고 또, 둘하면 열 둘.

교사: (엄지 손가락을 내보이면서) 잘했어. 오. 너무 잘했다.

선혜는 십을 만들기 위해 오른쪽에 가려진 일곱 개의 장난잠을 다섯 개와 두 개로 나눈 다음, 왼쪽에 있던 다섯 개와 오른쪽의 일곱에서 분해한 다섯개를 합하여 십을 만들고, 남아 있는 두 개의 장남감을 더한 것으로 볼 수있다. 이와 같이, 학생과의 상호 작용에 있는 교사라도 학생이 어떻게 문제를 해결했는가를 알기는 쉽지 않다. 따라서, 실험교수 중에 교사는 학생이 사용한 전략에 대하여 말해 보도록 함으로써 학생이 어떻게 문제를 풀었는가를 확인할 필요가 있다.

구성주의자들은 학생의 머리 속에서 이루어지는 "조작적 구조 (operational Scheme)"에 대하여 관심을 가지고 있다. 다음은 **마야**가 실험 교수에서 곱셈과 나눗셈에 대한 이해가 어떻게 이루어지고 있는가를 보여 주고 있다 (Steffe & von Glasersfeld, 1985). 다음은 교사가 21개의 숫자 카드를 한 줄로 늘어놓고 몇 개인지 세어 보게 한 다음, 모두 가린 후의 활동을 나타내준다.

교사: (덮인 한 줄로 처음 부분을 가리키면서) 네가 이곳에서 시작해서 한 번에 세장의 카드를 집어 묶음을 만든다면 몇 개의 묶음을 만들 수 있을까?

마야: (약 2분 정도 깊게 생각에 잠긴 후에) 일곱입니다.

관찰자: 네가 세어 나갈 때 어떻게 세었지?

마야: 21, 20, 19--이것은 하나이고, 18, 17, 16--이것은 둘이고, 이런 식으로 했습니다.

마야의 3으로 나누는 방법은 세 개의 수의 말을 하나의 단위로 하여 거꾸로 세는 것이다. 이것은 마야가 학교에서 보통 나눌 때 쓰는 방식을 교사로부터 배운 것도, 또 실험교수에서 교사가 그녀에게 그렇게 하도록 하여서 그러한 전략을 사용한 것이 아니다. 이것은 마야가 자기 스스로 자기의 '조작적 구조'를 이용한 것이다. 위의 한 장면에서 실험교수 중간에 관찰자가 끼여들어 학생의 풀이 방법에 대하여 물어 보는 장면이 있다. 이와 같이 관찰자는 실험교수 도중에도 학생 또는 교사에게 질문을 함으로써 주어진 상황의 수학적 명료성을 높이게 된다. 하지만, 관찰자는 실험교수의 전체적인 흐름을 방해해서는 안된다. 따라서, 관찰자도 계속적인 실험교수의 관찰과 교사와의 토론으로 그 학생의 수학 상황을 파악하고 있어야 한다. 그러면 마야는 자신이 세 개씩 거꾸로 세어 나가는 전략을 세워 직접 세기 전에 문제의 전체적인 구조 안에서 파악할 수 있었는가? 이를 확인하기 위하여 이 실험교수에서 교사는 다음과 같이 질문하고 있다.

교사: 이 문제를 가지고 곱셈의 문제를 만들어 볼까?

마야: 21 곱하기 3이요?

교사: 21 곱하기 3은 무슨 의미이지?

마야: 21, 21에서 3을 뺀다는 뜻이예요.

교사: 이것은 21 곱하기 3이라는 뜻이야 아니면 21 나누기 3이라는 뜻이야?

마야: 21 나누기 3이예요.

교사: 나에게 곱셈의 문제를 말해 볼래?

마야: (약 1분 이상을 가만히 앉아 있다)

교사: 무엇을 생각하고 있지?

마야: 몇 번의 셋이 칠이 되는가를 생각을 하고 있었어요.

여기에서 맨 마지막 장면에서 보면 마야는 가만히 앉아 생각하고 있는 동안에 원래의 문제와는 다른 문제를 생각하고 있었다. 그녀는 거꾸로 세기를 해 나갈 때 셋을 하나의 단위로 생각하여 이용하고 있지 못하는 것처럼 보인다. 그녀는 칠을 셋으로 된 단위의 개수로 인식하지 못하는 것을 알 수 있다. 이 상황 이후에 교사는 마야의 수 세기 발달 수준에 대한 자신의 가정을 확인하기 위하여 다음과 같이 계속하고 있다.

교사: 18개의 블록을 이 접시에 담아 볼래? 원하면 이 블록들을 셋씩 셀 수 있어.
마야: (블록을 한 번에 세 개씩 집어서 접시에 덮는다.)
교사: 곱셈에 관한 문제를 한번 만들어 볼 수 있겠니?
마야: (한참 후에) 3 곱하기 6은 18!

이 소녀는 한참 생각하는 동안에 "1-2-3, 이것은 하나이고"라고 시작하여 이와 같이 18까지 하면서 셋씩 세기를 하여 18까지 세는 것을 볼 수 있다. 이 후에 교사가 15개의 블록을 제시하고 세 개씩 세면 몇 번 셀 수 있는가에 대한 옳은 답을 할 수 있었다. 하지만, 교사가 18개와 15개의 블록을 합친 후 세 개씩 세기를 한 것을 이용할 수 있는지 알아보기 위하여 블록을 모두 합한 다음 모두 몇 개인가를 물어 보았을 때, 그녀는 "30"이라고 답했는데 그녀는 이미 5 x 6 = 30을 알고 있어서 그렇게 답을 했다. 그러나 두 그룹을 합한 후에 선행의 사실을 곱셈으로 연결시키지 못하고 있다. 이것을 통해 마야의 곱셈에 대한 이해 정도를 알 수 있다. 그녀는 3을 하나의 단위로 생각하여 이용하지 못하고 있다. 즉, 그녀는 셋씩 셀 수는 있었지만 3씩으로 이루어지는 수의 전체적인 구조를 보지 못하고 있다. 교사는 이와 같은 세밀한 분석을 통하여 먼저 학생의 수학의 인지적 구조를 파악하기 위하여 노력해야 하며, 이것이 구성주의의 교수학습에서 교사가 해야 하는 일 중의 하나이다.

Ⅳ. 실험교수가 수학교육에 주는 시사점

우리는 위에서 구성주의자들의 연구 방법의 특징과 이 연구 방법이 아동의 수 개념 발달 연구에 어떻게 직접 적용이 되는지 보았다. 앞에서도 언급한 바와 같이 구성주의자의 실험 교수는 학생들의 머리 속에서 어떠한 작용이 일어나는가를 알아내기 위한 탐구적인 도구라고 할 수 있다. von Glasersfeld (1983)는 실험 교수가 학생들의 수학적 정신 작용을 알아내기 위한 가장 믿을만한 연구 방법이라고 주장하고 있다. 이 실험 교수가 수학교육 분야에서 하나의 연구 방법으로 채택이 되었는데, 많은 연구자들의 실험교수를 통한 학생과의 실제적인 상호작용을 토대로 좀 더 실제적인 연구가 국내에서도 많이 이루어져야 할 것이다. 실제 적용 가능한 예로, 초등학교 저학년 학생들의 덧셈과 뺄셈을 위한 손가락 등을 이용한 다양한 전략이 어떻게 발전되고 있는가에 대한 연구, 수학 학습 지진 학생 또는 우수 학생들의 수학문제 해결 전략의 차이점, 미국 내에서 최근 활발한 관심을 모으고 있는 분수 개념의 발달 연구 및 학생들이 어떻게 초등의 수 개념에서 추상적인 대수의 개념으로 발달시켜 나가는가에 관한 연구등 국내의 수학 교육자들 사이에서도 구성주의자들이 이용하는 실험 연구를 통한 연구가 활발히 이루어져야 할 것이다.

구성주의에 대하여 오해하고 있는 것 중의 하나는 구성주의 교사는 실제의 교수 학습에서 별로 할 일이 없는 것으로 생각하기도 한다. 하지만, 구성주의를 신봉하는 수학 교사들에게 최대의 관심과 어려움은 어떻게 학생들에게그들의 수준에 맞는 학습 가능한 환경을 조성하는가 하는 것이다. 또한, 교사의 수학 교수에 대한 초기 목표 및 학습 환경 설정은 단지 학생의 학습을 위한 출발점이 되어야 하고, 실제의 교수 학습에서 이것들이 보완되고 수정되는 유동성을 가져야 한다.

즉, 교사는 실세 "학생의 수학"을 학생들과의 상호작용과 관찰 등을 통하여 교사들의 입장에서 본 "학생들에 대한 수학"을 가정하고 이를 바탕으로 "학생들을 위한 수학"을 학생들에게 제시하는 것이다. 실험교수에서 학생들을 위한 수학은 학생들에게 어떠한 순서에 따라 수학적 상황을 제시해 주느냐, 상황에 따라 어떠한 결정적인 질문을 해야 하는가, 교사와 학생, 학생과 학생들 사이의 상호 작용을 촉진시키는 것을 포함한다. 일반적으로 교실에서의 수학 교수 학습에서도 교사의 이러한 가정들에서 시작되지만, 이 가정들은 실제의 실험 교수의 과정에서 학생들의 수학에 비추어 적절하게 수정되지 못하고 있다. 즉, 교사가 미리 세운 목표에 학생들을 이끌고 가려고 하고, 이에 학생이 따라 오지 못하면 학생들에게 문제가 있는 것으로 여기는 경우가 많이 있다. 그러나, 구성주의의 실험교수는 학생들은 적극적으로 자신들의 수학을 구성할 능력이 있고, 대부분은 문제는 이러한 학생들의 능력을 제대로 파악하지 못하는 교사들에게 있다고 보고 있다. 구성주의자들이 사용하는 실험교수는 "학생들의," "학생들에 의한," "학생들을 위한" 수학을 만들기 위한 하나의 적절한 하나의 시도이고, 이를 위하여 학생과 교사가 함께 구성해 가는 과정이라고 할 수 있다.

이상에서 살펴 본 것과 같이, 실험교수를 수학교육에 하나의 연구 방법으로 사용되기 위해서는 수학교육자들이나 교사들에게 전통적으로 요구하는 것 이상의 더 많은 노력을 요구하게 된다. 이 실험교수 방법이 구성주의에 입각하여 수행이 되어야 하므로 교사는 먼저 구성주의의 이론에 대한 깊은 이해를 가지고 실제의 실험교수에서 학생과의 역동적이고도 창의적인 상호작용을 해 나갈 수 있어야 할 것이다. 국내에서도 학회 차원에서는 이러한 연구 방법에 대한 논의가 활발하게 이루어지고 있으나, 실제적인 학교 교육 현장과 연계한 적극적인 연구가 아직은 많지 않은 실정이므로 앞으로 수학교육자나 교사들 사이에서 이러한 방법을 사용하여 학생들의 수학을 알기 위한 노력을 계속하여야 할 것이고, 이러한 경험은 교사에게 자신들이 기존에 가지고 있던 수학에 대한 생각을 새롭게 할 것이고, 학생의 수학에 대한 새로운 눈을 열도록 할 것이며, "학생들의 수학"에 바탕을 둔 수학 교수학습이 이루어질 수 있을 것이다.

참 고 문 헌

Battista, M. (1999). *The mathematical miseducation of America's youth.* Unpublished manuscript.

Cobb, P., & Steffe, L. P. (1983). The constructivist researcher as teacher and model builder. *Journal for Research in Mathematics Education, 14(2),* 83-94.

Einstein, A., & Infeld, L. (1967). *The evolution of physics.* New York: Simon Schuster Clarion Book.

Maturana, H. (1978). Biology of language: The epistemology of language. In G. A. Miller & E. Lenneberg (Eds.), *Psychology and biology of language and though: Essays in honor of Eric Lenneberg* (pp. 27-63). New York: Academic Press.

National Council of Teachers of Mathematics (1989). *Curriclum and evaluation standards for school mathematics.* Reston, VA: Author.

National Council of Teachers of Mathematics (1998). *Principles and standards for school mathematics: Discussion draft.* Reston, VA: Author.

Park, M. (1999). *Numerical development of Korean-Englsih bilingual children: A constructivist teaching experiment.* Unpublished doctoral dissertation, University of Georgia, Athens, GA.

Piaget, J. (1964). Development and learning. In R. E. Ripple, & V. N. Rockcastle (Eds.), *Piaget rediscovered: Report of the conference on cognitive studies and curriculum development* (pp. 7-20). Ithaca: Cornell University Press.

Skemp, R. (1991). *Mathematics in the primary school.* Londres: Routledge.

Steffe, L. P. (1984). The teaching experiment methodology in a constructivist research program. In M. Zweng (Ed.), *Proceedings of the Fourth International Congress on Mathematical Education (pp. 469-471),* Boston: Birkhauser.

Steffe, L. P, (1991). The constructivist teaching experiment: Illustrations and implications. In E. von Glasersfeld (Ed.), *Radical constructivism in mathematics education* (pp. 177-194). Boston: Kluwer.

Steffe, L. P, & Thompson, P. W. (1998). *Teaching experiment methodology: Underlying principles and essential elements.* Unpublished manuscript.

Steffe, L. P. & von Glasersfeld, E. (1985). *Child generated multiplying and dividing algorithms: A teaching experiment.* NSF Grant No. MDR-8550463.

von Glasersfeld, E. (1983). An attentional model for the conceptual construction of units and number. In L. P. Steffe, E. von Glasersfeld, J. Richards, & P. Cobb (Eds.), *Children's counting types: Philosophy, theory, and application.* New York: Praeger.

von Glasersfeld, E. (1995). *Radical constructivism: A way of knowing and learning.* London: The Palmer Press.

13 『예비 수학 교사 교육에서 공학적 도구의 교육적 활용』에서 사용한 '실행 연구' 방법 해설

김 남 희[13)]

가르치는 일은 매우 복합적인 상황 속에서 이루어지므로 단기적인 지도 과정으로부터 교육의 성과를 명시적으로 설명하기는 어렵다. 구체적인 수업 목표가 설정되어도 그 목표가 수업 장면에서 온전히 달성되었는지를 명확하게 드러내는 과정은 쉽지 않다. Polya(2005)는 무엇을 가르치는가에서 나아가 어떻게 가르치는가에도 관심을 두는 것이 필요하며, 교사들은 가르치는 방법을 배우기 위해서 이론적 탐색 못지않게 실천적인 경험에 주목하여 학습 과정을 이해하는 것이 중요하다고 주장하였다.

정성적 연구 방법 중 실행 연구는 이론보다는 실행, 특히 이해와 변화를 염두에 두고 상황의 구체성을 고려하는 가운데 이루어진 연구로서, 교사들이 적극적으로 수학 교육 연구에 참여하고 그 과정에서 자신의 전문성과 실행력을 향상시키는 것을 강조한다. 교육 분야에서 이루어지는 실행 연구는 주로 연구자나 교사, 장학사 등 교육 관련자가 학교 상황, 교실 상황, 교수-학습 상황 등에 관한 정보를 수집하고 구체적인 개선안을 모색하기 위하여 행하는 체계적인 연구 활동으로 이루어진다.

Reason & Bradbury(2001)에 의하면 실행 연구는 실천적인 지식을 산출하는 것에 목적을 둔 참여적 연구의 성격을 가진다. 또한 실행 연구는 경험에서 출발한 체험적 지식의 성장을 추구하기 때문에 탐구 결과 뿐 아니라 탐구 과정에도 매우 큰 가치를 두는 것이 특징이다.

실행 연구 방법론에 의하면, 실행 연구의 절차는 다음의 4단계로 이루어진다. 첫째, 연구의 초점을 정하고, 연구 문제로 표현한다. 둘째, 충분하고 적절한 자료를 수집한다. 셋째, 자료를 타당한 기준에 따라 분석하고 해석한다. 넷째, 실천적인 지식을 산출한다. 실행 연구를 계획할 때, 연구의 초점을 정하고 그것을 연구 문제로 표현하는 첫 번째 과정은 기존에 이미 다루었던 익숙한 상황이나 관점에서 벗어나 새로운 상황을 설계해야 하기 때문에 많은 생각과 준비를 필요로 하는 어려운 단계라고 할 수 있다(우정호 외, 2006).

본 연구(김남희, 2011)에서는 현재 학교수학에서 공학적 도구의 활용에 관한 제안이 활발하게 이루어지고 있으나 우리나라 학교 현장에서 그 제안이 효과적으로 구현되고

---

13) 전주대학교, nhkim@jj.ac.kr

있지 못한 상황에 주목하였다. 연구자는 예비 수학 교사들의 '수학 프로그램 탐구 역량 강화'라는 목표를 설정하고, 수업 실행 과정에서 예비 교사들이 서로 가르치고 배우는 경험을 통해서 '교사로서 가져야 할 바람직한 인식과 태도를 함양'한다는 실천적 연구 목표를 추가하였다.

본 연구의 수업 설계와 실행에서 연구자는 사범대학의 예비 수학 교사 교육에 필요한 적절한 지도 방법을 예시하기 위해 구체적이고 실천적인 사례를 산출하려고 노력하였다. 연구자는 예비 수학 교사들로 하여금 실행 과정에 적극적으로 참여하도록 하고, 자신의 실천 활동에 대한 반성을 통해 전문성과 실행력을 향상시키도록 안내하였다. 실행 연구에 참여하는 교사들은 실행 과정에서 가르치고 배우는 구체적인 맥락을 이해하고, 교사와 학생의 상호작용에 대하여 관심을 갖고 좀 더 발전적인 방향으로의 변화를 모색하게 되기 때문에, 실행 연구는 교사의 전문성 향상에 크게 기여할 수 있다는 장점이 있다.

다른 정성 연구에서와 마찬가지로 실행 연구에서도 연구 문제를 해결하는 데 도움이 되는 다양한 유형의 자료를 수집하는 것이 필요하다. 자료의 원천은 일반적으로 다른 정성 연구에서와 마찬가지로 문서 자료, 관찰 자료, 면담 자료로 구분될 수 있다. 본 연구에서는 다양한 정보를 통한 결과 분석을 위해 수업 실행 과정에서 연구자의 관찰 내용을 기록한 자료, 학생 보고서 자료, 탐구 활동 발표 자료, 탐구 활동 후기 작성지를 수집하였다.

실행 연구를 위해 수집한 자료를 분석할 때에는 다각도로 접근하는 것이 필요하다. 수집된 정보를 다양한 방식으로 유형화하면서 새로운 이해를 시도해야 한다. 본 연구에서는 수집된 자료들을 세 가지 관점 즉, 수학 프로그램을 중등수학의 지도에 구체적으로 활용한 사례는 무엇인가?, 예비 수학 교사들이 수학 프로그램을 활용한 관점이나 방향은 무엇인가?, 연구 목표가 탐구 활동의 준비, 발표, 실습 과정에서 어떻게 구현되었는가?에 따라 분류하고 연구자의 관찰, 학생 보고서 자료, 탐구 활동 발표 자료를 바탕으로 분석 결과를 정리하였다. 그리고 그 결과 내용을 탐구활동 후기 작성 내용인 기록물 자료의 사례와 함께 제시하였다.

실행 연구의 결과는 실행 내용의 생생한 경험과 함께 제시된다는 것이 특징이다. 생생한 경험에 대한 분석 활동을 제시하기 때문에 실행에 참여한 사람은 물론이고 실행에 참여하지 않은 사람에게도 간접적인 실행 경험과 실행에 대한 세밀한 이해의 기회를 제공한다. 본 연구에서는 예비 수학 교사들이 수학 프로그램 탐구 과정 수행의 준비, 발표, 실습 단계에서 느낀 깨달음이나 배움을 그들의 기록물 자료에서 발췌하여 그 생각을 있는 그대로 제시하였다. 예비 수학 교사들의 생생한 의견을 근거로, 그들의 수학 프로그램 탐구 역량이 신장되었고, 서로 가르치고 배우는 경험과 발표를 실행하면서 교수-학습에 대한 긍정적인 인식을 갖게 되었음을 보고하였다. 특히 본 연구에서 실행한 수업 활동이 예비 수학 교사들에게 메타 교육적인 측면에서도 긍정적인 영향을 준 것으로 평가하였다.

본 연구의 실행 과정에서 예비 수학 교사들은 공학적 도구를 의미 있게 활용하는 데 도움이 되는 지식과 경험을 얻게 되었다. '공학적 도구의 활용'이라는 주제가 학교 수학의 수업 장면에서 어떻게 달성될 수 있는지에 대해서는 명확하게 드러내지 않았지만, 본 연구는 공학적 도구를 수학 수업에 활용할 수 있는 전문성 있는 교사 양성에 기여한 측면에서는 성과가 있음을 보여주었다.

실행 연구는 수학교육에 관련된 구체적이고 실천적인 지식을 산출하려고 노력하는 연구이며, 적극적인 참여를 통해 연구가 이루어지므로 수학교육 실천에 대한 탐구 과정에 큰 가치를 둔다. 본 연구의 구체적 실행 사례는 수학 교사의 전문성 향상을 위한 교육의 실천적 사례를 제공한다는 측면에서 의의가 있다. 이는 향후 타 대학 사범대 교사 양성 과정이나 현직 교사 연수 프로그램에서도 본 연구의 실행과정을 교사 교육의 한 방법으로 시도해 볼 수 있다는 가능성을 보여주고 있는 것이다. 한편, 본 연구는 실행 연구에 참여한 예비 수학 교사들이 교수-학습에 대한 새로운 이해를 갖게 되고, 교육 실천 과정에 대하여 반성하고 숙고하는 태도를 갖게 한 점에서도 큰 의의가 있다.

참고문헌

김남희 (2011). 예비 수학 교사 교육에서 공학적 도구의 교육적 활용. **수학교육학연구**, 21(4), 345-359

우정호, 정영옥, 박경미, 이경화, 김남희, 나귀수, 임재훈 (2006). **수학교육학 연구 방법론**. 서울: 경문사

Polya, G. (2005). *Mathematical Discovery Ⅰ, Ⅱ*. John Wiley & Sons, Inc. (우정호, 정영옥, 박경미, 이경화, 김남희, 나귀수, 임재훈 역). 서울: 교우사. (영어 원작은 1965년도 출판).

Reason, P. W., & Bradbury, H. (2001). *Handbook of Action Research: Participative Inquiry and Practice*. Thousand Oaks, Calif.: SAGE.

대한수학교육학회지 수학교육학연구 제 21 권 제 4 호
Journal of Educational Research in Mathematics
Vol. 21, No. 4, 345-359. Nov 2011

예비 수학 교사 교육에서 공학적 도구의 교육적 활용

김 남 희*

본 연구에서는 예비 수학 교사 교육의 현장에서 공학적 도구를 교육적으로 활용하는 방법에 초점을 두고 수학 프로그램[1] 탐구 과제 수행을 계획하고 실행하였다. 수학 교육 강좌 시간을 이용하여 예비 수학 교사들에게 수학 프로그램을 수학의 내용 지도에 효과적으로 활용하는 사례 탐구의 기회를 제공하고자 하였다. 또한 탐구 과제 수행 과정을 통해 가르치고 배우는 활동을 경험하고 교수-학습에 대한 바람직한 인식을 함양하도록 하였다. 장기간의 자율적 탐구 시간을 위한 사전 안내, 조별 학습 및 전 구성원의 참여 유도, 발표를 통한 실습 제공, 반성의 과정을 계획하고 실행한 결과 예비 수학 교사들은 짧은 시간에 중등 수학 교과서에서 다루고 있는 여러 수학 프로그램에 대한 기초 지식을 습득하였다. 뿐만 아니라 조별 탐구와 실습의 과정을 통해 수학 프로그램에 대한 탐구 역량이 강화되었다. 아울러 전체 동료들과 함께 가르치고 배우는 활동을 체험하면서 바람직한 지도를 위해 교사가 갖추어야 할 자세나 마음가짐에 대해서도 긍정적인 인식을 갖게 되었다. 예비 수학 교사 교육에서 중등 수학 교과서에 제시된 수학 프로그램에 대한 기초 지식을 제공하고 그것을 수학 내용 지도에 교육적으로 활용하는 탐구 활동을 실행한 본 연구는 우리나라 교육과정 제안의 실행 방법을 충실히 탐색하면서 현장 적응력을 갖춘 교사를 양성한다는 관점에서 의미가 있다고 평가된다.

Ⅰ. 서론

21세기 정보화 시대와 더불어 공학적 도구의 교육적 활용에 대한 관심과 연구가 활발해진 지금, 학교수학의 교육에서 공학적 도구를 활용하는 문제에 관한 제안은 미국수학교사협의회(이하, NCTM)가 제안한 학교 수학의 원리나 우리나라 교육과정의 '교수-학습 방법' 등에서 명시적으로 다루어지고 있다(NCTM, 2000; 교육부, 1997, 2007, 2011). NCTM에서 제시한 학교수학의 원리 중 하나인 '공학적 도구의 원리'는 학생들은 공학적 도구를 이용하여 수학을 더 많이 더 깊이 학습할 수 있다는 주장과 함께 공학적 도구가 수학을 가르치고 배우는데 중요한 요소임을 강조한다. 우리나라 교육과정에서는 제7차 교육과정부터 2007년 개정 교육과정, 최근 고시된 2011년 개정 교육과정에 이르기까지 공학적 도구의 활용에 대한 제안이 '교수-학습 방법' 또는 '평가' 란에서 구체화되고 있다. 특히, 2011년 개정 교육과정에서는 그 제안이 '교수 -학습 방법'과 '평가' 뿐만 아니라 '교수-학습 상의 유의점'에서도 빈번히 등장하고 있음을 확인할 수 있다. 또한 2011년 개정 교육과정에서 새롭게 제안된 수학 교과 교실의 구축은 공학적 도구 활용 수업을 보다 용이하게 하는 수업 환경을 조성할 것으로 보인다.

그러나 현실적으로, 수학 교사가 수학 프로

* 전주대학교, nhkim@jj.ac.kr

1) 수학 학습을 보조하는 교육용 소프트웨어의 의미로 사용하였다.

그램을 배울 수 있는 시간과 여건은 그리 쉽게 주어지지 않는다. 수학 프로그램에 대한 기본 지식 부족으로 인해 수학 교과서에 소개되는 공학적 도구 학습 코너는 특별히 지도하지 않고 지나치는 경우가 대부분이다. 관심 있는 교사들은 학회 워크샵이나 교사 연수 강좌 등에서 수학 프로그램 사용법을 개인적으로 익히고 어렵사리 수업에 활용해보고자 노력하는 경우도 있기는 하다. 그러나 알아야 할 수학 프로그램의 종류도 다양하고 시간이 지나면 업그레이드 된 새로운 수학 프로그램이 개발되니 계속적으로 혼자 공부해 나가는 것이 여간 부담스러운 일이 아니다. 우리나라 교육과정에서는 공학적 도구의 활용을 제안하고 있지만 실제 학교 현장에서는 그 제안이 현실화되기 매우 어려운 상황인 것이다. 수학 프로그램의 활용이 수학 교수-학습에 반드시 필요한 요건이 될 수는 없지만 학습 내용에 따라서는 교수-학습의 방법적 측면에서 기여하여 학생들의 수학 학습을 보조하고 심화시킬 수 있는 도구임에는 틀림없으므로 교사 교육에서 이를 다루는 것이 필요해 보인다.

이에 본 연구에서는 현장 적응력을 갖춘 교사 양성의 한 방안으로 사범대학의 예비 수학 교사 교육에서 수학 프로그램 탐구 역량을 키우는 교육을 실행하고자 계획하였다. 현재 수학교육학 강좌에서 공학적 도구를 활용한 수학 교수-학습에 대한 이론적인 학습을 제공하고 있기는 하지만 더 나아가서 예비 수학 교사들로 하여금 중등 수학 교과서에서 소개되는 여러 수학 프로그램에 익숙하도록 준비시키고 그것을 수학 내용과 관련지어 지도 과정에 활용할 수 있는 능력과 태도를 갖추게 하고자 하였다. 본 논문에서는 예비 수학 교사들을 대상으로 수학 프로그램 탐구 과제 수행을 계획하고 실행한 과정을 소개하고 그 결과를 제시한다.

II. 학교수학과 공학적 도구

1. 공학적 도구의 활용 동향

공학적 도구의 활용에 대한 연구와 실행은 1990년대 이후 최근에서야 본격화되었지만, 그에 대한 관심은 수학교육 현대화 운동 이후 '기본으로 돌아가기(The Back to Basics Movement)' 운동이 촉발되었을 때부터 대두되기 시작한 것으로 보인다. '기본으로 돌아가기' 운동에서는 기본 기능이 무엇을 의미하는가에 대한 논의를 통해 기본 기능의 범위를 좁은 의미의 계산 기능에서 문제 해결을 비롯한 폭넓고 고차원적인 기능으로 확대해야 한다는 결론을 내렸다. 이때 제시된 수학의 기본 기능은 문제해결, 다양한 상황에서 수학의 적용, 결과의 합리성 설명, 어림과 근사값 추정, 적절한 계산 기능, 기하, 측정, 표와 그림과 그래프를 읽고 해석하고 작성하기, 수학을 활용한 추측과 더불어 컴퓨터에 대한 소양(computer literacy)을 포함해 10가지가 제시되었다.

1980년에 NCTM에서 발표한 '학교 수학을 위한 제안'에도 문제 해결을 포함하여 8가지 권고사항이 제시되었는데 그 중 '컴퓨터와 계산기를 이용한 수학교육'이 명시적으로 제안되었다. 또한 NCTM은 「학교수학을 위한 원리와 규준(2000)」에서도 현대 정보화 사회에서 수학적 소양의 중요성이 더욱 증대되었음을 지적하면서 문제 해결 능력을 강조하고, 수학 문제를 탐구하는 과정에서 계산기와 컴퓨터를 적절히 활용하도록 제안하고 있다(NCTM, 1980, 2000). NCTM의 「학교수학을 위한 원리와 규준」은 공학적 도구의 활용이 보다 활성화되어야 한다는 방향성만 제시한 것이 아니라 구체적인 활용 예도 제시하고 있다. 그러나 공학적 도구가 수학 교사를 대신하지 못하며, 수업의 만병통치약은 아니라는 한계를 명시함으로써, 적정 수준에서 공학적 도구를 활용할 것을 권장하고 있다(류희찬 외, 2007, 김남희 · 박경미, 2008 p.5에서 재인용). 우리나라의 수학 교육과정도 이러한 수학교육의 동향을 반영하여 복잡한 계산 수행, 수학의 개념,원리, 법칙의 이해, 문제 해결력 향상 등을 위하여 공학적 도구를 활용할 것을 제안하고 있는바, 1980년대 이후 학교수학은 문제 해결을 중심으로 이루어져야 한다는 주장 아래 현재까지도 문제 해결력 향상을 위한 공학적 도구의 활용이 광범위한 지지를 받고 있음을 알 수 있다.

아래에서는 우리나라 제7차 교육과정, 2007년 개정 교육과정, 2011년 개정 교육과정에서 공학적 도구의 활용에 대한 제안이 어떻게 구체화되고 있는지를 살펴보고자 한다.

2. 수학 교육과정과 공학적 도구

우리나라 교육과정에서 공학적 도구의 활용에 대한 제안은 '교수-학습 방법'. '평가,' ' 교수-학습 상의 유의점'에서 살펴볼 수 있다. 제7차 교육과정에서 2007년 개정 교육과정, 2011년 개정 교육과정으로의 변화 속에서 나타나는 두드러진 특징은 공학적 도구에 대한 제안이 그 이전 보다 더욱 강화되어 언급되고 있다는 것이다.

먼저, 교육과정에 제시된 '교수-학습 방법'의 제안 사항을 살펴보자. 제7차 교육과정부터 '교수 · 학습의 전 과정을 통하여 적절하고 다양한 교육 기자재를 활용하여 학습의 효과를 높이도록 한다'는 기본 내용을 유지하면서 제7차 교육과정에서는 '교수 · 학습 과정에서 계산 능력 배양이 목표인 영역을 제외하고는 복잡한 계산이나 수학적 개념 · 원리 · 법칙의 이해, 문제 해결력 향상 등을 위하여 가능하면 계산기나 컴퓨터를 적극 활용하도록 한다', 2007년 개정 교육과정에서는 '계산 능력 배양을 목표로 하지 않는 경우의 복잡한 계산 수행, 수학적 개념 · 원리 · 법칙의 이해, 문제 해결력 향상 등을 위하여 계산기, 컴퓨터, 교육용 소프트웨어 등의 공학적 도구와 다양한 교구를 확보하여 활용할 수 있다' 2011년 개정 교육과정에서는 '계산 능력 배양을 목표로 하지 않는 경우의 복잡한 계산 수행, 수학의 개념, 원리, 법칙의 이해, 문제해결력 향상 등을 위하여 계산기, 컴퓨터, 교육용 소프트웨어 등의 공학적 도구와 다양한 교구를 확보하여 활용한다' 의 변화로 교육과정 개정이 이루어지면서 부분적인 내용의 변화를 확인할 수 있다. 제7차 교육과정에서는 계산기와 컴퓨터만 언급한 것과 달리 2007년 개정 교육과정에서는 교육용 소프트웨어를 명시하기 시작하였으며 더 나아가 2011년 개정 교육과정에서는 공학적 도구를 '~활용할 수 있다'에서 '~확보하여 활용한다'로 보다 실제적이고 구체적인 표현을 사용하고 있다. 특히 2011 개정교육과정에서는 이러한 제안을 보다 효과적으로 실행할 수 있도록 수학 교과 교실의 활용을 새롭게 제시하였다.

한편, 2007년 개정 교육과정부터는 공학적 도구의 활용에 대한 제안을 '평가' 란에서도 확인해 볼 수 있다. 2007년 개정 교육과정에서 '사' 항 즉, '수학 학습의 평가에서는 평가하는 학습 내용에 따라 학생에게 계산기, 컴퓨터와 같은 공학적 도구와 다양한 교구를 이용할 수 있는 기회를 제공할 수 있다' 라는 내용은 2011년 개정 교육과정에서 '수학 학습의 평가에서는 평가하는 학습 내용에 따라 학생에게 계산기, 컴퓨터, 교육용 소프트웨어 등의 공학적 도구와 다양한 교구를 이용할 수 있는 기회를 제공한다.' 로 변화되면서 공학적 도구로서 교육용 소프트웨어의 활용을 명시적으로 강조함과 동시에 '~제공할 수 있다'에서 '~제공한다' 와 같이 '가능'의 의미보다 '단정'의 의미가 담긴 보다 적극적인 표현을 사용하고 있음을 확인해 볼 수 있다.

우리나라 제7차 교육과정부터 그 이후의 교육과정에 제시되는 '교수-학습 방법'과 '평가'의 변화를 분석해 보면 공학적 도구의 활용에 대한 제안이 암묵적이면서 소극적인 관점에서 보다 명시적이면서 구체적이고 적극적인 제안으로의 변화가 나타나고 있음을 엿볼 수 있다. 특히 2011년 개정 교육과정에서는 이전 교육과정과 달리 '교수 학습 상의 유의점'에서도 공학적 도구의 활용을 제안하는 적극적인 표현 방식을 취하고 있다. 예를 들어 [중학교 1~3학년군]에 해당하는 '함수' 영역에서는 '공학적 도구를 활용하여 함수의 그래프를 그리고 다양한 상황을 해석할 수 있게 한다', '확률과 통계'영역에서는 '공학적 도구를 활용하여 표와 그래프를 그리고 대푯값과 산포도를 구할 수 있게 한다', 고등학교 선택 교육과정에서 '지수와 로그에 관련된 문제를 다룰 때 공학적 도구를 활용할 수 있게 한다', '수열이나 급수의 수렴 발산은 공학적 도구를 활용하여 이해할 수 있다' '확률 분포와 통계적 추정을 다룰 때에는 공학적 도구를 활용하여 실생활 자료를 처리해 보게 할 수 있다' 등 학습 내용의 이해나 활용을 위해 공학적 도구를 다양하게 활용할 것을 권장하고 있는 것이다.

위에서 살펴본 바와 같이 학교수학에 공학적 도구를 활용하는 문제는 제7차 교육과정부터 명시적으로 다루어지기 시작하였으며 실제로 교육과정의 제안은 제7차 교육과정 이후 개발된 수학 교과서에 부분적으로 반영되어 수학 교과서나 익힘책에서 공학적 도구를 활용한 학습 코너로 구현되어 있다. 그리고 학생을 위해 제시한 책 구성에 대한 안내에는 공학적 도구를 활용한 학습 코너는 수학적 사고력 향상, 흥미 유발, 효과적인 수업 구성, 학습내용 이해, 문제 해결과 추론 능력 개발을 목적으로 하고 있음을 언급하고 있다. 앞으로 '공학적 도구의 이용', '컴퓨터의 활용', '컴퓨터로 수학하기', '수학과 정보 기술', '수학과 테크놀러지' 등의 명칭으로 제시된 공학적 도구를 활용한 학습 코너는 2011년 개정 교육과정에 따른 교과서 개발에서도 여전히 유지될 것으로 예상된다. 이에 예비 수학 교사 교육에서 수학 교과서에서 소개되는 수학 프로그램에 대한 기초 지식을 제공하고 그것을 수학 내용 지도에 교육적으로 활용할 수 있는 탐구 능력과 태도를 신장하는 지도를 실행하는 것은 우리나라 교육과정의 제안을 숙지하고 그 제안의 실행 방법을 충실히 탐색하면서 현장 적응력을 갖춘 교사를 양성한다는 관점에서 의미가 있다고 할 수 있다.

III. 연구 계획 및 실행

1. 연구 목표

본 연구에서는 예비 수학 교사들로 하여금 수학 프로그램 활용에 대한 탐구 과제 수행을 안내하고 이를 실행하는 수업을 계획하였다. 예비 수학 교사 교육에서 공학적 도구를 교육적으로 활용하기 위한 방안으로 다음 두 가지 지도 목표를 설정하였다. 하나는, 수학 프로그램에 대한 기초 지식을 습득하고 학교 수학의 내용 지도에 수학 프로그램을 효과적으로 활용할 수 있는 능력을 배양하는 것이고 다른 하나는, 가르치고 배우는 활동 속에서 교수-학습에 대한 바람직한 인식을 갖게 하는 것이다.

첫 번째 목표는 예비 수학 교사들의 수학 프로그램 탐구 역량을 강화하기 위한 것이고 두 번째 목표는 가르치고 배우는 자신의 경험을 통해서 교사로서 가져야 할 바람직한 태도를 갖추게 하기 위한 것이다. 위 두 가지 목표를 기본으로 한 수업 구성을 위해서, 다음과 같은 5가지의 구체적인 지도 방향을 설정하였다.

[지도 방향 1] 중등수학 교과서에서 소개되는 수학 프로그램을 소개하고 학생들이 그에 대한 기본 지식을 능동적으로 학습하도록 안내한다.
[지도 방향 2] 수학 프로그램을 중등 수학의 내용 지도에 교육적으로 활용하는 사례를 탐구하도록 유도한다.
[지도 방향 3] 탐구한 사례를 구체화하여 실습의 기회로 제공한다.
[지도 방향 4] 조별 탐구 과정과 동료 지도 활동을 통해 서로 협력하면서 가르치고 배우는 과정을 경험하도록 한다.
[지도 방향 5] 조별 활동, 발표, 설명 도우미의 역할을 수행하며 가르치고 배우는 과정에서 요구되는 자질과 태도에 대해 숙고할 수 있는 기회를 갖도록 한다.

[지도 방향 1]~[지도 방향 3]은 탐구 과제 제시 내용과 관련된 계획으로 예비 수학 교사의 수학 프로그램 탐구 역량 강화를 위한 것이다. [지도 방향 4]~[지도 방향 5]는 과제를 수행하는 방법과 관련된 계획으로 예비 수학 교사들이 교사로서 가져야 할 바람직한 태도를 신장시키기 위한 것이다.

2. 연구 계획

본 연구의 수업은 연구자가 재직하고 있는 사범대학 수학교육과 2학년에 재학중인 학부생을 대상으로 실시하였다. 2007년부터 '수학문제해결방법론' 강좌 시간을 활용하여 실시한 '수학 프로그램 탐구 과제 수행 '을 해마다 조금씩 수정, 보완해가며 2010년까지 실시한 후, 2011년 1학기에 보다 개선된 방법으로의 실행을 계획하였다. 2007년에는 수학 프로그램 탐구 보고서 작성만을, 2008년에는 탐구 보고서 작성에 중등수학에 수학 프로그램이 적절히 활용된 사례를 첨가하여 작성, 발표하도록 하였으며, 2009년에는 발표할 때 모든 학생들이 따라 할 수 있도록 시연을 하도록 하였다. 2010년에는 실습하는 동료들이 어려움을 겪을 때 도와주는 설명 도우미의 역할을 부가하였다. 2011년에는 이전까지의 내용을 모두 포함하면서 발표자를 임의로 즉석에서 선정하는 방식을 도입하여 조별 탐구 과정부터 모든 학생들이 참여할 수 있도록 유도하는 방법을 도입하였다. 앞서 제시한 수업의 방향을 염두에 두고 수업에 참여한 모든 예비 수학 교사들의 학습 효과가 극대화되도록 발표 당일 발표자를 임의로 선정하고 남은 조원들이 모두 설명 도우미의 역할을 하도록 하였다. 여기서는 2011년 1학기에 실행한 수업에서 예비 수학 교사들의 수행 사례를 소개하고 그 결과를 제시한다.

먼저, 연구자는 중등 수학 교과서를 분석하여 수학 교과서의 탐구 활동 자료 속에서 소개되는 여러 가지 수학 프로그램들 중 다음 8개를 선정하여 예비 수학 교사들(이하, 학생 이라 칭하기도 함)에게 제시하였다.

Grafeq, GSP, Cabri3D, Autograph, Tess, Fathom, 그래프마법사, LOGO

'수학문제해결방법론' 강의 1주차에는 강의 계획서와 수업 운영 전반에 대한 안내를 한 후 예비 수학 교사들을 3~4명씩 8개 조로 구성하고 각 조마다 탐구를 원하는 수학 프로그램을 다른 조와 중복되지 않게 선택하도록 하였다. 복사물로 배포한 1학기 강의계획서 안에는 '수학 프로그램 탐구 프로젝트'라는 명칭으로 학기 초에 미리 과제를 제시하고 보고서 작성 안내 내용을 제시하였다. 보고서 제출과 발표는 중간고사 이후 3주 차 수업에(11주차 수업 시기) 실시함을 학기초에 미리 공지하여 학생들이 학기 초부터 10주 동안 조별로 자율적인 탐구를 할 수 있도록 하였다. 발표와 실습이 시작되는 11주차 이후 수업은 컴퓨터 실습실에서 실시할 것이고, 아래와 같이 발표자와 설명 도우미의 역할을 미리 안내하였다. 이는 조별 구성원들 모두가 수학 프로그램의 기본 기능을 숙지하고 함께 탐구 활동에 참여할 수 있도록 유도하고자 계획한 것이다.

발표자의 역할: 발표자로 선정된 학생은 자신의 조에서 탐구한 수학 프로그램에 대한 기본 설명을 하고 이를 이용하여 중등수학의 학습 내용을 지도하는 사례 2 가지를 시연하기(동료 학생들이 컴퓨터실에서 실습할 수 있도록 안내하기)

설명 도우미의 역할: 발표자로 선정되지 않은 나머지 조원들은 발표자가 설명하지 못한 부분을 옆에서 체크해주거나 발표가 지연되지 않도록 보조하기. 실습실 앞, 뒤, 중앙에 대기하면서 발표 내용을 잘 이해하지 못하거나 실습 내용을 따라하는데 어려움을 겪는 동료 학생들을 도와주기.

<표 Ⅱ-1>은 학기 초 과제 안내부터 조별 탐구 활동과 발표(실습)가 실시되기까지의 과정을 시기 별로 요약한 것이다.

3. 연구 실행

중간고사 이후 11주차에 모든 조는 보고서를 제출하고 수학 프로그램 탐구 활동 발표 수업을 실시하였다(11주~ 12주 수업까지, 총 6시간). 각 조는 발표와 실습 진행을 위해 보고서를 요

<표 Ⅱ-1> 프로젝트 실행 과정

시기별 진행 내용		교수		학생(예비 수학 교사)
1주차	안내	탐구 과제 공지, 탐구 보고서 작성 및 발표 방법 안내		조 편성, 조 대표자 선정, 조별 탐구 수학 프로그램 결정
2주차	(자율적인) 조별 탐구	조별 탐구 활동에 대한 질문, 자료 조사 도움 요청시 정보 제공(프로그램 CD 및 설명서, 워크샵 자료 등 제공)	정 규 강 의 진 행	조별 탐구 활동 계획 및 실행
3주차				
4주차				
5주차				
6주차				
7주차				
8주차	중간고사	발표 및 시연 준비 공지		
9주차	보고서 작성			
10주차				
11주차	보고서 제출 프로젝트 발표	발표자 임의 선정 조별 발표 내용에 대한 피드백 및 보충		보고서 제출 발표 및 시연 실행 모든 학생들의 실습 탐구 및 발표 활동 후기 작성
12주차				
13~16주차	정규 강의 진행			

약하여 5~8쪽 분량의 유인물로 복사하여 준비, 모든 학생들에게 배포하였다. 배포한 유인물 자료에는 탐구한 수학 프로그램의 특징, 기능 및 기본 사용법에 대한 약간의 설명과 중등 수학 문제 해결에 활용하는 탐구 사례가 예시되어 있다. 각 조의 학생들이 조별 탐구 활동, 보고서 작성, 자신들의 탐구 활동 발표를 위해 준비하면서 실행한 활동들을 요약하면 다음과 같다.

- 컴퓨터 실습실에 수학 프로그램 설치하기
- 수학 프로그램 기본 사용법 익히기
- 중등수학 실습 사례 탐구하기
- 발표 내용 선정하여 보고서 작성하기
- 발표 자료 ppt 제작하기
- 배부할 자료 복사해 준비하기

학생들은 조별로 수학 프로그램의 기본 사용법을 익히는 과정에서 학기 초에 교수가 제공한 프로그램 설명서와 각종 워크샵 자료를 기초로 하여 조 구성원들이 서로 질문과 답변을 주고 받으며 프로그램 사용법을 터득해 나갔다. 경우에 따라서는 영어로 된 설명서를 열심히 번역해야 하는 일도 있었다. 인터넷과 도서관에서 필요한 자료를 찾아 공부하면서 정기적으로 모여 서로 모르거나 궁금한 점에 대해 가르쳐 주고 배우는 활동을 하는 것을 관찰하였다. 한편 중등 수학 실습 사례를 탐구하는 과정에서는 이 수학 프로그램을 이용해서 어떤 수학적 개념이나 문제 해결에 활용하면 효과적일 지 생각하면서 학생들의 이해를 도울 수 있는 교과서의 예제나 수행 과제를 찾아보는데 열중하였다. 때로는 인터넷에 소개되어 있는 활용 사례를 공부하는 모습도 보였다.

발표 당일, 조별로 발표자는 즉석에서 임의로 선정하였고 남은 조원들은 설명 도우미 역할을 하여야 하기 때문에 모든 조원들은 탐구 내용을 숙지해야하므로 준비부터 발표까지 전체 구성원이 열심히 참여하는 성과가 있었다. 조별 발표가 진행 될 때 조 구성원들이 한 역할은 다음과 같다.

- 우리 조의 발표 자료 배부하기
- 전체 학생들에게 프로그램 사용법과 중등수학의 활용 사례 시연하기(발표자)
- 실습을 따라하는데 어려움을 겪는 동료 학생 도와주기(설명 도우미)

각 조의 발표 시간은 평균적으로 30분이였고 발표를 마친 후에는 미흡한 부분이나 보충할 부분에 대한 교수의 추가 설명 시간이 있었다. 때로는 교수가 수학 학습에의 활용 사례를 추가하여 실습 지도를 하기도 하였다. 예를 들어, Grafeq 프로그램의 발표가 끝난 이후에, 조건식이 있는 함수의 그래프를 그리는 방법을 소개하거나 Grafeq 프로그램으로 극좌표로 나타낸 함수의 그래프를 탐구할 수 있음을 예시하였다[2].

모든 조의 발표와 그에 따른 실습 활동을 통해 모든 학생들이 8개 수학 프로그램의 기초적인 사용법과 학교 수학의 활용 사례를 실습하였다(<표 Ⅱ-2> 참고). 각 조는 발표가 끝난 바로 다음 시간에 수학 프로그램 탐구 및 발표 활동에 대한 후기를 과제로 제출하였다.

4. 자료 수집

본 연구에서는 연구자의 관찰과 학생들이 제

2) 2011년 개정 교육과정의 선택교육과정에서는 심화과목으로 고급 수학 Ⅰ,Ⅱ 가 있다. 고급 수학 Ⅱ의 '복소수와 극좌표' 영역 <교수-학습 상의 유의점>에는 '극방정식으로 주어신 곡선의 그래프를 그릴 때 공학적 도구를 활용할 수 있다'가 제시되어 있다.

<표 Ⅱ-2> 탐구 과제 발표 및 실습 장면

발표자의 시연

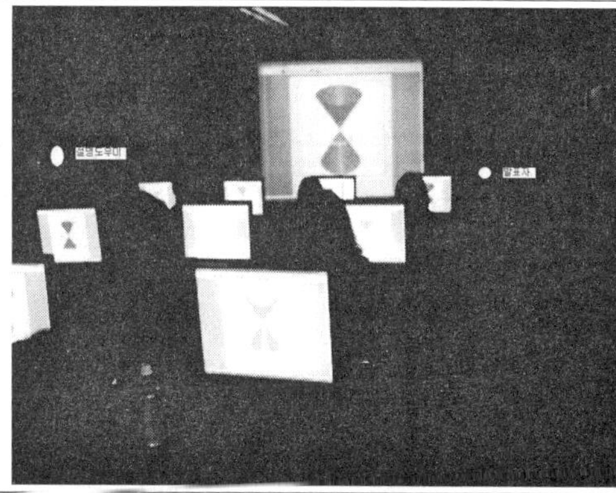

발표자와 설명 도우미(보조 역할)

설명 도우미 분산 배치(앞, 중간, 뒤)

전체 학생들의 실습 상면

실습 진행 중(설명 도우미의 대기)

설명 도우미 역할(질문한 동료 지도)

출한 기록물을 중심으로 자료를 수집하였다. 연구가 진행되는 동안 연구자의 관찰 내용을 기록한 자료, 학생 보고서 자료, 탐구 활동 발표 자료, 탐구 활동 후기 작성지가 수집되었다. 연구자는 학기 초부터 학생들이 탐구 활동을 계획하고 실행하는 동안 비정기적으로 학생들과 비구조적 면담을 실시하였고, 수업 중 학생들의 준비와 실행 과정을 관찰하였다. 탐구 활동에 대한 발표와 실습이 끝난 후에는 탐구 과제 수행을 준비, 발표, 실습의 세 단계로 나누어 탐구 활동 후기를 작성하도록 하였다(<그림 Ⅱ-1> 참고). 이는 학생들로 하여금 준비, 발표, 실습의 과정에서 자신이 한 역할과 실행 내용을 되돌아볼 수 있는 기회를 제공해 주기 위함이었다. 또한 연구자가 수업 설계를 위해 설정한 두 가지 지도 목표가 탐구 과제 수행의 준비, 발표, 실습의 각 단계에서 학생들에게 어떤 모습으로 구현되었는지를 살펴보기 위한 것이었다.

수학 프로그램 탐구 활동 후기					
탐구활동 발표날짜 2011. 월 일		강좌명	수학문제해결방법론	기록자	
		학번			
프로그램명				조이름 (조원)	
발표 내용		(주제 1)		해당학년	
		(주제 2)		해당학년	
준비	탐구활동(발표 준비)에서 내가 한 역할				
	탐구활동(발표 준비)를 하면서 배운점(느낀점)				
발표	발표 당일 내가 한 역할	발표자( ) 설명 도우미 ( )			
	조 발표를 통해 느낀점				
실습	다른 조 발표 내용을 보고 실습하면서 배운 점 (느 낀 점)				

<그림 Ⅱ-1> 후기 양식

5. 자료 분석

먼저 연구자는 학생들이 탐구 활동으로 제시한 보고서 자료를 분석하여 수학 프로그램을 중등수학의 지도에 구체적으로 활용한 사례를 분석하였다. <표 Ⅱ-3>은 2011년 수업에서 각 조가 발표한 내용을 학습 주제 중심으로 정리

<표 Ⅱ-3> 각 조의 수학 프로그램 탐구 학습 주제

조	수학 프로그램	수학 프로그램을 활용한 중등 수학 탐구 학습 주제
6	Grafeq	일차 연립부등식의 해결, 연립부등식의 해결, 부등식의 영역 시각화 여러 가지 그래프 그리기, 변수의 변화에 따른 그래프의 변화 탐구(예: 쌍곡선)
7	GSP	삼각형의 내심, 외심 작도와 성질 탐구, 중간값의 정리 확인, 사이클로이드 곡선 작도
2	Cabri3D	구의 부피(아르키메데스의 연구), 원뿔, 구, 원기둥의 부피의 비 원뿔을 이용한 이차곡선의 시각화, 원뿔의 절단면 탐구
5	Autograph	그래프 관련 문제 해결, 접선과 법선의 방정식 탐구, 구분구적법으로 넓이 구하기
3	Tess	타일 만들기, 평행이동과 테셀레이션
4	Fathom	주사위의 각 눈이 나올 확률, 이항분포, 큰 수의 법칙
8	그래프마법사	극한값 구하기, 그래프를 이용해 극한값 알아보기
1	LOGO	정다각형 탐구, 다각형의 외각의 합, 도형의 전개도, 프랙탈 모형으로 무한급수 탐구

<표 Ⅱ-4> 각 조의 수학 프로그램 활용 분석

조	활용 방향
6	새로운 관점에서 문제 해결, 구체적이고 직관적인 방법으로 도형 탐구, 딘즈의 수학적 다양성의 원리 적용하여 탐구
7	동적 환경에서 도형의 성질 탐구, 수학적 대상과 관계의 구체화, 미분과 적분 심화
2	측정을 이용한 수학적 사실의 확인, 구체적이고 직관적인 방법으로 도형 탐구
5	그래프에 의한 심화 학습 제공, 동적 환경에서 구분구적법의 이해
3	수학적 지식와 학생들의 실제 경험 연결
4	시뮬레이션(모의 실험)을 통한 수학적 사실의 이해
8	학습 내용의 깊이 심화, 직관적 시각화에 의한 극한의 이해
1	두 표현 체계(대수와 기하) 사이의 연결, 구체적이고 직관적인 방법으로 도형 탐구

한 것이다. (발표 순서는 학생들이 제비뽑기로 정해 6조→7조→2조→5조→3조→4조→1조의 순으로 진행하였다).

연구자는 학생들의 보고서 내용과 탐구 활동 발표 내용을 관찰한 자료를 바탕으로 각 조가 수학 프로그램을 활용한 관점이나 방향을 분석하였다(<표 Ⅱ-4> 참조), 각 조에서는 중등 수학 교과서의 내용 지식을 기초로 수학을 더 의미있게, 더 깊이 학습하는데 도움이 되는 방향으로 수학 프로그램 활용 사례를 탐구했음을 확인할 수 있었다.

다음으로는 연구에서 설정한 목표가 탐구 활동의 준비, 발표, 실습 과정에서 어떻게 구현되었는지를 분석하였다. 이를 위해서는 연구자가 오랜 기간 동안 학생들의 수행 과정을 관찰하면서 학생들의 변화를 느끼고 확인한 사항들을 탐구 활동 후기에 작성된 기록물 자료에서 근거를 찾아 그 내용을 분석하였다. 분석의 결과는 탐구 과제 수행의 준비 단계, 발표 단계, 실습 단계로 구분하여 그 내용을 학생 기록물 자료의 대표적인 사례와 함께 아래에서 제시한다.

6. 탐구 과제 수행 결과

가. 준비 단계

탐구 과제 수행의 준비 단계에서 연구자는 모든 학생들이 조별 스터디를 할 때 한 사람도 빠지지 않고 적극적으로 참여한 것을 관찰할 수 있었다. 발표자를 발표 당일 즉석에서 결정하고 나머지 조원들은 설명 도우미의 역할을 하도록 계획한 것이 조 구성원들로 하여금 사전에 수학 프로그램 탐구 내용을 모두 익힐 수 있도록 유도한 효과적인 수단이 된 것으로 보인다. 한편 발표 준비를 하는 과정에서도 조 구성원 모두가 수학 프로그램에 친숙해지고 수학 프로그램을 학습에 보조 도구로 활용할 수 있는 사례를 적극적으로 탐색하는 자세를 보여주었다. 관찰 내용은 학생들의 기록물 자료 분석에서 구체적으로 나타났다. 대표적 사례를 몇 가지 제시하면 본 연구의 수업에서 계획한 첫 번째 지도 목표가 탐구 과제 수행 준비 단계에서 의미있게 구현된 것으로 평가된다.

> 컴퓨터 사용에 서툴렀던 소위 컴치였는데 학우들의 도움을 받아가며 나름 열심히 탐구하다 보니 수학 프로그램의 활용법을 익히고 수학 지도에 유용하게 사용할 수 있다는 자신감이 생겼다.

> 우리가 수학 프로그램을 탐구해보니 수학 프로그램은 형식적이고 추상적인 수학의 내용을 이용하여 시각적, 직관적으로 이해시킬 수 있는 학습의 보조 도구로 활용될 수 있다는 것을 알았다.

> 우리가 맡은 수학 프로그램을 알아가면 알수록 흥미가 생겨서 우리가 발표를 하려고 준비한 사례 말고도 더 많은 것을 알아보게 되었다.

준비 단계에 대한 학생들의 기록물 자료를 분석하면서 부수적으로 알게 된 것은 아래와 같이 학생들이 수학 프로그램의 교육적 활용에 관심을 가지게 되면서 자신의 수학 학습 상태를 되돌아보고 점검하며 반성하는 태도를 갖게 되었다는 것이다.

> 수학 프로그램을 잘 다루려면 수학에 대한 이해가 선행되어야 함을 깨달았다. 그래서 수학 교과서를 펴고 다시 공부하게 되었다. 설명을 하려면 내가 더 명확히 알아야 한다는 것을 깨달았다.

> Fathom을 다루면서 고등학교때 확률과 통계 부분을 제대로 공부하지 않고 진학한 것이 너무 아쉬웠다. 그래서 수학 프로그램의 활용법이 더 이해하기가 힘들었던 것 같다.

> 수학 프로그램을 익히는 것에 그치지 않고 뭔가 사례를 개발하여 설명하려면 나의 수학적 지식이 첨가되어야 함을 알았다.

또한 학생들은 조 별로 탐구 활동을 했기 때문에 서로 모르는 것을 가르치고 배우는 경험을 할 수 있게 되어 교수-학습에 대한 좋은 체험이 되었음을 표현하기도 하였다. 다음과 같은 학생들의 기록 자료를 살펴보면, 개인이 아닌 조 별로 탐구 활동을 수행하도록 계획한 것이 본 수업의 두 번째 지도 목표를 구현하는데 적지 않은 기여를 한 것으로 보인다.

> 조원들과 서로 잘 이해하지 못한 부분에 대해 설명을 해 주고 서로 배워나가면서 선생님과 학생의 입장을 동시에 이해하며 체험해 볼 수 있었던 좋은 기회였다.

> 내가 알려줄 것에 대한 지식을 견고히 하려는 노력을 하면서 나의 설명을 듣는 사람들에게 문제를 어떻게 제시하고 이해시킬 것인지 등에 대해 배우고 있다는 생각을 했다.

나. 발표 단계

수학 프로그램 탐구 보고서를 제출하고 조 발표를 실행하는 과정에서는 예비 수학 교사들이 가르치는 활동을 경험해 보면서 교수-학습에 대한 긍정적인 태도를 배우고 교사로서 가르치는 일에 대해 바람직한 인식을 갖게 되었음을 관찰하였다. 관찰한 내용을 보다 구체적으로 확인하기 위해 학생들의 기록물 자료를 분석한 결과, 학생들이 가르치는 교사의 역할과 태도에 대해 생각해 보고 바람직한 교사의 자질이 어떠해야 하는지에 대한 자신의 생각을 정교화해 나가고 있음을 확인할 수 있었다. 아래의 학생들의 기록물 사례에서 알 수 있듯이, 예비 수학 교사들은 교사가 설명을 하기 위해서는 내용을 잘 알고 있어야 하며 동시에 얼마나 많은 준비를 해야 하는지, 가르칠 때 학생을 어떻게 배려해야 하는지, 교사와 달리 배우는 학생의 입장은 어떠한 지, 가르치는 과정 속에 얼마나 큰 기쁨이 있을 수 있는 지 등에 대해 생각할 수 있는 기회를 갖게 되었음을 확인할 수 있다.

> 가르침에 있어서 더 많은 준비가 필요하다. 선생님으로서 중요한 자질을 배울 수 있었던 좋은 기회였다.

> 새로운 것을 가르치기 위해 우리 자신이 먼저 완벽히 이해하고 능숙하게 설명할 준비를 갖출 필요성이 있다.

> 반복해서 설명해 줄 수 있는 여유, 학생 입장에서 한 번 더 설명하고, 이해를 위해 부연 설명을 해 주는 것도 중요하다는 것을 알았다.

> 쉬운 것이라고 빨리 넘기며 가르치지 말고 천천히 세부적인 것을 놓치지 않게 지도해야 학우들이 잘 따라 온다는 것을 알았다.

> 가르치면서 새로운 생각을 하게 된다. 그 길을 지나온 자는 보이고, 생소한 길을 걷는 자는 한 치 앞도 보기 힘들 것이다. 선생님과 학생이 바로 이런 입장이 아닐까?

> 우리가 발견한 활용 사례를 아무것도 모르는 상태의 친구들에게 설명하고, 잘 따라오지 못해 헤매고 있는 친구들을 도와주니 가르치는 기쁨, 뭔가 모를 뿌듯함이 있음을 알게 된다.

> 발표를 하는 동안 나 또한 내가 알고 있는 것을 더 명확하게 알게하게 되었다. 가르치면서도 배움이 있다는 교수님의 말씀이 이제 이해가 된다.

발표 단계에서 예비 수학 교사들은 누군가를 지도하는 경험을 하면서 교사로서의 바람직한 태도와 관점을 찾아가게 되고 교수-학습에 대한 긍정적인 인식을 갖게 되었다. 본 연구의 수업에서 설정한 두 번째 지도 목표가 이 단계에서 의미있게 구현되었음을 알 수 있다.

다. 실습 단계

다른 조의 발표를 보면서 실습을 한 과정에서 연구자는 수학 프로그램에 대한 예비 수학 교사들의 탐구 역량이 한층 강화되었음을 관찰하였다. 관찰된 내용을 보다 구체적으로 살펴보기 위해 학생들의 기록을 분석해 본 결과, 학생들이 여러 가지 프로그램을 나루다보니 각 수학 프로그램의 장점과 한계에 대해 생각해 볼 수 있었고, 수학 프로그램의 활용 가능성에 대해 보다 폭 넓게 이해할 수 있게 되었다는 것을 표현하고 있었다.

> 우리가 탐구한 것 못지 않게 다른 조의 수학 프로그램도 모두 유용했다. 수업에서 수학 프로그램을 활용할 수 있는 사례가 상당히 많이 있고 또 그것이 유용하다는 것을 알았다.

> 한 프로그램의 한계점이 나름 다른 프로그램으로 보완할 수 있어서 여러 가지 프로그램을 배운 것이 장래 수학 수업을 구성하는데 많은 도움이 될 것 같다.

> 프로그램마다 장,단점이 있겠으나 수학 내용에 따라 학생들의 흥미를 유발하거나 이해를 돕는데 적절한 프로그램을 선택하여 활용하는 것이 중요하다.

수학 프로그램들 간의 비교, 각 수학 프로그램의 장, 단점 파악, 수학 프로그램의 한계점에 대한 인식, 수학 내용에 따른 올바른 수학 프로그램 선택의 중요성 등에 대한 위와 같은 인식은 단 하나의 프로그램을 탐색하고 그 내용을 발표했던 단계에서는 관찰되지 않았던 현상이다. 이러한 인식은 수학 프로그램 한 가지를 알고 있다고 얻어질 수는 없는 것으로서 여러 수학 프로그램을 접하는 경험 속에서 수학 프로그램에 대한 탐구 역량이 이전 단계에서 보다 진전되고 한층 강화되었음을 보여주는 것이다. 한편, 실습 단계에 대한 학생들의 기록을 분석하면서 흥미롭게 관찰된 것은 학생들이 여러 수학 프로그램의 기능과 활용 사례에 관심을 가지게 되면서 장차 능동적으로 수학 프로그램을 탐구하고자 하는 의지를 보여주고 있다는 것이다. 또한 수학 프로그램의 교육적 활용에 대한 관심도 높아졌음을 알 수 있다. 이는 수학 프로그램 탐구에 대한 정의적 측면의 의미있는 진전으로 예비 수학 교사들의 수학 프로그램 탐구 역량 강화에 긍정적인 기초가 된 것으로 보인다.

> 여러 가지 프로그램들을 배우면서 흥미로웠다. 단시간에 해 본 것들이라 시간날 때마다 나 혼자라도 다시 하나씩 하나씩 시도해 보고 더 많은 공부를 해야겠다는 생각을 했다.

> 다른 조가 발표하는 것을 보고 앞으로도 열심히 혼자 해 바아 되지 않을까 모르는 부분은 물어보고 해서라도 여러 프로그램들을 완전히 익혀놓고 싶다.

> 앞으로도 시간을 내어 수학 프로그램을 더욱 연구하고 수학 지도에 교육적으로 활용할 수 있도록 노력하겠다.

학생들은 혼자 공부했으면 오래 걸리고 힘들었을 프로그램들을 조별로 나눠 각자 준비하여 친구들에게 발표하며 배우다보니 너무 흥미로왔고, 여러 가지 프로그램들을 쉽게 익힐 수 있어 좋았다는 의견도 많았다.

이상의 내용을 종합하면, 수업의 첫 번째 지도 목표는 탐구 과제 수행의 준비 단계와 실습 단계에서 잘 구현되었다고 평가된다. 특히 실습 단계에서 그 역량이 보다 의미있게 진전되는 결과를 얻었다. 여러 수학 프로그램을 접하는 경험 속에서 수학 프로그램에 대한 탐구 역량이 이전 단계에서 한층 강화되었다. 두 번째 지도 목표는 탐구 과제 수행의 준비 단계와 발표 단계에서 구현되었다고 평가할 수 있다. 조별 탐구 활동을 통해 서로 가르치고 배우는 경험에서 교사와 학생의 입장에 대해 생각해 보게 되었고, 특히 발표를 실행하는 단계에서는 여러 사람들을 지도한 경험 속에서 교사의 자세에 대한 보다 구체화된 인식을 갖게 되었다. 초기에 설정한 목표와 별도로 탐구 과제 수행의 과정 속에서 예비 수학 교사들은 자신의 수학 학습 상태를 되돌아보고 점검하며 반성하는 태도를 보였고, 수학 프로그램의 교육적 활용을 위한 탐구 활동에 관심과 의지를 표현하는 정의적 측면에서의 성과도 있었다.

Ⅳ. 결론

NCTM에서는 공학적 도구가 수학을 가르치고 배우는데 중요한 학습 보조 도구가 될 수 있고, 공학적 도구를 이용하여 수학을 더 많이 더 깊이 학습할 수 있다고 제안하고 있지만, 실제로 학교 현장의 수학 수업에서 컴퓨터나 수학 프로그램을 반드시 사용해야 하는 것이라고 말하기는 어렵다. 지필 환경에서도 충분히 수학 교수-학습이 가능하며 학교 환경에 따라, 학생 수준에 따라, 교실 여건에 따라, 교사의 관심에 따라 그 사용은 선택의 문제이기 때문이다. 그러나 21세기 정보화 시대와 더불어 공학적 도구의 교육적 활용에 대한 관심이 우리나라 교육과정의 '교수-학습 방법'과 '평가' 그리고 '교수-학습 상의 유의점'에 구체화되어 제시되고 있는 지금, 새 시대의 교사에게는 공학적 도구의 교육적 활용에 대한 기본 지식을 갖추고 수학을 더 의미있게 지도하는 과정에 그것을 적절히 활용할 수 있는 탐구 능력이 필요하다. 본 연구는 이러한 관점에서 출발하여, 수학 교사 양성 과정에서 예비 수학 교사들에게 수학 프로그램 탐구 역량을 키우는 교육의 실행을 시도한 것이다. 예비 수학 교사를 위한 수학 프로그램 탐구 활동은 수학 프로그램의 기능과 사용법을 익히는 수준의 과정이 아니라 중등 수학 교과서와 연계된 수학 프로그램 활용 사례 탐구가 되어야 하며, 그 과정에서 가르치고 배우는 것을 가르치고 배울 수 있는 메타 교육(Meta-education)적인 접근이 시도되어야 한다.

이에 연구에서는 예비 수학 교사들의 수학 프로그램 탐구 역량 강화와 교수-학습에 대한 긍정적인 인식 함양을 목표로 수업을 계획하고 실행하였다. 2011년 1학기 수학 교육 강좌 시간을 이용하여 예비 수학교사들이 중등 수학 교과서에 등장하는 여러 수학 프로그램을 짧은 시간에 익힐 수 있도록 수업을 고안하고, 그들이 수학 프로그램의 교육적 활용 사례를 탐구하면서 가르치고 배우는 자세와 태도를 함양할 수 있도록 지도하였다. 그 결과 탐구 과제 수행의 준비 단계와 발표 단계, 실습 단계에서 예비 수학 교사들의 수학 프로그램 탐구 역량이 의미있게 구현되었다. 특히, 수업에서 다룬 8개의 수학 프로그램을 접하는 실습 단계에서는 수학 프로그램에 대한 탐구 역량이 한층 강화되었음을 관찰하였다. 한편, 조 별 탐구 활동을 통해 서로 가르치고 배우는 경험, 발표를 실행하면서 여러 사람들을 지도한 경험 속에서 교수-학습에 대한 긍정적인 인식을 갖게 되었음을 알 수 있었다. 본 연구의 수업 설계에서 고안된 여러 지도 방법 중 학기 초의 안내를 통한 장기간의 탐구 활동 시간 부여, 조별 활동 진행 , 발표자 임의 선정 원칙으로 모든 학생들의 참여 유도, 설명 도우미 역할 부가, 여러 수학 프로그램을 실습할 수 있는 기회 제공 등이 탐구 과제 수행의 준비, 발표, 실습 단계에서 의미있는 교육적 성과를 얻는데 긍정적인 기여를 한 것으로 평가된다. 본 연구에서 실행한 수업 활동은 예비 수학 교사들로 하여금 우리나라 교육과정의 제안 사항들을 숙지하고 그의 실천을 위한 준비 활동으로도 큰 의미가 있다. 앞으로도 본 연구에서의 실행 사례가 여러 가지 형태로 수정되고 보완되어 사범대학의 예비 수학 교사 교육에서 실천된다면, 수학 프로그램 탐구 과제 수행은 단순히 프로그램 사용법을 지도하는 수준에서 벗어나 메타 교육적인 측면에서 성과가 일어나도록 가르치고 배우는 활동 속에서 진행되도록 고안될 필요가 있음을 제안한다.

참고문헌

교육인적자원부(1997). **수학과 교육과정**. 교육인적자원부

교육인적자원부(2007). **수학과 교육과정**. 교육인적자원부.

교육과학기술부(2011). **수학과 교육과정**. 교육과학기술부.

김남희 · 박경미(2008). **예비교사와 현직교사를 위한 수학교육에서의 컴퓨터 활용**. 경문사

류희찬 외 5인 (2007). **학교수학을 위한 원리와 규준**. 서울: 경문사.

신항균 외 3인(2008). **중학교 수학 1**. (주)지학사

우정호 외 9인(2008). **고등학교 수학 익힘책**. (주)두산.

우정호 외 9인(2009). **중학교 수학 익힘책 2**. 두산 동아.

이강섭 외 3인(2008). **고등학교 수학**. (주)지학사

이재학 외 6인(2009). **고등학교 수학**. (주)금성출판사

이재학 외 6인(2009). **고등학교 수학 익힘책**. (주)금성출판사

황혜정 외 5인(2007). **수학교육학신론**. 문음사

NCTM(1980). *An agenda for action: Recommendations for school mathematics of the 1980s*. Reston, VA: National Council of Teachers of Mathematics, Inc..

NCTM(2000). *Principles and standards for school mathematics*. Reston, VA: National Council of Teachers of Mathematics, Inc..

Part Ⅵ 혼합 연구 방법 해설

14 『도형의 최대 분할 과제에서 초등학교 수학 영재들이 보여주는 정당화의 유형 분석』에서 사용한 '양적 및 질적 혼합 연구' 방법 해설

송 상 헌[14)]

우정호 외(2006)는 수학교육연구를 '수학교육에 대한 기존의 지식을 입증하기 위한 또는 더 나은 지식을 얻기 위한 시도로서 어떤 특정한 수학교육 현상이나 여러 수학교육 현상들에 관련된 학문적이고 체계적인 탐색'으로 정의하고 '탐문(enquiry), 증거(evidence), 이론(theory)'을 수학교육학 연구의 3가지 필수 요소로 '기술(description), 예측(prediction), 개선(improvement), 설명(explanation)'을 수학교육에 기여할 수 있는 4가지 지식의 유형으로 소개하고 있다. 계속하여 그들은 수학교육연구 연구 유형을 3가지(기초/응용, 정량/정성, 횡단/종단)로 소개하기에 앞서 수학교육 연구 방법을 3가지(철학적-교수학적 분석, 정량적, 정성적)로 요약하고 나서 정량적 연구와 정성적 연구의 상호 보완적인 가능성과 필요성을 부연하고 있다.

이를 재정리하면 수학교육 연구의 방법은 결국 다음의 4가지(문헌 분석, 정량적, 정성석, 혼합적)로 확장된다.

1) 개념 분석 방법에 근거한 철학적-교수학적 분석 중심의 **문헌 연구**
2) 경험-과학자들의 설명을 위한 **정량적 연구**
3) 후기 실증주의적 인식론에 바탕을 둔 이해를 위한 **정성적 연구**
4) 정량 및 정성의 상호 보완적 성격을 지닌 **혼합 연구**

본 연구(송상헌 · 허지연 · 임재훈, 2006)는 위의 네 번째에 해당하는 정량-정성의 혼합 연구 중 '집단 사례 분석을 통한 양적-질적 혼합 연구'의 일종이다. 일반적인 양적 연구에서는 연구 대상자가 많을수록 신뢰도도 증가하지만 보통 사용하는 요소(요인, 수준, 유형)의 개수 당 최소한 8~10명의 연구 대상자를 필요로 한다. 하지만 질적 분석을 병행하려면 그렇게 많은 사례를 일일이 분석하는 것은 불가능에 가깝다. 따라서 최소의 인원

14) 경인교육대학교, ginue.ac.kr

으로 수준이나 유형의 경향성까지 도출해 내려면 데이터들의 좋은 모양과 더불어 연구자들의 분석과 해석을 위한 통찰이 필요하다.

본 연구는 10명의 초등학교 5~6학년 수학영재들이 '평면과 공간의 최대 분할'이라는 과제를 해결하면서 보여주는 정당화 유형을 집단의 수준별로 분석한 것이었다. 본 연구를 시작할 당시에는 양적 연구보다는 질적 사례 연구로만 수행하려고 하였다. 그래서 사례 분석의 틀을 마련하기 위해 기하 과제를 통해 정당화의 유형을 제시한 Balacheff(1987)의 연구만 고려하였다. 그러나 동일한 영재들에게도 수준 차이가 있으므로 개인의 수준 차이도 함께 고려해 보고자 고민하던 차에 대수적 과제에 적용한 연구로 정당화의 수준까지 고려한 Simon & Blume(1996)의 이론을 찾아내게 되었다. 본 연구의 과제는 형태상으로는 기하 문제이지만 대수적 일반화도 필요한 과제였기에 두 이론이 절묘하게 맞아 떨어졌다. 연구자들은 이 두 가지 연구를 바탕으로 우선 정당화의 유형별 수준을 설정하면서 집단 간에도 어떤 경향성이 나타날 수 있을 것이라 예측/기대하게 되었다.

연구 당시(2006년)에는 영재학급을 운영하는 곳이 별로 많지 않아 실험 대상자를 구하는 것이 힘들어 연구 대상자로 고려하지 않았다. 그리고 현재의 교육과학기술부로 통합되기 이전 교육인적자원부의 지원을 받아 운영하는 교육청부설 과학영재교육원(현 영재원)과 과학기술부의 지원을 받아 운영하는 대학부설 과학영재교육원 소속 학생들의 집단 간 수준은 물론 동일 기관 내에서도 기초반과 심화반의 차이도 상당히 컸다. 따라서 개인 간 차이를 넘어 혹시 집단 간에도 정당화의 유형이나 수준에는 어떤 차이가 나타날지를 부차적으로 고려해 보기로 했다.

본 연구는 그동안 국내 수학교육연구에서 흔치 않던 질적 사례 분석을 시도하면서 자료 분석의 틀을 위해 선행 연구를 바탕으로 관찰/면담/학습지를 세밀히 분석하려고 한 데 의의가 있다. 학생들의 학습 및 사고를 근거리에서 촬영하기 위해 수업 전체를 촬영하고 교사의 발문이나 질문을 확인하기 위해 1명의 촬영자와 1명의 관찰자가 배치되고, 각 개별 학생 사례별로도 동일하게 1명의 비디오 촬영자와 1명의 관찰자가 배치되었다. 모든 수업 자료는 프로토콜화 하였고 학생들의 학습지도 수거하였으며, 관찰자의 필요시 현장에서 학생들과의 면담도 이루어졌다.

이처럼 다량의 인원과 관측 장비가 동원됨에 따라 연구대상자 수를 제한할 수 밖에 없었고, 그 결과 양적 연구는 어려운 형편이었다. 따라서 집단 A(대학부설 심화반, 상위 0.01% 수준), 집단 B(대학부설 기초반, 상위 0.05%), 집단 C(교육청 부설 상위 1% 수준) 간에 통계적 검증에 따른 유의미한 차이가 있다는 결론은 내리지 못하였다. 그러면서 '초등 수학영재들의 정당화 수준과 유형'이라는 제목의 표로 시각화하여 제시하려고 한 것은 연구자들의 경험과 통찰에 의한 이떤 결과를 '예측'하고 있기 때문에 객관성이 결여되는 연구의 제한점으로 남는데, 이런 제한점까지도 자세히 기술했어야 한다.

본 연구는 각 사례를 '기술'하는 수준을 넘어 현상적으로 '분석'하고 '설명'하고는 있지만, 어떤 '개선'을 목적으로 하지 않았다. 따라서 본 연구의 결론으로 제시한 교육적 시사점은 어느 정도 현장의 교육적 '개선'을 가져오거나 후속 연구를 촉발시킬 수는 있을지라도 그 표현은 부적절한 것이므로 제목도 '결론'보다는 '교육적 시사점'으로 수정할 필요가 있다.

그리고 아쉽게도 본 연구에서 이루어지지 않았지만, 최근 양적-질적 혼합연구에서는 각각의 사례들이 해당 집단 내에서 성취도나 사고 수준이 어느 정도에 속하는지를 함께 표기해 줌으로써 각 사례의 결과를 이해하고 그 결과를 통해 결론을 해석하는 데에 도움이 되고 있다.

○참고문헌

송상헌, 허지연, 임재훈 (2006). 도형의 최대 분할 과제에서 초등학교 수학 영재들이 보여주는 정당화의 유형 분석. **수학교육학연구, 16**(1), 79-94.

우정호, 정영옥, 박경미, 이경화, 김남희, 나귀수, 임재훈 (2006). **수학교육학 연구 방법론**. 서울: 경문사.

Balacheff, N. (1987). Processes of proof and situation of validation. *Educational Studies in Mathematics, 18*, pp. 147-176.

Simon, M. A., & Blume, G. W. (1996). Justification in the mathematics classroom : A study of prospective elementary teachers. *Journal of Mathematical Behavior, 15*, pp. 3-31.

대한수학교육학회지 수학교육학연구 제 16 권 제 1 호
Journal of Educational Research in Mathematics
Vol. 16, No. 1, 79-94. Feb 2006

도형의 최대 분할 과제에서 초등학교 수학 영재들이 보여주는 정당화의 유형 분석[1)]

송 상 헌* · 허 지 연** · 임 재 훈***

본 연구는 10명의 초등학교 5-6학년 수학영재들이 평면과 공간의 최대 분할이라는 과제를 해결하면서 보여주는 정당화 유형을 분석한 것이다. 우선 문헌 연구를 통해 본 과제의 해결 과정에서 영재들이 보일 것으로 예상되는 정당화 유형 분석의 틀을 마련하고 실제로 초등 수학영재들이 자신의 능력에 따라 보여주는 정당화 과정의 특성을 분석하였다. 연구 결과, 초등 수학영재들 사이에도 정당화 수준에는 상당한 차이가 있는 것으로 나타났다. 초등 수학영재들에게서 외부적 정당화는 거의 나타나지 않았으며, 귀납적 정당화를 시도한 학생은 소수 있었다. 초등 수학영재들에게서 가장 많이 나타난 정당화 유형은 포괄적 정당화였으며, 형식적 정당화 수준에 이른 초등 수학영재도 일부 있었다. 이러한 결과는 초등 수학 영재들에게 패턴 찾기 탐구 주제를 제시할 때에 귀납적인 사례를 조사하도록 이끄는 방식이 그다지 적절하지 않으며, 일반화된 식의 산출보다는 정당화에 좀 더 초점을 맞춘 학습 지도가 필요함을 시사한다.

I. 서 론

수학교육에서 우선순위에 두어야 할 것 중 하나는 수학적 소양과 힘을 기르는 것이다 (NCTM, 1987, 2000). 수학적 소양과 힘을 기르는데 주요한 역할을 하는 수학적 추론에는 귀납과 유추, 연역 등이 있으며, 연역적 추론의 핵심은 증명이다. 증명은 과제의 해결 과정 속에 나타나는 수학적 추론이 옳다는 것을 자신은 물론 다른 사람에게 논리적, 조직적으로 보여 주는 것이다.

전통적으로 수학교육에서 증명은 유클리드 원론에 기원하는 형식적 증명을 뜻하는 것으로 여겨져 왔다.

그러나 최근에는 오류주의와 구성주의의 영향으로, 어떤 주장이 참임을 정당화하는 수단 또는 추측을 확인하고 개선하기 위한 수단과 같이 전보다 폭넓은 의미로 사용되고 있다(나귀수, 1998). Hanna(1983)는 '입증하는 증명(proofs that prove)'과 '설명하는 증명(proofs that explain)'으로 증명을 나누고 있다. 전자와 달리 후자는 명제가 참임을 보이려는 것뿐 아니라 명제가 참이 되는 이유를 제시하려는 데에 목적이 있다.

교육적인 측면에서 자신의 생각이 참임을 주장하기 위한 하나의 수단으로 증명을 폭넓게 해석한다면, 형식적 증명 이외에도 학생들이

* 경인교육대학교, shsong@ginue.ac.kr
** 반월초등학교, walnamhjy@hanmail.net
*** 경인교육대학교, jhyim@ginue.ac.kr

1) 이 논문은 2005년도 정부재원(교육인적자원부 학술연구조성사업비)으로 한국학술진흥재단의 지원을 받아 연구되었음(KRF-2005-079-BS0123)

자신들의 경험과 지식에 의존하여 나름대로 하는 설명도 증명의 범주에 포함될 수 있다. 전통적인 형식적 증명의 전 단계로서 정당화의 지도는 사회적 변화에 적극적이고 능동적으로 대처하는 교육과정을 추구한다면 긍정적으로 검토할 필요가 있다(신현용, 한인기, 2001).

한편, 수학적 추론 능력을 포함한 수학 영재들의 능력에 관한 연구가 이루어져 왔다. Krutetskii(1976)는 수학적으로 우수한 아동들을 연구하여, 그들이 일반화 능력, 추론을 단축하는 능력, 사고의 유연성, 전형적인 구조를 일반적인 형태로 기억하는 능력에서 뛰어남을 밝힌 바 있다. 송상헌(1998, 2000, 2006)에 의하면, 수학영재들은 수학적 추론 능력과 일반화 하는 능력, 그리고 장시간 과제에 집중할 수 있는 능력이 우수하다. 또한 보통의 학생들과 달리 주어진 문제의 정보를 형식화하여 인식하고 문제의 형식과 구조를 파악하며, 보다 나은 풀이를 찾으려는 태도를 바탕으로 주어진 과제를 일반화하고, 통합, 적용하려는 경향이 있다. 또한 일반화된 가설을 세워 증명하고 그것을 설명해 낼 수 있는 능력이 뛰어나며 교사의 설명을 듣기보다는 자신의 생각을 다른 사람에게 표현하고자 하는 욕구를 가지고 있다.

그러나 수학 영재들이 가지고 있는 사고 특성이 보다 세밀하고 구체적으로 연구될 필요가 있다. 점차 영재교육이 활성화되고 있는 시점에서 보다 내실 있는 영재교육이 이루어지기 위해서는 영재아의 수학적 사고 특성에 대한 좀 더 세밀한 이해와 그에 따른 영재교육과정의 구성 및 운영이 요구된다. 이경화(Lee, 2005)는 영재들을 위한 교수학적 상황은 비형식적 추론의 발전을 이끌어 다양한 종류의 추론에 의해 형식적인 증명에 근접하게 하는 것이어야 한다고 하면서, 수학영재들이 수학적 추론능력이 탁월하다고는 하지만 그것이 구체적으로 어떻게 나타나고 있는지에 대해서는 더 많은 사례의 수집과 분석이 필요하다고 하였다.

이에 본 연구에서는 초등 수학영재들이 과제해결 과정에서 보이는 정당화를 그 유형에 초점을 맞추어 좀 더 세밀히 살펴보고자 한다.[2] 문제 해결 과정에서 수학영재들이 보여주는 정당화 유형을 분석하고, 이를 통해 초등 수학영재들이 자신의 생각을 일반화하는 과정에서 어떠한 근거를 들어 자신의 주장이 참임을 설명하는지, 수학 영재들의 능력 차이에 따라 정당화 유형에 어떤 차이가 나타나는 지를 알아보고자 한다.

II. 정당화의 유형

여기서는 Balacheff(1987)가 제시한 증명의 4가지 유형과 Simon과 Blume(1996)이 제안한 정당화 수준을 개관하고 이를 바탕으로 본 연구에서 수학영재들의 정당화 과정을 분석할 틀을 마련하고자 한다.

1. Balacheff의 증명 유형

Balacheff(1987)는 관찰 방법을 통하여 13-14세 학생들 14명이 보여주는 증명의 유형을 분석하여, 다음과 같은 네 가지 증명의 유형을 제시하였다.

2) 보통 수준의 초등학생들을 대상으로 한 정당화의 유형에 관한 연구는 일부 이루어져 있으나(권성룡, 2003), 초등 수학 영재를 대상으로 정당화 과정과 유형을 자세히 분석하는 작업은 별로 이루어지지 않았다.

<표 Ⅱ-1> Balacheff의 증명의 4가지 유형

증명의 유형	내 용
소박한 경험주의 (native empiricism)	사례로 인한 설명
결정적 실험 (crucial experiment)	광범위한 사례를 통한 설명
포괄적인 예 (generic example)	특별한 예를 통한 연역적 설명
사고 실험 (thought experiment)	일반적인 연역적 설명

'소박한 경험주의'에 속하는 학생들은 적은 개수의 사례에 대한 조사로부터 일반적 타당성을 결론지었다. '결정적 실험' 방식을 선호하는 학생들은 몇몇 사례에 대한 검사가 추측을 정당화하기에 충분하지 않다는 것을 인식하면서 보다 광범위한 테스트를 통해 추측을 정당화하려고 시도하였다. '포괄적인 예' 방식을 선호한 학생들은 추론을 이용해서 추측의 타당성을 설명하려고 하였지만, 설명에 있어서는 특정한 사례를 사용하였다. '사고 실험' 방식을 선호한 학생들은 보다 일반적인 용어를 사용하여 추론을 통해 추측의 타당성을 설명한다(Knuth, Elliott, 1998; 김성대, 2003).

2. Simon과 Blume의 정당화의 수준

Simon과 Blume(1996)은 Balacheff(1987)를 비롯한 기존의 연구를 바탕으로 <표 Ⅱ-2>와 같은 정당화 수준을 제안하고 있다. 이것은 대수적 관계의 일반화 과정에서 이루어지는 정당화를 구분하는 수준을 제시한 것이다. 그들은 3개의 과제를 제시하여 동일한 과제에 대해 각자 해결한 방법을 설명하는 과정이 서로 다른 것을 통해 학생들의 정당화의 수준을 파악하고, 많은 학생들이 수준 2와 수준 3에 있음을 확인하였다.

<표 Ⅱ-2> Simon & Blume의 정당화의 수준

정당화 수준	설 명
Level 0 정당화 없음	반응에 정당화가 들어 있지 않다.
Level 1 외부의 권위에 호소	공인된 다른 사람이나 자료를 통해 참고 사항을 만든다.
Level 2 경험적 증거	정확한 특정한 예들을 통해 정당화를 제시한다.
Level 3 일반적 예	특정 사례에 대해 연역적 정당화를 표현한다.
Level 4 연역적 정당화	특정 사례들과는 별개로 연역적인 논증을 제시한다.

이 연구에 따르면, 동일한 일반화의 과정을 시도했다 할지라도 이를 설명하는 과정은 다를 수 있다.

또한 수학 수업에서의 정당화는 수학 사회에서 확립된 기준을 충족하는 과정을 통해 받아들여져야 한다. 이는 엄밀한 의미의 증명을 목적으로 했던 전통적인 관점과는 다르게 사회적 구성원들에 의해 그 유형이 결정되며, 정당화는 학생과 교사 사이의 토론 과정에서 합의의 과정으로 이루어진다는 것이다.

3. 초등 수학영재의 정당화 유형 분석의 틀

Balacheff(1987)는 기하 과제를 통해 정당화의 각 유형을 제시하였고, Simon과 Blume(1996)은 대수적 과제를 통해 정당화의 수준까지 고려하였다. 이 연구에서는 위의 두 연구를 기반으로 하여 다음 <표 Ⅱ-3>과 같이 정당화의 수준과 유형을 구분하고, 이를 통해 초등 수학영재들이 보이는 정당화 과정을 분석하고자 한다.

<표 Ⅱ-3> 정당화의 수준과 유형

수준	유 형	설 명
1	외부적 정당화	외부의 권위(교사, 책, 이미 알고 있는 결과적 지식)를 빌려 자신의 생각이 옳음을 설명함
2	귀납적 정당화	구체적인 사례들의 공통된 성질이나 규칙을 귀납하면서 추측, 확장하여 설명함(문자를 사용하지만 핵심 구조를 보지 못하는 경우를 포함)
3	포괄적 정당화	일반(포괄)적인 사례를 들어 연역적으로 설명함
4	형식적 정당화	특정한 사례는 보조 수단으로만 사용하며, 문제의 핵심 구조를 바탕으로 기호를 사용하여 논리적으로 설명함

외부적 정당화(1수준)에서는 자신의 생각을 바탕으로 정당화하지 못하고 교사나 책을 통해 이미 알고 있던 결과적 지식과 같은 외부적인 권위를 빌어 자신의 생각이 옳음을 설명하는 수준이다. Simon과 Blume의 Level 1이 여기에 해당한다. 귀납적 정당화(2수준)는 자신이 직접 시도해 본 구체적인 경험 사례들을 증거로 삼아 그것을 확장하여 추측하면서 자신은 옳다고 말하지만 다른 사람들에게 확신을 주지 못하는 경우이다. Balacheff의 소박한 경험주의와 결정적 실험, Simon과 Blume의 외부적 권위의 호소에 해당된다. Balacheff는 단순한 사례와 광범위한 사례를 구분하고 있지만 수학영재들은 사례의 다소에는 큰 차이를 보이지 않는다. 초등학교 고학년 수학 영재들은 문자(n)를 사용하여 일반항을 표현할 수 있다. 그러나 단순화와 귀납에 의한 사례에만 초점을 맞추고 패턴의 구조를 설명하지 못한다면 문자를 사용한다고 해도 여전히 귀납적 정당화 수준에 속하는 것으로 보는 것이 타당하다. 포괄적 정당화(3수준)는 과제의 구조적 본질을 보여주는 일반(포괄)적인 사례를 들어 나름대로 조리를 세워 설명하는 수준이다. Balacheff의 '포괄적인 예'의 유형과 Simon과 Blume의 '일반적 예'가 여기에 해당한다. 마지막으로 형식적 정당화(4수준)는 특정 사례를 보조수단으로 사용하기는 하지만, 문자나 기호를 사용하면서 연역적 논증을 통해 일반적으로 설명하는 수준을 말한다. Balacheff의 사고실험과 Simon과 Blume의 연역적 정당화가 여기에 해당된다.

III. 연구 방법

1. 연구 대상

초등 수학영재들에게서 보이는 정당화의 유형별 사례를 분석하기 위해, 경기도의 지역 교육청부설 영재교육원 5, 6학년 학생들(C집단), 대학부설 영재교육원 기초반 학생들(B집단), 보다 능력이 뛰어난 학생들로 구성된 대학부설 영재교육원심화반 학생들(A집단)의 세 집단의 학생들을 대상으로 연구를 진행하였다. 집단적으로 볼 때, 이 세 집단의 수학적 능력은 서로 상이한 것으로 가정될 수 있다. 각 집단의 수학적 능력 수준은 C집단이 가장 낮고, B집단, A집단 순으로 높다고 할 수 있다.[3] 각 집단은 10-20명의 학생들로 구성되어 있다. 각 집단에서 기존의 수업을 통해 표현력과 사고력이 가장 우수한 학생들 2-4명을 선정하여 연구의 대상으로 삼아 집중 관찰하였다. 과제는 각 집

3) 대체로 대학부설 영재교육원 선발 시험에서 탈락한 학생들이 교육청부설 영재교육원의 시험에 응시한다. 그리고 심화반 학생들은 기초반을 거쳐 온 2년차 계속 교육대상자들이며 신규 입학생들 중에서도 선발시험의 결과가 탁월한 일부 학생들이 심화반에 포함되고 있다.

단의 정기 수업 시간에 투입하였다.

<표 Ⅲ-1> 연구 대상자

수업에 참여한 대상자				분석 대상자	
소 속	학년	수준	인원	인원	학생
경기도의 두 지역 교육청 영재교육원 (C집단)	6	1%	19	4	C6_SJ C6_TW C6_TH C6_TY
	5	1%	20	0	·
경기도의 A 대학부설 영재교육원 기초반 (B집단)	4-6	0.05%	10	4	B5_YS B5_DS B6_JS B6_YJ
경기도의 A 대학부설 영재교육원 심화반 (A집단)	5-6	0.01%	10	2	A6_JH A6_IS

각 집단의 학생들은 공동연구자들의 일부와 적어도 6-10개월 이상 관계를 맺고 있었으므로, 학생들의 개인별 특성은 사전에 충분히 파악된 상태였다. 과제에 반응하는 학생들의 ID를 C6_SJ, B5_YS, A6_JH 등과 같이 각 집단별로 영문자와 학년, 그리고 그 학생의 영문 첫 글자를 표시하여 소속집단과 학년, 학생을 구분하여 확인할 수 있도록 하였다.

2. 과제 선정

본 연구에서 사용한 평면분할과 공간분할의 과제는 Polya(2003)가 개연적 추론을 설명하면서 제시한 바 있다. 이 과제는 귀납적 접근과 연역적 접근이 모두 가능한 과제이기 때문에 아동들의 다양한 정당화 과정의 사고 특성을 관찰할 수 있을 것으로 판단되어 선택되었다. 과제의 내용은 아래와 같다.

(과제 **1)** 다음의 원판에 선분을 하나씩 그어 원판을 여러 개의 면으로 분할하려고 합니다. 각 물음에 답하시오.

(1) 어떤 방법으로 선을 그어야 최대한 많이 분할된 면이 나올지 설명하시오.

(2) 선분의 수를 늘려가면서 얻어지는 최대분할면의 개수를 구하시오.

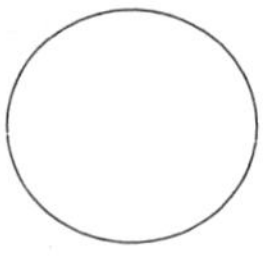

(과제 **2)** 다음의 구를 면으로 잘라서 여러 개의 공간으로 분할하려고 합니다. 각 물음에 답하시오.

(1) 4개의 면을 이용하여 분할할 때 최대로 만들어 질 수 있는 공간의 개수를 구하시오.

(2) 10개의 면으로 공간을 분할할 경우, 최대 몇 개의 공간으로 분할될지 구하시오.

(3) 그렇게 생각한 이유를 설명하시오.

3. 자료 수집

본 연구에서는 연구 대상 학생들이 개별적으로 문제를 해결하는 과정을 비디오로 촬영한 자료, 관찰 자료, 면담 자료, 학생 활동지를 수집하여 분석하였다. 학생들에게 자신들의 생각을 학습지에 최대한 자세히 적도록 하였으며, 생각을 수정할 경우에도 이미 기록한 내용을 지우지 않고 별도로 쓰게 하였다. 연구자는 학생들이 적어가는 과정을 직접 살펴보면서 필요시 적절한 질문을 통해 학생들의 반응을 가능한 한 정확히 수집하려고 노력하였다. 학생들에게 과제를 해결할 수 있는 시간을 충분히 주었으며, 각자 과제를 해결하는 시간 뒤에 쉬는 시간을 가진 후, 다른 학생들과 토론하면서 자신의 생각을 수정 발전시켜 갈 수 있는 기회를 제공하였다.

Ⅳ. 연구 결과 및 논의

본 연구에서 제시한 두 과제에 대해 각 집단에 속한 수학영재들이 보여준 정당화의 방법을 그 유형별로 살펴보면 다음과 같다.

1. 평면 분할(과제 1)

가. 외부적 정당화(1수준)

보통의 초등학생들은 자신이 인정한 권위(교사 또는 책)에서 얻은 지식은 옳다고 믿는 경향이 있다. 또한 가끔은 대략 듣기만 한 사실에 대한 기억까지도 신뢰하려고 한다.

본 연구의 대상자인 초등 수학영재들의 대부분이 평면의 최대분할 과제를 이전에 본 적이 있다고 대답했다. 그러나 초등 수학영재들 중 기억에 의존하여 외부적 정당화를 시도한 것은 단 한 명뿐이었다.

C6_SJ는 자신의 기억에 의존하여 별 모양으로 평면을 분할하려 하였으며, 정당화를 요구하였을 때 외부적인 정당화를 하였다.

T: 넌 어떻게 이 과제를 해결했니?
C6_SJ: 저는 동그랗게 그려진 평면을 별 모양으로 나눌 수 있도록 해야 한다고 생각해서 이렇게 그리고 있습니다.
(중략)
T: 별 모양으로 그리면 가장 최대라는 것을 어떻게 알았니?
C6_SJ: 어디서 들었는데요. 별 모양으로 그리는 것이 가장 많은 면으로 분할할 수 있어요.

C6_SJ는 별 모양이라는 것에 초점을 맞추어 원 안에 별모양을 여러 방향으로 그리며 설명을 하였지만, 결국 왜 그런지에 대한 이유를 끝까지 알아내지 못하였다.

나. 귀납적 정당화(2수준)

초등 수학영재들은 단순화와 귀납적인 사고에 의해 규칙을 찾아내는 능력이 뛰어났다. 규칙이 그다지 복잡하지 않은 경우라면 귀납을 통해 얻은 몇 개의 수치 자료를 토대로 일반적인 경우의 식을 문자를 사용하여 나타낼 수 있었다.

C6_TW, B5_YS는 평면분할 과제를 해결할 때에 구체적인 사례를 조사하여 얻은 자료로부터 공통된 성질을 찾아 자신의 생각을 정당화하려고 시도하였다.

B5_YS: 저는 앞에 있는 그림에 선을 그어가면서 찾아봤는데요. 7번째까지 찾아봤어요. 그랬더니 아래 표처럼 나와요.

자른 횟수	1	2	3	4	5	6	7
최대 분할면의 개수	2	4	7	11	16	22	29

이런 모양을 보고 다음과 같은 규칙을 찾았어요.

규칙 : $1+\frac{자른횟수(자른횟수+1)}{2}$

T: 그렇구나. 그런데 그런 자른 횟수가 3일 때 왜 7개라고 생각하지?
B5_YS: 그건 다 공식에 다시 넣어보면 알 수 있어요.
T: 공식으로 알 수 있는 방법 말고 다른 방법은 없을까?
B5_YS: 그건 그림을 그려보면 알 수 있어요. 로 나누는 것 보다  모양으로 나누는 것이 더 많이 나누어지잖아요.. 그러니까 새로운 직선이 지날 때 기존의 직선을 많이 만나도록 그리면 그렇게 나와요.
T: 왜 그렇다고 생각했니?
B5_YS: 직접 그려보면서 확인해 보니까, 교점이 많이 생길 때가 가장 많은 분할 면이 생기는 것 같아요. 이와 같은 방법으로 면을 나누어서 분할을 해 보니까 1, 2, 4, 7, 11로 분할 면이 늘어나는 것을 알 수 있었어요.
T: 왜 그렇게 분할을 해야 하는 걸까?
B5_YS: 글쎄요. 그건 그어보면 알게 되는 거예요.

B5_YS는 『①사례 확인하기→②사례들 사이의 규칙 찾기(귀납)→③패턴의 관계를 추측하

기→④더 많은 사례로 그 추측을 확인(귀납)하면서 이유 설명하기』의 과정을 거쳐 문제를 해결하였다. B5_YS는 평면을 자른 횟수를 변화시켜가면서 여러 가지 방법으로 분할하여 생기는 수의 규칙을 통해 새롭게 긋는 기존의 수만큼 분할 면이 늘어나는 것을 발견하고 이를 일반적인 문자(n)을 포함하는 공식으로 일반화하였다. 그러나 그것이 정말 최소인지에 대한 이유와 그 일반식이 정말 맞는지에 대해서 논리적으로 설명하지는 못했다.

다. 포괄적 정당화(3수준)

C6_TH, C6_TY, B5_DS, B6_JS, B6_YJ는 평면분할 과제 해결 과정에서 포괄적 정당화를 시도하였다. 다음은 B6_JS의 예이다.

B6_JS: 교점이 많아지도록 선을 그어야 하고, 그 때 서로 일치하지 않도록 그어야 많은 면으로 나누어질 수가 있어요. 이와 같은 방법으로 하면 규칙이 나왔는데요.. 이 규칙을 알아보면 n개의 선을 그었을 때 2+(2+3+⋯n)=최대분할 수라고 할 수 있구요, n=1일 때는 2개라고 외우는 것이 더 좋을 것 같아요.

T: 그렇구나! 그러면 선분이 더 많은 경우도 교점이 많도록 그리면 된다는 거니?

B6_JS: 그렇게 매번 그려볼 수는 없는 것이구요. 그렇게 긋다보면 새로 그으려는 선은 기존의 선을 지나기 때문에 교점이 기존의 선의 수만큼 생기는 거예요. 따라서 교점의 개수보다 하나 더 많은 새로운 면이 생기게 되는 거예요.

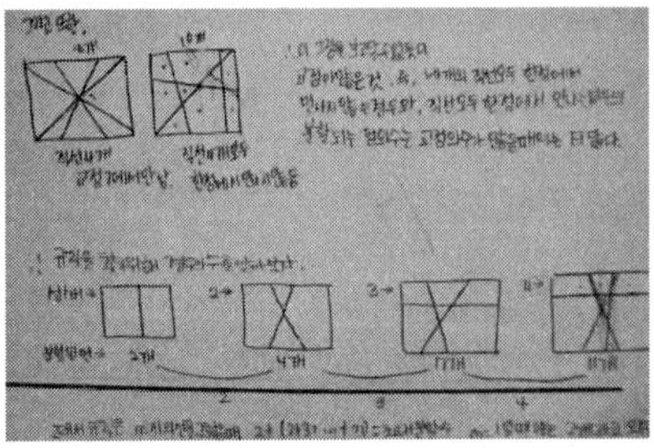

[그림 Ⅳ-1] B6_JS의 평면 분할 해결 과정

B6_JS은 일반화된 규칙을 찾아낼 때에는 귀납적인 방법을 사용하였다. 그러나 찾아낸 규칙을 정당화하는 경우에는 새롭게 긋는 선으로 인해 각 선분들끼리 최대한 많이 그러나 서로 다른 점에서 만나야 한다는 관계를 이용하여 조리를 세워 설명하였다.

또 다른 사례인 B6_YJ의 경우를 제시하면 다음과 같다.

B6_YJ: 직선 0개로는 1개, 직선 1개로는 2개, 직선 2개로는 4개, 직선 3개로는 7개의 평면이 나오게 되는데, 이를 다시 표현하면, 직선 1개일 때는 1, 직선 2개일 때는 1+1, 직선 3개일 때는 1+1+2, 직선 4개일 때는 1+1+2+3이라고 나타낼 수 있어요. 이것을 수식으로 표현하면 1+(1+2+3+n)개의 평면은 $1+\frac{(n+1)n}{2}$개의 평면이 나오게 되는 거예요.

T: 왜 그런 수의 배열이 보일지는 생각해 봤니?

B6_YJ: 그것은 지나가는 교점의 수와 관련이 있어요. 그 전에 있던 직선을 모두 지나가야 하니까. 3번째 직선을 긋는다고 할 때에는 두 개의 직선을 지나요. 그러면 3개의 면을 지나기 때문에 교점보다 하나가 더 많은 3개의 면이 새롭게 생기구요, 4번째 직선을 그을 때는 4개의 면을 지나기 때문에 새롭게 4개의 면이 생기는 거예요. 따라서 1, 2, 3과 같은 형식으로 수가 늘어난다고 할 수 있어요. 이를 규칙적으로 생각해보면 위의 식처럼 나타낼 수 있는 거예요.

B6_YJ는 선분의 교점을 통해 새롭게 지나가는 면의 수에 초점을 두고 늘어나는 면의 수의 규칙에 대한 포괄적인 정당화를 시도했다.

위의 두 학생은 『①사례 확인하기→②패턴을 통해 규칙 찾기(귀납)→③관계를 일반화하기→④일반적인 사례를 들어 그 이유 설명하기』의 과정을 통해 과제를 해결하였다. 이들은 처음에는 귀납적 사고의 과정을 거쳤으나, 귀납적으로 추측한 것을 더 많은 사례를 동원하지 않고 보다 일반(포괄)적인 관계를 내포하는 사례를 통해 자신의 생각을 조리를 세워 정당화하는 모습을 보여 준다.

라. 형식적 정당화(4수준)

가장 높은 수준의 정당화는 특정한 사례들보다는 문제의 핵심적인 일반적 관계를 문자나 기호를 사용하여 연역적으로 설명하는 것이다. 형식적 정당화는 대학부설 영재교육원 심화반에 속한 두 학생에게서 나타났다. 다음은 A6_JH의 사례이다.

T: 너는 어떻게 해결했니?

A6_JH: 원이 있으면 여기에 새로운 직선이 지나가잖아요. 선은 직선이기 때문에 그어진 선들을 한번씩만 지날 수 있어요. 그죠?

T: 그래서?

A6_JH: 그러면, 원 안에 몇 개의 선들이 있다고 가정을 해요. 여기서 새로운 선을 그으면 그 전에 있던 선분을 모두 만나게 되어야 최대가 될 것 아니에요. 그러면 최대가 몇 개의 선과 면이 만들어지잖아요. 다시 말하면 새롭게 그어지는 선은 기존의 선과 만나면서 점과 새로운 선분으로 분할이 되는 거잖아요. 맞죠?

T: 그렇구나

A6_JH: 그러면 새롭게 긋는 선은 1+n의 선분이 새롭게 생기는 거잖아요. 그러니까 새로운 면이 나타나는 거예요.

A6_JH의 경우는 몇 가지 간단한 경우에 대해 선을 그어 보면서 표를 만들거나 더 많은 사례를 찾지 않고 곧바로 관계의 구조적 이해를 통한 일반화를 시도했다. 최대분할이 되기 위해서는 모든 선분을 꼭 한 번씩 지나야 한다는 규칙을 알아냈으며 기존의 선분들보다 하나 더 많은 수(늘어나는 면은 만나는 교점의 수보다 1큼)만큼 면이 새롭게 생긴다고 생각하였다.

A6_IS도 간단한 사례를 통해 문제의 일반적 구조를 이해하고, 자신의 풀이를 적절히 기호를 사용하여 연역적으로 설명해 나갔다.

A6_IS: (왜냐면요...)원을 n개의 직선으로 분할한다고 할 때, 최소 분할개수로 분할 때는 모든 직선이 평행할 때이잖아요. 이 때의 개수는 $1+{}_nC_1$개에요. 여기서 직선을 조금씩 움직이면 직선이 하나씩 겹칠 때마다 새로운 면이 하나씩 생기잖아요.. 어떤 직선끼리도 서로 두 번 이상 겹칠 수는 없으니까. 모두 한 번 겹치는 것이 최대에요. 모든 직선이 한 번씩 겹치는 개수는 직선을 두 개씩 고르는 가지 수와 같으니까..... 두 선분이 만나면서 점이 ${}_nC_2$개 추가되니 최대분할면의 개수는 $1+{}_nC_1+{}_nC_2$개가 되는 거예요.

A6_IS는 최대분할 면의 개수를 구하는 문제 상황의 구조를 명확히 파악하였으며, 원의 내부에 있는 점과 선의 개수에 주목하였다. 그리고 선과 선이 만나면서 새로운 점이 생기는데 이렇게 만나는 점의 수만큼 면이 추가된다는 핵심관계를 파악하였다. 그는 이러한 핵심관계를 나중의 공간분할에도 쉽게 응용하였다.

A6_JH와 A6_IS는 『①특수한 사례의 시도→②사례를 찾아가는 방법 속에서 핵심 구조 파악→③일반화하기→④연역적으로 설명하기』의 과정을 거쳤다. A6_JH는 그은 선분의 개수에 주목하였고 A6_IS는 내부의 점의 개수에 주목하였다.

이상에서 동일한 과제라 할지라도 초등 수학 영재들이 과제를 해결하는 방법이나 설명하는 방식, 선호하는 정당화의 유형에는 상당한 차이가 있음을 알 수 있다. 학생들이 사용하는 정당화 유형은 그들의 사고 수준과 지식에 따라 다르게 나타났으며, 능력이 뛰어난 학생일수록 포괄적 정당화, 나아가 형식적 정당화를 선호하는 경향이 있음을 알 수 있다.

2. 공간 분할(과제 2)

공간 분할 과제에서는 이미 알고 있는 2차원의 평면분할을 3차원 공간분할 또는 그 이상으로 확장하는 과정에서 초등 수학영재들이 보여주는 반응을 관찰하였다. 평면분할 과제는 대부분의 학생들에게 낯익은 과제였고 한 명을 제외하고는 모두 해결에 성공하였다. 그러나 공간분할 과제는 일부 학생을 제외한 초등학생들에게는 낯선 과제였다. 이러한 낯선 과제에서 수학영재들이 사용하는 정당화의 유형이 앞의 경우와 어떤 차이가 있는지 비교해 볼 수 있을 것이다.

가. 외부적 정당화(1수준)

평면을 공간으로 확장한 과제를 풀어본 적이 있는지를 물었을 때 대부분의 학생들은 그렇지 않다고 대답했다. 일부 학생은 어디선가 본 듯하지만 잘 모르겠다고 했다. 이 과제를 각자 해결하는 과정에서 외부적 정당화에 해당하는 사례는 나타나지 않았다. 오히려 사고능력이 뛰어난 학생들은 증명되지 않은 사실에 대해서는 그것을 완전히 인정하려 하지 않았으며 그것을 자신이 직접 증명해야 한다는 태도를 갖고 증명해 내려는 강한 의지를 보였다.

나. 귀납적 정당화(2수준)

C6_SJ와 B5_YS는 귀납적 정당화를 시도하였다. 이들은 『①사례 확인하기→②사례들 사이의 규칙 찾기(귀납)→③패턴의 관계를 추측하기→④더 많은 사례로 그 추측을 확인(귀납)하면서 이유 설명하기』의 과정을 거쳤다. C6_SJ의 사례를 제시하면 다음과 같다.

> C6_SJ: 정육면체 그림으로 생각해 보면요. 면을 하나 그을 때, 공간은 2개로 나누어져요. 그리고 면을 두 개로 나누면 공간은 4개로 나누어져요. 그리고 면을 3개로 나누면 8개로 나누어져요.
>
> T : 그래?
>
> C6_SJ: <u>2, 4, 8로 증가하니까. 곱하기 2만큼씩 증가하는 것을 볼 수 있어요. 그러니까. 4번째의 경우는</u> 16개가 되는 거예요.

이 유형에 해당하는 학생들은 귀납적으로 4번째 자른 면으로 최대 16개의 분할 면을 만들 수 있다고 잘못 예상하였다. 그러나 그들은 자신의 답에 대한 강한 확신을 보였다. 수업 중에 한 동료 학생에 의해 면이 0개일 때 최대분할공간의 개수가 1이라는 사례까지 동원되자 그 확신은 더욱 강해졌으며 나름대로의 방식으로 귀납적인 정당화를 계속 시도하였다.

다. 포괄적 정당화(3수준)

귀납적 정당화를 시도한 B5_YS와 C6_SJ는 2, 4, 8의 패턴으로부터 4번째 면으로 공간을 분할할 때 16개로 분할될 것이라고 보았으나, 포괄적 정당화를 시도한 학생들은 높이가 추가된다는 등의 이유를 제시하면서 14개가 되거나 16개보다는 적을 것이라고 생각하였다.

C6_TH, B5_DS, B6_YJ 등은 포괄적 정당화를 시도하였다. 공간감각의 부족 등의 이유로 인해 올바른 답을 찾아내지 못하였으나, 자신들의 생각을 귀납적인 시도가 아니라 포괄적인 예시를 통해 조리를 세워 설명하려고 시도하였다. 몇 가지 사례를 제시하면 다음과 같다.

> C6_TH: 원이나 구나 분할하면 같은 방식으로 면이나 공간의 개수가 나와요. 그러니까 원의 최대분할 개수가 구의 최대분할 개수가 된다고 할 수 있어요.
>
> T: 그래? 그럼 (면이 3개일 때는 분할공간이) 7개가 되어야 하는 거 아니니?
>
> C6_TH: 아니요. <u>구는 원보다 높이가 더 추가되는 거잖아요. 그러니까. 원의 분할 면에서 ×2를 해 줘야 해요.</u>

B6_YJ: 저는 공간이 14개로 나뉠 것 같아요. 그 이유는 평면보다 공간은 높이가 추가된 것이기 때문에 평면에서 나누어진 수 7에 곱하기 2를 하면 되니까요.

T: 다른 사람들의 의견은 어떠니? 모두 동의하니?

B5_DS: 저는 14개이긴 한데요, B6_JS와는 달라요. 평면에서 나눈 방법을 생각해서 이미 나누어진 공간 8개에 새로운 직선이 지나가면서 6개의 공간이 또다시 나누어지니까 8+6이니 14개가 되는 거예요.

이들은 공간의 관계를 평면의 관계에서 유추해 보려고 시도했으나, 어떤 경우에 새로운 공간이 추가되는지에 대한 문제의 핵심을 파악해내지는 못하였다. 나중에 이들은 토론을 통해 3개의 면을 사용하여 정육면체를 8등분한 다음 4번째 면은 코너에 있는 하나의 공간을 지날 수 없으므로 최대 15개의 공간으로 분할된다는 것을 알게 되었다. 그러나 이후 5번째 면이 통과할 때 분할되는 공간의 개수를 구하도록 요구했을 때 여전히 문제를 해결하지 못하였다. 이는 이들이 아직 분할되는 관계(구조)를 보지 못했기 때문이다.

라. 형식적 정당화(4수준)

사고력이 매우 뛰어난 일부 학생들은 공간분할 과제를 유추를 통해 평면분할 과제로부터 스스로 일반화하고 확장했으며, 형식적인 정당화를 시도하였다. A6_JH와 A6_IS가 이 경우에 해당한다.

A6_JH: 공간을 가로, 세로, 그리고 높이 방향으로 자르면 8개로 나누어지잖아요. 여기에 새로운 면이 지나가면 아래 그림과 같은 모양이 나오잖아요.

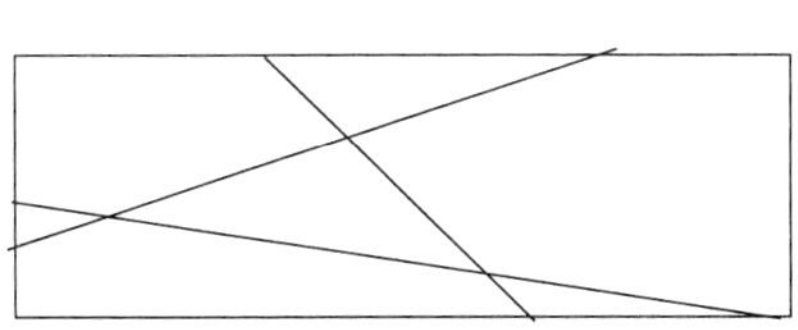

[그림 Ⅳ-2] 공간을 자른 단면(A6_JH)

이 그림은 공간에서 한 면을 잘라서 본 모양인데 평면을 선분으로 자른 모양이랑 같잖아요. 그러니까, 이런 면의 개수만큼 새로운 공간이 생기잖아요. 따라서 8개에다가 새롭게 생긴 7개를 더하면 15개의 공간이 나오는 거지요.
이것을 일반화하면 f_n은...... 아니지. f_n이라고 하면 안 되니까, $g_{n+1} = g_n + \frac{n(n+1)}{2} + 1$이 되겠죠. 이것을 풀면 $g_{n+1} = g_n + f_n$이 되요.

A6_JH는 공간분할을 평면분할과 연관하여 생각하고, 이 관련 속에서 문제의 핵심 구조를 파악하였다. 그는 공간에서 한 단면을 잘랐을 때 그 면에서 나타나는 분할면의 개수만큼 새로운 공간이 생긴다고 생각하였다. A6_JH는 나중에 이러한 방식이 차원을 줄이거나 늘일 때도 동일하게 적용된다는 것을 알게 된다.

A6_JH가 점의 개수를 통해 늘어나는 공간의 개수를 추측하자, A6_IS가 조합의 기호를 사용하여 그것을 일반화하고 정당화하였다.

A6_IS : 원에 선분이 그어있다고 생각해 보세요. 그리고 그것을 사각형으로 표현해요. 그리고 사각형 그림을 잡아당겨서 입체로 확장을 해요.([그림 Ⅳ-3]처럼 그린다.) 그러면 면들은 모두 공간을 나누게 되잖아요. 면이 3개가 모이면 공간이 하나 생기게 되는데, 면을 고르는 가지 수가 ${}_nC_3$ 이니까. 이를 정리하면 공간에서 나누어지는 최대분할 면의 수는 ${}_nC_0 + {}_nC_1 + {}_nC_2 + {}_nC_3$ 이 되는 거예요. 그러니 4번째 면을 그으면 1+4+6+4에서 15개가 나오는 거지요. 다른 경우도 마찬가지예요.

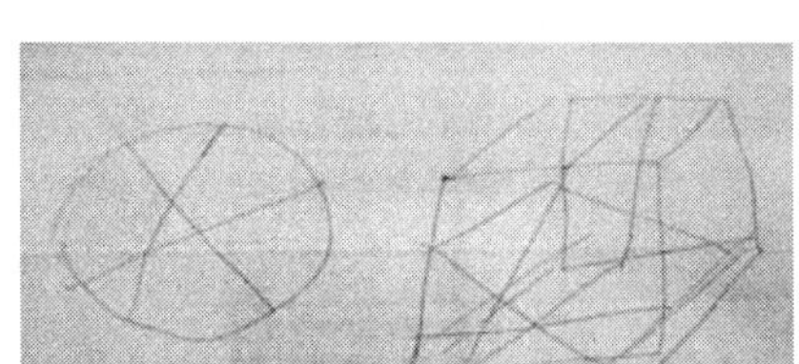

[그림 Ⅳ-3] A6_IS의 공간 분할 해결 과정

A6_IS는 평면분할에서 2개의 선분이 만나서 새로운 점이 생기는 만큼 공간에서는 3개의 면이 만나 새로운 공간이 생긴다고 생각했다. 이처럼 공간분할에서는 2개의 면이 만나 하나의 선분을 이루고 3개의 면이 만나 하나의 점을 이루므로 늘어나는 분할공간의 개수는 공간의 내부에 생기는 점, 선, 면의 개수와 관련이 있을 것이라고 생각하였다. 그리고 선분을 점 분할한 개수, 면을 선 분할한 개수, 공간을 면 분할한 개수들을 서로 관련지으면서 ${}_nC_0+{}_nC_1+{}_nC_2+{}_nC_3$ 라는 일반화된 식을 만들었다.

A6_IS와 A6_JH는 좀 더 일반화된 해법을 찾기 위한 토론을 벌였다. 이후 그들은 4차원 초입체를 3차원 입체로 분할하였을 때 나타나는 최대분할 초입체의 개수를 구해보라는 도전과제를 받았다.[4] A6_JH는 최대분할 공간의 개수만큼 새로운 4차원 공간이 생긴다고 하였고, A6_IS는 공간 4개가 만나 새로운 4차원을 이루기 때문에 ${}_nC_0+{}_nC_1+{}_nC_2+{}_nC_3+{}_nC_4$ 만큼의 4차원 초입체가 생긴다고 했다. 이들은 토론을 통해 k차원의 도형을 $k-1$차원 도형 n개로 분할하는 최대 개수를 ${}_nC_0+{}_nC_1+\cdots+{}_nC_k=\sum_{i=0}^{k}{}_nC_i$ 라고 표시하였다.

형식적 정당화에 성공한 2명의 학생은 과제의 핵심적인 구조를 파악하고 평면분할과 공간분할을 관련지어 일반화해 나갔다. 이들은 다른 집단의 학생들과 달리 공간직관에 그다지 의존하지 않은 채 공간 분할 문제의 구조를 파악하여 문제를 해결할 수 있었고 토론을 통해 서로의 사고력과 지식을 결합하여 보다 확장된 사고를 전개할 수 있었다.

3. 논의

평면분할 과제와 공간분할 과제에 대한 초등 수학영재들의 일반화 여부 및 정당화의 수준과 유형(또는 수준)을 정리하면 <표 Ⅳ-1>와 같다.

<표 Ⅳ-1> 초등 수학영재들의 정당화 수준과 유형

과제	집단 / 수준(유형)	교육청부설 영재교육원 (C집단)				대학부설 영재교육원 기초반 (B집단)				대학부설 영재교육원 심화반 (A집단)	
평면분할	4(형식적)									★	★
	3(포괄적)			★	★		★	★	★		
	2(귀납적)		★			★					
	1(외부적)	☆									
공간분할	4(형식적)									★	★
	3(포괄적)			☆	☆		☆	☆	☆		
	2(귀납적)	☆				☆					
	1(외부적)										
학생		C6 SJ	C6 TW	C6 TH	C6 TY	B5 YS	B5 DS	B6 JS	B6 YJ	A6 IS	A6 JH

[주]☆는 일반화에 실패, ★ 일반화까지 성공

초등 수학영재들이 평면분할과 입체분할 과제에서 보여주는 정당화 과정의 분석을 통해 다음의 사실을 확인할 수 있었다.

첫째, 능력별 집단 간에 또한 동일한 영재교육 대상자 집단에 속하는 아동들 간에도 정당화의 수준에는 차이가 나타났다.

C집단과 B집단에 속한 학생들은 대부분 귀납적 정당화와 포괄적 정당화를 시도하였다. 그러나 A집단에 속한 학생들은 형식적 정당화를 선호하였다. 또 C집단과 B집단에 속한 학생들 중에는 공간분할 과제를 옳게 해결한 학생

4) A집단은 공간분할과제를 해결한 다음 날 4차원의 3차원 모형을 탐구하였다. 이때 연구자는 그들에게 전날의 과제를 보다 확장해 보라는 연구 과제를 주었다. 그 후 1주일 만에 그들을 다시 불러 당시의 과제를 어떻게 해결하였는지를 확인하면서 풀이 과정을 설명하라고 요청했다.

은 한 명도 없었다. 귀납적인 접근을 시도한 학생들은 16개라는 틀린 풀이에 도달하였으며, 포괄적 정당화를 시도한 학생들도 과제의 핵심 구조를 제대로 파악하지 못한 결과 14개가 될 것 같다는 등의 잘못된 결과에 도달하였다. 이들은 공간분할과 평면분할과의 관련성을 제대로 인식하지 못하였다. 그에 비하여 A집단의 학생들은 공간분할을 평면분할과 관련지어 구조적으로 파악하고 형식적 정당화까지 해 내었다. 뿐만 아니라 과제를 k차원까지 확장하고 그 원리를 일반화할 수 있었다.

둘째로, 외부적 정당화와 관련하여, 초등 수학영재들에게서 외부적 정당화는 거의 나타나지 않았다. 외부적 정당화는 평면 분할 과제에서 C6_SJ에게서 단 한번 나타났으며, 공간분할에서는 전혀 나타나지 않았다. 초등 5-6학년 수학영재들은 대부분 외부적 정당화를 벗어난 수준에 있는 것으로 보인다.

셋째로, 귀납적 정당화와 관련하여, 평면분할, 공간분할에서 각각 2명씩의 학생만 이 수준의 정당화 유형을 보여주었다. 대부분의 초등 5-6학년 수학영재들은 귀납적으로 몇 가지 사례를 조사하여 얻은 수치로부터 수적 조작을 통하여 일반화된 규칙을 찾는 수 감각이 뛰어나다. 이 점을 고려할 때, 귀납적 정당화를 시도한 학생이 소수였다는 것은 상당수의 초등 5-6학년 수학 영재들이 규칙을 찾는 수단으로서의 귀납의 의의와 더불어 정당화 수단으로서의 귀납의 한계를 인식하고 있음을 시사한다. 앞에서 예시한 B6_JS의 경우, 평면분할 과제 해결 시 일반화된 규칙을 찾아낼 때에는 귀납적인 방법을 사용하였지만 찾아낸 규칙을 정당화하는 경우에는 귀납에 의존하지 않고 선분의 위치 관계에 기초하여 조리를 세워 포괄적으로 설명하려 하였다.

넷째로, 포괄적 정당화와 관련하여, 네 가지 정당화 유형 중 초등 수학영재들에게서 가장 많이 나타난 유형이 포괄적 정당화였다. 비록 공간분할과제에서 일반화된 답을 찾는 것에는 성공하지 못했으나 10명 중 절반인 5명이 평면분할 과제, 공간분할 과제에서 포괄적 정당화를 시도하였다. 포괄적 정당화는 귀납적 정당화와 구분되는 것으로서 연역적인 설명 방식에 속하는 것이다. 이는 상당수의 초등 5-6학년 수학영재들이 연역적인 설명을 정당화의 적절한 수단으로 받아들이고 있음을 시사한다.

다섯째로, 형식적 정당화와 관련하여, 연구 대상자 중 형식적 정당화 수준에 이른 경우는 대학부설 영재교육원 심화반의 두 학생뿐이었다. 이는 초등 수학영재 중에서도 형식적 정당화의 수준에 이른 학생이 존재함을 보여주지만, 동시에 이 수준에 이른 초등 수학영재가 극소수임을 시사하고 있다.

여섯째로, 평면분할과 공간분할에서 초등 수학영재들은 대체로 동일한 유형의 정당화를 보이고 있다. 10명의 학생 중 2명[5]을 제외한 나머지 7명의 학생 모두가 평면분할과 공간분할에서 동일한 정당화 유형에 해당하는 정당화를 시도하였다. 이는 정당화 유형이 그것을 소유한 개인에게 일관성 있는 하나의 사고 형식 또는 사고 경향임을 시사한다.

V. 결 론

이 연구는 초등 수학영재를 대상으로 평면과 공간의 분할 과제를 투입하여 초등 수학영재들이 보이는 정당화 과정을 유형에 초점을 맞추

5) C6_SJ는 평면분할에서는 외부적 정당화, 공간분할에서는 귀납적 정당화를 보였다. C6_TW는 평면분할에서는 귀납적 정당화를 보였으나 공간분할에서는 어떤 정당화도 시도하지 않았다.

어 분석한 것이다. 연구 결과, 초등 수학영재들 간에도 정당화 수준에서 상당한 차이가 있는 것으로 나타났다. C집단과 B집단에 속한 학생들은 귀납적 정당화와 포괄적 정당화를 선호하였으나, A집단에 속한 학생들은 형식적 정당화를 선호하였다. 초등 수학영재들에게서 외부적 정당화는 거의 나타나지 않았다. 초등 5-6학년 수학영재들은 대부분 외부적 정당화를 벗어난 수준에 있는 것으로 보인다. 또한 귀납적 정당화를 시도한 학생이 소수에 지나지 않았다. 초등 수학영재들에게서 가장 많이 나타난 정당화 유형은 포괄적 정당화였으며[6], 형식적 정당화 수준에 이른 경우도 소수 있었다. 그리고 평면분할과 공간분할에서 초등 수학영재들은 대체로 동일한 정당화 유형을 보이고 있다.

이상으로부터 다음과 같은 교육적 시사를 얻을 수 있다.

첫째, 포괄적 정당화와 형식적 정당화를 할 수 있는 수준에 있는 초등 수학영재를 대상으로 하는 영재교육에서 패턴 탐구 주제를 소재로 한 수업을 할 때에는, 보통 아동을 지도할 때와 같이 몇 가지 사례를 관찰하여 일반화하게 하는 귀납적인 해결 전략을 사용하도록 유도하는 것은 적절하지 않다. 초등 수학영재 중에도 귀납적 정당화 수준에 있는 경우가 일부 있다. 그러나 이들에 대한 교육 역시 이들의 정당화 수준을 귀납적 정당화에서 포괄적 또는 형식적 정당화 수준으로 끌어올리는 데에 초점을 두어야 한다. 이렇게 볼 때, 이들의 경우에도 귀납적인 방식으로 패턴을 탐구하도록 유도하는 것은 이들을 현재 정당화 수준에 머물게 하여 교육적으로 별 효과를 거두지 못할 수 있다.

둘째, 어떤 패턴을 일반화하거나 발견한 후 결과로 나온 식의 맞고 그름보다는 그 식의 타당성을 조리를 세워 설명하는 활동을 영재교육에서 중요시할 필요가 있다. 초등 수학영재들은 자기 자신뿐 아니라 상대방에게도 연역적인 설명을 요구하는 경향이 강하다. 사고 수준이 높은 아동일수록 귀납보다는 연역적으로 사고하려고 하며 이를 중요하게 생각한다. 따라서 어떤 패턴을 일반화하거나 발견한 후 결과로 나온 식의 맞고 그름보다는 그 식의 타당성을 조리를 세워 설명하는 활동을 영재교육에서 중요시할 필요가 있다. 초등 5-6학년의 수학영재들은 몇 가지 사례를 조사하여 몇 개의 수치를 얻기만 하면, 그로부터 수적 조작을 통해 일반화된 식을 찾아내는데 상당히 뛰어나므로, 일반화된 식의 옳고 그름에 초점을 맞추는 수업은 현재 가지고 있는 수적 조작을 통한 식 찾기 능력을 강화할 뿐 그 이상의 교육적 효과를 기대하기 어렵다. 자신의 해법에 대한 이유를 근거를 찾아 조리를 세워 논리적으로 설명할 수 있는 기회를 주고 그것을 확장하여 보다 일반화된 풀이에 대한 탐구를 하게 하는데 주안점을 두어야 한다. 초등 수학영재를 대상으로 한 패턴 과제 수업은 일반화된 식의 산출보다는 산출된 식의 정당화에 좀 더 초점을 맞추는 것이 바람직하다.

셋째, 관련이 적은 다양한 과제를 제시하는 것보다는 서로 관련이 많은 주제 중심의 탐구 과제를 개발하여 사용하는 것이 영재교육에 효과적일 것으로 보인다. 초등 수학영재들에게서는 기존 지식과 새로운 문제 상황을 관련지어 생각하려는 경향이 관찰된다. 본 연구에서 제시한 공간의 분할 과제를 해결할 때에도 평면분할에서 사고한 방식이나 내용을 바탕으로 하

6) 실험에 참가한 학생들이 정당화의 유형(수준)에서는 대부분 포괄적 정당화를 시도했으나 <표 5>에서 보듯이 실제로 문제해결에까지 성공한 것은 아니다. 이것은 문제해결의 성공여부에 따른 수학적 사고의 수준과 정당화의 수준은 다를 수 있음을 시사한다.

여 차원을 확장해 나가려는 생각을 보인 학생들이 있었다. 이러한 사고를 촉진하기 위해서라도 관련이 적은 다양한 과제를 제시하는 것보다는 상호 관련이 많은 주제 중심의 탐구 과제를 개발하여 사용하는 것이 영재교육에 효과적일 것으로 보인다.

끝으로, 정당화에 초점을 둔 영재 수업을 하고자 할 때에는, 정당화 수준에 너무 큰 차이가 나지 않도록 집단을 편성하여 교육할 필요가 있다. 동일한 초등 수학영재라고 해도, 정당화 수준에 있어서는 상당한 차이가 있음이 확인되었다. 상호토론을 통해 이러한 차이가 다소 보완되는 면도 있으나, 사고의 수준이 다른 상태에서 접근 방법이 다른 경우에는 상호토론을 하게 해도 깊이 있는 토론이 이루어지지 못하고 개인별 발표로만 끝나는 경우가 적지 않다. 이것은 정당화에 초점을 둔 영재 수업을 하고자 할 때에는, 정당화 수준에 너무 큰 차이가 나지 않도록 집단을 편성하여 교육할 필요가 있음을 시사한다.

참고문헌

권성룡(2003). 초등학생의 수학적 정당화에 관한 연구. 초등수학교육, 7(2), 85-99.

김성대(2003). 증명지도에서 정당화의 의미와 사례연구. 한국교원대학교 대학원 석사학위논문.

나귀수(1998). 증명의 본질과 지도 실제의 분석. 서울대학교 대학원 박사학위논문.

송상헌(1998). 수학영재성 측정과 판별에 관한 연구. 서울대학교 대학원 박사학위논문.

송상헌(2000). 수학 영재아들을 위한 행동특성 검사지의 개발과 활용에 관한 연구. 학교수학, 2(2), 427-457.

송상헌(2006). 수학영재교육의 이해. 이화여자대학교출판부. (근간).

신현용, 한인기(2001). 외국의 사례에 비춰본 우리나라의 제 7차 수학과 교육과정. 제19회 수학교육 심포지엄. 대한수학회.

Balacheff, N (1987). Processes of proof and situation of validation. *Educational Studies in Mathematics, 18,* 147-176.

Hanna, G. (1983). Rigorous proof in mathematics education. Toronto: Oise Press.

Knuth, E. J., & Elliott, R. L. (1998). Characterizing student understandings of mathematical proof. *The Mathematics Teacher, 91*(8), 714-717.

Krutetskii, V. A. (1976). *The psychology of mathematical abilities in school children.* The Univ. of Chicago Press.

Lannin, J. K. (2005). Generation and justification: The challenge of introducing algebraic reasoning through patterning activities. *Mathematical Thinking And Learning, 7*(3), 231-258.

Lee, K. H. (2005). Mathematically gifted students' geometrical reasoning and informal proof. *Proceedings of the 29th Annual meeting of the International Group of Psychology of Mathematics Education, 3*, 241-248.

Miyazaki, M (2000). Levels of proof in lower secondary school mathematics. *Educational Studies in Mathematics, 41*, 47-68.

NCTM (1987). *Curriculum and evaluation standards for school mathematics.* Reston, VA: The National Council of Teachers of Mathematics.

NCTM (2000). *Principle and standard for*

school mathematics. Reston, VA: The National Council of Teacher of Mathematics.

Polya, G. (2003). **수학과 개연 추론**. (이만기, 최영기, 진병기, 홍갑주, 김민정, 역). 서울: 교우사. (영어 원작은 1954년 출판).

Recio, A. M., & Godino, J. D. (2002). Institutional and personal meanings of mathematical proof. *Educational Studies in Mathematic, 48,* 83-99.

Simon, M. A., & Blume, G. W. (1996). Justification in the mathematics classroom : A study of prospective elementary teachers. *Journal of Mathematical Behavior, 15,* 3-31.

15 『미국의 수학교육과정 규준 CCSSM의 수학적 실천에 대한 고찰』에서 사용한 '문헌 및 사례조사 혼합 연구' 방법 해설

장 혜 원[15]

수학교육학은 수학교육에 대한 이론과 실천의 과학(김응태 외, 1984)이라고 정의될 정도로, 이론과 실제의 통합을 통해서만 그 의의를 달성할 수 있는 실천적 학문이다. 이론적 탐구에 기초한 수학교육 연구를 추구하는 수학교육자들의 입장과 교수 현장에서 학생들을 가르치는 교사들의 입장에서 상대방의 견해에 대한 오해와 편견으로 상호 간의 중요성을 적절하게 평가하지 못하는 문제와 갈등이 존재하여 온 것이 사실이다. 그러나 수학교육 이론은 교수 실제에 기초하여 발달되어야 하며, 그 이론에 근거하여 바람직한 교수 실제를 기대하는 것 또한 자연스런 이치일 것이다. 아마도 교육의 이론적 측면과 실제적 측면의 통합을 구현해야 할 가장 기본적인 연구 중 하나가 바로 교육과정 개발에 관한 것이라고 할 수 있다. 교육 실제를 토대로 한 연구 결과로서의 수학과 교육과정과 그 속에 포함된 성취기준이 구체적인 교육과정 및 교실의 수업 현장에서 어떻게 구현될 수 있는가 하는 점은 실제로부터의 이론 구성과 그 역방향을 모두 다루고 있기 때문이다. 2009 개정 교육과정에 따라 수학과 개정 교육과정이 공포된 시점인 2011년에 저자는 미국의 한 대학에서 연구년을 보냈고, 교육과정 개발자로 참여하였던 저자의 눈에 현지 수학교육계의 가장 큰 현안이자 이슈였던 수학교육과정 규준 CCSSM(CCSSI, 2010)의 적용은 무심코 지나칠 수 없는 중대 사안이었다. CCSSM은 전례 없이 미국의 거의 대부분의 주에서 채택될 것이 독려되어 오늘날 미국 수학교육의 키워드로 대표되며, 특히 CCSSM의 적용 과정에서 강조된 '수학적 실천(Mathematical Practice)'은 우리나라 2009 개정 교육과정에서 수학적 창의성의 신장을 위해 마련한 '수학적 과정'과 같은 맥락의 것이었고, 따라서 교육과정 전환기를 맞고 있는 우리나라의 수학교육 상황에서도 참조할만한 가치가 있다고 판단하였다. 그러나 이전 국내의 연구 결과에서는 수학적 실천에 대한 잘못된 이해가 있었음을 주목하였고, 특히 수학적 실천의 적용 실태에 대한 호기심으로부터 연구의 단초를 마련하게 되었다.

본 논문(장혜원, 2012)이 CCSSM에 포함된 수학적 실천에 대한 올바른 이해를 위해

15) 서울교육대학교, hwchang@snue.ac.kr

선택한 연구 방법은 문헌 고찰과 그 적용 실태 파악을 위한 사례 조사이다. 첫째, CCSSM에 대한 문헌 연구가 필요했던 이유는 전술한 바와 같이 국내의 수학교육계에서 관찰한 수학적 실천에 대한 이해 부족 때문이다. 따라서 수학적 실천에 대한 이해를 위해 두 가지 측면에서 문헌 고찰을 실시하였다. CCSSM 문헌 자체에 대한 고찰과 CCSSM에 관한 교육관련 법령, 연구 보고서, 실천을 위한 안내 자료, 교육신문 등에 대한 고찰이다. 수학적 실천의 하위 요소의 의미에 대해서는 전자의 설명과 예시만으로도 이해 가능하였지만, 후자를 통해 수학적 실천의 성립 배경 및 실태를 파악함으로써 편협하지 않은 의미와 의도의 파악에 주력하였다. 특히 수학적 실천의 원류에 해당하는 두 개념인 '과정 규준'(NCTM, 2000)과 '수학적 능력'(NRC, 2001)에 대한 분석 및 비교를 통해 하위 요소의 관련성을 파악하고자 하였다.

둘째, 사례 조사는 수학적 실천의 적용을 예시하기 위함이었다. 교육과정 문헌상에 제시된 수학적 실천이 미국 국내에서 적어도 표면적으로는 압도적인 지지를 받는 수학교육 상황에서 교육 실제에 어떠한 형태로 반영되고 있는지 알아보고자 하였다. 물론 CCSSM의 적용 실태를 파악하기 위해서는 학교의 실제 수업을 관찰 사례로 삼는 것이 좀더 효과적일 것으로 생각하지만, 다양한 차원에서의 적용 실태를 파악하는 동시에 물리적 제약을 고려한다는 점에서 차원을 달리 하는 몇 가지 사례를 간접적으로 조사함으로써 다양성과 경제성을 충족시킬 수 있는 사례 조사 방법을 택하였다. 우정호 외(2006)는 사례 연구에서의 사례를 다음과 같이 언급하였다.

> 사례는 하나의 통합된 체계로서 경계지을 수 있는 한 가지 일, 하나의 요소, 하나의 단위이다. 사례는 한 학생, 교사, 교육관계자 등의 개인일 수도 있고, 교실, 학교 공동체와 같은 한 집단일 수도 있으며 특정 프로그램, 특별한 정책 등이 될 수도 있다. (p. 111)

이와 같은 의미에서 본다면, 본 연구의 분석 대상이 되는 사례인 교육과정과 교실 수업은 특정 프로그램 및 교실이라는 한 집단에 해당한다. 어느 경우든 하나의 요소로서 명확히 경계지을 수 있는 단위를 생성하고 있음을 확인할 수 있다. 좀 더 구체적으로, 주 차원의 적용 사례로서 미주리 주의 교육과정 CAS(Core Academic Standards), 연구 중심의 자치단체 차원의 적용 사례로서 TERC(2011)에서 기존의 것을 수정·개발한 교육과정, 교실

수업의 차원에서 Inside Mathematics(2012)가 제시한 수업 비디오를 분석하였다.

이들은 사례의 다양성에 부합하며, 결과적으로 사례의 일반화 가능성을 제고시켜 준다. 또한 우정호 외(2006)가 Bishop을 인용하여 언급한 '증거'를 충족시키는 것으로 볼 수 있다. 증거란 수학교육연구가 갖추어야 할 세 가지 필수 요소 중 하나로서, 연구를 수학교육 실재에 관련짓는 역할을 한다. 이 때 수학교육 실재는 여러 수학 교육 현상, 수학과 교육과정, 수학 교수요목, 수학 교과서, 역사적 문서 등을 포함하는 것으로 간주된다. 즉 본 연구의 조사 대상이었던 수학과 교육과정과 수업 사례는 선행연구의 결과물인 교육과정 CCSSM과 연결된 수학적 실재로 작용한 것이다.

교육과정 관련 연구는 교육과정 자체에 대한 이해이든 몇 개의 교육과정 간의 비교이든 주로 교육과정 문서 및 교과서 등의 문헌 연구를 취하는 것이 자연스럽다. 그러나 연구 범위를 적용 측면까지 확장하기 위해 본 논문에서는 사례 조사의 방법을 추가적으로 택하였다. 이를 위해 수업 관찰과 같은 질적 연구를 수행한다면 더욱 바람직하겠지만 현실적인 제약으로 그 활용이 불가능할 경우 차선책을 택할 것이 요구되며, 그러나 실제성, 진정성, 일반성의 제고를 위해 증거가 되는 수학적 실재의 다양성을 고려할 것을 제안한다.

참고문헌

심응태, 박한식, 우정호 (1984). **수학교육학개론**. 서울대학교출판부

우정호, 정영옥, 박경미, 이경화, 김남희, 나귀수, 임재훈 (2006). **수학교육학 연구 방법론**. 서울: 경문사

장혜원 (2012). 미국의 수학교육과정 규준 CCSSM의 수학적 실천에 대한 고찰. **수학교육학연구, 22**(4), 557-580

CCSSI (2010). Common core state standards for mathematics. http://www.corestandards.org/Math

Inside Mathematics (2012). *Common core standards*. http://www.insidemathematics.org

NCTM (2000). *Principles and standards for school mathematics*. Reston: VA

NRC (2001). *Adding it up: helping children learn mathematics*. Washington D.C.: National Academy Press

TERC (2011). Standards for mathematical practice in investigations in number, data, and space. http://investigations.terc.edu/library/common_core/InvestigationsandMathPractices.pdf

대한수학교육학회지 수학교육학연구 제 22 권 제 4 호
Journal of Educational Research in Mathematics
Vol. 22, No. 4, 557 ~ 580. Nov 2012

미국의 수학교육과정 규준 CCSSM의 수학적 실천에 대한 고찰[1)]

장 혜 원[*]

미국의 수학교육과정 규준인 Common Core State Standards for Mathematics(CCSSM)은 이전의 규준에 비해 구별되는 특징을 지녔고, 특히 '수학적 실천' 규준 8가지는 '수학적 내용' 규준에 버금가는 주요 요소로서 각 학년의 지도 내용과 함께 매번 제시되면서 강조되고 있다. 그 구체적인 내용 설명이나 내용 규준 전체에 걸쳐 지도되어야 한다는 특징 등으로 볼 때 우리나라 2009 개정 수학과 교육과정의 신설 요소인 '수학적 과정'에 비견될 성질의 것이다. 그러나 CCSSM에 대한 우리나라의 선행 연구는 주로 내용 규준의 변화 및 비교에 초점이 있거나 심지어 과정 규준의 존재 자체를 간과하는 경우도 있다. 이에 본 연구는 CCSSM 및 그 적용의 확장을 위해 마련된 여러 가지 후속 자료를 수집하고 분석하여, 수학적 실천의 의미를 이해하는 데 목적이 있다. 나아가 수학적 과정과의 비교를 통해 우리나라 수학과 교육과정에 보강되어야 할 과정적 측면에 대한 검토와 더불어 수학적 과정을 효과적으로 적용하기 위한 방법에 대한 논의를 포함할 것이다.

I. 서론

2007 개정 교육과정에 이어 2009 개정 교육과정에 따른 수학과 교육과정이 2011년 8월에 공표되었다. '창의 · 인성 중심 교육과정'이라 불리는 새로운 교육과정 연구 보고서에서는 '수학적 과정'을 강조하며, 20%의 내용 축소로 확보되는 시간을 이용하여 수학적 과정에 기반한 수학적 사고력, 창조성의 개발에 중점을 두는 것으로 설명된다(한국창의과학재단, 2011). 수학적 과정은 이전 교육과정에서도 다루어졌던 요소이지만 주로 교수·학습 방법에 국한되어 있었다. 새로운 교육과정에서는 보다 포괄적으로 교수·학습 방법뿐만 아니라 학습내용 성취기준 및 교수·학습상의 유의점, 평가 등에서 보다 구체적으로 다루겠다는 취지를 분명히 하였다. 이와 같은 교육과정의 취지를 고려할 때, 수학적 과정에 대한 이해를 위해서는 우리나라의 수학교육에서 문제해결, 추론, 의사소통, 연결성 등이 중요한 이슈로 부각되기 시작하는 데 결정적인 영향을 미친 미국의 교육과정 규준에 대한 고찰이 필수적이다. 특히 2010년에 개정된 미국 교육과정 규준 가운데 수학적 과정에 비견되는 내용을 면밀히 검토하는 것은 앞으로 새로운 교육과정의 적절한 구현을 위한 지침을 마련하고 수학적 과정을 보강하는 데 도움이 될 것으로 기대된다.

Common Core State Standards(CCSSI, 2010a)는 최근 미국 교육정책의 가장 주목할 만한 변화 중 하나로, 수학과 영어에서 주 차원의 교육과정 마련을 위한 엄격한 학업 성취기준을 정하여 제공함으로써 규준의 선택은 의무가 아닐지라도

* 진주교육대학교 수학교육과 (hwchang@cue.ac.kr)
1) 본 연구는 2011학년도 진주교육대학교 기성회계 연구비 지원을 받아 수행되었음.

자율에 의한 책무성 추궁보다는 규제에 의한 교육의 질적 향상을 꾀하겠다는 의도를 엿볼 수 있다. 그 중 본 연구의 관심인 수학에 관한 Common Core State Standards for Mathematics (CCSSM)는 1990년대를 겨냥한 '학교수학을 위한 규준'(NCTM, 1989) 및 2000년대를 위한 '학교수학을 위한 원리 및 규준'(NCTM, 2000)의 연속선상에서 발표된 미국 수학교육의 청사진이라 할 만하다. 교사, 수학 및 수학교육 전문가, 부모, 교육행정가 등 다양한 개발진이 참여함으로써 학생의 성취 수준 및 교실 실제를 반영하여 학생에게 기대되는 바를 명확히 하는 문서를 마련하고자 하였고, 특히 학생들을 글로벌 세계에 경쟁력 있도록 교육시킨다는 현 정부의 취지를 십분 반영하여 외국의 교육과정을 벤치마킹한 것으로 알려져 있다(CCSSI, 2010b).

미국 수학교육계의 연구 및 실제의 변화에 민감한 우리나라 수학교육 연구는 CCSSM의 발표 이후 다수의 관련 연구물을 통해 그에 대해 소개한 바 있다(김영옥, 2011; 김영옥, 최성웅, 이승미, 2010; 이광호, 2010 등). 다만 이 연구들은 이전까지의 학년군별이 아닌 학년별 목표 및 내용 선정이라는 변화에 주목하면서 학습 내용을 고찰하고 우리나라 교육과정의 내용 요소와 비교하는 것에 초점을 맞추고 있다. 더욱이 발표된 연구 중에는 '내용기준과 과정기준을 모두 설정한 Standards 2000과 달리 CCSSM은 수학 내용기준으로만 구성된다. […] 미국 CCSSM은 이전의 Standards 1989와 2000이 수학 내용을 약화시키고 과정기준을 지나치게 강조함으로써 학생들의 수학 성취도 저하를 가져왔다는 반성에서 비롯된 만큼 과정기준을 의도적으로 제시하지 않는 것으로 보인다(박경미, 2010).' 라고 하여 과정 규준의 존재 자체를 간과한 연구도 있다.

이와 같이 우리나라에서 행해진 CCSSM에 대한 연구는 내용 규준에만 초점을 맞추거나 과정 규준을 인식하지 못한 경우조차 있으나, 실제로 '학교수학을 위한 원리 및 규준'(NCTM, 2000)의 과정 규준에 대응하는 CCSSM의 규준이 '수학적 실천(mathematical practice)'이고 미국 수학교육계에서는 주목해야 할 주요 변화 중 한 가지로 간주되고 있다. Heck, Weiss, Pasley(2011a)는 수학적 실천이 수학 학습 및 수학하기(doing mathematics)에 대한 기본 접근 및 성향을 설명하고 있다고 하면서, 그것이 K-12학년 전반에 걸쳐 수학교육의 중요 부분으로 의도되었다고 하였다. 실제로 CCSSM 문서(CCSSI, 2010b)에는 수학적 실천 전반 및 각 항목에 대한 두 쪽 분량의 설명뿐만 아니라 매 학년마다 각 학년의 내용 규준 제시와 함께 박스 안에 들어있는 8개의 수학적 실천 항목이 발견된다. 모든 학년에 걸쳐 모든 내용 지도와 함께 지도되어야 할 요소인 것이다. 그러나 문서에 포함된 설명만으로는 수학적 실천을 이해하는 데 충분하지 않아 보인다. 이후 발표되는 미국 내의 여러 보고서 및 연구들이 수학적 실천에 대한 해석을 추가하고 있다는 사실이 이를 입증한다.

미국의 수학교육 변화를 관찰하는 입장에서 표면적인 내용 요소의 변화나 지도 시기의 변화만을 아는 것으로는 불충분하며, 어떤 생각과 상황을 배경으로 그러저러한 내용을 선정하고 변화를 모색하였는지를 아는 것이 필요하다고 할 것이다. 특히 학습 내용 요소의 지도 전반에 걸쳐 수학적 과정의 지도를 강조하는 2009 개정 수학과 교육과정의 적용을 목전에 두고 있는 전환의 시점에서, 대응하는 요소인 수학적 실천의 의미를 이해하고 구체적인 적용 사례를 고찰하는 것은 수학적 과정의 실천 방법을 논의하는 데 큰 도움이 될 것으로 기대된다. 따라서 본 연구에서는 수학적 실천의 생성 배경을 통해 그 의미를 이해하고, 교육과정의 개정 사례 및 수업 사례에 대한 분석을 통하여 수학적 실천의 교수학습 맥락에서의 적용을 파악하는 것을 목표로 한다.

II. CCSSM에 대한 이해

CCSSM의 배경에는 미국의 현 정부가 제시한 교육개혁을 위한 청사진 중 첫째 항목에 해당하는 '모든 학생이 대학이나 직업적 요구에 준비된 상태에서 졸업시킨다(USDE, 2010).'는 요구가 있다. 이러한 요구는 외국의 수학교육과정을 벤치마킹하여 이전보다 적은 수의 주제에 대해 심도 있는 공부를 시켜야 한다는 생각을 유도하였고, 따라서 보다 높은 차원의 기능을 이용한 수학적 지식의 적용을 포함하도록 하였다. 연구 개발진은 '성취 수준이 높은 국가로부터의 증거, 인지과학 및 수학교육 연구로부터의 발견사항, 규준에 기초한 책무체계로부터 배운 교훈'이라는 세 종류의 증거에 기초하여 새로운 규준을 작성할 임무를 부여받았다. 개발 목적은 대학 및 직업 준비에 충족되고, 합리적 범위 내에서 발달 단계상 적절하고 교수학적으로 처리 가능한 규준을 마련하는 것과 교육과정 및 교수 자료 고안을 위한 충분한 안내를 제공하는 것이었다(Heck et al., 2011b). 다시 말해, 사회적 요구, 수학적 교수, 인지적 요구, 교수학적 요구를 두루 충족시키는 규준의 마련과 그 적용을 위해 사후 관리까지 담당하겠다는 의지를 보여준다.

다른 한편으로는 NAEP에서 보여주는 50개 주 사이의 성취도 격차 및 PISA와 TIMSS를 포함한 국제비교평가연구에서 드러나는 미국 학생들의 낮은 성취도에 기인한다(NCTM, 2012). 결국 국내 외적으로 미국 학생들의 낮은 수학 성취도를 해결하기 위한 방책이라 할 만하다. 따라서 K-12 학년의 학업 성취기준에 대한 주 사이의 일치성을 제고함으로써, No Child Left Behind Act of 2001(Public Law, 2002)에서 미국 교육개혁의 제1 목표로 밝힌 대학 또는 산업 현장에서 요구되는 지식 및 기능을 소유하도록 하는 것이다. 미국 교육 정책의 오랜 특성상 CCSSM의 선택은 주에게 달려있고, 채택한 주라고 할지라도 각자 부가적 규준을 15%까지 포함할 수 있기 때문에(Heck et al., 2011a) 여전히 주 혹은 학교 구역(school district)에 어느 정도의 융통성이 남아 있다는 사실이 주의 선택을 보다 수월하게 한다. 2011년 11월 현재 47개[2] 주가 CCSSM을 채택하였으며 그 실천과 계획에 대해 다양한 설문조사와 연구가 실시되었거나 진행 중이다(Reys, 2006; EF & EPE, 2012). 15%의 자율적 구성을 허용함에도 불구하고 새로운 규준에 합치하기 위해서는 많은 변화가 불가피하기 때문에, CCSSM의 적용을 위한 주 단위의 계획은 전문성 개발, 교육과정 안내 및 교수 자료 개발, 교사 평가 체계 등에 대해 수립되며, 구체적으로 시행 시기, 교사교육 전략, 새 규준의 자료 목록 등을 포함하는 것으로 알려진다. 주 채택 비율에서도 알 수 있듯이 CCSSM에 대한 수학교육계의 반응은 대부분 긍정적이지만 비판적인 시각도 존재하며(Wiggins, 2011), 특히 현장 교사들은 새로운 규준에 대해 잘 알지 못한다는 조사 결과[3]는 교사 연수의 필요성을 대변해준다.

CCSSM은 이전의 수학 교육과정 규준과 마찬가지로 내용 규준으로서 수학에 대한 개념적 이해와 절차적 기능을 포함한다. 차이가 있다면 학

2) 알라스카, 네브라스카, 텍사스, 버지니아를 제외한 46개의 주와 콜롬비아 자치구이다. 본 연구에서는 교육 분야에서 콜롬비아 자치구를 하나의 주로 간주하여 포함하기로 한다.

3) University of Missouri-Columbia의 2012년 봄 학기 대학원 수업인 LTC 8900 Seminar: Current Issues in Mathematics Education 중 Northeast Randolph County R-IV Cairo High School의 한 수학교사의 발표 자료 (2012. 2. 12)에 근거함.

년군이 아닌 학년별 제시를 택했다는 점이다.[4] 기본적으로 무엇을 언제 배워야 하는지를 설명하는 내용 규준을 K-8 학년까지 학년별로 제공함으로써 주 교육과정 문서로 즉각 채택될 수 있을 정도의 상세함을 특징으로 한다. 한편, 고등학교는 내용 범주별(수와 양, 대수, 함수, 모델링, 기하, 통계와 확률)로 제시되어 있다. 이전보다 수를 줄이면서 더 엄밀한 내용 규준의 중요성에 초점을 맞추고 학년 수준 내에서, 그리고 전 학년에 걸친 연결성과 일관성을 강조한다. '전체로서의 규준은 일관된 수학교육에 대한 비전이며 그 부분들의 합 이상이다(Heck et al., 2011b).'라고 함으로써 개별 내용뿐만 아니라 전체 집합으로서의 내용 구조를 중요하게 여긴다는 사실을 알 수 있다. 이와 같이 일관성을 강조한 내용 규준과 함께 본 연구의 초점인 8가지 수학적 실천이 매 학년마다 제시된다. 그 상세한 내용 분석은 III장에 포함될 것이다.

CCSSM의 발표 후, 미국 수학교육계에서는 그 시행을 뒷받침하기 위한 다각적인 지원을 제공하고 있다. 그 중 하나가 Mathematics Common Core Coalition(2012)이다. 새 규준에 대한 성공적인 의사소통, 해석, 실행, 평가를 돕기 위해 마련된 국가적 차원에서의 모임으로, 2011년 9월 현재 8개의 조직이 활동 중에 있다(Dacey & Polly, 2012) : National Council of Teachers of Mathematics (NCTM), National Council of Supervisors of Mathematics (NCSM), Association of Mathematics Teacher Educators (AMTE), Association of State Supervisors of Mathematics (ASSM), Council of Chief State School Officers (CCSSO), National Governors Association (NGA), SMATER Balanced Assessment Consortium (SBAC), Partnership for the Assessment of Readiness for College and Careers (PARCC).

아울러 주, 학교구역, 학교가 CCSSM을 성공적으로 시행할 수 있도록 돕기 위해 마련한 문서 Confrey(2011)에서는 규준에 기초한 수학교육 실행이 15년 이상 되었지만 교육 현장의 변화는 미비함을 지적하면서 교육실천가들은 CCSSM의 규준뿐만 아니라 구조, 조직, 전략을 이해해야 하며, 내용 규준과 실천 규준을 상보적인 동시에 본질적인 파트너로 함께 시행해야 함을 주장하였다. 이는 CCSSM의 온전한 이해와 시행을 위해 수학적 실천에 대한 이해가 필수불가결하다는 주장으로 이어질만하다.

III. 수학적 실천의 의미와 배경

CCSSM에서 수학적 실천 규준은 수학적 내용 규준에 비해 지면을 차지하는 비율은 훨씬 적지만 그 중요도에 있어서는 결코 뒤지지 않는 비중을 차지한다. 수학적 실천 규준은 수학교육이 모든 수준에 있는 학생에게서 개발하려고 해야 하는 다양한 전문성을 설명한다(CCSSI, 2010b). Kanold, Briars, Fennell(2012)은 CCSSM이 기여한 가장 중요한 점으로 수학적 실천을 꼽으며, 학생이 수학을 능동적으로 잘 하는 방법을 설명한다고 하였다.

그러나 이전의 과정 규준(NCTM, 2000)과 차별된 특징이 있는지 의심해볼 만큼 사실 수학적 실천 규준의 정체성은 명확해 보이지 않는다. 이전 과정 규준에 대해 새로운 규준 체제에 맞춰 명명된 새로운 이름에 불과한 것인지 의심해볼 만하다. 그러한 의심에 어느 정도의 타당성을 부여

4) CCSSM 개발진이 참조한 외국 교육과정에는 우리나라의 것도 포함되어 있다(Education Week, 2012). 반면 우리나라 2009 개정 교육과정에 따른 수학과 교육과정은 많은 반대와 우려에도 불구하고 오히려 학년제에서 학년군제로의 전환을 시도하였다. 의미 있는 비교 분석과 비판적 시각에서의 고찰을 암시하지만 본 연구의 범위를 벗어나므로 다음 연구로 미루기로 한다.

할 수 있는 것이, 예측이라도 한 듯 그러한 의심이 잘못된 것임을 본문(CCSSI, 2010b)에 밝히고 있어 흥미롭다. 이에 수학적 실천이 의미하는 바를 밝히기 위해 관련 문헌을 조사 · 분석하였다.

1. 수학적 실천의 근원

수학적 실천은 미국 수학교육에서 중요하게 여겨지는 두 가지 문서로부터 비롯된다. NCTM(2000)의 '과정 규준(process standards)'과 National Research Council(2001)의 보고서 'Adding It Up'에서 설명된 '수학적 능력(mathematical proficiency)'이다.

가. 과정 규준

CCSSI(2010b)에 따르면, '각 주는 지난 20여 년간 규준에 기초한 개혁으로부터 배운 교훈을 토대로 하여 함께 작업할 때'라고 하였다. 요컨대 CCSSM은 NCTM(1989) 규준의 연속선상에 있는 개정임을 암시하고 있다. 따라서 CCSSM의 수학적 실천은 NCTM에서 80년대의 agenda for action의 문제해결력, 90년대의 규준에서 세 학년군별 과정 규준, 2000년대의 원리와 5개의 과정 규준에 이어지는 2010년대의 비전이라 할 만하다. 따라서 NCTM(2012)은 과정 규준과 CCSSM의 수학적 실천의 항목별 비교표를 부록으로 담고 있기도 하다. 또한 NCTM의 과정 규준과

<표 III-1> NCTM(2000)의 과정 규준

과정 규준	K-12학년의 교수 프로그램이 학생들에게 요구하는 능력
문제해결	• 문제해결을 통해 새로운 수학 지식 구성 • 수학 및 다른 맥락에서 발생하는 문제 해결 • 문제 해결을 위해 다양한 적절한 전략을 맞추어 적용 • 수학 문제 해결 과정을 통제하고 반성하기
추론과 증명	• 추론과 증명을 수학의 기초 측면으로 인식 • 수학적 추측을 하고 조사 • 수학적 논증과 증명을 개발하고 평가 • 다양한 유형의 추론 및 증명 방법을 선택하여 사용
의사소통	• 의사소통을 통해 수학적 사고를 조직하고 확고히 함 • 자신의 수학적 사고를 동료, 교사, 다른 사람과 일관되고 명확하게 의사소통 • 다른 사람의 수학적 사고와 전략을 분석하고 평가 • 수학적 아이디어를 정확하게 표현하기 위해 수학 언어를 사용
표현	• 수학적 아이디어를 조직, 기록, 의사소통하기 위해 표현을 만들고 사용 • 문제 해결을 위해 수학적 표현 중 선택하고 적용하고 번역 • 물리적, 사회적, 수학적 현상을 모델링하고 해석하기 위해 표현을 사용
연결성	• 수학적 아이디어 사이의 연결성을 인식하고 사용 • 일관된 전체를 산출하기 위해 수학적 아이디어가 다른 아이디어와 어떻게 상호 연결되고 다른 아이디어를 기반으로 어떻게 구성되는지 이해 • 수학 외적 문맥에서 수학을 인식하고 적용

<표 III-2> NRC(2001)의 수학적 능력

수학적 능력	의미
개념적 이해	수학 개념, 연산, 관계에 대한 총체적이고 기능적인 파악
절차적 유창성	절차를 유연하게, 정확하게, 효과적으로, 적절하게 수행하는 능력
전략적 역량	수학 문제를 형식화하고 표현하고 해결하는 능력
조정 가능한 추론	논리적 사고, 반성, 설명, 정당화 능력
생산적 태도	성실과 자신의 효능에 대한 신념과 함께 수학을 의미 있고 유용하고 가치 있는 것으로 보는 습관적 성향

CCSSM의 수학적 실천 사이의 세부적 차이는 있지만 양자 모두 배워야 하는 본질적인 수학이면서 학생이 수학 내용을 배울 때 참여하는 방식이라고 설명한다.

그러나 CCSSM은 이 규준이 옛 방식에 대한 새로운 이름으로 의도된 것이 아님을 명시함으로써 본질적인 차이를 암시하고 있다. 발견되는 차이는, 과정 규준이 수학적 과정의 역할에 대한 꽤 일반적인 견해를 제시하는 반면, 수학적 실천은 학생들이 참여해야 하는 과정의 다소 구체적인 진술과 함께 정확성 측면에서 타인과의 토론이나 자신의 추론에서 명확한 정의를 사용하는 등의 노력을 강조하는 특성을 보여준다.

NCTM(2000)의 원리와 규준은 잘 알려져 있지만 수학적 실천에의 영향이라는 시각에서 본다면 결국 10개의 규준 중 과정 규준인 문제해결, 추론과 증명, 의사소통, 표현, 연결성과 관련한 구체적인 능력을 고찰할 필요가 있다(<표 III-1>).

나. 수학적 능력

수학적 능력은 NRC(2001)가 수학에 대한 전문성, 역량, 지식, 기능의 모든 측면을 완전하게 포괄할 용어가 없다고 생각하여 수학의 성공적인 학습이 의미하는 바를 포괄하기 위해 선택한 용어이다. 수학적 능력은 <표 III-2>에서 보듯이 다섯 요소로 구성된다.

이 다섯 요소는 수학적 능력이라는 복잡한 전체의 서로 다른 측면이기 때문에 상호 관련되고 종속적인 성질의 것이다. NRC(2001)는 이러한 특성을 다섯 가닥이 꼬여 한 줄기를 이루는 것에 비유하였다. 따라서 학생이 수학적 능력을 획득하는 방법이나 교사가 수학적 능력을 개발시키는 방법, 교사 교육 방법 등을 고려할 때 각각의 능력 요소에 초점을 맞추되 한 능력을 개발시키면 다른 능력의 개발을 자극하는 효과가 있으므로 다른 요소와의 관련 속에서 상호관련성을 파악하여 총체적으로 접근해야 함을 주장한다.

2. 수학적 실천

과정 규준과 수학적 능력의 양자에 기초하여 설정된 수학적 실천의 행동 주체는 '수학적으로 유능한 학생(mathematically proficient student)'이다. 곧 수학을 잘 하는 학생에게 기대되는 행동 요소를 서술한 것으로 볼 수 있다. 이 여덟 가지 규준을 각각 MP1~MP8이라 부르고, CCSSM (CCSSI, 2010b)에서 설명한 바에 따라 행동 특성을 검토해보자(<표 III-3>).[5]

5) 수학적 실천의 홍보를 위해 유튜브의 동영상도 활용된다.
• Common Core Standards - Mathematical Practices (Part 1 of 2)

<표 III-3> CCSSM의 수학적 실천

	수학적 실천	행동 특성
1	문제를 이해하고 끈기 있게 풀기	• 문제의 의미를 스스로에게 설명 • 주어진 것, 제약조건, 관계, 목표 분석 • 해법의 형식과 의미에 대한 추측 • 해결 경로 계획 • 유사 문제 참조하고 특수한 경우나 간단한 형태 시도 • 자신의 풀이를 감독, 평가, 필요시 방향 전환
2	추상적으로, 정량적으로 추론하기	• 문제 상황에서 양과 그 관계를 이해 • 탈문맥화 능력과 문맥화 능력 • 관련 단위를 고려, 계산 방법뿐만 아니라 양의 의미 다루기, 연산과 대상의 다른 성질을 알고 유연하게 활용
3	실행가능한 주장을 구성하고 다른 사람의 추론을 비판하기	• 가정, 정의, 증명된 결과를 이해하고 이용하여 논증 구성 • 추측하고, 그것이 참인지 탐구하기 위해 명제를 논리적으로 전개 • 상황 분석, 반례 이용 • 자신의 결론을 정당화하고, 그 결론을 다른 사람과 의사소통하고, 다른 사람의 논증에 반응 • 데이터가 비롯된 문맥을 고려하여 논증을 만들면서 귀납적 추론 • 두 논증의 효과 비교 • 추론의 시비 구별, 오류 설명
4	수학으로 모델링하기	• 일상의 문제 해결을 위해 수학 적용
5	적절한 도구를 전략적으로 사용하기	• 문제 해결에 도구 사용 • 도구의 장단점을 인식하여 사용 적절한 시기를 결정
6	정확성에 주의를 기울이기	• 정확한 의사소통 • 토론이나 추론시 명확한 정의 사용
7	구조를 찾고 활용하기	• 패턴이나 구조를 식별하기 위한 관찰
8	반복된 추론에서 규칙성을 찾고 나타내기	• 계산의 반복 파악 • 일반 해법과 약식 해법 찾기

MP1은 문제 해결을 무작정 시작하는 것이 아니라 계획을 세워 해를 구할 때까지 지속하여 푸는 것을 말한다. 문제의 이해, 계획, 실행, 반성 단계에서 필요한 행동뿐만 아니라 전략 사용, 메타인지 능력이 언급된다. 문제의 이해 및 해결 과정에서 표현의 역할을 중시하여, 고학년은 문

• Common Core Standards - Mathematical Practices (Part 2 of 2)
• The Importance of Mathematical Practices
• Mathematical Practices, Focus and Coherence in the Classroom
• Shifts in Math Practice: The Balance Between Skills and Understanding
• Mathematics Fluency: A Balanced Approach

제의 맥락에 따라 필요한 정보를 얻기 위해 대수식을 변형하거나, 방정식, 언어적 설명, 표, 그래프 사이의 대응을 설명하거나, 중요한 특징과 관계를 나타내고 규칙성이나 경향을 찾는 능력, 저학년은 구체적 사물이나 그림의 사용 능력을 강조한다. 자신의 풀이를 다른 방법으로 검토하고, 스스로에게 '이것이 의미 있는가?'를 지속적으로 질문하여 풀이 과정을 점검한다.

MP2에서 문제 상황으로부터 추상화하여 표현하고 참조물에 대한 해석 없이 기호를 다루는 탈문맥화와 관련 기호를 참조물을 써서 해석하는 문맥화의 유연한 사용은 추상적 추론과 관련된 상보적 능력이다. 또한 단위, 양의 의미와 관련된 세 번째 행동군은 정량적 추론에 수반되는 구체적 특성이다.

MP3은 논리적 사고 및 비판적 사고와 관련된다. 다른 사람의 논증을 듣거나 읽고, 그것이 의미 있는지 결정하고, 그 논증을 개선하기 위한 질문을 할 수 있어야 한다. 초등학생의 경우에는 논증을 구성할 때 사물, 그림, 도표, 행동과 같은 구체적 참조물을 이용할 수 있다. 이러한 논증은 일반화 또는 형식화되지 않아도 그 자체로 의미 있으며, 후에 논증이 적용되는 범위를 결정하는 것을 배운다.

MP4에서 수학적 모델링은 수학과 실세계와의 연결성을 요구한다. 실제 상황에서 규명된 양 사이의 관계를 여러 가지 표현을 써서 나타내고 그 관계를 수학적으로 분석하여 결론을 이끈 다음, 그 수학적 결과를 상황의 맥락에서 다시 해석하여 의미 있는지 검토하는 것이다. 복잡한 상황을 단순화하기 위해 자신이 알고 있는 수학적 지식을 적용하는 것이 필요하다. 초등학생은 문장제를 풀기 위해 그에 적합한 덧셈식을 쓰는 것과 같이 단순한 것에서 시작하지만, 중학교에서는 이벤트 계획과 같이 학교나 학급 공동체의 문제를 분석하기 위해 비례적 추론을 적용하는 수준에 이르고, 고등학생 즈음되면 디자인 문제를 해결하기 위해 기하를 활용하거나 양 사이의 관계를 설명하기 위해 함수를 이용할 수 있다.

MP5와 관련하여, 공학기술의 발달과 함께 교육적으로 활용 가능한 도구 및 그 효용성은 날로 증가하고 있다. 예를 들어 학생들은 자신의 학년 수준에 맞는 웹사이트 탐색을 통해 풍부한 수학 자료를 활용할 수 있다. 다양한 교육용 소프트웨어는 개념 이해를 심화시킬 수도 있다. 고등학교 수학 교실에서 그래프 계산기를 이용하여 함수의 그래프를 분석하는 활동과 같은 공학 도구의 활용은 수학적 모델링의 맥락에서 서로 다른 가설의 결과를 시각화하고, 탐구하고, 비교할 수 있도록 한다.

MP6는 계산의 정확성뿐만 아니라 구한 값을 문제의 맥락에 적합하게 하기 위해 어느 정도 정확하게 표현하는지와도 관련된다. 또한 용어의 정의를 분명히 하는 것, 정확한 용어를 사용하여 설명하는 것, 등호와 같은 기호의 의미를 파악하여 정확하게 사용하는 것, 측정 단위를 명시하는 것, 수량의 정확한 대응을 위해 축에 이름을 붙이는 것 등은 이 규준과 관련된 행동 사례이다.

MP7에 대한 설명에서 시기에 따른 수학적 구조의 예를 볼 수 있다. 초등 저학년에서는 $3+7$과 $7+3$이 같은 양임을 주목하며, 도형을 변의 수에 따라 분류할 수 있다. 고학년에서는 $7\times8=7\times5+7\times3$과 같다는 것을 인식함으로써 분배법칙을 학습할 준비가 된다. 중학생은 식 $x^2+9x+14$에서 14를 2×7로, 9를 $2+7$로 볼 수 있으며, 기하 문제 해결을 위해 보조선을 이용할 수 있다. 한 걸음 뒤로 물러서 전체를 개관하거나 관점을 바꾸는 것이 가능해지면서, 복잡한 대수식을 하나의 대상으로 인식하게 된다. 예를 들어 $5-3(x-y)^2$을 5에서 양수와 어떤 제곱의 곱을 뺀 것으로 볼 수 있고, 그 값이 임의의 실수 x, y에 대해 5보다 클 수 없음

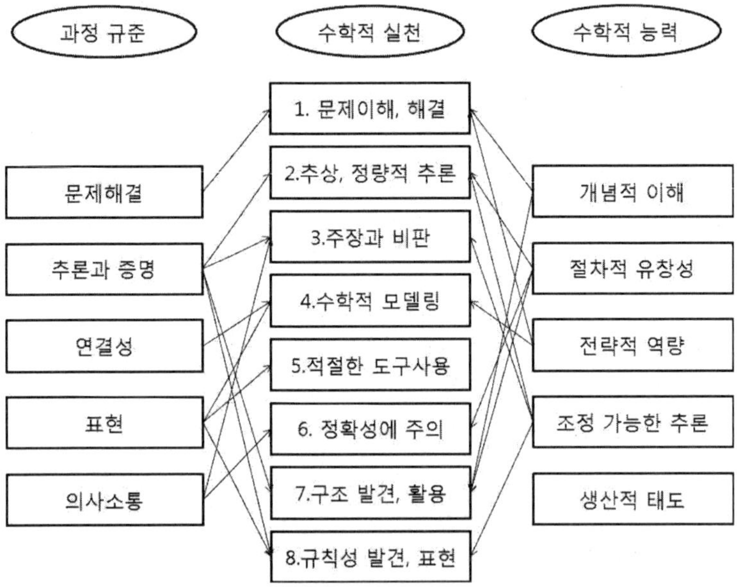

[그림 III-1] 수학적 실천과 그 근원과의 관련성

을 인식한다.

MP8은 규칙 찾기와 관련된다. 반복된 추론에서 규칙성을 찾고 나타내는 것을 요구하는 실천 항목이다. 예를 들어 25를 11로 나눌 때 같은 계산이 끝없이 되풀이됨을 파악함으로써 순환소수를 도입할 수 있다. 또는 주어진 점이 점 (1,2)를 지나는 기울기 3인 직선 위에 있는지 반복하여 검토할 때 기울기에 주목하여 방정식 $\frac{y-2}{x-1}=3$을 추상화하거나, $(x-1)(x+1)$, $(x-1)(x^2+x+1)$, $(x-1)(x^3+x^2+x+1)$을 전개할 때 소거되는 항을 주목함으로써 규칙성을 파악하고 등비급수의 합을 위한 일반식으로 유도할 수 있다.

이와 같이 설명된 수학적 실천은 III장 1절에서 고찰한 '과정 규준'과 '수학적 능력'에 그 근원을 두고 있기 때문에 [그림 III-1]과 같이 그들 항목 사이의 관계를 짝지어 비교해보는 것은 수학적 실천의 의미를 이해하는 데 도움이 될 것으로 생각한다.

각 화살표는 영향을 주고받은 요소들간의 관계를 나타낸다. 수학적 실천 내의 항목들은 상호 관련되기 때문에 사실 훨씬 더 많은 연결선을 가정해야 할 것이지만, CCSSM에서 제시된 설명 및 예시를 통해 좀 더 명확하게 영향 미친 요소들 간의 관계를 나타내고자 하였음을 밝혀둔다. 특히 수학적 능력 중 생산적 태도는 학습자 자신과 수학에 대한 신념을 의미하는 정의적 영역이므로 각 요소 전반에 걸친 배경적 요소라 할 수 있다.

요컨대 CCSSM에서 새롭게 등장한 수학적 실천은 수학적 모델링, 적절한 도구를 사용하여 문제 해결, 추론, 주장과 비판, 구조 발견, 규칙성 발견, 정확성에 기초한 의사소통 등을 할 수 있는 수학하는 방법적 측면이자 학생에게 기대되는 학습상의 습관적 행동이라 할 수 있다.

3. 수학적 내용 규준과의 관련

Larson(2012)은 CCSSM이 이전 규준과 다른 새

로운 기회를 제공한다고 보면서, 다만 내용 규준에만 초점을 맞춘다면 그 변화는 피상적일 것이며 그 내용 규준이 수학적 실천을 통해 구현됨으로써 이전과 다른 접근을 요구한다고 하였다.

그렇다면 CCSSM의 내용 규준이 수학적 실천을 통해 어떻게 구현되어야 하는가를 고려하는 것은 CCSSM의 적용 과정에서 매우 중요한 과제가 될 것이다. 실제로 CCSSM의 본문에서도 수학적 실천과 내용 규준과의 관련성을 설명하면서 교육과정, 평가, 교사 전문성 개발자들은 모두 수학 지도시 내용 규준과 실천 규준을 연결할 필요를 인식하고 그 방법을 고안할 것을 말한다. 특히 내용 규준 중 '이해한다'로 끝나는 규준은 내용 규준과 실천 규준과의 연결을 용이하게 한다고 하였다. 이해가 부족하면 절차에 지나치게 의존함으로써 문제 이해, 표현, 결론의 정당화, 도구 사용, 정확한 설명, 수학의 적용에 뒤처지므로 수학적 실천을 행하는 데 방해가 되기 때문이다. 따라서 수학의 이해를 보장하는 내용 규준의 성취는 수학적 실천의 실행을 위한 조건이 될 수 있다.

한편 CSMC(2010)는 '학생들이 수학에서 능숙하게 되기 위해서는 내용 규준을 학습하고 이해하는 수단으로서 8개의 수학적 실천을 내면화해야 한다.'고 하면서 수학적 실천을 수학 내용 규준의 학습을 위한 수단이자 내면화되어야 할 습관적 행동으로 간주하였다.

이와 같이 내용 규준과 실천 규준의 양자 간에는, 수학적 실천을 위해 내용 규준의 성취가 요구되는 동시에 수학적 실천은 내용 규준의 성취를 위한 수단인 양방향 관계가 성립되는 것으로 해석할 수 있다([그림 III-2]). 즉 수학적 실천은 내용 규준을 다루는 학습 상황에서 동시에 발생해야 할 기대 행동인 것이다.

<표 III-4> '연산과 대수적 사고' 영역의 과제와 관련된 수학적 실천

규준	주어진 과제에 대한 수학적 실천 관련 행동
MP1	학생들은 문맥을 이해하고 사물이나 그림을 이용하여 문제를 탐구하는 방법을 찾는다.
MP2	학생들은 문제를 탈문맥화하고 개의 마리 수를 수량화할 수 있다. 한편 각 양을 문맥화하고 각 양이 나타내는 바를 설명할 수 있다.
MP3	학생들은 자신의 전략을 지지하기 위해 정확하게 주장한다. 마찬가지로 급우들의 전략을 평가한다.
MP4	학생들은 자신의 전략에 적합한 식을 세운다. 예컨대, $74+\square=131$ 또는 $131-74=\square$
MP5	학생들은 자신의 풀이를 뒷받침하기 위해 구체물(예컨대 십진블록)이나 그림을 이용한다.
MP6	학생들은 시각적 모델이나 설명으로써 자신의 과정을 명확하고 정확하게 의사소통한다.
MP7	학생들은 자신의 풀이를 위해 십진수체계의 구조를 적용한다. 예컨대 74에서 시작하여 10씩 뛰어세어 124에 도달한 다음 131에 도달하기 위해 1씩 세어 나갈 수 있음을 파악한다.
MP8	학생들은 이후 문제를 풀 때, 발견한 정보를 이용한다. 예를 들어 "더해지는 수를 찾고자 할 때 첫째 수에서 시작하여 세어나갈 수 있다. 그래서 74에서 시작하여 131을 얻을 때까지 세어나갈 것이다."와 같이 추론할 수 있다.

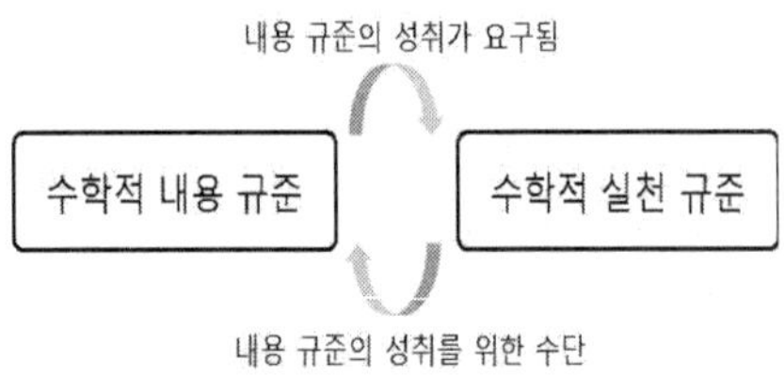

[그림 III-2] 내용 규준과의 관련성

따라서 수학적 실천의 적용을 위하여 구체적인 학교, 학년급의 내용 규준에 대해 어떤 행동이 기대되는지 고려해보는 것은 의미 있을 것이다. 예를 들어 초등학교 2학년 '연산과 대수적 사고' 영역의 규준인 '100 이하의 덧셈과 뺄셈을 포함하는 문제를 표현하고 풀기'를 생각해보자. Dacey & Polly(2012)는 이 내용 규준을 위해 다음 과제를 제시하고 그것을 이용한 수업에서 수학적 실천의 적용시 기대되는 학생의 행동을 예시한다(<표 III-4>).

과제: 공원에 개가 74마리 있다. 몇 마리가 더 모여들어 지금 131마리가 있다. 더 모인 마리 수는 얼마인가?

이와 같은 분석은 교실 수업에서 수학적 실천을 어떻게 적용해야할지 궁리하는 교사들에게 구체적인 도움이 될 것이다. 여기서 기대 행동은 교사가 관련 내용 규준을 지도하기 위해 준비해야 하는 학습 활동 요소가 되기 때문이다.

Ⅳ. 수학적 실천의 적용을 위한 권고 및 사례 분석

CCSSM의 적용 확산을 위해 정부, 연구 단체 차원에서 다양한 후속 연구 및 실행 자료를 제공하고 있기 때문에, 본 연구의 관심인 수학적 실천과 관련해서도 교실 적용을 위한 여러 가지 제안이나 적용 사례를 접하는 것이 어렵지 않다. 본 장에서는 그러한 연구 결과 및 구체적인 적용 사례를 고찰함으로써 수학적 실천에 대한 이해를 강화하고자 한다. 적용 사례로는 주 차원의 교육과정 변화, 연구기관에서 마련한 기존 교육과정에의 적용, 교실 수업 사례를 이용할 것이다.

1. CCSSM의 학교 적용을 위한 제안

CSMC(2010)는 CCSSM의 시행을 위한 권고 중 수학적 실천과 관련한 행동 지침으로 다음의 네 가지를 제안한다.

첫째, CCSSM의 시행을 수학적 실천으로 시작하라.

둘째, 수학적 실천과의 보다 명료한 관련을 위해 현행 교육과정 자료를 수정하라.

셋째, 모든 새로운 평가는 내용 규준간의 연결과 함께 수학적 실천에서 학생의 숙련도를 평가하는지 확인하라.

넷째, 수학적 실천의 발달에 초점 맞춘 교실 평가를 시행할 때 교장이 사용할 실천 기반 관찰 모델을 개발하라.

이들 제안의 의미와 실천 방안을 차례대로 검토해보자. 수학적 실천을 강조하는 첫째는 전반적인 지침에 해당한다. 보통 교육과정의 개정이라 하면 지도 시기나 지도 내용에 주안점을 두게 되는데, 그보다 수학하는 방법적 측면에 더 집중하라는 의미로 볼 수 있다. 우리나라의 경우에 비추어 본다면, 학습내용 성취기준에 앞서 수학적 과정에 대한 시행으로 2009 개정 수학과 교육과정의 적용을 시작하라는 의미이다. 그 구체적인 방법의 하나로서, Kanold et al.(2012)은 학생들의 수학적 실천의 강화를 돕기 위한 교수

<표 IV-1> 수학적 실천의 학생용 재진술

규준	학생들을 위한 수학적 실천의 재진술
MP1	수학 문제를 여러 차례에 걸쳐 이해하고 풀 수 있다.
MP2	수학 문제 대해 먼저 머릿속으로 생각할 수 있다.
MP3	문제를 풀기 위해 계획을 세울 수 있고, 다른 학생의 전략을 논할 수도 있다.
MP4	문제를 풀기 위해 수학 기호와 수를 사용할 수 있다.
MP5	문제를 풀기 위해 수학 도구, 그림, 그려 보기, 사물을 이용할 수 있다.
MP6	내 전략과 계산이 옳은지 알아보기 위해 검토할 수 있다.
MP7	문제를 풀기 위해 수학에 대해 이미 알고 있는 것을 이용할 수 있다.
MP8	이용한 전략을 다른 수학 문제를 푸는 데도 적용할 수 있다.

전략 8가지를 제공하였다.

- 적극적인 참여
- 도전적인 문제 해결
- 아이디어, 개념, 기능의 연결
- 수학적 의사소통
- 학생의 선지식 이용
- 적절한 피드백과 함께 지속적이고 광범위한 실천을 이용
- 적절한 도구의 전략적 이용
- 학생의 긍정적인 자신감 독려

그 각각이 어떤 수학적 실천의 강화를 자극하는 데 도움을 줄 수 있는지를 분류하였다. 적극적인 참여와 피드백이 있는 지속적이고 광범위한 실천은 수학적 실천 전 영역에 대응하는 교수 전략이다. 도전적인 문제 해결은 MP1, MP3을 위해 이용 가능하며, 아이디어, 개념, 기능의 연결은 MP5, MP6을 제외한 거의 모든 요소와 관련된다. 수학적 의사소통은 MP1, MP3, MP6와, 학생의 선지식 이용은 MP1, MP3, MP7, MP8과 관련된다. 적절한 도구의 전략적 이용은 MP5 그 자체이며, 학생의 긍정적인 자신감 독려는 특히 MP1과 밀접하다.

좀 더 구체적인 방법으로 White & Dauksas (2012)는 학생들에게 친숙한 언어로 소개된 수학

<표 IV-2> 문장제에 대한 학생 반응 사례 (Kanold et al.(2012)에서 인용)

문제	선재는 카드 한 갑인 38장 중 7장을 가지고 있다. 나머지는 누나와 형이 가졌는데, 형이 누나보다 한 장 더 많다. 세 사람은 각각 몇 장씩 갖고 있는가?
학생 1	자, 7+(어떤 수)가 38, 그래서 세어 가면… 8, 9, 10은 3이고 28이 더 많으니까 카드 31장이 형과 누나 몫이네. 음, 15+16은 31, 그러니까 형이 16, 누나가 15야.
학생 2	좋아, 빼자. $38-7=31$. 이게 형과 누나가 가진 거야. 30의 반은 15이고 하나 많으면 16. 그래서 $7+15+16=38$.
학생 3	$x+1$이 형의 하나 많은 카드라면 $7+x+x+1=38$이라고 생각할 수 있어. 이제 $2x+1+7=38$, $2x+8=38$, $2x=38-8$, $2x=30$, $x=\frac{30}{2}$, $x=15$, 그래서 $7+15+16=38$.

적 실천이 교실 벽보 등을 이용하여 항상 주변에 있고 눈에 띄게 할 것을 권한다. <표 IV-1>은 초등 저학년 학생들을 위한 용어로 재진술된 수학적 실천이다.

둘째는 교육과정 개정을 뒷받침하는 교과서, 활동지 등의 자료가 수학적 실천을 강조하도록 개발되어야 함을 말한다. 우리나라의 경우, 교과서, 익힘책 등의 교과용 도서가 이에 해당하는데, 2009 개정 수학과 교육과정에 대한 연구보고서(한국과학창의재단, 2011)에는 '교과서 개발 및 심의의 방향'이 포함되고, '창의 및 인성의 강조'와 '수학적 과정의 반영'이 항목별로 명시되어 있어 위의 제안과 부합될 가능성을 제고시킨다.

셋째와 넷째는 평가에 관한 것이다. 교사의 입장에서 학생에 대한 평가로서 내용 규준뿐만 아니라 실천 규준이 성취되어야 함을 말하며, 학교 관리자의 입장에서 교실 평가를 위한 관찰 준거를 마련할 것을 제안한다. 학생의 수학적 실천 평가에 대한 아이디어를 얻기 위해 <표 IV-2>를 보자. 이는 주어진 문장제에 대한 세 학생의 반응을 보여준다. 그로부터 MP2인 '추상적, 정량적 추론'의 증거를 확인해보자.

학생 1의 경우, 가장 덜 추상적이지만 7부터 38까지 모두 세지 않고 10이 될 때까지 3을 센 다음 38까지 28이 더 많다는 양적 사고가 있었다. 그러나 계산 도중에 카드 31장이라고 생각하는 것은 이 규준의 요소인 탈문맥화가 덜 이루어진 것으로 볼 수 있다. 한편 학생 2는 주어진 양의 관계를 뺄셈으로 인식하여 식으로 계산하고(탈문맥화) 다시 그 계산 결과의 의미를 파악하는 문맥화도 유연하게 발생한 것으로 볼 수 있다. 또한 두 수의 합이 주어지고 그 차이가 1

<표 IV-3> 교실에서 수학적 실천의 발생 단서

수학적 실천	교실 지시자
MP1	학생은 문제해결에 참여한다. 교사는 학생들이 문제해결을 논할 시간을 제공한다.
MP2	학생은 문제를 문맥화, 탈문맥화할 수 있다. 교사는 문제의 적절한 표현에 접근하여 사용할 수 있도록 한다.
MP3	학생은 주장을 세울 때 선수 학습을 이해하고 이용한다. 교사는 학생들에게 다른 사람의 결론과 주장을 듣고 읽을 기회를 제공한다.
MP4	학생은 (식이나 방정식을 이용하여) 관계를 수학적으로 분석하고 모델링한다. 교사는 학생이 배운 수학을 적용할 맥락을 제공한다.
MP5	학생은 이해를 심화시킬 교육 도구에 접근하여 활용한다. 교사는 적절한 도구를 교육적으로 활용한다.
MP6	학생은 문제에 대응하여 정확성에 대한 필요를 인식하고 적절한 수학 용어를 사용한다. 교사는 수학 용어의 적절한 사용을 포함하여 정확한 의사소통의 중요성을 강조한다. 필요시 어림산과 암산의 활용을 포함하여 문제를 풀 때 정확성과 효율성의 중요성을 강조한다.
MP7	학생은 수학 내에서 패턴과 구조(성질의 활용, 수의 합성과 분해)를 찾도록 장려되어야 한다. 교사는 학생이 문제 해법에서 등장한 패턴을 토론할 시간을 제공한다.
MP8	학생은 문제 해결을 위한 다양한 전략과 방법에 대해 추론하고 그 결과의 합리성을 검토한다. 교사는 학생이 자신의 추론에서 규칙성을 찾고 논할 수 있도록 격려한다.

이라는 관계로부터 합의 반을 생각해내는 것 또한 바람직한 정량적 추론의 증거이다. 반면 학생 3은 미지수가 있는 방정식을 이용하여 가장 추상성이 높은 것으로 생각되지만 정량적 추론의 증거는 학생 2가 더 풍부하다. 이와 같이 학생 반응에 대한 분석은 평가 그 이상으로 교사가 의도하는 수학적 실천의 요소를 파악할 수 있는, 수학적 실천의 교실 적용을 위해 중요한 단계라 할 만하다.

한편 학교관리자의 관점에서 교실 평가와 관련한 사례로, Kanold et al.(2012)는 수학적 실천이 교실에서 실제로 어떻게 발생하는지 알 수 있는 단서를 <표 IV-3>과 같이 학생-교사 활동 사례로 제시하였다.

예를 들어 '교사가 학생들에게 충분한 시간을 허용하지 않는다.'는 Fennell(2012)의 지적은 <표 IV-3>을 적용한 MP1 관련 결과로 볼 수 있다. 결국 학생과 교사가 수학적 실천 규준을 충실히 따르고 있는가에 대한 판단의 근거로 역할하는 것이다.

2. 주 차원의 적용 사례 : 미주리 주

수학적 내용 규준과 더불어 대등한 위치를 차지하는 수학적 실천에 대한 강조는 각 주별 교육 계획에서도 발견된다. 미국 교육정책의 특성상 국가적 차원에서 CCSSM을 마련한 이유는 결국 주 차원의 교육과정을 마련하는 데 적극 반영되기를 기대하는 것이고, 이미 47개 주에서 그 반영을 진행 또는 계획하고 있다고 이미 언급하였다. 그러한 과정을 수학적 실천의 적용이라는 측면에서 관찰하기 위해 한 사례로서 미국 중서부의 미주리 주의 교육과정을 살펴볼 것이다. 미주리 주는 기존의 'Show-me 교육과정'을 CCSSM을 반영한 교육과정 'Core Academic Standards(CAS)[6]'로 바꾸는 과정에서 그 구조를 [그림 IV-1]과 같이 나타내었다.

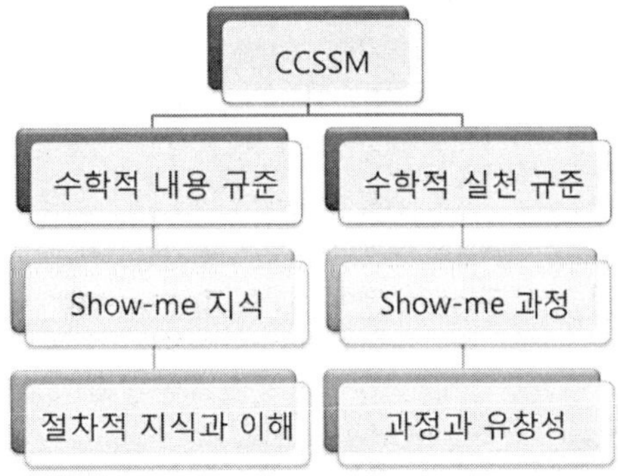

[그림 IV-1] 미주리주 수학교육과정의 구조

CCSSM의 구조를 내용 규준과 실천 규준의 두 가지로 이해하고 그것을 기존의 교육과정에서 '지식'과 '과정'의 두 측면과 연결시켜 궁극적으로 절차적 지식과 이해, 과정과 유창성이라는 측면에서 완성도를 높이는 새로운 교육과정 CAS를 마련한다는 취지이다. 새로운 규준을 채택하되 현행 교육과정과의 연계 속에서 개정하고자 하는 의도를 분명히 한 것이다.

특히 Bryant[7]는 인지적 요구가 높은 과제란 수학적 실천을 강조하는 과제라고 하고, 현행 'Show-me 교육과정'의 요소를 수학적 실천과 관련지었다(<표 IV-4>). 이는 새로운 교육과정으로 넘어가는 과도기적 시기에 불가피한 기존 교육과정의 적용을 CCSSM의 관점에서 타당화하려는 의도로 볼 수 있다.

이 대응에서 볼 수 있듯이 'Show-me 교육과정'의 과정 요소 네 가지 중 하나가 문제해결이기

6) CAS에 대한 더 자세한 내용은 www.dese.mo.gov/divimprove/curriculum/common-core-math.htm에서 찾을 수 있다.
7) Cindy Bryant(Brayant@dese.mo.gov)는 미주리 주의 수학 장학사(DESE math consultant)이다. 2012년 4월 4일 미주리대학(University of Missouri-Columbia)의 수학교육 대학원 수업과 관련한 특강에서 발표한 내용에 기초한다.

<표 IV-4> 수학적 실천과 미주리 주 교육과정의 과정 요소의 대응

수학적 실천	미주리 주 'Show-me 교육과정'의 과정 요소
MP1	1.7. 정보의 정확성과 그 원천의 신뢰도를 평가할 수 있다. 1.10. 배운 정보, 아이디어, 기능을 학생, 근로자, 시민, 소비자로서의 서로 다른 맥락에 적용할 수 있다. 3.1. 문제를 파악하고 그 범위와 요소를 안다. 3.2. 다른 사람의 풀이에 기초하여 전략을 개발하고 적용할 수 있다. 3.3. 문제해결에 성공 또는 실패한 자신의 경험에 기초하여 전략을 개발하고 적용할 수 있다. 3.4. 문제해결에 이용된 과정을 평가할 수 있다. 3.6. 문제와 제안된 풀이를 다중 관점에서 검토할 수 있다. 3.7. 문제에 사용된 전략의 적합성을 평가할 수 있다. 3.8. 제안된 풀이의 가치, 장점 및 다른 결과들을 평가할 수 있다.
MP2	1.8. 분석 또는 발표하기 위해 데이터, 정보와 아이디어를 유용한 형태(차트, 그래프, 개요 등)로 조직할 수 있다. 3.5. 일련의 특수한 사실로부터 귀납적으로, 일반적 전제로부터 연역적으로 추론할 수 있다.
MP3	1.10[8], 3.5 2.1. 다양한 목적과 청중을 위해 문어, 구어, 시각적 발표를 계획하고 시행할 수 있다. 4.1. 결정을 뒷받침하는 데 사용된 정보를 규명하고 추론을 설명할 수 있다.
MP4	1.3. 자연과 사회 현상을 탐구하기 위해 현장 및 실험 조사를 계획하고 실행할 수 있다. 2.4. 예술, 인문, 과학 활동과 관련한 아이디어를 제공할 수 있다.
MP5	1.4. 정보를 찾고 선택하고 조직하기 위해 공학 도구와 다른 자원을 사용할 수 있다. 2.7. 정보와 아이디어를 교환하기 위해 공학 도구를 사용할 수 있다.
MP6	1.7, 1.8, 3.8 2.2. 정확성과 명료함을 증진시키기 위해 의사소통을 반성하고 수정할 수 있다. 2.3. 타인의 관점을 파악하면서 정보, 질문, 아이디어를 교환할 수 있다.
MP7	1.7, 1.8, 3.6 1.6. 정보, 아이디어, 구조에서 패턴과 관계를 발견하고 평가할 수 있다.
MP8	1.6, 3.5, 3.6, 3.7

때문에 MP1과 관련한 요소가 많은 것은 당연하며, 교육과정의 요소들은 특정한 수학적 실천의 한 요소에 국한되는 것이 아니라 다각적 측면을 내포하고 있는 것을 볼 수 있다. 이와 같은 연관성에 기초하여 미주리 주의 현행 교육과정에 있는 과정적 요소는 새로 준비하는 교육과정 CAS에서 수학적 실천을 강조하는 방향으로 더욱 강화될 것으로 기대된다.

3. 교육과정 사례 : Investigation in number, data, and space

앞서 설명하였듯이, CCSSM은 교육과정 규준이다. 이에 근거하여 각 주 또는 연구 단체가 교

8) 각 요소 앞에 붙은 숫자는 문서상의 총 네 가지 요소(1.정보수집 및 분석, 2.의사소통, 3.문제해결, 4.의사결정) 속에 배열된 순서에 따라 부여된 넘버링 그대로이며, 표에서 이미 기술된 요소는 다시 기술하지 않았으므로 앞선 내용을 참조하면 된다.

육과정을 마련할 것이 기대된다. 따라서 CCSSM에 기초하여 교육과정 및 교과서를 개정하거나, 기존의 자료에 CCSSM을 적용하는 차원에서 필요한 부가적 자료와 적용 방법에 대한 아이디어들을 제공한다. TERC(2011a)는 후자의 사례로서, K-5학년 수학과 교육과정 Investigation in number, data, and space[9]를 CCSSM의 교육철학과 내용에 기초하여 보강한 경우이다. 이 교육과정을 이용하여 CCSSM을 시행하려는 학교와 교사를 지원하기 위해 그 관계를 설명하고 활용 교수 자료를 제공하는 것이 기본 생각이다. 본 교육과정의 개발 목적 6가지는 CCSSM의 수학적 실천과 부합하며, 실제로 모든 단원이 하나 이상의 수학적 실천을 포함하는 것으로 설명하고 있다(TERC, 2011b). 예시한 자료에는 수학적 실천을 MP1-2, MP4-5-6, MP3-7-8의 세 개로 분류하여, 각각 3학년의 6단원 '표와 그래프', 5학년의 4단원 '그 부분은 얼마인가?', 4학년의 1단원 '약수와 배수' 등을 이용한 상세한 설명과 함께 다음과 같은 결론이 제시되어 있다.

CCSSM의 내용 규준은 학생들이 어떤 수학을 이해하고 할 수 있어야 하는지를 설명하는 반면, 수학적 실천은 학생들이 이 수학적 개념과 기능에 어떻게 참여해야하는지를 설명한다. 본 Investigation 교육과정은 수학에 대한 깊은 이해를 촉진하고 사고하고 추론하고 모델링하고 문제 해결하는 수학적으로 유능한 학생을 양성하려는 의도에서 고안되었다.

실제로 TERC(2011a)가 CCSSM의 적용을 위해 각 학년별로 제공한 자료에는 다음이 포함된다.

- 각 단원별 교수 계획안: 기존 차시와 새로운 차시의 열거, 기존 내용을 채택하거나 생략하는 부분과 새로운 내용을 추가하는 부분을 명시, 각 차시마다 관련된 수학적 실천 규준과 내용 규준을 명시
- 교사와 학생 준비물: 학년 수준 내에서 내용, 친숙한 문맥, 표현에 기초한 새로운 활동 및 차시, 새롭게 적용된 교실 활동, 새로운 수학 교수 전문성 개발자료, 학생 활동 자료(교실 활동, 숙제, 매일 연습을 위한 자료)
- CCSSM과 Investigations 교육과정 간의 상세한 상호관련성: 학년별로 CCSSM의 내용 규준에 해당하는 교육과정의 각 차시를 제시함

여기서 특히 관심 있는 부분은 각 단원별 교수 계획안으로, 각 차시마다 관련된 수학적 실천 규준과 내용 규준을 안내하고 있다는 점이다. 예를 들어 4학년 5단원 '큰 수' 중, 5차시인 '자릿값의 이해' 시간의 교수·학습 활동([그림 IV-2])은 수학적 실천 규준인 MP5, MP7과, 수학적 내용 규준인 4.NBT.2, 4.NBT.3과 관련된다고 하였다. 수학적 실천 규준의 구체적 내용은 '적절한 도구를 전략적으로 사용하는 것'과 '구조를 찾고 활용하는 것'이고, 내용 규준은 '십진기수법, 수 이름, 확장된 형태를 이용하여 여러 자리 수를 읽고 쓰며, 두 개의 큰 수를 각 자리 수의 의미에 기초하여 비교하고 비교 결과를 기록하기 위해 부등호를 사용하는 것'과 '자릿값의 이해에 기초하여 큰 수를 어떤 자리에서든 반올림하는 것'이다. 이로부터 5차시의 교수·학습 활동을 알 수 있다. 자릿값을 적절하게 표현하는 시각적 표현이나 구체적 모델 등을 이용하여 각 자리 숫자와 자릿값의 관계를 구조적으로 파악하여 십진 위치적기수법의 원리를 이해하고 일반화시켜 큰 수를 다룰 수 있게 하는 것이다. 이렇게 파악한 구조를 적용하여 큰 수의 비교와 반올림에 대한 이해도 가능하게 하는 수업이다.

9) 수학, 과학교육에 힘쓰고자 수학, 과학교육의 전문가로 구성된 연구 중심의 자치단체인 Technical Education Research Centers(TERC)가 국립과학재단(NSF)의 후원으로 개발한 초등 수학교육과정이다.

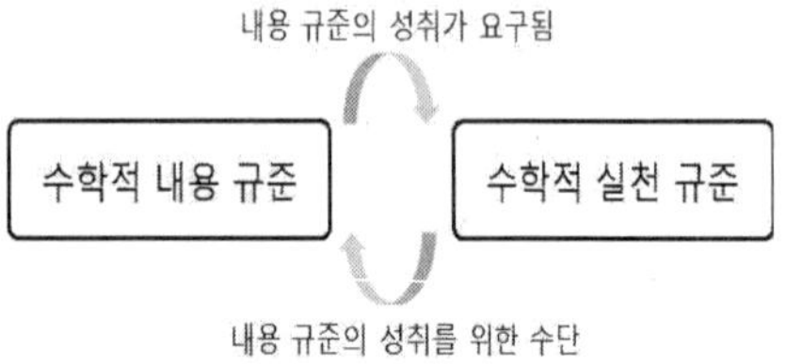

[그림 III-2] 내용 규준과의 관련성

따라서 수학적 실천의 적용을 위하여 구체적인 학교, 학년급의 내용 규준에 대해 어떤 행동이 기대되는지 고려해보는 것은 의미 있을 것이다. 예를 들어 초등학교 2학년 '연산과 대수적 사고' 영역의 규준인 '100 이하의 덧셈과 뺄셈을 포함하는 문제를 표현하고 풀기'를 생각해보자. Dacey & Polly(2012)는 이 내용 규준을 위해 다음 과제를 제시하고 그것을 이용한 수업에서 수학적 실천의 적용시 기대되는 학생의 행동을 예시한다(<표 III-4>).

과제: 공원에 개가 74마리 있다. 몇 마리가 더 모여들어 지금 131마리가 있다. 더 모인 마리 수는 얼마인가?

이와 같은 분석은 교실 수업에서 수학적 실천을 어떻게 적용해야할지 궁리하는 교사들에게 구체적인 도움이 될 것이다. 여기서 기대 행동은 교사가 관련 내용 규준을 지도하기 위해 준비해야 하는 학습 활동 요소가 되기 때문이다.

IV. 수학적 실천의 적용을 위한 권고 및 사례 분석

CCSSM의 적용 확산을 위해 정부, 연구 단체 차원에서 다양한 후속 연구 및 실행 자료를 제공하고 있기 때문에, 본 연구의 관심인 수학적 실천과 관련해서도 교실 적용을 위한 여러 가지 제안이나 적용 사례를 접하는 것이 어렵지 않다. 본 장에서는 그러한 연구 결과 및 구체적인 적용 사례를 고찰함으로써 수학적 실천에 대한 이해를 강화하고자 한다. 적용 사례로는 주 차원의 교육과정 변화, 연구기관에서 마련한 기존 교육과정에의 적용, 교실 수업 사례를 이용할 것이다.

1. CCSSM의 학교 적용을 위한 제안

CSMC(2010)는 CCSSM의 시행을 위한 권고 중 수학적 실천과 관련한 행동 지침으로 다음의 네 가지를 제안한다.

첫째, CCSSM의 시행을 수학적 실천으로 시작하라.

둘째, 수학적 실천과의 보다 명료한 관련을 위해 현행 교육과정 자료를 수정하라.

셋째, 모든 새로운 평가는 내용 규준간의 연결과 함께 수학적 실천에서 학생의 숙련도를 평가하는지 확인하라.

넷째, 수학적 실천의 발달에 초점 맞춘 교실 평가를 시행할 때 교장이 사용할 실천 기반 관찰 모델을 개발하라.

이들 제안의 의미와 실천 방안을 차례대로 검토해보자. 수학적 실천을 강조하는 첫째는 전반적인 지침에 해당한다. 보통 교육과정의 개정이라 하면 지도 시기나 지도 내용에 주안점을 두게 되는데, 그보다 수학하는 방법적 측면에 더 집중하라는 의미로 볼 수 있다. 우리나라의 경우에 비추어 본다면, 학습내용 성취기준에 앞서 수학적 과정에 대한 시행으로 2009 개정 수학과 교육과정의 적용을 시작하라는 의미이다. 그 구체적인 방법의 하나로서, Kanold et al.(2012)은 학생들의 수학적 실천의 강화를 돕기 위한 교수

왜냐하면 매개변수의 범위가 0 이상이었으니까요.

T: 맞다. 크리스티나, 너희 모둠에서는 무엇을 들었지?

S6: 우리는 가능하지 않다고 생각했어요. 왜냐하면 음수 3이라고 생각하니까요. 0 대신에… 마찬가지로 0은 가능하다고 생각하지 않았어요.

T: 음수 3이 뭐지? 좀 더 자세하게 설명할 수 있니?

(학생들이 x와 y를 언급할 뿐 설명을 제대로 하지 못한다.)

T: 0, 좀 명확히 해줄래? 그리핀이 제안한 0은 y 값을 말한 거였어. 표 이쪽에 0을 써야겠지. 내가 너희들에게 묻고 싶은 것은 '이것이 가능하냐?'는 거야. 아주 모호한 질문이지. 어떻게 생각하니, 로비?

S7: 아는데... 그건 모든 경우에 y는 x보다 크니까, 그리고 x는 0 이상이라고 했으니까, x가 y보다 작다면 그건 0보다 작을 수 없어요. 그건 성립하지 않아요.

T: 로비가 말한 것을 누가 한번 다르게 말해볼까? 카일.

S8: 음, 우리가 지금까지 했던 모든 수에서 y는 x보다 컸어요. 그래서 y가 0이라면 x는 0보다 작아야 할 거예요. 하지만 x는 0 이상이라고 했으니까 성립하지 않는다는 거죠.

T: 좀 더 설명해볼 사람? 에릭.

S9: 저는 성립한다고 생각합니다. x가 뭔지 말해도 될까요?

T: 물론이지.

S10: 1입니다. 왜냐하면, 음, 다른 경우에 x 곱하기 3, 빼기 3이 y와 같았지요? 1, 그래서 1 곱하기 3은 3이고, 3을 빼면 0. 그래서 성립한다고 생각했습니다.

T: '아'하는 소릴 들었는데, 동의하는 거니? 테오, 무엇에 동의하지?

S11: 저는 동의합니다. 왜냐하면 우리 모둠에서 같은 것에 대해 논했기 때문입니다. 저는 처음에 음수라고 생각했습니다. 하지만 곧 그것이 x가 아니라 y라는 것을 알았습니다. 그래서…

이 담화는 입력수와 출력수를 그 범위와 관련하여 혼동하여 어려움을 겪는 학생들을 보여준다. '0과 10 사이, 아니 0 이상 10 이하'나 '좀 명확히 해줄래?' 등에서 두 수 또는 그 범위를 정확히 해야 할 필요성을 인식시키려는 교사의 의도가 파악된다(MP6). 또한 자신의 생각이 아닌 들은 것을 말해보라는 발문은 모둠활동에서의 의사소통을 강조하는 관점을 반영한다. MP6의 사례는 입력수와 출력수를 명확하게 인식함으로써 어려움을 극복할 수 있었던 학생 S11에서도 보인다. 한편 S7, S8은 주어진 데이터로부터 잘못된 일반화를 하였지만 그 과정에서 수의 크기와 관련된 정량적 추론을 하였음을 알 수 있다(MP2). S10은 반례를 들어 다른 사람의 주장을 비판하고 자신의 주장을 구성하는 전형적인 MP3의 사례이다. S11 역시 다른 사람의 주장을 듣고 추론의 시비를 판단, 수정하는 MP3을 보여준다.

수업은 규칙 찾기 활동을 마무리 지으며 학생들이 규칙을 나타내는 다양한 방법을 말하는 것으로 이어진다. $x3-3$, 곱하기 3과 빼기 3, $3x-3$과 같은 것이다. MP4 및 MP5와 관련되는 활동이다.

T: 좋아. 이것을 $3x-3$이라고 쓸 수 있지. 왜 어떤 것이 다른 것보다 더 옳지? 매디와 테오는 동의하지 않나본데… 짝하고 함께 얘기해보자.

S12: 저는 이것이 3의 x묶음 또는 x의 3묶음이

라고 생각합니다.

S13: 그것은 2의 4묶음 또는 4의 2묶음 같은 것입니다. 그것은 똑같은 것이지요, 하지만…

S14: 어떻게 보는가가 중요합니다.

…

T: 대단해. 우리 교실에서 중요한 대화가 오가고 있구나. 자기 모둠에서 들은 것을 말해볼 사람? 케이튼.

S15: 음, 우리는 x가 3 다음에 와야 한다고 생각했습니다. 교과서에서 그랬기 때문입니다.

이 장면에서는 더 적절한 관계식을 찾는 활동(MP 5)을 하면서 그 기준을 교과서에 두고 있다는 것이 흥미롭다. 또한 수업 목표인 규칙 찾기에 관한 문제해결(MP1, MP7)을 하면서 곱셈에 관한 교환법칙을 발견하는 S13과 S14의 담화에서 구조 발견과 관련된 MP7의 뚜렷한 증거를 볼 수 있다.

V. 논의

본 연구에서는 미국의 수학교육과정 규준으로 새롭게 제시된 CCSSM 중 수학적 실천의 의미를 이해하기 위해 CCSSM 문서 및 그 적용 과정에서 산출된 다양한 자료를 수집, 분석하였다. 이러한 분석과 이해가 의미 있기 위해서는, 수학적 실천을 그에 대응하는 우리나라 2009 개정 수학과 교육과정의 '수학적 과정'과 비교하고 보강되어야 할 과정적 측면을 검토할 필요가 있다. 미국의 교육과정 규준은 우리나라의 교육과정과는 교육 정책이나 시행 규모 등 여러 가지 측면

<표 V-1> 2009 개정 교육과정의 수학적 과정 신장을 위한 교수·학습시 유의점

수학적 과정	교수·학습시 유의점
문제해결	1. 문제해결은 전 영역에서 지속적으로 지도한다.
	2. 학생 스스로 문제 상황을 탐색하고 수학적 지식과 사고 방법을 토대로 해결 방법을 적절히 활용하여 문제를 해결하게 한다.
	3. 문제해결의 결과뿐만 아니라 문제해결 방법과 과정, 문제를 만들어 보는 활동도 중시한다.
	4. 생활 주변 현상, 사회 현상, 자연 현상 등의 여러 가지 현상에서 파악된 문제를 해결하면서 수학적 개념, 원리, 법칙을 탐구하고, 이를 일반화하게 한다.
추론	1. 귀납, 유추 등을 통해 학생 스스로 수학적 사실을 추측하고, 이를 정당화할 수 있게 한다.
	2. 수학적 사실이나 명제를 분석하고, 수학적 관계를 조직하고 종합하며, 학생 자신의 사고 과정을 반성하게 한다.
	3. 수학적 추론을 통해 합리적으로 사고하는 능력을 키우고, 일상생활에서 자신의 의견을 정당화할 때 적절한 근거에 기초하여 논지를 전개할 수 있게 한다.
의사소통	1. 수학 용어, 기호, 표, 그래프 등의 수학적 표현을 이해하고 정확히 사용하게 한다.
	2. 수학적 아이디어를 말과 글로 설명하거나 시각적으로 표현하여 다른 사람과 효율적으로 의사소통할 수 있게 한다.
	3. 수학적 아이디어를 표현하고 토론하며 다른 사람의 수학적 아이디어와 사고를 이해하는 과정을 통해 의사소통의 중요성을 인식하게 한다.

에서 차이가 나므로 문자그대로의 비교는 무리가 있을 수 있다. 그러나 교육상황의 개선을 위해 마련되었다는 목적은 동일하며 따라서 교육체제나 운영의 실제적 차이에도 불구하고 그 시행 과정에 대한 고찰은 우리나라 교육과정의 성공적 시행을 위해 다양한 시사점을 제공할 것으로 기대된다.

2009 개정 수학과 교육과정의 개발 방향 중 하나가 '수학적 과정을 통한 수학적 창의성 강조'이다(한국과학창의재단, 2011). 즉 수학적 창의성 개발이라는 목적을 위해 활성화되어야 하는 수학적 과정 수행 능력으로 수학적 추론, 수학적 의사소통, 수학적 추론이라는 주요 요소를 추출하고, 이전 교육과정에서처럼 '목표' 및 '교수·학습 방법'에서만이 아니라 '내용'의 진술에 보다 구체적인 성취기준으로 포함시킴으로써 수학적 과정 지도에 대한 보다 적극적이고 분명한 의도를 보여준다. 어느 특정 영역이 아니라 전 영역에서 늘 염두에 두고 지도해야할 수학적 능력이라는 점에서 CCSSM의 수학적 실천 규준과 동일한 역할을 한다. <표 V-1>은 수학적 과정의 신장을 위해 교육과정에 제시된 교수·학습시 유의점이다.

이를 CCSSM의 수학적 실천과 비교해보면, 우선 한 눈에 보기에 2009 개정 교육과정의 수학적 과정은 3개의 요소로 구성되고 CCSSM의 수학적 실천은 8개의 항목으로 구성되므로, 후자에서 과정 규준이 더 폭넓게 다루어짐을 알 수 있다. 대체로 문제해결은 MP1에, 추론은 MP3에, 의사소통은 MP3와 MP6에 대응시킬 수 있다. MP7 중 패턴 구별은 초등학교의 경우 규칙성이 하나의 내용 영역으로 포함된 우리나라 교육과정에서 충분히 구현되고 있는 것으로 파악된다. 이렇게 본다면 MP2, MP4, MP5, MP8과 관련된 요소가 비교적 미흡하게 다루어지고 있다고 할 수 있을 것이다. 이와 같이 일견 부족해 보여 보강이 요구되는 수학적 과정의 요소를 재확인하기 위해 2009 개정 교육과정의 학습내용 성취기준 또는 교수 학습 방법에서 MP1~MP8에 따라 해당 요소를 선별해보는 것은 도움이 될 것이다. 초등학교 교육과정을 예로 들어보자. 각 영역의 학년군마다 교수·학습상의 유의점 중 마지막 항목은 문제해결력 신장과 관련되며, MP7 중 규칙성 찾기는 내용 영역으로 구성되어 있으므로, MP1와 MP7은 2009 개정 교육과정에서 매우 강력하게 다루어진다고 할 수 있다. MP2는 '실생활 문제 상황을 통하여 들이[무게]의 덧셈과 뺄셈을 이해한다.'나 '함수의 개념은 다양한 상황에서 한 양이 변함에 따라 다른 양이 하나씩 정해지는 두 양 사이의 대응 관계를 이용하여 도입한다.'와 관련된다. MP3는 '귀납, 유추 등을 통해 학생 스스로 수학적 사실을 추측하고, 이를 정당화할 수 있게 한다.'와 관련된다. MP4는 '비율그래프를 지도할 때에는 신문, 인터넷 등에 있는 표와 그래프를 소재로 활용할 수 있게 한다.'나 '다양한 상황을 표, 식, 그래프로 나타내고', '일차방정식으로 나타낼 수 있는 실생활 문제를 찾아 해결하게 한다.'와 관련된다. MP5는 '원그래프를 그릴 때에는 눈금이 표시된 원을 사용하게 한다.'나 '공학적 도구를 활용하여, 함수의 그래프를 그리고'와 관련되며, MP6는 '수학 용어, 기호, 표, 그래프 등의 수학적 표현을 이해하고 정확히 사용하게 한다.'나 '눈금 등을 잘못 사용하여 자료를 부정확하게 나타낸 표나 그래프에서 오류를 찾는 활동을 하게 한다.' 등과 관련된다. MP8의 경우에는 역시 규칙성과 관련되지만 그 구체적 예를 보면 반복된 추론에서 계산의 반복을 파악하고 약식 해법을 찾는 등 우리나라 교육과정에서 의도하는 규칙성 찾기와는 차이가 있음을 알 수 있다. 오히려 중학교 교육과정의 순환소수의 이해, 다항식의 곱셈원리, 지수법칙의 이해에서 구현될만한 성질의 것이다.

한편 수학적 과정의 신장을 위한 교수·학습상의 유의점은 교사들에게 도움을 줄 것으로 예상되지만, 구체적인 예가 없다는 한계로 인해 예를 통해 설명한 CCSSM에 비해 교사들이 수학적 과정을 적용하는 데 어려움이 따를 수 있다. 학교수학에서 교과서가 차지하는 비중을 감안할 때 우선은 교과서 개발 방향(한국과학창의재단, 2011)에 포함된 바에 따라 수학적 과정을 반영한 교과서가 마련되어야 할 것이다. 실제로 실험용 교과서(교육과학기술부, 2012)에는 수학을 통한 인성 교육 및 수학적 과정을 의도하는 다수의 내용이 발견된다. 그러나 실제로 수업활동에 적용하고자 하는 교사의 의지가 없다면 교육과정의 의도는 찾아보기 어려울 것이다. 이렇듯 결정적인 영향을 미치는 교사의 수학적 과정에 대한 이해 및 적용을 위해 <표 V-1>에 제시된 교수·학습시 유의점을 특정 단원에 대해 구체적으로 작성해보는 것은 유용할 것으로 기대된다. Russell(2012)은 수학적 실천이 내용에 내장되어야 한다고 하면서, 각 학년에서 수학적 실천을 강조한 수업이 가능한 내용을 규명해야한다고 하였다. 1~2학년군의 성취기준인 '여러 가지 임의 단위를 사용하여 구체물의 길이를 재어봄으로써 길이를 나타내는 표준 단위의 필요성을 인식하고, $1cm$와 $1m$의 단위를 알며, 상황에 따라 적절한 단위를 사용하여 길이를 잴 수 있어야 한다(교육과학기술부, 2011).'를 예로 들어보자. 이에 해당하는 실험용 교과서 수학 2-1(교육과학기술부, 2012)의 '길이재기' 단원에 기초하여 <표 V-2>와 같은 수학적 과정에 초점을 맞춘 지도 방안을 고안할 수 있다.

<표 V-2>의 예시 사례는 각 단원에 대해 수학적 과정을 강조하는 수업의 가능성을 보여주며, 이를 고안하기 위해 2009 개정 수학과 교육과정

<표 V-2> 2학년 '길이재기' 단원에 적용한 수학적 과정의 지도 방안

수학적 과정	유의점	지도 방안
문제해결	1	주어진 카드의 둘레를 재는 문제를 통해 '실제로 해보기' 전략을 지도한다.
	2	밑이 좁고 위가 넓은 컵에 담긴 물의 높이를 재는 방법을 탐구하도록 한다.
	3	자신이 정한 임의단위(학생의 손가락, 뼘 또는 주변의 지우개, 동전, USB 등)를 이용하여 '어림하기' 놀이의 문제를 만들어보도록 한다.
	4	학생들이 선택한 임의단위를 이용하여 수학책의 폭을 측정하게 한다. 단위의 크기와 측정값의 관계를 일반화하도록 한다.
추론	1	책상의 폭을 서로 다른 단위로 잰 여러 측정값을 통해 발견한 사실을 발표하고, 왜 그렇게 되는지를 설명하도록 한다.
	2	갑이 을보다 크고, 을이 병보다 크다면 갑은 병보다 크다고 할 수 있는지에 대해 생각해보도록 한다.
	3	cm자를 이용하여 잰 측정값이 친구와 다를 때 자의 올바른 사용법에 근거하여 자신의 측정값이 옳다는 사실을 주장할 수 있도록 한다.
의사소통	1	측정 결과를 말할 때 단위를 붙이지 않고 수만 말하면 그것이 참조하는 길이가 얼마나 되는지 알 수 없으므로, 단위를 붙여 정확히 말하도록 한다.
	2	서로 다른 단위로 길이를 재었을 때 생기는 문제점을 글로 쓰고, 예를 들어보도록 한다.
	3	서로 다른 측정값을 얻은 이유를 찾기 위해 다른 사람의 측정 방법에 대한 설명에 귀 기울이도록 한다.

의 교수·학습 방법이나 CCSSM의 수학적 실천에 대한 이해가 유효하게 작용할 것이다.

참고문헌

교육과학기술부(2011). 수학과 교육과정. 교육과학기술부 고시 제 2011-361호 [별책 8].

교육과학기술부(2012). 수학 2-1. (주)천재교육

김영옥(2011). 미국 Common core state standards for mathematics 소개. 영남수학회 학술지 East asian mathematical journal, 27(4), 471-483.

김영옥, 최성웅, 이승미(2010). 미국 Common core state standards for mathematics 소개. 수학교육학논총 제38회, 27-36

박경미(2010). '학년군'과 '수학적 과정'을 중심으로 한 외국 수학과 교육과정의 최근 경향 비교·분석. 학교수학, 12(4). 667-686.

이광호(2010). Common core state standards for mathematics 소개. 수학교육학논총 제38회, 717-726

한국과학창의재단(2011). 2009 개정 교육과정에 따른 수학과 교육과정 연구, 정책연구 2011-11

Center for the Study of Mathematics Curriculum (CSMC: 2010). *Curriculum Design, Development, and Implementation in an Era of Common Core State Standards.* http://mathcurriculumcenter.org/conferences/ccss/SummaryReportCCSS

Common Core State Standards Initiative(CCSSI: 2010a). http://www.corestandards.org

Common Core State Standards Initiative(CCSSI: 2010b). *Common Core State Standards for Mathematics(CCSSM).* http://www.corestandards.org/assets/CCSSI_Math%20Standards.pdf

Confrey, J.(2011). Required elements in transformative implementation of common core standards in mathematics and new assessments prior to 2014-5. http://www.myboe.org/portal/default/Resources/Viewer/ResourceViewer?action=2&resid=501365

Dacey, L. & Polly, D.(2012). CCSSM: the big picture. *Teaching Children Mathematics. 18*(6). 378-383. http://www.nctm.org

Education First & EPE Research Center(EF & EPE: 2012). *Preparing for change: a national perspective on Common Core State Standards implementation planning.* http://www.education-first.com/our-focus/education-first-library

Education Week(2012). Common-Core standards drew on ideas from abroad. Jan. 12. 2012. http://www.edweek.org

Fennell, F.M.(2012). The common core state standards from transition to implementation. http://www.ffennell.com/

Heck, D.J., Weiss, I.R., & Pasley, J.D.(2011a). *A priority research agenda for understanding the influence of the common core state standards for mathematics.* Chapel Hill, NC: Horizon Research, Inc.

Heck, D.J., Weiss, I.R., & Pasley, J.D.(2011b). *A priority research agenda for understanding the influence of the common core state standards for mathematics: Technical report.* Chapel Hill, NC: Horizon Research, Inc.

Inside Mathematics(IM: 2012). Common core standards. http://www.insidemathematics.org

Kanold, T.D., Briars, D.J., & Fennell, F.(2012). *What principals need to know about teaching and learning mathematics.* Solution tree press

Larson, M.(2012). The Common Core State Standards for Mathematics: Will They Matter

Ten Years From Now?, 2012 Midwest Mathematics Meeting of the Minds Conference, http://sites.google.com/site/m4conference

Mathematics Common Core Coalition(MCCC: 2012). http://www.mathccc.org

National Council of Teachers of Mathematics (NCTM: 1989). *Curriculum and evaluation standards for school mathematics.* Reston: VA

National Council of Teachers of Mathematics (NCTM: 2000). *Principles and standards for school mathematics.* Reston: VA

National Council of Teachers of Mathematics (NCTM: 2012). *Administrator's guide: interpreting the common core state standards to improve mathematics education.* Reston: VA

National Research Council(NRC: 2001). *Adding it up: helping children learn mathematics.* Washington D.C.: National Academy Press

Public Law(2002). *No Child Left Behind Act of 2001.* http://www2.ed.gov/nclb/landing.jhtml

Reys, B.J.(2006). *The intended mathematics curriculum as represented in state-level curriculum standards-consensus or confusion?,* Research in mathematics education series

Russell, S.J.(2012). CCSSM: Keeping teaching and learning strong. *Teaching Children Mathematics. 19*(1). 50-56. http://www.nctm.org

Technical Education Research Centers(TERC: 2011a). Investigations in number, data, and space. http://investigations.terc.edu/components/CCSS/CommonCore.cfm

Technical Education Research Centers(TERC: 2011b). Standards for Mathematical Practice in Investigations in Number, Data, and Space. http://investigations.terc.edu/library/common_core/InvestigationsandMathPractices.pdf

U.S. Department of Education (USDE: 2010). *A blueprint for reform : the reauthorization of the elementary and secondary education act.* http://www2.ed.gov/policy/elsec/leg/blueprint/blueprint.pdf

White, J. & Dauksas, L.(2012). CCSSM: Getting started in K-Grade 2. *Teaching Children Mathematics. 18*(7). http://www.nctm.org

Wiggins, G.(2011). Common-core math standards: They don't add up. Education week. Sep 28, 2011

16 『학교수학에서의 참평가(authentic assessment) 모형 개발에 관한 연구』에서 사용한 '평가 모형 개발' 연구 방법 해설

강 옥 기[16)]

본 연구는 수업의 통합된 부분으로 실제 상황에서 의미 있는 실제적인 과제로 학생들의 진정한 수학적 활동 능력을 평가하는 학교수학에서의 참평가 모형을 개발하는 것이다. 학교수학에서의 참평가 모형을 개발하기 위해 문헌연구를 수행하고, 문헌연구를 통해 분석한 내용을 바탕으로 참평가 모형의 요소를 추출하여 학교수학에서의 참평가 모형을 개발하였다. 개발한 학교수학에서의 참평가 모형은 전문가 검토 및 실제 교수·학습에 적용하여 모형의 타당성과 적절성을 확인하였다.

본 연구에서 개발한 학교수학에서의 참평가 모형의 적절성 검증을 위해 수학교육전문가 5인(수학교육학 전공 교수 2인과 수학교육학 전공 교육학박사이면서 현직교사인 2인, 수학교육학 전공 교육학박사과정을 수료하고 현재 과학고등학교 교사인 1인)의 전문가 그룹을 구성하였다.

연구의 적용은 경기도 H시에 위치한 N고등학교 자연공학계열 2학년 두 개 학급 학생 61명을 대상으로 이루어졌고, 주된 자료 수집 방법은 참여관찰로 개발한 참평가 모형의 각 단계와 요소를 적용하여 나타난 특징과 학습 활동에 초점을 두고 분석하였다. 수업과정은 비디오카메라와 디지털 캠코더로 녹화하고, MP3로 녹음하여 분석하였다. 연구의 내적타당도와 신뢰도를 높이기 위해 삼각검증을 사용하였다.

본 연구의 주된 연구 방법은 개발연구이지만 참평가 모형 개발을 위해서는 학교수학에서의 참평가 체계와 기존의 평가 모형에 대한 문헌연구도 수반되어야 한다.

참평가 모형 개발을 위해서 참평가의 정의, 참평가 과제의 준거, 참평가 채점기준, 참평가 결과 보고인 학교수학에서의 참평가 체계와 상황인지 수업 모형에 대한 고찰을 하였다. 또한 참평가는 질적 평가 방식을 따르므로 내용과 행동의 목표이원분류가 아닌 좀 더 통합적이고 연속적인 관계를 요구하는 모형이 요구된다. 이를 위해 참 평가 모형에 대한 문헌 분석을 통하여 학교수학에서의 참평가 모형 요소 추출의 근거를 모색하였다.

Freudenthal(1991)은 개발연구를 '개발과 연구의 순환과정을 의식적으로 경험하고, 그

16) 성균관대학교, okkang@skku.edu

것에 대해 솔직하게 보고함으로써 그것이 정당화되고 이러한 경험이 다른 사람에게 전이되어서 그들 자신의 경험이 되도록 하는 것'으로 정의하고 있다. 따라서 개발 연구라고 할 때는 개발과 연구의 단순한 합성어가 아니라 개발과 연구의 순환성을 강조한다(우정호 외, 2006). Seels & Richey은 좀 더 일반적인 개발연구의 개념은 '내적인 일관성과 효율성 판별기준을 충족시키는 수업 프로그램, 과정, 결과를 설계하고 개발하고 평가하는 체계적 연구'로 정의한다(Fauzan, 2002).

즉, 개발연구는 적절한 이론을 바탕으로 체계적으로 수업을 설계하고 평가하며, 그 과정을 가능한 한 상세하고 솔직하게 기록하고 보고하는 연구를 의미한다. 개발연구의 절차는 '예비설계단계 ⇒ 교수실험단계 ⇒ 회고분석단계'의 순환과정으로 이루어진다(Gravemeijer, K. & Cobb, P., 2006).

개발연구에서 자료 분석은 다각도로 이루어진다. 예비설계단계에서는 다양한 문헌 분석과 기초자료 분석을 통해 개발하고자 하는 모형의 초안이 이루어진다. 교수실험단계에서는 개발과 실행을 반복하면서 수업과정, 활동지, 내적평가, 면담, 체크리스트 등의 다양한 자료에 대한 결과 분석을 통해 결론을 이끌어 낸다. 회고분석단계에서는 교수실험의 흐름 속에서 수업에서 일어나는 현상에 대한 다양한 이론적 분석이 이루어지며, 이러한 이론적 분석의 결과나 방법이 앞으로의 연구를 위한 기초가 된다.

본 연구는 이런 개발연구의 절차를 통해 1차로 개발된 학교수학에서의 참평가 모형이 연구협조자인 전문가 5인의 검토를 통해 수정 · 보완되었고, 2차로 참평가 모형을 개발하였다. 이 단계는 예비설계단계라 할 수 있다. 2차로 개발된 학교수학에서의 참평가 모형은 교수 · 학습의 실제를 통해 각 단계와 요소가 적절한지 적용상의 문제점은 무엇인지 살펴보았는데, 이 단계는 교수실험단계라 할 수 있다. 회고분석단계에서는 기존의 평가 모형과 차별화된 내용을 제시하였다. 이런 과정을 거쳐 학교수학에서의 참평가 모형을 최종 완성하였다.

본 연구의 주된 연구 방법인 개발연구에 대해 살펴보았는데, 개발연구의 과정에는 문헌연구와 현장 적용 연구의 과정이 포함된다고 할 수 있다. 또한 개발연구는 교과과정 개발의 주요한 방법이지만 모형개발 연구에도 적용할 수 있다고 본다. 수학교육의 후속 연구를 위해 합성된 다양한 연구 방법이 사용될 수 있음을 제안해 본다.

참고문헌

손정화, 강옥기 (2012). 수학교육의 교수-학습 참평가 모형 및 예시 도구 개발 -프로젝트법을 중심으로-. **학교수학, 14**(1), 109-134.

우정호, 정영옥, 박경미, 이경화, 김남희, 나귀수, 임재훈 (2006). **수학교육학 연구 방법론**. 서울: 경문사.

Fauzan, A. (2002). *Applying mathematics education(RME) in teaching geometry in Indonesian primary schools*. Doctoral Dissertations, Universiteit Twente, Enschede.

Freudenthal, H. (1991). *Revisiting Mathematics education*. Kluwer Academic Publishers.

Gravemeijer, K. & Cobb, P. (2006). Design research from a learning design perspective, pp. 17-51, Akker, J. V., Gravemeijer, K., McKenney, S. & Nieveen, N. (Eds). *Educational Design Research*, Routledge.

대한수학교육학회지 <학교수학> 제 15 권 제 1 호
Journal of Korea Society Educational Studies in Mathematics
School Mathematics Vol. 15, No. 1, 77 ~ 99. Mar 2013

학교수학에서의 참평가(authentic assessment) 모형 개발에 관한 연구[1)]

손 정 화[*] · 강 옥 기[**]

본 연구의 목적은 수업의 통합된 부분으로 실제 상황에서 의미있는 실제적인 과제로 학생들의 진정한 수학적 활동 능력을 평가하는 학교수학에서의 참평가 모형을 개발하는 것이다. 이를 위해 문헌연구를 통하여 학교수학에서의 참평가 체계로서 참평가의 정의 및 목표, 참평가 과제의 준거, 참평가 채점기준, 참평가 결과 보고에 대해 살펴보았다. 학교수학에서의 참평가 모형 개발을 위해 상황인지 수업설계 모형을 살펴보고, Guba & Lincoln의 제4세대 평가 모형, NAEP의 고차적 능력 평가 모형, Guliker, Bastiaens, & Kirschner의 참평가 모형을 비교 · 분석하여, 이 모형들로부터 학교수학에서의 참평가 모형 요소 추출의 근거를 모색하였다. 추출한 참평가 모형의 요소들을 실제 상황에서 수업의 통합된 부분으로 이루어지는 교수 · 학습 참평가 모형으로 구안하여 '학교수학에서의 참평가 모형'을 개발하였다. 개발한 학교수학에서의 참평가 모형은 전문가 검토 및 실제 교수 · 학습에 적용하여 모형의 타당성과 적절성을 확인하였다.

Ⅰ. 서 론

21세기 지식 · 정보화 시대를 맞이하여 실제 상황의 문제들을 수학적으로 사고하여 합리적으로 해결하는 능력이 요구되고 있다. 수학적 능력의 평가는 어떤 평가방법을 적용하는가에 따라 크게 영향을 받기 때문에 학교수학에서의 평가도 수학교육의 목적에 따른 새로운 관점과 방법을 요구한다.

학교수학의 본질은 모든 학생들이 수학적인 힘 - 탐구하고 추측하고 논리적으로 추론하는 능력, 비정형적인 문제를 해결하는 능력, 수학에 관하여 그리고 수학을 통해 의사소통하는 능력, 수학 내적으로 개념을 연결하는 능력과 수학과 다른 지적 활동 사이의 개념을 연결하는 능력 - 을 획득하도록 하는 것이고(NCTM, 2000), 학생들이 수학을 학습하는 중요한 이유는 실세계 상황에서 여러 가지 자연현상이나 사회현상을 이해하는데 필요한 수학적 개념과 원리를 배우는 것이다. 이에 학교수학에서의 평가도 수학 학습의 본질과 일치하는 평가가 이루어져야 한다.

수학교육 평가의 동향을 살펴보면 다음과 같다. 대표적인 국제평가 연구기관인 PISA는 학생들이 구체적인 학교 교육과정을 얼마나 잘 숙달했는지가 아니라 실세계에서 지식과 기능을 사용할 수 있는 능력을 측정하기 위한 평가를 실시하고 있다(OECD, 2009). PISA의 평가 내용은

* 남한고등학교(atomsjh12@daum.net)
** 성균관대학교(okkang@skku.edu)
1) 이 논문은 2012년 손정화의 박사학위논문 일부를 요약한 것임.

학생들의 지식보다는 실생활에 필요한 능력, 즉 지식을 상황과 목적에 맞게 활용할 수 있는 기본적인 소양이 있는가이다(이미경, 손원숙, 노언경, 2007).

PISA의 수학적 소양의 정의에 내포되어 있는 여러 가지 측면들은 평가라는 맥락에서 특별한 의미를 갖는데, 이런 수학적 소양을 평가하는 목적은 학생들이 다양한 문제 상황과 관련한 영역-특정적 지식의 문제를 해결하는 능력을 평가하기 위한 것으로 학생들의 진정한 수학적 능력을 보고자 하는 것이라 할 수 있다.

Magdalena Mo Ching MOK(2011)은 수학교육 맥락에서 교수학적으로 새로운 비전을 위한 학습과 평가의 통합된 틀을 제시하였다. SLOA (Self-directed Learning Oriented Assessment)라고 명명된 이들은 인지적 학습 이론에 기반을 두고 있고, 학습과 평가의 통합은 학습의 평가, 학습을 위한 평가, 학습으로서의 평가의 세 가지 관점[2]에서 다루어짐을 제시하고 있다. SOLA의 틀은 학생의 참여를 독려하고, 자기평가의 역할을 강조한다.

우리나라 교육과학기술부는 현재의 수학교육을 미래 대비 사고력과 창의력을 기우는 수학교육으로 개선하고, 수학에 대한 흥미와 긍정적 인식을 높이기 위한 '수학교육 선진화 방안'을 2012년 1월에 발표하고, 2009 교육과정 개정에 발맞추어 수업 및 평가 등에서 수학교육을 개선하기 위한 대책 마련을 착수하였다.

이를 뒷받침하는 실질적인 방법으로서 2009 개정 교육과정에 부합하는 방향으로 평가를 내실화하기 위해 문제해결, 추론, 의사소통의 수학적 과정 요소를 평가에 반영함으로써 교육과정과 학교 수업 간 연계를 강화하고 학생들의 창의성을 향상시켜 나갈 수 있도록 다양한 평가 유형의 개발을 계획하고 있다.

이처럼 최근의 수학 학습과 평가에 대한 연구 동향에서 나타나는 것처럼 학생들의 수학적 능력을 교수·학습과 통합하여 다양한 방법을 통해 평가하기 위한 방안이 대두되고 있고, 실제 상황에서 수학적 지식을 활용하는 능력과 수학에 대한 이해를 수학적 과정 중심으로 평가하기 위한 변화가 시도되고 있음을 알 수 있다.

이런 평가 방법의 개선을 위한 방안 중에 1990년대에 우리나라에 소개된 대안평가[3]로 참평가, 직접적인 평가, 과정(중심)평가, 수행평가 등으로 불리는 것들이 있다. 이중 수학 학습과 평가의 본질적 목표를 가장 충실히 이루고, 실제 상황과 맥락에서 학생들의 진정한 수학적 활동 능력을 볼 수 있는 평가방법이 참평가이다. 학교 수학을 위한 참평가 체계는 수학의 본질에 관한 비전을 가지고 시작하기 때문이다(Romberg & Wilson, 1995). 참평가가 추구하는 목표는 수학적 힘을 보넬링하고 개발하려는 바램으로부터 나온 것에 기인한다(California Department of Education, 1991; Clarke, 2011 재인용).

이에 본 연구에서는 문헌연구를 통하여 학교 수학에서의 참평가 체계에 따른 참평가 적용을 위해 학교수학에서의 참평가 모형을 개발하고자 한다.

2) 학습의 평가(Assessment of Learning)는 학습자가 얼마나 많이 배웠는가에 대한 정보를 주고, 학습을 위한 평가(Assessment for Learning)에서 평가는 학습자에게 미래의 학습을 어떻게 신장시킬 것인가에 대한 정보를 제공하는 수단이며, 학습으로서의 평가(Assessment as Learning)는 학습자가 학습의 부분으로서 평가를 내면화하고 자기주도적인 학습자가 되는 것을 의미한다(Magdalena Mo Ching MOK, 2011).

3) 대안평가로 넓은 의미의 수행평가와 그와 유사한 용어들과의 상호 관련성을 살펴보면 다음과 같다(백순근, 2002). 참평가는 평가 상황이나 내용이 가능한 한 실제 상황이나 내용과 유사해야 함을 강조한다. 직접적인 평가는 간접적인 평가 방법보다는 직접적인 평가 방법을 중시하는 것이다. 과정(중심)평가는 학습의 결과가 아니라 학습의 과정을 평가의 주요 대상으로 설정하는 평가이다. 수행평가는 위의 이러한 유사 개념들의 주요 특성들을 포괄적으로 지칭하기 위한 넓은 의미의 대안평가로 사용되고 있다.

II. 이론적 배경

1. 학교수학에서의 참평가 체계

가. 참평가(authentic assessment)의 정의

Wiggins(1989)에 의하여 처음으로 소개된 참평가는 학습자들이 지식과 기술을 학교 밖의 실세계에서 사용하는 것과 동일한 방식으로 적용하도록 요구하는 평가를 의미한다. 즉, 참평가의 기본적인 시각은 교수·학습 과정이나 평가면에서 학교와 실제 사회 간의 간격이 크다는 점에서부터 출발하였다.

학교수학에서 배운 과제와 수학자들의 과제 또는 수학의 사용자가 실제로 수행하는 것 사이에는 방대한 차이가 존재하고(Lampert, 1990; Resnick, 1988; Pollak, 1987), 교실 수업 내부에서 배우는 방법은 교실 수업 밖에서 배우는 방법과 다르다(Resnick, 1987; Lajoie, 1995 재인용)는 것이다. 교실 수업 내부에서 학생들은 기호와 추상적인 원리를 다루는 것을 배우지만, 교실 수업 밖의 학습은 구체적인 실제 상황에서 행해진다. 따라서 학교수학에서의 평가도 실생활 경험에서 성취를 입증하는 평가가 되어야 하고, 이것은 PISA가 평가하고자 하는 수학적 소양과 같은 맥락으로 학생들의 진정한 수학적 활동 능력에 대한 평가가 이루어져야 함을 의미한다.

참평가의 의미에 대해 강조하는 바는 연구자들에 따라 약간씩 다르다. 이를 비교하면 다음 <표 II-1>과 같다.

<표 II-1>에 나타난 것처럼 참평가에 대한 강조점에 약간씩 차이가 있지만, 대부분 공통적으로 포함되는 것은 실제적 과제가 있어야 하고, 교과 지식과 학습을 포함해야 하며, 상황에서 이루어지고, 학습을 위한 성장, 가치, 전이가 있어야 하며, 학습과 평가가 통합되어야 함을 알 수 있다.

한편, Lajoie(1991)는 학교수학의 참평가 정의를 위해 다음과 같이 7개의 원리를 정하고, 참평가는 학습 과정의 상황에서 발생해야 하고, 학습자와 학습자가 평가되는 상황 둘 다를 고려해야 하며, 그런 학습에서 발달의 변화에 대한 정보를 제공해야 한다고 했다.

① 평가는 학습에 영향을 미치는 인지적이고 능동적인 차원에서 개인 학습의 다양한 지표를 제공해야 한다(Collins et al., 1991; Romberg, 1992 재인용).

② 평가는 적절하고, 의미있고, 실제적이어야 한다. 평가는 NCTM 규준과 일치되는 것으로, 교수학적으로 적절해야 한다.

<표 II-1> 참평가 의미의 강조점 비교

	Wiederhold (1993)	Wiggins (1998)	Cumming et al (1999)	Svinicki (2000)	Gulikers et al (2004)	Moon et al (2005)	Mueller (2005)
실제적 과제	○	○	○	○	○	○	○
교과 지식과 학습		○	○	○	○	○	○
상황에서 행해짐	○	○	○		○	○	○
가치, 학습을 위한 성장, 전이	○	○	○	○	○	○	○
학습과 통합		○	○		○	○	○

③ 평가 과제에 적당한 방법으로 구성된 점수화와 척도 절차가 수반되어야 한다.
④ 평가는 교수를 개선하는지, NCTM 규준과 일치하는지, 그리고 학생들이 무엇을 알고 있는지에 관한 정보를 제공하는지에 대해 평가해야 한다.
⑤ 인종 또는 민족 그리고 문화적 편파, 성 이슈, 그리고 태도 편파를 고려해야 한다.
⑥ 평가는 수업의 통합된 부분이어야 한다.
⑦ 개인과 그룹 사이에서 성장의 정도를 구별하고 그룹 활동 안에서 개인의 성장을 평가하는 방법을 제공하는 평가 방법을 고려해야 한다.

Suurtamm(2004)도 수학에서 참평가를 수업 활동과 일치하고 수학 개념에 대한 학생들의 이해를 평가하는 새로운 평가기술이라 하고, 가치있고, 중요하고, 의미있는 학습활동과 닮은 과제에 학생들을 포함시키는 평가라고 했다.

수학에서 참평가를 정의하는데 주된 초점은 개인학습자가 수학을 이해하는 것에 대한 강한 전망을 제공하는 것이다(Romberg & Wilson, 1995). 수학학습에 대한 진정한 이해는 수학이 실제로 활용되는 상황과 가장 가까운 상황에서 수행하도록 할 때 발생하므로 수학교육에서 평가도 실제적인 진정한 과제로 학생들이 수학을 하는 능력을 평가해야 한다.

따라서 본 연구에서는 참평가의 의미에 공통적으로 포함되는 강조점과 학교수학의 참평가의 원리를 종합하여 학교수학에서의 참평가를 '수업의 통합된 부분으로 실제 상황에서 의미있는 실제적인 과제로 학생들의 진정한 수학적 활동 능력을 평가하는 것'이라고 정의한다.

나. 참평가 과제의 준거

참평가 과제는 실세계 상황에서 표준적인 지식과 기능을 적용하는 능력을 평가하기 위해 학생들에게 주어지는 과제이다(Mueller, 2005). 교육이 학생들을 위해 실제적 또는 진정한 과제를 준비할 때, 학생들은 실제적인 것으로 고려되는 실세계 환경과 더 많은 진정성을 경험하게 된다.

과제에 진정성이 있느냐 아니냐는 과제가 놓여있는 상황과 과제의 본질에 달려있고, 과제들은 지식의 응용이 그것이 사용될 수 있는 상황의 밖에서라기보다 오히려, 학습이 발생하는 동안 학습자에게 나타나진다는 의미에서 실제적 또는 진정한 것이어야 한다(Greeno, 1989; Lajoie, 1995, 재인용).

Archbald & Newmann(1988)은 평가 과제를 통하여 진정한 학문적 성취에 노날시키고자 한다면, 참평가 과제에 결정적인 세 가지 표준 - 학문적 탐구(disciplined inquiry), 지식의 통합(integration of knowledge), 그리고 평가를 넘어선 가치(value beyond evaluation) - 을 고려해야 한다

<표 Ⅱ-2> 참평가 과제의 준거(Newmann, Secada, & Wehlage, 1995)

진정한 성취의 표준	참평가 과제의 준거
학문적 탐구	학문적 내용
	핵심적인 학문적 절차
	이해를 정교하게 하기 위해 쓰는 의사소통
지식의 통합	정보의 조직(더 높은 차원의 기능)
	대안의 고려
평가를 넘어선 가치	교실을 넘어선 실세계로의 연결성 문제
	학교를 넘어선 청중을 포함하는 것

고 했다.

Newman, Secada, & Wehlage(1995)는 참평가 과제에 결정적인 세 가지 표준을 바탕으로 참평가 과제의 준거를 <표 Ⅱ-2>와 같이 정리하였다.

수학교육에서 참평가를 실시하기 위해서는 평가 과제가 참평가 과제로 타당한지 진정성의 정도를 확인해야 한다. Danielson(1997)은 과제의 '진정성'을 수행평가 과제의 본질에서 찾고 있는데, 그것은 기억으로부터의 단순한 회상이나 기계적인 반응에 한정되어 있지 않고 학생들이 그 분야에서 성인들이 도전하는 것과 유사한 방식으로 도전할 수 있어야 함을 의미한다고 했다. 또한 수학적 지식, 수학적 사고의 다양한 면을 포함하고 있어서 모든 학생들이 그들이 할 수 있는 것을 보여줄 수 있는 기회가 제공되는 문제를 진정한 과제라고 했다.

Lesh & Lamon(1992)은 진정한 수학적 활동은 학생 자신에게 의미있고 중요한 활동들을 표현한 모음으로부터 취해진 실제적인 활동의 표본(sample)이고, 실제 수학, 실제적 상황, 실제적으로 실생활 상황에서 생기는 문제 또는 이슈, 실제적 도구와 자원을 포함하는 활동이라고 했다. 여기서 실제 수학이란 전통적으로 수학을 공식의 암기나 조건과 법칙의 목록이라고 보았던 것에 비하여, 수학은 변화와 패턴을 탐구하고 예측하는 학문이라는 관점을 반영한 것이다.

또한, Zarinnia & Romberg(1990)는 진정한 수학적 활동의 더 실제적인 그림을 묘사하기 위해 능동적인 참여, 창조적인 반성, 그리고 생산적인 노력에 의해 수학을 하는 것을 강조했다.

이상의 논의에서 수학과 참평가 과제의 준거는 진정한 수학적 활동을 할 수 있는 과제의 요건을 만족하는 것으로, Newmann 외(1995)의 참평가 과제의 준거를 수학 교과에 적용해도 무리가 없을 것으로 보여 '학문'을 '수학' 교과에 맞게 재정의하여 학교수학의 참평가 과제 준거를 다음 <표 Ⅱ-3>과 같이 정하였다. 구체적인 참평가 과제 준거의 수학적 요소에 대한 내용은 Boidy & Moran(1994) 등의 참평가 과제의 조건, Danielson(1997)의 진정한 수학 과제의 조건과 NCTM(1995)에서 제시한 가치있는 과제의 조건을 만족시키는 것으로 수학 교과에 적합하게 정하였다.

다. 참평가 채점기준

참평가와 전통적 평가는 학생 학습의 다른 측면을 강조하기 때문에, 같은 기준에 의해 각각을 판단하는 것이 적당하지 않다. 참평가는 평가의 한 종류라기보다는 평가의 관점이 일반적 평가와 기준을 달리하는 것이다.

<표 Ⅱ-3> 학교수학의 참평가 과제의 준거

진정한 성취의 표준	학교수학의 참평가 과제 준거
수학적 탐구	수학 내용
	수학적 탐구 과정
	수학적 의사소통
지식의 통합	수학 정보의 조직
	수학적 대안의 고려
평가를 넘어선 가치	실제 상황의 수학 문제
	실제의 청중 대상

참평가의 채점기준은 평가될 내용과 절차에 관하여 학생들의 강점과 약점에 관한 정보를 제공하기 위해 필요하고(Moon, Brighton, Callahan, & Robinson, 2005), 참평가는 다른 사람과 협동을 요구하고, 실제적이 아닌 시간제한이 있지 않고, 기억이나 단답형 반응으로 제한되어지지 않으므로 다양한 측면의 점수 체계가 있어야 한다(Greeno, 1989; Lajoie, 1995, 재인용).

참평가에 대한 신뢰성은 학생들에게 수행을 개선하기 위한 방법을 제공하는 채점기준과 방법에 의해 제공될 수 있으므로(Messick, 1994), 이를 위해 참평가 과제의 수행에 대한 분석을 위해 채점기준을 설정하여 제시하여야 하고, 채점과 평가결과의 보고는 학생들의 서열을 매기기 위한 것이라기보다 학생 개인의 학습에 관한 정보를 주기 위한 것이 되어야 한다.

그러므로, 학교수학에서의 참평가 채점기준은 참평가 과제의 평가 목표를 고려한 후에, 평가되어질 수행의 요소를 확인하는 것으로 구성되어야 하고, 특정한 과제 영역에서 전체에 걸친 수행을 볼 수 있고, 학생들의 수행이 평가되는 기준을 다양하고 상세하게 학생과 교사에게 제공하도록 정해야 한다.

라. 참평가 결과 보고

평가가 학생들의 학습에 도움을 주고 학습을 개선하기 위한 것이라면 평가 결과는 학습자의 입장에서 유용하게 사용되도록 질적 특성이 나타나게 보고되어야 한다(양길석, 원승준, 2006).

참평가 결과 보고는 개인 학생들의 강점과 약점을 확인하는 다차원적 보고에 초점을 두어야 하고, 잘하는 학생과 못하는 학생을 비교하는 일차원적인 점수 이상이어야 한다(Lesh, Lamon, Gong, & Post, 1992). 즉, 평가 결과 보고는 학생들의 다양한 수준과 학생들 상태의 다른 모습을 나타내도록 제공될 수 있고, 학생들 개인의 흥미와 관심을 고려하여, 지식과 능력을 입증하는 것이 되어야 한다.

Zarinnia & Romberg(1992)는 참평가 결과 보고는 무엇보다도 변화를 안내하기 위해 필요한 가치들을 모니터하고 확립하는데 필요한 정보의 제공이라는 중요한 관심사를 뒷받침해야 한다고 하고, 특히 다음과 같은 항목을 보고해야 한다고 했다.

1. 진정한(authentic) 수학적 활동의 과정에서 실제적이면서 이론적인 탐구를 위해 학생들이 수학적으로 시고하고 수학을 반성적으로 사용하는가?
2. 학생들이 수학적 아이디어를 의사소통할 때 유창하고 융통성 있게 쓰기, 말하기, 그래프로 표현하기 등에서 적절한 테크놀로지를 이용하고, 적절한 기호를 이용하는가?
3. 수학적 공동체에 대한 이해를 하고 있는가?

<표 Ⅱ-4> Zarinnia & Romberg(1990)의 추천된 보고 범주

수학을 하는 것	수학을 표현하고 의사소통하는 것	수학적 공동체	수학적 성향
위치를 말하기 세기 측정하기 설계하기 활동하기 설명하기	의사소통에서 지적으로 그리고 표현하는데 용이성: 언어로 시각적으로 그래프적으로 상징적으로	개인적 활동 협동적 활동	수학적 확신 수학적 과업에 대한 믿음을 가치있게 하기 참여하고 집착하려는 의지

4. 수학적 활동에 대한 이해를 하고 있는가? 수학을 가치 있고 재미있는 것으로 알고 있는가?

이에, Zarinnia & Romberg(1990)는 캘리포니아 평가 프로그램의 일곱 번째 보고 범주인 수학을 하는 것, 수학을 표현하고 의사소통하는 것, 개인적 활동 또는 협동적 활동의 수학적 공동체, 수학의 가치를 알고 계속하고자 하는 수학적 성향으로 구성된, <표 II-4>와 같은 틀을 참평가의 추천된 보고 범주로 제시하였다.

따라서 학교수학에서의 참평가 결과 보고는 학생들의 수학적 활동, 학생들의 강점과 약점, 전체적인 수학적 능력과 소양 등이 나타나도록 제시되어져야 한다.

2. 학교수학에서의 상황인지 수업설계 모형

참평가는 사회적 구성주의에 바탕을 둔 상황인지 학습을 전제로 하고 있으므로(Lajoie, 1995), 학교수학에서의 참평가에 사용되는 수업 형태는 상황인지 학습이다.

상황인지 학습이론은 전통적인 평가방법의 문제점을 해결할 수 있는 잠재력을 가지고 있다. 상황학습은 학습자가 지식이 발생되고 구성되는 상황에 능동적으로 참여함으로써 지식과 기술이 자발적으로 이루어지는 학습을 말하며, 이것은 그 지식이 적용될 상황 속에서 가르쳐지고 그 상황을 통해 일반화될 때 유의미한 가치를 지닌다는 가정에 바탕을 둔다(Duffy & Jonassen, 1991).

상황학습에서 핵심적인 요소는 진정한 활동 즉, 유의미하고 목적이 있는 활동이 포함되어야 하고(Lave, 1988), 상황학습은 학생들이 실제적 상황에서 일어나는 진정한 과제에 참여할 때 일어나는 것이다. 따라서 상황인지 학습에서의 평가는 수업의 통합된 부분으로 이루어지고 평가 과제가 진정한 과제여야 함을 고려할 때 참평가의 적용을 위한 수업설계는 상황인지 학습을 전제로 하게 된다.

상황학습을 잘 구현하기 위해서는 다음 네 가지를 고려하여 적절한 교수설계를 해야 한다(Young et. al., 1992; 신현성, 2004 재인용). 첫째, 각 학생들이 학습하기 원하는 지식을 얻을 수 있는 상황이나 상황환경을 선택해야 한다. 둘째, 초보 학습자에게 발판을 제공해야 한다. 학습에서는 구체적인 단서를 제공해 줄 수 있는 지식이나 기술을 포함하는 문제해결을 위한 전략구조라 할 수 있으며, 이것은 학습자가 전문가처럼 복잡한 실제 상황에서 학습할 수 있도록 도와준다. 셋째, 개별학습자들 또는 그룹 학습자들이 서로 지속적, 협동적으로 상호작용하여 특별한 상황과 일반적 상황에서 활용할 수 있는 교수·학습 자원을 제공해야 한다. 넷째, 상황학습에 적절한 평가의 역할과 특성을 정의해야 한다. 상황학습에서는 평가 문제를 진정한 과제로 대치해야 하며, 평가는 학습, 지각, 문제해결 과정에 초점을 맞춰야 한다.

다음 [그림 II-1]은 신현성(2004)이 제시한 상황인지 관점의 수업설계 모형이다. 상황인지 수업설계 모형은 수업과 평가를 통합하는 모형으로 평가 과제가 진정한 과제이며, 상황학습에서

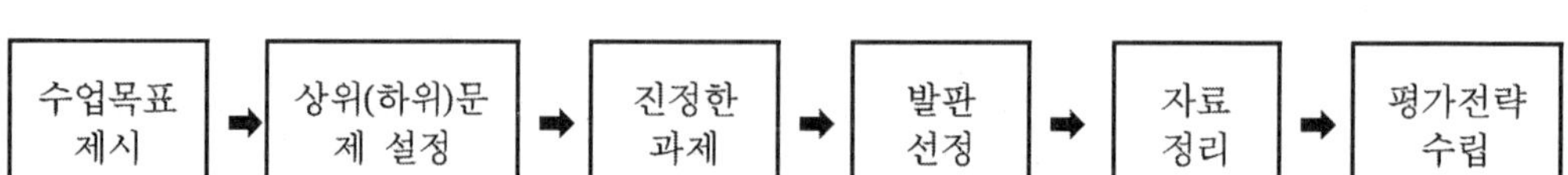

[그림 II-1] 상황인지 수업설계

평가는 학습, 지각, 문제해결 과정에 초점을 맞춘다.

3. 평가 모형 고찰

참평가는 질적 평가 방식을 따르므로 내용과 행동의 목표이원분류가 아닌 좀 더 통합적이고 연속적인 관계를 요구하는 모형이 요구된다.

이를 위해 Guba & Lincoln(1989)의 제4세대 평가 모형, NAEP(1985)의 고차적 능력 평가 모형, Guliker, Bastiaens, & Kirschner(2004)의 참평가 모형에 대해 살펴보고, 수학교과의 특성이 충분히 고려된 학교수학에서의 참평가 모형 요소 추출의 근거를 모색하고자 한다.

가. Guba & Lincoln(1989)의 제4세대 평가 모형

수학과 평가모형 개발의 전통적인 접근은 내용-행동의 목표이원분류에 기초한 것이었다. 이런 목표이원분류 모형은 실제 상황에서 수학 내용을 적용하거나 수학적 능력을 행하는 것을 계속적으로 평가하고자 하는 참평가의 모형으로서는 부적합하다 할 수 있다.

학교수학에서 참평가 실행을 위한 모형을 설계하기 위해서는 구성주의 방식의 질적 평가 모형인 Guba & Lincoln(1989)의 제4세대 평가 모형을 살펴볼 필요가 있다. 질적인 평가 모형인 Guba & Lincoln(1989)의 제4세대 평가 모형은 평가 상황에서 학생들에게 적극적인 참여를 강조하는 실제적인 평가를 하게 되고, 진정한 평가 과제로 참평가를 적용하는데 있어 타당성을 높일 수 있는 참평가의 모형 개발에 바탕이 되는 질적 평가 모형이라 할 수 있다.

이인효, 김양분, 이혜영(1999)에 의하면 Guba & Lincoln(1989)의 제4세대 평가 모형은 반응적 구성주의를 따른다. 이것은 Stake가 주장한 반응적 평가의 논리와 구성주의적 방법론을 결합한 새로운 평가적 접근 방법을 의미한다. Guba & Lincoln(1989)은 자연주의적 탐구방법을 Stake의 반응적 평가모형에 접목시킨 질적인 평가 접근 방법으로 자연주의적-반응적 평가 중심의 평가 접근방법을 지지하고 체계화하여 제4세대 평가라고 명명하였다. 제4세대란 기존의 과학적 패러다임에 입각하여 이루어진 전통적인 평가적 접근 방법들인 제1, 2, 3세대 평가[4])를 대체할만한 새로운 평가적 접근 방법을 뜻한다. 제4세대 평가 방법은 실제 학교 현장에서 일어나고 있는 다양성과 복잡성을 인정하는 것으로부터 출발한다. 이 평가 모형은 매우 주관적이며, 관련 집단 혹은 주체자의 대다수가 참여하는데서 실제 평가가 행해진다는 점이 특징이다.

Guba & Lincoln(1989)은 자연주의직-반응적 평가기법을 교육 프로그램의 평가에 적용하기 위하여 그 절차를 평가의 조직, 주요 생섬과 관심의 파악, 유용한 정보수집, 결과보고서 작성의 4단계로 제시하였다.

그러나 Guba & Lincoln(1989)의 제4세대 평가모형은 일반적인 질적 평가 모형으로 학교수학에 적용하기 위해서는 좀 더 수학교육에 적합하고 교실 수업에서 적용 가능한 구체적인 참평가 모형으로 개발되어져야 한다.

---

4) 여기서 제1세대 평가란 1900년대 초반부터 1930년대까지의 측정 중심의 평가를 칭하는데 학교에서 전통적으로 사용해 오던 학업 성취도 측정 방법을 포함한 심리 측정 운동의 영향을 받아 표준화 검사를 주로 활용하여 학생들의 상대적인 순위를 보여주는데 초점을 둔 평가 방법을 말한다. 제2세대(1930-1967) 평가란 기술이라는 개념으로 특징지을 수 있으며 정의된 목적과 관련하여 강점과 약점을 기술해 주는 평가 방법을 말한다. Smith & Tyler의 연구를 기점으로 하여 측정과 평가가 분화되기 시작하였다. 제3세대 평가란 프로그램에 관한 기술을 바탕으로 한 판단을 중시하는 평가적 접근을 말하며, 특히 Stake의 안모모형을 비롯하여 1967년 이후에 등장한 대부분의 평가 모형들은 판단 기능을 중시하는 평가적 접근으로 분류할 수 있다(Guba & Lincoln, 1989; 이인효, 김양분, 이혜영, 1999 재인용).

나. NAEP(1985)의 고차적 능력 평가 모형

학교수학에서의 참평가는 실제 상황에서 학생들의 진정한 수학적 활동 능력을 평가하는 것이다. 이를 위해 아이디어와 전략을 창출하는 과정 및 문제해결 상황을 통제하는 과정과 복잡하게 상호작용하는 것을 보는 NAEP(1985)의 고차적 능력 평가 모형(Kulm, 1990; 장혜원, 1994 재인용)을 살펴볼 필요가 있다.

NAEP 수학 평가의 목적은 수학에서 학생들이 무엇을 '아는지와 할 수 있는지'의 일반적인 그림을 제공하는 것이다. NAEP(1985) 고차적 능력 평가 모형은 학생들이 실세계의 상황에서 문제를 이해하고 계획 또는 조사를 실행하며, 과제 해결 과정을 통하여 목표에 도달하는지를 평가하고 결과물을 창출할 수 있는지를 보고자 하는 모형이다.

NAEP(1985)에서 고차적 능력 평가를 위해 사용한 준거틀은 문제해결 관점에서 비롯되는 고차 수준 사고의 여섯 가지 측면(문제나 상황을 이해, 계획 또는 조사의 개발, 계획 또는 조사의 실행, 목표 도달, 평가, 문제와 목표를 형식화)과 사고 과정(창출, 평가 또는 감독)으로 구성되었다. 그것은 아이디어와 전략을 창출하는 과정 및 문제해결 상황을 통제하는 과정과 복잡하게 상호작용한다(Kulm, 1990; 장혜원, 1994 재인용).

이 모형은 문제나 상황에서 학생들의 고차적인 학습 능력을 평가하고자 하는 것으로 참평가에서 진정한 수학적 활동 능력을 보고자 하는 의도와 유사하나 평가 모형이 사고 측면과 사고 과정의 이분법적으로 간단하게 제시되어 있어 학교수학의 참평가 모형 개발을 위해서는 보완될 필요가 있다.

다. Guliker, Bastiaens, & Kirschner(2004)의 참평가 모형

Guliker, Bastiaens, & Kirschner(2004)는 간호대학의 학생들을 대상으로 참평가가 학생 학습에 긍정적인 영향을 주고, 학생들에게 중요하고, 의미있고, 가치있는 성취를 하게 함으로써 학생들의 적절한 능력을 입증할 수 있는 타당한 평가체계를 위하여 다음 [그림 II-2]와 같이 참평가의 5차원 모형을 만들고, 이 모형이 진정한 교수

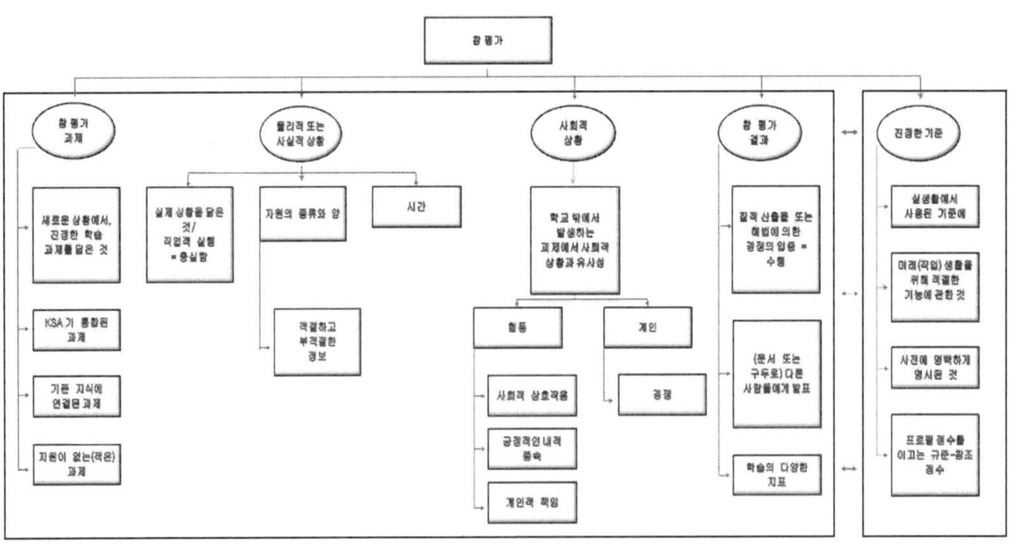

[그림 II-2] Gulikers, Bastiaens, & Kirschner(2004)의 참평가 5차원 모형

와 참평가 사이에 개념적 일치를 다룰 수 있는 방법임을 보여주었다.

학생 인지에 대한 참평가 요소의 5차원은 평가과제, 물리적 상황, 사회적 상황, 평가결과 또는 형식, 그리고 평가기준으로 구별되고, 이 차원들은 진정성의 수준에서 다양화될 수 있다. 이 모형의 핵심은 5차원의 각각이 다양한 정도로 기준(criterion) 상황과 닮을 수 있고, 평가의 진정성을 증가시키거나 또는 감소시킬 수 있다는 것이다.

Gulikcr, Bastiaens, & Kirschner(2004)의 참평가 5차원 모형은 학생들이 직업적인 생활에 있는 어떤 상황에서 적용할 수 있는 참평가의 특징과 체계를 잘 나타내 주고 있지만, 수학교육에서 참평가를 적용하기 위해서는 학교수학의 특징을 반영한 참평가 모형을 고려해야 한다. 참평가가 실시되는 수업 상황 또는 교실 상황을 고려해야 하고 수학 학습 목표와 인지적 목표를 고려하여 진정한 수학적 과제로 학생들의 능력을 평가하고, 이에 대한 참평가의 채점기준과 결과 보고 방법을 포함하는 구체적인 모형이 필요하다.

III. 연구 방법 및 절차

1. 연구 절차

학교수학에서의 참평가 모형을 개발하기 위해 문헌연구를 수행하고, 문헌연구를 통해 분석한 내용을 바탕으로 참평가 모형의 요소를 추출하여 학교수학에서의 참평가 모형을 개발하였다. 개발한 학교수학에서의 참평가 모형은 전문가 검토 및 실제 교수·학습에 적용하여 모형의 타당성과 적절성을 확인하였다.

2. 자료 수집 및 분석

가. 연구 협조자

본 연구에서 개발한 학교수학에서의 참평가 모형은 수학교육전문가 5인과의 지속적인 검토를 통해 적절성을 검증하였다. 수학교육전문가로는 수학교육학 전공 교수 2인과 수학교육학 전공 교육학박사이면서 현직교사인 2인, 수학교육학 전공 교육학박사과정을 수료하고 현재 과학고등학교 교사인 1인의 협조가 있었다.

나. 연구 대상 및 적용

학교수학에서의 참평가 모형을 구체화하기 위한 실제 적용은 경기도 H시에 위치한 N고등학

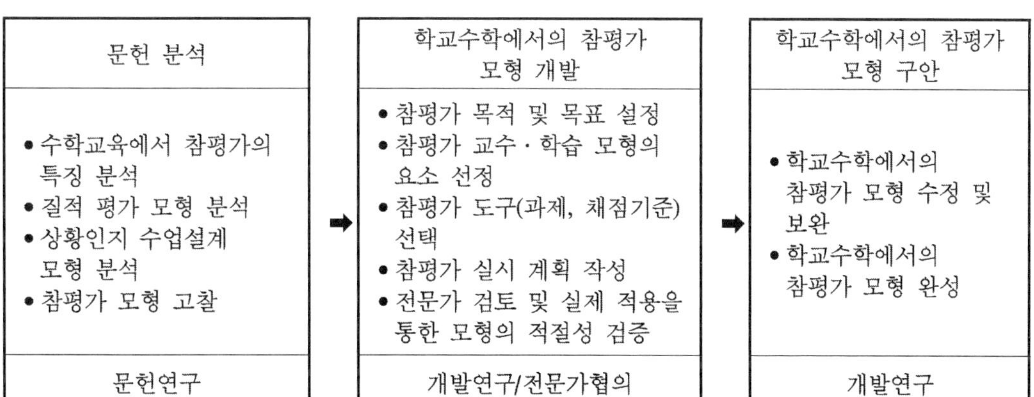

[그림 III-1] 학교수학에서의 참평가 모형 개발 절차

교 자연공학계열 2학년 두 개 학급 학생 61명을 대상으로 이루어졌다.

연구대상은 4~5명씩 소집단 협동학습을 하도록 하였고, 참평가 과제는 프로젝트법을 적용한 두 개의 수학과 참평가 과제로 각 과제 당 4차시에 걸쳐 총 8차시 동안 실시되었으며, 참평가 과제에 대한 평가지는 개별로 완성하도록 하였다. 평가는 프로젝트법을 활용한 참평가 채점기준에 따라 실시되었다

다. 자료 수집 및 분석

학교수학에서의 참평가 모형은 전문가의 검토와 실제 교수·학습에 적용되어 두 차례 수정·보완되는 절차를 통해 완성되었다. 주된 자료 수집 방법은 참여관찰[5]로 개발한 참평가 모형의 각 단계와 요소를 적용하여 나타난 특징과 학습활동에 초점을 두고 분석하였다. 수업 과정은 비디오카메라와 디지털 캠코더로 녹화하고, MP3로 녹음하여 분석하였다. 연구의 내적타당도와 신뢰도를 높이기 위해 삼각검증을 사용하였다.

Ⅳ. 연구 결과 및 해석

1. 학교수학에서의 참평가 모형 요소 추출

학교수학에서의 참평가는 '수업의 통합된 부분으로 실제 상황에서 의미있는 실제적인 과제로 학생들의 진정한 수학적 활동 능력을 평가하는 것'이다. 그러나 기존의 수학과 평가 모형에서는 그러한 과정이 제시되어 있지 않다. 이에 수학교육에서 참평가의 특징 및 체계를 분석하고, 선행연구들에서 제시된 평가모형을 비교·분석하여 학교수학에서의 참평가 모형 요소를 다음과 같이 추출하였다.

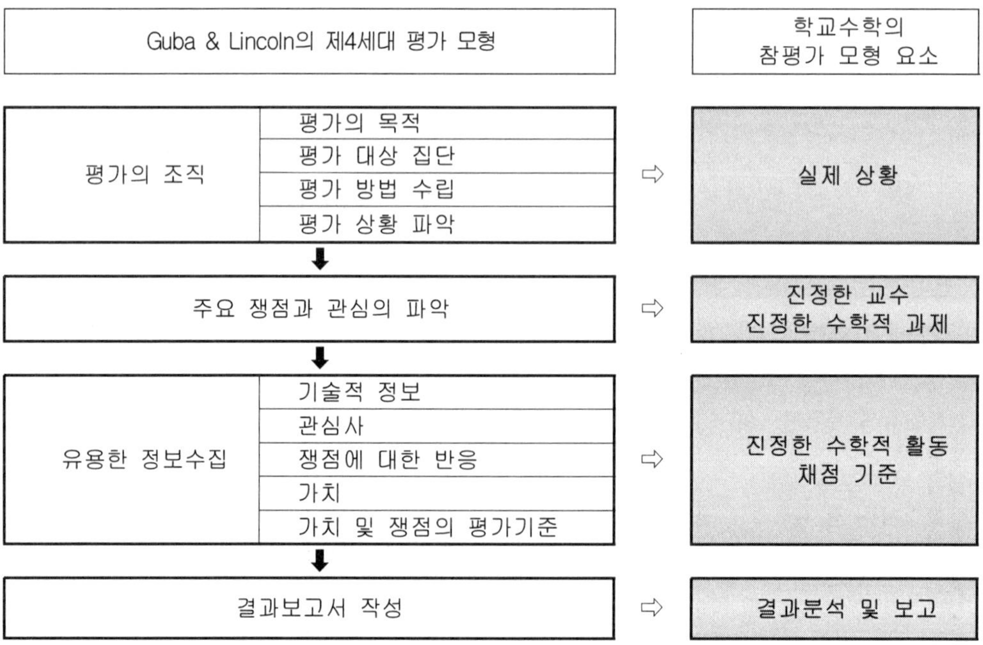

[그림 Ⅳ-1] Guba & Lincoln(1989)의 제4세대 평가 모형에서 학교수학의 참평가 모형 요소 추출

5) 관찰을 통한 사례연구의 주요 자료수집 방법은 참여관찰이다(Bogdan & Biklen, 1991).

가. Guba & Lincoln(1989)의 제4세대 평가 모형에서 추출

참평가는 질적 평가 방식을 따르므로 구성주의 방식의 질적 평가 모형인 Guba & Lincoln(1989)의 제4세대 평가 모형을 근간으로 한다. 제4세대 평가 방법은 실제 평가가 행해진다는 점이 특징인데 Guba & Lincoln(1989)의 제4세대 평가 모형으로부터 학교수학에서 참평가 모형의 요소를 [그림 Ⅳ-1]과 같이 추출하였다.

평가의 조직은 평가의 목적, 대상 집단, 상황, 방법 수립을 포함하고 있으므로 실제 상황으로 볼 수 있다. 주요 쟁점과 관심의 파악은 가르쳐야 할 진정한 수학적 과제라 할 수 있다. 유용한 정보수집은 진정한 수학적 과제를 해결하는 활동을 볼 수 있고, 가치 및 쟁점의 평가기준은 채점기준으로 바꿀 수 있다. 결과보고서 작성은 학생 활동에 대한 결과분석 및 보고를 위한 것이다.

여기서 실제 상황, 진정한 수학적 과제(실제적인 과제), 진정한 교수(수업의 통합된 부분), 진정한 수학적 활동은 학교수학에서의 참평가 정의의 요소이고, 채점기준과 결과분석 및 보고는 참평가 체계이므로 참평가 모형의 요소로 적합하다 할 수 있다.

나. NAEP(1985)의 고차적 능력 평가 모형에서 추출

학교수학에서의 참평가는 실제 상황에서 학생들의 고차원적인 인지능력을 평가하고자 하는 것으로 아이디어와 전략을 창출하는 과정 및 문제해결 상황을 통제하는 과정과 복잡하게 상호작용하는 것을 보는 NAEP(1985)의 고차적 능력 평가 모형을 바탕으로 할 수 있다. NAEP(1985)의 고차적 능력 평가 모형으로부터 학교수학에서 참평가 모형의 요소를 다음 [그림 Ⅳ-2]와 같이 추출하였다.

사고 측면에서 문제나 상황을 이해하는 것은 실제 상황으로, 계획 또는 조사의 개발과 실행은 진정한 수학적 활동으로, 목표 도달은 진정한 학습이 이루어진 것으로, 평가 및 문제와 목표를 형식화하는 것은 채점기준으로 볼 수 있다. 사고 과정에서 창출은 진정한 성취가 이루어진 것으로 볼 수 있고, 평가 또는 감독은 결과분석 및 보고라 할 수 있다.

여기서 실제 상황, 진정한 수학적 활동, 진정한 학습(수업의 통합된 부분)은 학교수학에서의 참평가 정의의 요소이고, 진정한 성취는 참평가 체계인 채점기준으로 보여 질 수 있고, 결과분석 및 보고는 참평가 체계로서 참평가 모형의 요소

	사고 측면	×	사고 과정
NAEP의 고차적 능력 평가 모형	문제나 상황을 이해 계획 또는 조사의 개발 계획 또는 조사의 실행 목표 도달 평가 문제와 목표를 형식화		창출 평가 또는 감독
	⇩		⇩
학교수학의 참평가 모형 요소	실제 상황 진정한 수학적 활동 진정한 학습 채점 기준		진정한 성취 결과분석 및 보고

[그림 Ⅳ-2] NAEP(1985)의 고차적 능력 평가 모형에서 학교수학의 참평가 모형 요소 추출

로 적합하다.

다. Guliker, Bastiaens, & Kirschner(2004)의 참평가 모형에서 추출

참평가가 학생 학습에 긍정적인 영향을 주고, 학생들에게 중요하고, 의미있고, 가치있는 성취를 하게 함으로써 학생들의 적절한 능력을 입증한 Guliker, Bastiaens, & Kirschner(2004)의 참평가 5차원 모형은 학교수학에서의 참평가 모형 개발을 위해 시사하는 바가 크다. 이에 Guliker, Bastiaens, & Kirschner(2004)의 참평가 5차원 모형으로부터 학교수학에서 참평가 모형의 요소를 다음 [그림 Ⅳ-3]과 같이 추출하였다.

참평가 과제는 수학교육에서 진정한 수학적 과제이다. 물리적 또는 사실적 상황, 사회적 상황은 실제 상황으로 볼 수 있다. 참평가 결과를 통해 진정한 학습과 진정한 성취가 얼마나 이루어졌는지 알 수 있다. 진정한 기준은 채점기준을 세움으로써 가치있는 수행의 수준을 제시한다.

여기서 실제 상황, 진정한 수학적 과제, 진정한 학습(수업의 통합된 부분)은 학교수학에서의 참평가 정의의 요소이고, 진정한 성취는 참평가 체계인 채점기준으로 보여 질 수 있으며, 진정한 기준은 채점기준이라 할 수 있다.

이상의 평가 모형으로부터 추출한 학교수학의 참평가 모형 요소를 비교하여 정리하면 다음 <표 Ⅳ-1>과 같다.

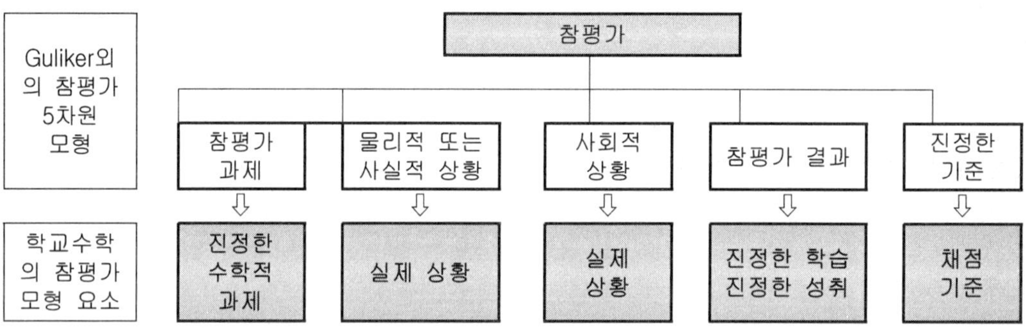

[그림 Ⅳ-3] Guliker, Bastiaens, & Kirschner(2004)의 참평가 5차원 모형에서 학교수학의 참평가 모형 요소 추출

<표 Ⅳ-1> 기존 평가모형으로부터 추출된 학교수학의 참평가 모형 요소 비교

학교수학의 참평가 모형 요소	Guba & Lincoln의 제4세대 평가 모형	NAEP의 고차적 능력 평가 모형	Guliker외의 참평가 5차원 모형
목표 제시			
실제 상황	○	○	○
진정한 교수	○		
진정한 학습		○	○
진정한 수학적 과제	○		○
진정한 수학적 활동	○	○	
진정한 성취		○	○
채점 기준	○	○	○
결과분석 및 보고	○	○	

위 <표 Ⅳ-1>에서 실제 상황, 채점 기준은 세 모형에서 추출할 수 있었고, 진정한 수학적 과제, 진정한 수학적 활동, 진정한 학습, 진정한 성취, 결과분석 및 보고는 두 모형에서 추출할 수 있었다. 그러나, 목표 제시는 평가에서 암묵적인 것으로 보아 모두 제시하지 않았고, 진정한 교수는 한 모형에서 나타나서 '평가는 학습에 영향을 미치고 수업의 통합된 부분이어야 한다'는 참평가의 특징이 기존 모형들에서는 볼 수 없거나 고려되지 않았음을 알 수 있다. 그러나 수업목표이자 평가목표는 수업과 통합된 상황학습을 위해 기본적으로 필요한 요소이고, 수업의 진정한 교수는 기존의 평가와 구분되는 참평가의 요소라 할 수 있다.

따라서 본 연구에서는 목표 제시, 실제 상황, 진정한 교수, 진정한 학습, 진정한 수학적 과제, 진정한 수학적 활동, 진정한 성취, 채점 기준, 결과 분석 및 보고를 참평가 요소로 정하였다.

2. 학교수학에서의 참평가 모형

가. 학교수학에서의 참평가 모형 개발

상황인지 수업설계 모형은 수업과 평가를 통합하는 모형이고 평가 과제는 진정한 과제로서, 학교수학에서의 참평가 모형은 상황인지 수업설계를 바탕으로 위의 세 가지 평가 모형으로부터 추출한 학교수학의 참평가 모형 요소를 포함하는 것으로 [그림 Ⅳ-4]와 같이 1차로 개발되었다.

1차로 개발된 학교수학에서의 참평가 모형은 실제 상황에서 진정한 교수가 이루어지고, 수업목표 제시가 곧 평가목표로 설정됨을 알려주고, 수학적 과제에 대한 상위(하위)문제 상황을 설정하고, 진정한 수학적 과제를 학생들에게 제시한 후 학생들이 진정한 수학적 활동을 하는 것을 보도록 한다. 학생들의 진정한 수학적 활동에 대한 진정한 학습과 성취의 자료를 수집하여 채점기준에 따라 그 결과를 분석하고 피드백하여 다음 수업에 반영하는 모형으로 설계되었다.

1차로 개발된 학교수학에서의 참평가 모형은 연구협조자인 전문가 5인의 검토를 통해 다음과 같은 의견이 반영되어 수정 · 보완되었다.

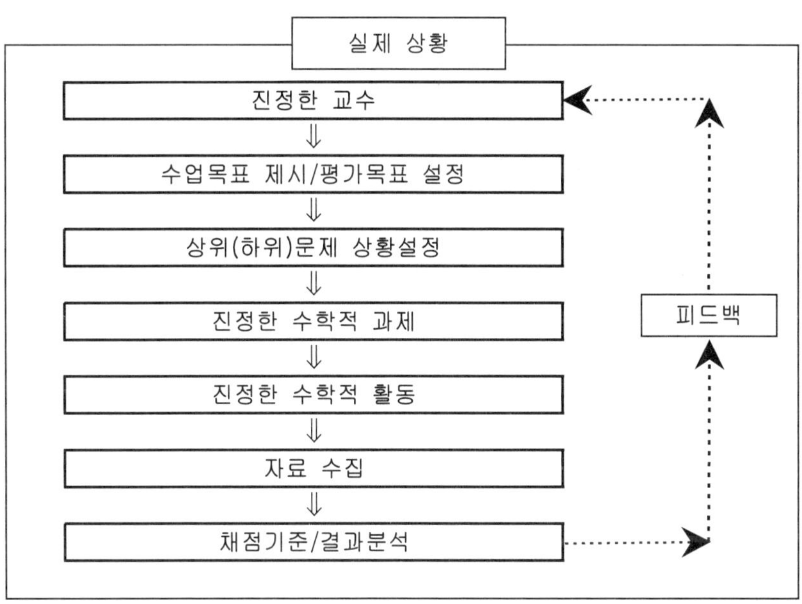

[그림 Ⅳ-4] 1차 개발된 학교수학에서의 참평가 모형

첫째, 학교수학에서의 참평가가 실제 상황에서 이루어지지만 어떤 특정한 실제 상황의 범위에서 평가가 이루어지는 것이 아니라 전체적인 맥락을 고려한 상황에서 이루어져야 하므로 참평가가 이루어지는 실제 상황은 수업과 통합된 전체적인 상황의 모든 맥락을 포괄해야 한다.

둘째, 참평가는 수업과 통합되어 학생들의 수학적 활동 및 학습과 성취가 이루어지는 과정을 보기 위한 것으로 선형적인 절차 모형으로 제시되면 학생들의 수학적 활동에 대한 과정보다는 결과에 대한 평가에 치중되는 것처럼 보일 수 있다.

셋째, 상위(하위)문제 상황설정은 수업목표 및 평가목표에 따라 제시될 수 있지만 진정한 수학적 과제는 참평가 과제의 유형인 평가 도구를 고려해야 하므로 이를 고려하여 참평가 목표에 따라 상황설정과 진정한 수학적 과제가 제시되어져야 한다.

넷째, 참평가는 학생들의 수학적 활동 및 학습과 성취에 대한 모든 자료를 수집하고 과정에 대한 평가가 이루어져야 한다.

다섯째, 피드백은 채점기준에 따라 평가가 이루어진 후 교수를 통해 이루어지는 것보다 학생 학습에 대해 이루어지는 것이 더 바람직하다.

이상의 논의를 바탕으로 2차로 개발된 학교수학에서의 참평가 모형은 [그림 Ⅳ-5]와 같다.

참평가는 수업의 통합된 부분으로(②) 실제 상황에서 이루어지는(①) 상황인지 수업설계 모형의 흐름(③⇒④⇒⑥⇒⑪⇒⑩)과, 수학과 교수·학습에서 학생을 평가하는 모형의 절차(③⇒⑥⇒⑨⇒⑩⇒⑪⇒⑬)를 따르게 된다. 여기서 수업목표는 평가목표이기도 하므로 수업목표제시와 평가목표설정을 함께 나타낸다(③). 그 다음 상위(하위)문제상황(④)을 설정하고 학습 및 평가하여야 할 진정한 수학적 과제(⑤)를 제시한다. 이때, 참평가의 평가도구로는 여러 가지 유형의 평가도구(⑥)를 사용할 수 있다.

이렇게 진정한 수학적 과제가 정해지면 학생들은 이 과제로 진정한 학습(⑦)을 하게 된다. 평가도구로서 진정한 수학적 과제로 진정한 학

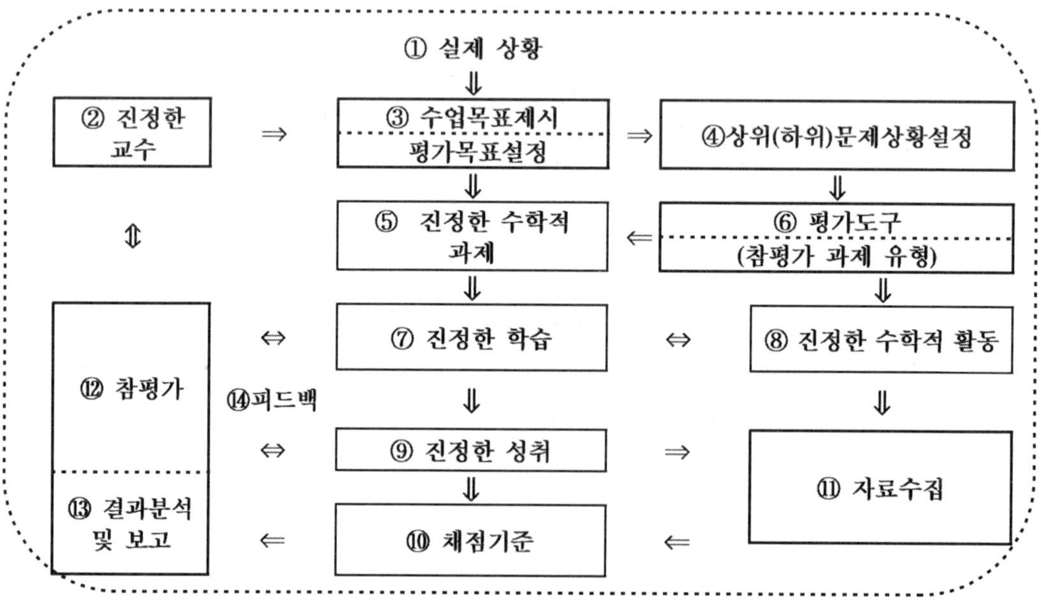

[그림 Ⅳ-5] 2차 개발된 학교수학에서의 참평가 모형

습을 하면서 나타나는 진정한 수학적 활동(⑧)을 볼 수 있고, 이때 진정한 성취(⑨)가 일어나게 된다. 이런 과정 중에 나타나는 자료를 수집하고 (⑪), 정해진 채점기준(⑩)에 따라 평가하도록 한다.

즉, 참평가(⑫)는 실제 상황(①)에서 교수와 통합되어(②) 진정한 수학적 활동(⑧)을 통해 이루어지는 진정한 학습 과정(⑦)과 진정한 성취(⑨) 모두를 채점기준(⑩)에 따라 평가하는 것이다. 또한 참평가 결과를 분석하고 보고하여(⑬) 학생들에게 피드백(⑭)이 이루어지게 한다. 단, 수집된 자료의 참평가와 결과분석 및 보고는 수업이 종료된 후에 정리할 수 있다.

나. 학교수학에서의 참평가 모형 적용

2차로 개발된 학교수학에서의 참평가 모형은 교수·학습의 실제를 통해 각 단계와 요소가 적절한지 적용상의 문제점은 무엇인지 살펴보고, 이를 토대로 학교수학에서의 참평가 모형을 완성하고 확정하였다. 각 요소 및 단계별 과정을 자세히 기술하기에는 한계가 있으므로 중요한 단계 및 요소를 중심으로 기술하였다.

1) 실제 상황

Guliker, Bastiaens, & Kirschner(2004)에 의하면 실제 상황은 물리적 상황과 사회적 상황을 포함한다. 물리적 상황은 수업 상황 또는 교실 상황, 과제 실행 방법 및 도구, 시간을 반영할 수 있고, 사회적 상황은 사회적 절차를 포함하는 것으로 소집단 협동학습 상황을 들 수 있다.

실제 상황은 수업이 이루어지는 교실 수업과 협동적 상황에서 이루어지는 일들이 많으므로, 본 연구의 참평가 적용에 사용된 수업형태는 소집단 협동학습을 기본으로 하였다. 프로젝트 과제는 소집단 협동학습으로 이루어지므로, 개인의 능력 차이가 다양한 학생들이 스스로 5~6명씩 소집단을 구성하도록 하였고, 물리적 도구로는 교과서와 개별학습지, 계산기, 노트북, 인터넷, 스마트폰 등을 사용할 수 있도록 하였다. 이러한 실제 수업 상황에서 수업 활동이 이루어질 수 있었고, 수업목표의 제시가 곧 평가목표임을 알려주었다.

또한, 수업과 통합된 소집단 협동학습 활동을 통해 참평가 과제를 해결하는 학생들을 매 차시마다 평가하기 위해서 타임라인을 다음 [그림 Ⅳ-6]과 같이 계획하고 실행하였다. 이 과정에서 나타나는 학생들의 반응 및 특이사항을 채점 기록지에 체크 및 기록하고, 개인별 학습지는 수업이 끝난 후에 회수하여 평가하였다.

2) 진정한 수학적 과제

수업 목표 및 평가목표가 제시된 후, 상위(하위)문제상황을 설정하고 참평가 과제 유형에 따른 평가도구가 정해지면 학생들에게 의미있는 진정한 수학적 과제로 수학적 활동을 하게 한다.

참평가의 적용을 위한 주제 선정은 프로젝트 수업이 이루어지기 전에 연구자가 학생들에게

학습 시작 0분	소집단 협동학습을 통한 참평가 과제 해결						학습 끝 50분
	5분	10분	15분	20분	25분	30분	35분 40분	45분

교수 시작 — 수학적 활동, 소집단 활동, 수학적 성향에 대해 관찰평가 — 수업 정리

참평가 채점 기록지에 체크 및 특이사항 기록, 개인별 학습지 회수

[그림 Ⅳ-6] 참평가 타임라인

<표 Ⅳ-2> 적용된 프로젝트 유형 참평가 과제의 주제별 특징

참평가 과제명	관련 교과	유형	평가목표	교육과정 관련	학습목표 및 성취목표	소요 차시
대학등록금을 저금하자	수학 I	수학적 모델링형	원리합계	수열	실제 상황에서 등록금을 저금하기 위한 최선의 합리적 방법을 선택한다.	4차시
프랙탈 탐구	수학 I	주제 탐구형	프랙탈의 성질탐구	수열의 극한	프랙탈의 수학적 성질을 탐구하여 수학적 원리를 알아본다.	4차시

<표 Ⅳ-3> '대학등록금을 저금하자' 프로젝트 과제의 수학적 활동 사례 분석

참평가 과제명	수학적 활동	활동 내용 분석
대학등록금을 저금하자	"은행 금리가 많은 곳을 조사해야 해!" "정기적금과 정기예금의 차이가 무엇이에요?" "기간이 20개월이야, 1년 단위로 떨어지지 않아. 정기적금과 정기예금 모두의 금리를 조사하고 비교하자."	· 학생들은 과제를 확인하고 현재 상황에서 과제 해결을 위해 어떤 정보를 수집해야 하는지 토론하고, 소집단에서 각자 역할을 분담하였다. · 인터넷으로 다양한 조건의 은행금리에 대해 조사하여 기록하고, 수집한 정보를 분석하면서 탐구를 실행하였다.
	"정기적금에 1년 동안 저금을 하고 그 돈을 찾아서 정기예금 6개월짜리를 들고, 다시 6개월짜리 정기적금을 들고, 2개월은 그냥 저금을 하는 방법과 20개월 동안 정기적금을 든 경우에 어느 것의 이자가 더 많은지 비교를 해 보자."	· 대학 등록금 500만원을 저금하기 위한 최선의 합리적 방법을 선택하기 위해 적절한 절차를 확인하고 토론하고 탐구를 통해 수학적 대안을 고려하는 과정을 거쳤다.
	"원리합계 계산은 등비수열의 합으로 계산해야 된다." "저금을 시작하는 날이 언제냐에 따라 등비수열의 합 계산에서 첫째항과 n이 달라져." "1년 동안 적금을 드는데 연이율이 4%이면 원리합계 공식에서 $r=0.04$이고 $n=1$이에요? $n=12$예요?" "연이율이 4%일 때 매월 적금을 들려면 4%를 12로 나눠야 해요? $r=\frac{0.04}{12}$ 예요?"	· 문제 상황을 수학적으로 공식화하기 위해 적절한 개념, 절차, 원리의 수학적 지식을 사용하고 기간과 이율을 고려하여 원리합계를 계산하였다.
	"각자 등비수열의 합을 이용하여 계산한 것을 비교해 보고, 조사한 은행 중 어느 은행의 이자가 가장 많은지도 비교해 보자." "세금을 떼어야 하니까 찾는 돈을 500만원에 맞추면 안 된다. 세금 떼고 500만원이 되어야 한다." "세금은 몇 퍼센트 떼요?"	· 과제를 해결하기 위해 사용된 수학 내용의 적절성을 파악하고, 정확성을 평가하는 수학 정보의 조직을 시도했다.
	"연이율이 $a\%$일 때, 월이율은 $(\sqrt[12]{1+\frac{a}{100}}-1)\times 100\ \%$ 이다. 가장 많은 이자를 받으려면 모든 금리를 월이율로 환산한 뒤 월이율이 가장 큰 것을 골라야 한다."	· 프로젝트 과제를 행하면서 아이디어를 수학적으로 표현하고 논리적으로 타당화하는 과정과 의사소통이 이루어졌다. · 프로젝트 목표와 관련된 내용을 명료하게 나타내고 결론을 평가하여 청중대상을 고려하는 측면을 해야 하는데 있어서는 다소 미흡한 면이 있었다.

수학과 프로젝트의 유형과 과제에 대하여 설명한 후, 그 중 학생들에게 의미가 있고 중요하다고 생각하는 주제를 학급 전체 학생들의 회의와 토론을 통해 선정하도록 하였다. 참평가가 수업과 통합되어 이루어져야 하기 때문에 소집단별로 각기 다른 프로젝트 주제를 정하면 학급에서 참평가를 실행하는데 어려움이 있을 것으로 보였기 때문이다. 이렇게 학생들의 회의와 토론을 통해 선정된 과제는 의미있는 과제로 진정한 학습이 이루어질 수 있었다.

참평가 모형에 적용된 참평가 과제[6]는 교육과정 상 수업시간에 배우고 있는 수학 I 과 관련하여 수학적 모델링형인 '대학등록금을 저금하자'와 주제탐구형인 '프랙탈 탐구'로 정해졌다. 이 프로젝트 유형 참평가 과제의 주제별 특징을 표로 정리하면 <표 Ⅳ-2>와 같다.

3) 진정한 수학적 활동

진정한 수학적 과제에 대해 학생들은 교과에서 적절한 과정을 요구하는 것을 학습하고 가치 있는 결과물을 위해 소집단 활동과 수업 상황에서 능동적인 참여를 하였다. 학생들의 의사로 결정된 의미있는 과제에 대해 실제적인 수학으로 수학 학습에 적극적으로 참여하여 지식을 구성하고 산출물을 얻기 위한 노력을 하는 것을 볼 수 있었다.

<표 Ⅳ-3>은 참평가 과제에 대한 학생들의 수학적 활동 사례로서 소집단 협동학습에서 '대학등록금을 저금하자' 프로젝트 과제를 행하는 과정을 기술하고 분석한 것이다.

이와 같이 학생들은 과제를 해결하는 수학적 활동을 통해 진정한 학습이 이루어지고 성취에 이르게 되는 것을 볼 수 있었다.

4) 채점기준

참평가 채점기준은 학생들의 수업 실제에서 평가 과제의 전 과정을 평가할 수 있도록 해야 하고, 주어진 상황을 분석하고, 해결 전략을 다양화하고, 계획을 실행하고 수정하는 능력, 결과를 평가하는 능력이 포함되도록 채점기준의 항목을 정해야 한다.

본 연구에서는 개발한 참평가 과제에 대해 수학과 프로젝트 채점기준의 핵심 영역과 평가 항목을 추출하여 수학적 활동 능력에 대한 참평가 채점기준표[7]를 개발하여 적용하였다.

5) 참평가/결과분석 및 보고

소집단 협동학습에서 프로젝트 과제에 대한 학생들의 참평가를 위해 소집단 협동학습 활동에서 나타나는 수학적 활동 능력에 대한 관찰평가, 개인별 학습지에 대한 평가, 소집단 협동학습 활동에 대한 동료평가, 프로젝트 결과 발표를 평가하고, 수학적 성향을 관찰할 수 있다.

본 연구에서는 소집단 협동학습에서 나타나는 각 개인별 학생의 수학적 활동 능력 및 수학적 성향에 대해 제한하여 평가하였고, 참평가를 실시한 후 자기평가 설문지를 작성하도록 하여 참평가에 대한 학생들의 반응을 조사하였다. 평가 결과를 분석하고 평가 결과 보고서를 작성하여 학생들에게 피드백이 되도록 하고 다음 차시 수업 향상에 도움이 되도록 하였다.

다. 학교수학에서의 참평가 모형 완성

학교수학에서의 참평가 모형을 실제 적용한 후, 학교수학에서의 참평가 모형 적용에 대한 전반적인 점검과 협의를 통하여 2차 개발된 학교수학에서의 참평가 모형이 의미있다는 결론을

6) 참평가 과제는 학위논문 "학교수학에서의 참평가 모형 개발에 관한 연구"에 수록되어 있음.
7) 학교수학에서의 참평가 채점기준표와 채점에 대한 사례는 본 연구의 선행연구인 "수학교육의 교수-학습 참평가 모형 및 예시도구 개발"(학교수학, 14(1), pp.109-134)에 제시되어 있음.

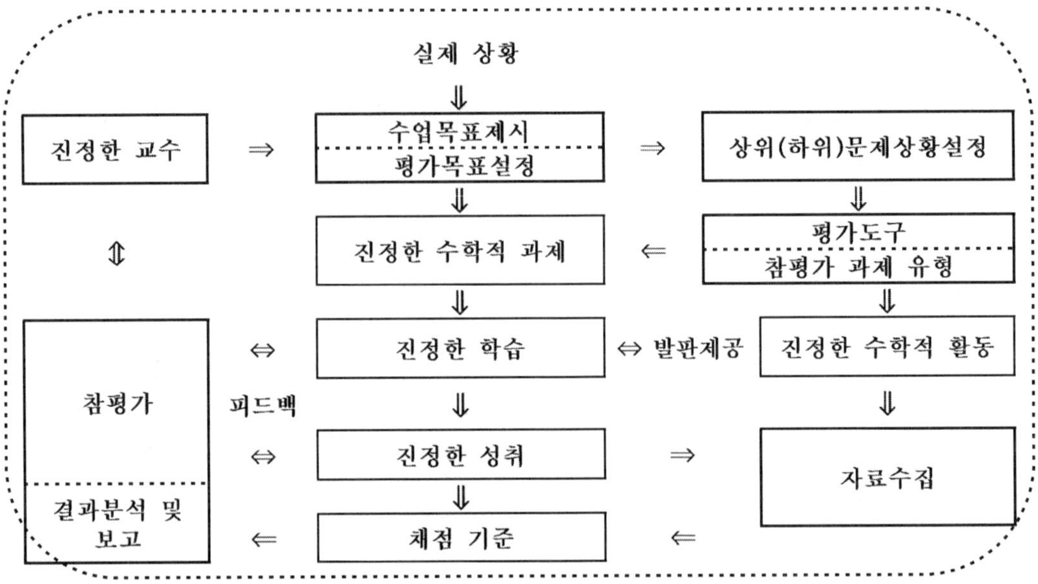

[그림 Ⅳ-7] 학교수학에서의 참평가 모형

얻었다. 단, 학생들이 진정한 수학적 활동을 할 때 진정한 학습이 이루어지게 되는데, 이때 도움이 필요한 학생들에게 발판을 제공하여 학습에 도움을 줄 필요성이 제기되었다. 이러한 점을 반영하여 진정한 수학적 활동에서 '발판제공'을 하여 진정한 학습이 이루어지도록 하는 단계를 추가하여 [그림 Ⅳ-7]과 같이 '학교수학에서의 참평가 모형' 을 최종 완성하였다.

위의 학교수학에서의 참평가 모형은 다음과 같은 특징을 갖는다. 첫째, 이 모형은 상황인지 학습이론을 바탕으로 상황학습에서 참평가를 실시하기 위한 교수·학습 평가 모형이다. 둘째, 교육과정의 수업목표를 제시하는데, 수업목표는 또한 평가목표이기도 하다. 본 연구에서는 참평가의 목표가 진정한 수학적 과제에 대한 학생들의 진정한 수학적 활동 능력을 보는 것이다. 셋째, 학습하기 원하는 지식을 얻을 수 있는 상위(하위)문제에 대한 상황이나 상황환경을 선택하도록 한다. 넷째, 평가도구 및 참평가 과제 유형을 선정 또는 제작하여, 진정한 수학적 과제를 제시한다. 다섯째, 주어진 과제에 대해 진정한 수학적 활동이 이루어지고, 부족한 학습에 대해서는 발판을 제공하여 진정한 학습과 진정한 성취가 이루어지도록 한다. 여섯째, 학생들의 학습 과정을 관찰하여 얻은 자료 및 학습 자료를 수집 및 정리하여 참평가 채점 기준에 따라 평가한다. 일곱째, 평가 결과를 분석하고 보고하도록 한다.

즉, 학교수학에서의 참평가 모형은 '수업의 통합된 부분으로 실제 상황에서 의미있는 실제적인 과제로 학생들의 진정한 수학적 활동 능력을 평가하기 위한 모형'으로 기존의 평가모형과 차별화될 수 있다.

Ⅴ. 결론 및 제언

학교수학의 본질은 모든 학생들이 수학적인 힘을 획득하도록 하는 것이다. 수학적인 힘이나 사고력과 문제해결력은 암기하고 축적한 지식의 양을 평가하는 형태로는 판단할 수 없으므로 수학교육에서의 평가도 시대적 변화 요청에 따라 평가에 대한 새로운 관점과 방법을 요구한다.

최근의 수학 학습과 평가에 대한 연구 동향에서 나타나는 현실주의 수학교육(RME)의 강조와 구성주의, 상황인지 학습이론, 학습을 위한 평가, 과정 중심의 평가, 질적 평가를 고려하고, PISA의 평가 방향인 상황과 맥락에서의 수학적 소양과 우리나라의 수학교육 선진화 방안에서 추구하는 통합적인 실생활에서의 수학적 능력의 평가를 고려할 때, 학생들의 수학에 대한 이해와 학습에 도움을 주고 평가의 본질을 최대한 만족시키며, 실제 상황에서 고차원적인 사고력과 문제해결력을 포함하는 진정한 수학적 활동 능력을 평가하기 위해 참평가의 적용이 필요하다.

따라서 본 연구에서는 학교수학에서의 참평가를 '수업의 통합된 부분으로 실제 상황에서 의미있는 실제적인 과제로 학생들의 진정한 수학적 활동 능력을 평가하는 것'이라고 정의하고, 이에 따라 학교수학에서의 참평가 모형을 '실제 상황에서 수업의 통합된 부분으로 진정한 수학적 과제에 대한 학생들의 수학적 활동을 통해 진정한 학습과 성취를 보고, 채점기준 및 결과분석에 따라 피드백이 이루어지는 모형'으로 개발하였다.

개발한 학교수학에서의 참평가 모형은 기존의 수학과 평가모형과 차별화되는 것으로 최근 창의지성교육의 창의적인 인재육성이라는 학교교육 패러다임 변화에 부응하는 평가변화 요구인 평가혁신과 관련하여 시사하는 바가 크다 할 수 있다.

학교수학에서의 참평가 모형이 실제로 적용되기 위해 본 연구의 후속 연구로 고려해야 할 점들과 방향을 제언하면 다음과 같다.

첫째, 참평가는 학생들의 학습을 위한 평가로서 질적 평가 형태를 띤다. 질적 평가 결과에 대한 인식과 학습 개선에 대한 후속연구가 있어야 한다.

둘째, 최근 평가혁신의 일환으로 논술, 구술, 토의, 포트폴리오, 프로젝트, 관찰 및 면담 등 다양한 평가 방법에 대한 논의가 계속되고 있는데, 참평가 과제의 유형을 고려하여 다양한 참평가 적용 방법에 대한 연구가 필요하다.

셋째, 학생들의 진정한 수학적 활동 능력을 평가하기 위해서는 개인 학습자에 대한 평가 외에 소집단 협동학습의 산출물 결과 등을 종합하여 참평가 결과에 대해 타당성과 신뢰성을 확보하기 위한 연구가 필요하다.

넷째, 학교수학에서 참평가 모형을 적용하기 위해서는 수학 학습과 관련한 평가의 본질에 대한 교사들의 실천적 이해가 선행되어야 하므로 이를 도울 수 있는 교사 연수가 강화되어야 한다.

참고문헌

백순근(2002). **수행평가: 이론적측면**. 서울: 교육과학사.

손정화, 강옥기(2012). 수학교육의 교수-학습 참평가 모형 및 예시도구 개발. **학교수학, 14**(1), pp.109-134.

신현성(2004). **수학과 수업모형 및 설계**. 서울: 경문사.

양길석, 원승준(2006). 정보이용자 중심의 교육평가 -학습자를 위한 수학과 평가 보 고를 중심으로-. **교육과정평가연구, 9**(2), 311-331.

이미경, 손원숙, 노언경(2007). **OECD/PISA 평가틀 및 공개 문항 분석-PISA 2000, PISA 2003, PISA 2006 공개 문항-**. 서울: 한국교육과정평가원 연구자료 ORM 2007-25.

이인효, 김양분, 이혜영(1999). **초·중등학교 평가체제 개발 연구**. 한국교육개발원 연구보고 RR99-19.

장혜원(1994). 수학 평가모형 개발을 위한 개념적 장과 SOLO분류법에 대한 고찰. **대한수학교육학회 논문집**, 4(1), 225-236.

Archbald, D., & Newmann, F.(1988). *Beyond standardized testing: Assessing authentic academic achievement in the secondary school.* Reston, VA: National Association of Secondary School Principals.

Bogdan, R. C. & Biklen, S. K.(1991). **교육연구의 새접근 -질적연구-**. 신옥순 역. 서울: 교육과학사.

Boidy. T. & Moran, M.(1994). Improving Students' Transfer of Learning Among Subject Areas Through the Use of an Integrated Curriculum and Alternative Assessment. Dissertation/Thsis. Saint Xavier University, IL., USA.

Clarke, D. J(2011). The Nettle or the Rose. *Assessment in the mathematics classroom, Yearbook 2011*(2011). Association of Mathematics Education.

Collins, A., Brown, J. S. & Holum. A.(1991). Cognitive apprenticeship: *Making thinking visible. American Educator 12*(6): 38-47.

Cumming, J. J. & Maxwell. G. S.(1999). Contextualising Authentic Assessment. *Assessment in Education: Principles, Policy & Practice. 6*(2), 177-194.

Danielson. C.(1997). Enhancing professional practice; A framework for teaching. Alexandria, VA: Association for Supervision and Curriculum Development.

Duffy, T. M., & Jonassen, D. H.(1991). Constructivism: New implications for instructional technology? *Educational Technology, 31*(5), 7-12.

Greeno, J.(1989). A perspective on thinking. *American Psychologist 44*: 134-141.

Guba E. G. & Lincoln. Y. S(1989). Fourth Generation of Evaluation. Newbury Park. Sage.

Gulikers, J. T. M., Bastiaens, T. J. & Kirschner, P. A.(2004). *A Five-Dimensional Framework for Authentic Assessmant. ETR&D, 52*(3). 67-86. ISSN 1042-1629.

Lajoie, S. P.(1991). *A Framework for Authentic Assessment in Mathematics.* NCRMSE Research Review: 6-11.

Lajoie, S. P.(1995). A Framework for Authentic Assessment in Mathematics : T. Romberg. A.(Eds.), *Reform in School Mathematics and Authentic Assessment.* State University of New York Press.

Lampert, M.(1990). When the problem is not the question and the solution is not the answer: Mathematical knowing and teaching. *American Educational Research Journal 27*(1). 29-63.

Lave, J.(1988). Cognition in practice. New York: Cambridge University Press.

Lesh, R. & S. J. Lamon.(1992). Assessing Authentic Mathematical Performance : *Assessment of Authentic Performance in School Mathematics.* Albany: SUNY Press.

Lesh, R., Lamon, S., Gong, B., & Post, T.(1992). Using learning progress maps to improve instructional dicision making : *R. Lesh. & S. Lamon(Eds), Assessment of Authentic Performance in School Mathematics.* Albany: SUNY Press.

Magdalena Mo Ching MOK(2011). The Assessment for, of, and as learning. *Assessment in the mathematics classroom, Yearbook 2011*(2011). Association of Mathematics Education.

Messick, S.(1994). The interplay of evidence and consequences in the validation of performance assessments. Educational Researcher, 23(2), 13-23.

Moon, T. R., Brighton, C. M., Callahan, C. M. & Robinson. A.(2005). Development of Authentic Assessments for the Middle School Classroom. *The Journal of Secondary Gifted Education. 16*(2/3), Prufrock Press, 16(92), 119-133.

Mueller, J.(2005). *"The Authentic Assessment Toolbox: Enhancing student learning through online faculty development"*. published in the Journal of Online Learning and Teaching, http://jfmueller.faculty.noctrl.edu/toolbox/abouttheauthor.htm

Newmann, F. M., Secada. W. G. & Wehlage. G. G.(1995). A Guide to Authentic Instruction and Assessment: Vision, Standards and Scoring, Wisconsin Center of Education Research.

OECD(2009). *PISA 2009 Assessment Framework: Key competencies in reading, mathematics and science*. OECD.

Pollak, H.(1987). Notes from a talk given at the Mathematical Sciences Education Board Frameworks Conference. Minneapolis, MN.

Resnick, L. B.(1988). Learning in school and out. *Educational Leadership, 16*(9), 13-20.

Romberg, T. A.(1992). Evaluation: A Coat of Many Colors. Romberg. T. A.(Eds.), *Mathemtics Assessment and Evaluation.* State University of New York Press, Albany.

Romberg, T. A. & Wilson, L. D.(1995). Issues Related to Development of an Authentic Assessment System for School Mathematics : T. A. Romberg(Eds.), *Reform in School Mathematics and Authentic Assessment.* State University of New York Press.

Suurtamm, C. A.(2004). Developing Authentic Assessment: Case Studies of Secondary School Mathematics Teachers' Experiences. *Canadian Journal of Science, Mathmatics and Technology Education.*

Svinicki, M. D.(2000). Authentic Assessment: Testing in Reality. Jan2000, 81(5), 405.

The National Council of Teachers of Mathematics (1995). *Assessment Standards for School Mathematics*. Reston, VA: NCTM.

The National Council of Teachers of Mathematics (2000). *Principle and Standards for School Mathematics*. Reston, VA: NCTM.

Wiederhold, C. W.(1993). Authentic learning trilogy: curriculum, instruction, assessment. *The International Journal of Creativity & Problem Solving. 3*(1), 94-100.

Wiggins, G.(1989). A True Test: Toward More Authentic and Equitable Assessment, *Phi Delta Kappen, May, 703-713.*

Wiggins, G. P.(1998). *Educative assessment: Designing assessments to inform and improve student performance.* San Francisco: Jossey-Bass Publishers.

Zarinnia, E. A., & Romberg, T. A.(1990). *A framework for the California Assessment Program to report students' achievement in mathematics*. Madison, WI: National Center for Research in Mathematical Sciences Education.

Zarinnia, E. A. & Romberg, T. A.(1992). A framework for the California Assessment Program to report students' achievement in mathematics. T. A. Romberg.(Eds.), *Mathematics assessment and evaluation: Imperatives for mathematics educators.* Albany: SUNY Press.

17 『주제 탐구형 수학 영재 교수학습 자료 개발에 관한 연구』에서 사용한 '절차 모형 개발 연구' 방법 해설

최 종 현[17)]

모형이란 반복적으로 적용될 수 있는 일정한 틀이다. 그래서 모형은 한번 개발해 두면 유사한 연구들에 반복적으로 활용될 수 있어 그 활용도가 높다. 현재 많은 연구자들이 학생들에게 적용하기 위한 자료를 개발하고 있다. 자료를 개발하기 위해서는 먼저 개발한 자료를 가지고 교육할 대상자의 수준(특성)을 고려하여 교육 목표를 명확히 할 필요가 있다. 이에 따라 지도할 소재 및 주제를 선정하고 그 자료를 개발하기 위한 방향 및 준거를 설정하고, 이를 어떤 절차에 의해서 개발할지를 고려해야 한다. 이를 위해서는 기존에 개발된 자료들을 수집, 분류, 분석하는 문헌 연구 방법을 사용한다. 여러 문헌을 검토하여 자료 개발의 준거를 설정해 두어야 실제 연구자가 개발한 자료를 그 준거에 따라 점검해 볼 수 있게 된다. 연구자가 생각하는 모형에 부합하는 모형이 있다면 그 모형을 그대로 사용하면 되지만 적절한 모형이 없다면 연구자는 자신이 직접 개발하거나 기존 모형을 수정하여 사용해야 한다.

본 연구(최종현·송상헌, 2005)를 시작할 때 영재 교수·학습 모형은 있었지만 그런 자료를 개발하는 절차 모형은 소개되어 있지 않았다. 본 연구를 위해 국내·외 자료를 검토한 결과 수학 영재 교수·학습 자료를 위한 적절한 절차 모형을 찾을 수 없었다. 이에 본 연구자가 한국교육개발원(2003)에서 수학 영재 교수·학습 자료를 개발해 본 경험을 바탕으로 직접 새로운 절차 모형을 개발하여 제시하였다.

본 연구는 수학 영재들의 특성에 부합하는 교수·학습 자료를 개발하기 위해 먼저 자료 개발의 준거를 설정하고, 자료 개발의 절차 모형을 제시한 후 그에 따른 실제적인 주제 탐구형 수학 영재 교수·학습 자료를 개발하는 것이었다. 교수·학습 자료를 개발하기 위해서는 자료 개발의 절차 모형이 필요하기에 '모형 개발 연구'방법을 소개하고자 한다. 교수·학습 자료가 개발되기까지의 모든 연구는 문헌 연구를 바탕으로 한다. 기존

17) 시흥능곡초등학교, duck0808@hanmail.net

에 개발된 자료를 분석하고 이를 바탕으로 자료의 원형을 생산하고 이를 바탕으로 교수·학습 자료를 개발한다. 그리고 그 자료의 타당성을 검증하기 위해서는 현장 수업 적용을 실시해야 한다.

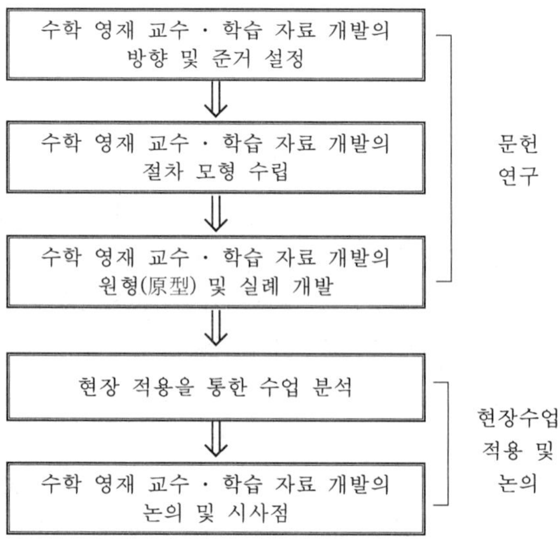

[그림 1] 연구의 절차

본 연구 이전의 연구들은 대부분 교수·학습 자료 개발을 위한 아이디어를 소개하거나 자료를 직접 개발하여 현장에 적용해 본 사례를 분석하거나 논의하는 방식이었다. 그러나 본 연구는 단지 교수·학습 자료를 개발하는 것 자체가 목적이 아니라 그러한 자료를 개발하기 위한 방향을 제시하는 데 목적이 있었기에 이 절차 모형을 바탕으로 다른 교수·학습 자료를 개발할 수 있기에 연구의 가치가 있다고 할 수 있다. 본 연구는 [그림 1]과 같이 문헌 연구와 현장 수업 적용 및 논의를 병행하여 진행하였다.

수학 영재 교수·학습 자료 개발의 원형(原型) 및 실례를 개발하기 위해 우선 문헌 연구를 통해, 여러 가지 자료 개발 모형 중 본 주제를 구현하기에 가장 적절할 것으로 판단된 Parnes의 창의적 문제 해결 모형을 선정하고, 기존에 우리나라에서 영재 교수·학습 자료로 가장 흔히 사용되고 있던 Renzulli의 3부 심화학습 모형과 그 특징을 비교하였다. 자연수의 약수를 이용하여 자연수를 분류하는 기준과 그 기준이 되는 성질들의 특성을 탐구할 수 있도록 4차시 분량의 원형을 개발하고 교사용 자료와 학생용 자료를 예시적으로 개발하였다. 이렇게 사고실험을 통해 개발한 자료를 총 4차에 걸쳐서 대학교부설 영재교육원과 교육청부설 영재교육원의 초등 수학반 학생들에게 현장 적용을 실시하였다. 자료 개발의 절차 중에 현장 적용 및 검증은 필수적이다. 교사의 관찰 및 학생들의 포트폴리오를 분석하면서 교수·학습 자료 개발의 준거에 따른 타당성을 검증하고 원형에서의 오류와 활용 가능성을 검증한다. 연구를 통해 본 자료의 교육적 가치나 다른 자료의 개발을 위한 교육적 시사점 등을 제안해 주면 좋다. 그리고 다른 교육자나 후속 연구자들을 위해 완성된 자료는 가급적 전문을 〈부록〉으로 실어 주어야 한다.

현재 개발되고 있는 수학 영재 교수·학습 자료들은 대부분 개인적인 경험이나 사고 실험을 바탕으로 현장에 적용하면서 수정해 가고 있다. 본 절차 모형이 기존 자료를 개선하거나 새로운 자료를 개발하고자 할 때 유용하게 사용될 수 있을 것으로 기대하며 오른쪽 [그림 2]와 같이 기존의 절차 모형을 약간 수정하였다.

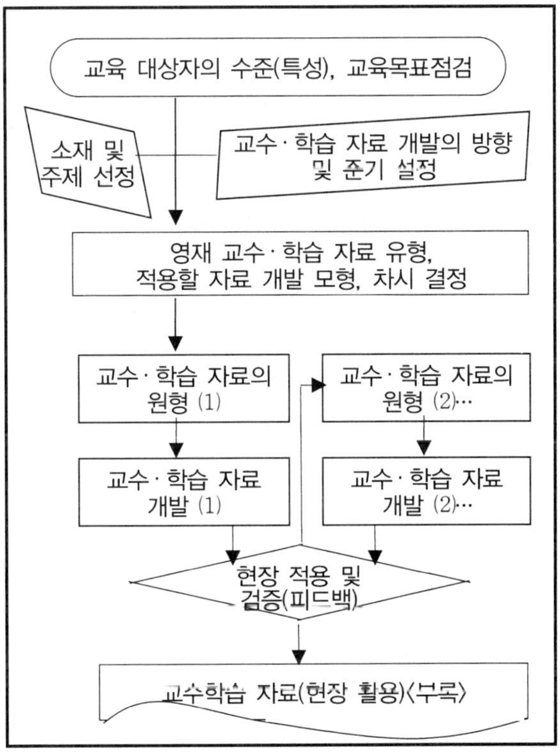

[그림 2] 수학영재 교수·학습 자료 개발 절차 모형

참고문헌

우정호, 정영옥, 박경미, 이경화, 김남희, 나귀수, 임재훈 (2006). **수학교육학 연구 방법론**. 서울: 경문사.

최종현, 송상헌 (20005). 주제 탐구형 수학 영재 교수학습 자료 개발에 관한 연구. **학교수학, 7**(2), 169~192.

대한수학교육학회지<학교수학> 제 7 권 제 2 호
Journal of Korea Society of Educational Studies in Mathematics
School Mathematics Vol.7, No.2, 169-192. Jun 2005

주제 탐구형 수학 영재 교수·학습 자료 개발에 관한 연구

최 종 현* · 송 상 헌**

본 연구는 수학 영재들을 위한 교수·학습 자료 개발의 준거를 설정하고 교수·학습 자료 개발의 절차 모형을 개발하여 그에 따른 주제탐구형 수학 영재 교수·학습 자료의 실제적인 모델을 제시하는 것이다. 이를 위하여 우선 수학 영재 교수·학습 자료 개발 준거와 파네스의 창의적 문제해결 학습 모형에 따라 '약수를 통한 자연수 탐구'라는 주제로 4차시 분량의 주제 탐구형 수학 영재 교수·학습 자료를 개발하였다. 이 자료를 이용하여 대학부설 영재교육원의 초등 수학 심화사사반 학생들과 교육청 부설 영재교육원 초등 수학반 영재아들을 대상으로4차에 걸쳐 현장에 적용하면서 수정 및 재구성을 한 자료를 부록에 실었다. 그리고 그 자료를 수업에 적용·분석함으로써 원형 및 자료 개발의 타당성을 확인하는 과정을 통해 얻게 된 수학 영재 교수·학습 자료 개발의 방향과 시사점을 제안하였다.

Ⅰ. 서 론

개인적, 교육적 차원에서의 당위성뿐만 아니라 국가적 인재 양성과 국가 경쟁력의 향상을 위하여 세계의 각 나라들은 영재 교육의 중요성을 강조하면서 영재교육을 집중적으로 실시하고 있고, 우리나라도 최근 영재교육 진흥법(2000. 1. 28)의 제정과 영재교육 진흥법 시행령(2002. 4. 18)이 공포되면서 초·중등학생을 대상으로 한 영재교육이 점차 본격적으로 이루어지고 있다. 각 시도 교육청, 영재 교육원, 영재 시범학교, 영재교육원등을 통한 영재교육에 대한 전 국민적 관심 확대와 영재 교육 활성화의 기로에 놓여 있다.

최근에 다양한 수준의 수학 영재들에게 적합한 교수·학습 자료가 지속되고는 있지만 교수·학습 자료 자료개발을 위한 이론적인 연구와 그것의 실천적인 적용연구는 더욱 필요한 실정이다. 특히 자료 개발자들은 수학영재들의 수준별 심리적 특성을 고려해야 한다. 그리고 수학영재들이 지식의 소비자로서가 아니라 새로운 지식의 생산자로 기여할 수 있도록 고급 사고력을 배양하는데 도움이 되는 교수·학습 자료를 개발해야 한다.

이에 본 연구는 수학 영재들을 위한 교수·학습 자료 개발의 준거와 교수·학습 자료 개발의 절차 모형을 개발하고 그에 따른 주제탐구형 수학 영재 교수·학습 자료의 실제적인 모델을 제시하고자 한다. 그리고 이 모델을 실제 수업에 적용·분석함으로써 원형 및 자료 개발의 타당성을 확인하는 과정을 통해 수학

* 장곡초등학교(duck0808@paran.com)
** 경인교육대학교(shsong@ginue.ac.kr)

영재 교수·학습 자료 개발의 방향을 제안하고자 하는 것이 본 연구의 목적이다.

본 연구에서 주제 탐구형 수학 영재 교수 학습 자료 개발을 위해 설정한 연구의 내용 및 방법은 다음과 같다.

첫째, 수학 영재 교수·학습 자료 개발의 준거와 절차 모형을 제시한다.

둘째, 수학 영재 교수·학습 자료 개발의 원형(原型) 및 실례를 개발한다.

셋째, 개발한 자료를 현장에 투입한 수업을 분석하여 수학 영재 교수·학습 자료의 원형을 수정 보완하고 이를 통한 교수·학습 자료 개발의 시사점을 제안한다.

Ⅱ. 이론적 배경

1. 영재들을 위한 교수·학습 모형

많은 연구 문헌에서 나타나는 수학영재들의 행동특성을 종합하면 다음과 같다. 수학 영재들은 수학분야에서의 높은 학업 성취도를 뛰어넘는 비범한 재능과 강한 자아개념, 그리고 수학적 과제에 대한 집착력이 있다. 또한 그들은 수학 분야에서 지적으로 새로운 자극과 도전을 갈망하며 높은 수학적 창의성을 바탕으로 평범하고 일반적인 것보다는 창의적이고 혁신적인 것을 좋아한다.

수학 영재 교수·학습 자료를 개발하기 위해서는 기존의 여러 가지 영재 교수·학습 모형을 포괄적으로 살펴보면서 특별히 수학 영재들의 특성과 학습 내용으로서의 수학적 특성에 적합한 교수·학습 모형을 구안하는 것이 필요하다. 각 모형들은 특히 제안자의 교육철학이나 강조점에 따라 달라진다.

지금까지 우리나라에 알려진 영재 교수·학습 자료개발 모형으로는 Renzulli의 심화학습 3단계 모형, Treffinger의 자기 주도적 학습 모형, Parnes의 창의적 문제해결 모형, Betts의 자발적 학습 모형, Taylor의 다중재능 접근 모형, Williams의 인지적 사고과정-정의적사고과정 모형, 문제중심 학습모형 등(강숙희 외, 2000; 김영채, 1999; 김홍원 외, 2002)이 있다. 그 중에서 한국교육개발원을 중심으로 한 우리나라 수학과 영재 교수·학습 자료들은 대부분 Renzulli의 심화학습 3단계 모형에 기초하고 있으며 이미 많은 문헌에서 소개하고 있다. 따라서 이 글에서는 그다지 알려지지 않은 Parnes의 창의적 문제해결 모형만 조금 더 살펴보려고 한다.

2. 창의적 문제해결 모형

창의적 문제 해결(Creative Problem Solving; CPS)이라 하면 개인이나 집단이 어떤 문제를 해결하기 위하여 창의적으로 사고하려는 노력들을 통칭한다. 그 중에 대표적인 것이 Isaksen & Treffinger가 제안한 방법이 있으나 이후에 Parnes가 이를 수정하여 제안하고 있다고 있다(김영채, 1999).

CPS는 요소 접근법을 취하며 문제 해결의 전체 과정을 보다 세부적인 단계로 접근한다. CPS는 광범위하게 적용할 수 있지만 특히 새롭고 유용한 해결을 필요로 할 때 효과적으로 사용할 수 있다. 다음은 CPS 3요소를 6단계로 구분한 것이다.

가. '문제의 이해' 요소

이 활동 요소는 문제 해결 노력이 분명하도록 하기 위한 것이다. '문제를 바르게 보고 바르게 진술'하면 이미 거기에 해결이 담겨 있을 수도 있다. 흔히 '문제를 발견하면 반은 이미 해결되었다.'라고 말할 만큼 문제를 바르게 정의하는 것은 생산적인 대답을 찾아내는 데 결정적이다. '문제의 이해' 요소는 '관심영역 발견', '자료 발견' 및 '문제 발견'의 세 가지 단계를 포함한다.

① 관심 영역 발견(mess-finding)

이 단계는 '우리가 작업하려고 하는 도전, 기회 또는 관심사에는 어떤 것들이 있는가?'란 질문을 다룬다. 이 단계의 기본 목적은 좀 더 포괄적인 목표 또는 출발지점을 확인하고 선택하는 데 있다.

② 자료 발견

이 단계에서는 '관심 영역'들을 음미해 보는 데 중요한 여러 가지 정보를 수집하여 문제를 바르게 진술하는 데 도움이 되게 한다.

③ 문제 발견

이 단계에는 작업 가능하고, 자극적이고, 그리고 구체적인 것으로 문제를 진술한다.

나. '아이디어 생성'요소

이 요소는 '아이디어 발견'이라는 한 개의 단계를 포함한다. 문제 해결에 도움이 될 수 있는 많은 아이디어, 다양한(융통성 있는) 갖가지 아이디어, 독특하고 독창적인 아이디어들을 생성해 낸다. 그런 다음 이들 가운데서 특히 그럴듯하고 유망해 보이는 한 개 또는 몇 개의 아이디어를 선택한다.

다. '행위를 위한 계획'요소

이 요소의 목적은 재미있고 유망해 보이는 아이디어들을 유용하고, 수용 가능하고, 그리고 실현 가능한 행위로 번역하는 데 있다. 이 행위를 위한 계획 요소에는 '해결 발견'과 '수용 발견'의 두 가지 단계를 포함한다.

① 해결 발견

한 개 또는 몇 개의 유망한 아이디어를 가지고 그것들을 분석하고, 개발하고, 그리고 다듬는다.

② 수용 발견

이 단계에서는 최종적으로 선택한 아이디어(해결, 발명)를 현실에다 실현시키기 위한 행위계획을 만들고자 한다. 선택한 아이디어를 다른 사람의 눈으로 들여다보고, 도와줄 수 있는 사람과 저항할 사람들을 체크해 보며, 이들을 토대로 실천을 위한 구체적인 행위계획을 수립한다.

위 CPS 모형의 가장 큰 장점은 실제적으로 부딪히는 문제를 해결할 수 있다는 데 있다. 이 모형은 여러 상황에서 쉽게 사용될 수 있으며 모든 연령의 아동들에게 가르쳐 질 수 있다는 점이 긍정적으로 평가될 수 있다. 이 모형은 또한 창의성을 증진시킬 수 있는 구조와 과정을 제공해 주며 목표 및 절차와 평가 준거가 명확하게 설명되어 있다는 장점이 있다.

Ⅲ. 수학 영재 교수 · 학습 자료 개발의 준거와 절차

1. 교수 · 학습 자료 개발의 준거

우리나라 16개 시 · 도 교육청 산하 영재교육원 및 지역 단위 영재학급에서 사용하는 초등 수학 영재를 위한 교수· 학습 자료들은 대부분 한국 교육 개발원에서 개발한 것이다. 그 외에도 Samara & Curry(1990), 김주훈 외(1996), 남승인(1999), 이종욱(2000), 김지영(2002), 이경화(2003), 송상헌(2004) 등에서 수학영재 교수· 학습 자료 개발을 위한 안내를 제안하였다. 이를 종합하면 다음과 같다.

첫째, 전통적인 학습경험에 비하여 수준이 보다 높고 정교하며 내용이 보다 깊이 있고 추상적이어야 한다.

둘째, 영재를 위한 교수· 학습 자료는 단순

히 내용을 재생해내는 주입식 과정이 아니라 창의적 사고를 생산해 내는 과정이어야 한다.

셋째, 영재를 위한 교수·학습 자료는 학생의 흥미와 관심에 따라 학습자 자신이 학습내용을 결정하는 주체자가 되도록 하여야 한다.

넷째, 영재를 위한 교수·학습 자료는 학습자에게 모든 지식과 정보에 대하여 비판적인 사고력을 가지고 반성적인 질문을 하여 이에 대한 논리적인 답변을 하는 활동을 하여야 한다.

다섯째, 기존의 아이디어에 도전하는 새로운 아이디어로 산출물을 만들도록 격려하는 내용이어야 한다.

이러한 내용을 바탕으로 초등 수학 영재아들의 특성을 고려하여 주제탐구형 수학 영재 교수·학습 자료 개발의 준거를 다음과 같이 설정할 수 있을 것이다.

첫째, 수학 영재들을 위한 교수·학습 자료는 일반 교육과정에서 교수되는 많은 수학적 개념들을 기초로 하되 수학적 사고력을 보다 확장 또는 발전시키는 기회를 제공하는 심화된 주제로 구성하여야 한다.

둘째, 탐구하고자 하는 주제의 학습 목표는 수학 영재들의 사고 측정을 고려하여 다양한 구체적인 조작활동이나 보다 추상적인 사고 활동 속에서 수학적으로 의미있는 추측과 그것의 타당화를 통해 새로운 개념을 이해하거나 재창조하는 경험을 갖도록 하여야 한다.

셋째, 의도한 교수·학습의 주된 목표를 달성하기 위해서는 하위 학습 주제와 탐구 활동들 간에 일관성이 유지되도록 체계적으로 조직하여야 한다.

넷째, 주제 탐구형의 교수·학습 자료를 개발하는 개발자는 그것을 활용하는 교사가 학생들로 하여금 실제적인 주제학습 과정에서 자기 주도적인 탐구를 수행할 수 있도록 자세히 안내할 뿐만 아니라 후속적인 탐구 활동을 유발하여 관련되는 학습 주제로 안내하는 방법에 도움을 얻을 수 있도록 자세히 기술해 주어야 한다.

2. 교수·학습 자료 개발의 절차

이 연구에서 사용한 수학 영재 교수·학습 자료 개발을 위한 절차 모형은 [그림 Ⅲ-1]과 같다.

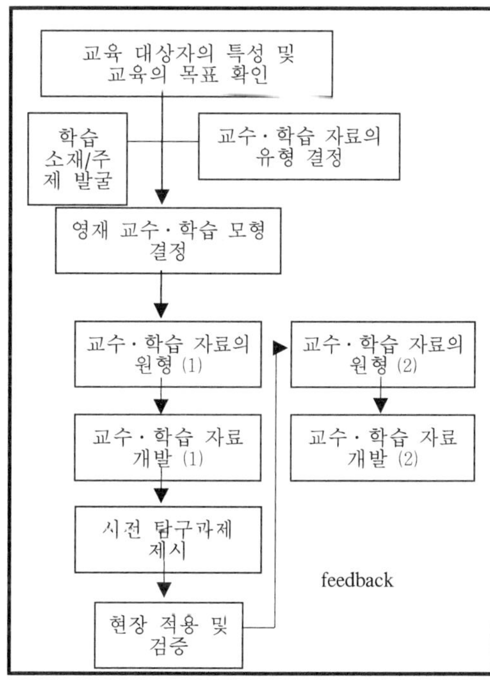

[그림 Ⅲ-1] 수학 영재 교수·학습 자료 개발을 위한 절차 모형

가. 교육 대상자의 특성 및 교육의 목표 확인

수학 영재를 위한 교수·학습 자료를 개발하기 위해서는 먼저 영재아들의 지적·정의적인 특성과 욕구를 바르게 이해해야 한다. 또한 그들의 수준에 비추어 교육하고자 하는 목표를 분명히 정립해야 한다.

나. 자료 개발을 위한 소재/주제의 발굴

수학과 교수·학습 자료 개발의 핵심은 수학

영재들의 심리적 특성과 수준에 부합하는 지도 내용의 개발이다. 이 지도 내용의 개발을 위해서는 그 내용을 포괄하는 소재 또는 주제를 발굴해야 한다. 수학과 학습 내용을 위한 소재/주제들은 다음을 충족시켜야 한다.

첫째, 수학 영재들의 흥미와 호기심을 불러일으키고 그들에게 지속적인 성취감을 줄 수 있어야 한다.

둘째, 내용의 속진보다는 심화학습에 좀 더 비중을 두어야 한다. 특히, 7차 교육과정에서 가르치는 많은 기본적 개념들을 기본으로 하면서도 이를 심화·발전시킬 수 있어야 한다.

셋째, 여러 가지 해결방법이나 사고 전략을 유발하여 영재들의 수학적 사고 활동을 개발·육성할 수 있어야 한다.

넷째, 학생의 자기 주도적인 탐구 학습을 통해 수학분야에서의 창의적 산출물을 생산할 수 있어야 한다.

다. 교수·학습 자료의 유형 결정

기존에 개발된 수학과의 교수·학습 자료를 학습 방법적인 측면에서 살펴보면 <표 Ⅲ-1>과 같이 문제중심형, 주제중심형, 과제중심형, 연구중심형(R&E)으로 그 유형을 나눌 수 있다(송상헌, 2004). 최근에 개발되고 있는 자료들의 상당수는 주제중심형의 학습 자료로 볼 수 있다.

라. 교수·학습 모형의 결정

학습의 주어진 목표를 달성하기 위한 소재 또는 주제와 교수·학습 자료의 유형을 결정한 후에는 이것을 적용하기에 가장 적합한 교수·학습 자료의 모형을 결정해야 한다. 일반적인 영재교육에서는 영재교육과정 개발 모형에 근거하여 보다 구체적이면서 소규모의 단위 학습에 적용할 수 있는 영재 교수·학습 모형을 제안하면서 그 모형에 맞추어 학습할 내용을 맞추곤 한다. 그러나 수학과의 학습은 수학적인 내용이 학습의 중심이 되므로 지도하고자 하는 내용의 성격에 맞추어 그에 적합한 교수·학습 모형을 선택해야 한다.

마. 교수·학습 자료의 원형 개발

교수·학습 자료의 원형은 교수·학습 자료를 구성하기 위한 기초가 되는 것으로 이것을

<표 Ⅲ-1> 수학과 교수·학습 자료의 유형

유형	기초 ←	→ 심화	유의점
문제중심형	문제풀이형	문제해결형	문제를 푸는 수준을 넘어 학생이 직접 당면 상황에서 문제를 발견하고 만들어 보면서 동료가 만든 문제를 상호 평가하기도 함.
주제중심형	주제학습형	주제탐구형	주제를 가르치고 배우는 수준을 넘어 보다 깊이 탐구해 가도록 함.(단일 주제 심화형, 다 주제 통합형으로도 구분)
과제중심형	과제수행 형또는 안내된 재발명형	자기주도적 프로젝트형	예상하는 답을 향해 주어진 과제를 수행해 나가도록 요구하는 수준을 넘어 학생이 자기주도적으로 과제를 설정하고 그것의 창의적인 산출물을 생산해냄
연구중심형 (R&E)	안내된 발명형	창의적 개별연구형	전문가 수준의 연구/개발을 격려하며 보고서, 논문 등을 요구함

바탕으로 하여 교수·학습 자료를 개발한다. 원형 속에 포함되는 내용은 아래 <표 Ⅲ-2>과 같다.

<표 Ⅲ-2> 교수·학습 자료의 원형에 포함될 요소들

1) 교육의 목표
2) 주제
3) 대상
4) 교수·학습 자료의 유형
5) 개요
6) 학습목표
7) 교수·학습 요소
   가) 주요 학습 개념
   나) 학습 내용
   다) 주요 기능
   라) 산출물
8) 평가
9) 학습 활동의 전개 절차
10) 참고 문헌

바. 교수·학습 자료용 개발

교수·학습 자료의 원형을 바탕으로 하여 학생용 자료와 교사용 자료를 개발한다.

① 학생용 자료

아래 [그림 Ⅲ-2]는 학생용 자료의 집필 체제를 나타낸 것이다.

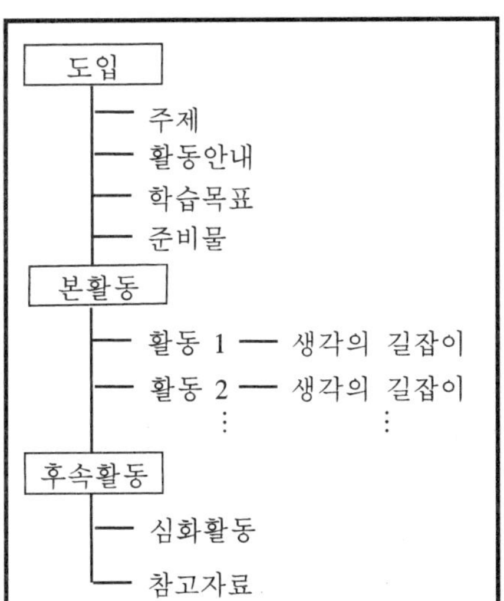

[그림 Ⅲ-2] 학생용 자료 집필 체제

학생용 교수·학습 자료를 개발하기 위해서는 다음의 몇 가지를 고려하여야 한다.

첫째, 학생들의 능력, 적성, 개인차를 고려하여 학생의 자기주도적 학습이 가능하도록 수준별 또는 선택적 상황으로 구성한다.

둘째, 학생들이 스스로 탐구해 볼 수 있는 상황을 통해 문제를 발견하고 해결할 수 있도록 하며, 학생들의 상상력과 창의성을 제한할 정도로 너무 자세히 안내하지 않도록 한다.

셋째, 학생용 교수·학습 자료에는 학생들의 수학적 사고 과정을 구체적으로 표현할 수 있도록 충분한 여백을 제공하여야 한다.

넷째, 보다 심화된 자료를 제공하며 후속 탐구활동을 위한 참고문헌을 자세히 안내한다.

② 교사용 자료

[그림 Ⅲ-3]는 교사용 자료의 집필 체제를 나타낸 것이다.

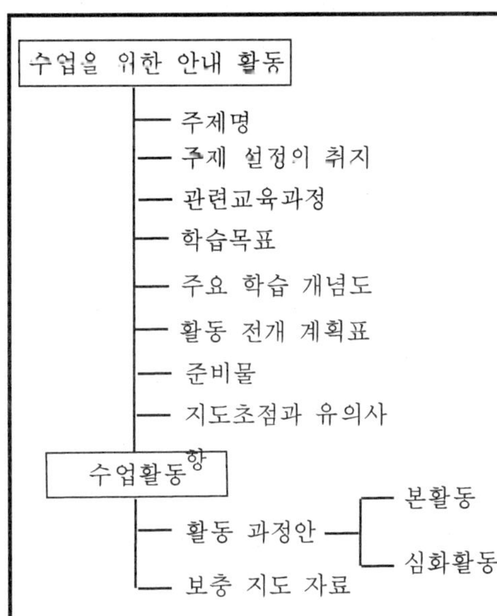

[그림 Ⅲ-3]는 교사용 자료의 집필 체제

교사용 교수·학습 자료를 개발하기 위해 다음의 몇 가지를 고려하여야 한다.

첫째, 주제 선정의 이유와 관련 교육과정, 그리고 학습의 목표 등을 명시하여 활용하고자 하는 교사들에게 충분한 안내서의 역할을 할 수 있어야 한다.

둘째, 주제별로 교육과정의 위계 또는 개념도, 활동 전개 계획표 등을 제시하여 수업에서 교사가 수업의 흐름을 확인할 수 있도록 해 주어야 한다.

셋째, 활동 학습을 통하여 학생들의 수학적 사고 능력과 태도의 변화를 유발하기 위한 지도의 초점과 지도시 유의사항들을 예시와 함께 상세히 기술해 주어야 한다.

넷째, 학생용 자료에 제시된 문제나 과제에 대해 학생들이 나타낼 수 있는 다양한 전략이나 풀이 방법 등을 예시해 주어야 한다.

다섯째, 교재를 개발하면서 도움을 받았던 참고문헌이나 인터넷 주소를 정확하게 적어 두어 지도교사가 그 교재를 재구성하거나 수업시 문제점이 발생하였을 때에 신속하게 대처할 수 있도록 해주어야 한다.

3. 주제 탐구형 수학 영재 교수·학습 자료 개발의 실제

본 논문에서는 [그림 Ⅲ-1]의 교수·학습 자료 개발을 위한 절차모형에 따라 교수·학습 자료의 원형과 교수·학습 자료를 개발하였다.

가. 교육 대상자의 특성과 교육의 목표 확인

본 연구의 적용을 위해 선택한 교육 대상자는 대학부설 영재교육원의 심화/사사반 학생들이다. 이들은 초등학교 6학년 학생들이지만 대부분 각종 수학 경시대회에서 입상한 경험도 있고 중학교 교육과정 이상의 내용을 학습한 경험이 있는 학생들이다.

이러한 학생들에 적합한 교육내용과 탐구주제를 선정하기 위해 기 개발된 자료들을 분석한 결과 도형과 측정 영역에 많은 비중을 차지하고 있었다. 또한 수와 연산 영역의 내용을 보면 수를 이용한 퍼즐이나 문제 해결력, 규칙 찾기 등에 한정되어 있고 약수의 기본적인 성질과 배수의 판정법을 이용한 문제 해결학습용 자료들이 일부 있었다. 이에 수의 성질에 관한 보다 심화된 내용을 경험해 볼 필요가 있다고 판단하여 자연수의 약수를 이용하여 자연수를 분류하는 기준과 그 기준이 되는 성질들의 특성을 탐구하는 것을 교육의 목표로 설정하였다.

나. 소재 및 주제 발굴

현 교육과정 내에서 약수와 관련된 내용으로는 5-가 단계에서 수의 약수를 구하는 것과 최대 공약수를 이용한 문제 해결 및 배수와 관련된 연관성만을 다루고 있다. 후속활동으로는 7-가 단계에서 소인수 분해와 조립제법을 활용한 세 수의 최대공약수와 최소공배수까지 다루고 있지만 자연수의 약수를 활용한 수의 성질과 분류는 정규 교육과정에서 취급하지 않는다. 이에 약수를 활용한 수학 귀신 게임과 피타고라스가 분류한 완전수, 과잉수, 부족수를 활동 소재로 하였다. 이는 약수의 개념만 알아도 탐구할 수 있는 활동으로 학생들에게 많은 흥미와 호기심을 불러일으킬 수 있으며 현 교육과정의 속진이 없어도 충분히 심화할 수 있는 소재이다.

다. 교수·학습 자료의 유형 결정

위에서 제시한 목표와 소재 및 주제에 적합한 유형으로 수학적 내용에 관한 보다 깊이 있는 탐색을 할 수 있도록 하기 위해서는 주제 탐구형의 교수·학습 자료를 개발하고자 하였다. 특히 자연수의 약수를 탐구하여 귀납적으로 학생 스스로 수학적 개념과 원리·법칙 등을 일반화하면서 정규교육과정에서 요구하는 수준 이상의 독창적인 탐구활동을 통해 새로운 문제를 찾아보도록 안내할 필요가 있기 때문이다. 그리고 문제를 해결하기 위한 연구 계획을 세워 자기 스스로 탐구활동을 수행함으로써 기 개발된 여러 사실들을 찾아내면서 재발견 또는 수학적인 증명을 경험할 수 있도록 하기 위함이나. 물론 현장에 적용하면서 주제에 대한 기본적인 이해를 필요로 하는 일부 학생들에게는 주제탐구 이전에 교사주도의 주제학습으로 학습 자료를 안내하면서 진행할 수밖에 없는 반면 사사반 수준의 일부 학생들에게는 보다 깊이 있는 개인 주제탐구를 위해 R&E형을 적용할 수도 있음을 고려하였다.

라. 영재 교수·학습 자료 모형의 선택

한국 교육 개발원에서 개발된 자료는 거의 Renzulli의 삼부심화학습의 모형으로 구성하고 있다. 이는 교수활동, 프로그램 평가를 위한 전략 등을 포함하는 전체적인 프로그램틀을 제공하며 모형이 실생활에 기초하여 통합되어져 있다 장점으로 많이 사용되고 있다. Renzulli의 삼부심화학습 모형과 Parnes의 창의적 문제 해결 모형을 비교하면 아래 <표 Ⅲ-3>과 같다. 본 자료는 단일 주제를 통한 단기간의 학습 요소를 포함하고 있으며, 수준이 서로 다른 학생들의 특성을 고려하여 학생들이 창의적으로 문제를 해결해 가는 과정을 산출해 낼 수 있도록 구성하였다.

이를 위해서는 Renzulli의 삼부심화학습 모형보다는 Parnes의 창의적 문제 해결 모형이 적합하다고 판단되었다.

마. 교수·학습 자료의 원형 개발

<표 Ⅲ-2>의 내용을 바탕으로 교수·학습 자료를 구성하기 위한 기초가 되는 교수·학습 자료의 원형을 제시하였다.

바. 교수·학습 자료의 구체화

수학 영재를 위한 교수·학습 자료를 개발하기 위해 다음을 고려하였다.

첫째, 교사의 설명보다는 학생의 자기 주도적인 탐구활동에 좀 더 비중을 두어 개발하였

<표 Ⅲ-3> Renzulli와 Parnes의 모형 비교

Renzulli의 삼부심화학습 모형	구분	Parnes의 창의적 문제 해결 모형
내용 영역의 통합형	내용	단일 주제 심화형
비교적 오랜 기간이 걸림	학습기간	단 기간에 학습 가능
3단계로 진행 (탐색/기능습득/프로젝트)	내용 전개 방식	3요소 6단계로 구성
교사주도 → 교사·학생의 협동 → 학생 주도	수업 전개 방식	교사의 자료 제시 → 학생주도에 따라 교사의 개입
협동자	학생들 간의 관계	개별자
안내자	교사의 역할	조언자
다양한 수준의 학생들이 자율적으로 사용 가능함	교재 구성	각 수준의 학생들에게 적합하도록 재구성할 필요가 있음
3부에서 프로젝트 수행시	문제 발견 시점	3단계의 문제 발견 단계
의사소통을 통한 아이디어의 공유	문제 해결을 위한 아이디어	문제 해결을 위한 영감과 상상력을 강조
세부적인 활동에서의 과제 집착력과 창의성을 구체적으로 평가하기 어려움	평가	세부적인 탐구단계에서의 과제 집착력과 창의성을 평가하기 용이함

다. 교사의 설명 위주의 수업은 학생들에게 지식적인 내용은 제시할 수 있으나 그 내용에 대한 탐구가 이루어지지 않아 원리 및 성질에 대한 이해 능력이 부족하다. 따라서 현 교육과정에 있는 기본적 개념들을 토대로 하여 깊이 있는 학습이 이루어지도록 하였다. 예를 들어 소수와 완전수, 과잉수, 부족수 등의 개념을 설명하기 이전에 보다 많은 약수의 합을 가져갈 수 있도록 고안한 게임을 통해 소수의 특성과 약수의 합이 많거나 적은 수들을 분류해 보는 기초 동을 통해 지적인 자극과 도전을 유발시키도록 구성하였다. 그리고 1부터 40까지의 자연수를 그 약수의 개수와 자신을 제외한 약수들의 합에 따라 여러 가지 방식으로 분류해 보면서 자연수들의 성질을 직접 조사, 탐구해 보도록 학습 자료를 전개하였다. 따라서 같은 내용을 다루는 교수·학습 자료라 할지라도 그 내용을 구성하는 방식과 지도하는 방식에 따라 학생들이 학습하는 내용과 깊이는 다를 수밖에 없다.

둘째, 동일한 주제에 대한 활동을 쉬우면서도 흥미로운 활동에서 점차 깊이 잇는 탐구가 필요한 활동으로 단계적으로 구성하면서 각 활동 간에 연계성이 있도록 구성하였다. 처음에 제시된 활동이 너무 어려우면 처음에 많은 부담감을 갖고 학생이 수업에 임하게 되어 다양한 사고를 하기가 어렵다. 처음에는 교육과정에서 가장 기본이 되는 내용을 제시하고 차츰 그 내용을 깊이 있게 들어가도록 하여야 한다. 또한 연계성이 없는 내용은 학습의 흐름을 방해할 수 있다. 따라서 현 교육과정에서 다루고 있는 약수를 구해보는 활동으로부터 이를 일반화시키는 활동으로 발전시켰다. 여러 수업을 진행하면서 학습 활동 사이의 연계성과 흐름의 문제성을 분석하여 자료를 수정·보완하였다.

셋째, 학생들의 수준을 고려한 교수·학습 자료를 구성하였다. 현재 우리나라에는 영재교육 프로그램을 운영하는 기관에 따라서는 학습자들의 수준에 상당한 차이를 보이고 있다. 따라서 각 교육기관마다 학생들의 수준에 맞는 교수·학습 자료가 필요하다. 수업을 전개해 나가는데 있어, 지역교육청부설 영재교육원, 지역단위 영재학급에서는 주제 학습의 방향으로 영재아들이 주제에 대한 여러 가지 사실을 찾아보는 활동으로 구성하고, 대학부설 영재교육원의 심화반 학생들에게는 그런 사실을 바탕으로 하여 일반화를 시켜보려는 활동과 지금까지 배운 내용을 바탕으로 더 공부하고 싶은 내용이나 연구하고 싶은 주제를 선정해보는 것까지로 구성하고, 대학부설 영재교육원의 사사반 학생들에게는 직접 한 개의 연구주제를 선택하여 자신만의 연구 프로젝트를 수행하는 것까지를 제시하여야 한다. 따라서 본 교수·학습 자료는 대학부설 영재교육원의 심화/사사반 학생들을 대상으로 하기 때문에 연구 프로젝트까지를 활동으로 구성하였다.

넷째, 다양한 전략이나 해결방법을 가지는 활동으로 발전적인 사고를 할 수 있도록 구성하였다. 같은 문제에 대하여 학생들의 다양한 반응 속에 가장 효율적인 방법을 찾는 것은 학생들의 사고 발달에 큰 도움이 된다. 자연수의 약수를 구하는 과정에서 여러 가지 방법이 나왔고, 그 방법을 비교하여 가장 효율적인 방법을 찾아냄으로써 그 방법이 나중에 과잉수의 여러 가지 특징을 일반화시키는 밑거름이 될 수 있도록 구성하였다. 또한 '수학 귀신을 이겨라.'라는 게임을 통해 전략을 탐구하고 그 전략을 이용해 게임을 발전시킴으로써 더 많은 사고의 확장을 가져올 수 있도록 하였다.

다섯째, 다양한 활동 속에서 개연적 추리를 통하여 수학적인 추측을 하고 이를 탐구하여 타당성을 확인하면서 수학적으로 의미 있는 의사소통 과정에 참여토록 하면서 스스로의 사고를 체계화하고 명확화 할 수 있도록 하였다. 의사소통 과정 속에 자신의 생각을 더 명확하게 할 수 있으며 다른 사람의 생각과 자신의 생각을 비교하면서 더 많은 사고의 확장을 가져올 수 있다. 따라서 수학적 의사소통 과정을 통해 수학 귀신 게임의 전략을 탐구하고 자연수의 특성들을 탐구하도록 하였다.

여섯째, 학생들의 사고과정이 산출물을 통해 나타나도록 하였다. 자신이 문제 해결을 해 나간 과정을 모두 기록하도록 하였고, 연구 주제에 대한 탐구를 통해 보고서로 제출하도록 하였다. 이를 바탕으로 학생들의 창의적 문제 해결 능력이 어느 정도에 도달할 수 있었는지를 알아 볼 수 있도록 하였다.

지금까지 고려한 사항과 원형을 바탕으로 [그림 Ⅲ-2], [그림 Ⅲ-3]에서 제시한 학생용, 교사용 자료 지필 체제에 맞게 개발하였다.

4. 현장 적용 결과 분석

현장 검증은 2003년 A대학부설 영재교육원 초등 수학 심화/사사반 학생들을 대상으로 1차 적용을 하였고, 2003학년도 A교육청 부설 영재교육원 초등 수학반 학생들을 대상으로2차 적용을 하였다. 그리고 2004년 A대학부설 영재교육원 초등 수학 심화/사사반 학생들을 대상으로 3차 적용을 하였고, 마지막으로 2004년 I대학부설 영재교육원 초등 수학 사사반 학생들에게 4차 적용하였으며 각 활동들을 녹화하여 분석하였다. 1차와 2차 수업을 위한 교수·학습 자료는 같은 것으로 하였다. 그 이유는 대학부설 영재교육원과 지역교육청부설 영재교육원에는 실력 차가 있음을 여러 가지 수업을 통하여 느낄 수 있었다.

따라서 각 영재교육원 영재아들 사이에 어느 정도의 차이가 있으며 그들에게 맞는 교수·학습 자료를 개발하기 위해서는 무엇을 고려해야 하는지를 알고자 하였다. 3차 자료부터는 기 개발된 자료의 문제점을 분석하여 수정 보완한 후 수업에 적용하였다.

가. 1차 적용 분석

1차 개발 자료에 포함된 주요 활동 내용은 다음 <표 Ⅲ-4>와 같다.

<표 Ⅲ-4> 1차 개발 자료

구분	활동 내용	비고
활동 1	• 약수 구하기 - 1부터 40까지 약수 구하기 - 약수의 개수에 따라 수 분류하기 • 자연수를 과잉수, 완전수, 부족수로 분류하기 - 과잉수, 완전수, 부족수 사이의 공통점 찾기 - 친애수 찾기	☞ 자연수의 약수를 구하는 다양한 방법 중에 가장 좋은 방법 생각하기 ☞ 과잉수, 완전수, 부족수 사이의 특징 이해하기
활동 2	• 가로, 세로 약수 찾기 - 2×2, 4×4, 6×6	☞ 공약수 이해하기
활동 3	• 약수를 활용한 게임하기 - 수학귀신을 이겨라!	☞ 전략을 사용한 게임하기
활동 4	• 새로운 활동 만들기	☞ 배운 내용을 바탕으로 연구과제 해결하기

이렇게 적용한 결과를 토대로 개발된 자료의 문제점은 <표 Ⅲ-5>와 같다.

나. 2차 적용 분석

2차 적용에 사용된 교수·학습 자료는 1차와 같았다. 같은 교수·학습 자료를 대학부설 영재교육원과 교육청 부설 영재교육원에 각각 1차와 2차에 걸쳐서 투입하였을 때 분석된 차이점을 종합해 보면 <표 Ⅲ-6>과 같다.

<표 Ⅲ-6>과 같이 영재 교육을 받는 영재아들이라 할지라도 그들의 수준에 따라서는 여러 가지 차이를 보이는 것을 알 수 있다. 먼저 공

<표 Ⅲ-5> 1차 개발 자료의 문제점

구 분	문제점
활동 1	• 먼저 약수를 구하고 뒤에 개수를 찾기 위해서는 다시 앞으로 와서 문제를 해결하고 또 과잉수, 부족수, 완전수를 찾기 위해 다시 앞에 와서 자기 자신을 제외한 약수들의 합을 구해야 함으로 내용 전개가 매끄럽지 않다. • 1부터 40까지의 수 중에 과잉수가 모두 짝수이므로 이 교재의 내용으로는 과잉수가 모두 짝수로 오인할 수 있다.
활동 3	• 몇 번 게임을 해 보면 모든 학생들이 쉽게 게임에 승리한다. • 게임에 승리하기 위한 전략을 찾기보다는 게임에 이기는 것에 목적을 둔다.

<표 Ⅲ-6> 1차, 2차 개발 자료의 분석 비교

구 분	A대학부설 영재교육원	A교육청부설 영재교육원
공통점	• 자연수 약수 구하기 • 약수의 개수에 따라 자연수 분류하기 • 과잉수 사이의 공통점 찾기 • 완전수 사이의 공통점 찾기 • 완전수가 되기 위해 1부족한 수 사이의 공통점 찾기 • 2×2, 3×3의 빈 칸 채우기 • 수학귀신 이기기(12까지의 수)	

구 분		A대학부설 영재교육원	A교육청부설 영재교육원
차이점	약수를 구하는 방법	• 다양한 방법으로 구할 수 있었고 어떤 방법이 더 효율적인지에 대한 판단을 할 수 있다.	• 가장 작은 수부터 약수를 구한다. (C=A×B일 때 A, B가 C의 약수임을 알고 있으나 이것을 활용하지 못함.)
	용어의 이해	• 소수, 제곱, 제곱수에 대해 모두 알고 있음.	• 아주 소수의 학생만 알고 있음
	홀수 과잉수 찾기	찾음	없다고 단정함
	게임 전략 찾기	• 몇 번의 게임을 통해 게임에 승리하기 위한 전략을 말이나 글로 표현함.	• 게임에 승리하기 위한 전략을 머릿속에서 생각은 하고 있는 듯하나 말이나 글로 표현하지 못함.
	연구 과제 수행하기	• 자기 나름대로 연구과제를 세워서 문제를 해결함.	• 무엇을 어떻게 해야 하는지에 대한 판단이 서지 못해 하지 못함.

통점으로는 학교 교육과정에서 기본적으로 배우는 내용에 대해서는 모두 잘 알고 있었고, 여러 가지 사실 속에서 공통점을 찾는 것은 거의 같은 대답이 나왔다. 그러나 문제 해결 방법이 여러 가지가 있을 때 효율성을 생각하는 데 것과, 기존의 지식을 응용하는 능력 및 여러 가지 사실을 기초로 일반화시키기, 전략 세우기, 복잡한 형태의 문제를 단순화하거나 수 감각을 이용하여 문제를 해결하기 등에서 대학부설 영재교육원 영재아들이 훨씬 나은 실력을 가지고 있었다. 또한 개인 연구 과제 수행 능력은 지역 교육청 부설 영재교육원의 학생들은 가지고 있지 않았다. 그리고 교육청 부설 영재교육원 영재아들은 학년 교육과정 이상의 속진이 이루어지지 않았지만 대학부설 영재교육원 영재아들은 중등 교육에 대한 많은 속진이 이루어진 것으로 판단되었다. 따라서 교수·학습 자료를 구성함에 있어 중요하게 생각해야 하는 것은 대상 학생들의 수준을 고려하여 그에 따른 학습 목표를 세우고 그것을 달성하기 위한 교수·학습 자료를 구성해야 한다. 지역 영재 학급 및 지역교육청 부설 영재교육원 영재아들에게는 여러 가지 사실을 찾아내고 그 사실을 통해서 규칙이나 공통점을 찾아내는 주제 학습으로 목표를 설정하고 대학부설 영재교육원의 심화반 영재아들에게는 그런 사실들을 종합·분석하여 일반화하는 능력 및 개인 연구 주제로 적합한 것이 무엇이 있는지를 생각해 보는 주제 탐구형으로 목표를 선정하고, 사사반 영재아들에게는 자신이 세운 연구 주제를 해결하기 위한 구체적인 활동을 계획하고 실행하는 것까지를 목표로 설정하는 R&E형이 좋다.

다. 3차 적용 분석

1·2차 적용 분석 결과 교수·학습 원형에서는 문제점이 없었다. 따라서 분석한 내용을 토대로 기 개발된 교수·학습 자료를 <표 Ⅲ-7>과 같이 수정하였다. 3차 적용 분석 결과 1·2차 때보다 학생들이 더 많은 사고를 할 수 있었고 더 많은 자료를 얻을 수 있었다. 이 결과를 토대로 3차 교수·학습 자료의 문제점을 분석한 결과 아래 <표 Ⅲ-8>과 같다.

<표 Ⅲ-7> 3차 교수·학습 자료 수정 내용

구 분	수정 내용	비고
활동 1	• 약수를 구하는 과정에서 약수의 개수와 자신을 제외한 약수들의 합을 함께 제시 • 가장 작은 홀수 과잉수 찾기	• 내용 전개를 매끄럽게 함. • 추가
활동 3	• 수학 귀신 이기기에서 수학 귀신보다 점수 차이를 많이 내서 이기기 • 자신이 원하는 수를 선택하여 게임하기	• 게임 규칙 변경 • 추가

<표 Ⅲ-8> 3차 적용 분석 결과

구 분	문제점
활동 1	• 활동 1이 너무 많다. • 과잉수들의 공통점을 알아보는 과정에서 완전수의 배수는 모두 과잉수가 됨을 알 수 있었다. 공부의 선후가 바뀐 느낌이 들었다. • 과잉수, 완전수, 부족수에 대한 명확한 정의가 없었기 때문에 '1'이라는 수가 분류하는 데 문제가 되었다.
활동 2	• 목표를 달성하기 위해 <활동 1>과 <활동 3>사이에 연계성이 없다.
활동 3	• 게임 방법에 대한 이해를 하지 못하였다.

라. 4차 적용 분석

3차 적용 분석 결과 교수·학습 원형에서 약간의 문제점이 발견되었다. 따라서 교수·학습 원형을 수정하였다. 그리고 이 내용을 토대로 3차 교수·학습 자료를 <표 Ⅲ-9>와 같이 수정하였다.

4차 적용을 한 결과 앞의 적용 때와 큰 차이를 보이지 않았다. 위의 내용을 통해 수정해야 할 문제점은 아래 <표 Ⅲ-10>과 같다.

마. 최종 수정된 교수·학습 자료

4차에 걸친 수업 적용을 통한 분석으로 아래 <표 Ⅲ-11>과 같이 활동을 제시하였다.

<표 Ⅲ-9> 3차 교수·학습 자료 수정 내용

구 분	수정 내용	비고
활동 1	• 1부터 40까지의 수의 약수를 구하고, 그 개수와 자기 자신을 제외한 약수들의 합 구하기	• 내용의 세분화
활동 2	• 약수의 개수에 따라서 자연수 분류하기	
활동 3	• 약수의 합에 의해서 자연수 분류하기 - 1을 어디로 분류할 것인가에 대해 생각하기 - 완전수 → 과잉수 → 부족수의 순으로 전개 • 1을 어떻게 분류할 것인가? • 완전수, 과잉수, 부족수 중에 어느 것이 가장 많을까? • 새로운 기준에 따라 자연수 분류하기	• 추가 • 내용 순서 조정 • 추가 • 추가 • 추가
활동 4	• 게임에 대한 하나의 예 제시	• 추가
활동 5	• 심화활동 제시	• 추가

<표 Ⅲ-10> 4차 적용 분석 결과

구 분	문제점
활동 3	• 과잉수, 완전수, 부족수를 분류한 후 1을 어디에 두어야 할지에 대한 고민이 먼저 이루어져야 함. • 자연수를 새로운 기준으로 분류해 보는 것은 학생들이 이 활동을 통하여 자기 스스로 연구 주제로 설정하는 것이 적절함.
활동 4	• 활동 1, 2, 3을 바탕으로 활동 4의 게임을 위한 전략을 찾아야 하는 데 전략에 큰 도움이 되지 못함.
활동 5	• 학생들이 문제를 설정하고 해결해 가는 과정이 너무 막연하다는 느낌을 줌.

<표 Ⅲ-11> 최종 교수·학습 자료 수정 내용

구 분	최종 수정 내용	비고
활동 1	• 수학 귀신을 이겨라!	관심영역 발견
활동 2	• 너의 약수를 알려다오!	자료 발견
활동 3	• 약수의 개수에 따른 자연수 분류하기	
활동 4	• 약수들의 합에 따라 자연수 분류하기	
활동 5	• 심화활동 제시	문제발견 아이디어 발견 해결발견 수용발견

활동 1에서는 '수학 귀신을 이겨라!'라는 게임을 통해 학생들의 흥미와 호기심을 유발하고 약수에 대한 관심을 갖도록 하는데 활동의 주안점을 둔다. 활동 2에서는 교육과정과 관련하여 자연수의 약수와 개수, 자기 자신을 제외한 약수들의 합을 구해 본다. 활동 3에서는 약수의 개수에 따라 자연수가 어떻게 분류되고 그 속에 어떤 성질이 있는지를 탐구하며, 활동 4에서는 약수들의 합에 따라 완전수, 과잉수, 부족수로 구분하고 그 속에 성질을 분석하고 일반화시켜 봄으로써 자신이 연구하고자 싶은 연구의 주제 설정을 위한 자료를 발견한다. 활동 2, 3, 4를 통하여 자신이 연구하고자 하는 연구주제를 설정할 자료들을 모은다. 활동 5에서는 심화활동으로 활동 2, 3, 4에서 배운 내용을 바탕으로 자신이 해결하고 싶은 연구 주제를 설정하고 그 주제를 해결하기 위한 아이디어를 통한 연구 계획을 세우고 이를 바탕으로 해결하고 그 내용을 일반화시켜 본다. 앞에서도 언급하였듯이 지역교육청 부실 영재교육원이나, 지역 단위 영재학급에서는 활동 4까지를 통해 주제를 학습하는 데 주안점을 두고 대학부설 영재교육원에서는 활동 5까지를 제시함으로써 창의적인 문제 해결 능력을 확인하고 자기 주도적 학습이 이루어지도록 한다.

이렇게 수정된 내용을 바탕으로 개발된 자료는 <부록 1>에 제시하였다.

Ⅳ. 결론 및 제언

1. 결론

본 논문은 수학영재교육의 효율성을 신장시킬 수 있는 주제탐구형 교수·학습 자료 개발을 위한 준거 설정 및 교수·학습 자료 개발의 절차 모형을 제안하고 있다. 이 모형에 따라 수학 내용을 구현하는 교수·학습 자료의 원형을 개발하여 수업에 적용·분석함으로써 그 원형과 자료 개발 절차를 확인해 보려고 했다.

본 연구는 수학 영재 교수·학습 자료 개발 준거와 교수·학습 모형에 따라 '약수를 통한 자연수 탐구'라는 주제로 4차시 분량의 주제 탐구형 수학 영재 교수·학습 자료를 개발하였다. 이 자료를 이용하여 A대학부설 영재교육원 초등 수학 심화/사사반, A교육청 부설 영재교육원 초등 수학반, I대학부설 영재교육원 사사반 영재아들을 대상으로 4차에 걸쳐 현장에 적용하여 아래와 같은 사실을 확인하였다.

첫째, 수학 영재 교수·학습 자료 개발의 절차 모형을 기반으로 하여 자료를 개발함으로써 활동 간의 유기적인 연관성을 유지하고 전체적인 윤곽을 확인할 수 있었다.

둘째, 학생들의 수준별 특색을 살린 교재 구성과 수업 활동을 전개함으로써 학생들의 능력이 최대한으로 발휘시킬 수 있었다.

셋째, 개발된 자료는 적용과 관찰·분식을 통하여 계속적으로 수정·보완되었다.

넷째, 교사용 자료에는 기대하는 학습 목표에 부합하는 학생들의 풀이에 대한 예시, 학생들이 탐구할 수 있는 주제에 대한, 예시, 수업에 활용할 수 있는 교사의 안내와 지도시 유의점 등이 자세히 소개할 필요가 있었고, 그러한 기술이 수업을 진행하는 데 유익한 가이드가 되었다.

본 연구의 분석 결과를 바탕으로 주제 탐구형 수학 영재 교수·학습 자료를 개발하는 데 있어 아래와 같은 결론을 얻었다.

첫째, 주제 탐구형 교수·학습 자료를 개발하기 위해서는 탐구하고자하는 주제의 내용을 구현하기에 가장 적절한 교수·학습 모형을 선택하거나 필요에 따라서는 재구성할 필요가 있다. 본 연구에서는 최근 우리나라에서 그동안 가장 많이 활용하고 있는 Renzulli의 심화학습 3단계 모형보다는 Parnes의 창의적 문제해결모형을 선택하였다. 이는 본 자료가 단일 주제를 이용한 단기간의 학습 요소를 수준이 다른 학생들의 특성을 고려하여 학생들이 창의적으로 문제를 해결해 가는 과정을 산출해내는 데 목적이 있기 때문이다.

둘째, 이미 개발된 주제 탐구형 교수·학습 자료는 탐구하고자하는 목표와 참여하는 학습자들의 수준에 따라 재구성할 필요가 있다. 예를 들어 Parnes의 창의적 문제해결 모형은 동일한 교수·학습 자료를 재구성하여 수준이 다른 학생들에게 모두 사용할 수 있다. 지역 단위 영재학급이나, 교육청 부설 영재교육원에서는 관심영역 발견과 자료 발견의 주제 학습으로, 대학부설 영재교육원의 심화반 학생에게는 아이디어 발견의 단계까지, 대학부설 영재교육원의 사사반 학생에게는 수용 발견까지의 주제탐구로 활용이 가능하다

셋째, 주제 탐구형 수학 영재 교수·학습 자료를 개발하기 위해서는 탐구할 주제의 내용과 그 내용을 탐구해 가는 방법과 형식을 포함하는 원형을 고안할 필요가 있다. 이 원형의 내용적인 면에서는 탐구할 주제의 필수적인 요소와 보다 심화된 형태의 내용을 포함하여야 하고, 방법과 형식적인 면에서는 학생들에게 자기 주도적으로 탐구해 갈 수 있도록 유도하고 교사에게는 학생들을 구체적으로 안내할 수 있도록 예시하는 교수·학습 자료의 형식을 갖추고 있어야 한다. 그리고 이 원형은 교육의 목표를 달성하기에 충분하다고 판단될 때까지 지속적으로 수정 및 보완할 필요가 있다. 원형은 교수·학습 자료를 구성하기 위한 기초가 되는 자료로 교수·학습 자료의 개발자나 지도교사가 교육의 목표를 달성하기 위한 여러 가지 요소들이 유기적으로 연관되고 있는지 확인하면서 교수·학습 자료의 적용을 통한 분석으로 재구성하여 교수·학습 자료의 완성도를 높여가는 지침서로 활용할 수 있다.

넷째, 주제를 깊이 탐구하는 데는 많은 시간이 필요하므로 탐구과제를 원활히 수행하기 위해 교사는 학습자에게 사전에 충분히 숙지하도록 시간적 여유를 줄 필요가 있다. 예를 들어, 사전 탐구과제를 제시하면 학생들이 활동에 대한 충분한 이해를 바탕으로 창의적인 문제 해결 및 탐구를 할 수 있게 된다. 자신이 설정한 연구 주제에 대하여 충분한 자료 수집 및 분석이 가능하여 자기 주도적인 연구를 경험해 볼 수 있는 기회이며 이를 통해 교사는 수업 중에 학생들이 생각해 온 주제를 토론하는 데 보다 집중할 수 있다.

따라서 자료의 개발자는 이러한 점을 충분히 고려하여 지도 교사가 이를 명심할 수 있도록 교사용 자료에 안내해 주어야 한다.

2. 제언

이상의 연구를 바탕으로 초등학교 주제 탐구형 수학 영재 교수·학습 자료 개발에 관하여 다음의 몇 가지를 제언하고자 한다.

첫째, 아직 지역단위 영재학급, 지역교육청 부설 영재교육원, 대학부설 영재교육원의 학생들 사이에 어떤 차이가 있는지에 대한 구체적인 연구가 이루어지지 않았다. 그러나 이런 연구는 교사가 교수·학습 자료를 구성하는 데 큰 기초가 되는 내용이므로 이에 대한 구체적인 연구가 필요하다.

둘째, 본 연구는 특정 영역의 한 가지 주제만을 중심으로 분석하였으므로 추후로 다른 영역의 여러 주제에 대한 연구를 함으로써 원형을 이용해 학생들의 능력을 고려한 교수·학습

자료가 어떤 차이로 구성되어야 하는가에 대한 연구가 계속되어야겠다.

셋째, 본 연구에서 개발된 교수·학습 자료를 적용한 후 나온 주제 탐구 보고서에 대한 분석이 이루어지지 않았다. 학생들이 설정한 연구 주제에 대한 계획 및 해결 과정을 분석하는 방법에 대한 연구가 계속되어야겠다.

참고문헌

강숙희 외(2000). 영재 교수·학습 자료 개발 연구- 초·중 영재학교/영재학급용-. 한국교육개발원 수탁연구 CR2000-15. 한국교육개발원.

구자억 외(1999). 수학과 영재 교육과정 시안 - 초·중학교 수학과 영재 교육과정 시안 개발을 위한 기초연구. 한국 교육개발원.

김공예(2003). 수학 영재학급 운영을 위한 프로그램 개발연구. 부산교육대학교 대학원 석사학위논문.

김영채(1999). 창의적 문제해결: 창의력의 이론, 개발과 수업. 교육과학사

김지영(2002). 창의성 신장을 위한 초등학교 수학 영재 학급용 프로그램 개발에 관한 연구. 인천교육대학교 대학원 석사학위논문.

김지원(2003). 한 수학 영재아의 수학적 사고 특성에 관한 사례 연구. 인천교육대학교 대학원 석사학위논문.

김홍원, 서혜애, 정현철, 이혜주(2002). 영재 심화 교수·학습 자료 개발 연구 - 초등학교 저학년 영재학급용 -. 한국교육개발원 수탁연구 CR2002-45. 한국교육개발원.

남승인(1998). 초등학교 수학 영재 지도 방안에 관한 고찰. 한국초등수학교육학회지, 2.

남승인(2000). 초등학교 저학년 영재지도 방안. 한국수학교육학회지 시리즈 F <수학교육 학술지> 5, 21-37.

박성익(1999). 영재교육과정의 모형과 운영방식에 관한 고찰. 영재교육연구, 9(1), 1-36.

송상헌(1998). 수학 영재성 측정과 판별에 관한 연구. 서울대학교 대학원 박사학위논문.

송상헌(2000). 수학 영재아들을 위한 행동특성 검사지의 개발과 활용에 관한 연구. 학교수학, 2(2), 427-457.

송상헌(2004). 수학 영재교육과정 및 프로그램 개발의 실제. 영재교육 담당교원 직무연수 교재 TM 2004-1-2. 90-117. 한국교육개발원.

이경화(2003). 수학 영재교육 자료의 개발과 적용 사례 연구. 수학교육학연구, 13(3), 365-381.

이종욱(2000). 초등학교 수학 영재의 확산적 사고 발달을 위한 학습 자료 개발 연구. 한국교원대학교 대학원 석사학위논문.

전병일(2002). 초등수학과 영재교육의 운영방안 탐색. 부산교육대학교 대학원 석사학위논문.

조연순(2001). 창의성 계발을 위한 교수·학습 및 평가방법, 창의성 계발을 위한 교육전략 연구 세미나 연구자료 RM 2001-32. 한국교육개발원.

조완영(2001). 일반학교의 수학과 영재교육 자료 개발의 이론과 실제. 수학영재 지도교사를 위한 연수교재, 251-263. 대구교육대학부설 초등교육연수원.

Krutetskii, V. A. (1976). *The psychology of mathematical abilities in school children.* The Univ. of Chicago Press.

NCTM (1987). *Providing opportunities for the mathematically gifed.* K-12. Reston. Virginia. NCTM.

Renzulli, J. S. (1977). *The enrichment triad model: A guide for developing defensible programs for the gifted and talented.* Wethersfield, CT:Creative Learning Press.

Renzulli, J. S. (1978). *What makes giftedness?* Phi Delta Kappan, 180-184.

Samara, J., & Curry, J. (1990). *Writing units that challenge gifted students: A guide-book for & by educators.* MA: Maine Educators of the Gifted and Talented.

<부록 1> 교수 · 학습 자료(교사용)

수업을 위한 준비활동

1. 주제 : 약수를 활용한 자연수 탐구

2. 주제 설정의 취지

이 단원에서는 학생들이 5학년 가단계에서 공부한 약수와 배수를 이용하여 자연수의 약수를 구해보고 약수의 개수와 자기 자신을 제외한 약수들의 합을 기준으로 자연수를 분류해 보고 그 수 사이에 어떤 특징들이 있는지를 탐구해 보려고 한다.

약수와 배수를 활용한 많은 문제들(예를 들어, 분수의 통분, 기차 시간 문제, 톱니바퀴 문제, 직사각형 모양의 타일을 붙여서 정사각형 만들기 등)의 공통점은 주어진 문제를 해결하기 위한 수단으로 약수와 배수를 활용해서(특히, 최대공약수나 최소공배수) 문제를 해결해야 하는 것이 대부분이었다. 본 활동에서는 지금까지 배운 약수를 이용하여 연구 주제를 선정하고 그 주제에 대한 연구 계획 및 실행을 통하여 연구 보고서를 작성함으로써 약수에 대한 기본 지식뿐만 아니라 여러 가지 사실을 분석하여 일반화해 보고 자신이 탐구하고자 하는 문제 설정과 해결을 통하여 창의적 문제 해결 능력을 향상시키고자 한다.

3. 관련 교육과정

◦ 약수와 배수(5-가)

4. 학습 목표

(1) 약수를 구할 수 있고, 그 과정 속에서 소수의 개념을 스스로 터득할 수 있다.

(2) 자연수를 여러 기준으로 분류하고 그 분류된 수 사이의 공통점을 분석할 수 있다.

(3) 분류된 수 사이의 공통점이 수를 확장하였을 때에도 항상 성립하는 지를 인터넷 검색을 통하여 확인할 수 있다.

(4) 여러 게임의 규칙을 이해하여 체계적으로 분석하여 이길 수 있는 전략을 발견하려는 자세를 갖는다.

(5) 자신이 쓴 답에 대해 그 이유를 논리적으로 설명하여 쓸 수 있어야 할 뿐 아니라, 여러 사람과 의논하는 과정에서 자신의 생각과 논리의 타당함을 설득할 수 있어야 하므로 수학적 의사 소통 능력을 가능한다.

5. 주요 학습 개념

가) 약수와 공약수

약수란 자연수 a가 두 개의 자연수의 곱으로 나타날 때 그 두 자연수를 a의 약수라고 하며, 두 자연수 사이의 공통의 약수를 공약수라 한다.

나) 소수와 합성수

소수란 1과 자기 자신을 제외하고는 약수를 가지지 않는 수를 말한다. 합성수란, 1과 소수를 제외한 수를 합성수라 한다. 단, 1은 소수도 합성수도 아니다.

다) 과잉수, 완전수, 부족수

과잉수란 자기를 제외한 약수들의 합이 자신의 수보다 클 때를 이야기하고, 완전수는 자신과 같은 수, 부족수는 자신보다 작은 수를 이야기한다.

6. 주요 기능

1) 약수를 구하는 과정에서 두 수 사이의 곱을 이용하여 그 수를 구한다.
2) 분류된 수를 분석하여 귀납적 사고를 통해 수 사이의 공통점을 찾는다.
3) 단순화하기의 문제 해결 전략을 사용하여 주어진 수 사이의 규칙을 찾는다.
4) 게임에 승리하기 위한 전략을 세운다.
5) 친구들과 서로 새로운 규칙을 정하여 자신의 생각과 논리의 타당함을 설명해야 하므로 수학적 의사소통 능력을 키운다.

7. 준비물

1) 학생 : 계산기
2) 교사 : 학습지

8. 활동 전개 계획

주제명	약수를 활용한 자연수 탐구		
학습 내용	주활동	• '수학 귀신 이려가' 게임을 통한 전략 탐구하기 • 약수, 약수의 개수, 약수들의 합 구하기 • 약수의 개수에 따라 자연수 분류하기 • 약수들의 합에 따라 자연수 분류하기	
	심화활동	• 활동을 통한 문제 발견 및 아이디어 생성을 통한 문제 해결하기 및 보고서 작성하기	
학습 단계	교수-학습 활동	시간 (160분)	유의점
도입	• '수학 귀신을 이겨라' 게임에 승리하기 위한 전략을 세우도록 한다. • 활동 내용에 따른 학습 목표를 안내한다.	20	• 처음에는 게임에 이기는데 초점을 두고 나중에는 게임에 이기기 위한 전략을 세워보는 데 초점을 둔다.
본활동	• 1부터 40까지의 약수를 구하고 개수와 자기 자신을 제외한 약수들의 합을 구한다. • 약수의 개수가 1개인 것과, 홀수개 짝수개로 분류하고 그 특징을 알아본다. • 자기 자신을 제외한 약수들의 합에 의해서 완전수, 과잉수, 부족수로 분류한다. • 완전수의 성질을 알아본다. • 과잉수의 성실을 필이본디. • 부족수의 성질을 알아본다.	60	• 약수를 구할 때 어떻게 하면 쉽고 간단하게 구할 수 있는지 생각해 본다. • 소수나 제곱수 등은 현교육과정에 없으므로 용어에 치우치지 말고 성질에 중점을 두고 학습한다. • 교사 위주의 수업이 아닌 학생들이 발표한 사실에 중심을 두고 진행한다.
심화활동	• 지금까지 배운 내용을 바탕으로 자신이 해결하고 싶은 문제를 설정한다. • 자신이 설정한 문제를 해결하기에 적합한 방법을 알아본다. • 자신이 세운 방법으로 문제를 해결한다.	60	• 지금까지 배운 내용 속에서 학생들이 연구하고 싶은 과제를 스스로 선택하여 수행하도록 한다.
정리	• 소수, 제곱수, 완전수, 과잉수, 부족수를 이해하였는지 확인한다. • 자연수를 다른 기준에 따라서 분류해 본다. • (심화)자신이 문제 해결과정 속에서 알게된 사실이나 새로 발견된 궁금증을 알아본다.	20	• 자연수를 분류하기 위한 기준에 대한 타당한 이유를 제시할 수 있도록 한다.

9. 활동 과정안

약수를 활용한 자연수 탐구

Ⅰ. 활동 안내

여러분은 아마 "자연수 a가 자연수 b로 나누어 떨어질 때 곧 a = b × (자연수)의 꼴로 나타낼 수 있을 때, b를 a의 **약수**, a를 b의 **배수**라고 한다."와 같은 **약속하기(정의)**를 알고 있을 것입니다. 그리고 이러한 약수와 배수를 활용한 많은 문제들(예를 들어, 분수의 통분, 기차 시간 문제, 톱니바퀴 문제, 직사각형 모양의 타일을 붙여서 정사각형 만들기 등)을 풀어 보았을 것입니다. 이제는 여러분들이 지금까지 배운 약수를 이용하여 연구 주제를 선정하고 그 주제에 대한 연구 계획 및 실행을 통하여 연구 보고서를 작성하려고 합니다.

본 활동에서는 약수의 정의와 성질을 활용하여 자연수 전체를 몇 가지 기준에 따라 새롭게 분류하고 그 속에서 공통적인 사실을 찾아보면서 수학의 새로운 세계를 탐구해 봅시다. 그리고 이를 바탕으로 하여 새로운 것을 만들어 내는 재발명의 시간이 되기를 바랍니다.

Ⅱ. 학습 목표

이 활동을 마치고 나면 여러분은

(1) 약수를 구하는 과정을 통하여 소수의 개념을 알게 됩니다.

(2) 자연수를 여러 가지 기준으로 재분류해 봄으로써 수에 대한 감각을 가질 수 있습니다.

(3) 분류된 수를 통하여 그 속에서 여러 가지 사실과 규칙들을 분석할 수 있게 됩니다.

(4) 주어진 게임을 이해하고 그것을 체계적으로 분석하여 게임에 승리하기 위한 전략을 찾아보고, 새로운 게임을 만들어 보려는 태도를 갖게 됩니다.

(5) 자신의 생각을 논리적으로 설명하고 다른 사람과 의논하는 과정에서 수학적으로 의사소통하는 능력을 기를 수 있게 됩니다.

Ⅲ. 준비물

• 학생 : 계산기
• 교사 : 학습지

Ⅳ. 학습 활동 (본활동)

(관심 영역 발견)

▶ 이 단계의 기본 목적은 좀 더 포괄적인 목표 또는 출발지점을 확인하고 선택하는 데 있다. 먼저 약수의 정의를 통해 무엇인지를 알고 "우리가 배우려고 하는 약수를 활용한 것에는 어떤 것들이 있는가?"를 물어 봄으로써 학생들이 약수에 대해서 한 번 생각해 볼 수 있는 기회를 제공한다.[1]

▶ 이 단계에서는 학생들이 게임을 통하여 수를 선택할 때 어떤 수를 선택할 지를 학습하게 된다. 이는 뒤에 약수의 개수를 알아보는 활동과 약수의 합을 이용한 완전수, 과잉수, 부족수와 연계된 활동이다. 따라서 학생들이 이 단계의 학습을 통하여 뒤에 배우게 되는 내용의 중요성을 알 수 있도록 한다.

활동 1. 수학귀신을 이겨라!

▶ 먼저 게임 방법을 학생들이 이해할 수 있도록 한다. 아래 제시된 하나의 예를 통해 학생들이 무엇을 해야 하는지를 알게 한다.

<게임 방법>

① 두 자리 수를 생각합니다.

② 1부터 생각한 수까지 연속해서 씁니다.

③ 위 수에서 하나를 선택하여 '내가 고른 수' 칸에 적고 자기 자신을 제외한 약수 모두를 '수학귀신이 가져간 수' 칸에 적습니다. (가져간 수는 다시 선택할 수 없습니다.)

④ 자신을 제외한 약수가 존재하지 않는 수는 가져갈 수 없습니다.

⑤ 더 이상 고를 수가 없을 때까지 위 ③번의 과정을 반복합니다.

⑥ 자신을 제외한 약수가 더 이상 존재하지 않을 때 남은 수는 모두 '수학귀신이 가져간 수'에 적습니다.

⑥ '내가 고른 수'의 합과 '수학귀신이 가져간 수'의 합을 비교하여 그 합이 많은 사람이 이깁니다.

▶ ③번에서 내가 선택한 수와 수학 귀신이 가져간 수는 다시 선택할 수 없음과 ⑥번에서 더 이상 수를 선택할 수 없을 때 남은 수는 모두 수학 귀신이 가져감을 상기시킨다. 짝이 서로 자신이 얻은 수의 합을 비교하여 누가 더 많이 이겼는지 확인해 볼 수 있다.

1 ▶은 지도시의 유의점을 나타내며, ☞은 답을 나타낸다.

<활동지>

수학귀신을 이겨라!

1. 다음에 주어진 수로 여러 번 게임을 해 보아라. (최종 점수만 쓰지 말고 순서에 따라 내가 선택한 수에 따라 수학 귀신이 가져간 수들을 모두 정확히 기록하여라. (게임을 여러 번 해 볼 수도 있다.)

1 2 3 4 5 6 7 8 9 10 11 12

순서	1차 게임		2차 게임		3차 게임	
	내가 고른 수	수학귀신이 가져간 수	내가 고른 수	수학귀신이 가져간 수	내가 고른 수	수학귀신이 가져간 수
1	10	1, 2, 5	*12*	*1, 2, 3, 4, 6*	*11*	*1*
2	8	4	*10*	*5*	*9*	*3*
3	9	3		*7, 8, 9, 11*	*10*	*2,5*
4	12	6			*8*	*4*
5		7, 11			*12*	*6*
6						*7*
합계	39	39	*22*	*56*	*50*	*28*

2. 내가 처음 선택한 수는 (　　)이다. 그 수를 처음 선택한 이유는 무엇인지 자세히 쓰시오.

☞ *11*, *1*은 모든 수의 약수이므로 어떤 수를 선택하든지 수학 귀신에게 주게 된다. 또한 소수는 *1*과 자기 자신만을 약수로 갖고 있기 때문에 처음에 선택하지 않으면 모두 수학 귀신에게 주게 된다. 따라서 처음에 가장 큰 소수를 선택한다.

▶ 11이라는 수를 찾는 것보다 왜 그것을 선택해야 하는지를 아는 것이 더 중요하다. 따라서 학생들에게 이유를 명확히 제시할 수 있도록 한다.

3. 내가 얻을 수 있는 가장 큰 점수는 몇 점입니까?

☞ *50*점

▶ 자신이 얻은 점수를 이야기하여 비교하도록 한다. 가장 높은 점수를 얻은 학생을 선정하여 자신이 적당한 수를 선택하여 수학 귀신을 이기기 위한 방법을 찾아보도록 한다. 쉽게 게임에 승리하는 학생들에게는 가급적 점수 차이를 많이 나도록 이길 수 있는 방법을 찾아보게 한다.

▶ 학생들이 한 결과를 비교하며 게임에 승리하기 위한 전략을 세워볼 수 있도록 한다.

6. 이 게임에서 수를 선택할 때 고려해야 할 것에는 어떤 것들이 있을까요? 그 수 사이에서 발견할 수 있는 특징들을 적어보시오.

▶ 지금까지 게임을 하면서 자신이 생각한 전략들을 이야기 해 보며 그것의 타당성을 함께 검토해 보도록 한다. 단 이 단계는 학생들의 출발점을 진단하고 학생들에게 학습에 대한 흥미를 유발하기 위한 단계이므로 너무 전략을 알아보는 데 치중하지 않고 학생들이 생각한 것들을 들어보는 것만으로도 충분한 전개가 될 수 있다. 따라서 학생들의 특성을 고려한 수업의 전개가 필요하다.

☞ 가장 먼저 가장 큰 소수를 선택합니다.

☞ 다음에 가장 큰 소수의 제곱을 선택합니다. 왜냐하면 가장 큰 소수를 제외한 나머지 소수는 수학 귀신이 가져가기 때문에 이것을 이용합니다. 이 때 선택하지 않으면 소수의 제곱수는 수학 귀신이 가져가게 됩니다.

(자료 발견)

▶ 이 단계는 학생들이 심화활동에서 자신이 연구하여야 할 연구 주제를 설정하기 위한 기초 자료가 되는 것이다. 이 활동을 전개해 가면서 여러 가지 정보를 수집하여 연구 주제를 진술하는 데 도움이 될 수 있도록 한다. 자신이 이 활동을 하면서 여러 가지 궁금점 등을 가질 수 있도록 한다.

활동 2. 너의 약수를 알려다오!

▶ 1부터 40까지 약수를 구해보고 약수의 개수와 자기 자신을 제외한 약수들의 합을 구해 보도록 한다. 그러나 약수를 구할 때 학생들이 어떻게 구하는 지를 확인해 본다. 작은 수부터 약수를 써 가는 것은 약수를 빼 먹을 수 있으며, 특히 큰 수의 약수를 구할 때는 어려움이 있음을 알고 C=A×B일 때 A, B가 C의 약수가 됨을 알고 같이 써 나갈 수 있도록 한다.

▶ 자신이 적당한 수를 선택하여 수학 귀신을 이기기 위한 방법을 찾아보도록 한다. 쉽게 게임에 승리하는 학생들에게는 가급적 점수 차이를 많이 나도록 이길 수 있는 방법을 찾아보게 한다.

▶ 학생들이 한 결과를 비교하며 게임에 승리하기 위한 전략을 세워볼 수 있도록 한다.

6. 이 게임에서 수를 선택할 때 고려해야 할 것에는 어떤 것들이 있을까요? 그 수 사이에서 발견할 수 있는 특징들을 적어보시오.

▶ 지금까지 게임을 하면서 자신이 생각한 전략들을 이야기 해 보며 그것의 타당성을 함께 검토해 보도록 한다. 단 이 단계는 학생들의 출발점을 진단하고 학생들에게 학습에 대한 흥미를 유발하기 위한 단계이므로 너무 전략을 알아보는 데 치중하지 않고 학생들이 생각한 것들을 들어보는 것만으로도 충분한 전개가 될 수 있다. 따라서 학생들의 특성을 고려한 수업의 전개가 필요하다.

☞ 가장 먼저 가장 큰 소수를 선택합니다.

☞ 다음에 가장 큰 소수의 제곱을 선택합니다. 왜냐하면 가장 큰 소수를 제외한 나머지 소수는 수학 귀신이 가져가기 때문에 이것을 이용합니다. 이 때 선택하지 않으면 소수의 제곱수는 수학 귀신이 가져가게 됩니다.

(자료 발견)

▶ 이 단계는 학생들이 심화활동에서 자신이 연구하여야 할 연구 주제를 설정하기 위한 기초 자료가 되는 것이다. 이 활동을 전개해 가면서 여러 가지 정보를 수집하여 연구 주제를 진술하는 데 도움이 될 수 있도록 한다. 자신이 이 활동을 하면서 여러 가지 궁금점 등을 가질 수 있도록 한다.

활동 2. 너의 약수를 알려다오!

▶ 1부터 40까지 약수를 구해보고 약수의 개수와 자기 자신을 제외한 약수들의 합을 구해 보도록 한다. 그러나 약수를 구할 때 학생들이 어떻게 구하는 지를 확인해 본다. 작은 수부터 약수를 써 가는 것은 약수를 빼 먹을 수 있으며, 특히 큰 수의 약수를 구할 때는 어려움이 있음을 알고 C=A×B일 때 A, B가 C의 약수가 됨을 알고 같이 써 나갈 수 있도록 한다.

▶ 자신이 적당한 수를 선택하여 수학 귀신을 이기기 위한 방법을 찾아보도록 한다. 쉽게 게임에 승리하는 학생들에게는 가급적 점수 차이를 많이 나도록 이길 수 있는 방법을 찾아보게 한다.

▶ 학생들이 한 결과를 비교하며 게임에 승리하기 위한 전략을 세워볼 수 있도록 한다.

6. 이 게임에서 수를 선택할 때 고려해야 할 것에는 어떤 것들이 있을까요? 그 수 사이에서 발견할 수 있는 특징들을 적어보시오.

▶ 지금까지 게임을 하면서 자신이 생각한 전략들을 이야기 해 보며 그것의 타당성을 함께 검토해 보도록 한다. 단 이 단계는 학생들의 출발점을 진단하고 학생들에게 학습에 대한 흥미를 유발하기 위한 단계이므로 너무 전략을 알아보는 데 치중하지 않고 학생들이 생각한 것들을 들어보는 것만으로도 충분한 전개가 될 수 있다. 따라서 학생들의 특성을 고려한 수업의 전개가 필요하다.

☞ 가장 먼저 가장 큰 소수를 선택합니다.

☞ 다음에 가장 큰 소수의 제곱을 선택합니다. 왜나하면 가장 큰 소수를 제외한 나머지 소수는 수학 귀신이 가져가기 때문에 이것을 이용합니다. 이 때 선택하지 않으면 소수의 제곱수는 수학 귀신이 가져가게 됩니다.

(자료 발견)

▶ 이 단계는 학생들이 심화활동에서 자신이 연구하여야 할 연구 주제를 설정하기 위한 기초 자료가 되는 것이다. 이 활동을 전개해 가면서 여러 가지 정보를 수집하여 연구 주제를 진술하는 데 도움이 될 수 있도록 한다. 자신이 이 활동을 하면서 여러 가지 궁금점 등을 가질 수 있도록 한다.

활동 2. 너의 약수를 알려다오!

▶ 1부터 40까지 약수를 구해보고 약수의 개수와 자기 자신을 제외한 약수들의 합을 구해 보도록 한다. 그러나 약수를 구할 때 학생들이 어떻게 구하는 지를 확인해 본다. 작은 수부터 약수를 써 가는 것은 약수를 빼 먹을 수 있으며, 특히 큰 수의 약수를 구할 때는 어려움이 있음을 알고 $C=A\times B$일 때 A, B가 C의 약수가 됨을 알고 같이 써 나갈 수 있도록 한다.

☞ 1과 자기 자신만을 약수로 가지고 있다.

▶ 1과 자기 자신만을 약수로 갖는 수를 '소수'라고 하나 학생들이 다른 이름을 붙이면 그 이름으로 약속하고 부르도록 한다. 여기서는 '소수'라는 용어의 중요성보다 그 성질의 중요성에 포인트가 있다고 할 수 있다.

약속하기 :
1과 자기 자신만을 약수로 갖는 수를 '**소수(素數, prime number)**'라고 합니다.

(3) 약수의 개수가 홀수인 수들의 공통점은 무엇입니까? 이러한 수들을 무엇이라고 이름을 붙이면 좋을까요?

☞ 어떤 수를 제곱한 수이다. 어떤 수를 두 번 곱한 수이다. 등

▶ '제곱'이라는 용어나 '제곱수'라는 용어에 너무 치중하지 않는다. 초등학교 수준의 용어를 사용하여도 무방하다. 대학 부설 영재교육원 등의 학생들은 이미 이 용어를 알고 있으나 영재학급이나 지역교육청 부설 영재교육원에 다니는 몇 몇 학생들은 이 용어를 알지 못한다. 전체적인 수준을 분석하여 사용하는 것이 좋다.

▶ 여기까지는 약수의 개수에 따라 수를 분류하여 그 특징을 살펴보았다. 약수의 개수에 따라서 다른 특징이 있는지 알아볼 수 있다. 예를 들어, 어떤 수들이 약수의 개수가 4개이고, 어떤 수들이 6개인지 등을 분석하여 그 특징을 알아볼 수 있다. 그러나 이 내용은 본 주제와는 맞지 않기에 여기서는 언급하지 않는다.

▶ 자신이 적당한 수를 선택하여 수학 귀신을 이기기 위한 방법을 찾아보도록 한다. 쉽게 게임에 승리하는 학생들에게는 가급적 점수 차이를 많이 나도록 이길 수 있는 방법을 찾아보게 한다.

▶ 학생들이 한 결과를 비교하며 게임에 승리하기 위한 전략을 세워볼 수 있도록 한다.

6. 이 게임에서 수를 선택할 때 고려해야 할 것에는 어떤 것들이 있을까요? 그 수 사이에서 발견할 수 있는 특징들을 적어보시오.

▶ 지금까지 게임을 하면서 자신이 생각한 전략들을 이야기 해 보며 그것의 타당성을 함께 검토해 보도록 한다. 단 이 단계는 학생들의 출발점을 진단하고 학생들에게 학습에 대한 흥미를 유발하기 위한 단계이므로 너무 전략을 알아보는 데 치중하지 않고 학생들이 생각한 것들을 들어보는 것만으로도 충분한 전개가 될 수 있다. 따라서 학생들의 특성을 고려한 수업의 전개가 필요하다.

☞ 가장 먼저 가장 큰 소수를 선택합니다.

☞ 다음에 가장 큰 소수의 제곱을 선택합니다. 왜나하면 가장 큰 소수를 제외한 나머지 소수는 수학 귀신이 가져가기 때문에 이것을 이용합니다. 이 때 선택하지 않으면 소수의 제곱수는 수학 귀신이 가져가게 됩니다.

(자료 발견)

▶ 이 단계는 학생들이 심화활동에서 자신이 연구하여야 할 연구 주제를 설정하기 위한 기초 자료가 되는 것이다. 이 활동을 전개해 가면서 여러 가지 정보를 수집하여 연구 주제를 진술하는 데 도움이 될 수 있도록 한다. 자신이 이 활동을 하면서 여러 가지 궁금점 등을 가질 수 있도록 한다.

활동 2. 너의 약수를 알려다오!

▶ 1부터 40까지 약수를 구해보고 약수의 개수와 자기 자신을 제외한 약수들의 합을 구해 보도록 한다. 그러나 약수를 구할 때 학생들이 어떻게 구하는 지를 확인해 본다. 작은 수부터 약수를 써 가는 것은 약수를 빼 먹을 수 있으며, 특히 큰 수의 약수를 구할 때는 어려움이 있음을 알고 $C=A\times B$일 때 A, B가 C의 약수가 됨을 알고 같이 써 나갈 수 있도록 한다.

활동 4. 약수들의 합에 따라 자연수 분류하기

▶ 전차시 활동에서는 약수들의 개수에 따라서 분류를 하여 보았다. 여기서는 약수들의 합을 이용하여 자연수를 분류하려고 한다. 활동 1에서 약수를 구하면서 자신을 제외한 약수들의 합을 구한 것을 이용하여 수업을 진행한다.

※ 피타고라스학파는 자연수를 아래의 내와 같이 3가지 종류로 구분하였습니다.

▶ 피타고라스학파가 누구인지에 대해서 학생들에게 너무 강조할 필요가 없다. 여기서는 피타고라스학파보다 자연수를 완전수, 과잉수, 부족수를 구분하였다는 것이 중요하다. 그러나 학생들에게 수학사를 통하여 흥미를 가질 수 있도록 하기 위해서 간단히 언급해 주는 것도 괜찮다

• 완전수 : 자기 자신을 제외한 약수들의 합이 자기 자신과 같은 수
• 과잉수 : 자기 자신을 제외한 약수들의 합이 자기 자신보다 큰 수
• 부족수 : 자기 자신을 제외한 약수들의 합이 자기 자신보다 작은 수

(예) 8의 약수는 1, 2, 4, 8인데 $1 + 2 + 4 < 8$이므로 8은 **부족수**이다.
6의 약수는 1, 2, 3, 6인데 $1 + 2 + 3 = 6$이므로 6은 **완전수**이다.
24의 약수는 1, 2, 3, 4, 6, 8, 12, 24인데 $1 + 2 + 3 + 4 + 6 + 8 + 12 > 24$ 이므로 24는 **과잉수**이다.

▶ 예를 통하여 학생들이 부족수, 완전수, 과잉수에 대한 충분한 이해를 바탕으로 다음 활동이 진행되어야 한다. 이것을 이해하지 못하면 뒤에서 이루어지는 모든 활동의 진행이 어렵게 된다. 몇 개의 예를 통하여 이해를 확실히 할 수 있도록 한다.

- 모든 자연수는 위 기준에 따라서 분류할 수 있습니까?

☞ 없다

▶ 다른 수는 문제가 되지 않는데 '1'이라는 수를 어떻게 처리하느냐가 가장 큰 문제이다. 우리가 흔히 1도 부족수라고 생각하기 쉽다. 그러나 부족수의 정의는 자기 자신을 제외한 약수들의 합이 자

기 자신보다 작은 수이다. 그러나 1의 약수는 자기 자신을 제외하고는 없다. 이것을 '0'과 혼동할 수 있다. 그러나 '없다'라는 의미와 '0'이라는 의미를 같이 생각하는 것이 우려이다. 따라서 '1'은 어느 곳에도 넣을 수 없는 수이다. 그러나 이 의미가 학생들에게 혼란을 준다면 처음부터 부족수의 정의를 완전수와 과잉수가 아닌 수 등으로 정의를 내려 1을 부족수에 넣는 방법도 생각할 수 있다.

- 왜 그렇게 생각합니까?

☞ 1은 완전수, 과잉수, 부족수도 아니다. 왜냐하면 1의 약수는 자기 자신 밖에 없으므로 위 정의에 모두 해당이 되지 않는다.

1. 아래 기준에 따라 자연수를 분류해 보시오.

모임을 만드는 기준		기준에 맞는 수들	특징
자기 자신을 제외한 약수들의 합	과잉수	12, 18, 20, 24, 30, 36, 40	
	완전수	6, 28	
	부족수	2, 3, 4, 5, 7, 8, 9, 10, 11, 13, 14, 15, 16, 17, 19, 21, 22, 23, 25, 26, 27, 29, 31, 32, 33, 34, 35, 37, 38, 39	

▶ 학생들이 분류한 것을 확인한다.

▶ 분류된 수의 특징을 파악하여 그 수들 사이의 특징을 파악하여 본다.

(1) 완전수

피타고라스는 어떤 정수가 자기와는 다른 약수 전체의 합과 같아질 때 그 정수를 완전하다고 보았다. 최초의 완전수는 6 이다. 이 수는 1, 2, 3 에 의해서 나누어지고 또 이 숫자들의 합 1+2+3=6 이기도 하다. 두 번째 완전수는 28 이다. 약수는 1, 2, 4, 7, 14 인데 이들 약수의 합이 곧 1+2+4+7+14=28 이다.

6과 28의 완전성을 인정한 사람은 피타고라스학파의 회원들만이 아니었다. 이와는 다른 시대, 다른 문화권에 살던 사람들, 중세의 종교 학자들은 6 과 28 의 완전수가 보여주는 완전함이 곧 우주를 구성하는 조직의 기본질서라고 주장했다. 신은 이 세상을 6일 만에 창조했고 달은 28일마다 한 번씩 지구의 주위를 도는 것이다. 성 아우구스티누스(St. Augustine)는 자신의 저서 <신의 도성 The City of God>에서, 자연계와의 관계 때문이 아니라, 수의 속성 그 자체가 수를 완전하게 만든다고 믿었다. 성인은 이렇게 말했다.

> 신은 이 세상을 한순간에 창조할 수도 있었지만 우주의 완전함을 계시하기 위해 일부러 6일이나 시간을 끌었다. 6은 신이 6일 동안에 세상을 창조했기 때문에 완전한 것이 아니라, 그 자체가 완전한 수이다. 그래서 하나님도 이 완전수를 모델로 하여 세상을 6일 만에 창조한 것이다. 따라서 그 6일 동안의 창조 작업이 설혹 없었다고 하더라도 6은 완전수로 남아 있을 것이다.

고대 그리스인들은 단지 4개의 완전수를 알고 있었다. 니코마쿠스는 그의 Introducio Arithmeticae (circa 100.A.D)에서,

$$P_1=6,\quad P_2=28,\quad P_3=496,\quad P_4=8,128$$

를 소개하였다.

① 니코마쿠스가 찾은 4개의 완전수 사이에서 예상할 수 있는 규칙에는 어떤 것들이 있습니까?

▶ 여기서는 학생들의 예상이 반드시 참일 필요는 없다. 단지, 여기서는 니코마쿠스가 찾은 수를 통하여 앞으로 나올 수들을 예상함으로써 학생들이 수학자로서의 경험을 가질 수 있도록 한다. 모든 이론들이 처음부터 참일 수는 없다. 여러 가지 가설을 통하여 그 중에 아주 작은 몇 개만이 참으로 인정될 뿐이다. 학생들은 뒤에 오는 수는 어떤 것인지를 알고 있을 수 있다. 그러면 아무 예상도 할 수 없다. 따라서 여기서는 뒤에 수를 모른다고 가정하고 조그마한 가능성이라도 찾을 수 있도록 한다.

☞ 한 자리 수 한 개, 두 자리수 한 개, 세 자리 수 한 개, 네 자리수 한 개이므로 다음 수는 다섯 자리 수이다.

☞ 일의 자리 수가 6, 8, 6, 8이 반복되므로 다음 수의 일의 자리 수는 6이 될 것이다.

☞ 일의 자리 수는 6이나 8만 나온다.

☞ 가장 큰 자리 수가 짝수이다.

☞ 모두 짝수이다.

- 이 규칙은 항상 성립합니까? 자신이 생각한 결과가 맞는지를 인터넷에 있는 자료를 이용하여 확인하여 보시오.(인터넷 주소를 정확히 적을 것)

▶ 컴퓨터가 쉽게 준비될 수 있으면 컴퓨터를 이용하여 찾아볼 수 있다. 그러나 컴퓨터가 준비되기 어려우면 교사가 다음 수를 이야기하여 예상한 것이 맞는지 확인할 수 있다.

☞ P5 = 33550336, P6= 8589869056이다.

☞ P5는 다섯 자리 수라고 예상하였으나 여덟 자리 수이고 P6도 십의 자리 수이므로 예상이 틀렸다.

☞ P5는 일의 자리 수가 6이었으나 P6의 일의 자리 수가 8이 아니고 6이므로 다음 수가 8이라는 예상은 틀렸다.

☞ 일의 자리 수가 6과 8만 나온다는 것은 아직까지는 참 일 가능성이 있다. 그래서 P7을 조사하였더니 137,438,691,328이고 P8은 2,305,843,008,139,952,128이므로 '참이다' 예상할 수 있다. 그러나 홀수인 완전수 $2^{2^n}+1$ http://puzzle.jmath.net/math/essay/odd_perfect.html) 가 발견됨으로써 거짓임을 알 수 있다. (단, 여기서 이것이 거짓임을 바로 이야기할 필요는 없다. 참일 가능성이 있지만 아직 확신한 것은 아니다 라고 넘어가는 것도 가능하다.

☞ P5 = 33550336이므로 가장 큰 자리 수가 홀수이므로 거짓이다.

▶ 앞에서도 언급하였지만 여기서는 참인 가설을 세우는 것이 아니라 참일 가능성이 있는 것을 찾아내는 것에 초점이 있으므로 학생들이 실망하지 않도록 한다.

③ $P_1=1+2+3=6$, $P_2=1+2+3+4+5+6+7=28$ 로 나타낼 수 있습니다. 그렇다면, P_3, P_4를 이와 같은 방법으로 나타내어 보시오.

☞ P4 = 1 + 2 + 3 + ⋯ + 30 + 31 = 496

☞ P5 = 1 + 2 + 3 + ⋯ + 126 + 127 = 8128

▶ 이 문제를 해결하기 위해 몇 몇 학생들은 자연수의 합 구하는 공식인 $\frac{n(n+1)}{2}$을 이용하여 문제를 해결할 수 있으나 여기서는 예상과 확인의 문제 해결 전략을 통하여 찾을 수 있도록 한다.

- 이 사실을 통하여 알 수 있는 사실은 무엇입니까?

☞ 완전수는 1부터 시작하는 연속된 자연수의 합으로 나타낼 수 있다.

☞ 완전수는 삼각수이다.

☞ 완전수는 1 + 2 + 3 + ⋯ + (2n-1)로 표현한다. 이 때 (2n-1)은 메르센 소수이다.

▶ 완전수가 이런 특징을 통하여 신기한 수임을 학생들이 느낄 수 있도록 한다.

④ $P_1=6=2\times3=2^1\times(2^2-1)$, $P_2=28=4\times7=2^2\times(2^3-1)$로 나타낼 수 있습니다. 그렇다면, P_3, P_4를 이와 같은 방법으로 나타내어 보시오.

☞ P3 = 24 × (25 - 1), P4 = 26 × (27 - 1)

- 이 사실을 통하여 알 수 있는 사실은 무엇입니까?

☞ 완전수는 2n × (2n+1-1)의 형태로 나타낼 수 있다.

- $2^n\times(2^{n+1}-1)$의 형태로 만들어지는 수는 모두 완전수입니까?

☞ 아니다.

▶ 모든 완전수는 $2^n\times(2^{n+1}-1)$의 형태로 제시될 수 있다고 예상할 수 있다. 그러나 120은 $2^3\times(2^4-1)$의 형태로 제시될 수 있지만 완전수가 아니라 과잉수이다. 따라서 거짓이다.

- 위와 같은 방법으로 제시되는 수 중 완전수가 되는 것과 되지 않는 수를 나누어 보시오.

▶ 위에 '아니다'라는 것을 증명하기 위해서 아래 활동을 한다.

▶ $2^n\times(2^{n+1}-1)$에서 n에 수를 넣어서 완전수가 되는지 되지 않는지를 구분하여 표 안에 넣는다. 완전수는 앞에서 P_6까지 구했으므로 그것을 이용한다.

완전수가 되는 수	완전수가 되지 않는 수
$2^1 \times (2^2 - 1)$	$2^3 \times (2^4 - 1)$
$2^2 \times (2^3 - 1)$	25 × (26 - 1)
24 × (25 - 1)	27 × (28 - 1)
26 × (27 - 1)	28 × (29 - 1)
212 × (213 - 1)	29 × (210 - 1)

- 완전수가 되는 수 사이에는 어떤 공통점이 있습니까?

☞ 괄호 안에 있는 수가 소수이다.

☞ 괄호 안에 있는 수는 메스센 소수이다.

▶ 위 표를 보고서 공통점을 찾는 것은 쉽지 않다. 왜냐면 $(2^7 - 1) = 127$과 $(2^{13} - 1) = 8191$이 소수임을 알기 어렵고, $(2^9 - 1) = 511$, $(2^{10} - 1) = 1023$등이 소수가 아님을 찾는 것이 어렵다. 따라서 위 공통점을 너무 강조할 필요는 없다. 교사가 적당한 발문을 통하여 학생들이 알아갈 수 있도록 할 수 있고, 아니면 교사가 답을 제시할 수도 있다.
(511 = 7 × 73, 1023 = 11 × 93)

▶ '메르센 수'란 $2^n - 1$ (단, n은 자연수)로 표현되는 수를 말한다. 예를 들어 1, 3, 7, 15 … 등이다. 이 수 중에서 소수인 수를 메르센 소수라고 한다. 그러나 이 용어에 대하여 학생들에게 언급할 필요는 없다. 그러나 몇 몇 영재아들 중에서 이 수를 알고 있으므로 교사가 숙지해 두는 것이 좋다.

(2) 과잉수

① 과잉수들 사이에는 어떤 공통점이 있습니까?

☞ 6을 제외한 6의 배수와 20의 배수이다.

☞ 약수가 6개이상이다.

☞ 완전수의 배수는 과잉수이다. (단, 완전수 제외)

☞ 모두 짝수이다.

☞ 과잉수가 되기 위해서는 약수의 개수가 6개 이상이어야 한다.

▶ 여기서도 과잉수 사이에 발견되는 공통점들이 모든 경우에 일반화시킬 수 있는 것일 필요는 없다. 단지 40까지의 수 중에서 발견할 수 있는 사실이면 된다. 이 사실을 바탕으로 해서 다음에 수를 확장하며 그것을 일반화 시킬 수 있는 지를 확인하면 된다.

② 위 공통점을 이용하여 40보다 큰 두 자리 수 중에서 과잉수를 예상하여 보고, 그것이 맞는지 확인하여 보시오.

☞ 42, 48, 54, 56, 60, 66, 72, 78, 80, 84, 90, 96

▶ 위에서 예상한 것을 이용하여 과잉수를 찾기는 쉽지 않다. 여기서는 학생들이 두 자리 과잉수 모두를 찾아보는 것이 아니라 위에서 언급한 공통점을 이용하여 과잉수를 예상하여 보고 그것이 과잉수가 맞는지에 초점이 맞추어져 있다.

③ 여러분이 찾은 수 외에 다른 과잉수는 없습니까? 없다면 그 이유는 무엇입니까?

▶ 학생들의 다양한 이유를 들어본다.

④ 위에서 찾은 과잉수들은 모두 짝수입니다. 그렇다면 모든 과잉수는 짝수입니까? 맞다면 그 사실을 증명해 보세요. 그렇지 않다면 홀수 중에서 과잉수를 찾아보세요. (있다면 가장 작은 수는 얼마일까요?

☞ 945

▶ 과잉수 A가 홀수가 되기 위해서는 A는 홀수들의 곱의 형태로 나타나야 한다.이 수가 과잉수가 되기 위해서는 3의 배수, 5의 배수, 7의 배수 등 홀수들의 배수이며 반드시 3, 5, 7 등의 배수이어야 한다. 왜냐하면 이 수들의 배수가 아니면 나머지 홀수의 배수로 과잉수가 되는 것은 불가능하기 때문이다. 따라서, 홀수인 과잉수를 찾아보면 아래와 같다.

> A = 3 × 5 = 15일 때, 15는 부족수
> A = 3 × 5 × 7 = 105일 때, 105는 부족수
> A = 3 × 5 × 7 × 9 = 945일 때, 945는 과잉수이다. 따라서 945가 가장 작은 과잉수이다.

▶ 홀수인 과잉수를 찾는 과정속에서 945보다 큰 수를 찾을 수도 있다. 그 때 그 수가 과잉수가 되는지를 알아보고 '그 수보다 더 작은 수는 없을까?'라는 발문을 통하여 더 작은 과잉수를 찾아보고, 945가 가장 작은 홀수 과잉수임을 증명해 보는 활동을 제시할 수 있다.

(3) 부족수

① 부족수 사이에서 발견할 수 있는 공통점은 무엇입니까?

▶ 부족수에서 공통점을 찾기는 너무 힘들다. 그러나 이 활동 속에서 학생들의 다양한 창의성을 확인할 수 있는 기회이다. 작은 단서들을 모아서 사소한 공통점이라도 찾아볼 수 있도록 한다.

② 위에서 찾은 부족수중에서 완전수가 되기 위해서 1이 부족한 수가 있습니다. 어떤 것들이 있습니까?
(예) 4 > 1 + 2

☞ 2, 4, 8, 16, 32

▶ 앞에 표를 보고 확인한다.

- 이 수들의 공통점은 무엇입니까?

☞ 2의 거듭제곱의 수이다.

☞ 처음 수가 2이고 여기에 2씩 곱해진 수이다.

▶ 용어에 너무 치중하지 않도록 한다.

2. 자연수를 완전수, 과잉수, 부족수로 분류하였을 때, 어느 수가 가장 많겠습니까?

☞ 부족수가 가장 많다.

☞ 모두 같다.

- 왜 그렇게 생각합니까?

▶ 유한개의 범위에서는 부족수가 당연히 가장 많다. 우리가 과잉수나 완전수를 찾기는 어렵지만 부족수를 찾기는 가장 쉽기 때문이다.

▶ '모두 같다.'는 답이 어리둥절하게 할 수 있다. 그러나 완전수, 과잉수, 부족수는 유한개 있는 것이 아니라 무한이 많이 있다. 완전수도 계속해서 찾아가는 과정이다. 따라서 모두 무한개이므로 어떤 면에서는 서로 같다고 할 수 있다. 그러나 이 내용을 학생들에게 주지시킬 필요는 없다. 학생들을 더 혼란스럽게 할 수 있기 때문이다. 그러나 무한급수 등을 공부한 학생들에게서 나올 수 있는 답이다.

▶ 지금까지의 활동들은 앞으로 할 활동을 하기 위한 준비 단계이다. 자신이 약수와 관련된 주제 설정을 통해 연구하고 싶은 과제를 위 활동들을 참고하여 설정하는 것이다. 이 활동 속에서 궁금했던 사항이나 앞으로 연구하고 싶은 활동에 어떤 것들이 있었는지 생각해 보도록 한다.

▶ 주제 학습의 형태로는 여기까지의 활동으로 제한할 수 있다. 이것은 교사가 목표를 어디에 설정을 하고 있는지에 주목해야 한다. 학생들의 창의적 사고를 육성하기 위한 활동에 목표를 두었다면 다음 활동으로 제시하고 단순히 주제를 학습하는 데 목표를 두었다면 여기까지 활동으로 제한할 수 있다.

V. 후속활동(심화활동)

▶ 이 단계는 앞의 활동을 통하여 자료 수집을 하고 그 수집된 내용을 분석하여 자신이 하고자 하는 문제를 발견하는 활동이다.

(문제 발견)

1. 지금까지 약수를 활용하여 자연수를 여러 가지 기준에 따라서 분류해 보고 그 수들의 특징을 살펴보았습니다. 이 활동을 하면서 생긴 의문점에는 어떤 것들이 있습니까?

☞ 모든 과잉수는 짝수인가?

☞ 6을 제외한 6의 배수는 모두 과잉수인가?

☞ 모든 완전수는 짝수인가?

☞ 자연수를 다른 방법으로 분류할 수 없는가?

☞ 완전수의 일의 자리는 항상 6, 8만 있는가?

☞ 과잉수 중에 약수의 개수가 5개 이하인 수는 없을까?

☞ $2n \times (2n+1-1)$에서 $(2n+1-1)$이 소수이면 모두 완전수이다. 그렇다면 모든 완전수는 $2n \times (2n+1-1)$의 형태로 제시할 수 있는가?

☞ '수학 키신을 이겨라'에서 선택한 수에 대한 최대 점수 차이 사이에서 발견할 수 있는 규칙은 없는가?

☞ 수학 키신을 이기기 위한 필승 전략은?

▶ 학생들의 다양한 생각들을 들어본다. 위에 제시된 것만으로 한정할 필요는 없다. 이것은 단순히 몇 몇 수업을 통해서 학생들이 가졌던 생각들을 나열한 것이다. 따라서 더 창의적인 문제 제기가 가능할 수 있다.

2. 이 중에서 자신이 해결하고 싶은 것이나 연구하고 싶은 문제는 무엇입니까?

▶ 자신이 연구 하고 싶은 다양한 연구 주제 속에서 하나의 문제를 설정한다.

(아이디어 발견)

자신이 설정한 문제를 해결하기 위해서 알아야 하는 사실이나 적합한 방법에는 어떤 것들이 있습니까?

▶ 자신이 설정한 문제를 해결하기 위해서 앞에서 알았던 사실이나, 여러 가지 전략들을 생각해 본다.

(해결 발견)

문제를 해결하기 위해 가장 적합한 방법을 선택하여 문제를 해결하여 보시오.

▶ 위에 생각한 아이디어를 통해 문제를 해결해 본다.

☞ 모든 과잉수는 짝수인가? → 아니다. 앞에서도 언급하였듯이 홀수인 과잉수가 존재한다.

☞ 6을 제외한 6의 배수는 모두 과잉수인가? → 과잉수이다. 그 이유는 아래와 같다.

- 6의 배수를 $6A$라 할 때, $6A$의 약수는 최소한 $1, A, 2A, 3A$를 가지고 있다.
  따라서, $6A \Rightarrow 1 + A + 2A + 3A = 6A + 1$이므로 과잉수이다. (단, A는 1보다 커야한다. A가 1일 때 $6A$는 6이 된다.
- 위 증명을 통해 모든 완전수의 배수는 과잉수임을 알 수 있다.
  $28K \Rightarrow 1 + K + 2K + 4K + 7K + 14K = 28K + 1$이므로 과잉수

☞ 모든 완전수는 짝수인가? → 아니다. 이유는 홀수인 과잉수가 발견되었기 때문이다.

$2^{2^n} + 1$ http://puzzle.jmath.net/math/essay/odd_perfect.html)

☞ 자연수를 다른 방법으로 분류할 수 없는가? → 분류할 수 있다.

▶ 다양한 학생들의 창의적인 생각을 유도할 수 있다. 아래 하나의 예를 제시한다.

모든 자연 수는를 소인수 분해하여 아래와 같이 나타낼 수 있다.

$a1p \times a2q \times a3r \cdots ans$

이 때 $p + q + r + \cdots + s$가 그 수의 5분의 1보다 큰 수, 작은 수, 같은 수로 분리하여 이를 많은 수, 적은 수, 같은 수로 분류할 수 있다. (여기서 많은 수, 적은 수, 같은 수는 임의의 용어이다. 또한 5분의 1의 특정한 기준을 잡은 이유는 많은 수와 적은 수의 개수를 비슷하게 맞추기 위해서이다.

- 많은 수 : 2, 3, 4, 6, 8, 9, 12, 16 등
- 적은 수 : 1, 7, 11, 13, 14, 17, 18, 20 등
- 같은 수 : 5, 10, 15 등

☞ 완전수의 일의 자리는 항상 6, 8만 있는가? → 아니다. 홀수인 완전수가 발견되었기 때문에

☞ 과잉수 중에 약수의 개수가 5개 이하인 수는 없을까? → 없다. 그 이유는 아래와 같다.

만약 5개 이하라면 소인수는 2개 이하이어야 한다. 세 개 이상이면 $a1p \times a2q \times a3r$ 이므로 p, q, r이 1보다 크므로 약수의 개수가 8개 이상이어야 한다. 즉, 소수이거나 두 소수의 곱이 되는 것이다. 소수인 경우 확실히 과잉수가 될 수 없기 때문에 두 소수의 곱의 형태가 되어야 한다.

$n = p \times q$ (p, q는 서로 다른 소수)

따라서, 약수는 $1, p, q, p \times q$,이므로 자신을 제외한 약수들의 합은 $p + q + 1$이다. $p \times q < (1 + p + q)$인 p, q가 존재해야 한다. 그러나 $p \times q = 6$이상에서는 이를 만족하는 수가 존재하지 않는다. 따라서 과잉수가 되기 위해서는 약수의 개수가 6개 이상이어야 한다.

☞ $2n \times (2n+1-1)$에서 $(2n+1-1)$이 소수이면 모두 완전수이다. 그렇다면 모든 완전수는 $2n \times (2n+1-1)$의 형태로 제시할 수 있는가? → 아니다. 홀수인 완전수가 발견되었기 때문에

☞ '수학 키신을 이겨라'에서 선택한 수에 대한 최대 점수 차이 사이에서 발견할 수 있는 규칙은 없는가?

☞ 수학 키신을 이기기 위한 필승 전략은?

(수용 발견)

▶ 위에서 자신이 연구한 주제에 대하여 더 연구하고 싶은 과제나 이것이 다른 곳에서 어떻게 사용될 수 있을지를 생각해 보게 한다.

자신이 문제를 해결하면서 알게 된 새로운 사실이나 새롭게 발견된 궁금점에는 어떤 것들이 있습니까? 또한 이 문제를 적용하여 해결할 수 있는 문제나 상황을 이야기해 보시오.

▶ 학생들의 다양한 생각을 들어 본다.

10. 보충 지도 자료

① http://www.ahamath.net/theme/theme_20.htm 완전수의 성질

② http://petit.new21.org/math/math16.htm 메르센 소수

③ http://puzzle.jmath.net/math/essay/odd_perfect.html 홀수 완전수

18 『수학적 연결성을 고려한 연속확률분포단원의 지도방안 연구』에서 사용한 '학습설계 개발 연구' 방법 해설

윤 정 호[18)]

본 연구의 목적은 2007개정 교육과정의 연속확률분포 단원에서 확률밀도함수의 도입과 연속확률변수의 기댓값을 정의할 때에는 중간값 정리, 정적분의 정의 및 정적분과 무한급수의 관계에 대한 개념과 연결시키고, 정규분포의 표준화는 치환적분법과 연결시킴으로써 수학적 개념에 대한 이해를 증진시키고, 과목 간 내적 일관성이 있음을 발견할 수 있도록 교수-학습 방안(절차)을 개발하는 것이다.

현실적 수학교육(RME)을 중심으로 이루어진 초기의 개발연구(Development Research)는 Freudenthal(1991)이 '개발과 연구의 순환과정 정당화와 의식적 경험 및 전이(p. 161)'를 중심으로 정의한 것이다. Akker 등(2006)은 개발연구에서 좀 더 나아가 교육 프로그램, 교수-학습 과정, 교육 산출물의 설계, 개발, 그리고 평가에 관한 체제적 연구를 의미하는 '교육설계연구(Educational Design Research)'를 정의하였고(p. 4), 주로 학습설계, 교육공학, 교육과정 등의 분야에서 연구의 한 방법으로 자리 잡고 있다.

교육설계연구와 같은 체제적 연구는 어떻게 하면 교수-학습에 대한 처방을 최적화하고, 교수-학습을 잘 이해하도록 하는가에 대하여 중요한 통찰력을 주는데 의미 있는 절차가 될 수 있으므로(ibid, i) 수학교육학의 연구 방법으로도 의미가 있을 것으로 생각된다.

본 연구를 위하여 연구자는 Gravemeijer와 Cobb(2006)의 '학습설계 개발연구' 방법에 기초하여 통계단원에서 적분단원과의 수학적 연결성을 토대로 수업을 설계, 실행, 평가하고 지속적으로 개선한 결과, 해당 단원에서 수학적 연결성이 강조된 교수-학습 방안(〈부록1〉)을 개발하였다.

연구의 진행에 앞서 교수 2명(이학 박사 1명, 이학 및 수학교육학 박사 1명), 대학 강사 1명(이학 박사), 교사 8명(수학교육학 박사과정 6명, 교육대학원 석사과정 2명, 일반계고등학교 교육경력 평균 18년)으로 구성된 전문가 그룹은 지필형 검사지의 문두 수정 및 내용타당도 관련 논의뿐만 아니라, 대상 학생 및 연구자의 수업을 참관한 교사들의 내러티브 탐구 등에 대한 검증에도 참여하였다. 본 연구의 절차는 다음과 같다.

18) 영재학교 대구과학고등학교, iwcth@hanmail.net

학습설계 개발연구의 제1단계인 예비설계(실험준비) 단계에서 연구자는 2007개정 교육과정의 연속확률분포 단원에 대하여 '교육과정 간 이동' 및 '수학적 연결성'의 관점에서 개선이 필요함을 발견하였고, 기존의 교수-학습 방안을 새롭게 조직하는 학습설계 개발연구를 시작하였다.

이 단계에서는 주로 학생 대상의 지필형 검사와 연구자의 문헌연구가 이루어졌다. 연구자는 실제 학교현장에서 확률밀도함수의 도입, 연속확률변수의 기댓값, 정규분포의 표준화의 개념에 대한 학생들의 이해 정도 파악과 동시에 세 개념이 정적분과 치환적분법의 개념과 어느 정도 연결되고 있는지를 알아볼 목적으로 7개의 문항으로 구성된 지필형 검사지를 개발하였다. 이 검사지를 2011학년도 ○○광역시교육청 토요논술학교 고3 자연계열 8개 학급 학생 186명에게 적용하였고, 그 중 성실히 응답한 134명의 결과를 분석하였다. 연구자는 지필형 검사와는 별도로 '학교수학에서 통계교육과 관련된 연구, 수학적 연결성, 학교수학에서 연속확률분포 단원의 내용전개'의 세 분야에 대하여 통계교육관련 각종 국내・외 논문과 저서, NCTM의 저작물, 2007개정 교육과정 및 교육과정 해설서, '미적분과 통계 기본(13종)' 과목 및 '적분과 통계(10종)' 과목 교과서와 익힘책(전수조사), 연속확률분포를 다루는 국내(13종)・외(22종) 통계학(확률론) 도서 등의 내용을 비교하는 문헌연구를 실시하였다. 이를 바탕으로 정적분 및 치환적분법의 개념과 수학내적 연결성을 가지는 연속확률분포단원 교수-학습 방안의 초안을 개발하였다.

학습설계 개발연구의 제2단계인 교수실험 단계에서 연구자는 제1단계에서 개발한 초안을 8학급의 수업에 차례로 적용하면서 매 시간 사고실험과 교수실험의 연속적인 순환과정을 거쳐 지속적으로 개선하였다. 그 결과로 〈부록1〉을 개발하였는데 이 과정에서 제2단계는 다음의 제3단계와 자연스럽게 순환적으로 연결되었다.

학습설계 개발연구의 제3단계인 회고분석 단계에서 연구자는 8번의 수업이 끝난 후 각각 70분 간 학생들 및 연구자의 수업을 참관한 교사들을 대상으로 수업 전반에 대한 자유토론(이정옥, 2008)을 실시하였다. 각 토론에 참여한 학생들과 교사들의 내러티브 탐구(Narrative Inquiry) 결과는 각 수업 중 학생-학생 간 또는 교사-학생 간 의사소통, 학생 개인 면담 등과 더불어 〈부록1〉의 개발 및 본 연구에서의 시사점을 얻는데 중요한 역할을 하였다.

본 연구의 〈부록1〉은 수학적 연결성 이론을 토대로 사고실험과 교수실험의 연속적인 순환과정을 거쳐 만들어짐으로써 학습설계 개발연구의 목적은 달성되었으나, 참고문헌의 수와 대상학생의 범위로 인해 해당 단원에 대한 우리나라 전체 고3 자연계열 학생의 수학적 연결성 결과로 일반화하는 데에는 제한점이 있다. 한편, 본 연구의 〈부록1〉을 반영한 후속 실험 결과를 제시하지 못한 아쉬움도 있다.

본 연구 방법의 토대는 학습설계 개발연구이지만 지필검사, 문헌연구뿐만 아니라 참여관찰, 면담, 토론 등 수업에 대한 질적 관찰과 분석이 연구의 진행에 중요한 역할을 담당함으로써 학습설계 개발연구의 각 단계별로 미시적 연구 방법을 탐색하고 직접 실행한 데에서 의미를 가진다. 이는 Richey와 Klein(2007)이 설계 및 개발연구가 사례연구, 면담, 문헌연구 및 관찰을 포함하는 다양한 질적 기법에 의존한다고 주장한 것(p. 40)과도 궤를 같이한다.

앞으로 본 연구의 학습설계 개발연구에 대하여 '지속적 개선'의 관점에서 실행연구(Action Research)의 방법들과 병행하여 적용할 수 있을 것이고, 회고분석 단계에서의 학생과 교사의 내러티브 탐구는 해당 단원에 대한 학생 또는 교사의 인식변화를 서술가능하게 함으로써 수학적 지식의 형성과 구체화 관련 연구에 활용할 수 있을 것이다.

참고문헌

이정옥 (2008). **토론의 전략**. 서울: 문학과 지성사.

황석근, 윤정호 (2011). 수학적 연결성을 고려한 연속확률분포단원의 지도방안 연구. **학교수학**, **13**(3), 423~446.

Akker, J. V., Gravemeijer, K., McKenney, S. & Nieveen, N. (2006). Introducing educational design research, pp. 3-7, Akker, J. V., Gravemeijer, K., McKenney, S. & Nieveen, N.(Eds). *Educational Design Research*, Routledge.

Freudenthal, H. (1991). *Revisiting Mathematics Education*, Kluwer Academic Publishers.

Gravemeijer, K. & Cobb, P. (2006). Design research from a learning design perspective, pp. 17-51, Akker, J. V., Gravemeijer, K., McKenney, S. & Nieveen, N.(Eds). *Educational Design Research*, Routledge.

Richey, R. C. & Klein, J. D. (2007). *Design and Development Research*, Lawrence Erlbaum Associates, Inc.

대한수학교육학회지 <학교수학> 제 13 권 제 3 호
Journal of Korea Society of Educational Studies in Mathematics
School Mathematics Vol.13, No.3 423-446. Sep. 2011

수학적 연결성을 고려한 연속확률분포단원의 지도방안 연구[1)]

황 석 근[*] · 윤 정 호[**]

학교수학에서 정적분과 치환적분법의 개념은 확률밀도함수의 도입, 연속확률변수의 기댓값, 정규분포의 표준화와 관련하여 수학적 연결성을 가진다. 그러나 개정교육과정의 '미적분과 통계 기본', '적분과 통계' 과목의 교육과정해설서와 검인정 교과서 및 익힘책에서 적분단원과 통계단원 사이의 수학적 연결성 고려가 어려움을 발견하였다. 본 연구는 학교수학에서 확률밀도함수의 도입, 연속확률변수의 기댓값, 정규분포의 표준화에 대하여 적분단원과의 수학적 연결성을 고려한 지도방안 마련을 목적으로 한다. 세 개념에 대한 학생대상 실태조사와 개정교육과정의 교육과정해설서, 교과서, 익힘책, 그리고 국내·외 통계학(확률론) 도서(국내 13종, 국외 22종)의 내용을 비교하였다. 이를 바탕으로 세 개념에 대한 지도내용을 개발하여 실제 수업에 적용해보았고, 교육과정개정이나 교과서의 내용구성 변화에 대한 시사점을 발견하여 그 결과를 제언하였다.

Ⅰ. 도입

수학과 개정교육과정(교육인적자원부 고시 제 2007-79호)에서 고등학교 인문계열의 변화중 하나는 '미적분과 통계 기본'과목의 신설이다. 인문계열의 적분단원은 제7차교육과정에서는 삭제되었다가 개정교육과정에서 다시 등장하였으므로 교육과정 간 이동으로 간주할 수 있고, 학교에서는 그 변화의 양상에 따른 현장 적용 관련 연구가 필요할 것이다(황석근, 윤정호, 2010).

개정교육과정에서 적분단원의 학습은 통계단원의 교수-학습 전개에 영향을 미칠 수 있다. 즉, 적분단원의 정적분과 치환적분법의 개념을 이용하여 연속확률분포단원의 확률밀도함수의 도입, 연속확률변수의 기댓값, 정규분포의 표준화를 설명할 수 있을 것이다.

이는 두 단원 간 수학적 개념 사이의 연결성을 강조하는 수단으로서, 가능하다면 새로운 개념은 친숙한 수학을 확장하는 방법으로 도입해야 하고(NCTM, 1989), 학생들이 수학적 사고를 연결할 수 있을 때, 학생들의 이해는 더 깊어지고 더 오래 지속됨으로서 수학이라는 학문 내의 연결성에 대해서 연구하고 생각할 필요성이 있다는 것을 부각시킨다(NCTM, 2000).

본 연구는 연속확률분포단원에서 확률밀도함수의 도입, 연속확률변수의 기댓값, 정규분포의 표준화에 대하여 적분단원과의 수학적 연결성을 고려한 지도방안 마련을 목적으로 한다.

지금까지 이루어진 학교수학에서의 통계교육 관련연구와 수학적 연결성 관련연구를 통해 '연속확률분포단원에서 수학적 연결성의 원리를 고

* 경북대학교 (sghwang@knu.ac.kr)
** 매천고등학교 (iwcth@hanmail.net)

1) 본 연구는 2011년 5월 28일 춘천교대에서 열린 제39회 수학교육학 연구논문 발표대회에서 발표한 내용을 수정·보완한 것이다.

려한 수업의 내용은 어떻게 구성되어야 하는가?' 라는 문제를 제기한다. 먼저 적분단원과 연속확률분포단원의 수학적 연결성 정도에 대한 학생들의 실태를 조사한 뒤, 개정교육과정의 '미적분과 통계 기본', '적분과 통계'과목의 교육과정해설서, 교과서 및 익힘책 전부[2](23종 전 46권)와 국내외 통계학(확률론) 도서(국내 13종, 국외 22종, 전 35권)에서 확률밀도함수의 도입, 연속확률변수의 기댓값, 정규분포의 표준화가 어떻게 다루어지는지를 비교해본다. 이를 통해 세 개념에 대한 수학적 연결성을 고려한 지도내용을 개발하여 고등학교 3학년 자연계열 학생들을 대상으로 실제 수업에 적용해봄으로써 교육과정이나 교과서의 구성 변화에 대한 시사점을 발견하고 그 결과를 제언하려고 한다.

II. 이론적 배경

1. 학교수학에서 통계교육과 관련된 연구

학교수학에서의 통계교육과 관련된 선행연구는 통계교육의 방향에 대한 연구, 통계교육의 교수-학습 방법에 대한 연구, 통계적 소양교육의 중요성을 강조한 연구, 교과서 통계단원 내용의 수정에 대한 연구 등으로 크게 나누어볼 수 있다.

Freudenthal(1973)이 통계교육은 실제적인 자료를 활용하여 통계처리하고 분석하는 경험을 통해 이루어져야함을 강조한 이래, 국내·외에서도 Freudenthal의 주장을 지지하는 연구들(Moore, 1992; 이영하, 1992; 우정호, 2000; 홍석강, 마종철, 2003; 김원경, 백경호, 2005; Yee, 2006; Alvarez, Rosales-Moreno, Huete-Morales, 2010)이 이어졌다.

통계교육의 교수-학습 방법에 대한 연구는 크게 실험과 분석에 대한 토론 위주로 이루어져야 함을 강조한 연구(Cobb, 1992; 한진규, 서종진, 2004; Theoret, Luna, 2009)와 컴퓨터(그래픽이나 시뮬레이션)와 테크놀로지를 활용한 교수-학습을 강조한 연구(Thisted, Velleman, 1992; Moore, 1997; Batanero, Tauber, Sanchez, 2004; Garfield, Ben-Zvi, 2004; 김원경, 문소영, 변지영, 2006)로 구분할 수 있다.

학교수학에서 통계적 지식을 강조(NCTM, 1989, 2000)하고 실용적 측면에서 통계교육의 중요성을 강조하는 연구 경향(이수정, 2000; 신현용, 2003; Ben-Zvi, Garfield, 2004; 김남희, 나귀수, 박경미, 이경화, 정영옥, 홍진곤, 2006)과는 별도로 기존의 수학적 사고와는 다른 능력으로써 통계적 사고를 설명한 연구(Cobb, Moore, 1997; Wild, Pfannkuch, 1999)는 수학우수아들의 통계적 개념이해가 수학적 능력과는 독립적인 측면이 있으며 수학적 능력에 대한 관점에서 적절한 통계교육이 이루어지기 어려움을 확인한 연구(이경화, 유연주, 홍진곤, 박민선, 박미미, 2010), 수학적 소양과는 구분이 되는 개념으로써 통계적 소양을 기르는 것을 강조하는 연구(NCTM, 2000; Gal, 2004; Carmichael, Callingham, Hay, Watson, 2010)로 전개되고 있다.

이상의 연구들이 주장하는 바는 학교수학에서의 통계교육은 수학에 바탕을 둔 연역적 사고 능력의 신장보다 주로 실생활에서 자료를 수집하여 처리한 뒤 그 결과를 분석하는 능력의 신장을 강조하는 방향으로의 전환임을 알 수 있다.

한편, 교과서 통계단원 내용의 수정에 대한 연구는 주로 확률밀도함수의 도입과 관련하여 상대도수 히스토그램의 점근적인 의미로서 도입하는 방법(김응환, 김승동, 오후진, 1996; 김우철, 김재주, 박병욱, 박성현, 송문섭, 1997)과 밀도곡선[3]

2) 고등학교 1학년에서 '수학'과목을 학습한 학생이 선택하는 '수학의 활용'과목도 확률분포 단원에서 정규분포의 내용을 다루지만 학생들이 적분을 학습하지 않은 상태이므로 수학적 연결성을 고려할 수 없어서 본 연구에서는 제외한다.

을 이용한 도입방법(Moore, McCabe, 2000; 박영희, 2002), 그리고 밀도도수$\left(=\frac{(\text{상대도수})}{(\text{계급의 크기})}\right)$ 히스토그램을 이용한 도입방법(Wonnacott, Wonnacott, 1982; 유동선, 2000; 이영하, 남주현, 2005; 김원경, 문소영, 변지영, 2006)으로 분류해 볼 수 있다. 개정교육과정의 교과서에는 상대도수 히스토그램이나 밀도곡선을 이용한 과거 접근방법의 오류가 수정되어 주로 밀도도수 히스토그램을 이용한 방법으로 접근하고 있는데, 각 연구들은 해당 교육과정 시기의 교과서 내용에 반영됨으로서 교과서의 수학적 완성도를 높이는 역할을 하였다.

2. 수학적 연결성

수학적 연결성에 대하여 NCTM(1989)은 실생활 또는 수학 이외의 학문에서 제기되는 문제 상황과 수학적 표현과의 연결을 의미하는 '모델링 연결(수학외적 연결)'과 대등한 표현, 그리고 각각에 대응되는 과정 사이의 연결을 의미하는 '수학적 연결(수학내적 연결)[4]'의 두 가지로 나누어 설명하였다. 이러한 수학적 연결성을 지도할 수 있는 주제로 Coxford(1995), Crowley(1995)는 행렬과 변환을 각각 제안하였다.

한편, NCTM(2000)은 학교수학을 위한 원리와 규준집에서 연결성 규준을 학생들이 학교수학의 내용지식을 획득하고 활용하는 방법의 하나로 설명하였다. 즉, 학생들이 수업을 통해 수학적 아이디어가 서로 어떻게 연결되어 있는지 이해하고 각각의 아이디어에 기초하여 일관된 전체를 산출할 수 있도록 하는 수학적 연결을 강조하였다. 그러한 수업을 위한 교사의 역할이 중요하며, 수학 학습에서 연결성을 구축할 수 있는 다양한 수업 사례들을 제시하였다. 이에 Sfard(2003)는 학습자 중심의 교육과정 원리를 벗어나지 않은 범위에서 학생들로 하여금 구조를 이해시키기 위한 수학적 연결성의 의미를 강조하였는데, 그러한 균형 맞추기는 교사의 책임이자 의무라고까지 하였다.

NCTM(2007)은 학생들이 수업시간에 수학적 연결성을 이해할 수 있도록 하는 교사의 수학적-교수법적 지식을 강조한 연구(Ball, Cohen, 1999; Hill, Rowan, Ball, 2005)와 학교수학을 위한 원리와 규준집(NCTM, 2000)에 근거하여 수학수업을 위한 전문성 규준집(NCTM, 1991)을 개정하였다. 교사는 학생들의 수학(내적-외적) 연결성 이해를 촉진할 수 있는 과제와 표현을 제공하는 데에서 나아가 그러한 이해를 확장시키는 수학적 담화(의사소통)에 대한 지식을 학습경험을 통해 습득하고 개선시켜 나감으로서 교사의 자발적이고 지속적인 전문성 신장 노력이 이루어져야 한다고 하였다.

국내에서는 최승현 외(2006)와 윤현진, 박선용, 김서령, 이영하(2009)가 수학과 교육과정(내용) 개선을 위한 관점에서 행렬과 그래프 단원의 연계성 측면을 고려한 교수-학습 계열을 제안하였다. 수학적 연결성을 강조한 연구는 고등학교에서 선형대수 개념지도에 관한 연구(허은숙, 2005), 도형수와 파스칼 삼각형, 피보나치 수열의 성질과 그들 사이의 관계에 대한 연구(손홍찬, 2010)가 있었다.

국내에서 통계단원과 관련된 연구는 한 과목 내에서 단원 간의 연결성에 대한 것이 아니라 주로 학년 간, 학교급간의 연계성을 강조한 지도에 관한 연구(김동화, 조은정, 2000; 신현용, 2003; 한진규, 서종진, 2004; 이영하, 남주현, 2005; 김원경, 문소영, 변지영, 2006) 들이 있었다.

---

3) Moore와 McCabe(2000)는 수평축 또는 그 위에 위치하는 곡선으로서 그 곡선과 수평축 사이의 넓이가 1이며 분포의 대략적인 모양을 나타내는 것을 밀도곡선으로 정의하였다.

4) 본 연구는 학교수학에서 적분단원의 정적분과 치환적분법의 개념이 통계단원의 연속확률분포의 내용 전개에 관련성이 있음을 바탕으로 하므로 수학외적 연결보다 수학내적 연결에 초점을 맞춘다.

이상에서 살펴본 바에 의하면 통계단원의 지도와 관련하여 적분단원과의 수학내적 연결성을 탐색하고, 그 지도내용을 교수-학습 전개에 적용한 선행 연구는 찾아보기 어려웠으므로 본 연구는 의미가 있을 것으로 생각된다.

3. 학교수학에서 연속확률분포단원의 내용 전개

가. 교육과정해설서

제6차교육과정기에도 적분을 이용하여 연속확률변수의 확률밀도함수와 기댓값을 정의하였으나 확률밀도함수의 도입은 공리적 성격이 강했고, 연속확률변수의 기댓값과 정규분포의 표준화는 '선언적 지식 학습[5]'의 성격이 강했다. 즉, 정적분 및 치환적분법의 개념과 확률밀도함수의 도입, 연속확률변수의 기댓값, 정규분포의 표준화는 서로 연결되지 못한 채 분리된 개념으로 존재하여 학생들에게는 서로 다른 두 종류의 절차로만 인식되었을 가능성이 높다. 제7차교육과정 시기에도 자연계열 학생들은 적분단원을 학습하였으나, 연속확률분포단원은 인문계열의 교육과정을 기준으로 하였으므로 적분과의 연결성을 전혀 고려할 수 없었다. 연속확률분포단원에 대한 개정교육과정의 내용은 '연속확률변수의 뜻을 알고, 평균과 표준편차를 구할 수 있다.', '정규분포의 뜻과 그 성질을 이해한다.'의 두 가지 뿐이다. 개정교육과정의 '미적분과 통계 기본'과목 교육과정해설서(교육과학기술부, 2008)에 제시된 연속확률분포단원의 지도상의 유의점은 다음 세 가지이다.

[1] 연속확률변수 X에 대하여 $\mathrm{P}(X \le x) = \int_{-\infty}^{x} f(t)dt$를 만족하는 함수 $f(x)$를 확률밀도함수 $f(x)$로 정의한다(교육과정해설서에는 $\mathrm{P}(X \le x) = \int_{-\infty}^{x} f(x)dx$로 표현되어 있다).

[2] 확률밀도함수 $f(x)$가 확률 그 자체를 의미하는 것이 아니다.

[3] 연속확률분포에서 $\mathrm{P}(X=a)=0$이고, 이산확률변수의 경우와는 달리 연속확률변수에서는 $\mathrm{P}(a \le X \le b) = \mathrm{P}(a < X \le b) = \mathrm{P}(a \le X < b) = \mathrm{P}(a < X < b)$가 된다.

[1]의 내용은 분포함수 $\int_{-\infty}^{x} f(x)dx$를 이용하여 연속확률변수의 확률밀도함수를 정의하는 것인데, 이는 '고급수학'(서울대학교 국정도서 편찬위원회, (주)지학사, 2005)에서 연속확률변수 X의 확률밀도함수 $f(x)$를 정의하는 방법과 일치한다. 이 내용은 이상적분의 정의를 필요로 하며 일반계고등학교 교육과정의 수준도 넘어서므로 '적분과 통계'과목의 지도상의 유의점[6]과 비교하였을 때 재고의 여지가 있다.

[2]의 내용은 확률밀도함수 $f(x)$가 확률 그 자체를 의미하는 것이 아님을 쉽게 알 수 있는 교수-학습 방법이 필요함을 의미한다.

[3]의 내용은 네 확률 $\mathrm{P}(a \le X \le b), \mathrm{P}(a < X \le b)$, $\mathrm{P}(a \le X < b)$, $\mathrm{P}(a < X < b)$의 값이 서로 같음을 $\mathrm{P}(X=a) = \int_{a}^{a} f(x)dx = 0$을 이용하여 지도하되, 반열린구간 또는 열린구간에서 정적분을 이용하여 넓이를 구하는 과정과 연결되어서는 안 될 것이다.

나. 교과서와 익힘책별 내용 비교

개정교육과정의 '미적분과 통계 기본'과목 교

---

5) Smith, Ragan(1999)에 의하면 '선언적 지식 학습'이란 맹목적으로 암기하는 것, 재미없는 것, 기계적인 학습으로 여겨지는 것을 의미한다(*Instructional Design(2nd Ed.)*, Wiley).

6) '적분과 통계'과목의 연속확률분포 단원에 대한 교육과정해설서의 내용은 [1]이 '연속확률변수 X에 대하여 $\mathrm{P}(a \le X \le b) = \int_{a}^{b} f(x)dx$를 만족하는 함수 $f(x)$를 확률밀도함수 $f(x)$로 정의한다.'이고, [2], [3]의 내용은 각각 같다. 앞으로 교육과정해설서의 내용은 '미적분과 통계 기본'과목에 대하여 논의하기로 한다.

과서와 익힘책(각 13종), '적분과 통계'과목 교과서와 익힘책(각 10종)의 연속확률분포단원에 대하여 [1]은 단 한 종의 교과서(성지출판(주), 계승혁 외 5인)에서만 다루며, [2]도 단 한 종의 교과서((주)지학사, 이강섭 외 3인)에서만 다루고, [3]은 모든 교과서에서 다루고 있다. 교육과정해설서와 교과서 및 익힘책의 내용상 불일치는 교육과정해설서의 집필시기가 교육과정이 고시된 이후이며, 교과서 및 익힘책이 집필되는 시기와 비슷한데서 기인한 것으로 생각된다. 각 교과서 및 익힘책 별로 연속확률변수의 확률밀도함수를 도입하는 방법은 크게 다음의 두 가지로 나누어진다.

① '미적분과 통계 기본' 과목 7종7)과 '적분과 통계' 과목 3종8)의 교과서 및 익힘책에서 다루는 방법으로 그 절차는 다음과 같다.

i) 균등분포 상황에서 연속확률변수 X가 특정구간에 속할 확률은 어떤 함수 $f(x)$의 그래프와 x축 사이의 넓이와 같음을 보이고, 정적분을 이용하여 연속확률변수 X의 확률을 정의한다.

ii) 확률밀도함수 $f(x)$의 세 가지 성질9)을 공리적으로 도입한다.

② '미적분과 통계 기본' 과목 6종10)과 '적분과 통계' 과목 7종11)의 교과서 및 익힘책에서 다루는 방법으로 그 절차는 다음과 같다.

i) 어떤 구간에서 연속적인 값을 가지는 확률변수 X에 대하여 $\frac{(\text{상대도수})}{(\text{계급의 크기})}$의 분포를 히스토그램으로 나타낸 뒤 도수분포다각형을 그린다.

ii) 자료의 개수를 더 늘리고 계급의 크기를 더 작게 하면 위 i)의 도수분포다각형이 종 모양의 매끄러운 곡선에 가까워진다. 이 곡선은 항상 x축 위에 있고, 주어진 구간에서 이 곡선의 아랫부분과 x축 사이의 넓이는 1이 된다.

iii) 위 ii)의 곡선을 나타내는 함수 $f(x)$를 연속확률변수 X의 확률밀도함수라 하고, 주어진 구간에 대한 연속확률변수 X의 확률을 그 구간에서 $f(x)$의 정적분으로 나타낸다.

iv) 확률밀도함수 $f(x)$의 세 가지 성질을 제시한다.

①의 절차는 내용 전개가 간단하다는 장점은 있지만, 히스토그램, 도수분포다각형, 정적분 개념과의 수학적 연결성을 고려하기가 어려우며, 확률밀도함수와 그 성질을 선언하는 성격이 강하다. 뿐만 아니라, 박영희(2002)가 제기한 것처럼 균등분포와 같은 아주 단순한 상황에서 성립한 사실이 비균등한 분포에서도 성립한다고 유도하는 데에는 비약이 있다.

②의 절차는 내용 전개 과정이 비교적 길지만 확률밀도함수의 그래프에 대하여 학생들의 직관적인 접근이 가능하고 히스토그램, 도수분포다각형, 정적분의 개념을 이용함으로서 수학적 연결성을 고려할 수 있다. 한편으로는 $\frac{(\text{상대도수})}{(\text{계급의 크기})}$를

---

7) 더 텍스트(윤재한외 14인), (주)교학사(황석근외 12인), (주)박영사(우무하외 5인), (주)고려출판(이만근외 3인), 두산동아(주)(우정호외 7인), 법문사(이동원외 6인), 좋은책신사고(황선욱외 12인).

8) 더 텍스트(윤재한외 23인), (주)중앙교육진흥연구소(최봉대외 6인), 좋은책신사고(황선욱외 12인).

9) 구간 $[a, b]$의 모든 실수 값을 취하는 연속확률변수 X에 대하여 구간 $[a, b]$를 정의역으로 하는 어떤 함수 $f(x)$가 세 조건 ❶ $f(x) \ge 0 \ (a \le x \le b)$, ❷ $\int_a^b f(x)dx = 1$, ❸ $\mathrm{P}(\alpha \le X \le \beta) = \int_\alpha^\beta f(x)dx \ (a \le \alpha \le \beta \le b)$를 만족할 때, 함수 $f(x)$를 연속확률변수 X의 확률밀도함수라고 한다.

10) 더 텍스트(김해경외 8인), (주)미래엔컬처그룹(유희찬외 12인), (주)지학사(이강섭외 3인), (주)금성출판사(양승갑외 7인), 천재교육(이준열외 9인), 천재교육(최용준외 9인).

11) (주)미래엔컬처그룹(유희찬외 12인), (주)교학사(김수환외 13인), (주)지학사(이강섭외 3인), 천재교육(이준열외 9인), 천재교육(최용준외 9인), 성지출판(주)(계승혁외 5인), 두산동아(주)(우정호외 7인).

생각함으로써 히스토그램의 넓이 또는 도수분포다각형 내부의 넓이를 1로 만들 수 있는 장점이 있다. 반면에 도수분포다각형의 넓이가 1이라고 해서 확률밀도함수 $f(x)$가 주어진 구간에서의 정적분 값으로 1을 가지는 것은 아니므로 그 부분에 대한 수학적 엄밀성이 요구된다. 이 상황에서 필요한 것이 '적분의 평균값 정리'이다. 즉, 구간 $[x_{i-1}, x_i]$ $(i=1, 2, 3, \ldots, n)$에 대하여 확률밀도함수 $y=f(x)$의 그래프와 x축 및 두 직선 $x=x_{i-1}$, $x=x_i$로 둘러싸인 도형의 넓이가 밑변의 길이는 $(x_i - x_{i-1})$이고 높이가 $f(t_i)$인 직사각형의 넓이와 같게 되는 t_i가 구간 (x_{i-1}, x_i)에 적어도 하나 존재함을 이용하면 된다. 이렇게 확률밀도함수 $f(x)$를 도입하면 확률밀도함수가 확률 그 자체를 의미하지 않음을 자연스럽게 보여줄 수 있고, 연속확률변수의 기댓값을 정의할 때에도 정적분과 무한급수의 관계를 연결시킬 수 있다.

적분의 평균값 정리는 개정교육과정의 범위를 넘어서지만 다음 <표 Ⅱ-1>과 같이 일부 교과서와 익힘책에서는 이미 사용되고 있다.

한편, '미적분과 통계 기본', '적분과 통계'과목의 모든 교과서와 익힘책은 연속확률변수 X의 기댓값을 $E(X)=\int_a^b xf(x)dx$로 별다른 설명 없이 선언적으로 정의하였고, 치환적분법을 이용하여 정규분포의 표준화를 설명한 교과서는 '적분과 통계'과목에서 단 한 종(성지출판(주), 계승혁 외 5인) 뿐 이었다.

4. 국내・외 통계학(확률론) 도서의 내용 비교

연구자는 연속확률분포를 다루는 국내 13종,

<표 Ⅱ-1> 개정교육과정의 교과서와 익힘책에 사용된 적분의 평균값 정리의 예

이다. 여기서 x의 증분 Δx에 대한 $S(x)$의 증분을 ΔS라고 하면 오른쪽 그림에서 ΔS는 도형 ABCD의 넓이이다. 도형 ABCD와 넓이가 같도록 직사각형 EBCF를 만들면 변 EF는 곡선과 만난다. 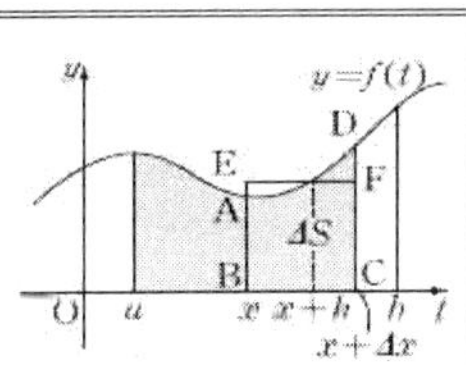	미적분과 통계 기본(교과서p.100) 적분과 통계(교과서p.38) ((주)지학사, 이강섭외 3인)
갑, 을이 소유한 농지가 [그림 1]과 같이 한 변의 길이가 90 m 인 정사각형 모양이고, 그 내부는 포물선을 경계로 나누어져 있다. 어느 날 집중 호우로 농지의 경계가 없어지는 상황이 발생하여 두 사람은 [그림 2]와 같이 원래 자신의 농지 넓이가 변하지 않도록 반듯한 직선을 경계로 농지를 나누려고 한다. 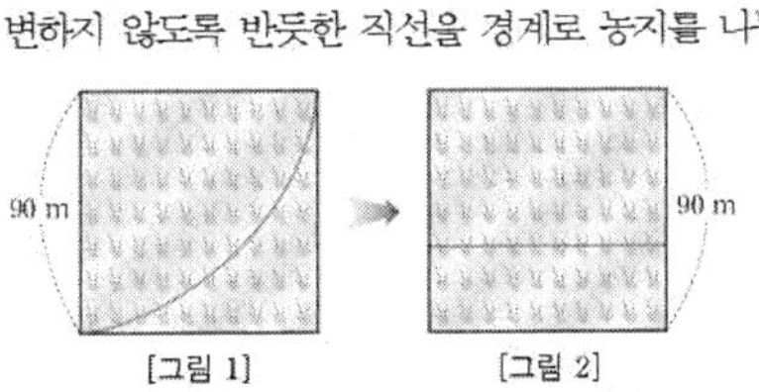 [그림 1] [그림 2] 위에서 농지를 나눌 때, 경계선을 어디에 만들어야 하는지 이야기하여 보자. (단, 경계의 넓이는 계산하지 않는다.)	미적분과 통계 기본(익힘책p.123) (더텍스트, 윤재한 외 14인)
함수 $f(x)$가 닫힌 구간 $[a, b]$에서 연속이고, 열린 구간 (a, b)에서 미분가능할 때, 등식 $\int_a^b f(x)dx=f(c)(b-a)$ ……… ① 를 만족하는 c가 열린 구간 (a, b)에 적어도 하나 존재한다. 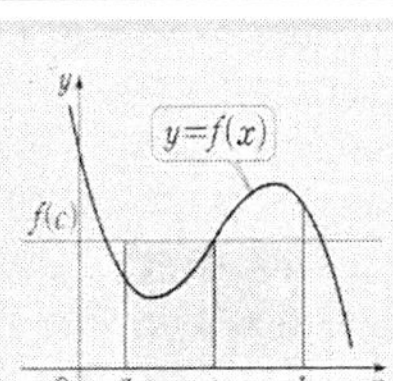	적분과 통계(익힘책p.33) ((주)중앙교육진흥연구소, 최봉대 외 6인)

국외 22종의 통계학(확률론) 도서에서 첫째, 확률밀도함수의 도입 방법, 둘째, 교육과정해설서의 지도상의 유의점 [1], [2], [3] 관련 내용, 셋째, 치환적분법을 이용한 정규분포의 표준화 설명을 중심으로 그 내용을 비교해 보았다.

확률밀도함수의 도입과 관련하여 5종12)의 도서내용이 앞의 ①의 절차와 동일하였고, 15종13)의 도서내용이 앞의 ②의 절차와 동일하였다. 한편 ①과 ②의 절차가 모두 존재하는 도서는 2종(Freund, Perles, 2004; 여인권, 송문섭, 허문열, 2009)이었다.

9종14)의 도서에서는 ①과 ②의 절차와는 달리 다음의 ③과 같이 적분의 평균값 정리를 이용하여 설명하는 경우가 있는 반면에, 연속확률변수나 확률밀도함수에 대한 설명 없이 바로 정규분포에 대한 정의로 넘어가는 경우도 4종15)의 도서에서 발견되었다.

③ 적분의 평균값 정리를 연속확률변수의 확률 정의에 이용하는 경우와 연속확률변수의 기댓값 정의에 이용하는 두 가지 경우로 구분하여 정리할 수 있다.

i) 확률밀도함수가 $f(x)$인 연속확률분포에 대하여, δ의 값이 아주 작을 때,

$$\mathrm{P}(x \le X \le x+\delta) = \int_{x}^{x+\delta} f(t)dt \approx f(x)\cdot\delta$$

가 성립한다(Mood, Graybill, Duane, 1974; Bain, Engelhardt, 2000; Bertsekas, Tsitsiklis, 2002; 박진호, 2005; 김우철, 김재주, 박병욱, 박성현, 송문섭, 2006).

ii) 구간 $[a, b]$에서 정의된 연속확률변수 X에 대하여 구간 $[x_{i-1}, x_i]$의 길이가 작으면 작을수록 $\sum_{i=1}^{n} x_i \mathrm{P}(x_{i-1} \le X \le x_i)$ (단, $a \le x_{i-1} \le X \le x_i \le b$)의 값은 연속확률변수 X의 기댓값에 가까워질 것이므로 다음과 같이 나타내는 것이 바람직할 것이다.

$$\mathrm{E}(X) = \lim_{n\to\infty} \sum_{i=1}^{n} x_i \mathrm{P}(x_{i-1} \le X \le x_i) =$$

$$\lim_{n\to\infty} \sum_{i=1}^{n} x_i f(x_i)(x_i - x_{i-1}) = \int_{a}^{b} xf(x)dx$$

(Hoel, 1984; Freund, Miller, Miller, 2004; Ross, 2008; 이태극, 2008)

한편, Ghahramani(2000)는 구간 $[a, b]$의 모든 실수 값을 가지는 연속확률변수 X의 확률밀도함수가 $f(x)$이고, $x_0 = a,\ x_1 = a + \Delta x,\ x_2 = a + 2\Delta x, \cdots, x_n = a + n\Delta x = b$일 때, 적분의 평균값 정리를 이용하여 X의 확률은 $\mathrm{P}(x_{i-1} < X \le x_i) = f(t_i)\Delta x$ (단 $t_i \in (x_{i-1}, x_i)$)로, X의 기댓값 $\mathrm{E}(X)$는

$$\mathrm{E}(X) = \lim_{n\to\infty} \sum_{i=1}^{n} t_i \mathrm{P}(x_{i-1} \le X \le x_i) =$$

$$\lim_{n\to\infty} \sum_{i=1}^{n} t_i f(t_i)\Delta x = \int_{a}^{b} xf(x)dx$$

로 정의하였다.

다음 <표 Ⅱ-2>는 교육과정해설서의 지도상의 유의점 [1], [2], [3] 관련 내용이 있는 도서와 치환적분법을 이용하여 정규분포의 표준화를 설명한 도서를 각각 분류한 것이다.16)

<표 Ⅱ-2>에서 [1]과 [2]의 내용이 비교적 많지 않은 이유는 국내·외 통계학(확률론) 도서에서

12) Hogg, McKean, Craig(2005), 김홍준, 김진수, 전철호(2008), 박정식, 윤영선, 박래수(2010), 허문열, 송문섭(2011), 홍찬식(2011).

13) Weiss(1989), Jarrell(1994), 유동선(2000), Freund, Miller, Miller(2004), Hodges Jr., Lehmann(2005), Hogg, Tanis(2005), Johnson & Bhattacharyya(2006), Moore, Notz(2006), Weiers(2006), 김응환, 이석훈(2007), Brase, Brase(2008), McClave, Sincich(2009), Sullivan(2010), Triola(2010), 이원준, 김태웅(2010).

14) Mood, Graybill, Duane(1974), Hoel(1984), Bain, Engelhardt(2000), Ghahramani(2000), Bertsekas & Tsitsiklis(2002), 박진호(2005), 김우철, 김재주, 박병욱, 박성현, 송문섭(2006), 이태극(2008), Ross(2008).

15) Kim Jai Heui(2007), Roussas(2007), Wackerly, Mendenhall, Scheaffer(2008), 신태곤, 최성철(2009).

16) Freund, Perles(2004), Hodges Jr., Lehmann(2005), Moore, Notz(2006), Weiers(2006), 신태곤, 최성철(2009), 박정식, 윤영선, 박래수(2010)의 도서는 [1], [2], [3], 치환적분법을 이용한 정규분포의 표준화 설명 내용이 모두 없었다.

<표 Ⅱ-2> 지도상의 유의점 [1], [2], [3] 관련 내용과 치환적분법 이용에 따른 분류

[1] 12종(41%)	Mood, Graybill, Duane(1974), Bain, Engelhardt(2000), Ghahramani(2000), Bertsekas, Tsitsiklis (2002), Freund, Miller, Miller(2004), Weiss(2004), 박진호(2005), Hogg, McKean, Craig(2005), Hogg, Tanis(2005), McClave, Sincich(2005), 김홍준, 김진수, 전철호(2008), 이태극(2008), Ross (2008), 이원준, 김태웅(2010), 김응환, 이석훈(2008), 여인권, 송문섭, 허문열(2009), Triola (2010), 허문열, 송문섭(2011), 홍찬식(2011), Brase, Brase(2011).
[2] 10종(34%)	Jarrell(1994), Bain, Engelhardt(2000), Ghahramani(2000), Freund, Miller, Miller(2004), Weiss (2004), 박진호(2005), 김우철, 김재주, 박병욱, 박성현, 송문섭(2006), Johnson, Bhattacharyya (2006), Triola(2010), 홍찬식(2011).
[3] 17종(59%)	Jarrell(1994), Bain, Engelhardt(2000), Ghahramani(2000), Bertsekas, Tsitsiklis(2002), Freund, Miller, Miller(2004), Weiss(2004), 박진호(2005), Hogg, McKean, Craig(2005), Hogg, Tanis(2005), 김우철, 김재주, 박병욱, 박성현, 송문섭(2006), Johnson, Bhattacharyya(2006), Ross(2008), 여인권, 송문섭, 허문열(2009), 이원준, 김태웅(2010), Sullivan(2010), Triola(2010), 홍찬식(2011).
치환적분 14종(48%)	Hoel(1984), Bain, Engelhardt(2000), Ghahramani(2000), Bertsekas, Tsitsiklis(2002), Freund, Miller, Miller(2004), Roussas(2007), Kim(2007), 김홍준, 김진수, 전철호(2008), 이태극(2008), Ross(2008), Wackerly, Mendenhall, Scheaffer(2008), 여인권, 송문섭, 허문열(2009), Triola(2010), 허문열, 송문섭(2011).

밀도도수 히스토그램의 점근적인 의미를 이용하여 확률밀도함수를 도입하기 때문이다. 한편, [3]의 내용은 비교적 많았는데, 학교수학에서 정규분포의 표준화를 선언적으로 정의하거나 변수 변환으로 설명하는 현재의 내용 대신 치환적분법을 이용하여 정규분포를 표준정규분포로 바꾸는 내용으로 교체하는 것에 대하여 긍정적으로 고려할 수 있을 것이다.

Ⅲ. 연구 방법 및 절차

1. 검사지와 지도내용 개발

'적분과 통계'과목의 교육과정을 이수한 고등학교 3학년 자연계열 학생들이 정적분과 치환적분법의 개념을 확률밀도함수의 도입, 연속확률변수의 기댓값, 정규분포의 표준화에 어느 정도 연결시키고 있는가를 알아보기 위하여 다음의 7개 문항으로 구성된 지필형 검사지를 개발[17]하였다.

(1) 정적분 $\int_a^b f(x)dx$의 정의를 쓰시오.

(2) 극한 $\lim_{n\to\infty}\sum_{k=1}^{n}\frac{k^4}{n^5}$의 값을 구하시오.

(3) 구간 $[a, b]$에 속하는 모든 실수 값을 가지는 연속확률변수 X의 확률밀도함수 $f(x)$의 뜻을 쓰시오.

(4) 연속확률변수 X의 확률밀도함수를 $f(x)$라고 할 때, $\int_{-\infty}^{x} f(t)dt$가 의미하는 바에 대하여 자신의 생각을 쓰시오.

(5) 구간 $[a, b]$에 속하는 모든 실수 값을 가지는 연속확률변수 X의 확률밀도함수를 $y=f(x)$라고 할 때, $y=f(x)$의 그래프와 x축 사이의 넓이가 1이 됨을 설명하시오.

(6) 연속확률분포에서 $P(a \le X \le b) = P(a < X \le b) = P(a \le X < b) = P(a < X < b)$가 성립하는 이유를 쓰시오.

(7) 치환적분법을 이용하여 $\int \frac{1}{\sigma\sqrt{2\pi}} e^{-\frac{1}{2}\left(\frac{x-m}{\sigma}\right)^2} dx = \int \frac{1}{\sqrt{2\pi}} e^{-\frac{z^2}{2}} dz$임을 보이시오.

17) 최초 개발된 검사지의 문항에 대하여 교수 2명(이학 박사 1명, 이학 및 수학교육학 박사 1명), 대학 강사 1명(이학 박사), 교사 8명(수학교육학 박사과정 6명, 교육대학원 석사과정 2명, 일반계고등학교 교육경력 평균 18년)으로 구성된 전문가 그룹의 문두 수정 및 내용타당도 검토과정을 거쳤다.

검사문항(1)은 정적분의 정의에 대한 이해정도를 알아보기 위한 문항으로서 Resslan과 Tall(2002), 신보미(2009)가 이용한 문항을 발췌하였고, 검사문항(2)는 자연수의 거듭제곱의 합 공식[18]을 이용하지 않고 정적분의 정의를 이용하여 무한급수의 합을 구할 수 있는 문항 중 가장 간단한 것으로서 정적분과 무한급수의 관계에 대한 학생들의 이해정도를 알아보기 위한 문항이었다. 검사문항 (3), (4), (5)는 [1], [2]가, 검사문항 (6)은 [3]이 학교수학에 어느 정도 반영되고 있는가를 알아보기 위한 것으로서 확률밀도함수의 도입과 관련하여 시사점을 얻기 위함이었다. 검사문항 (7)은 정규분포의 표준화와 관련하여 부정적분의 치환적분법을 이용하는 것으로 간단히 하였다.

위 검사문항 중 연속확률변수의 기댓값 $\mathrm{E}(X)$를 직접 묻는 문항은 없는데, 검사문항(5)에서 $\int_a^b f(x)dx=1$임을 보이는 과정이 $\mathrm{E}(X)=\int_a^b xf(x)dx$로 정의하는 것에 대하여 정적분 개념과의 연결에 어느 정도 맥락이 통하는 부분이 있는 것으로 보고 간접적으로 살펴보기로 하였다.

연구대상 학생들에게 검사지를 적용하여 해당 단원에 대한 연결성 관련 실태를 파악하였고, 교육과정해설서, 교과서 및 익힘책 그리고 국내·외 통계학(확률론) 도서의 내용 비교를 바탕으로 전문가 그룹과의 논의[19]를 거쳐 수학적 연결성을 고려한 지도내용(<부록 1>)을 개발하였다.

2. 연구대상과 자료 수집

본 연구의 대상 학생은 2011학년도 ○○광역시교육청 토요논술학교 고등학교 3학년 자연계열 8개 학급의 186명 중 검사지에 성실하게 응답하고 수업과 수업 후 토론에 참석한 134명이다. 토요논술학교 수강 학생들은 ○○광역시 일반계 고등학교 전체 신청자 중에서 각 지역별로 골고루 선발되었으며, 대학진학 시 논술고사나 구술·심층면접고사 대비가 수강목적이므로 학생들의 성적은 중상위권[20] 이내였다. 연구대상 학생들은 이미 학교에서 '적분과 통계'과목의 학습을 마친 것으로 확인되었으며, 검사지 적용은 2011년 2월 19일 8개 학급에 동시에 20분간 실시하였다.

검사지 적용 후 연구자가 교과서 및 익힘책, 국내·외 통계학(확률론) 도서의 내용을 검토하여 개발한 <부록1>을 적용한 수업은 2011년 3월 12일부터 4월 16일까지 6주간 매주 토요일마다 한 학급 또는 두 학급에 실시되었다. 각 학급별로 <부록1>을 적용한 50분간의 수업에 이어 70분간의 수업 내용에 대한 토론을 실시하였다.[21]

---

18) $\sum_{k=1}^{n}k=\frac{n(n+1)}{2}$, $\sum_{k=1}^{n}k^2=\frac{n(n+1)(2n+1)}{6}$, $\sum_{k=1}^{n}k^3=\left\{\frac{n(n+1)}{2}\right\}^2$

19) 최초 개발된 지도내용에 대한 논의과정에서 '구간 $[a,b]$의 모든 실수 값을 가지는 확률변수 X의 확률밀도함수를 $y=f(x)$라고 할 때, $y=f(x)$의 그래프와 x축사이의 넓이가 1이 된다.'를 적분의 평균값 정리를 이용하여 설명하는 방법이 개정교육과정의 범위를 넘어서는 문제가 제기되었고, 이에 연구자는 중간값 정리를 이용하는 방법으로 수정하였다.

20) 연구대상 학생들의 2011년 3월 10일 서울시교육청 주관 전국연합학력평가 수리가형 응시 결과는 다음과 같은데, 전체 9등급 중에서 연구대상 학생들은 모두 4등급 이내에 속하였다.

등급 / 성별	1등급	2등급	3등급	4등급	합계
남	46	27	24	8	105
여	3	7	11	8	29
합계(%)	49(37%)	34(25%)	35(26%)	16(12%)	134(100%)

3. 연구의 제한점

본 연구는 개정교육과정의 '미적분과 통계 기본', '적분과 통계'과목의 검인정 교과서 및 익힘책은 전수조사를 실시하였으나 다소 제한된 수의 국내·외 통계학(확률론) 도서 내용을 비교하였고, 2011학년도 ○○광역시교육청 토요논술학교 참여 학생들을 연구대상으로 하였으므로 해당 단원에 대하여 전체 고등학교 3학년 학생의 수학적 연결성 결과로 일반화하는 데에는 제한점이 있다.

Ⅳ. 연구 결과

1. 정적분과 무한급수에 대한 학생들의 이해

연구대상 학생들의 정적분 개념에 대한 이해 정도를 측정하여 확률밀도함수의 도입과의 연결 가능성을 알아보기 위한 검사문항(1)에 대한 응답유형 및 등급별 응답 수는 <표 Ⅳ-1>과 같다.

정적분의 정의를 식 대신 문장으로 기술한 경우도 정답으로 간주하였는데 정답 수와 오답 수가 각각 67(50%)로 서로 같았다. 오답의 경우, 수식 작성에 오류가 있었던 21명(16%)을 제외하고 가장 많은 16명(12%)의 학생들이 정적분을 $x=a$, $x=b$, x축, $y=f(x)$의 그래프로 이루어진 도형의 넓이라고 하였다. 또, 10명(7%)의 학생들이 구분구적법과 관련된 개념(직사각형 n개의 넓이의 합, 불가분량, 무한소 해석)으로, 5명의 학생들이 미적분학의 기본정리로, 3명은 범위가 정해진 적분으로, 1명이 미분법의 역연산으로 보고 있었으며 무응답의 경우도 11명(8%)이나 되었다.

이 결과를 통해 개정교육과정에서 정적분의 정의가 리만합의 극한으로 도입되고 있지만 연

<표 Ⅳ-1> 검사문항(1)에 대한 응답유형 및 등급별 응답 수

응답 유형			등급별 응답 수				합계
			1	2	3	4	
정답	$\int_a^b f(x)dx = \lim_{n\to\infty}\sum_{k=1}^{n} f\left(a+\frac{b-a}{n}k\right)\frac{b-a}{n}$		22	19	18	8	67
오답	정의에서 수식오류		11	3	5	2	21
	구분구적법 관련 개념	직사각형 n개의 넓이의 합		1	1	1	3
		불가분량(직사각형 n개의 넓이의 합의 극한)	1	1	2		4
		무한소 해석(선분들의 무한합), 함수 값의 합의 극한	2			1	3
	정적분의 기본정리 $\int_a^b f(x)dx = [F(x)]_a^b = F(b)-F(a)$를 기술		2			3	5
	$x=a, x=b, x$축, $y=f(x)$의 그래프로 이루어진 도형의 넓이		5	7	4		16
	기타	범위가 정해진 적분		1	2		3
		미분법의 역연산			1		1
	무응답		6	2	2	1	11
	합계		27	15	17	8	67

21) 토요논술학교 수학과 담당 강사들(전체 5명)에게 본 연구에 대하여 간단히 소개한 후, 참여를 원하는 교사(3명-전원 교육대학원 석사과정 수료, 일반계고등학교 교육경력 평균 10년)는 8회에 걸친 수업 참관과 수업 후 학생과의 토론에 동참하였다.

<표 Ⅳ-2> 검사문항 (2)에 대한 응답유형 및 등급별 응답 수

응답 유형		등급별 응답 수				합계
		1	2	3	4	
정답	$\lim_{n\to\infty}\sum_{k=1}^{n}\frac{k^4}{n^5}=\int_0^1 x^4\,dx=\frac{1}{5}$	48	34	30	11	123
오답	$\sum_{k=1}^{n}k^4$의 식을 구하여 $\lim_{n\to\infty}\frac{1}{n^5}\sum_{k=1}^{n}k^4$의 값을 구하려고 한다.(실패)	1			2	3
	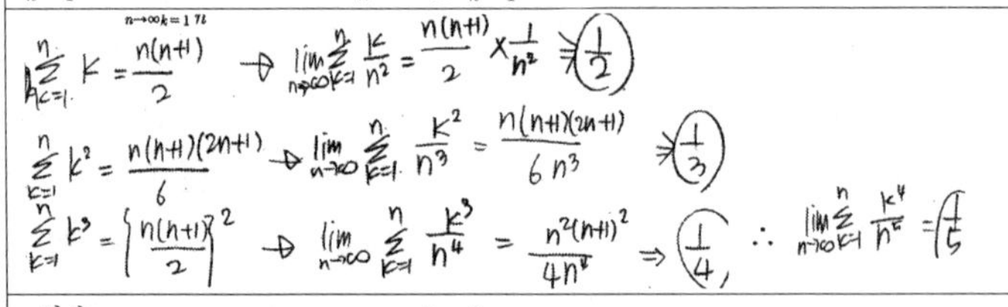			3		3
	$\frac{\text{상수}}{\infty}$꼴로 생각하여 $\lim_{n\to\infty}\frac{1}{n^5}\sum_{k=1}^{n}k^4=0$			1	1	2
	무응답			1	2	3
	합계	1	0	5	5	11

구대상 학생들은 상위권 학생들조차도 정적분의 정의를 나타내는 관계식을 부정확하게 기술하거나 응답조차 못하였다. 또, 일부 학생들(16명, 12%)은 정적분의 정의를 도형의 넓이로 간주하고 있음을 알 수 있었다. 이는 신보미(2009)의 연구 결과를 재확인할 수 있는 것으로서, 연구대상 학생들의 상당수가 정적분의 정의에 대해 오개념을 가지고 있는 것으로 볼 수 있다.

정적분과 무한급수의 관계에 대한 학생들의 이해정도를 알아보기 위한 검사문항 (2)에 대한 응답유형 및 등급별 응답수는 <표 Ⅳ-2>와 같다. 정적분과 무한급수의 관계는 제7차 교육과정의 교과서에도 제시되어 있었고, 또 검사문항이 간단하므로 오답 수가 11(9%)에 불과했다. 검사문항 (1)의 응답결과와 비교해보면 학생들이 정적분의 정의에 대한 이해보다 정적분을 이용한 무한급수의 계산에 치우친 것으로 볼 수 있다. 이는 신보미(2009)가 학생들이 정적분의 정의를 곡선도형의 넓이, 수열의 극한, 부정적분의 정의보다 무한급수와의 관계에 더 우선시하는, 이해수준의 적절성에 대해 제기한 문제를 재확인할 수 있었다. 연구대상 학생들 중 소수(8명, 6%)이긴 하지만 중상위 집단이 무한급수 문제를 해결하는데 정적분의 개념을 정확히 이용하지 못할 뿐더러 무한급수의 정의에 대해서도 오개념을 가지고 있음도 알 수 있었다.

2. 확률밀도함수에 대한 학생들의 이해

검사문항 (3), (4), (5), (6)은 확률밀도함수의 도입에 대한 시사점을 얻기 위한 것이었는데 [1], [2]와 관련된 검사문항 (3), (4), (5)와, [3]과 관련된 검사문항 (6)에 대한 응답유형 및 등급별 응답 수는 각각 <표 Ⅳ-3>, <표 Ⅳ-4>, <표 Ⅳ-5>, <표 Ⅳ-6>과 같다.

확률밀도함수의 정의를 쓰도록 한 검사문항 (3)에 대하여 정확히 기술한 학생은 23명(17%)에 불과하였고, 26명(19%)의 학생이 확률밀도함수 $f(x)$가 확률 그 자체를 의미하는 것으로 알고 있었으며, 3명(2%)의 학생은 확률의 기본성질을 기술하였다. 한편, 46명(34%)의 학생이 확률밀도함수의 정의를 불충분하게 기술하였으며, 31명(23%)의 학생이 응답하지 못하였다. 오답자(무응답 포함) 111명(83%)은 각 등급별로 비교

<표 Ⅳ-3> 검사문항(3)에 대한 응답유형 및 등급별 응답 수

	응답 유형	등급별 응답 수				합계
		1	2	3	4	
정답	구간 $[a, b]$의 모든 실수 값을 가지는 확률변수 X에 대하여 다음을 만족하는 함수 $f(x)$(단, $a \le \alpha \le \beta \le b$) ❶$f(x) \ge 0$, ❷$\int_a^b f(x)dx = 1$, ❸$P(\alpha \le X \le \beta) = \int_\alpha^\beta f(x)dx$	13	1	7	2	23
오답	함숫값 $f(a)$가 $X=a$에서의 확률인 함수 $f(x)$	9	10	4	3	26
	❶, ❷, ❸ 세 가지 조건 중 하나 또는 두 가지만 기술	17	10	16	3	46
	확률의 기본성질 $0 \le f(x) \le 1$ 를 기술	1	1	1		3
	이산확률분포표를 이용한 설명 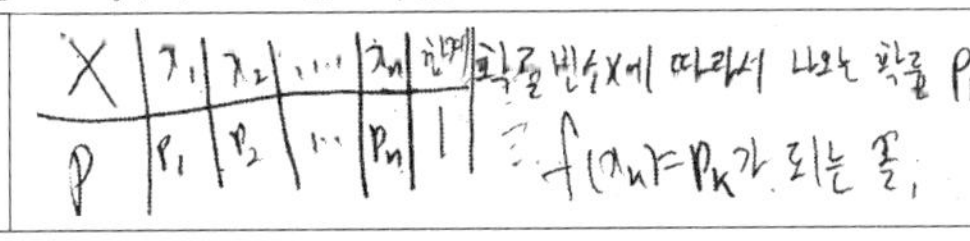	2				2
	정규분포를 이용한 설명 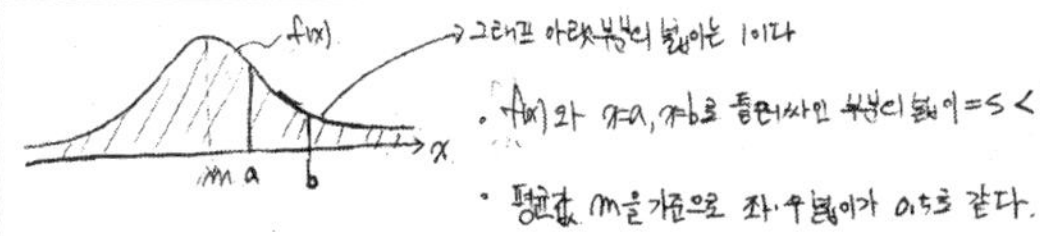	1			1	2
	주어진 구간에서 그래프와 x축사이의 넓이의 함수		1			1
	무응답	6	11	7	7	31
	합계	36	33	28	14	111

적 골고루 분포되어있었는데, 학생들이 확률밀도함수를 직관적으로 받아들이기가 쉽지 않으며, 선언적으로 정의하는 현재의 도입방법도 학생들의 이해에 어려움을 주고 있음을 알 수 있다. 특히, 확률밀도함수 $f(x)$가 확률 그 자체를 의미하는 것으로 잘못 알고 있는 학생 26명 중에서 1, 2등급의 학생이 19명이나 되어 확률밀도함수를 도입하는 지도방법에도 반성적인 검토가 요구된다고 할 수 있다.

교육과정해설서에서 확률밀도함수를 도입하는 방법으로 제시한 분포함수는 비록 일반계고등학교 학생들이 배우지 않은 내용이지만, 연구자는 검사문항(4)를 통해 분포함수에 대한 학생들의 직관적 이해를 알아보려고 하였다.

<표 Ⅳ-4>에 나타난 것처럼 절반이 넘는 수의 학생들(72명, 54%)이 교육과정상의 용어(기호)가 아닌 분포함수에 대하여 직관적으로 $P(X \le x)$를 의미하는 것으로 인식하고 있었으며, 연속확률변수라는 조건이 있음에도 불구하고 14명(11%)의 학생들은 정적분으로, 1명의 학생이 이상적분으로 인식하였다. 일부 소수 학생들의 오답에서 연속확률분포의 정의를 정확히 이해하지 못한 경우가 발견되어 연속확률분포에 대한 오개념이 있음을 알 수 있었고, 응답하지 않은 36명(27%)의 학생들은 모두 처음 보는 기호라서 응답자체를 고려하지 않았다고 하였다.

구간 $[a, b]$에서 확률밀도함수 $y=f(x)$의 그래프와 x축 사이의 넓이가 1인 것과 정적분의 정의와의 연결 가능성을 탐색하기 위한 검사문항(5)에서 <표 Ⅳ-5>에 나타난 것처럼 많은 수(94명, 70%)의 학생들이 구간 $[a, b]$에서 확률이 1임에 대해서는 알고 있었으나 27명(20%)의 학생들이 응답하지 않았다. 이는 전체구간 $[a, b]$에서의 확률이 1이라는 확률의 기본성질에 대해서도 이해가 충분하지 않은 학생들이 존재함을 알 수 있었고, 검사문항(4)의 결과와도 일맥상통한다. 이는 $\int_a^b f(x)dx = 1$임을 정적분과 무한급수의 관계를 이용하여 보여주면 학생들의 이해를 촉진할 수

<표 Ⅳ-4> 검사문항(4)에 대한 응답유형 및 등급별 응답 수

응답 유형		등급별 응답 수				합계
		1	2	3	4	
정답	확률변수 X가 x이하일 확률 또는 $\mathrm{P}(X \le x)$	33	19	16	4	72
오답	$-\infty$부터 x까지 함수 $f(x)$의 정적분, 즉 	4	3	6	1	14
	이상적분 $\int_{-\infty}^{x} f(x)dx = \lim_{a \to -\infty} \int_{a}^{x} f(x)dx$ 으로 정의	1				1
	x 이상의 확률이 일어나지 않을 확률	1				1
	f(x)가 x 이하의 값을 가질 확률	1	1	1		3
	$\mathrm{P}(X=x)$		1			1
	시행에서 0 일어날 확률부터 x만큼 일어날 확률의 합		1	2		3
	x가 일어나지 않을 확률	1				1
	어떤 사건이 최대 x번까지 일어날 확률				1	1
	사건이 일어날 확률이 0.5+x이다				1	1
	무응답	8	9	10	9	36
	합계	16	15	19	12	62

<표 Ⅳ-5> 검사문항(5)에 대한 응답유형 및 등급별 응답 수

응답 유형		등급별 응답 수				합계
		1	2	3	4	
정답	확률의 기본성질에 의하여 구간 $[a, b]$에서의 확률은 1이다.	40	25	19	10	94
오답	확률의 최댓값이 1이다.	1	1	3	1	6
	$\int_{-\infty}^{\infty} f(x)dx = 1 \left(\lim_{a \to \infty} \int_{-a}^{a} f(x)dx = 1 \right)$이므로 $\int_{a}^{b} f(x)dx = 1$	1	2			3
	$\lim_{x \to -\infty} f(x) = 0$이고, $\lim_{x \to \infty} f(x) = 0$이므로 $\int_{a}^{b} f(x)dx = 1$			2		2
	특수한 하나의 예를 들어 설명	1	1			2
	무응답	6	5	11	5	27
	합계	9	9	16	6	40

있을 것으로 생각되고, 통계단원에서 개념과 관련된 교수-학습 전개는 좀 더 수학적인 관점에서 접근할 필요성이 있는 것으로 볼 수 있다.

검사문항(6)에 대하여 <표 Ⅳ-6>에 나타난 것처럼 개정교육과정의 교육과정해설서, 교과서 및 익힘책에 언급되어 있는 대로 정확히 응답(정답Ⅰ)한 학생은 22명(16%)에 불과했고, 60명(45%)의 학생이 적분단원에서 곡선으로 이루어진 도형의 넓이는 닫힌구간에서 구함을 학습하였음에도 불구하고 선분의 넓이가 0임을 이용하여 반열린구간 또는 열린구간에서 곡선 도형의 넓이를 구하는 것과 관련지어 기술(정답Ⅱ)하였다. 41명(31%)의 학생은 응답조차 하지 못했고, 오답 수가 각 등급별로 골고루 분포되어 있는데, 이 내

<표 Ⅳ-6> 검사문항(6)에 대한 응답유형 및 등급별 응답 수

응답 유형		등급별 응답 수				합계
		1	2	3	4	
정답Ⅰ	$\mathrm{P}(X=a)=0$, $\mathrm{P}(X=b)=0$이므로 $\mathrm{P}(a \le X \le b)=\mathrm{P}(X=a)+\mathrm{P}(a<X\le b)=\mathrm{P}(a<X\le b)$ $=\mathrm{P}(a\le X<b)+\mathrm{P}(X=b)=\mathrm{P}(a\le X<b)$ $=\mathrm{P}(a<X<b)$	10	6	4	2	22
정답Ⅱ	선분은 넓이가 없으므로 경계선의 포함여부는 상관없다 (무한소 해석).	25	18	11	6	60
오답	확률밀도함수 $f(x)$가 연속함수이다.	3	2	2		7
	(아무 설명 없이) 확률변수에서 수 하나의 포함여부는 확률값에 영향을 주지 않는다.	1	1	1	1	4
	무응답	10	7	17	7	41
	합계	14	10	20	8	52

<표 Ⅳ-7> 검사문항(7)에 대한 응답유형 및 등급별 응답 수

응답 유형		등급별 응답 수				합계
		1	2	3	4	
정답	$z=\frac{x-m}{\sigma}$ 이면 $\sigma dz=dx$, $\int \frac{1}{\sigma\sqrt{2\pi}} e^{-\frac{1}{2}\left(\frac{x-m}{\sigma}\right)^2} dx = \int \frac{1}{\sqrt{2\pi}} e^{-\frac{z^2}{2}} dz$	47	31	25	11	114
오답	표준화 오류: $z=\frac{x-m}{\sigma^2}$ 로 두어 치환적분법 사용				1	1
	무응답	2	3	10	4	19
	합계	2	3	10	5	20

용에 대해서 적분과의 연결성을 신중하게 고려하여 학생들이 충분히 이해할 수 있는 교수-학습 전개가 이루어져야 할 것으로 생각된다.

3. 치환적분법과 정규분포의 표준화 사이의 연결 가능성 탐색

치환적분법과 정규분포의 표준화 사이의 연결 가능성을 탐색하기 위한 검사문항(7)에 대한 응답유형 및 등급별 응답 수는 <표 Ⅳ-7>과 같다. 이 문항에 대하여 114명(85%)의 학생이 정답을 제시함으로써 학교수학에서 치환적분법을 이용하여 정규분포의 표준화를 충분히 설명할 수 있음을 확인하였다. 다만 표준화 오류(1명)의 경우는 학생의 사소한 실수이고, 무응답(19명, 14%)은 앞의 검사문항에 집중하고 난 뒤에 오는 시간 부족으로 생각된다.

4. 개발한 지도내용에 대한 학생과 교사의 반응

본 연구에서 수학적 연결성을 고려하여 개발한 지도내용(<부록 1>)을 실제 수업에 적용한 후 학생과 교사의 반응을 알아보기 위해 연구자는 처음에 논제에 대한 찬성과 반대 중 어느 한 입장을 반드시 취해야 하는 교육토론[22]의 형태를 계획하였으나 찬성 122명, 반대 12명으로 학

22) 이정옥(2008)은 공적 대화를 '토의, 토론, 논쟁'의 세 가지로 분류하였고, 그 중에서 토론을 '자유토론, 교

<표 Ⅳ-8> 수업 후 수업내용에 대한 학생과 교사의 자유토론 내용

구분		토론 내용
학생	긍정	• 막연히 외우지 않아도 되고, 각 내용을 이해할 수 있는 수학 시간이 될 것이다. • 연속확률분포 단원의 내용에 대한 정리가 쉽다. • 정적분과 치환적분법의 내용을 다시 기억해낼 수 있어 좋았다. • 중간값의 정리가 활용되는 것을 통계단원에서 확인할 수 있어 좋았다. • 치환적분법을 이용하여 정규분포와 표준정규분포의 관계를 쉽게 알 수 있었다. • 적분단원과 통계단원이 서로 연결되어 있음을 알게 되어 좋았다. • 수학의 어느 한 단원을 공부할 때 연결되는 다른 단원을 찾아볼 것이다.
	부정	• 적분단원의 내용을 다시 기억해내야 되므로 어렵다. • 그냥 공식으로 외우고 넘어가도 되는 데 공부해야 할 분량이 많게 되었다.
교사	긍정	• 일목요연하고 수학적으로 잘 정리가 된 지도내용이다. • 단순 암기보다 학생들의 사고를 이끌어낼 수 있는 지도내용이다. • 직관뿐만 아니라 수학적 논리에 바탕을 둔 지도가 가능하다. • 학생들에게 수학의 단원들이 서로 연결되어 있음을 보여주는 좋은 예이다. • 현재 자신이 연속확률분포단원의 수업을 전개해나가는 과정을 반성해보게 된다.
	부정	• 분량이 많고, 학급 내에서 다수인 중하위권 학생들에게는 어려울 것이다. • 적분단원의 학습에 결손이 있는 학생의 경우, 내용 이해가 오히려 더 어렵다.

생 수의 차이가 너무 커서 학급별로 자유토론의 형태를 취하였다. 자유토론은 찬-반의 입장 차이보다는 논제에 대한 다양한 관점과 입장을 전제하고, 나중에 입장이 바뀌는 것을 인정하는 방법이다.

학급별로 찬성 측과 반대 측에서 각 1명의 학생을 뽑아 70분간의 토론[23] 내용을 기록하게 하였고, 토론이 끝난 후 기록한 내용을 정리하여 연구자가 참관 교사와 학생들에게 발표하였다.

자유토론에 참가한 학생들과 참관한 교사들의 주요 토론 내용을 정리하면 다음 <표 Ⅳ-8>과 같다.

<표 Ⅳ-8>에서 알 수 있듯이 학생과 교사 모두 본 연구에서 개발한 <부록 1>에 대하여 수학적, 교수-학습 면에서 긍정적인 반응이 지배적이다. 학생은 자신의 수학 학습에 대한 태도변화를 암시하였고, 교사는 연속확률분포단원에 대한 자신의 교수방법을 반성하고 개선시키려 함으로써 전문성 신장 노력과 더불어 정의적 영역에서의 변화도 함께 불러왔음을 알 수 있었다. 따라서 이 내용은 새로운 교육과정에 의한 교과서와 익힘책이 집필될 때 반영을 검토해 보아야 할 것으로 생각된다.

Ⅴ. 결론 및 제언

본 연구의 목적은 학교수학의 연속확률분포 단원에서 확률밀도함수의 도입과 연속확률변수의 기댓값을 정의하는 데 중간값 정리, 정적분

육토론, 법정토론'의 세 가지로 다시 분류하였다.(토론의 전략, 서울: 문학과 지성사)

23) 수학교육 개혁의 한 방안으로서의 토론에 대하여 NCTM(2000)은 수학교실에서의 토론 공동체(Discourse Community) 발전을, Huffered-Ackles, K., Fuson, K. C. & Sherin, M. G.(2004)는 수학토론 학습 공동체(Math-Talk Learning Community)의 구성을 주장하였다.

의 정의 및 정적분과 무한급수의 관계에 대한 개념을 연결시키고, 정규분포의 표준화를 치환적분법과 연결시키는 지도방안을 마련하는데 있다.

이를 위하여 확률밀도함수의 도입과 연속확률변수의 기댓값, 정규분포의 표준화에 대한 학생들의 이해 정도와 수학적 연결성의 가능성을 탐색할 검사문항을 개발하였다. 개발된 검사지를 고등학교 3학년 자연계열 학생 134명에게 적용한 다음, 개정교육과정의 교육과정해설서, 교과서 및 익힘책, 국내 · 외 통계학(확률론) 도서의 관련 단원 내용 비교를 바탕으로 정적분 및 치환적분법의 개념과 수학내적 연결성을 가지는 연속확률분포단원의 지도내용(<부록1>)을 개발하였다. <부록1>을 적용한 수업은 8번의 사고실험, 교수실험, 회고분석의 순환과정(Akker, Gravemeijer, McKenney, Nieveen, 2006)을 거쳐 이루어졌고, 수업과 토론에 참여한 학생들과 교사들, 수업을 참관한 교사들의 반응을 중심으로 본 연구에서 얻은 시사점을 기술하면 다음과 같다.

첫째, '미적분과 통계 기본', '적분과 통계'과목의 확률밀도함수에 대한 교육과정해설서의 내용이 서로 다르며, 그 내용에 있어 교육과정의 수준을 넘어서는 이상적분의 개념이 사용되고 있는 문제점이 있다. 이미 검사문항(4), (5)에 대한 응답에서 일부 학생들이 이상적분을 이용함을 발견하였는데, 교과서의 정규분포곡선에 대한 설명에서 곡선과 x축 사이의 넓이가 1이라고 하는 설명은 실제로 $\int_{-\infty}^{\infty} f(x)dx = 1$임을 의미하고, 고급수학에도 나오는 내용이므로 교육과정 내에 이상적분의 정의를 둘 필요가 있을 것이다.

둘째, 개정교육과정의 교과서 및 익힘책에서 확률밀도함수의 도입, 연속확률변수의 기댓값, 정규분포의 표준화는 선언적 정의의 형태로 기술되어 있는데, 이는 상당수의 연구대상 학생들이 적분단원과 통계단원의 수학적 연결성을 인식하지 못하고 있는 현상의 한 원인으로 볼 수 있다. 두 단원 간의 수학적 연결성에 기초한 본 연구의 <부록1>을 통해 학생들이 서로 다른 영역의 수학 사이의 연결성을 이해할 수 있을 때 수학을 통합된 전체로 보게 되고, 낱낱이 아닌 수학적 개념의 연결망을 중시하는 수업은 학생들로 하여금 수학적 힘과 아름다움을 음미하고 이해하게 된다(NCTM, 1989). 더불어 수학적 연결성이 갖추어지면 학생들이 선행지식 위에 새로운 이해를 구축할 수 있음(NCTM, 2000)을 확인할 수 있었다.

셋째, 본 연구를 통해 수학적 연결성을 고려한 교수-학습 전개에 대한 관심과 연구가 요구된다. 잘 연계된 개념에 바탕을 둔 사고는 새로운 상황에서 사용될 때 훨씬 쉽게 응용될 수 있으며(Skemp, 1976), 수학에서 학생들이 새로운 지식을 기존의 지식에 의미 있게 연결할 때 기억하거나 적용하는 것이 더 쉽고 더 잘 이해된다(Schoenfeld, 1988). 본 연구에서 연구자는 학생들이 이미 학습한 적분의 개념들을 토대로 통계단원의 새로운 수학 개념을 구성할 때, 두 수학영역 사이의 연결성을 더 깊이 인식하게 됨(NCTM, 2000)을 확인할 수 있었다. 이러한 수학적 연결성을 강조하기 위하여 먼저 교사는 학생들이 이전 단원(과목)에서 배운 수학과 이후 단원(과목)에서 배울 수학을 알아야 한다. 다음으로 수학적 기능과 개념을 개별적인 주제로 지도해서는 안 되며, 가치 있고 연결되며 유용한 경험의 일부분으로 지도할 수 있도록 수업을 계획해야 한다(NCTM, 2000).

넷째, 확률밀도함수의 개념을 묻는 검사문항(3), (4), (6)에 대한 오답 수가 각각 111, 62, 52로 비교적 많은데, 이는 통계적 개념에 대한 학생들의 이해에 어려움이 있는 것으로 보인다. 학교수학의 통계교육에서 수학적 원리는 하나의 수단이 되어야 하며 내용이 형식을 지배해야 하고(Kempthome, 1980), 학생들이 통계적 절차가 마술처럼 기초적인 수학적 지식 없이 이루어지는 것으로 여기도록 해서는 안 된다(Moore, 1997; Wild, Pfannkuch, 1999). 즉, 학교수학에서 개념 지도와 관련된 경우는 좀 더 수학적인 접근방법이 필요하다는 점이다. 그러나 통계는 실제 생활과 연관되어 발전해왔으므로 맥락을 배제하고 수학적 표현으로만 이해하기에는 어려운 점이 많으며(박영희, 2002), 학생들은 통계적 방법을 어떻게 적용하고 결과를 어떻게 해석 하는지 알지 못한 채 단지 기술만을 익히게 된다(Mallows, 1998). 따라서, 본 연구에서는 학생들의 확률밀도함수 개념에 대한 이해를 돕기 위하여 이산확률변수의 밀도도수 히스토그램을 근사시킨 하나의 모형으로서 연속확률변수의 확률밀도함수를 도입하되, 중간값 정리, 정적분, 무한급수의 개념을 연결시켜 확률밀도함수의 세 가지 성질을 제시하였다. 나아가 연속확률변수의 기댓값을 정의할 때에는 정적분과 무한급수의 개념을 연결시켜 정의하였다. 또, 정규분포의 표준화는 치환적분법의 개념과 연결시켜 설명하였다. 이는 절차와 개념 연결을 학교수학의 핵심으로 보는 NCTM(2000)의 관점에서 개념, 절차, 그리고 지적인 과정은 서로 관련되어 있으므로 서로 다른 수학적 내용과 다른 내용 영역의 개념과 절차들을 연결하려는 시도를 포함한 것이다. 수업 후에 이루어진 연구대상 학생들과 교사들의 자유토론을 통해 수학적 연결성과 관련하여 반성적 사고가 촉진되었음(Bakker, Gravemeijer, 2004)을 알 수 있었다.

다섯째, 고등학교 교육과정에서 선분의 넓이를 정의할 수 없음에도 불구하고 [3]에 대한 검사문항(6)의 응답에서 60명의 학생들이 선분의 넓이가 0임을 이용(무한소 해석을 일부 이용)하였다. 이는 학생들이 적분단원에서는 닫힌구간에서 정적분과 넓이를 정의하는데 비해 통계단원에서는 열린구간 또는 반열린구간에서의 정적분으로 연속확률변수의 확률을 구하는 데서 비롯된 것으로 보인다. 이 과정에서 학생들의 개념적 혼란이 생기는 현상을 확인하였고, 이 부분의 개선에 대한 심도 있는 논의가 필요함을 알 수 있다.

현재 교과서의 연속확률분포단원의 내용진술에 이론적으로 오류가 없더라도 학생들의 수학적 개념에 대한 이해를 증진시키고, 고등학교 교육과정이 내적 일관성을 가지고 있음을 발견할 수 있도록 학습내용을 조직하는 수업설계 활동은 중요한 일이다. 본 연구는 교육과정상 한 과목-'미적분과 통계 기본' 또는 '적분과 통계'-내에서 단원 간의 수학적 연결성을 고려한 지도내용을 개발한 뒤, 실제 수업에의 적용 효과를 기술하였다. 앞으로 본 연구에서 개발한 <부록 1>을 중하위권 학생들을 대상으로 적용하는 연구, 통계단원 외에 다른 단원에 대하여 수학적 연결성을 가지는 단원을 찾아 교수학적 전략을 고안하는 연구, (반)열린구간에서의 정적분을 다루는 [3]에 대한 측도론(Measure theory) 관점에서의 연구 등으로 이어지기를 기대해 본다.

참고문헌

교육과학기술부(2008). **고등학교 교육과정 해설 ● 수학**. 교육과학기술부, 서울: 신생인쇄조합.

김동화 · 조은정(2000). 확률 · 통계의 연계성에 관한 연구. **교육이론과 실천, 10**(2), 345-373.

김남희 · 나귀수 · 박경미 외(2006). **수학교육과정과 교재연구**. 서울: 경문사.

김응환 · 김승동 · 오후진(1996). 확률밀도함수의 지도를 위한 고등학교 교과서내용의 재구성. **수학교육, 35**(2), 117-123.

김원경 · 백경호(2005). 고등학교 확률과 통계

영역에서 현실적 수학교육의 적용 효과. **수학교육, 44**(3), 435-456.

김원경·문소영·변지영(2006). 수학교사의 확률과 통계에 대한 지식과 신념. **수학교육, 45**(4), 381-406.

박영희(2002). 연속확률변수 개념의 직관적 이해에 관한 고찰. **학교수학, 4**(4), 675-686.

손홍찬(2010). 수학적 추론과 연결성의 교수·학습을 위한 소재 연구-도형수, 파스칼 삼각형, 피보나치 수열을 중심으로-. **학교수학, 12**(4), 619-638.

신보미(2009). 고등학생들의 정적분 개념 이해. **학교수학, 11**(1), 93-110.

신현용(2003). 교사 양성 대학 수학교육과 교육과정 및 교수-학습 방법 개발에 관한 연구. **수학교육, 42**(4), 431-452.

우정호(2000). 통계교육 개선방향 탐색. **학교수학, 2**(1), 1-27.

윤현진·박선용·김서령·이영하(2009). **수학과 교육내용 개선방안 연구-이산수학, 확률과 통계 영역을 중심으로- RRC 2009-3-3.** 서울: 한국교육과정평가원.

이경화·유연주·홍진곤·박민선·박미미(2010). 수학 우수아의 통계적 개념 이해도 조사, **학교수학, 12**(4), 547-561.

이수정(2000). **통계지도에 관한 고찰.** 서울대학교 대학원 석사학위 논문

이영하(1992). 고등학교 확률·통계교육의 현황과 개선 방향에 관하여. **청람수학교육학회지, 2**(1), 71-91.

이영하·남주현(2005). 통계적 개념 발달에 관한 인식론적 고찰. **수학교육, 44**(3), 457-475.

최승현·고정화·도종훈 외(2006). **고등학교 수학과 선택중심 교육과정 개선 방안 연구 RRC 2006-6.** 서울: 한국교육과정평가원.

한진규·서종진(2004). 한국과 미국(North Corolina주)의 확률과 통계교육 내용 비교. **수학교육논문집, 18**(1), 89-98.

허은숙(2005). **고등학교에서의 선형대수 개념 지도에 관한 연구-수학적 연결을 중심으로-,** 서울대학교대학원 석사학위 논문

홍석강·마종철(2003). 제7차 교육과정에서의 고등학교 통계영역의 지도와 개선방안에 관한 교사의 의견조사 및 분석, **수학교육논문집, 16**, 219-243.

황석근·윤정호(2010). 수학과 개정교육과정의 그래프와 일차변환 단원에 대한 고찰. **한국수학사학회지, 23**(4), 83-100.

Akker, J. V., Gravemeijer, K., McKenney, S. & Nieveen, N. (2006). *Educational Design Research.* Routledge.

Alvarez, E. N., Rosales-Moreno, M. J. & Huete-Morales, M. D. (2010). Teaching Statistics in labor, social, juridical or economic studies, *US-China Education Review*, 7(10), 36-41.

Bain, L. J. & Engelhardt, M. (2000). *Introduction to Probability and Mathematical Statistics (2nd ed.)*, Thomson Learning

Bakkar, A. & Gravemeijer, K. (2004). *Learning to Reason about Distribution*, In D. Ben-Zvi & J. Garfield(Eds.), The Challenge of Developing Statistical Literacy, Reasoning, and Thinking, Dordrect, The Netherlands: Kluwer Academic Publishers.

Ball, D. L. & Cohen, D. K. (1999). *Developing Practice, Developing Practitioners: Toward a Practice-Based Theory of Professional Education.* In L. Darling-Hammond & G. Sykes, Teaching as the Learning Profession: Handbook of Policy and Practice, 3-32, San Francisco: Jossey-Bass.

Bertsekas, D. P. & Tsitsiklis, J. N. (2002). *Introduction to Probability*, Massachusetts: Athena Scientific

Batanero, C., Tauber, L. M. & Sanchez, V. (2004). *Student's Reasoning about the Normal Distribution*, In D. Ben-Zvi & J. Garfield (Eds.), The Challenge of Developing Statistical Literacy, Reasoning, and Thinking, Dordrect, The Netherlands: Kluwer Academic Publishers.

Ben-Zvi, D. & Garfield J. (2004). *Statistical Literacy, Reasoning, and Thinking: Goals, Definitions, and Challenges*, In D. Ben-Zvi & J. Garfield(Eds.), The Challenge of Developing Statistical Literacy, Reasoning, and Thinking, Dordrect, The Netherlands: Kluwer Academic Publishers.

Carmichael, C., Callingham, R., Hay, I. & Watson, J. (2010). Measuring Middle School Students' Interest in Statistical Literacy. *Mathematics Education Research Journal*, 22(3), 9-39.

Cobb, G. W. (1992). *Teaching statistics.* In L. A. Steen(Ed.), Heeding the call for change: Suggestions for curricular action, pp.3-43. Washington, DC: The Mathematical Association of America.

Cobb, G. W. & Moore, D. S. (1997). Mathematics, statistics and teaching. *The American Mathematical Monthly*, 104(9), 801-823.

Coxford, A. (1995). *The Case for Connection.* In House, P. A. & Coxford, A. F.(Eds.). Connecting Mathematics across the Curriculum, 3-12, NCTM.

Crowley, L. (1995). *Transformations: Making Connections in High School Mathematics.* In House, P. A. & Coxford, A. F.(Eds.) Connecting Mathematics across the Curriculum, 79-91, NCTM.

Freudenthal, H. (1973). *Mathematics as an educational task, D.* Reidel Publishing Company.

Freund, J. E., Miller, I & Miller, M. (2004). *John E. Freund's Mathematical Statistics With Applications(7th ed.)*, Prentice-Hall

Gal, I. (2004). *Statistical literacy: Meanings, Components, Responsibilities*, In D. Ben-Zvi & J. Garfield(Eds.), The Challenge of Developing Statistical Literacy, Reasoning, and Thinking, Dordrect, The Netherlands: Kluwer Academic Publishers.

Garfield, J. & Ben-Zvi, D. (2004). *Research on Statistical Literacy, Reasoning, and Thinking: Issues, Challenges, and Implications*, In D. Ben-Zvi & J. Garfield(Eds.), The Challenge of Developing Statistical Literacy, Reasoning, and Thinking, Dordrect, The Netherlands: Kluwer Academic Publishers.

Ghahramani, S. (2000). *Fundamentals of Probability(2nd ed.)*, New Jersey: Prentice-Hall.

Hill, H. C., Rowan, B. & Ball, D. L. (2005). Effects of Teachers' Mathematical Knowledge for Teaching on Student Achievement. *American Educational Research Journal*, 42(Summer), 371-406.

Hoel, P. G. (1984). *Introduction to Mathematical Statistics(5th ed.)*, John Wiley & Sons Inc.

Huffered-Ackles, K., Fuson, K. C. & Sherin, M. G. (2004). Describing Levels and Components of a Math-Talk Learning Community, *Journal for Research in Mathematics Education*, 35(2), 81-116.

Kempthome, O. (1980), The teaching of statistics:

Content versus Form. *The American Statistician,* 34(1), 17-21.

Mallows, C. (1998). 1997 Fisher Memorial Lecture: The zeroth problem. *American Statistician,* 52(1), 1-9.

Mood, A. M., Graybill, F. A. & Duane C. B. (1974). *Introduction to the Theory of Statistics(3th ed.),* McGraw-Hill Higher Education

Moore, D. S. (1997). New Pedagogy and new content: The case of Statistics. *International Statistical Review,* 65, 123-165.

Moore, D. S. (1992). *Teaching Statistics as a respectable subject.* Floernce Gorden & Sheldon Gorden(Ed.), Statistics for the Twenty First Century, Issues in Statistical Education, The Mathematical Association of America.

Moore, D. S. & McCabe (2000). *Introduction to the Practice of Statistics.* NY: W. H. Freeman & Co.

NCTM (2007). *Mathematics Teaching Today: Improving Practice.* Improving Student Learning, NCTM.

NCTM (2000). *Principles and Standards for School Mathematics.* Reston, VA: NCTM.

NCTM (1989). *Curriculum and evaluation standards for school mathematics.* Reston, VA: NCTM.

Resslan, S. & Tall, D. (2002). Definitions and images for the definite integral concept. Proceedings of the 26th Conference of the International Group for the Psychology in *Mathematics Education,* 4, 89-96.

Ross, S. (2008). *A First Course in Probability(8th ed.),* Pearson Group

Schoenfeld, A. H. (1988). "When Good Teaching Leads to Bad Results: The Disasters of Well Taught Mathematics Classes." *Educational Psychologist,* 23(Spring), 145-166.

Sfard, A. (2003). *Balancing the Unbalanceable: The NCTM Standards in Light of Theories of Learning Mathematics.* In J. Kilpatrick, W. G. Martan & D. Schifter(Eds.), A Research Companion to Principles and Standards for School Mathematics, Reston, VA: NCTM.

Skemp, R. R. (1976) "Relational Understanding and Instrumental Understanding." Mathematics Teaching 77 (December), 20-26. *Reprinted in Arithmetic Teacher,* 26(November 1978), 9-15.

Theoret, J. M. & Luna, A. (2009). Thinking Statistically in Writing: Journals and Discussion Boards in an Introductory Statistics Course. *International Journal of Teaching and Learning in Higher Education,* 21(1), 57-65.

Thisted, R. A & Velleman, P. F. (1992). Computer and Modern Statistics, In D. C. Hoaglin & D. C. Moore(Eds.), Perspectives on Contemporary Statistics. *The Mathematical Association of America,* 41-53.

Wonnacott, R. J. & Wonnacott, T. H. (1982). *Statistics: Discovering Its Power.* NY: John Wiley & Sons Inc.

Wild, C. J. & Pfannkuch, M. (1999). Statistical thinking in empirical inquiry. *International Statistical Review,* 67(3), 223-265.

Yee (2006). *Teaching Secondary School Mathematics a Resource Book.* McGraw-Hill Education.

<부록 1> 수학적 연결성을 고려한 연속확률분포 단원의 지도내용

1 확률밀도함수의 도입

어떤 이산확률변수 X의 $\frac{(\text{상대도수})}{(\text{계급의 크기})}$를 히스토그램으로 나타내면 [그림1]과 같다고 하자.

[그림 1]에서 각 구간에서의 직사각형의 넓이 $\frac{(\text{상대도수})}{(\text{계급의 크기})}\times(\text{계급의 크기})$는 그 구간의 상대도수를 나타내고, 상대도수의 합은 1이므로 직사각형들의 넓이의 합은 항상 1이다. 또, 대상의 수를 한없이 늘리고, 계급의 크기를 더욱 줄여 나타낸 히스토그램의 윗변의 중점을 연결하여 그린 도수분포다각형은 [그림 2]와 같이 항상 x축의 위쪽 부분에 있는 종모양의 매끄러운 곡선에 가까워질 것이다.

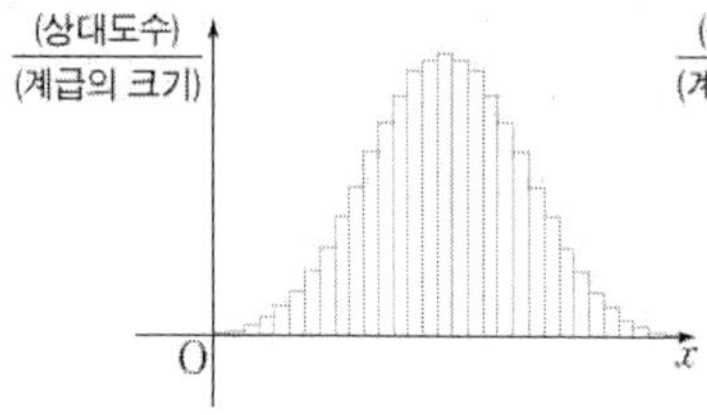

[그림 1]

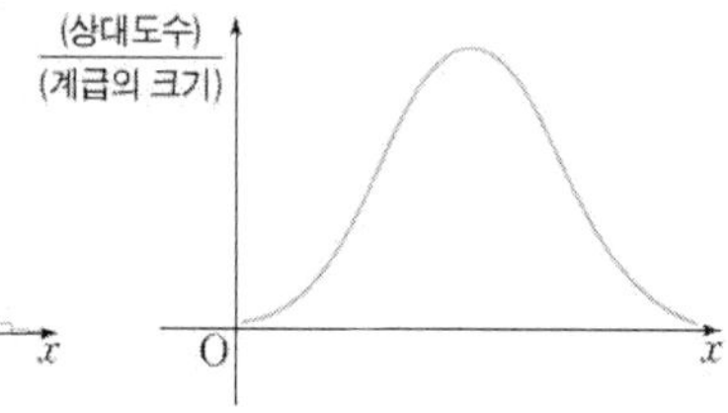

[그림 2]

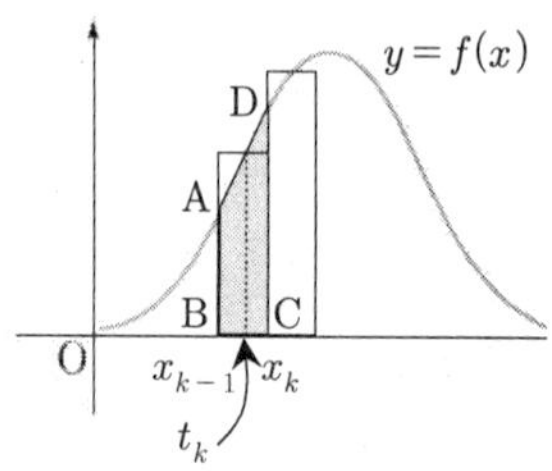

[그림 3]

확률변수 X가 구간 $[a, b]$의 모든 실수 값을 가지고, [그림 2]의 곡선을 $y=f(x)$라 하자.

구간 $[a, b]$를 n등분하여 그 분점과 양 끝점을 차례로 $x_0(=a), x_1, x_2, \ldots, x_n(=b)$라 하고, $\Delta x=\frac{b-a}{n}$로 놓으면 $x_k=a+\frac{b-a}{n}k$ $(k=0, 1, 2, \ldots, n)$이다.

[그림3]에서 구간 $[x_{k-1}, x_k]$위의 곡선 $y=f(x)$의 아랫부분과 x축이 이루는 도형 ABCD의 넓이를 S_k, 이 구간에서 $f(x)$의 최솟값, 최댓값을 각각 m_k, M_k 라고 하면 $m_k\Delta x\le S_k\le M_k\Delta x$이고, 중간값 정리에 의하여 $S_k=f(t_k)\Delta x$가 성립하도록 하는 $m_k\le f(t_k)\le M_k$인 t_k가 구간 (x_{k-1}, x_k)에 존재한다.

n에 관계없이 S_k들의 합은 1이므로 정적분과 무한급수의 관계를 이용하면 다음이 성립한다.

$$1=\lim_{n\to\infty}\sum_{k=1}^{n}\mathrm{P}(x_{k-1}\le X\le x_k)=\lim_{n\to\infty}\sum_{k=1}^{n}S_k=\lim_{n\to\infty}\sum_{k=1}^{n}f(t_k)\Delta x=\int_a^b f(x)dx$$

따라서 구간 $[a, b]$에서 곡선 $y=f(x)$의 아랫부분과 x축 사이의 넓이가 1이 됨을 알 수 있다.

이러한 곡선은 어떤 함수의 그래프가 되는데 이 함수를 연속확률변수 X의 확률밀도함수라고 한다.

일반적으로 연속확률변수 X의 확률밀도함수가 $f(x)\ (a\le x\le b)$이면 다음이 성립한다.

❶ $f(x)\ge 0$ ❷ $\int_a^b f(x)dx=1$ ❸ $\mathrm{P}(\alpha\le X\le\beta)=\int_\alpha^\beta f(x)dx$ (단, $a\le\alpha\le\beta\le b$)

이상에서 연속확률분포의 경우 확률밀도함수의 값 $f(\alpha)$가 $\mathrm{P}(X=\alpha)$을 의미하지 않음을 알 수 있고, ❸에서 $\mathrm{P}(X=a)=0$이므로 다음이 성립함을 알 수 있다.

$$\mathrm{P}(a\le X\le b)=\mathrm{P}(a<X\le b)=\mathrm{P}(a\le X<b)=\mathrm{P}(a<X<b)$$

2 연속확률변수의 기댓값

구간 $[a, b]$의 모든 실수 값을 가지는 연속확률변수 X의 확률밀도함수를 $y=f(x)$라고 하자.

구간 $[a, b]$를 n등분하여 그 분점과 양 끝점을 차례로 $x_0(=a), x_1, x_2, \dots, x_n(=b)$라 하고, $\Delta x=\frac{b-a}{n}$로 놓으면 $x_k=a+\frac{b-a}{n}k$ $(k=0, 1, 2, \dots, n)$이다.

구간 $[x_{k-1}, x_k]$위의 곡선 $y=f(x)$의 아랫부분과 x축이 이루는 도형 ABCD의 넓이를 S_k, 이 구간에서 $f(x)$의 최솟값, 최댓값을 각각 m_k, M_k 라고 하면 $m_k\Delta x \le S_k \le M_k\Delta x$이고, 중간값 정리에 의하여 $S_k=f(t_k)\Delta x$가 성립하도록 하는 $m_k \le f(t_k) \le M_k$인 t_k가 구간 (x_{k-1}, x_k)에 존재한다.

이 n에 대하여 확률분포가 다음 표와 같은 이산확률변수 T_n을 생각할 수 있다.

구간	$[x_0, x_1]$	$[x_1, x_2]$	$\cdots$	$[x_{n-1}, x_n]$	$[a, b]$
T_n	t_1	t_2	$\cdots$	t_n	계
$P(T_n=t_i)$	$f(t_1)\Delta x$	$f(t_2)\Delta x$	$\cdots$	$f(t_n)\Delta x$	1

위의 이산확률변수 T_n에 대하여 정적분과 무한급수의 관계를 이용하면 다음이 성립한다.

$$\lim_{n\to\infty} E(T_n)=\lim_{n\to\infty}\sum_{k=1}^{n} t_k P(x_{k-1}\le X\le x_k)=\lim_{n\to\infty}\sum_{k=1}^{n} t_k S_k=\lim_{n\to\infty}\sum_{k=1}^{n} t_k f(t_k)\Delta x=\int_a^b xf(x)dx$$

이산확률변수 T_n은 연속확률변수 X에 수렴하므로 연속확률변수 X의 기댓값 $E(X)$를 다음과 같이 정의한다.

$$E(X)=\lim_{n\to\infty} E(T_n)=\int_a^b xf(x)dx$$

3 정규분포의 표준화

연속확률변수 X가 정규분포 $N(m, \sigma^2)$을 따를 때, $P(a\le X\le b)$는 정적분 $\int_a^b \frac{1}{\sigma\sqrt{2\pi}} e^{-\frac{1}{2}\left(\frac{x-m}{\sigma}\right)^2}dx$로 주어진다. 피적분함수에서 $\frac{x-m}{\sigma}=z$로 놓으면 $dx=\sigma dz$이고, x가 a에서 b까지 변할 때, z는 $\frac{a-m}{\sigma}=c$에서 $\frac{b-m}{\sigma}=d$까지 변하므로 치환적분법에 의하여 $\int_a^b \frac{1}{\sigma\sqrt{2\pi}} e^{-\frac{1}{2}\left(\frac{x-m}{\sigma}\right)^2}dx=\int_c^d \frac{1}{\sqrt{2\pi}} e^{-\frac{z^2}{2}}dz$ 가 성립한다.

함수 $f(z)=\frac{1}{\sqrt{2\pi}}e^{-\frac{z^2}{2}}$는 표준정규분포 $N(0, 1)$를 따르는 확률변수 Z의 확률밀도함수이므로 확률변수 X가 어떤 구간에서 값을 취할 확률은 표준정규분포 $N(0, 1)$을 이용하여 확률변수 Z의 구간에 대한 확률의 값으로 구할 수 있다.

이와 같이 정규분포 $N(m, \sigma^2)$을 따르는 확률변수 X를 $Z=\frac{X-m}{\sigma}$를 이용하여 표준정규분포 $N(0, 1)$을 따르는 확률변수 Z로 바꾸는 것을 정규분포의 표준화라고 한다.

집필진

- 송상헌 경인교육대학교, shsong@ginue.ac.kr
- 방정숙 한국교원대학교, jeongsuk@knue.ac.kr
- 임재훈 경인교육대학교, jhyim@ginue.ac.kr
- 강옥기 성균관대학교, okkang@skku.edu
- 강현영 목원대학교, hykang@mokwon.ac.kr
- 권나영 인하대학교, rykwon@inha.ac.kr
- 김남희 전주대학교, nhkim@jj.ac.kr
- 류성림 대구교육대학교, srryu@dnue.ac.kr
- 박만구 서울교육대학교, mpark29@snue.ac.kr
- 백석윤 서울교육대학교, sypaik@snue.ac.kr
- 송미영 한국교육과정평가원, mysong@kice.re.kr
- 윤정호 영재학교 대구과학고등학교, iwcth@hanmail.net
- 이영하 이화여자대학교, youngha@ewha.ac.kr
- 장혜원 서울교육대학교, hwchang@snue.ac.kr
- 정영옥 경인교육대학교, yochong@gin.ac.kr
- 최승현 한국교육과정평가원, jhtina@kice.re.kr
- 최종현 시흥능곡초등학교, duck0808@hanmail.net
- 최지영 서울영남초등학교, ji2006@empal.com

대한수학교육학회 2013 연보(Yearbook)

수학교육학 연구 방법

지은이 송상헌·방정숙·임재훈·강옥기·강현영·권나영
김남희·류성림·박만구·백석윤·송미영·윤정호
이영하·장혜원·정영옥·최승현·최종현·최지영

펴낸이 박문규

펴낸곳 경문사

펴낸날 2013년 12월 24일 1판 1쇄

등 록 1979년 11월 9일 제313-1979-23호

주 소 121-818, 서울특별시 마포구 와우산로 174

전 화 (02)332-2004 팩스 (02)336-5193

이메일 kyungmoon@kyungmoon.com

값 28,000원

ISBN 978-89-6105-774-5